DR. MARIO HERGER

Der letzte Führerschein-neuling

... ist bereits geboren.
Wie Google, Tesla, Apple, Uber & Co
unsere automobile Gesellschaft verändern
und Arbeitsplätze vernichten.
Und warum das gut so ist.

PLASSEN
VERLAG

Copyright 2017:
© Börsenmedien AG, Kulmbach

2. Auflage 2018

Covergestaltung: Johanna Wack
Herstellung: Daniela Freitag
Buchsatz: Bernd Sabat, VBS-Verlagsservice
Lektorat: Monika Gehle
Korrektorat: Karla Seedorf
Druck: GGP Media GmbH, Pößneck

ISBN 978-3-86470-538-0

Bibliografische Information der Deutschen Nationalbibliothek:
Die Deutsche Nationalbibliothek verzeichnet diese Publikation in der
Deutschen Nationalbibliografie; detaillierte bibliografische Daten
sind im Internet über <http://dnb.d-nb.de> abrufbar.

BÖRSEN MEDIEN
AKTIENGESELLSCHAFT

Postfach 1449 ▪ 95305 Kulmbach
Tel: 09221-9051-0 ▪ Fax: 09221-9051-4444
E-Mail: buecher@boersenmedien.de
www.plassen.de
www.facebook.com/plassenverlag

Für Gabriel, Darian und Sebastian.

And for May Kou.

Inhalt

„EN MARCHE!" POLITIK UND GESELLSCHAFT IN BEWEGUNG

NACHWORT

ANHANG

Einleitung

„Ich versuche, einfach nur über die Zukunft
nachzudenken und dabei nicht traurig zu werden."

– Elon Musk

GESTATTEN SIE MIR, dass ich Ihnen Max vorstelle. Gerade erst feierte er seinen ersten Geburtstag. Mit viel Kuchen, Luftballons und jeder Menge Geschenke. Nicht nur ist Max ein süßer Knirps, er ist vermutlich auch der Letzte, der noch einen Führerschein machen wird.

Unwahrscheinlich? Nicht in Ihrem Leben? Ganz unrecht haben Sie nicht, wie ich zugeben muss. Ich weiß nämlich nicht, ob es Max sein wird oder Sofie oder Julian. Es könnte sogar ein Kind sein, das in Ihrer Nachbarschaft lebt, aber eines ist sicher: Der letzte Führerscheinneuling wurde bereits geboren. Und ich habe eine Menge Daten und Fakten gesammelt, mit denen wir uns in den Kapiteln dieses Buches ausführlicher auseinandersetzen. Sie werden staunen, wie weit die Entwicklung von selbstfahrenden, elektrischen Ubers schon fortgeschritten ist.

Max (oder Sofie oder Julian) wird sich nicht vorstellen können, wie wir überhaupt auf die Idee kommen konnten, ein Auto besitzen und fahren zu wollen, das mit unförmigen Pedalen und Lenkrad schwer zu bedienen war, uns während der Fahrt davon abhielt, zu arbeiten oder unsere Aufmerksamkeit einem Videospiel zu widmen, und das obendrein als Jahrestribut tausende Tote und Verletzte einforderte. Wie vorsintflutlich waren wir eigentlich? Nun, genauso vorsintflutlich, wie uns heute die Fahrt in einer Kutsche vorkommt. Der Fahrer saß auf dem Kutschbock im Freien, war dabei Wind und Wetter ausgesetzt und richtete, während er über holprige Straßen rumpelte, seinen Blick ständig auf ein paar Pferdehintern.

Freude am Fahren kommt auch heute selten auf, wenn wir wieder einmal zur Stoßzeit im Stau stehen und Müdigkeit, Termindruck und die Suche nach einem Parkplatz uns zu schaffen machen. In Zukunft wird sich der Verkehr noch mehr auf die Ballungsräume konzentrieren als heute. 60 Prozent der Weltbevölkerung werden im Jahr 2030 in Städten leben.[1] In den USA sind das heute bereits 80 Prozent der Einwohner, in Deutschland 74 Prozent und in Österreich 66 Prozent.[2] In den Städten wird die Nachfrage nach Transportleistung steigen. Mit dem verfügbaren Raum und heutiger Infrastruktur wird es unmöglich sein, das klassische Transportangebot auf diese Anforderungen auszurichten. Für noch mehr Straßen und Parkplätze, um noch mehr Autos in die Stadt zu bringen, gibt es ja heute schon zu wenig verfügbaren Raum.

Allein im Silicon Valley fahren heute mehr als 200 selbstfahrende Autos auf öffentlichen Straßen herum, die von 40 Herstellern betrieben werden, und in den ganzen USA sind es bereits 1.000 Fahrzeuge. Über 700 Unternehmen entwickeln dort Technologien für autonome Autos. Gleichzeitig entsteht eine Autoindustrie an einem der teuersten Standorte, wo gleich mehrere Hersteller Elektroautos und -busse produzieren – Tesla, Lucid Motors, NIO oder Proterra, um nur einige zu nennen. Gleich ein halbes Dutzend Teststrecken liegen nur wenige Kilometer auseinander. In China werden in einer Stadt allein jährlich 25 Millionen Elektromopeds produziert, und drei Dutzend Hersteller bauen Elektroautos. Sechs selbstfahrende Taxiflotten sind weltweit bereits im Probebetrieb und nehmen Passagiere auf. In Kalifornien wird es sogar voraussichtlich ab Ende 2017 autonomen Autos gestattet sein, ohne einen Fahrer, ja sogar ohne einen Menschen an Bord auf den Straßen zu fahren.

Bereits seit 2016 verbaut Tesla in alle seine Wagen Hardware, die Selbstfahrfähigkeit erlauben. Mit einem Software-Update, das noch 2017 oder Anfang 2018 kommt, werden auf einmal alle bis dahin produzierten Autos, also über 100.000 Fahrzeuge, autonom unterwegs sein können. Gleichzeitig gehen die ersten Taxiunternehmen pleite, weil sie gegen Uber und Lyft nicht mehr bestehen können. Und der Kopfpreis für Ingenieure mit der heute so heiß begehrten Expertise zu Künstlicher Intelligenz, Sensortechnologie oder Selbstfahralgorithmen liegt bei 33 Millionen Dollar.

Die neuen Entwicklungen kommen vor allem aus zwei Regionen: aus dem Silicon Valley und aus Asien. Während das Silicon Valley dabei eine natürliche Entwicklung durchläuft und vom American Way of Life mit eigenem Auto zu einem mit selbstfahrenden elektrischen Ubers migrieren wird, überspringen asiatische Länder teilweise eine ganze Epoche. In China beispielsweise haben es viele Menschen innerhalb von ein oder zwei Generationen von einfachen Bauern und Arbeitern zu einem gewissen Wohlstand gebracht und damit eine neue Mittelklasse geschaffen. Und diese Mittelklasse will Autos. Oder zumindest einen Zugang zu individuellen Fortbewegungsmitteln. Alle Zeichen deuten darauf hin, dass hier Ähnliches passieren wird wie nach dem Zusammenbruch des Ostblocks. Ungarn hatte ein besseres Handysystem als Deutschland. Während die Telekom ihre Investitionen in den Aufbau der DSL-Leitungen rückerwirtschaften wollte, hatte Ungarn solche Altlasten nicht; statt teure Leitungen zu verlegen, wurden gleich Handymasten aufgestellt. Eine ganze technologische Generation wurde übersprungen.

Deutschland, Österreich, die Schweiz oder auch Europa generell hinken in allen Bereichen der neuen Automobilindustrie hinterher. Sie spielen keine federführende Rolle mehr, die Innovation geschieht woanders. Wir haben das Auto erfunden, wir bauen die besten Autos, aber die Zukunft wird anscheinend ohne uns geplant. Unsere Hersteller sind heute schon hintendran, und der Abstand vergrößert sich stetig. Dabei hat das wenig damit zu tun, dass die anderen irgendwelche magischen Formeln verwenden oder einfach nur Überflieger sind. Nicht ausländische Unternehmen machen deutschen Konzernen zu schaffen, sondern deutsche Ingenieure in ausländischen Unternehmen, die den deutschen Ingenieuren daheim das Zepter aus der Hand nehmen.

In meinem Buch *Das Silicon-Valley-Mindset* zählte ich bereits die vielen Verhaltensweisen auf, mit denen sich Menschen bei neuen Ideen gegenseitig helfen und unterstützen. Dabei fiel mir auf, dass ich zur Veranschaulichung vor allem Beispiele aus dem Automobilsektor verwendete.

Etwas zu Elektrofahrzeugen hier, ein bisschen zu Ubers neuartigem Taximodell da, und zwischendrin viele Berichte über selbstfahrende Fahrzeuge und die in diesem Sektor neu entstehenden Berufe.

Diese Fokussierung auf die Automobilbranche bereitete mir Unbehagen, weil es doch auch viele gute Beispiele aus anderen Industrien geben musste. Ich nahm einige meiner Argumente und Beispiele aus dem Buch heraus und ersetzte sich durch welche aus anderen Branchen. Als ein Blogartikel in Vorbereitung zur Buchveröffentlichung dann aber innerhalb weniger Tage zigtausende Zugriffe verzeichnen konnte, war eindeutig, wie groß das offensichtliche Interesse im deutschsprachigen Raum an den Veränderungen in der Automobilbranche war. Der Artikel mit dem Titel *Deutsche Innovationsprobleme, erklärt am Beispiel von Porsche und Tesla* zog hitzige Diskussionen nach sich und ist nach wie vor der beliebteste Beitrag.

Verfolgt man ähnliche Kommentare in anderen Medien, ist rasch zu erkennen, wie sehr das Automobilthema den öffentlichen Nerv trifft. An der Hitzigkeit der Debatten überrascht vor allem, wie gnadenlos dieser stolze deutsche Wirtschaftssektor kritisiert wird. Ankündigungen deutscher Hersteller zu neuen Elektrofahrzeugen und Aussagen von Automanagern, die selbstfahrende Fahrzeuge als „Hype" bezeichnen, werden mit Spott und Häme überzogen. Das sollte den Autoherstellern zu denken geben. Man ist dabei, das Vertrauen der eigenen Landsleute unwiederbringlich zu verspielen. Der Dieselabgas-Skandal, der ungeheuerliche Umfang der Preisabsprachen und die „Betrugskoordination" zwischen den deutschen Herstellern sowie andere Fehltritte der letzten Jahre verschlimmern die Lage nur.

Deshalb war es für mich naheliegend, mich dieses Themas umfassender anzunehmen, den heutigen Stand der Entwicklungen zu beschreiben und die einzelnen Puzzleteile zu einem Gesamtbild zusammenzufügen. Dabei bin ich selbst beileibe kein Autoliebhaber. Ich empfinde Autofahren als Zeitverschwendung, lieber würde ich die Zeit mit Lesen verbringen. Als Wiener, geboren in einer Stadt mit ausgezeichnetem öffentlichen Nahverkehr, sah ich zunächst keine Notwendigkeit für mich, den Führerschein zu erwerben. Den machte ich erst mit 22, und mein erstes Auto kaufte ich gezwungenermaßen, als ich nach Kalifornien zog. Selbst während meiner Jahre in Deutschland mit seinem gut ausgebauten öffentlichen Nah- und Fernverkehrsnetz fand ich ein Auto eher belastend als hilfreich. Natürlich hätte ich manchmal eines gebraucht, einiges wäre dann einfacher gewesen. Wenn ich aber daran zurückdenke, wie oft unser Pkw in den engen Straßen der Heidelberger Altstadt beschädigt wurde und wie mühsam die Parkplatzsuche war, hätte ich schon damals lieber auf eins verzichtet.

Mir ist bewusst, dass es heute auch viele Autofahrer gibt, die die Zeit hinterm Steuer genießen, dabei Radio hören und sich entspannen, ihre Gedanken schweifen lassen oder sich einem Audiobuch widmen. Das ist mir natürlich auch in einem Bus oder in der Bahn möglich. Aber wie wird es erst in einem Fahrzeug sein, das mir das Fahren abnimmt?

Seit 2001 wohne ich im Silicon Valley, das vor allem als Mekka für Computernerds gilt und in dem so viel von dem entstand, was wir heute als selbstverständlich ansehen, in unserer Arbeit wie auch zu Hause. Computer, Smartphones, Facebook oder Google sind nur einige dieser neuen Technologien, die aus dem Silicon Valley stammen. Und es fiele leicht, diesen relativ kleinen Flecken in Kalifornien mit gerade einmal dreieinhalb Millionen Einwohnern nur damit zu identifizieren.

In den letzten Jahren fiel mir dort die sprunghaft angestiegene Zahl an Aktivitäten im automobilen Sektor auf. Es vergeht kein Tag, an dem ich nicht einem von Googles selbstfahrenden Fahrzeugen in und um Mountain View begegne. Und Google ist bei Weitem nicht das einzige Unternehmen, das solche Autos auf den Straßen im Silicon Valley fahren lässt. Wenn ein Start-up namens Tesla einen Apple-ähnlichen Kult mit dem Model S erzeugt und Käufer im frühen Morgengrauen Schlange stehen, um das neueste Modell, das Model 3, vorzubestellen, das zudem noch an einem der teuersten Standorte – nämlich im Silicon Valley – produziert wird, sollte man hellwach werden. Liest man dann von Apples Ambitionen im Automobilsektor, vom Auftreten chinesischer Hersteller mit milliardenschweren Dollarkassen und der Flut von hunderten Automobil-Start-ups, kann nicht mehr geleugnet werden, dass da etwas am Brodeln ist. Je mehr ich mich damit befasste, desto klarer wurde das Bild. Die Tage des Automobils, wie wir es heute kennen, sind gezählt. Wir sind bereits mitten drin in der 2. Automobilrevolution.

Die Signale sind da. Alle Bestandteile, die ein Robotaxi ermöglichen und uns schon das selbstfahrende elektrische Uber gebracht haben, sind verfügbar. Es ist nur eine Frage der Zeit, wann die Kombination aus Sensoren, Algorithmen, Künstlicher Intelligenz und Apps richtig durchschlagen wird. Seit etwas mehr als einem Jahr entbrennen auch in Deutschland plötzlich Diskussionen um das Automobil, die vorher undenkbar waren. Damit ist das Bewusstsein von Öffentlichkeit und Politik ebenfalls im Wandel begriffen. Eine technologische Revolution, die Hand in Hand geht mit einer Anpassung von Verhaltensweisen und Regeln, führt zu Disruption, zur Zerschlagung eines Marktes. Achten Sie auf die entsprechenden Signale. Sobald sie sich häufen, hat die Disruption bereits begonnen.

Es ist eine Revolution im Gange, die unser Verhältnis zur Heiligen Automobilkuh fundamental verändern und ähnliche, wenn nicht größere Auswirkungen auf unsere Wirtschaft und auf unsere Gesellschaft haben wird, wie sie der Übergang vom Pferd zum motorenbetriebenen Vehikel brachte. Die erste Frage ist nicht, ob, sondern wann diese Veränderungen uns erreichen werden. Angesichts der exponentiellen Kurve, der Technologieentwicklungen folgen, und der Fakten, die bereits im Silicon Valley geschaffen wurden, werden sie rascher kommen, als viele meinen. Und als zweite Frage drängt sich dann auf: Wird Deutschland noch eine Rolle bei und nach dieser 2. Automobilrevolution spielen? Warum sehen deutsche Hersteller, die bislang die besten Autos der Welt bauten, plötzlich alt aus? Und wie können sie vermeiden, in der Bedeutungslosigkeit zu versinken?

Harvard-Professor Clayton Christensen stieß schon vor etlichen Jahren auf dieses Phänomen. In seinen Untersuchungen fand er heraus, dass 50 bis 80 Prozent der Top-Unternehmen einer Branche nach einer disruptiven Innovation in der nächsten Generation nicht mehr unter den Top Ten waren. Die Ergebnisse ähnelten sich, völlig unabhängig von der Branche, die er untersuchte. Gemäß dieser Logik werden in den nächsten Jahren mindestens die Hälfte der Unternehmen, die Marken wie Volkswagen, Audi, Mercedes, BMW, Porsche oder Opel unter ihrem Dach vereinen, nicht mehr unabhängig sein oder gleich gar nicht mehr existieren.

Ich gebe zu, aus deutscher Sicht mag es heute noch mehr als unwahrscheinlich erscheinen, dass es so weit kommen wird. Aber so dachte man auch vor einem Jahrzehnt in der amerikanischen Automobilmetropole Detroit. Große Schlitten und Pick-ups waren das Erfolgsrezept. Genauso wenig konnte man sich so etwas in der Nokia-Zentrale in Espoo bei Helsinki vorstellen. Dort wurde das iPhone mit großer Skepsis betrachtet. Und auch in Rochester im US-Bundesstaat New York war man sich sicher, dass Digitalkameras Filmpapier nie würden ersetzen können. Kodak und Nokia sind heute Namen, die in den Wirtschaftswissenschaften und in der Innovationsforschung als Lehrbeispiele für verpasste Chancen stehen. Wollen wir, dass Volkswagen, Daimler oder BMW bald nur mehr als Inbegriff von Unternehmen gelten, die die Zeichen der Zeit nicht erkannt haben? Dass sie nicht weiter als die Glanzlichter dastehen, die das Auto erfunden haben, den Deutschen die große weite Welt gaben und ihnen einen Riesenappetit auf Reisen machten?

Wir können uns darauf einigen, dass in Deutschland die besten Autos gebaut werden, dass die schönsten Sportwagen aus Italien stammen, dass Frankreich die elegantesten Designs beisteuert, Schweden für die Sicherheitsstandards maßgebend ist und Japan ganz auf Zuverlässigkeit setzt. Allerdings ändern sich die Kriterien für ein richtig gutes Auto gerade. Die Sicherheit eines Autos wird bald nicht mehr vordringlich durch eine stabile Fahrgastzelle und den Airbag bestimmt, sondern durch den Algorithmus, der das fahrerlose Fahrzeug lenkt. Ein elegantes und schönes Design zählt weniger, wenn ich in einem Taxi sitze. Zuverlässigkeit wird für den Flottenmanager relevanter sein als für den Passagier. Und was ein gutes Auto ist, entscheidet sich immer mehr am integrierten Unterhaltungssystem, ein Bereich, den Autohersteller in der Vergangenheit anderen überließen. Wir werden das Auto zukünftig nicht mehr nur als einzelnes Objekt, sondern als System in einem Transportdienstleistungsverbund sehen.

So wie das beste Filmpapier an Bedeutung verlor, als niemand mehr die digital aufgenommenen Fotos ausdruckte, und die beste Handytastatur durch Touchscreens und Stimmeingaben ersetzt wurde, wird auch der Automobilsektor einen extremen Wandel erfahren. Diese Auswirkungen beschränken sich nicht nur auf die Industrie selbst. Unser

Verständnis von und unser Umgang mit Mobilität werden sich drastisch ändern, und Städte, Regionen und andere Beteiligte müssen sich an neue Gegebenheiten anpassen. Eine ganze Reihe von Wirtschaftssektoren wird überflüssig, andere kommen neu dazu.

Dies alles werden wir in den folgenden Kapiteln näher beleuchten: wie alles anfing, wie das Automobil unseren Alltag und unsere Städte veränderte, welche neuen Anforderungen bewältigt werden müssen, welche Technologien dahinterstecken, welche Gesetze sie berühren, welche Verhaltensweisen sie beeinflussen und welche Auswirkungen sie auf Gesellschaft, Arbeitsplätze und die Wirtschaftsstandorte haben werden. Uns Europäern stehen dieselben Technologien und Prozesse zur Verfügung wie allen anderen auch. Warum wir trotzdem hinterherhinken, liegt an unserem Verhalten, unserem Mindset. Deshalb gehe ich im letzten Teil des Buches gerade auf diesen Aspekt näher ein, damit wir sehen, wie jeder von uns seinen Beitrag leisten kann und muss, sich einen innovativen und unternehmerisch ausgerichteten Mindset für das Wohl unserer Gesellschaft und der Menschheit insgesamt anzueignen.

Von Davids und Goliaths

„Wenn du Fakten hast, stell sie vor, und wir werden sie verwenden. Aber wenn du eine Meinung hast, dann verwenden wir meine."
– JIM BARKSDALE, CEO Netscape

GOLIATH, DER UNBEZWINGBARE Riese, hatte keinen Grund, anzunehmen, dass von diesem David, einem schmächtigen Schafhirten, eine Bedrohung ausgehen könnte. David war nicht mal Soldat und kam ohne schwere Rüstung daher, wie es sich für einen richtigen Kämpfer ziemte. Allein die Tatsache, dass der Gegner keinen erfahrenen Soldaten in den Kampf schickte, war lächerlich und roch förmlich nach Verzweiflung. Und trotzdem unterlag Goliath, ohne mitzubekommen, wie ihm geschah. Bevor der Kampf so richtig begonnen hatte, war er auch schon wieder vorbei.

Die Geschichte vom Außenseiter, der gegen einen übermächtigen Gegner gewinnt, klingt zwar gut, konnte aber eigentlich von Anfang an nicht gut ausgehen für den Favoriten. Malcolm Gladwell, Autor von *David und Goliath: Die Kunst, Übermächtige zu bezwingen*, beschreibt die Ausgangssituation anhand der Originaltexte. Und da wird sofort klar, dass Goliath ein schwer kranker Mann war. Was er sagte und wie er von Zeitgenossen beschrieben wurde, lassen darauf schließen, dass der zweieinhalb Meter große Mann unter Gigantismus litt, mit beträchtlichen Nebenwirkungen. So war Goliath kurzsichtig und konnte seinen Gegner nur aus der Nähe deutlich erkennen. Seine Gelenke machten ihm zu schaffen, und er benötigte Helfer, die ihm seinen Schild zum Kampfplatz brachten. Seine Respekt einflößende Größe und seine Armlänge verschafften ihm im normalen Schwertkampf von Mann zu Mann ausreichend Abstand, um den Gegner zu treffen, selbst aber nicht getroffen zu werden.

David hingegen war in zweifacher Hinsicht ein unterschätzter Underdog. Als einfacher Schafhirte wählte er als Waffe die Steinschleuder, eines richtigen Soldaten unwürdig. David war normalwüchsig, viel kleiner als Goliath, dafür aber wendiger. Seine Waffe erlaubte es ihm, den Gegner aus der Distanz anzugreifen, und das ausgesprochen effektiv. Ein geübter Schütze kann einen Stein mithilfe einer Schleuder auf die Geschwindigkeit einer abgefeuerten Pistolenkugel bringen. Selbst wenn David der „goldene Schuss" nicht im ersten Versuch gelingen sollte, war er wendig genug und weit genug entfernt, es so oft zu probieren, bis ihm die Steine ausgingen.

Sieht man sich das Ausgangsszenario aus diesem Blickwinkel an, stand Goliath bereits von Anfang an auf verlorenem Posten; er kam mit einem Messer zu einem Schusswaffenduell. Gerade weil – und nicht obwohl – David mit einer unorthodoxen Waffe in den Kampf zog, ergaben sich Vorteile. David hielt sich nicht an die üblichen Regeln eines Duells zwischen Schwertkämpfern, die bedingten, dass sich die Kontrahenten körperlich nahekommen mussten. Und dass der Einsatz einer Steinschleuder als nicht soldatenlike galt, war David schnurzpiepegal. Er war ja keiner, er war Schafhirte.

Der vermeintlich chancenlose Außenseiter, der zu unüblichen Methoden greift, sich nicht an Regeln hält, dem es egal ist, was das Expertenumfeld über ihn denkt, und der damit alle Umfragen Lügen straft, steht im Mittelpunkt vieler solcher David-versus-Goliath-Szenarien. Wir tendieren dazu, dem Underdog die Stange zu halten, müssten aber eigentlich auch Mitleid mit Goliath haben. Zumindest manchmal. Denn oft haben wir es leider mit Riesen zu tun, denen ihr Erfolg zu sehr zu Kopf gestiegen ist. Auch das vorliegende Buch handelt von solchen Goliaths und Davids; wir werden lernen, warum man Davids niemals unterschätzen sollte, warum Giganten verletzlicher sind, als sie nach außen hin scheinen, und warum es bereits jetzt für einige von ihnen zu spät sein könnte. Aber auch das wird eine Rolle spielen: warum sich manche Davids ihre Siege nicht zu Kopf steigen lassen oder sich auf ihren Lorbeeren ausruhen sollten. Davids können rasch selbst zu Goliaths werden und den nächsten Davids als Opfer dienen. Ausschlaggebend für den Gewinn des Underdog war, dass er die Regeln änderte. Wer sich vom Gegner die Waffen diktieren lässt, gewinnt nur in 30 Prozent der Fälle. Wer sein eigenes Spiel spielt, hat dagegen eine 65-Prozent-Chance.[3]

Wie sehr sich das Verhältnis von Davids und Goliaths im Automobilsektor umgekehrt hat, zeigt das Beispiel der Delegation eines deutschen Premiumherstellers, die auf Besuch im Silicon Valley unterwegs war. Die Autos des Herstellers zählen zu den begehrtesten der Welt und weisen eine Verarbeitungsqualität auf, die ihresgleichen sucht und die die Bilanz des Mutterkonzerns regelmäßig aufpoliert. „Erlkönige" – also die mit Tarnfolien beklebten Prototypfahrzeuge, die in der Region des Herstellers zu Testzwecken unterwegs sind – werden von Autofans und Fotografen von Automagazinen mit Hingabe gesucht und begutachtet. Und dann drehen sich im Valley die Mitarbeiter desselben Herstellers plötzlich nach jedem Tesla Model S und X um, laufen aufgeregt zur Garage, in der Google seine Flotte an selbstfahrenden Autos parkt, und kleben wie kleine Kinder vor dem Bonbonladen am Garagengitter, um die besten Aufnahmen von hässlichen kleinen Kugelautos zu schießen. Etwas Entscheidendes hat sich verändert, und deutsche Hersteller können es nicht mehr leugnen, auch wenn sie sich äußerlich den Anschein geben, alles unter Kontrolle zu haben und auf der Höhe der Zeit zu sein.

Die Dienstreise eines VW-Mitarbeiters aus Süddeutschland in die Zentrale nach Wolfsburg mit einem ausgeliehenen Tesla ruft das Interesse der Kollegen hervor. Sie drängen sich um das Fahrzeug, wollen es Probe fahren, die Beschleunigung erleben, den Platz im Fahrzeug testen, den großen Touchscreen berühren. So sieht es normalerweise aus, wenn andere Autobauer deutsche Premiummarken unter die Lupe nehmen. Oder wenn deutsche Hersteller sich von einem Ferrari beeindrucken lassen. Doch ein Sportwagen ist für die meisten verzichtbarer Luxus, beim Tesla wird aber sofort klar, dass hier die Zukunft anrollt. Und die ist bereits eingetreten, viel rascher als erwartet.

> „Nicht Tesla geschieht den deutschen Herstellern,
> sondern die Zukunft geschieht ihnen."
> – Mario Herger

Wie rasch so etwas gehen kann, zeigt das Beispiel einer Industrie, die einen lang gehegten Traum der Menschheit verwirklichte, nämlich das

Fliegen. Orville und Wilbur Wright waren zwei Fahrradmechaniker aus Dayton, Ohio. Schon im Kindesalter hatten sie Vögel beobachtet, wie sie ihre Flügel bewegten, um in der Luft zu bleiben. Die beiden waren dabei so bei der Sache, dass sie die einzelnen Bewegungsabläufe mit ihren Armen nachahmen konnten. Ihre ersten Versuche mit angeschnallten, flügelähnlichen Vorrichtungen führten zu nicht mehr als ein paar aufgeschürften Knien. In der Nachbarschaft galten die beiden als durchgeknallt, denn nur Verrückte hatten wohl nichts Besseres zu tun, als stundenlang im Freien zu stehen und Vögeln nachzujagen.

Aber langsam und stetig bastelten die beiden in ihrer Werkstatt an Flugapparaten und saugten begierig die Veröffentlichungen anderer Luftfahrtpioniere wie Otto Lilienthal oder Octave Chanute in sich auf. Sie bauten sogar einen ersten Windtunnel, um Aerodynamik zu studieren. Nach unzähligen Gleitversuchen gelang den beiden am 17. Dezember 1903 der erste erfolgreiche Motorflug, der 59 Sekunden dauerte und 260 Meter weit führte. Die heimische Bevölkerung sollte erst einige Tage später davon erfahren; man nahm die Nachricht entweder nicht ernst oder hielt sie für bedeutungslos. Ganz anders fiel die Reaktion in Paris aus. Der dortige Aéroclub hatte bereits von den Bemühungen der Brüder Wright durch Korrespondenz mit Chanute erfahren und lud die beiden zu einer Demonstration nach Frankreich ein. Erst danach wurde man auch im eigenen Land auf sie aufmerksam.

Während die Wrights unbeachtet von der Öffentlichkeit ihrem Erfindungsgeist nachgingen, stand ein anderer amerikanischer Flugpionier im Zentrum der Aufmerksamkeit. Samuel Pierpont Langley war ein anerkannter Wissenschaftler, Direktor des Smithsonian Astronomical Observatory und Mitglied der Amerikanischen Akademie der Kunst und Wissenschaften wie der Royal Society.[4] Er sehnte sich nach einer Ruhmesleistung ähnlichen Kalibers wie der seines Freundes und Kollegen Alexander Graham Bell, der das Telefon erfunden hatte. Den bemannten Flug sah Langley als die nächste Schwelle, die es zu überwinden galt, und als seine Chance, Lorbeeren zu ernten. Dank seiner Beziehungen und seines Ansehens hatte er vom Kriegsministerium 50.000 Dollar und von der Forschungs- und Bildungseinrichtung des Smithsonian Instituts weitere 20.000 Dollar erhalten, um ein Flugzeug zu bauen. Die *New York Times* verfolgte seine Bestrebungen auf Schritt und Tritt und hielt ihre Leser regelmäßig über seine Fortschritte auf dem Laufenden. Doch die Versuche brachten nicht den gewünschten Erfolg, und die Wrights liefen ihm still und heimlich den Rang ab. Als er davon hörte, beendete Langley umgehend seine aeronautische Arbeit. Während es ihm um den persönlichen Ruhm gegangen war, trachteten die Brüder Wright danach, Menschen das Fliegen zu ermöglichen.[5]

Warum aber sprechen wir in einem Buch über Automobile über zwei Flugpioniere, die als Fahrradmechaniker begannen? Weil sich hier ein Muster erkennen lässt, das typisch ist für viele disruptive Innovationen.

Erstens: Meist sind es nicht die Experten auf einem Gebiet, die Disruption in eine Industrie bringen, sondern fast immer Außenseiter, die zunächst für naiv, realitätsfremd und auch für völlig durchgeknallt gehalten werden. Gerade sie sind es aber, die einen unvoreingenommenen Blick auf die Dinge und unkonventionelle Ansätze mitbringen. Und weil sie nicht an die Geschichte dieser Disziplin gebunden sind und im dortigen Hierarchiesystem niemandem etwas schulden, können sie scheinbar respektlos vorgehen. Sie müssen sich nicht um geltende Regeln kümmern oder Angst haben, jemandem auf die Füße zu treten, dem sie verpflichtet sind. Sie betrachten das zu lösende Problem von einer allgemeineren Ebene aus. Man nennt dieses Vorgehen „first principle" oder „Denken in Grundbegriffen". Der Grundbegriff kann von keinem anderen Begriff abgeleitet werden und geht zurück auf die ursächliche Problematik. Nicht die Frage „Wie mache ich Kutschen besser?", sondern „Was ist der eigentliche Grund für Kutschen?" kommt näher an den Grundbegriff und die zu lösende Problematik heran. Dabei merkt man rasch, dass die Quantensprünge bei der Lösung des Problems nicht in der schrittweisen Verbesserung der existierenden Technologie entstehen, sondern im Finden völlig neuer Ansätze. Diese Art von Denken erfordert aber mehr mentale Energie. Ein Innovationssprung überrascht fast immer die Industrieexperten, die nicht müde werden, auf die Schwierigkeiten oder die Unmöglichkeit eines Vorhabens hinzuweisen, dabei aber nur innerhalb ihrer Grenzen und Rahmenbedingungen denken.

Zweitens: Disruptoren geht es seltener um Ruhm, sondern eher um die Sache an sich. Darum, wie man das Universum verformen oder die Welt besser machen und Menschen helfen kann. Davon spricht auch Tesla-Chef Elon Musk in einem Interview mit dem *Handelsblatt*, als er die Gründe für die Beendigung der Zusammenarbeit mit Daimler und Toyota nennt.[6]

> „Wir sahen als Problem mit den Projekten, die wir mit Toyota und Daimler durchführten, dass sie letztendlich zu klein gedacht waren. Sie berechneten nur, welchen Betrag sie reinstecken mussten, um die Behörden zufriedenzustellen, und hielten den Aufwand so gering wie möglich. Solche Projekte wollen wir nicht machen. Wir wollen Projekte machen, die die Welt verändern werden."

Musk will die Welt verbessern, will den Menschen helfen, besser dazustehen als vorher. Im deutschen Sprachraum gelten Weltverbesserer als naive Erbauer von Luftschlössern, die vielleicht sogar in die Klapsmühle gehören. Als Weltverbesserer bezeichnet zu werden gilt hierzulande nicht gerade als Kompliment. Aber wie nennt man dann im Umkehrschluss diejenigen, die nicht danach streben? Weltverschlechterer? Logisch wäre das.

Management auf eine Weise zu verstehen, die in scharfem Widerspruch zu der von herkömmlichem Unternehmertum steht, kommt nicht von ungefähr. Al Gore zitiert in seinem Buch *The Future* eine Studie, bei der Geschäftsführer und Finanzchefs befragt wurden, ob sie eine gute Investitionsgelegenheit beim Schopf packen würden, auch wenn es bedeutete, dass sie die nächsten Quartalszahlen nicht erreichen würden. Es wird Sie vermutlich wenig überraschen, dass 80 Prozent der Befragten die Frage verneinten.[7]

Der Verhaltensökonom Richard Thaler wiederum weist auf den innerbetrieblichen Konflikt zwischen der Makro- und Mikrobetrachtung von riskanten Projekten hin. Bei einer Besprechung mit 23 Managern und dem Firmenchef fragte er erstere, ob sie ein Projekt starten würden, bei dem die Erfolgswahrscheinlichkeit bei 50 Prozent liege. Sollte es erfolgreich sein, winke ein Gewinn von zwei Millionen Dollar pro Projekt, im

Falle des Scheiterns drohe ein Verlust von einer Million. Insgesamt handle es sich um 23 voneinander unabhängige Projekte. Ergebnis: Von den 23 Managern wären nur drei das Risiko eingegangen, die anderen 20 lehnten ab.

Als man den Firmenleiter fragte, wie viele der Projekte er durchführen lassen würde, antwortete er sofort: „Alle!" Aus seiner Sicht machte dies auch Sinn. Von den 23 Projekten würde vermutlich die Hälfte ein Misserfolg werden und einen Gesamtverlust von elfeinhalb Millionen Dollar bedeuten. Die erfolgreichen elfeinhalb anderen Projekte aber würden zusammen 23 Millionen Dollar einspielen. Damit ergäbe sich unterm Strich ein positiver Betrag von elfeinhalb Millionen Dollar. Die Manager gaben auf Nachfrage folgende Gründe dafür an, ein solches Projekt nicht angehen zu wollen: Im Erfolgsfall wären maximal ein Schulterklopfen und ein kleiner Bonus drin, im Fall des Scheiterns büßten sie nicht nur intern an Reputation ein, sondern müssten als drastischste Konsequenz mit ihrer Entlassung rechnen. Das Risiko stehe für sie in keiner Relation zum Gewinn.[8]

Selbst wenn dem Firmenchef bewusst ist, dass er aus Makrosicht alle 23 Projekte durchführen lassen sollte, sind das Belohnungssystem und der Fokus auf die Mikrosicht (also auf Einzelprojekt-Basis) ausgerichtet. Eigentlich sollte ein gescheitertes Projekt, das mit viel Elan angepackt wurde, zumindest genauso belohnt werden wie ein erfolgreiches, denn dabei wurde schließlich etwas riskiert. Aus Makrosicht des Unternehmens ergibt das viel mehr Sinn! Und führt uns zu der überraschenden Schlussfolgerung, dass es eher die mittelmäßig erfolgreichen Projekte sind, die „bestraft" werden sollten, die, bei denen ganz auf Sicherheit gespielt wurde und die von den supererfolgreichen Projekten sowieso in den Hintergrund gedrängt werden. Wir sind umgeben von Mittelmäßigkeit, weil viele sich nicht trauen oder auch nicht genügend Anreize erhalten, etwas Außergewöhnliches in Angriff zu nehmen. Die heute implementierte Mikrosicht bestraft die Risikofreudigen und sieht Scheitern als Versagen und nicht als Lernerfahrung an.

Angesichts der Nachrichten rund um den Dieselabgas-Skandal, von illegalen Preisabsprachen und staatlichen Förderungen kann man meinen, dass eine falsche Betrachtungsweise und die üblichen Belohnungsmodelle dazu verleiten, sich „durchzuschummeln". Man strebt eher kurzfristige Gewinne und Geldflüsse an, die nicht unmittelbar mit der Unternehmensmission in Einklang stehen müssen. Wie sich herausstellt, sind die hochprofitablen deutschen Automobilbauer zudem Experten darin geworden, öffentliche Fördertöpfe anzuzapfen. Porsche erhielt für ein Elektrofahrzeugkonzept über sechs Millionen Euro vom Staat, Daimler über 60 Millionen aus Konjunkturpaketen und BMW von 2010 bis 2012 Fördergelder in Höhe von 44 Millionen Euro.[9/10] Diese Liste ließe sich beliebig fortsetzen.[11] Mit diesen Summen wurde aber – sieht man sich die bisherigen Ergebnisse an – gerade mal minimale Innovation betrieben; in erster Linie fand man Gründe, warum ein neues Konzept nicht funktionieren könne. Die Hauptmotivation scheint weniger in dem Willen zu bestehen, eine bessere Welt zu schaffen, als im Streben nach Macht und Ruhm oder zumindest im Füllen der eigenen Taschen. Das funktioniert so lange, bis auf einmal Quereinsteiger kommen, die vormachen, wie es geht, wenn man nur die nötige Willpower und Ausdauer mitbringt.

Drittens: Unmittelbar nach dem Durchbruch in einer Technologie treten innerhalb kurzer Zeit viele neue Mitspieler auf. Gerade ein Jahr war vergangen, nachdem Wilbur und Orville Wright 1908 ihre ersten öffentlichen Flugvorführungen in den USA und Frankreich unter großer Anteilnahme der Zuschauer absolviert hatten, da meldeten sich bereits beim ersten großen Flugwettbewerb in Reims 22 Piloten mit ihren eigenen Flugmaschinen an.[12] Seit Googles selbstfahrende Fahrzeuge in den Schlagzeilen auftauchten und elektrische Teslas ihre Besitzer in den Bann ziehen, sind Dutzende neuer Mitspieler eingestiegen. Anfang 2017 wurden über 700 Unternehmen gezählt, die an Technologien für selbstfahrende Autos arbeiten. Welche das sind, werden wir uns später noch genauer ansehen, eines kann aber vorweggenommen werden: Die deutschen Autohersteller zählen leider nicht zu den führenden Unternehmen, auch wenn sie uns das weismachen wollen.

Autos sind ein wichtiger Bestandteil unserer Gesellschaft geworden. Die Art, wie wir uns fortbewegen, sagt nicht nur etwas über unseren individuellen Status aus, sondern auch etwas über den unserer Gesellschaft. Wir verbringen mehr Zeit im Verkehr als im Urlaub, beim Essen mit unserer Familie oder beim Sex. Verkehr – nicht der geschlechtliche wohlgemerkt – ist zu einer Art Lebensstil geworden. Ein solcher Lebensstil zwingt uns Neuerungen auf. Ganze Industrien, vom Drive-Thru-Starbucks über To-go-Essen bis hin zum Hörbuch, haben sich erst entwickelt oder angepasst, als die mobile Gesellschaft solche Dienste benötigte.

Bevor wir aber zu tief einsteigen, gehen wir nochmals zurück in die romantisch verklärte gute alte Zeit. Zur selben Zeit, als die Wrights ihre Pionierarbeit für Flugapparate leisteten, gab es eine andere, jahrtausendealte Art der Fortbewegung, die von Außenseitern revolutioniert wurde. Es dreht sich dabei alles ums Pferd.

Von der Pferdekotkrise

zum Klimawandel

WIENTOURISTEN KENNEN SIE bestimmt: die Fiaker. Die Pferdekutschen, die man in der Innenstadt mieten kann, um eine Rundfahrt durch die Geschichte der Stadt langsam und bequem mit nur zwei Pferdestärken zu erleben. Dabei hat der eine oder die andere aufmerksame Reisende ganz bestimmt eine rutschenförmige, aus Leder gearbeitete Tasche unter dem Pferdeschweif bemerkt. Diese als „Pferdewindel" bekannte Vorrichtung soll vermeiden, dass Pferdekot auf den Straßen liegen bleibt.

Was wir heute amüsiert zur Kenntnis nehmen, bereitete den Stadtverwaltungen vor über 100 Jahren schweres Kopfzerbrechen. Mit dem Städtewachstum nahm auch die Anzahl der Fuhrwerke zu, und immer mehr Pferde bevölkerten die Straßen moderner Metropolen. Um 1900 gab es in London 11.000 Kutschen, die als Taxi dienten, dazu mehrere tausend Pferdetramways, Pferdebusse und zahllose Transportwagen für Waren und Güter aller Art. Gut und gern 100.000 Pferde brachten tagtäglich die Bevölkerung von London und New York City auf Trab. Und hinterließen ihre Spuren. Die festen Verdauungsprodukte eines Pferdes kamen auf sieben bis 15 Kilogramm täglich, dazu fiel mehr als ein Liter Urin an. Stellen Sie sich einmal vor, wie eine damalige Großstadt gerochen haben muss, was für eine Seuchengefahr bestand und welchen Ausweichslaloms Spaziergänger ausgesetzt waren, um nicht zu viel Unrat in ihre Wohnungen zu schleppen. In der Sommerhitze wurde der ausgetrocknete Pferdedung durch die Luft gewirbelt, bei Regen verwandelte er sich in eine klebrige Masse. Gleichzeitig war er eine bevorzugte Brutstätte für Hausfliegen, die ebenfalls die Städte heimsuchten. In welcher Form auch immer, Pferdekot war unangenehm – nun wissen Sie auch, woher der Kotflügel seinen Namen hat.

Was für die einen übelriechende Pferdescheiße darstellte, war für die anderen wertvoller Rohstoff und Dünger. Ganze Berufsgruppen lebten vom Aufsammeln, von der Wiederverwertung und dem Verkauf von Pferdemist. Und denken Sie auch an all die in der Pferdeindustrie beschäftigten Fachkräfte wie Hufschmiede, Zaumzeugmacher, Kutschenbauer, Pferdezüchter, die Betreiber von Koppeln, Futtermittelhersteller, Veterinärmediziner und Pferdetrainer, die das Pferdebusiness am Laufen hielten. Die Verwendung der Pferde als reine Arbeits- und Transportkräfte führte zu einer durchschnittlichen Pferdelebensdauer von gerade mal zwei bis drei Jahren. Tiere, die auf den Straßen kollabierten und verstarben, wurden oft nicht gleich entfernt, sondern ein paar Tage liegengelassen, bis die Kadaver so weit ausgetrocknet waren, dass man sie leichter wegschaffen konnten. Den Gestank und die hygienischen Zustände gerade in den heißen Sommermonaten mag man sich heute gar nicht mehr ausmalen.

Kein Wunder, dass die Londoner *Times* 1894 voraussagte, dass in 50 Jahren bei gleichbleibendem Wachstum jede Straße der Stadt unter drei Metern Pferdescheiße ersticken würde. Die „Große Pferdekotkrise von 1894" führte 1898 zur ersten internationalen Städteplanungskonferenz in New York, bei der nach Lösungen für die drohende Gefahr gesucht wurde.[13]

Dabei hatte die Pferdequote noch nicht einmal ihren Höhepunkt erreicht. Für die USA wurde erst 1915 zum „Peak Horse", sprich zum Jahr mit der größten Anzahl an Vierhufern (knapp über 21 Millionen Pferde).[14] Auf drei Amerikaner kam ein Pferd. Exakt 100 Jahre später verkauften Automobilhersteller mehr Fahrzeuge denn je. In den USA zählt man 260 Millionen Fahrzeuge, in Deutschland 43 Millionen und weltweit zwei Milliarden – der höchste Stand an Automobilen, den die Welt je gesehen hat. Wir haben „Peak Car" erreicht oder stehen unmittelbar davor. Gleichzeitig kommen auf die Automobilindustrie die größten Umwälzungen ihrer Geschichte zu. Droht den Automobilbauern auf dem Höhepunkt ihrer Wirtschaftsmacht ein vergleichbares Schicksal wie der Pferdeindustrie?

Managementberater James C. Collins, Autor von *How the Mighty Fall*, untersuchte bekannte Fälle von Unternehmen, die auf dem Höhepunkt ihres unternehmerischen Erfolgs innerhalb relativ kurzer Zeiträume in der Bedeutungslosigkeit versanken oder in den Bankrott schlitterten.[15] Anhand von Global Playern wie der Bank of America, Motorola, Merck, Hewlett-Packard oder Circuit City identifizierte er fünf Stufen, die ein Unternehmen durchlaufen kann, wobei manchmal aber auch welche ausgelassen werden. Alle konnten auf eine Erfolgsgeschichte zurückblicken, die ihnen die trügerische Sicherheit von Unverwundbarkeit vermittelte. Darauf folgende Überheblichkeit, verbunden mit dem ungezügelten Streben nach mehr und dem Verleugnen von Gefahr und Risiko, ließ diese Unternehmen Fehler über Fehler anhäufen und zu lange auf alte Erfolgsmodelle setzen, bis es zu spät war (siehe Abbildung 1).

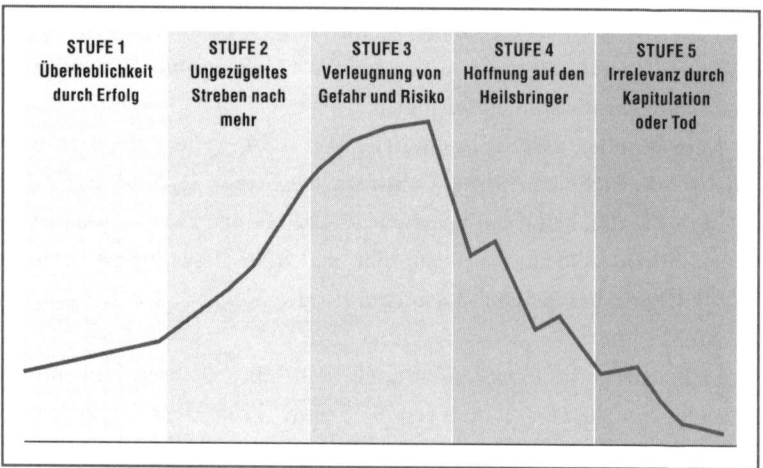

Abbildung 1: Fünf Stufen des Niedergangs

Die Automobilbranche befindet sich momentan auf Stufe 3. Mehr Autos denn je werden verkauft, immer leistungsfähigere, sparsamere, größere Modelle kommen auf den Markt, und stark anziehende Hoffnungsmärkte in Asien überdecken die Stagnation in den traditionellen Absatzmärkten Europa und Nordamerika. Letzteres hat allerdings nichts damit zu tun, dass niemand mehr Transportmöglichkeiten benötigt, ganz im Gegenteil. Aber die Einstellung zum Besitz, zum Zugang und zur

Verfügbarkeit eines Transportmittels sowie die Bedeutung der Antriebsart und des Fahrerlebnisses ändern sich vor unseren Augen.

Um diese Dynamik zu verstehen, müssen wir uns ansehen, von wem die Firmen geleitet werden und wann sie entstanden sind. Was uns sofort auffällt: Die Chefs der Unternehmen, die den deutschen Herstellern heute zu schaffen machen, sind zugleich auch Gründer. Deutsche Unternehmen hingegen werden vor allem von Managern geführt, was zu weiten Teilen den Unterschied erklärt. Manager sind keine Unternehmer.

Den USA ist es in ihrer Geschichte immer gelungen, Unternehmertum zu ermutigen und zu ermöglichen. Zu den bekanntesten amerikanischen Unternehmern zählen:

- Graham Bell (Bell Lab)
- Thomas Edison (General Electrics)
- Henry Ford (Ford)
- Andrew Carnegie (Carnegie Steel Company)
- Walt Disney (Disney)
- Thomas Watson (IBM)
- Bill Hewlett (Hewlett Packard)
- David Packard (Hewlett Packard)
- Gordon Moore (Intel)
- Bill Gates (Microsoft)
- Michael Dell (Dell)
- Jeffrey Bezos (Amazon)
- Steve Jobs (Apple)
- Larry Page (Google)
- Sergey Brin (Google)
- Mark Zuckerberg (Facebook)
- Elon Musk (Paypal, Tesla, SpaceX)

Allein anhand dieser Aufzählung sehen wir, dass es eine Reihe von Unternehmern gibt, die uns teilweise bereits seit Jahrzehnten ein Begriff sind. Wer fällt uns hingegen bei den deutschen Unternehmern ein? Hier ebenfalls eine (sicherlich unvollständige) Liste der wichtigsten Namen:

- Carl Benz (Daimler-Benz)
- Karl Rapp (BMW)

- Ferdinand Porsche (Porsche/Volkswagen)
- Rudolf Diesel
- August Horch (Audi)
- Claude Dornier (Dornier)
- Werner von Siemens (Siemens)
- Karl Albrecht (Aldi)
- Adi Dassler (Adidas)
- Konrad Zuse (Zuse KG)
- Heinz Nixdorf (Nixdorf)
- Hasso Plattner (SAP)

Welche Aspekte fallen uns auf, wenn wir die Listen vergleichen? Erstens: Vergleichsweise wenige deutsche Unternehmen sind in den letzten Jahrzehnten entstanden, die bekanntesten Unternehmer waren Ende des 19. und Anfang des 20. Jahrhunderts aktiv. Und zweitens: Bei den Amerikanern dominier(t)en vor allem Technologiefirmen.

Unter den sechs „wertvollsten" Unternehmen im April 2017 befanden sich fünf Technologiefirmen. Apple, die Google-Mutter Alphabet, Microsoft, Amazon und Facebook. Sie allein kommen auf eine Marktkapitalisierung von atemberaubenden 2.900 Milliarden Dollar im Juni 2017. Im Vergleich dazu erreicht die Marktkapitalisierung aller DAX-30-Unternehmen mit 1.350 Milliarden Euro nicht einmal die Hälfte dieser Summe. Alle fünf Firmen sind digitale Unternehmen, drei von ihnen wurden vor weniger als 25 Jahren gegründet, die anderen beiden vor knapp 40 Jahren. Drei von ihnen stammen aus Seattle, die anderen drei aus dem Silicon Valley. Die dominierenden deutschen Unternehmen wie Bosch, Siemens, Mercedes, BMW und Volkswagen sind alle 100 Jahre alt und älter, mit Ausnahme von SAP, das 2017 seinen 45. Geburtstag feierte. 24 der DAX 30-Unternehmen sind älter als 100 Jahre und nur drei jünger als 45. SAP ist dabei das einzige digitale deutsche Unternehmen und zugleich auch das wertvollste.

Es ist also nicht angebracht, der Hybris zu verfallen, denn die zersetzt langsam, aber sicher die Unternehmen. Am spektakulärsten ist das beim Volkswagenkonzern zu verfolgen. Das Machtstreben der Eigentümerfamilien und des Managements führte zu ethisch und rechtlich fragwürdigen Entscheidungen, die im Abgas-Skandal ihren vorläufigen Höhepunkt fanden und das Unternehmen an den Rand des Kollapses brachten. Das zeigt sich in Einbrüchen bei den Verkäufen (gleich 17 Prozent weniger) und auch im Arbeitgeber-Ranking deutscher Absolventen, die Volkswagen auf den achten Platz zurücksetzten.[16/17] Ist man mit der Eigentümerstruktur bei VW vertraut, wo die Gründerfamilien nach wie vor über 50 Prozent der Anteile besitzen und 20 Prozent beim Bundesland Niedersachsen liegen, kennt man den Einfluss des Betriebsrats, ohne den bei VW nichts geht, und vertieft man sich in die Produktivität und Profitabilität, dann produziert Volkswagen mit 610.000 Mitarbeitern genauso viele Autos wie Toyota mit gerade mal 340.000 Beschäftigten; und dann ist die Frage nicht mehr, ob, sondern wann Volkswagen zerlegt und vom Markt verschwinden wird.

Doch nun zurück zu einem anderen Kollaps, dem prophezeiten Straßenuntergang durch Pferdekot. Der fand tatsächlich allerdings nie statt, denn auch hier kam es zu einer Revolution.

Der letzte Pferde-

kutscher oder

Die 1. Automobil-

revolution

Wien um 1900. Zwei Herren stehen am Straßenrand.
Eines der neumodischen Automobile fährt vorbei.
Beide Herren schauen ihm nach. Wendet sich der
eine an den anderen und sagt abschätzig: „Na, das
wird auch wieder abkommen."

DASS ES NICHT ZUM vorhergesagten Kollaps der Städte kam,
lag an einer Erfindung, die genauso disruptiv wie unvorhersehbar
war: dem Automobil. Mit Carl Friedrich Benz, der 1885 das erste praxis-
taugliche Auto baute und in Produktion brachte, sank die Bedeutung von
Pferden als Transportmaschinen – nicht zuletzt dank seiner wohlhaben-
den Frau Bertha Benz, die mit der Erfindung ihres Mannes mutig die
erste Überlandfahrt von Pforzheim nach Mannheim wagte und damit
exzellente Werbung für das neue Fortbewegungsmittel machte. Die von
Pferdekot, Hufeisen, Wagenrädern und Pferdeleichen übersäten Straßen
wurden bald darauf von Automobilen beherrscht.

Was erhält man, wenn man eine Haarnadel, ein
Strumpfband und die unerhörte Menge von zwei Litern
Benzin aus einer Apotheke mit dem Wagemut,
Erfindungsgeist und der Chuzpe einer Frau kombiniert?
Die erste Städtefahrt eines Automobils.

Dank einer Frau, die als Risikokapitalgeberin ihr Erbe in
das Start-up ihres Mannes steckte und die Regeln und
Gesetze der Gesellschaft bewusst übertrat, um das
Geschäft ins Laufen zu bringen, wurde eine deutsche
Erfolgsgeschichte erst angestoßen.

1888 glaubten die Anrainer zwischen Pforzheim und
Mannheim, ihren Augen nicht zu trauen: Auf der staubigen

Landstraße zuckelte eine pferdelose Kutsche. Am Steuer saß eine Frau mit zwei Teenagern. Bertha Benz hatte ihre Söhne Eugen und Richard mit auf die Fahrt mit dem Automobil ihres Mannes genommen, um ihre Mutter in Pforzheim zu besuchen – ohne ihren Mann Carl Benz einzuweihen und ohne die notwendige Erlaubnis der lokalen Behörden eingeholt zu haben.

Auch wenn die Strecke zwischen Mannheim und Pforzheim gerade mal 106 Kilometer beträgt und nach heutigen Maßstäben einen Katzensprung darstellt, war dies im Jahr 1885 eine mehr als beachtliche Leistung. Die drei fuhren zwölf Stunden über ungepflasterte Straßen, mit gelegentlichem Anschieben des Wagens bei Steigungen. Alle paar Kilometer musste der Kühler nachgefüllt werden. Dank Bertha Benz' Erfindungsgeist, der dem ihres Mannes in nichts nachstand, wurde die Reise zum Erfolg: Sie funktionierte eine Haarnadel um, um eine verstopfte Treibstoffleitung freizubekommen, und benutzte ihr Strumpfband, um eine abgenutzte Zündung zu isolieren.

Die Neuigkeiten verbreiteten sich rasch. Die Fahrt wurde zum regionalen Gesprächsthema, die Zeitungen berichteten ausführlich darüber. Die Werbeaktion war ein Geniestreich von Bertha Benz. Innerhalb eines Jahrzehnts produzierte das Unternehmen ihres Mannes 600 Fahrzeuge pro Jahr.

Ob Carl Benz nun wirklich das Auto erfand oder doch andere früher dran waren, ist letztendlich irrelevant. Die Idee, eine Dampfmaschine oder einen Motor auf eine Kutsche zu setzen, kam anderen Menschen auch. Denn das ist ein gängiges Phänomen in der Geschichte von Erfindungen. Das sogenannte „benachbarte Mögliche" lässt etwas sozusagen in der Luft liegen, das nur darauf wartet, von jemandem auf die Erde geholt zu werden. Die einzelnen Komponenten sind bereits da, und irgendjemand kommt früher oder später auf die Idee, sie miteinander zu kombinieren. Das Telefon, die Batterie, die Schiffsschraube und eben auch der Kraftwagen wurden gleichzeitig von mehreren Personen erfunden, die oftmals nichts voneinander wussten und sich sogar in unterschiedlichen Ländern oder auf anderen Kontinenten befanden.

Schon 1922 untersuchten zwei Forscher der Columbia University diese Tatsache. Sie fanden mehr als 140 Beispiele von unabhängig voneinander stattfindenden Innovationen und Entdeckungen, die meisten davon wurden sogar innerhalb desselben Jahrzehnts gemacht.[1] Ausschlaggebend ist aber, ob eine Erfindung für die Allgemeinheit verfügbar gemacht wird. Der schönste Kraftwagen hilft niemandem, wenn er in der Garage des Erfinders herumsteht. Er muss gebaut und an Nutzer verkauft werden. Erst dann wird er zur Innovation.

Bill Aulet, Entrepreneurship-Dozent am Massachusetts Institute of Technology (MIT), definiert Innovation wie folgt:

$$\text{Innovation} = \text{Erfindung} \times \text{Kommerzialisierung}^2$$

Bevor es dazu kommt, müssen Fragen gestellt werden. Und auf diese Fragen müssen Handlungen folgen, die in eine Entdeckung oder gar eine Innovation münden.

$$\text{Innovation} = \text{Fragen} + \text{Handlung}^3$$

Die Vorgehensweise dabei ist bei allen Innovatoren ähnlich. Zuerst stößt jemand auf etwas, was ihm verbesserungswürdig scheint, und er fragt sich: „Warum wird das so gemacht?" Danach versucht er herauszufinden, wie es besser funktionieren könnte. Die Frage wandelt sich zu: „Was wäre, wenn wir es so machten?" Hat man sich alle Alternativen und Variationen angesehen, folgt die Frage: „Wie gehen wir es praktisch an?"

Das ist die eigentliche Leistung von Carl und Bertha Benz (und jedes Innovators). Dank des unnachgiebigen Drängens und der Husarenfahrt seiner Frau, die sich ganz im Sinne von Erfindern mit disruptiven Ideen über Verbote und Regulierungen hinwegsetzte, trudelten die Bestellungen ein, und die Serienfertigung der ersten Automobile begann. Eine Frau war dafür verantwortlich, dass das Automobilzeitalter seinen Lauf nahm. **Eine gern nur in Nebensätzen erwähnte und doch so überaus bedeutende Leistung in der Geschichte des Automobils.**

Wenig bekannt ist auch die Tatsache, dass in den folgenden Jahrzehnten gar nicht klar war, welcher Antrieb die Oberhand gewinnen würde.
Neben dem Benzinmotor standen sowohl Dampfmaschinen als auch
Elektroantriebe zur Verfügung. Tatsächlich lag im Jahr 1900 der Anteil
an Dampfkraftwagen in den USA bei 40 Prozent, 38 Prozent waren elektrisch betrieben und nur 22 Prozent Benziner.[4] Es schien sich dabei eine
klare Aufgabenteilung herauszukristallisieren. Während Dampfkraftwagen für schwere Lasten Verwendung fanden, waren die Elektrofahrzeuge
vor allem im innerstädtischen Bereich im Einsatz. Städte waren damals
gerade noch „ergehbar". Und Benzinautos eigneten sich gut für längere
Fahrten in die Vorstädte und auf dem Land.

Unter den amerikanischen Elektrofahrzeug-Herstellern befanden sich
Anthony Electric, Baker, Columbia, Anderson, Detroit Electric, Edison,
Studebaker und Riker. Aber auch im deutschsprachigen Raum gab es
den Flocken Elektrowagen, den Lohner-Porsche und über zwei Dutzend
weitere Hersteller. Detroit Electric produzierte in drei Jahrzehnten über
12.000 Elektrofahrzeuge, die mit einer Reichweite von 130 Kilometern
angepriesen wurden und knapp 30 km/h erreichten.

Angesichts der großen Verbreitung von Elektrofahrzeugen um 1900
stellt sich die Frage, was zu ihrem Niedergang geführt hat. Nun, das hatte
mehrere Gründe. Zum einen brachte die Weiterentwicklung von Verbrennungsmotoren mehr Leistung, Reichweite und Zuverlässigkeit. Musste in
der Anfangszeit der Verbrennungsmotor noch per Handkurbel gestartet
werden, was weder leicht noch ungefährlich war, weil durch das Anspringen
gen des Motors oft die Handkurbel mitgedreht wurde und Hand- und
Armbrüche verursachte, so bedeutete die Erfindung des elektrischen Star-
ters eine Lösung für dieses Problem. Benziner wurden einfacher bedienbar.
Andererseits führte die zunehmende Verbreitung zu einer Ausdehnung der
Städte, was wiederum eine größere Reichweite der Automobile erforderte.
Auf Verbrennungsmotoren basierende Fahrzeuge eigneten sich besser dafür.

Nach dem Ende des Ersten Weltkriegs war der Siegeszug von Verbrennungskraftfahrzeugen nicht mehr aufzuhalten. Elektroautos und Dampfkraftwagen verschwanden zunehmend aus dem Stadtbild. 1939 schloss
dann auch der erfolgreichste Elektrofahrzeughersteller Detroit Electric
endgültig seine Pforten.

Elektriker, Büchsenmacher, Physiker: Automobilpioniere damals und heute

„Sei Realist und verlange das Unmögliche!"

– Anarcho–Slogan

W ER ABER WAREN die Männer, die die Pferdeindustrie mit Automobilen hinwegfegten? Wenn wir uns die Lebens- und Ausbildungswege von Carl Benz oder Ferdinand Porsche ansehen, dann fällt uns sofort auf, dass sie nicht aus der Transportindustrie kamen. Benz war Maschinenbauingenieur, Porsche eigentlich Installateur und Elektriker und Nicolaus Otto, nach dem der Otto-Motor benannt ist, sogar Kaufmann, der sich selbst alles notwendige Wissen beibrachte, um an seinen Erfindungen zu tüfteln. Gottfried Daimler durchlief eine Büchsenmacherlehre, bevor er Maschinenbau studierte. Der Weberei-besitzer August Sporkhorst und der Verleger Robert Allmers gründeten Hansa-Automobil.[5] Johann Puch war Schlosser und Wilhelm von Opel Ingenieur.

Ludwig Lohner dagegen kam als einer der Wenigen aus einer Kut-schenmacherfamilie. Der im Jahr 1821 vor Napoleon aus dem Elsass nach Wien geflüchtete Heinrich Lohner hatte das Unternehmen gegründet. Jacob Lohner & Co. stellte Pferdewagen und Luxuskutschen her und wurde sogar zum k.u.k-Hoflieferanten ernannt; 1897 stellte der Betrieb zusammen mit Ferdinand Porsche den ersten Elektrowagen her.[6] Relativ rasch konzentrierte sich Lohner dann auf den Flugzeug- und Straßen-bahnbau sowie in späterer Folge auf den Bau von Motorrollern. In den USA finden wir Studebaker, der als Kutschenmacher begann und bis in die 1960er Jahre dann Autos produzierte (siehe Tabelle 1).

Name	Leben	Ausbildung
Robert Allmers	1872–1951	Verleger
Herbert Austin	1866–1941	Techniker
Carl Friedrich Benz	1844–1929	Maschinenbauer
Bertha Benz	1849–1944	Risikokapitalgeberin, Mitbegründerin, Ingenieurin, Regelbrecherin, Testpilotin
Ettore Bugatti	1881–1947	Ingenieur
Gottlieb Daimler	1834–1900	Ingenieur, Industrialist
Albert de Dian	1856–1946	Mechaniker, Germanist
Henry Ford	1863–1947	Mechaniker
Frederick William Lanchester	1968–1946	Ingenieur
Hans List	1896–1996	Maschinenbauer
Ludwig Lohner	1858–1925	Kutschenmacher
Wilhelm Maybach	1846–1929	Konstrukteur
Nicolaus Otto	1832–1891	Kaufmann
Ferdinand Porsche	1875–1951	Installateur, Elektriker
Johann Puch	1862–1914	Schlosser
Louis Renault	1877–1944	Mechaniker
Charles Rolls	1877–1910	Ingenieur
Frederick Henry Royce	1863–1933	Ingenieur
August Sporkhorst	1870–1940	Webereibesitzer
Wilhelm von Opel	1871–1948	Ingenieur

Tabelle 1: Ausgewählte Automobilpioniere und ihre Ausbildung

Ganz gleich, ob wir uns Automobilpioniere aus dem deutschsprachigen Raum, aus Frankreich, England oder den USA ansehen – kaum jemand von ihnen war vorher in der Kutschen- oder Pferdeindustrie tätig gewesen. Wie ist es möglich, dass Außenseiter alteingesessene Unternehmen verdrängen und diese den Übergang in die neue Zeit nicht schaffen?

Harvard-Professor Clayton Christensen hat sich damit bereits vor vielen Jahren beschäftigt. Als er eine Untersuchung zu Speichermedien über mehrere Generationen hinweg durchführte und sich die Hersteller von Magnetbändern über Floppy Disks bis hin zu Memory Sticks ansah, realisierte er, dass sich unter den Herstellern der neuen Generation 50 bis 80 Prozent Neueinsteiger befanden. Den dominanten Anbietern der Vergangenheit gelang nur in den seltensten Fällen der Übergang in die nächste Technologie-Ära und die Verteidigung einer führenden Rolle.[7]

Das gilt für alle Industrien, in denen disruptive Innovationen die Grundfesten erschütterten, egal, wohin man blickt. Kodak und Polaroid verpassten völlig den Sprung in die Welt der Digitalkameras, die Videoverleihkette Blockbuster konzentrierte sich zu lange auf den Verleih in Läden, bis es zu spät war, um Netflix Paroli zu bieten. Noch 1975 war Eumig der größte Filmprojektorenhersteller der Welt, was keine Rolle mehr spielte, als Videorekorder auf den Markt kamen. Das Unternehmen meldete 1982 Konkurs an, und das mit 100 Prozent Marktanteil in einem Markt, der auf null geschrumpft war. 2007 war Nokia noch mit einem Drittel unbestrittener Marktführer bei Mobiltelefonen, aber bereits ein Jahr später brachen die Umsätze ein. Apples iPhone hatte seinen Siegeszug begonnen.

Zwischen 1956 und 1981 wurden jährlich 24 Unternehmen aus der „Forbes-500-Liste" gestrichen. Zwischen 1982 und 2006 waren es schon jährlich 40.[8] Alle zwei Wochen verschwindet ein Unternehmen aus dem „S&P500-Index", was heißt, dass innerhalb von 16 Jahren 75 Prozent aller Unternehmen ausgetauscht werden.[9] Wer den Sprung verpasst, wer hinterherhinkt, verliert. Oder wie Googles inoffizielles Motto lautet: „If you are not fast, you are fucked." (Wenn du nicht schnell bist, dann hast du ausgeschissen.)

Studebaker oder Lohner waren Ausnahmen, die den Sprung vom Kutschenhersteller zum Automobilproduzenten schafften. Der Umbruch kommt meist nicht aus der eigenen Disziplin, sondern wird oft erst durch andere Industriezweige angestoßen oder zumindest beschleunigt. 1859 sprudelte erstmals das Öl in den USA. Auf der Weltausstellung von 1876 in Philadelphia wurden neben mechanischen, landwirtschaftlichen und wissenschaftlichen Errungenschaften auch die erste Schreibmaschine, das Fahrrad und Heinz Tomato Ketchup vorgestellt. Das Fahrrad sollte dabei eine ganze Generation von Mechanikern entstehen lassen, die ihre

Erfahrung später in die Entwicklung des Flugzeugs und des Automobils steckten. Um 1900 drehten sich nahezu ein Drittel aller eingereichten Patente in den USA um Verbesserungen für das Fahrrad. Ohne die Schreibmaschine wären moderne Unternehmen mit ihren Massenproduktionen und ihrem Verlangen nach Dokumenten kaum denkbar gewesen.

In der 2. Automobilrevolution wird dieses Muster erneut erkennbar. Der Background der modernen Pioniere und die Fortschritte in kritischen Technologien weisen darauf hin. Tesla-Chef Elon Musk ist Physiker. Googles Larry Page und Sergey Brin sind Informatiker wie auch Shai Agassi, der das Batterieaustauschunternehmen Better Place gegründet hat, und die Gründer von Uber und Lyft, die eben auch nicht aus der Transport- und Taxibranche kommen. Sechs von acht Gründern von Drive.ai haben ihren Doktor in Künstlicher Intelligenz gemacht.[10] Sebastian Thrun, Gewinner des DARPA Grand Challenge und Mitgründer der Google-Selbstfahrabteilung, war Professor für KI in Stanford. Anthony Levandowski, dessen Start-up 510 Systems in der Google-Selbstfahrabteilung aufging und der gemeinsam mit Thrun federführend an der Entwicklung beteiligt war, ist Wirtschaftsingenieur.[11] Fast gleichzeitig gelangen Durchbrüche in Künstlicher Intelligenz, fielen die Preise und stieg die Leistungsfähigkeit von Sensoren; Speichermengen und Prozessorgeschwindigkeiten erlauben die Bearbeitung der anfallenden Daten.

Kommen wir nun wieder auf David und Goliath zurück. Wie gelingt es diesen vermeintlichen Außenseitern nur, gestandene Industrien zu erschüttern, nachhaltig zu verändern und die Platzhirsche aus dem Geschäft zu drängen? Mit was für einer Waffe bringen sie den Kontrahenten zu Fall? Eine neue Umgangsweise mit (Fach-)Wissen und das richtige Mindset könnten hier die Antwort sein. Und man verstehe das nicht falsch: Solide Expertise ist für Innovation und Kreativität wichtig, sie bildet einen der Grundpfeiler. Gefährlich wird es, wenn man den Wald vor lauter Bäumen nicht mehr sieht, wenn man zu tief eintaucht und Lösungen außerhalb des eigenen Spezialgebiets nicht erkennen kann.

Standen bei den Kutschenmachern noch Pferdezucht und Kutschenbau im Vordergrund, verschob sich mit dem Automobil der Fokus auf den Motor und alles, was damit zusammenhing. Gleichzeitig wurde das Fachwissen über Pferde(-Transport) in diesem Bereich überflüssig.

Auch wenn die ersten Automobilisten noch viele Nachteile gegenüber dem erprobten System von vier Beinen und zwei bis vier Rädern in Kauf nehmen mussten, änderte sich die Gesamterfahrung. Disruptive Innovation ist nicht gleichzusetzen mit rein technologischer Innovation. Zwar gab es Letztere mit den entsprechenden Auswirkungen, aber andere Faktoren spielten eine ebenso bedeutende Rolle. Die Fahrzeuge konnten längere Strecken schneller bewältigen. Die physischen Beschränkungen von Pferden spielten keine Rolle mehr. Aufwendungen für Stallungen, Futter, Tierarzt oder Bedienstete fielen weg, auch der Gestank und die bereits erwähnten hygienischen Nachteile. Selbst wenn die ersten Motoren noch übel rußten und röhrten, es noch kein großflächiges Tankstellennetz gab oder Werkstätten, die den frühen Fahrern bei Pannen helfen konnten, wurden diese Minuspunkte doch über die Jahre hinweg beseitigt, und die Mobilität per Automobil erwies sich als viel vorteilhafter als die mit Pferdewagen.

Gegenargumente werden bei jedem Fortschritt laut, heute so wie gestern. Experten raten von Elektrofahrzeugen oder selbstfahrenden Autos ab, warnen vor Gefahren. Das Netzwerk an Ladestationen ist noch nicht dicht genug! Wer hat Schuld, wenn ein selbstfahrendes Auto einen Unfall baut oder jemanden tötet? Wie gefährlich sind Batterien, wenn sie zu brennen anfangen? Wie stoppt man ein selbstfahrendes Auto, das mit einer Bombe bestückt wurde?

Die neuen Automobilpioniere des digitalen Zeitalters betrachten Probleme jedoch erst einmal als reines Softwareproblem, sie wenden Methoden und Prinzipien aus der Softwareindustrie an, die Automobilexperten unbekannt sind. Anstatt auf Perfektion zu warten, bringen sie Beta-Versionen heraus. Reid Hoffman, Mitgründer des sozialen Netzwerks LinkedIn und des Bezahldienstes Paypal, sagt dazu: „Wenn du dich nicht für deine erste Version schämst, dann hast du zu lange darauf gewartet, sie auszuliefern."[12] Die Wertschöpfung liegt nicht mehr so sehr im „Verbiegen von Blech", sondern im Programmieren von Softwarecodes. All das erlaubt es, den fundamentalen Zweck eines Autos zu hinterfragen. Wozu dient es eigentlich?

Dagegen klingen die seit Jahrzehnten gepflegten Slogans der Autohersteller wie „Vorsprung durch Technik" oder das erst mit dem

Abgas-Skandal aufgegebene „Das Auto" im Zeitalter von Staus und Umweltverschmutzung immer schaler. BMW übersieht mit seinem „Freude am Fahren", dass bei Weitem nicht so viele Leute Autofahren als Leidenschaft ansehen, wie es der Konzern annimmt. Das ist sicherlich bedingt durch den Selbstselektionsprozess bei der Einstellung neuer Mitarbeiter. Wer bewirbt sich denn bei BMW/Daimler/VW/Audi? Doch Leute, die selber gern Auto fahren. Was dabei von den Automobilherstellern vergessen wird, ist ihre eigentliche Mission. Und die besteht nicht darin, Freude am Fahren zu ermöglichen. Die besteht auch nicht darin, ein Transport- oder Mobilitätsproblem zu lösen. **Ein Auto soll Verbindungen zwischen Menschen, Orten und Dingen in der physischen Welt herstellen.** Das Auto ist ein „Connector". Ich fahre nicht in die Stadt, weil ich Freude am Fahren habe, sondern weil ich mich mit Freunden treffen will. Ich fahre nicht zur Arbeit aus purer Lust am Fahren, sondern weil ich mich mit meinen Kunden und Mitarbeitern austauschen möchte, um gemeinsam etwas zu schaffen.

Immer häufiger übernehmen nun mobile Geräte diese Aufgabe. Ein iPhone ist ein virtueller Connector zwischen Menschen. Wenn ich selbst das Auto steuern muss, kann ich mich in diesem Moment nicht gut mit ihnen verbinden, weil ich auf den Verkehr achten muss. Dass viele Menschen trotzdem ihre Smartphones während der Fahrt bedienen und sich und andere dabei gefährden, zeigt, wie stark das Verlangen nach Kontakt ist.

Die deutschen Autobauer – wie auch die Platzhirsche in anderen Ländern – stellen sich dabei selbst ein Bein, ohne es zu merken. Durch die Bedeutung gerade dieses Sektors für die heimische Wirtschaft ist die Politik geneigt, der Branche immer wieder entgegenzukommen und ihr Vorteile zu verschaffen. Lobbyisten wissen das nur allzu gut auszunutzen. Weniger strenge Abgasvorschriften, geringe oder keine Strafen bei Vergehen, Fördergelder, die die eigenen Hersteller bevorzugen – alles unter dem Deckmäntelchen, Arbeitsplätze zu erhalten und den Standort zu fördern. Dabei wiegt man sich in Sicherheit und übersieht, dass ein Tsunami auf einen zurollt.[13] Wie Helikoptereltern, die den eigenen Nachwuchs vor Enttäuschungen schützen wollen und sie damit geradezu abhängig von sich machen, verhindert die Bundesregierung, dass sich die eigenen Unternehmen dem Wettbewerb stellen und konkurrenzfähig bleiben.

Politiker fürchten, dass langfristige Maßnahmen zu kurzfristigen „Bestrafungen" führen. Ein Dieselverbot könnte Liebesentzug von Autobauern wie auch von zornigen Dieselautobesitzern bedeuten, die nicht mehr in bestimmte Stadtgebiete fahren dürften und deshalb diese Politiker auch nicht mehr wählten. Dabei ist diese Angst eher unbegründet. Wie eine Studie der Columbia University herausfand, gewöhnen sich die Wähler nach sechs bis neun Monaten an eine unpopuläre Maßnahme und vergessen ihren ursprünglichen Widerstand.[14] Stattdessen erliegen Politiker oft der „Vetokratie", bei der es einfacher ist, etwas zu blockieren als etwas anzuschieben.[15] Mit dem Versprechen gut bezahlter Posten nach einer Politikerkarriere bei den Lobbyarbeit leistenden Unternehmen wird da in der Amtsperiode so einiges verabschiedet, was nicht unbedingt im Interesse der Allgemeinheit liegt.

Dabei würde man sich wünschen, dass wir weiter als nur bis zur nächsten Wahl oder dem nächsten Quartalsbericht blickten. Das „Große Gesetz der Irokesen" berücksichtigt bei jeder Erwägung einer Maßnahme deren Auswirkung bis auf die siebte Generation.[16] Im Zeitalter von Quartalsergebnissen und Shareholder Value sind sieben Generationen so weit weg von uns wie die Dinosaurier – wenn auch in umgekehrter Richtung.

Die Liebe zum Auto:

leidenschaftlich

und wankelmütig

„Glaube keiner Statistik, die du nicht selbst
gefälscht hast."

– Geflügeltes Wort

DIE SIEBTE GENERATION seit Erfindung des Automobils erreichen wir so langsam, und wir müssen wohl sagen, dass unsere Vorfahren ihren Job ziemlich schlecht gemacht haben. Zwar ersticken wir
nicht mehr in Pferdekot, dafür aber in Autoabgasen, und wir sind so
abhängig von unseren Fahrzeugen wie nie zuvor. Autos haben uns dazu
gebracht, Städte für Autos und nicht für Menschen zu planen.

Uns wird ständig eingeredet, dass ein Auto für Freiheit stehe und wir
eine Nation von Autoliebhabern seien. Autos sind ein gängiger Konver-
sationsstarter, ein Thema, bei dem jeder und jede eine Meinung hat. Die
meisten von uns können sich kaum vorstellen, ohne eigenes Auto auszukommen. Das hatte Auswirkungen auf viele Bereiche. Die Bevorzugung
des Autos schien lange Zeit das Nonplusultra in der Verkehrsplanung zu
sein. Vor 100 Jahren sah man auf den Straßen nur Fuhrwerke und Fußgänger. Stellt man heute die Frage, wem die Straße gehöre, wird man als
Antwort fast ausschließlich „dem Auto" bekommen.

Dabei war dieses neue Fortbewegungsmittel in der Frühzeit des Automobils gar nicht so unumstritten, wie wir uns das heute vorstellen. Bereits
1923 unterzeichneten 42.000 Bewohner von Cincinnati, Ohio, eine Peti-
tion, wonach Autos mechanisch auf eine Geschwindigkeit von 40

Kilometer pro Stunde beschränkt werden sollten.[17] Erst auf Druck von Müttern, die ihre Kinder bei Autounfällen verloren hatten, wurden eine Kennzeichen- und eine Führerscheinpflicht eingeführt. Im Schweizer Kanton Graubünden wurde von 1900 bis 1925 ein Autoverbot ausgesprochen, 80 Prozent der Bevölkerung stimmten trotzig dafür: zu gefährlich, zu laut, zu stinkend, die Straßen zu stark beschädigend und generell die Arbeitsplätze im Tourismus, bei den Fuhrwerksbesitzern und bei der mit Mühe gebauten Eisenbahn gefährdend.[18]

Autounfälle, bei denen drei Viertel aller Opfer Fußgänger waren, wurden jenen gern in die Schuhe geschoben. Tödliche Verkehrsunfälle wurden als etwas Natürliches hingenommen und nicht mehr als fahrlässige Tötung angesehen. Ausgelöst wurde diese Meinungsänderung 1923 von einer Initiative der National Automobil Chamber of Commerce (NACC), die starken Einfluss auf die Presse ausübte. Zeitungsberichte gaben bis dato den Autofahrern bei Unfällen die Schuld. Für die aufstrebende Automobilindustrie stellte das ein Imageproblem dar. Deshalb begann die NACC damit, Unfallformulare an die Zeitungen auszuteilen, die diese ausfüllen und an die NACC zurückschicken sollten, vorgeblich, um eine bessere Übersicht über Verkehrsunfälle zu erhalten. Die NACC aber interpretierte die Ergebnisse vorsätzlich parteiisch – nämlich zum Vorteil des Autos –, und innerhalb eines Jahres wendete sich das Blatt. Die Opfer waren selbst schuld.[19] Mit den „Fake News" der NACC – das kommt uns doch bekannt vor? – wurden die Öffentlichkeit und die Verantwortlichen manipuliert, um die gewünschten Gesetzgebungen zu verabschieden. Weil Straßen überquerende Fußgänger die „Freude am Fahren" („joy of driving") behinderten, wurde auf Druck der Autoindustrie das Verkehrsvergehen „Jaywalking" eingeführt.[20] Straßen waren schließlich in erster Linie für die Autos da. Es war und ist deshalb bis heute verboten, Straßen an nicht markierten Stellen und Übergängen zu kreuzen.

Laut amerikanischem Verkehrsministerium gehen 94 Prozent aller Unfälle auf menschliches Versagen zurück. Insgesamt sterben allein in den USA pro Jahr 40.000 Menschen bei Verkehrsunfällen, und man zählt 2,31 Millionen Verletzte. Der verursachte Schaden wird auf 1.000 Milliarden Dollar geschätzt.[21]

Die Art, wie wir uns fortbewegen, scheint heute mehr Probleme zu generieren, als sie zu lösen scheint. Automobile sind am Anfang des 21. Jahrhunderts zwar qualitativ hochwertig, es gibt aber zu viele davon. Jedes produzierte und verkaufte Fahrzeug schafft oder verschärft sowohl bei der Produktion als auch beim Einsatz Probleme: vom ökologischen Fußabdruck über Platzbedarf für Straßen und Parkbuchten, Unfallschäden, Wartungsaufwand und menschlichem (Fehl-)Verhalten bis hin zur Ausbeutung dafür notwendiger Rohstoffe. Daher sehen sich Automobilhersteller und Transportdienstleister seit geraumer Zeit von Silicon-Valley-Firmen wie Tesla Motors, Google, Apple oder dem mittlerweile aufgelösten Better Place mit disruptiven Technologien unter Druck gesetzt. Uber, Lyft und weitere Ridesharing-Plattformen ändern die Art und Weise, wie wir Transportdienstleistungen erleben.

Dass sich die Dinge ändern müssen, wird nicht zuletzt auch durch den Rückgang des Anteils der Führerscheininhaber in westlichen Ländern bestätigt. *Spiegel Online* brachte dazu vor einiger Zeit Porträts von deutschen Jugendlichen, die sich als Autoverweigerer präsentieren und erläutern, warum ein Führerschein für sie nicht infrage komme.[22]

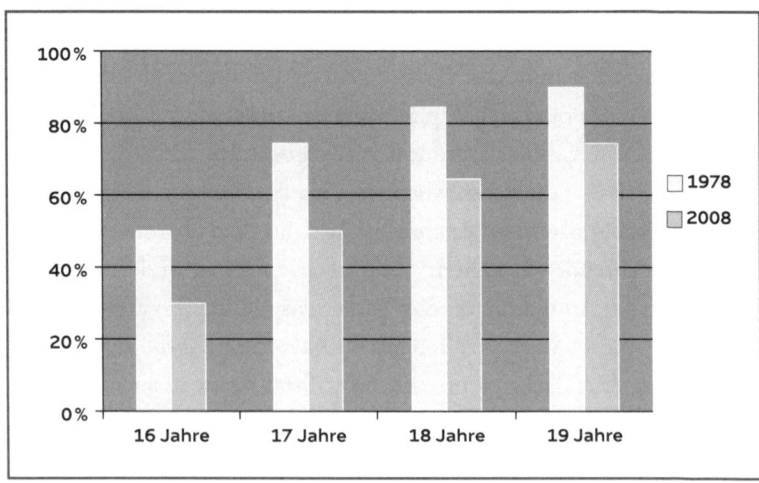

Abbildung 2: Führerscheinanteil pro Alter im Vergleich 1978 und 2008[23]

In der Schweiz besaßen 2010 nur mehr 59 Prozent der 18- bis 24-Jährigen einen Führerschein, 1994 konnten in dieser Altersgruppe noch

71 Prozent einen vorweisen.[24] Auch in den USA ist der Anteil an Führerscheininhabern gesunken. Besaßen in den 1970er Jahren nur acht Prozent der 19-Jährigen keinen Führerschein, so waren es 2008 bereits 23 Prozent. Und die Jugendlichen, die über einen verfügen, fahren weniger. Der Anteil der 20-jährigen Fahrer an den gefahrenen Kilometern sank von 20,8 Prozent auf 13,7 Prozent.[25] Kinder legen heute mehr Kilometer mit dem Auto zurück als je zuvor, und dennoch machen, sobald sie alt genug sind, weniger von ihnen die Fahrprüfung als bei ihren Altersgenossen vor 40 Jahren.

Mit abnehmender Führerscheindichte sinkt auch die Anzahl der jugendlichen Autobesitzer. In Stuttgart fuhren im Jahr 2000 noch 12.600 Menschen zwischen 18 und 25 ein eigenes Auto, 2015 waren es nur mehr 5.000. Und das, obwohl diese Altersgruppe um zehn Prozent angestiegen war.[26] Genau in die gleiche Kerbe schlägt das Ergebnis einer Umfrage von Goldman Sachs aus dem Jahr 2013. Gerade mal 15 Prozent der Befragten wollten unbedingt ein Fahrzeug besitzen. Der Rest wollte gar keins oder war nur dann bereit, eines anzuschaffen, wenn es wirklich keine andere Option gab.[27] Bedingt dadurch steigt auch das Durchschnittsalter der Neuwagenkäufer. Waren diese 1995 noch 46,1 Jahre „jung", zählten sie 2015 bereits 53 Lenze.[28]

Dazu sinkt auch die emotionale Verbindung zum Auto. Statt seiner wird nun das eigene Handy individualisiert und geschmückt.[29] Stand der fahrbare Untersatz früher für grenzenlose Freiheit und Einzigartigkeit, wird es heute immer mehr zu einer Belastung. Das Gefühl von „Wind in den Haaren" schwindet rasch, wenn es im Stau wieder mal nur im Schneckentempo vorangeht oder sich die Parkplatzsuche als nervenaufreibend erweist.

Dafür steigt die Nutzung öffentlicher Verkehrsmittel. In den USA hat sie den höchsten Stand seit den 1960er Jahren erreicht.[30] Das mag zwar für die Vereinigten Staaten von Amerika noch nicht viel aussagen, weil das öffentliche Verkehrsnetz dort im Vergleich zu Europa weniger dicht ausgebaut und weitaus unzuverlässiger ist, dennoch gibt es unerwartete Schützenhilfe für diesen Anstieg: vom Smartphone. Was für Autofahrer das Navigationssystem, ist eine Routenplaner-App für den öffentlichen Nahverkehr. Urbane Verkehrsmittel verschiedener Betreiber, deren Fahrpläne für Passagiere bisher nur mit Schwierigkeiten zu verstehen und zu kombinieren waren, sind nun jederzeit zugänglich und übersichtlich geworden. Aus dieser Verschiebung können sich enorme wirtschaftliche Vorteile ergeben; 85 Prozent der Ausgaben für ein Auto entgehen meist der lokalen Wirtschaft.[31] Spart man hier ein, wird mehr Geld in die Wohnung gesteckt. Lokaler geht's nicht.

Dieser gesellschaftliche Wandel wird in seiner Bedeutung gern verkannt, und man reagiert allgemein nur sehr langsam darauf. Es ist nicht verwunderlich, dass eine Softwarefirma den deutschen Autobauern mit ihrem selbstfahrenden Auto auf der Nase herumtanzt (oder besser: vor der Nase herumfährt) und keiner eine wirkliche Lösung zu bieten hat beziehungsweise einer solchen auch nur nahekommt. Google dagegen hat den Trend erkannt – nicht zuletzt, weil dort selbst viele Autoverweigerer beschäftigt sind und mit Firmenbussen zur Arbeit pendeln; und weil man ganz bewusst Probleme anpackt, die schwer zu lösen sind, aber dramatischen Einfluss auf die Gesellschaft haben können. Man kann das auch noch anders ausdrücken: Solange sich Automobilhersteller nur auf schickere Designs oder tiefer gelegte Chassis mit höheren PS-Zahlen konzentrieren, weil das die Dinge sind, die sie können, müssen andere ran, um die Herausforderungen und Bedürfnisse unserer Zeit auf neue Weise anzugehen.

Stattdessen konzentrieren die Konzerne ihre Lobbyarbeit auf möglichst harmlos angesetzte Emissionsbeschränkungen, weil ihre Benzin- und Dieselmotoren höhere Grenzwerte nur unter großem Aufwand schaffen würden (oder gar nicht, wie wir lernen mussten). Und dann kommt Tesla und baut nicht nur ein Elektrofahrzeug, das umweltfreundlicher ist, sondern das die deutschen Fahrzeuge auch bei vielen anderen Eckdaten alt aussehen lässt. Das amerikanische *Consumer Report Magazin* vom Oktober 2015 sah sich gezwungen, seine Bewertungsskala zu ändern, als ein Tesla Model S mit 103 Punkten das eigentlich auf 100 Punkte begrenzte System sprengte.

BMW lässt sich hingegen im *Manager Magazin* als das deutsche Apple feiern. Dabei wird man das Gefühl nicht los, die i-Serie wurde von einer dazu gezwungenen Abteilung entwickelt, die viel lieber weiter an traditionellen Autos getüftelt hätte.[32] Man beachte hier auch die Wortwahl, mit der das Fahrzeug intern und den Partnern draußen vorgestellt wurde, die Rückschlüsse auf die Bedeutung oder vielmehr Nicht-Bedeutung zulässt. Etwas, das als „Imagepflege" angepriesen wird, wirkt eher wie eine kosmetische Verschönerungsaktion denn als ernsthaft zu verfolgendes Projekt. Genauso sehen die Fahrzeuge auch aus, und genauso fühlen sich deren Leistungskennzahlen an. Man hat eine Kategorie auf seiner Liste abgehakt und seine Pflicht erfüllt.

Vieles von dem, was gerade angesprochen wurde, fällt uns bewusst oder unbewusst bereits auf. Es verunsichert, zeigt aber auch neue Möglichkeiten; nur fehlt uns noch das Instrument, daraus etwas Sinnvolles abzuleiten. Tauchen wir deshalb gemeinsam etwas tiefer in die Materie ein, um für die kommenden Buchkapitel gerüstet zu sein, die Handlungsstränge verfolgen und die richtigen Ableitungen ziehen zu können.

Signale, Trends
und Foresight Thinking

ACHTEN SIE AUF die Signale! Das sind zunächst kleine oder lokale Innovationen mit dem Potenzial, rasch in Größe, Auswirkung und geografischer Verteilung zu skalieren. Anhäufungen von Signalen können uns eine größere Geschichte zur Zukunft erzählen. Ein Narrativ ist am besten dazu geeignet, uns etwas zu schildern und nahezubringen, was nicht direkt vorhersagbar ist. Dafür gibt es einfach zu viele mögliche Zukunftsszenarien. Stellen wir uns eine ganze Bandbreite an möglichen Ereignissen vor, sehen wir, dass nur relativ wenige Umwälzungen das Zeug dazu haben, bereits morgen zur Realität zu werden. Zieht man jedoch einen Zeitraum von zehn oder 100 Jahren in Betracht, rücken Technologien und gesellschaftliche Veränderungen vieles in den Bereich des Möglichen. Je weiter man nach vorn blickt, desto größer wird das Potenzial, aber auch die Unsicherheit.

Vor genau zehn Jahren kam das iPhone auf den Markt! Ohne diese Technologie wären der Aufstieg von Unternehmen wie Uber, Twitter und Facebook und Anwenderprogramme wie Google Maps, Pokémon Go oder Tinder nicht möglich gewesen. Das iPhone hat nicht nur neuen Technologien den Weg geebnet, sondern auch Gesellschaften und ihre Regeln verändert. Und wenn wir heute lesen, dass Jugendliche weniger Führerscheine machen, sehr viele Menschen bei Verkehrsunfällen verletzt werden oder sterben und hunderte Unternehmen mit Milliardenfinanzierungen Selbstfahrsysteme entwickeln, sehen wir hier eine Anhäufung von Signalen. Signale zeigen uns Handlungsstränge auf, die zuerst möglich erscheinen, dann plausibel werden und später in den Bereich des Möglichen gelangen, bis sie letztendlich zur Realität werden.

Damit man nicht davon überrollt wird, sondern sich aktiv beteiligen kann, ist es notwendig, eigene Annahmen über die Wirksamkeit der heutigen Vorgehensweisen für die Zukunft zu hinterfragen, eine langfristige Perspektive zu schaffen, bisher nicht erkannte, strategische Möglichkeiten zu identifizieren und mittelfristige Bedrohungen und Unsicherheiten auszuschalten. Mit solchen Schritten beeinflusst man die Zukunft. Es gibt viele mögliche Wege, die in die Zukunft führen; sobald man eine Richtung einschlägt, eröffnen sich weitere neue Pfade vor einem, während man andere, nicht zielführende zurücklassen muss. Das Bild für das „benachbarte Mögliche" ist das Gehen von einem Raum in den nächsten. Räume zu überspringen ist dabei kaum möglich. Man hat aber die Wahl, sich für eine von mehreren Türen zu entscheiden, um von einem Raum in ebenso viele andere Räume zu treten. Sobald eine Tür durchschritten wurde, verschwinden die anderen Türen aus dem Blickfeld. Eine Innovation deckt neue Pfade für weitere Innovationen auf und lässt anderes gleichzeitig weniger wahrscheinlich werden. Die Erfindung des Batteriestarters am Anfang des 20. Jahrhunderts ebnete den Weg für den Verbrennermotor, während sie die Türen für Elektrofahrzeuge für längere Zeit verschloss.

Das Institute for the Future (IFTF) in Palo Alto spezialisiert sich auf das Erkennen von Signalen und das Beschreiben von Trends, von sogenannten „Big Trends". Und die Singularity University in Mountain View hält Ausschau nach „exponentiellen Trends". Beides sind Trends, die das Potenzial haben, sich in wenigen Jahren auf mindestens eine Milliarde Menschen auszuwirken. Zu ihnen zählen unter anderem die Künstliche Intelligenz, der 3D-Druck, die augmentierte und Virtual Reality und die Nanotechnologie.

Technologie operiert nicht im leeren Raum. Sie wird durch Realitäten und externe Einflüsse geprägt und gesteuert. Auch dient sie als Kitt zwischen den Dimensionen des täglichen Lebens – Verteilung des Wohlstands, Ausbildung, Regierung, Politik, Gesundheit, Wirtschaft, Umwelt, Journalismus, Medien und Gesellschaft; erst damit kann sie ihr Potenzial voll ausschöpfen.[33] Szenarien, die anhand von Signalen die Zukunft beschreiben, müssen all diese Dimensionen berücksichtigen. Narrative um Personen herum helfen, Trends besser zu verstehen, sich die Zukunft auszumalen und sie mitzubestimmen. So zeigt die Google-Tochter Waymo in einem Video, wie ein blinder Mann ein selbstfahrendes Auto benutzt und damit nicht nur flexibler wird, sondern auch sein berufliches und soziales Leben weitaus besser auskosten kann.

Signale kommen manchmal mit einem Paukenschlag. Das iPhone wurde zum Synonym für solch einen Moment, der das Ende bestehender Unternehmen einläutete und Disruption ankündigte. Einen weiteren „iPhone-Moment" erlebten wir im Frühjahr 2016.

Der iPhone-Moment
der Automobilindustrie

„Kaffee lässt mich zwar schneller denken, aber Tee
lässt mich tiefer nachdenken."

— Sinnspruch

ES IST DONNERSTAG, mancherorts regnet es, und trotzdem bilden sich zeitig in der Früh lange Schlangen von Leuten, die darauf warten, ein Auto bestellen zu dürfen, das sie noch nicht gesehen haben. Der 31. März 2016 ging als Wendepunkt, als *der* iPhone-Moment in die Geschichte der Automobilindustrie ein. So wie die Vorstellung des iPhones durch Apple 2007 die Platzhirsche Nokia und RIM innerhalb von zwei Jahren in der Bedeutungslosigkeit versinken ließ, könnte Teslas Model 3 zum „final call" für etablierte Automobilbauer werden.

Die Reaktion der Experten war nüchtern und verhalten. „Die deutschen Hersteller sind weiter, als viele denken. Fertige Entwicklungen liegen in den Schubladen und warten – wie weitere Kooperationen in der Zellfertigung – nur darauf, dass der Markt wirklich reif ist für E-Fahrzeuge."[34] Ähnliche Aussagen werden von „Autoexperten" aus der ganzen Branche und Politikern getroffen. Diese Worthülsen scheinen aber lediglich dazu zu dienen, sich selbst Mut zu machen und einzureden, dass ohnehin alles gut werden wird, anstatt Fakten für sich selbst sprechen zu lassen.

Dabei wird übersehen, dass es längst nicht mehr ausreicht zu warten, bis ein Markt reif ist. Die bereitwillige Akzeptanz von Innovationen hat eine Geschwindigkeit erreicht, die Uneingeweihte überrascht. Dauerte es vom Start im Jahr 1878 noch 75 Jahre, bis das Telefon 100 Millionen Benutzer verzeichnen konnte, waren es beim Handy 100 Jahre später nur mehr 16 Jahre. Das Internet konnte innerhalb von sieben Jahren die Hundert-Millionen-Benutzermarke knacken, bei Facebook waren es viereinhalb Jahre und bei der Candy Crush Saga nur noch läppische 15 Monate.[35] 2016 schlug das Augmented-Reality-Spiel Pokémon Go alle Rekorde, das die gleiche Marke innerhalb von zwei Wochen sprengte.

Menschen sind gut darin, Vorhersagen für ein konstantes, lineares Wachstum zu treffen. Nur schade, dass so ein Wachstum in der Menschheitsgeschichte selten zum Tragen kommt. Ein exponentielles Wachstum können wir dagegen nur schwer einschätzen, es übersteigt unsere Vorstellungskraft. Hier kommt die Singularität ins Spiel, die wir später noch ausführlicher besprechen werden.

Gehen wir einmal 150 Jahre zurück und sehen uns das „viktorianische Internet" – also den Telegrafen – an. Da hatte Samuel Morse gerade mal eine 60 Kilometer lange Testverbindung zwischen Washington und Baltimore gelegt. Vier Jahre später waren es bereits über 19.000 Kilometer, und 1858 wurde das erste transatlantische Unterseekabel zwischen den USA und Europa in Betrieb genommen. Die Feierlichkeiten zur Inbetriebnahme gestalteten sich derart turbulent, dass das New Yorker Rathaus abbrannte und die Feiernden nur knapp den Flammen entkommen konnten.[36] Weitere Beispiele: Die erste Postkarte wurde 1871 verschickt. Zwei Jahre später waren es bereits 72 Millionen.[37] 1896 konnten New Yorker die ersten laufenden Bilder bewundern, und bereits 1910 produzierte die noch in den Kinderschuhen steckende Filmindustrie 200 Kurzfilme pro Woche.[38] Letzteres trotz der unermüdlichen Versuche Thomas Edisons und seiner Rechtsanwälte, sein Patent durch eingereichte Klagen zu schützen.

Zukunftsforscher Lars Thomsen bezeichnet die Geschwindigkeit eines Trends als „Popcorn-Effekt". Ausgehend von einem Steve-Jobs-Zitat, der wörtlich sagte, es sei „bereits zu spät, sobald man einen Trend erkannt hat", vergleicht er den Prozess mit Maiskörnern, die in einer Pfanne mit etwas Öl Popcorn werden sollen. Zuerst dauert es, bis die Temperatur von 180 Grad erreicht wird, bei der die Maiskörner platzen. Doch wenn es dann so weit ist, geschieht alles auf einen Schlag. Erst sieht man den Trend nicht, weil ja nichts passiert. Experten und Konkurrenten warten ab. Dann poppt das erste „Popcorn", es wird noch als Ausreißer bezeichnet. Dann das nächste, ein weiteres, und plötzlich alle auf einmal. Im selben Augenblick verfallen Experten und Konkurrenz in panische Aktivitäten, was aber schon zu spät ist. Der neue Markt ist bereits besetzt, der alte zerstört.

Der traditionelle Lebenszyklus bei der Einführung von Innovationen – also wer wie rasch zu verwenden beginnt – unterscheidet zwischen fünf Personengruppen.

- Die Innovatoren sind diejenigen, die Innovation zu uns bringen. Sie stellen die kleinste Gruppe und werden auf 2,5 Prozent der Bevölkerung geschätzt.
- Die Erstanwender als nächste Gruppe machen 13,5 Prozent der Bevölkerung aus. Sie sind willens, noch unausgereifte Innovationen zu akzeptieren, weil sie diese Lösungen entweder dringend brauchen, ehrliches Interesse haben und/oder Freunde mit ihrer Experimentierfreudigkeit und Coolness beeindrucken wollen.
- In den Gruppen der frühen und späten Mehrheit befinden sich dann jeweils 34 Prozent der Gesamtbevölkerung und
- die Nachzügler mit 16 Prozent – das sind diejenigen, die nur deshalb umsteigen, weil sie müssen.[39]

Mit der digitalen Revolution und mit Unterstützung der uns heute zur Verfügung stehenden Technologien beginnt das bisherige Modell zu bröckeln. Die Zeit, bis eine Innovation ganz und gar angenommen wird, verkürzt sich und die Personengruppen reduzieren sich auf zwei: auf Testbenutzer und die Mehrheit.

Wir sehen das in den verschiedensten Industrien bestätigt. Die Art, wie Filme daheim konsumiert werden, hat sich drastisch geändert. Traten mit der Erfindung von Abspielgeräten wie beispielsweise Videorecordern zunächst kleine Videoverleihläden auf, so wurden diese später durch Ketten wie Blockbuster verdrängt. Das dauerte ungefähr 20 Jahre. Dann erschien mit Netflix ein Anbieter aus dem Silicon Valley auf dem Markt, der nicht mehr auf Läden setzte, sondern Filme per Post verschickte. Nicht nur der Prozess, sondern auch das Geschäfts- und Profitmodell änderte sich. Ein monatlicher Betrag erlaubte Filmfans, die Ausleihkosten unter Kontrolle zu halten. Blockbuster erzielte beispielsweise auf seinem Höhepunkt im Jahr 2004 500 Millionen an Einnahmen durch angefallene Verzugsgebühren. Das 1998 gegründete Netflix schaffte diese vollständig

ab. Fünf Jahre später war Blockbuster bankrott. Netflix aber wollte und
konnte sich nicht auf seinen Lorbeeren ausruhen, weil mit Apple TV,
Amazon Instant Video und Google TV bereits drei finanzkräftige und
technologische Machtzentren als Konkurrenten auftraten. So führte das
Unternehmen 2007 eine Streaminglösung ein, bei der Filme gleich direkt
übers Internet konsumiert werden können.

All diese Unternehmen warteten nicht, bis der Markt „reif war", sondern schufen sich ihren Markt selbst. Und dann investierten sie für Europäer unverständlich hohe Summen, um diese Märkte zu monopolisieren.
Hätten sie den Fehler gemacht zu warten, hätten wir vermutlich nie von
ihnen gehört. Es gäbe sie schlicht und ergreifend nicht.

Der deutschstämmige Investor Peter Thiel bezeichnet die Schaffung
eines eigenen Marktes als „von Zero to One (also von Null auf Eins)
gehen".[40] Zero, weil diese Start-ups etwas völlig Neues aus dem Boden
stampfen, und One, weil sie den neu geschaffenen Markt oft nicht nur
mit ihrer innovativen Technologie dominieren, sondern sogar monopolisieren. Zu diesen Start-ups zählt er beispielsweise Facebook, Google,
Twitter und LinkedIn, aber auch Alibaba, Uber und Airbnb. Selbst wenn
sie nicht die Ersten waren, schafften sie es dank der Netzwerkeffekte,
ihren Bereich fast vollständig in Beschlag zu nehmen. Auf diese Weise
entsteht auch am meisten Wert. Alle anderen, die sich erst nachträglich
ein Stück vom Kuchen sichern wollen, „gehen von One to N" (von Eins
auf N). Sie kämpfen primär in Nischen mit geringeren Margen.

Der amerikanische Autor Robert L. Stine hatte Anfang der 1990er
Jahre die Idee zu einer Serie von Horrorbüchern für Kinder zwischen
sieben und zwölf Jahren. Das war eine Novität und wurde vom Verlag
zunächst skeptisch aufgenommen. Würden sich die Kinder nicht zu
sehr fürchten? Die einzigartige Umsetzung jedoch, die mit Gänsehaut-
momenten daherkam, welche die Hauptfiguren nie wirklich in ernste
Gefahr brachten, dazu mit viel Humor und ohne erhobenen Zeigefinger,
schaffte einen Markt, den es so vorher nicht gegeben hatte. Im ersten
Jahr verkauften sich die Bücher über eine Million Mal pro Monat. Mittlerweile hat Stine 350 Millionen Bücher weltweit verkauft. Er ging von
Null auf Eins. Andere Verlage und Autoren zogen nach, reichten aber
nie an diese Erfolgszahlen heran. Sie folgten von Eins auf N.

Wie schnell sich Märkte ändern können, erleben wir jetzt wieder in ersten Ansätzen im Bereich der Elektrofahrzeuge. Als unbequeme Alternative für Nerds lange belächelt, bestellen mittlerweile 400.000 Kunden innerhalb weniger Tage das Tesla Model 3. Infolgedessen trudeln Nachrichten aus mehreren Ländern ein, dass sich die dortigen Behörden nicht nur laut darüber Gedanken machen, wann Verbrenner nicht mehr verkauft werden dürfen, sondern bereits konkrete Maßnahmen umsetzen. Auf norwegischen Straßen sollen im Jahr 2030 ausschließlich Elektrofahrzeuge unterwegs sein, die Niederlande wollen ab 2025 den Verkauf von Verbrennern verbieten, und Österreich diskutiert einen Vorschlag, der sogar noch weiter geht und das Jahr 2020 anstrebt.[41] Fast täglich erreichen uns ähnliche Schlagzeilen aus anderen Ländern.

Angesichts der Anstrengungen und erkennbaren Trends bei der Elektromobilität ist es wenig verwunderlich, wenn selbst Skeptiker zugeben, dass Verbrenner bald Geschichte sein werden.[42] Mike Fox, Vorstand der Gasoline & Automotive Services Dealers of America, stellte im Sommer 2016 lapidar fest:

> „Wenn Tesla seine Ankündigungen zum Model 3 erfüllen kann, sind Verbrennungskraftfahrzeuge Geschichte – es ist wie damals mit den Pferden und Kutschen."

Während deutsche Hersteller erst für das Ende dieses Jahrzehnts vergleichbare Fahrzeuge ankündigen, fahren bereits 100.000 Teslas auf den Straßen. Und nicht nur das. Tesla baut aggressiv seine Ladestation-Infrastruktur aus und will sie innerhalb eines Jahres verdoppeln. Zusätzlich bereitet sich das Unternehmen mit der Gigafactory in Reno, Nevada, auf die zu erwartende Batterienachfrage vor. Die Fabrik ging 2016 in Betrieb. Durch die Kostenersparnisse aufgrund der Produktionsgröße erhofft sich Tesla eine 50-prozentige Reduktion des Batteriepreises. Und wo kaufen die anderen Automobilbauer ihre Batterien? Solange sie über keine eigenen Produktionsstätten verfügen, natürlich bei Tesla, Panasonic und LG.

Damit stellt sich Tesla auf allen Ebenen breit auf, um den Markt zu monopolisieren oder zumindest zu einem Mitspieler zu werden, den man nicht ignorieren kann. Die Verluste, die es bis dato schreibt und die an die drei Milliarden Euro betragen, relativieren sich aus dieser Perspektive. Die durch die Marktdominanz zu erwartenden Erlöse werden die Investitionen mehr als wettmachen. Die deutschen Hersteller könnten ihre halbherzigen Ansätze noch teuer zu stehen kommen. Dabei ist die Autoindustrie eine deutsche Schlüsselbranche mit 800.000 Arbeitsplätzen und 370 Milliarden Euro Jahresumsatz. Auch in Österreich besteht der Sektor aus 700 Produktionsunternehmen, die unter Einbeziehung vor- und nachgelagerter Wirtschaftsbereiche 450.000 Mitarbeiter beschäftigen.[43]

Vielleicht dazu noch eine Vertiefung, um das Dilemma deutscher Autobauer aufzuzeigen. Rechnen wir zu Teslas Verlusten die Aufwendungen von Google hinzu, das seit Beginn seines eigenen Selbstfahr-Technologieprogramms pro Jahr gerüchteweise um die 30 bis 600 Millionen Dollar ausgegeben hat, kommen wir allein bei diesen beiden Technologieführern für autonome und elektrische Fahrzeuge auf Ausgaben von vielleicht sieben Milliarden Dollar. Volkswagen hingegen hat für die ersten Vergleiche mit den amerikanischen Behörden über 22 Milliarden Euro an Strafzahlungen abzweigen müssen. Und damit sind noch nicht einmal alle Prozesse in den USA abgeschlossen, ganz zu schweigen von den in Europa und Asien zu erwartenden Ausgleichszahlungen. Volkswagen gibt nun für Bußgelder ein Vielfaches des Geldes aus, das Google und Tesla in die Entwicklung neuer Technologien gesteckt haben, nur weil man eine betrügerische Abkürzung vorgenommen hat, um sich ja nicht anstrengen zu müssen.

Andere Hersteller sind auch nicht klüger. General Motors hat seit 2012 mehr als 16 Milliarden Dollar für den Rückkauf eigener Aktien aufgewandt.[44] Jawohl, Sie lesen richtig, 16 Milliarden; nicht, um in eine Batteriefabrik zu investieren oder die Anstrengungen in Richtung neuer Technologien zu erhöhen, sondern um eigene Anteile zurückzukaufen. Anstatt den Aktienpreis durch Innovation und Investitionen in die Zukunftsabsicherung hochzutreiben, verknappt man lieber das Angebot. Der aufgebrachte Betrag ist keine kleine Summe, er stellt geschlagene 30 Prozent der Marktkapitalisierung von GM dar. Wirtschaftswissenschaftler sehen Aktienrückkäufe als Mittel zur Geldvernichtung. Mit dem Geld wird nichts Neues geschaffen. Für Innovationsexperten und auf langfristigen Erfolg bedachte Aktionäre ist das ein Signal, dass dem Management die Ideen ausgegangen sind. Stattdessen erhöht man kurzfristig den Aktienkurs, die Dividende und seine eigenen Boni über Verknappung.

Am 10. April 2017 stieg der Aktienkurs von Tesla auf neue Höhen. Mit 51,44 Milliarden Dollar überholte Tesla in der Marktbewertung Ford und GM. Ford, ein Autobauer, der 2016 über 6,65 Millionen Fahrzeuge verkaufte, 151,8 Milliarden Dollar Umsatz erzielte und einen Vorsteuergewinn von 10,4 Milliarden Dollar auswies, erreichte nur 44,70 Milliarden Dollar.[45] General Motors mit einem Umsatz von 166,3 Milliarden Dollar und zehn Millionen verkaufter Autos lag bei 50,15 Milliarden Dollar. Tatsächlich wies Tesla aber einen Verlust von 773 Millionen Dollar aus und verkaufte 2016 weniger als 80.000 Autos. Daimler stand bei einer Marktkapitalisierung von 71,81 Milliarden Euro, BMW bei 53,9 Milliarden und Volkswagen bei 67,94 Milliarden Euro. Und am 8. Juni 2017 überstieg der Wert von Tesla erstmals den von BMW.

Der Investor James Montier nannte Aktien wie die von Tesla sogenannte „Story Stocks", also Wertpapiere, die eine Geschichte erzählen und eine Vision für die Zukunft vorgeben. Nicht die vergangenen beziehungsweise aktuellen Ergebnisse sind wichtig, sondern das Potenzial der zukünftigen Erlöse. Uber, Snap, Amazon und Airbnb haben ähnliche Bewertungen, die in keinem Verhältnis zu den aktuellen Einnahmen oder Gewinnen stehen.[46]

Das Tragische ist, dass unsere Ausbildungssysteme den Fokus auf die Ausführung setzen, also darauf, Lösungen für bekannte Probleme zu finden, und dies auch belohnen. Dabei vernachlässigt man die visionäre Ausrichtung: überdisziplinär zu denken, neue Fragen aufzuwerfen und ihnen nachzugehen.

Welche Geschichte erzählt denn aber nun ein Unternehmen wie Tesla? Nein, nicht die, dass es Elektroautos baut. Das wäre ein Missverständnis. Die größere Geschichte hinter den Bestrebungen Elon Musks bei Tesla ist die, die Menschheit von fossilen Brennstoffen unabhängig zu machen. Mit einem Elektroauto zu beginnen war nur der erste Schritt. Eine Fabrik zu bauen, um die Autos mit günstigen Batterien auszustatten, ein anderer. Ladestationen für die Autos aufzustellen der nächste. Und so geht es weiter. Das erklärt auch den Kauf des Solarzellenproduzenten Solarcity und die Produktion von Batteriespeichersystemen für den Haushalt. Die Geschichte wird damit rund und lässt weitere Möglichkeiten offen, die weit über das Aufgabengebiet eines reinen Elektrofahrzeugherstellers hinausgehen.

Ganz anders stellt sich dagegen die deutsche Herangehensweise dar. Dort treibt die Regierung, die Hersteller bringen jedoch nur das Minimum auf, um die Behördenanforderungen gerade noch so eben zu erfüllen. Kein Wunder, dass dabei nichts vorangeht und selbst die ohnehin unambitionierten Ziele nicht erreicht werden. Obwohl die deutsche Regierung bis 2020 eine Million Elektroautos auf die Straßen bringen will, ist man davon noch weit entfernt. 2015 waren es nur 25.500 reine Elektrofahrzeuge und 130.000 Hybride, und das bei 45 Millionen Pkws insgesamt.

Der ehemalige Vorstand des Instituts für Verbrennungskraftmaschinen und Kraftfahrzeugbau der TU Wien, Universitätsprofessor Hans-Peter Lenz, schätzt die Zahl der Arbeitsplätze, die von der Motorenfertigung in der Autobranche abhängig sind, auf bis zu ein Drittel aller Beschäftigten. Allein bei den deutschen Herstellern wären das weit über 300.000 Mitarbeiter, die „überflüssig" werden könnten. Der Zulieferbetrieb Bosch schätzt, dass allein bei ihm 100.000 Mitarbeiter gefährdet sind. Umschulungen haben bereits begonnen und stellen die Personalabteilung vor große Herausforderungen.

Eine solche Vorhersage zu Massenentlassungen mag heute befremdlich wirken, wenn man auf die Rekordabsätze der deutschen Hersteller schaut. Doch auch General Motors war einmal das größte US-Automobilunternehmen und musste 2009 Insolvenz anmelden. Kodak dominierte noch 1996 den Markt für Film und Filmpapier mit 80 Prozent Marktanteil und einem Umsatz von fast 16 Milliarden Dollar. Von da an ging es bergab bis zum Insolvenzantrag 2012. Nokia war 2007 führend auf dem Handymarkt mit einem Marktanteil von über 30 Prozent. Im selben Jahr kam das iPhone und brachte Nokia 2012 an seine Grenzen.

Wie werden Google, Apple & Co. aber eigentlich von potenziellen Automobilkunden gesehen? Können die „Newcomer" auf ein ähnliches

Vertrauen bauen, wie es Mercedes oder VW entgegengebracht wird? Das Beratungsunternehmen Capgemini befragte über 7.000 Konsumenten aus sieben Ländern, um herauszufinden, wie groß die Bereitschaft ist, von einer aktuellen Automarke zum Angebot eines Technologieunternehmens zu wechseln. Dabei zeigten aufstrebende Industrienationen mit großen jungen Bevölkerungsgruppen wie Indien (81 Prozent), China (74 Prozent) und Brasilien (63 Prozent) die größte Bereitschaft – mit teilweise weit mehr als 50 Prozent Zustimmung. Konsumenten in Frankreich (38 Prozent), Deutschland (32 Prozent), den USA (29 Prozent) und dem Vereinigten Königreich (26 Prozent) äußerten die größten Bedenken. Interessant ist dabei die Aufschlüsselung nach Alter: 65 Prozent der 18- bis 34-Jährigen, 49 Prozent der 35- bis 49-Jährigen und nur mehr 26 Prozent der über Fünfzigjährigen konnten sich einen Umstieg vorstellen.[47]

Wie wird es wirklich werden? Vorhersagen sind schwer zu treffen, solange wir die Zukunft nicht selbst erfinden. Was jeder sich erhofft und erwartet, hängt von persönlichen Einstellungen und Bedürfnissen ab. Oder auch davon, wer einen bezahlt. Manche Automobilexperten finden, die Diskussion um den Verbrennungsmotor werde mit zu viel Hass geführt.[48] Andere können sich nicht entscheiden und geben nur Bandbreiten an, wie hoch der Anteil an fahrerlosen und elektrischen Fahrzeugen einmal sein könnte.[49] In einem Beitrag für den *New Yorker* aus dem Jahr 2011 teilte Adam Gopnik Technologiekommentatoren in drei Kategorien ein: die „Never-Betters" (die Zukunft wird wunderbar), die „Better-Nevers" (besser, die Zukunft kommt nie) und die „Ever-Wasers" (das Neue kommt und geht, das war schon immer so).[50]

Die Never-Betters glauben fest daran, dass wir vor einer neuen Utopie, einer Art Schlaraffenland stehen, in der die Menschen dank neuer Technologien und plötzlicher Eingebung plötzlich alle gut werden und auch gut miteinander umgehen. Die Better-Nevers hingegen trauern vergangener Größe und Einfachheit nach, einer Zeit, die angeblich so viel mehr Sicherheit und Stabilität bot als die heutige. Die Ever-Wasers stellen lapidar fest, dass Wandel immer schon ein fester Bestandteil der menschlichen Entwicklung war, genauso wie die vorhersehbaren Reaktionen darauf. Sie glauben, dass Menschen Neues rascher annehmen als gedacht, gleichzeitig aber ständig darüber lamentieren.

Das Jammern darüber, dass wir bei Elektrofahrzeugen das vertraute Brummen des Motors nicht mehr hören werden, können wir der Wehmut über das Verschwinden des vertrauten Hufgeklappers und Pferdewieherns gegenüberstellen. Und die Furcht vor Datenschutzverletzungen in vernetzten Autos scheint angesichts von Handys und Internet, mittels derer viele Bürger schon heute freiwillig jede Menge persönlicher Daten anderen verfügbar machen, irrational.

Welchen Einfluss haben nun aber die Silicon-Valley-Unternehmen auf das gesamte Ökosystem, und was können wir von ihnen erwarten? Sehen wir uns dazu die einzelnen Technologien einmal genau an und analysieren, was sie bedeuten.

Der letzte Führerschein- neuling oder Die 2. Automobil- revolution

„Die Zukunft begann gestern, und wir sind bereits
zu spät."

— JOHN LEGEND

EIN MODERNES AUTO unterscheidet sich von der ersten motorisierten Kutsche wie ein iPhone von einem Telegrafen. Letztere
dienen beide der Kommunikation, aber wie und auf welchem Wege
die geschieht, unterscheidet sich gravierend voneinander; und das nicht
nur bezüglich Aussehen und Bedienung, sondern auch in der zugrunde
liegenden Infrastruktur. Anstelle von über Holzmasten gespannten
Drahtleitungen bewegen sich unsere Daten nun über Satelliten und
Glasfaserkabel.

Eine hinreichend fortgeschrittene Technologie hat viel mit Zauberei
gemein.[1] Man stelle sich vor, wie ein iPhone auf einen Menschen aus
dem 19. Jahrhundert wirken würde. Als Bertha Benz 1888 ihre erste
Ausfahrt unternahm, zog sie die Aufmerksamkeit der Bevölkerung nicht
nur wegen der neuen Technologie auf sich, sondern weil eine sich ohne
Pferde vorwärtsbewegende Kutsche für viele nur als Teufelswerk interpretiert werden konnte.

Eine Erfindung hat die Macht, das menschliche Bewusstsein zu erweitern. Ein Augenzeugenbericht der britischen Schauspielerin Fanny Kemble, die ihre erste Eisenbahnfahrt beschrieb, zeigt das deutlich. Drei
Wochen, bevor die erste Eisenbahnstrecke zwischen Manchester und
Liverpool im Jahr 1830 ihren Betrieb aufnahm, war die damals 21-jäh-
rige Kemble zu einer Jungfernfahrt eingeladen worden. Nach einer
detaillierten Beschreibung der Lokomotive, der Waggons und der Tun-
nel geriet sie regelrecht ins Schwärmen, als sie schilderte, wie sie die
Zugfahrt mit der atemberaubenden Spitzengeschwindigkeit von 55 Kilometer pro Stunde empfunden hatte.[2]

„Der Waggon ... erreichte die höchstmögliche Geschwindigkeit von 35 Meilen pro Stunde, hurtiger als ein Vogelflug (sie versuchten das Experiment mit einer Schnepfe). Du kannst dir nicht vorstellen, welches Gefühl es war, durch die Luft zu schneiden; die Fahrt war auch so sanft wie möglich. Ich hätte sogar lesen oder schreiben können und stand sogar auf und ‚trank mit meiner Haube die Luft vor mir'. Der Wind, der sehr stark war, oder vielleicht die Kraft, die ihn auf mich drückte, presste meine Lider nieder. (Ich erinnere mich an ein ähnliches Experiment, das ich zuerst an den Niagarafällen ausführte; der Wind, der von unten von den Wasserfällen kam, traf mich mit solch einer Kraft, dass er wortwörtlich meine Lider niederdrückte, und ich meinen Versuch, die Gischt zu durchschreiten, auf einen anderen Tag verschieben musste, wenn die Umstände freundlicher sein würden.) Als ich meine Augen schloss, war das Gefühl des Fliegens wirklich angenehm, und doch, so merkwürdig es auch scheint, ich fühlte mich ganz sicher und hatte nicht die geringste Spur von Angst. [...] Dieser unser mutige kleine Drachen flog dahin ... Wenn ich hinzufüge, dass diese hübsche kleine Kreatur mit gleicher Leichtigkeit rückwärts und vorwärts laufen kann, dann glaube ich, dir all ihre Fähigkeiten beschrieben zu haben."

So amüsant uns diese Beschreibung fast 200 Jahre später vorkommen mag, lesen sich doch die Berichte von Reportern, die zum ersten Mal in einem fahrerlosen Auto sitzen, ganz ähnlich. Ihre Beschreibungen geizen nicht mit den Gefühlen von Angst und dem Staunen vor diesem Wunderwerk der Technik, verhehlen aber auch nicht, wie schnell sie sich an alles gewöhnt hatten. Aber betrachten wir nochmals den heutigen Istzustand. Wir haben schon einen langen Weg zurückgelegt.

Seit der Erfindung des Automobils Ende des 19. Jahrhunderts wurden wichtige Verbesserungen vorgenommen. Dies betraf zunächst das Fahrzeug selbst: vom Treibstoffverbrauch über passive und aktive

Sicherheitsmaßnahmen bis hin zu Komfort und zunehmender Digitalisierung. Diese Art von Innovation geschah schrittweise in der Form, dass das Fahrzeug selbst oder die Art, wie es bewegt oder bedient wird, generell nicht infrage gestellt wurde. Nehmen wir einmal den Bereich Sicherheit: Gurt, Airbag, die Verwendung weicherer Materialien, das Antiblockiersystem, die Knautschzone der Fahrzeugkarosserie und die Beseitigung von spitzen oder abstehenden Teilen im Fahrzeuginneren wie am Fahrzeugäußeren sind nur ein paar der unglaublich vielen Neuerungen. Die oft unterschätzte und auf ihr Aussehen reduzierte Stoßstange durchlief den Wandel vom glänzenden, aber harten Dekorationsstück zu einer weichen und ersten Impact Zone, die von Sensoren durchzogen ist.

Auch in der Fertigung ging man schließlich bei Ford von der Einzel- zur damals revolutionären Fließbandproduktion über. Das vergrößerte die Effizienz und machte Autos massentauglich und günstiger. War die Abfolge damals noch wenig flexibel und sahen die ersten Autos mehr oder weniger wie exakte Kopien aus, so findet man heute an ein und demselben Fließband unterschiedliche Fahrzeuge; ein Cabrio nach einer Limousine und vor einem SUV. Just-in-time-Anlieferung bringt die Teile zu genau dem Zeitpunkt in die Fabrik, wenn sie gebraucht werden, und verringert somit die Lagerkosten. Die zunehmende Automatisierung der Produktion durch Fertigungsroboter und mit immer weniger Arbeitern in der Werkshalle reduziert Arbeitskosten und führt zu einem gleichbleibenden Qualitätsniveau. Ein und derselbe Roboter kann unterschiedlich komplexe Aufgaben ausführen wie das Einpassen des Sitzes oder das Einsetzen des Panoramadachs. Die Art, wie die Automobilmarken die Fertigung immer mehr an die Zulieferindustrie auslagern, wie Systemkomponenten angeliefert und in der Fabrik nur mehr zusammengesetzt werden, erfordert eine Präzision und Sicherung von Qualitätsstandards über Unternehmensgrenzen hinweg, die noch vor wenigen Jahrzehnten selbst innerhalb eines Unternehmens unvorstellbar waren.

Aus wenigen hundert Teilen, aus denen die Automobilpioniere die ersten Autos zusammenschraubten, wurde eine hochkomplexe Wertschöpfungskette, bei der 30.000 Teile und mehr ein modernes Auto ergeben. Die Fertigung ist ein tief verschachteltes Zusammenspiel von Herstellern und Zulieferern. Die Fertigung erfolgt „just in time" beziehungsweise

„just in sequence". In der Endmontage werden nur noch mehr oder weniger fertige und in der richtigen Reihenfolge angelieferte Komponenten wie beispielsweise Motoren zusammengefügt. Türen brauchen bloß noch eingehängt zu werden.

So ein Vorgehen erfordert eine tiefe vertikale Integration, bei der die Hersteller den Zulieferern vorschreiben, welche Software sie verwenden sollen und welchen Zugriff der Hersteller auf diese Systeme haben will. Bestellungen werden nicht nur weitergemeldet, sondern gleich direkt in das System des Zulieferers eingeschrieben und laufend angepasst. Auch wenn es sich rechtlich gesehen um verschiedene Unternehmen handelt, stellen Automobilhersteller und ihre Zulieferindustrie einen einheitlichen Organismus dar.

Die Veränderungen vollzogen sich jedoch nicht nur am Fahrzeug, in der Fahrzeugtechnologie oder in der Art und Weise, wie der Wagen produziert wird. Finanzierungsmodelle von Autokrediten bis hin zu Leasing wurden geschaffen, um den Absatz zu fördern. Versicherungen führten Angebote wie Kasko ein, um im Schadensfall Verluste zu ersetzen.

Als eher überraschende und unvorhersehbare Begleiterscheinung des Automobils erwies sich die Entstehung eines Bewertungssystems für Restaurants. Der Reifenhersteller Michelin wollte seinen Kunden, den frühen Automobilisten, attraktive Fahrziele empfehlen und stellte französische Restaurants und Hotels in einem gedruckten Reiseführer vor. Mit steigender Popularität des Guides wurden Restaurantbewertungen eingeführt, die immensen Einfluss auf die Qualität und das Selbstverständnis der französischen Gastronomie nahmen.

Mit den Fortschritten kamen auch die Probleme. Wie schon bei der Pferdekotkrise zeigte sich, dass der Feind des Guten nicht das Bessere, sondern das Zu-viel-des-Guten ist. Auf der Welt gibt es 1,2 Milliarden Autos, die im Durchschnitt 22 bis 23 Stunden am Tag nichts anderes tun als parken, sprich, die nicht benutzt werden. Und die mobilen Untersätze, die auf der Straße unterwegs sind, stehen oft im Stau. Amerikaner verbringen jährlich 175 Milliarden Stunden in ihren Kraftfahrzeugen.[3] Der Produktivitätsverlust durch die verlorene Zeit im Stau wird sich für Deutschland, Großbritannien, Frankreich und die USA mit 293 Milliarden Dollar bis 2030 verdoppeln, 124 Milliarden davon entfallen allein auf die USA. Von 2013 bis 2030 rechnet man für diese Länder mit Kosten von unglaublichen fünf Billiarden Dollar.[4]

In der 2. Automobilrevolution steht Software im Zentrum der Disruption. Intelligentes Batteriemanagement stellt bei elektrischen Fahrzeugen sicher, dass die nächste Ladestation erreicht wird. Die datenintensiven Berechnungen, um ein selbstfahrendes Fahrzeug sicher durch den Straßenverkehr ans Ziel zu bringen, sind ein weiteres Anwendungsgebiet. Die Passagiere können so während der Fahrt ihre Aufmerksamkeit dem elektronischen Entertainmentsystem zuwenden, sich entspannen oder arbeiten, je nach Belieben. Und dass Smartphones und die Kommunikation zwischen den Fahrzeugen und mit Objekten ebenfalls eine komplexe Softwarelösung benötigen, überrascht auch nicht weiter. Eine Taxi-App ist nicht nur eine einfache Anwendung, sondern ein ganz reales Werkzeug, das Angebot und Nachfrage plant und koordiniert. Wenn bereits jeder Ansatz für sich disruptiv auf die davon unmittelbar betroffenen Industrien wirkt, was bringt uns dann erst deren Kombination? Etwa elektrisch betriebene, selbstfahrende Fahrzeuge, die mittels App bestellt werden? Dazu werden wir uns die Ubers noch genauer ansehen.

Mit fast 800.000 Beschäftigten stellt der Automobilsektor den bedeutendsten Industriezweig in Deutschland dar.[5] Neben den 450.000 Beschäftigten bei den Autoherstellern gibt es 4.500 Zulieferbetriebe mit insgesamt 300.000 Mitarbeitenden. Da die Branche sehr forschungsintensiv ist, machen die über 90.000 Forscher und Entwickler ein Viertel des gesamten F&E-Personals der deutschen Wirtschaft aus. Zählt man Fahrer, Autohändler, Beschäftigte in der Erdölindustrie oder der Parkraumbewirtschaftung hinzu, dann ist direkt oder indirekt jeder siebte Arbeitnehmer in Deutschland für die Automobilbranche tätig. Der Verband der Automobilindustrie (VDA) schätzt, dass die Jobs von 5,4 Millionen Deutschen indirekt von der Autoindustrie abhängig und dass 405 Milliarden Euro an Wirtschaftsleistung pro Jahr mit ihr verbunden sind. Autoexporte machen mehr als die Hälfte der deutschen Ausfuhren aus.[6]

Diese Zahlen sind jedoch etwas mit Vorsicht zu genießen. So beziehen die Beschäftigtenzahlen in der Automobilindustrie, die vom VDA zitiert werden, auch Taxifahrer, Verkehrspolizisten und Kfz-Versicherer mit ein.[7]

Auch die Höhe von Forschungs- und Entwicklungsausgaben sagt wenig über die Innovationskraft eines Unternehmens aus, umso mehr, wenn man feststellt, dass Volkswagen 2014, 2015 und 2016 das Unternehmen mit dem größten F&E-Budget weltweit war, noch vor Samsung, Amazon, Google und Apple (siehe Tabellen 2 und 8).[8]

2016	2015	Unternehmen	Milliarden Dollar
1	1	Apple	6,0
2	2	Alphabet	9,8
3	6	3M	1,8
4	5	Tesla Motors	0,5
5	3	Amazon	9,3
6	4	Samsung	13,1
7	NA	Facebook	4,8
8	8	Microsoft	11,4
9	7	GE	4,2
10	9	IBM	5,4

Tabelle 2: Top Ten der innovativsten Unternehmen 2016 © PwC

Der Grund dafür, warum der VDA diese großzügige Kalkulation aufstellt, ist leicht zu durchschauen. Je höher die Beschäftigtenzahlen und die Wirtschaftsleistung, desto leichter lässt sich dem Gesetzgeber vermitteln, bloß nicht zu viel Sand ins Getriebe mit „unnötig strengen" Regulierungen zu streuen. Doch genau das, nämlich ein strengerer Umgang mit den Industrieverantwortlichen, fehlte zuletzt. Ein Kind, dem Vater und Mutter alles durchgehen lassen, wird früher oder später seinen Eltern auf dem Kopf herumtanzen und sich zu einem Flegel entwickeln. Der Dieselabgas-Skandal und nun das Preiskartell zeigen das deutlich.

Außenstehende verfolgen die Ereignisse um diesen Skandal mit Erstaunen, genauso wie die Art der geführten Diskussion. Dass diese „Schummelei" ein Signal dafür ist, dass etwas im Land und in der Automobilindustrie gerade „zum Himmel stinkt", scheint der Öffentlichkeit klar, auch wenn man der Automobilbranche nur gelegentlich seine Aufmerksamkeit schenkt. Wann immer ich einer Wirtschaftsdelegation oder dem Vorstand von Automobilclubs die Frage stelle – wie Anfang 2017 bei

einem Vortrag für den ADAC-Vorstand und die regionalen Vorsitzenden
– wer schon einmal ein Elektrofahrzeug Probe gefahren ist, melden sich
mehr als die Hälfte der Anwesenden. Und auf die weitere Frage, wer denn
glaube, dass Elektrofahrzeuge die Zukunft seien, schießen mehr als
80 Prozent der Hände in die Höhe. Ein ähnliches Umfrageergebnis
erzielte man beim Besuch einer 60-köpfigen Delegation aus Niedersachsen, angeführt vom Wirtschafts- und Transportminister. Alle merken es,
nur die Autobosse wollen es nicht wahrhaben.

Psychologen sprechen von kognitiver Dissonanz, wenn dem eigenen
Glauben an etwas Fakten gegenübergestellt werden, die dem widersprechen. Dass Deutschland die besten Autos baut, ist eine unerschütterliche
Gewissheit – und dann kommt ein Neuling wie Tesla und stellt das
infrage. Der Verbrennungsmotor wurde in über 100 Jahren weiterentwickelt, die besten Experten sitzen in den Stammwerken deutscher Automobilbauer, und nun soll dieses Wissen plötzlich obsolet werden? Aber
ich frage Sie: Wie soll man ernsthaft die Entwicklung fahrerloser Autos
vorantreiben, wenn man den Kunden und sich selbst jahrzehntelang eingeredet hat, dass „Freude am Fahren" das höchste Gut auf Erden sei?

Die Erkenntnis, dass die eigene Expertise veraltet ist und nicht mehr
gebraucht wird, stürzt jemanden, der seine ganze Karriere darauf aufgebaut hat, in eine Sinnkrise. Die menschlich verständliche Reaktion
darauf besteht oft darin, die Realität nicht akzeptieren zu wollen und
stattdessen „alternative Fakten" vorzubringen: „Das iPhone wird ein
vorübergehender Hype bleiben." „Menschen wollen immer eine Tastatur benutzen." „Niemand wird Fotos auf einem Bildschirm betrachten
wollen, nur was auf Papier ausgedruckt wird, ist das einzig Wahre."
„Das Automobil wird wieder verschwinden, ich sage dem Pferd eine
lange Zukunft voraus." Wir wissen alle, wie das ausging.

Sie sehen schon: Ich gehe hier nicht zimperlich mit den traditionellen
Automobilherstellern im Allgemeinen und den deutschen Herstellern im
Speziellen um. Es mag aussehen, als ob ich Tesla oder Google über den
grünen Klee lobe und Daimler, BMW & Co schlecht aussehen lassen
will, aber die Zeiten, sich selbst auf die Schulter zu klopfen und sich einzureden, wie „super man denn sei", sind mit dem Diesel- und Preiskartellskandal endgültig vorbei. Zu lange wurde unsere Vorzeigeindustrie

mit Samthandschuhen angefasst. Zum Dank hat sie sich zu einem unverschämten Fratz entwickelt und schadet in ihrer Arroganz sich selbst und uns. Wir müssen Tacheles reden, und da das in Politik und Gesellschaft offenbar keiner tun will oder sich traut, mache ich es mit diesem Buch. Nicht weil mir das Freude bereitet, sondern weil ich eine wichtige Industrie meines Heimatlandes nicht untergehen sehen will. Zu viel steht dabei auch für meine Familie, Freunde und Bekannten auf dem Spiel.

Sehen wir uns nun die einzelnen Technologien und die Implikationen für den deutschsprachigen Wirtschaftsraum genauer an.

Daten und Fakten
zur Automobilindustrie

„Eine Milliarde hier, eine Milliarde da, und unverhofft
spricht man von einer erklecklichen Summe Geld."
– EVERETT DIRKSEN

SAGENHAFTE 1.300 MILLIARDEN Euro bringen die jährlichen 80 Millionen Autoneuverkäufe weltweit ein. Diese Billiarde geht auf das Konto der 14 großen Automobilhersteller, der sogenannten „Original Equipment Manufacturers" oder auch OEMs, die mehr als 50 Marken unter ihrem Dach vereinen und uns allen ein Begriff sind: Volkswagen, Toyota, Daimler, General Motors, Ford, Fiat, Chrysler, Honda, BMW, Nissan, Hyundai Peugeot, Renault und Kia.[9]

Dabei bauen die Hersteller den Großteil ihrer Fahrzeuge gar nicht mehr selbst. Viele Komponenten werden von sogenanntem Tier-1-Unternehmen zugeliefert. Bosch, Magna oder Continental liefern von der vollständigen Scheibenwischeranlage bis zur kompletten Tür oder dem Kofferraum alles fix und fertig ins Werk. Die gleichen Scheibenwischer können in einen Mercedes, einen BMW oder einen Toyota verbaut werden. Die Tier-1-Zulieferer arbeiten für mehr als einen der OEMs, was günstigere Preise erlaubt. Eine Komponente wie ein Scheibenwischer, den Mercedes in seiner C-Klasse 400.000 Mal verbaut, kommt für die OEMs billiger, wenn dieselbe Lösung an vier weitere Hersteller verkauft wird. Statt 400.000 Scheibenwischer werden dann zwei Millionen produziert. Die Tier-1-Unternehmen wiederum stellen auch nicht alle Bestandteile selbst her, sondern beziehen sie von nachgelagerten Lieferanten. Diese werden als Tier-2-Zulieferer bezeichnet, und zwar deshalb, weil sie über Dritte nur indirekt an die OEMs liefern. In Deutschland gibt es an die 1.500 Zulieferbetriebe.[10]

Der Grund dafür, warum es nur 14 sehr große OEMs gibt, liegt in der Kapitalintensität dieser Industrie. Es kommt unglaublich teuer, ein Auto zu bauen. Die reinen Maschinenkosten für eine Autofabrik belaufen sich auf eine halbe Milliarde Dollar. In dieser Summe sind Stanzmaschinen und Förderbänder eingeschlossen und vieles mehr, was die Produktion so komplex macht. Immerhin müssen Tausende von Teilen zu einem Auto zusammengesetzt werden, die vorgegebenen Bestimmungen erfüllen und die nächsten 15 Jahre möglichst problemlos arbeiten. Zu den Maschinenkosten kommen die Gehälter der Mitarbeiter wie auch die Ausgaben für Design, Marketing und Tests. Das summiert sich rasch auf ein bis zwei Milliarden an Einstiegskosten, die aufgebracht werden müssen, um ein Fahrzeug zu produzieren. Mittlerweile verschieben sich die Kosten immer mehr von der Hardware auf die Software. Oder wie man es in den USA bildlich ausdrückt: Software „frisst" die Hardware. Immer wichtiger werden elektronische Steuerungen, Unterhaltungselektronik und Anwendungen, die mit dem noch näher zu diskutierenden, allmählichen Umstieg auf selbstfahrende elektrische Ubers zusammenhängen.

Es verwundert somit nicht, dass es nur wenige erfolgreiche Neueinsteiger gibt, die noch dazu an der Börse notiert sind. Zwischen den Börsengängen von Ford im Jahre 1956 und von Tesla Motors im Juni 2010 lagen immerhin ganze 54 Jahre.

Die Automobilbranche zählt nicht nur zu den kapitalintensivsten, sondern auch zu den forschungsintensivsten Industrien. 16 Prozent der weltweiten Forschungsausgaben fallen in der Autoindustrie an.[11] Pro verkauftem Fahrzeug werden mehr als 1.000 Euro für die Forschung ausgegeben.[12] OEMs und Tier-1-Unternehmen stecken insgesamt 100 Milliarden pro Jahr in die F&E, wobei erstere mehr als zwei Drittel beisteuern. Nur die Software- und Pharmaindustrie geben noch mehr aus.

Auch kann man die Automobilindustrie nicht nur rein auf den Produktionsbereich reduzieren. Dieser ist nur der Anfang der automobilen Wertschöpfungskette. Der Verkauf, die Wartung, die Entsorgung stellen nachgelagerte Dienstleistungen dar, die für Beschäftigung sorgen. In Nordamerika sind knapp 1,1 Millionen Menschen bei 16.500 Autohändlern beschäftigt.[13] In Deutschland zählte man 2015 38.400 Kraftfahrzeugbetriebe, Autohäuser, Werkstätten und Kfz-Service inklusive.[14]

Finanzierungsmodelle vom Autokredit bis zum Leasing sorgen für einen reibungslosen Funktionsablauf der Autoindustrie. Die Hersteller und Händler besitzen entweder eigene Banklizenzen oder arbeiten mit Banken zusammen. Die Finanzierung ist gewissermaßen das Öl im Getriebe, welches Verkäufe sowie Produktion und nachgelagerte Dienstleistungen am Laufen hält.

Und dann haben wir bereits gesehen, wie OEMs in neue Geschäftszweige vorstoßen. Tesla betreibt Ladestationen, BMW mit DriveNow ein Carsharing-System. Gleich mehrere Hersteller gingen Kooperationen mit Ridesharing-Unternehmen ein: Toyota mit Uber, GM mit Lyft, Apple mit Didi Kuai und Volkswagen mit Gett. Und Mercedes erwarb mit mytaxi gleich das ganze Unternehmen.

Neben der vertikalen Integration, wie sie als hierarchisches System zwischen Herstellern und Zulieferindustrie besteht, drängt sich immer mehr die Notwendigkeit einer horizontalen Integration auf, bei der niemand die höchste Autorität besitzt. Denn hier kommen andere Faktoren ins Spiel: Konkurrierende Hersteller, die gemeinsam an Standards wie beispielsweise Ladestationen zusammenarbeiten müssen; hunderte Computerchips und Verkabelungen, die zusammengelegt werden sollten, um Fehler und Kosten zu verringern; App-Ökosysteme, an denen man nicht vorbeikommt. Autonomes Fahren verlangt nach einem Betriebssystem, mit dem Unternehmen wie Google und Apple einfach mehr Erfahrung haben. Unternehmen aus dem Silicon Valley weisen bei der horizontalen Integration einen gewaltigen Vorsprung auf und haben schon seit Jahren Prozesse entwickelt, um zwischen Wettbewerb und Zusammenarbeit hin- und herwechseln zu können. Für die geheimniskrämerisch veranlagte traditionelle Automobilindustrie stellt das einen extremen Kulturschock dar.[15]

Auch der Charakter der Industrie, in der sich Autobauer und Zulieferer bewegen, verändert sich Schritt für Schritt. Man baut nicht mehr einfach nur Fahrzeuge, sondern ist gezwungen, sich die grundlegende Frage zu stellen, warum man das eigentlich tut! Und eine der Antworten, die man erhält, ist die, dass die Industrie Mobilitätslösungen bereitstellen muss. Aber was ist das, eine Mobilitätslösung? Und hier kommt es zum Generationenkonflikt. Bedeuteten Autos in der Vergangenheit

Freiheit und Unabhängigkeit, bereiten sie uns heute eher Kopfweh und Sorgen. Verkehrsstaus, Parkplatzsuche, Treibstoffkosten und Umweltverschmutzung sorgen dafür, den Traum vom eigenen Wagen zum Alptraum werden zu lassen.

Automobilmanager, die in einem Unternehmen Karriere gemacht haben, das Wert auf große Motoren legte und im Biegen von Blech die wichtigste Aufgabe sah, werden mit einer neuen Generation konfrontiert, die nicht mehr selbst fahren, ja nicht mal mehr selbst ein Auto besitzen will, und die eine Lösung der oben genannten Probleme erwartet. Die Ansprüche sind radikal: keine Motoren mehr, keine Abgase, keine Parkplatzsuche, kein Bedürfnis, selbst zu steuern. Erwartungen wie diese erschüttern das Selbstverständnis einer ganzen Industrie. Gern macht man sich weis, dass es sich hier nur um eine vorübergehende Modeerscheinung handle. Deshalb geht man die Umsetzung auch nur halbherzig an. Seit Jahren versprechen uns die Automobilbauer Elektrofahrzeuge, und jedes Mal kommt doch wieder nur das nächste Dieselmodell.

Selbst all die Fortschritte im Automobilbau führen nicht daran vorbei, dass bis zu 95 Prozent an Energie dafür aufgebracht werden müssen, die Automasse selbst zu bewegen; moderne Kraftfahrzeuge wiegen zwischen einer und zwei Tonnen. Nur fünf bis zehn Prozent braucht man, um die Passagiere zu bewegen (bei einem Durchschnittsgewicht von 75 Kilogramm pro Insasse). Auch über die Jahre entwickelte Leichtbauweisen trugen wenig dazu bei, die Fahrzeuge an Gewicht verlieren zu lassen. Zusätzliche Sicherheitsmaßnahmen und Einbauten zur Erhöhung des Komforts wie elektrische Fensterheber und elektronische Steuerungen glichen die Einsparungen mehr als aus.

Das Transportwesen beanspruchte mit 27,7 Prozent im Jahr 2015 – nach den Elektrizitätswerken mit 38 Prozent – den zweitgrößten Anteil am Energieverbrauch in den USA. Die Bewegung von Menschen und Gütern (und Fahrzeugen) ist dabei mit 79 Prozent die zugleich verschwenderischste Form der Energieverwendung.[16]

Zu den gängigsten Treibstoffen für den Individualverkehr zählen heute Benzin und Diesel. Über die Jahre kamen alternative Treibstoffe hinzu wie das sogenannte FlexFuel, bei dem Kraftstoff ein bis zu 25-prozentiger Anteil an Methanol oder Ethanol beigemischt wird. Deren

Verwendung setzt voraus, dass der Motor mit solch einem Gemisch umgehen kann. Der Vorteil von FlexFuel ist, dass er (teilweise) aus nachhaltigen Quellen erzeugt wird. Das eingesetzte Methanol beziehungsweise Ethanol kann aus Rohrzucker, Mais oder biologischen Abfällen gewonnen werden. Vor allem in Brasilien erreichte der Anteil an Neuzulassungen bei FlexFuel-Fahrzeugen durch steuerliche Anreize bis zu 90 Prozent. Trotz mancher Vorteile hat sich dieser Treibstoff nicht durchgesetzt, weil Automobilhersteller und Ölkonzerne dagegen vorgingen. So sind zwar die meisten in den USA verkauften Fahrzeuge technisch befähigt, mit FlexFuel zu fahren, diese Funktion ist aber oft elektronisch abgeschaltet.[17]

Der Antrieb wird elektrisch

„Es ist schwierig, jemandem etwas verständlich zu machen, wenn sein Gehalt davon abhängt, es eben nicht zu verstehen."

– Upton Sinclair

EIN KÜHLES MAILÜFTCHEN umweht uns in Emeryville. Eingepfercht zwischen Oakland im Süden und Berkeley im Norden, ist Emeryville vor allem durch das Animationsfilmstudio Pixar bekannt, das uns neben „Toy Story" und „Findet Nemo" auch den Film „Cars" beschert hat. Wir, eine Gruppe von deutschsprachigen Expatriats, sind aber nicht zusammengekommen, um uns von einem sprechenden, animierten Auto unterhalten zu lassen, sondern um den BMW i3 Probe zu fahren. Ein Bekannter beim BMW Technology Office in Mountain View, der zusammen mit seinen Kollegen über die neuesten Silicon-Valley-Trends in die Konzernzentrale Bericht erstatten soll, erklärt uns das Fahrzeug und die Funktionsweise. Ein Tritt aufs (Gas-?)Pedal, und der Wagen schießt lautlos nach vorn. Obgleich mit vier Passagieren beladen, bewegt er sich zügig. An das Bremsen muss man sich gewöhnen. Den Leerlauf, wie wir ihn von Motoren her kennen, gibt es hier nicht. Stattdessen bremst der Wagen langsam ab, sobald man den Fuß vom Gaspedal nimmt. Damit gewinnt er Bremsenergie zurück und lädt die Batterie. Diese Modifikation eröffnet neue, verspieltere Fahrweisen: Wie weit nehme ich vor einer roten Ampel den Fuß vom Gaspedal, um nicht die Bremse betätigen zu müssen?

Die kurze Fahrt macht es uns allen deutlich: Hier fährt die Zukunft des automobilen Antriebs. Die Tage des Verbrennungsmotors scheinen endgültig gezählt. Und das ist auch dringend notwendig. Länder wie China stehen vor einem hausgemachten Umweltkollaps. Um einen wachsenden Wohlstand im Land zu gewährleisten, wurde auf die Umwelt keinerlei Rücksicht genommen. Das rächt sich nun. Das Land ächzt unter Schadstoffbelastungen durch Fabriken, Kraftwerke und Automobile, die ein Mehrfaches der Grenzwerte betragen, Smogglocken sind ein Dauerzustand. So gleichen die Umweltschäden das Wirtschaftswachstum wieder mehr als aus.[18]

Andere Länder wiederum haben sehr gute politische Gründe dafür, die Abhängigkeit vom Öl reduzieren zu wollen. Israel, das sich seit der Gründung im Konflikt mit seinen arabischen Nachbarländern befindet, möchte über die Erdölabhängigkeit nicht auch noch seine Feinde finanzieren. Kein Wunder, dass eine ganze Reihe israelischer Start-ups im Automobilsektor zu finden ist.[19] Norwegen wiederum hat ein völlig anderes Motiv, sich neu zu orientieren. Es ist noch nicht lange her, dass sich das Land aufgrund der Erdölvorkommen von einer kleinen Fischfangnation zu einem der reichsten Länder der Erde entwickelt hat. Doch man weiß, dass die Quelle nicht ewig sprudeln wird und man sich deshalb auf die Zeit danach vorbereiten muss. Es überrascht nicht, dass gerade diese Länder an vorderster Front für Elektromobilität stehen.

Shanghai oder Tel Aviv sind gerade für Abenteuerlustige immer eine Reise wert, ebenso für Technikinteressierte. Die Bedeutung von schnellen und günstigen Fahrzeugen für die Bevölkerung lässt sich an der Zahl der Mopeds und Motorräder abschätzen. Sieht man genauer hin, fällt einem vor allem die Antriebstechnik auf. Ein rechteckiger Batterieblock mit Griff unter dem Sitz treibt viele dieser Fahrzeuge an. Das Moped wird an der Straße geparkt, der Batterieblock entnommen und in die Wohnung getragen zum Aufladen.

Vor einem Jahrzehnt beschloss die Verwaltung der chinesischen Stadt Qingdao, elektrische Motorräder zu fördern und im Gegenzug Verbrenner zu bestrafen. Anreize für ein lokales Unternehmen, Elektromopeds zu produzieren, und kostenlos angebotener Strom für die Angestellten der lokalen Behörden führten dazu, dass dort heute 25 Millionen Elektromotorräder pro Jahr vom Band rollen.[20] So ganz nebenbei bemerkt: Qingdao war im 19. Jahrhundert ein deutscher Handelsstützpunkt. Zeigte damals das Kaiserreich den Chinesen, wie man deutsches Bier braut, sollten wir heute von den Chinesen lernen, wie Elektromobilität gemacht wird.

Chinas Elektrifizierungsanstrengungen beschränken sich jedoch nicht auf Motorräder und Mopeds. BYD, Faraday Future, NextEV/NIO, Quiantu Motors und Qoros sind einige der Neueinsteiger in die Automobilbranche, die mit ihren ambitionierten Zielen, in den nächsten Jahren Hunderttausende von Elektrofahrzeugen produzieren zu wollen, im Westen ungläubiges Staunen ernten. National Electric Vehicle Sweden (NEVS) ging aus Saab hervor und gehört nun einem chinesisch-schwedischen Eigentümer. Auch der chinesische Netflix-Klon LeEco hat in Zusammenarbeit mit Aston Martin ein elektrisches Fahrzeug angekündigt.[21] Der LeSee soll nicht nur elektrisch, sondern auch autonom fahren können.[22] Dafür erhielt das Unternehmen nun in Hangzhou die Genehmigung, mit einer Kapitalausstattung von 1,8 Milliarden Dollar eine moderne Fertigungsstätte zu errichten, in der ab 2018 jährlich 400.000 Zukunftsautos gebaut werden sollen. Diese Zahl würde mit einem Schlag Chinas bisherige Produktionszahlen verdoppeln.

Auch Auftragsfertiger Foxconn, der unter anderem die iPhones für Apple produziert, investierte 811 Millionen Dollar in die Entwicklung eines Elektrofahrzeugs.[23] Future Mobility kündigte für 2020 ein selbstfahrendes Elektrofahrzeug an.[24] Spannend ist auch, wer hinter all den Unternehmen steht. Sowohl LeEco als auch Lucid Motors und Faraday Future werden vom chinesischen Unternehmer und Milliardär Jia Yueting finanziert. An Lucid Motors waren in den ersten Finanzierungsrunden vor allem chinesische Investoren beteiligt.[25] BYD wiederum betreibt ein Joint Venture mit Daimler, das bereits heute das gemeinsam entwickelte Elektrofahrzeug Denza auf dem chinesischen Markt verkauft. 2016 peilt BYD den Verkauf von 120.000 Elektrofahrzeugen an, mehr als der prominente Konkurrent Tesla.[26] Das wiederauferstandene Detroit Electric versucht schamlos, das Erfolgsmodell von Tesla zu klonen, indem zuerst ein Roadster, dann eine Limousine und anschließend ein SUV gebaut werden sollen.

China ist bereits heute der größte Elektrofahrzeugmarkt der Welt. Zusätzlich zu den Elektromotorrädern kommen über eine Million Elektrofahrzeuge. Die Auslieferung von 400 Elektrobussen für die Stadt Shenzhen im Dezember 2015 verursachte einen kilometerlangen Stau auf der Autobahn. 20 Prozent aller öffentlichen Busse in China fahren heute bereits elektrisch.[27] Der Chef des im Silicon Valley angesiedelten

Unternehmen	Land	Art	Typ	Link
Apple	USA	EV	PKW	http://www.apple.com/
Lucid Motors	USA	EV	PKW	http://www.ludicmotors.com/
BYD	China	EV	Bus	http://www.byd.com/
Detroit Electric	USA	EV	PKW	http://detroit-electric-group.com/
Faraday Future	China	EV	PKW	http://www.ff.com/
Future Mobility	China	EV	PKW	http://fmc.auto/
LeEco	China	EV	PKW	http://www.leeco.com/
NEVS	China/ Schweden	EV	PKW	https://www.nevs.com
NIO	China	EV	PKW	http://www.nio.io
Nikola One	USA	EV	LKW	https://nikolamotor.com/
Proterra	USA	Bus	Bus	http://www.proterra.com/
Rimac	Kroatien	EV	PKW	http://www.rimac-automobili.com/
Sono Motors	Deutschland	EV	PKW	https://www.sonomotors.com/
Tesla	USA	EV	PKW	http://teslamotors.com/
Thunder Power	Taiwan	EV	PKW	http://www.tpev.com/

Tabelle 3: Eine Auswahl reiner Elektrofahrzeughersteller

Elektrobusherstellers Proterra gibt an, dass Elektrobusse bereits heute im Betrieb günstiger sind als Verbrenner. Er erwartet, dass ab 2025 öffentliche Nahverkehrsbetreiber nur mehr Elektrobusse kaufen werden.[28] Und im März 2017 haben mehrere Dutzend amerikanische Städte inklusive New York City, San Francisco und Chicago angekündigt, 114.000 Elektrofahrzeuge im Wert von zehn Milliarden Dollar für Polizei, Müllabfuhr und andere städtische Einrichtungen anschaffen zu wollen.[29]

Selbst wenn die Infrastruktur für Elektrofahrzeuge in den USA und China heute noch unzulänglich ist, es an Ladestationen fehlt und in China Strom vor allem aus umweltschädlichen Kohlekraftwerken kommt, birgt der Kauf von Elektrofahrzeugen langfristig zwei Vorteile: Erstens kann mit dem Umstieg auf umweltfreundliche Energien das Nachhaltigkeitspotenzial von E-Fahrzeugen ausgenutzt werden, und zweitens sammeln die Hersteller Erfahrungen mit Batterietechnologie und Strombedarf für die E-Mobilität. Das verschafft China und den USA Pluspunkte im Wettbewerb um die Vorherrschaft in dieser Technologie.[30] Chinesische Hersteller konnten mit ihren eigenen Verbrennungskraftfahrzeugen auf globaler Ebene nicht konkurrieren. Der Traum von der weltweit exportierenden Autonation hat sich nicht erfüllt. Bei Elektrofahrzeugen hingegen fangen alle bei null an. Da auch die etablierten Hersteller mit der neuen Technologie zu kämpfen haben, sieht China seine Chance, sich wenigstens auf diesem Gebiet als führende Nation zu etablieren.[31]

Das Land ist dazu ideal aufgestellt. Man hat die größten Rohstofflager für seltene Erden, die für Batterien benötigt werden, man hat die Produktionsstätten, und der Bedarf an individueller Mobilität ist mit dem Wirtschaftswachstum stark angestiegen. Gleichzeitig kämpft man mit massiven Umweltproblemen, bei denen Elektrofahrzeuge einen Teil der Lösung darstellen. Selbst wenn die heutige Infrastruktur und die Qualität unseren westlichen Ansprüchen noch nicht genügen ... die ersten Kamerakopien und japanischen Autos nach dem zweiten Weltkrieg taten das genauso wenig. Heute führen Produkte aus Japan weltweit, und es waren ihre Produktionsprozesse in der Automobilindustrie, die in den 1990er Jahren von deutschen Unternehmen kopiert wurden. Eine ähnliche Entwicklung kann von China auch erwartet werden.

Wie ernst es China mit der E-Mobilität meint, sieht man an den Fördermitteln und an der Umstellungsgeschwindigkeit. Innerhalb eines Jahres wurden in der Viermillionenstadt Taiyuan alle 8.000 Verbrennertaxis auf Elektrotaxis der Firma BYD umgestellt. Dabei machte man den Taxiunternehmen den Wechsel durch großzügige Vergünstigungen schmackhaft. Fast zwei Drittel des Listenpreises von 34.200 Euro wurden gesponsert, der Preis pro Fahrzeug sank damit auf 12.300 Euro. Gleichzeitig wurden mehr als 2.000 Ladestationen gebaut, weitere 3.550 sind geplant. Und zuletzt begannen Shenzhen und Peking mit dem Austausch aller Verbrennertaxis. Die 70.000 Taxis im Großraum Peking sollen ebenfalls sukzessive durch Elektrotaxis ersetzt werden. Die Kosten werden dabei auf umgerechnet 1,3 Milliarden Dollar geschätzt.[32]

Die Meldungen von der Auslieferung von Hunderten, ja sogar Tausenden von Elektrobussen an die öffentlichen Nahverkehrssysteme von

Shenzhen und Tianjin können Europäer nur erstaunen. Wo wir gewohnt sind, dass sich unsere Nahverkehrsdienstleister in den Medien feiern lassen, wenn sie mal einen Elektrobus testen oder gar bestellen (Ambition und Umweltschutz sehen anders aus), werden in China ganze Nahverkehrssysteme auf einen Schlag elektrifiziert.

2015 verkaufte man in China fast 189.000 Elektrofahrzeuge. 2016 wurden bereits 312.000 Elektrofahrzeuge produziert, fast alle davon für den heimischen Markt, was China vor den USA zum führenden Elektrofahrzeugland macht.[33] Europa liegt in Sachen Elektromobilität abgeschlagen an dritter Stelle. Unter den zehn größten Herstellern von Elektrofahrzeugen befinden sich vier chinesische – keine Joint Ventures mit westlichen Herstellern, sondern eigenständige Unternehmen wie BYD, Kandi und Zotye, von denen die meisten von uns noch nie gehört haben.[34] Mit der Ankündigung Chinas, dass ab 2018 unter den Neuzulassungen acht Prozent E-Fahrzeuge sein müssen, hat die Regierung deutsche Hersteller auf dem falschen Fuß erwischt. Wer jemals die Umweltverschmutzung im Land selbst erlebt hat, versteht, warum die Offiziellen hier so drängen. Aber auch wir leiden unter Schadstoffbelastungen. Die Feinstaubgrenzwerte in vielen deutschen Innenstädten haben bedrohliche Ausmaße angenommen. Dabei wusste man lange nicht, wer für diesen Zuwachs verantwortlich war – bis mit der Aufdeckung des Dieselabgas-Skandals der Verursacher benannt werden konnte. Auch hierzulande ist also ein Umstieg dringend notwendig.

Etliche Länder wollen nicht mehr warten, bis die Hersteller Verbrennungsmotoren aus der Produktpalette ausmustern. Norwegen, die Niederlande, Österreich und Indien haben einen Zeitrahmen für ein Verkaufsverbot von Verbrennern angekündigt.[35] Deutsche Städte, die unter Stickoxidbelastungen leiden, diskutieren immer intensiver, Dieselfahrzeugen die Zufahrt ins Stadtzentrum generell zu verbieten.[36] Das wäre noch vor wenigen Monaten unvorstellbar gewesen. Doch die Städte müssen derartige Überlegungen anstellen, weil ihnen bei Grenzwertüberschreitungen Bußgeldzahlungen und Vertragsverletzungsverfahren seitens der EU drohen könnten.

Deutsche Hersteller waren längst nicht immer untätig gewesen, was die Entwicklung von und Forschung an Elektrofahrzeugen und Batterien betraf. Es gab Pilotprojekte in einigen Regionen, wo dank kräftiger Subventionen durch die öffentliche Hand Tests durchgeführt und Ladestationen eingerichtet wurden.[37] Jedoch stellte man die Aktivitäten wieder ein, sobald man erkannte, dass „so tun, als ob" auch Geld bringt, nämlich Subventionsgeld. Weiterhin fehlt es jedoch nicht an Anreizen. Nicht nur wurde von der Bundesregierung eine Förderprämie für den Kauf von Elektrofahrzeugen beschlossen, sondern auch Geld für den Ausbau eines Ladestationen-Netzwerks bereitgestellt. Zusätzlich erhielten die Hersteller Förderungen für ihre Forschung. Hunderte Millionen Euro flossen in ihre Taschen, Geld, das diese hochprofitablen Unternehmen eigentlich selbst hätten investieren sollen.[38]

Und das Ergebnis lässt zu wünschen übrig. Deutsche Hersteller produzieren vor allem Compliance-Fahrzeuge, also solche, die ihnen rechnerisch helfen, den Flottenverbrauch zu senken, die aber keine ernsthafte Konkurrenz für Tesla & Co. darstellen. Sie glauben noch an die Zukunft des Verbrennungsmotors, so wie Kaiser Wilhelm an der Zukunft des Pferds festhielt. Erst mit dem Erfolg von Tesla begannen sie, wenn auch mit gewissem Widerwillen, das Elektroauto wieder ernsthaft in Erwägung zu ziehen. Es schmerzt, wenn ein Neuling aus den USA im Premiumsegment wichtiger Märkte mehr Autos verkauft als man selbst.[39] Nicht nur reichten die deutschen Hersteller nicht annähernd an die Verkaufszahlen von Tesla heran, sondern sie brachten 2015 in den USA auch noch weniger Fahrzeuge an die Kunden als im Jahr zuvor. So verkaufte Porsche nur an die 5.000 Stück vom Panamera, während Tesla über 25.000 Model-S-Fahrzeuge absetzen konnte. Audi kam mit dem A7 und dem A8 auf etwas über 12.000, BMW mit dem 6er- und 7er-Modell auf über 17.000 Stück. In Großbritannien beispielsweise lag der Anteil an verkauften Elektrofahrzeugen im Januar 2017 bei 4,2 Prozent, was einen Zulassungsrekord darstellte. Insgesamt wurden dort 2.353 Teslas verkauft.[40]

Zu lange waren die deutschen Hersteller mit sich selbst beschäftigt. Mercedes und BMW konkurrierten um die Marktführerschaft, Volkswagen suchte nach Schummeltaktiken bei Abgasen, und die Eignerfamilien Piëch und Porsche kämpften um die Vorherrschaft im Unternehmen.[41] Noch müssen sie beweisen, dass sie aufgewacht sind, zumindest haben alle Elektrofahrzeuge angekündigt, manch einer gleich 30 verschiedene Modelle. Es wäre schon schön, von jedem Hersteller wenigstens ein konkurrenzfähiges, rein elektrisches Fahrzeug zu sehen.

Das Geschäft mit der Elektromobilität wird unterdessen von anderen gemacht. BYD, Tesla, Nissan und Renault verkaufen nicht nur mehr Fahrzeuge und sind damit ausgesprochen profitabel, sie machen auch die besseren Elektroautos.[42] Teilweise sind deutsche Konzerne so verzweifelt, dass sie sogar bereit sind zu zahlen, um ihre Technologie anzubringen. In der Formula E – dem elektronischen Äquivalent der Formel 1 – erhielt das im Silicon Valley beheimatete Start-up Lucid Motors den bezahlten Exklusivauftrag, die Batterien zu liefern.[43] Dabei wäre Porsche bereit gewesen, große Preisnachlässe zu gewähren. Lucid Motors ist neben Tesla ein weiteres gut finanziertes Elektrofahrzeug-Start-up, das bereits die Genehmigung zur Errichtung einer Produktionsstätte im Wert von einer halben Milliarde Dollar erhalten hat. Auch Faraday Future hat angekündigt, in Vallejo, nicht einmal 50 Kilometer von San Francisco entfernt, seine Produktionsstätte aufzubauen.[44]

Wenig überraschend ist, wie viele deutsche Ingenieure in Schlüsselpositionen dieser jungen Unternehmen zu finden sind. Warum also hinken deutsche Unternehmen hinterher? Die Technologien, die Erfahrung, das Wissen sind ja da, bei uns wurde erfunden und mitentwickelt. Und trotzdem krallt man sich nach wie vor am Verbrenner fest, oder, schlimmer noch, am Dieselmotor. Mit den Enthüllungen zum Abgas-Skandal, in den beinahe alle Hersteller verwickelt sind, ist der Öffentlichkeit schlagartig bewusst geworden, wie sehr sie jahrelang hinters Licht geführt wurde. Die tatsächlichen Emissionswerte der als sauber und umweltschonend gepriesenen Dieselfahrzeuge liegen laut Untersuchungskommission der deutschen Bundesregierung dramatisch über den angegebenen Richtwerten.[45] Und nicht nur das: Die Werte sind bei Pkws sogar noch höher als bei Lkws.[46] Jedem ist nun klar, dass der Diesel nur dank eines Lügenkonstrukts in den Markt gedrückt werden konnte und von steuerlichen Anreizen profitiert. Die Industrie hat sich damit völlig diskreditiert. Das als Verschwörungstheorie der Amerikaner zu bezeichnen ist bei der Aufarbeitung nur hinderlich.

Und trotzdem will man nicht loslassen. Aber jede Minute, die man vergeudet, indem man nicht die notwendigen Konsequenzen zieht

– nämlich aus dieser Technologie auszusteigen –, gibt den Neueinsteigern aus China und dem Silicon Valley Zeit, ihre Elektrofahrzeuge zu verfeinern und den Markt zu besetzen. Sollte die deutsche Automobilindustrie damit auf lange Sicht in die Bedeutungslosigkeit abgedrängt werden, hat sie sich das ausschließlich selbst zuzuschreiben. Dabei setzt der Schienenverkehr bereits heute ausschließlich auf Elektromotoren. Fauchende Lokomotiven sind nur noch für Nostalgiefahrten im Einsatz. Unvorstellbar, dass der ICE oder die U-Bahn heute noch unter Dampf stehen würden!

Experimente mit elektrischem Antrieb gab es in den letzten Jahrzehnten immer wieder, sowohl seitens der Hersteller in Form von Kleinserien als auch in unabhängigen Werkstätten, die Verbrenner in Eigenregie in Elektrofahrzeuge umwandelten. Alle namhaften Hersteller hatten irgendwann mal Prototypen auf den Straßen. Als Beispiel können wir Citroën nehmen mit der Marguerite, die aus einem 2CV hervorging.[47] Zu den größten und erfolgreichsten Anstrengungen zählte der EV1 von General Motors. Etwas mehr als 1.000 Stück wurden zwischen 1996 und 1998 gebaut und an Leasingkunden vermietet. Die Produktion wurde dann eingestellt, man beorderte alle Fahrzeuge zurück und ließ sie verschrotten – gegen den Willen und zum großen Frust der Leasingnehmer, die GM beknieten, die Fahrzeuge behalten zu dürfen. Man muss sich das einmal bildlich vor Augen führen: Die Fahrer des EV1 hielten Mahnwachen ab an dem Ort, an dem die Autos flachgepresst wurden. Elon Musk meinte dazu sinngemäß in einem Interview, dass man schon ziemlich blind und taub sein müsse, um Kundenwünsche so vorsätzlich zu ignorieren.

Mit dem Eintritt des amerikanischen Elektrofahrzeugherstellers Tesla hat sich die Dynamik grundlegend geändert. Viele der bisherigen Anstrengungen zielten entweder auf kleine Stückzahlen ab, die dann an der Finanzierung scheiterten, oder wurden von großen Herstellern angepackt, aber letztendlich aufgrund von Schwierigkeiten oder Strategieänderungen im Unternehmen wieder eingestellt. Tesla hingegen zeigt, dass es tatsächlich möglich ist, ein Fahrzeug mit entsprechender Reichweite, Leistung und – nicht ganz unwesentlich – einem ansprechenden Design zu bauen. War der Tesla Roadster noch ein Nischenfahrzeug mit mehr experimentellem Charakter, das aber selbst von Skeptikern befürwortet wurde, gelang mit dem Model S der Durchbruch. Dieses überzeugte in vielen Bereichen und bewies, dass ein Start-up ein schönes Auto mit hohem Sicherheitsstandard und neuartigen Konzepten zu einem akzeptablen Preis entwickeln konnte, das zudem Kunden fand. Überraschend viele Kunden. Dem Model S folgte ein SUV mit der Modellnummer X. Aber erst das folgende Modell, das Model 3, das ab 35.000 Euro zu haben ist, stellte den „Tipping Point" dar. Wie schon gesagt: Die Warteschlangen vor den Tesla-Niederlassungen im trüben Morgengrauen wurden zum iPhone-Moment der Autoindustrie. Und im Juli 2017 begann man dann mit der Produktion.

Während die Konkurrenz und die Investoren hitzig diskutieren und stark bezweifeln, dass Elon Musk es schaffen kann, die von ihm ange-kündigte Produktionskapazität bis 2018 wirklich von den heutigen 80.000 auf sagenhafte 500.000 Stück pro Jahr zu steigern, ist bereits etwas ande-res geschehen. 400.000 potenzielle Autokäufer, die eine Anzahlung von 1.000 Dollar beziehungsweise 1.000 Euro tätigten, verschwinden als Kunden deutscher Autohersteller. Und das trifft die Branche besonders hart. Wie das Magazin *Bloomberg* in einer Käuferstromanalyse zeigt, interessieren sich Tesla-Model-3-Kunden besonders stark für deutsche Modelle.[48] 28 Prozent liebäugeln mit BMW, 20 Prozent mit Audi und Mercedes, 12 Prozent mit Porsche und 10 Prozent mit Volkswagen. Im Vergleich dazu würden Teslakäufer nur sehr eingeschränkt beispielsweise einen Kia (8,5 Prozent) als Alternative berücksichtigen. Auch wenn sicher-lich nicht alle der 400.000 Vorbesteller dann tatsächlich das Model 3 kaufen, lässt sich doch schätzen, wie hoch die Abwanderung sein wird.

Nehmen wir einmal an, Tesla habe bis Ende 2018 alle 400.000 vor-bestellten Model-3-Wagen ausgeliefert – dann wären damit deutschen Herstellern allein 115.000 Kunden abhandengekommen. BMW verlöre 36.220 Käufer, Audi 26.247, Mercedes 25.197, Porsche 15.223 und Volks-wagen 12.598. Die bereits vorhandenen Abgänge durch das Tesla Model S und X sind da noch nicht mitgezählt (siehe Tabelle 4).

In meinem Bekanntenkreis befinden sich einige, die so eine Anzahlung für das Model 3 getätigt haben. Und auch eine Freundin und ihre zwei Schwestern, Ärztinnen mit eigenen Kliniken, heute alle BMW X3 fah-rend und bisher für den nächsten Kauf mit einem Porsche Panamera liebäugelnd, haben nach einer Testfahrt mit dem Model S ihre Meinung geändert. Porsche? So toll auch die Verarbeitung, das Interieur und das

HERSTELLER	ÜBERLAPPUNG	STÜCKZAHLEN
BMW	27.6 %	36.220
Audi	20.0 %	26.247
Mercedes Benz	19.2 %	25.197
Porsche	11.6 %	15.223
Volkswagen	9.6 %	12.598
GESAMT		115.486

Tabelle 4: Übersicht zum Stückzahlabgang bei deutschen Herstellern durch Tesla–Model–3–Vorbestellungen

Äußere sind: Sie haben die ZUKUNFT gesehen und beschlossen, keine Autos mit Dinosauriersaft mehr fahren zu wollen.

Die Wirklichkeit könnte noch dramatischer ausfallen. Die Verkaufszahlen für den 3er BMW sind in den USA drastisch eingebrochen: Von knapp 142.000 im Jahr 2014 ging es in 2015 auf 94.000 runter[49], und in 2016 sanken die BMW-Verkäufe insgesamt um 9,7 Prozent.[50] Weltweit gesehen, erwies sich 2016 für die deutschen Hersteller als Rekordjahr, und der Erfolg sei ihnen gegönnt. Doch dieser Triumph könnte sich als Anfang vom Ende herausstellen: Der „Peak Car"-Moment lugt bereits um die Ecke. Der Tipping-Point könnte erreicht sein.

Während deutschen Herstellern erst mit der beeindruckenden Zahl an Tesla-Vorbestellungen die Augen geöffnet wurden, sind andere schon einen Schritt weiter. Norwegen, die Niederlande und die Schweiz zählen zu den erfolgreichsten Absatzmärkten für Tesla, das dort teilweise mehr Fahrzeuge verkauft als die Premiumhersteller. Und das ist nicht allein mit Kaufprämien zu begründen, denn die Schweiz beispielsweise versüßt Elektrofahrzeugkunden den Kauf nicht, weder mit einer Prämie noch mit einer steuerlichen Vergünstigung.[51]

In Teslas Bugwelle schwimmt nun auch Toyota mit einem Hybridfahrzeug mit. Der Prius wurde zum Verkaufsschlager in den USA und gewöhnte die Kunden an eine erschwingliche Elektromobilität. Nissan hat mit dem Leaf das meistverkaufte Elektroauto auf den Straßen. General Motors setzt seine Zukunft – die nach der Insolvenz von 2008 gar nicht so sicher scheint – auf den Chevrolet Volt und das Nachfolgemodell Chevrolet Bolt. Renault hat den Zoë ins Rennen geschickt. Von den deutschen Herstellern produziert einzig und allein BMW mit dem i3 ein vielversprechendes und innovatives Elektrofahrzeug in Serie, auch wenn sein Aussehen für viele gewöhnungsbedürftig ist. Die meisten anderen Fahrzeuge sind entweder ohne Relevanz oder als Notlösungen entstanden, die aus regulatorischer Sicht helfen sollen, den Flottenverbrauch zu senken. Zu diesem Thema werden wir später ausführlicher kommen.

Geht man rational vor und sieht sich alle Zahlen und Trends an, dann sollte es nur eine Schlussfolgerung geben: Im Jahr 2030 werden nur mehr selbstfahrende, elektrische Ubers verkauft.[52/53] Dafür gibt es sowohl technische als auch andere Gründe. Zuerst einmal sind Elektromotoren fünfmal so energieeffizient wie Verbrennungsmotoren, unter anderem auch, weil sie Energie in Bewegung umwandeln und nicht vor allem in Hitze. Damit reduzieren sich die Energiekosten pro Kilometer auf ein Zehntel. Berücksichtigt man, dass ein Achtzylindermotor 1.200 Teile hat und mit Getriebe und anderen Antriebselementen sogar auf über 2.000 Teile kommt, während ein Elektrofahrzeug sich mit weniger als zwei Dutzend begnügt, reduzieren sich die Wartungskosten unterschiedlichen Schätzungen zufolge um ein Drittel oder sogar um bis zu 90 Prozent.[54] Weniger bewegliche Teile, die aneinanderreiben, führen dazu, dass weniger Energie in Wärme umgesetzt wird.

Nicht ganz so relevant, aber doch wichtig für die Akzeptanz ist die Beschleunigung von Elektrofahrzeugen. Elektrische Motoren sind viel kraftvoller und erzeugen mehr Drehmoment, damit schlägt ein Tesla fast alle handelsüblichen Sportwagen, inklusive Porsche, McLaren und Ferrari. Wegen des höheren Drehmoments braucht ein Elektroauto keine Umsetzung, also kein Getriebe, um das Auto anzufahren. Dieses sperrige Teil muss nicht mehr eingebaut werden und eröffnet somit Platz im Innenraum. Beim Bremsen wiederum kann die Energie zurückgewonnen werden und die Batterien werden aufgeladen; sie erlauben ein besseres Management und eine genauere Abschätzung des Zustands. Verbrennungsmotoren kommen an diesen Umfang und diese Qualität nur beschränkt heran.

Selbst wenn traditionellen Herstellern alle Fakten bekannt sind, steckt das Herzblut immer noch im Verbrennungsmotor. Alles Wissen nun über Bord zu werfen und sich komplett umzuorientieren, ist schmerzhaft. Das Management steckt außerdem in einer weiteren Bredouille. Es muss sich um die Mitarbeiter kümmern, die bisher noch das Aggregat bauen. Und da schaut es nicht gut aus. Zu viele Arbeitsplätze werden abgebaut, wenn die Unternehmen sich für einen zügigen Übergang zum Elektrofahrzeug entscheiden sollten. Arbeitskonflikte wären vorprogrammiert. Da wurschtelt man lieber weiter vor sich her wie bislang, auch wenn das Menetekel schon an der Wand geschrieben steht. Noch klappt es, noch machen die Unternehmen Rekordgewinne. Wir erreichen „Peak Car" und riskieren dabei doch alles.

Wie bereits zitiert, wies Tesla-Chef Elon Musk auf den gravierenden Unterschied in den jeweiligen Führungskulturen hin, als er in einem Interview mit dem *Handelsblatt* auf die Gründe für das Ende der Zusammenarbeit mit Daimler und Toyota in der Batterietechnologie-Entwicklung einging.[55] Hinter deren „Anstrengungen" für Hybridfahrzeuge stecke nicht der Einsatz für die bessere Sache, sondern nur ein Mindestaufwand, um die geforderten Regulierungen irgendwie zu erfüllen. Innovativen Unternehmern dagegen geht es nicht darum, niedrig hängende Früchte zu pflücken oder Behörden zufriedenzustellen, sondern die wirklich schwierigen Herausforderungen anzugehen. Das mag nicht immer auf Anhieb klappen, wie die erste Version von Google Glass gezeigt hat, einem nun teilweise eingestellten Google-X-Projekt. Aber bahnbrechende Entwicklungen verlangen eben, dass man ein Risiko eingeht.

Tesla einzig und allein als Elektrofahrzeughersteller einzuordnen verkennt die Situation. Die Innovation, die es auf den Automarkt bringt, betrifft nicht allein die Batterieleistung, so gewaltig sie auch ist. Tesla hat noch weitere Leistungen in petto (siehe auch das spätere Kapitel über das Keeley-Innovationstypen-Modell):

- Produktsystem ⇨ leistungsstarke Batterietechnologie, autonomes Fahren
- Netzwerk ⇨ Ladestationen
- Vertriebskanal ⇨ direkter Verkauf an den Endkunden ohne fremdes Händlernetzwerk
- Produktleistung ⇨ Beschleunigung
- Prozess ⇨ vollautomatisierte Produktion
- Service ⇨ Over-the-air-Updates, Gratistanken
- Geschäftsmodell ⇨ Upgrades durch Softwarefreischaltung, Vorbestellung
- Kundenengagement ⇨ versteckte „Ostereier"

„Rein technologisch gesehen, bietet Tesla keine Revolution. Auf der Antriebsseite zum Beispiel sehe ich keine extrem fortschrittliche Technik." Wenn nun der Entwicklungsleiter eines großen deutschen Automobilkonzerns wie Mercedes mit eben dieser Bemerkung die von Tesla ausgehende Bedrohung für das eigene Unternehmen herunterspielt, dann vor allem deshalb, weil man sich rein auf den technologischen Fortschritt fokussiert, nicht aber auf die Mehrdimensionalität der Innovation.[56] Aus der ingenieurlastigen, eindimensionalen Sicht deutscher Hersteller ist das durchaus verständlich, das macht sie aber für Disruption umso anfälliger.

Teslas Mission Statement – „die Welt von der Abhängigkeit von fossilen Kraftstoffen zu befreien" – macht verständlich, warum Tesla Solar City kauft, ein Ladestationsnetzwerk aufbaut oder Batterien und Speicherlösungen produziert. All diese Aktivitäten sind notwendig, um das Ziel zu erreichen. Deutsche Hersteller dagegen bauen einfach nur Autos. Woher der „Saft" kommt oder wer die Ladestation betreibt, zählen sie nicht mehr zu ihren Aufgaben.

Vielleicht fragen Sie sich mittlerweile, warum ausgerechnet kalifornische Hersteller mit elektrischen Fahrzeugen so erfolgreich sind? Da mag man die Tatsache anführen, dass amerikanische Haushalte (im wahrsten Sinne des Wortes) üblicherweise über zwei bis drei Fahrzeuge verfügen, oft in der Kombination eines SUV oder Van mit einer Limousine. Ein weiteres Auto mit Elektroantrieb ist die ideale Ergänzung für die Stadt. Die Installation einer Ladestation ist in der Garage des eigenen Hauses eher möglich, als wenn ich erst meinen Vermieter überzeugen muss. Ob diese Argumente wirklich schlüssig sind, sei dahingestellt, immerhin ist auch China unter völlig anderen Voraussetzungen Vorreiter bei der Elektromobilität.

Und auch dies noch am Rande: Christian von Hösslin, Geschäftsführer der TURN-E GmbH, hat sich auf die Umrüstung von Vehikeln aller Art auf Elektroantrieb spezialisiert: vom luxuriösen Motorboot bis zum Oldtimer-Porsche. Förderlich fürs Geschäft sind dabei strenge Auflagen, wie beispielsweise die beschränkte Zulassung von Motorbooten auf manchen Seen. Elektroboote bekommen sie sofort, andere müssen bis zu 14 Jahre auf eine Lizenz warten.

Wie kommt der Strom ins Elektroauto? – Eine kleine Batterien- und Akkukunde

Einen Elektromotor und eine Batterie in ein Fahrzeug zu stecken und es damit anzutreiben, ist kein neues Konzept. Zu einem der ersten elektrischen Vehikel zählte ein Spielzeugauto aus dem Jahr 1828, das vom ungarischen Erfinder Ányos Jedlik entworfen wurde. Wie wir bereits hörten, war um die Jahrhundertwende überhaupt nicht klar, welche Antriebsart die dominante werden würde. Für einige Zeit bevölkerten dampf-, benzin- und batteriebetriebene Fahrzeuge gleichzeitig die Straßen europäischer und amerikanischer Städte. Was Elektrofahrzeugen damals den Garaus machte, beruht auf ähnlichen Limitationen, die auch heute als Gegenargumente vorgebracht werden: geringe Reichweite, lange Aufladezeiten, das Batteriegewicht, die Nutzungsdauer, die Verwendung seltener Erden, die nur in bestimmten Weltregionen vorkommen, die fehlende Ladeinfrastruktur und unterschiedliche Steckerstandards – die Liste ließe sich beliebig fortsetzen.

Wie funktioniert eine Batterie eigentlich? Eine Batterie erzeugt Strom durch die Umwandlung von chemischer Energie in elektrische Energie. Im Alltag erleben wir ähnliche Prozesse. Stellen Sie sich einen Stein vor, der auf einem Berg in einer Mulde liegt. In der Mulde ist der Stein stabil, er wird nicht wegrollen. Stoßen Sie ihn an und bewegen ihn aus der Mulde heraus, haben Sie ihm Energie zugeführt, und der Stein gerät aus einem stabilen in einen instabilen Zustand. Wenn er dann den Berg herunterrollt, setzt er diese Energie frei. Oder nehmen Sie Ihr Kaminholz: Aus eigenem Antrieb beginnt ein Holzscheit nicht zu brennen, Sie müssen es dazu bringen, indem Sie ihm über ein brennendes Streichholz Energie zuführen und es aus einem energetisch stabilen in einen instabilen Zustand versetzen. Dann kann er seine Energie in Form von Wärme und Licht freigeben.

Und nun zur Batterie. Die chemischen Bestandteile sind so miteinander kombiniert, dass sie stabil sind. Sobald ich sie aber chemisch „anstupse", reagieren sie miteinander und geben elektrische Energie und Wärme ab. In manchen Batterien, beispielsweise in vielen Haushaltsbatterien, ist dieser Prozess nur einmal durchführbar, in anderen, den sogenannten Akkus, ist der Vorgang reversibel. Man kann die Batterie neu aufladen, „den Stein erneut ins Rollen bringen". Elektrolyte in fester, flüssiger oder gelöster Form stellen Elektronen zum Energietransport zur Verfügung. In ihrer Zusammensetzung liegt oft das Geheimnis leistungsfähiger Batterien, wie wir noch sehen werden.

Was wir so salopp als Batterie bezeichnen, ist tatsächlich im Aufbau sehr viel komplexer. Eigentlich müssten wir korrekterweise von zylinderförmigen „Zellen" sprechen, oder, noch genauer, von „galvanischen Zellen". Eine AA- oder AAA-Batterie, die nicht mehr aufgeladen werden kann, ist eine Primärzelle mit einem gängigen Durchmesser von 14 Millimetern und 50 Millimeter Höhe. Ein aufladbarer Akkumulator oder Akku wird als Sekundärzelle bezeichnet. Beide Typen stellen abgeschlossene Systeme dar. Man kann aus ihnen nur so viel Energie entnehmen, wie in ihnen steckt, diese Menge ist also limitiert.

In Laptops werden etwas größere und wiederaufladbare Batterien verbaut. Sie haben einen Durchmesser von 18 Millimetern und sind 65 Millimeter hoch. Deshalb werden sie als 18650-Typ bezeichnet. Von ihnen werden jedes Jahr mehrere Milliarden hergestellt. Da sie bis dato die einzigen massenproduzierten und günstig verfügbaren Batterien waren, wurden sie auch in Teslas ersten drei Modellen verbaut; der ganze Produktions- und Kühlprozess war darauf ausgerichtet. Sowohl im Tesla Roadster als auch im Model S beziehungsweise X sind mehrere Tausend davon eingebaut; allerdings unterscheiden sie sich doch ein klein wenig von den Laptop-Batterien, nämlich in der Verwendung der Elektrolytzusätze.

Einer Brennstoffzelle wiederum wird ihr Brennstoff von außen zugeführt. Daher kann sie theoretisch zeitlich unbeschränkt elektrische Energie liefern, sofern sie kontinuierlich versorgt wird. Ein Aufladen ist hier nicht notwendig, nur ein Auftanken.

Wenn ich also in weiterer Folge den Begriff Batterie verwende, meine ich die wiederaufladbaren und miteinander kombinierbaren Sekundärzellen, die in Elektrofahrzeugen für die Energieversorgung des Elektromotors und damit für den Antrieb sorgen. In den Tesla-Modellen S und X werden exakt 444 zylindrische Batteriezellen zu einem Batteriemodul zusammengefügt. Zwischen den einzelnen Batteriezellenreihen ist eine Kühlschicht angeordnet, die die Hitze mittels einer Kühlflüssigkeit (typischerweise Glykol) von den Batterien abtransportiert. Insgesamt befinden sich in einem Model S/Model X 16 dieser Batteriemodule, die in einer ungefähr

100 Kilogramm schweren Batteriebox angeordnet werden. Die Box verfügt über Trennwände zwischen den einzelnen Modulabteilen und über kleine Kühler, die die Hitze aus dem Auto abtransportieren. Am Boden befindet sich eine Metallplatte, die vor mechanischer Beschädigung schützen soll, sollte ein auf der Straße liegendes Teil den Boden durchschlagen, wie es bereits passiert ist. Das Herzstück der Batteriebox bildet das Batteriemanagementsystem mit Schaltkreisen zur Ansteuerung der Batteriemodule; es kümmert sich darum, dass der Fahrer die benötigte Leistung erhält und über den Ladezustand der Batterien Bescheid weiß.

Jede der Typ-18650-Batterien wiegt 45 Gramm. Damit bringen es allein die Batterien in einem voll bestückten Tesla auf 320 Kilogramm. Mit dem Gewicht von Box, Kühlflüssigkeit und weiterer Bestandteile kommt man somit auf knapp 500 Kilogramm. Im Vergleich dazu ist die Batterieeinheit mindestens doppelt so schwer wie ein Verbrennungsmotor mit Getriebe und vollgefüllter Tankanlage.

Für das Model 3 plant Tesla, etwas größere Batteriezellen einzusetzen. Sie haben einen Durchmesser von 20 mm, eine Höhe von 70 mm und werden somit folgerichtig als Typ-20700-Lithiumzellen bezeichnet. Aufgrund ihres Volumens besitzen sie eine um 30 Prozent höhere Kapazität. Wegen der geringeren Größe des Model 3 werden aber weniger Zellen verbaut werden können. Bei einer angepeilten Jahresproduktion von 500.000 Elektrofahrzeugen braucht Tesla somit schätzungsweise an die drei Milliarden Zellen. Bei einer heutigen Gesamtproduktion von vier Milliarden bedeutet das nahezu eine Verdoppelung. Und hier kommen wir zur Bedeutung von Gigafactory 1: Anfang 2017 nahm sie ihren Betrieb auf. Sie kann die benötigte Menge sicherstellen.[57]

Nicht alle Batterien für Elektrofahrzeuge sind zylinderförmig. Der Nissan Leaf, der Chevrolet Volt und der Chevrolet Bolt verwenden rechteckige Zellen. Dabei nimmt man anstelle von aufgewickelten Metallen beschichtete Folien. Dass mit Elektrofahrzeugen neue Wege des Batteriedesigns beschritten werden können, zeigt sich in einer Arbeit zu „Strukturbatterien" aus Schweden. Anstatt Batterien nur als zusätzliches Fahrzeugelement zu sehen, wird die Fahrzeugstruktur selbst zur Batterie. Bei Kohlenstoffkarosserien könnten Lithium und Elektrolyte auf die Mikrostrukturen aufgetragen werden. Damit fiele das Gewicht für eigenständige Batterien weg, und auch der Platz, den Batterien traditionell einnehmen würden, stünde für andere Zwecke zur Verfügung.[58]

Aber wer weiß: Vielleicht kann man eines Tages auch ganz auf Batterien verzichten. Gleich zwei Unternehmen, Sono Motors aus Deutschland und Hanergy aus China, stellten Elektrofahrzeugmodelle vor, die mit Solarpanels überzogen sind. Der aus Peking stammende Ökostromanbieter zeigte vier Prototypen und erwartet, dass die Energieausbeute aus Solarstrom in den nächsten drei bis fünf Jahren so effizient wird, dass sie ausreicht, um das Auto zu laden.[59] Sono Motors aus München stieß eine Crowdfunding-Kampagne für einen Billigelektrowagen an, der ebenfalls einen Teil seiner Energie aus am Fahrzeug eingebauten Solarzellen bezieht und ab 16.000 Euro erhältlich sein soll.[60]

Lithium & Co.: Das Einmaleins der Materialien

Aus welchen Materialien aber besteht nun eine einzelne Batteriezelle? Und wie umweltschädlich ist sie?

Lithium, Graphit, Nickel, Kobalt und Aluminium: Die am häufigsten in Elektrofahrzeugen eingesetzten Batterien sind sogenannte Lithium-Ionen-Akkumulatoren. Sie bestehen aus Lithiumverbindungen für den positiven Teil der Batterie (der Kathode) und Graphit für den negativen Teil (der Anode). Beim Laden werden Elektronen von der Kathode in die Anode „gezogen" und dort gespeichert. Beim Entladen geht der Prozess in die umgekehrt Richtung. In den 320 Kilogramm Batteriegewicht eines Tesla sind gerade mal fünf Kilogramm Lithium enthalten.[61] Die Hälfte aller bekannten Lithiumvorkommen findet sich in Bolivien.[62] Sowohl Deutschland als auch Österreich verfügen über Ressourcen, die auch abgebaut werden. Das silberweiße Leichtmetall ist sehr reaktiv und kommt deshalb nur in gebundener Form in der Natur vor. Neben Lithium kommen unter anderem auch noch Nickel, Kobalt und Aluminium in den Batterien zur Anwendung.

Polypropylen und Ethylcarbonat: Zwischen Anode und Kathode befindet sich eine dünne Trennschicht aus Polypropylen; durch klitzekleine

Löcher von einem tausendstel Millimeter Durchmesser können die Elektronen jedoch hindurchschlüpfen. Ethylcarbonat und andere Verbindungen dienen als „Träger" für die Elektronen zwischen den Elektroden. Ist die Trennschicht beschädigt, wie durch lokale Überhitzungen oder durch eine mechanische Beschädigung, kann es zu einer Überhitzung kommen, die das Ethylcarbonat in Verbindung mit Luft explodieren lässt.

Von Memory- und Kaffeefiltereffekten: Was muss eine Batterie leisten können?

Als Autofahrer erwartet man, dass der Antrieb eine ausreichende und zuverlässige Leistung bringt und die Reichweite der eines Verbrennungskraftfahrzeugs gleichkommt. Heute schafft das vor allem das Tesla Model S mit einer Reichweite von 500 Kilometern. Viel hängt davon ab, wie sich die Leistungsdichte von Lithium-Ionen-Akkus zukünftig verbessert. Momentan liegt der Wert bei 10 bis 20 Prozent pro Jahr. LG Chem, der südkoreanische Hersteller von Autobatterien, geht davon aus, den Preis für diese Zellen bis zum Jahr 2022 auf 100 Euro pro Kilowattstunde senken zu können.[63] Heute dominieren vor allem asiatische Hersteller den Markt für Batteriezellen. Zu den Marktführern zählen Samsung, LG und Panasonic.

Von früheren Batterien kennen wir den sogenannten Memory-Effekt, bei dem die Ladekapazität, also die Energiespeichermenge mit jedem Ladezyklus abnimmt. Forscher glauben, den Grund für diese Verluste erkannt zu haben – sogenannte parasitische Nebenreaktionen in den Elektrolyten führen zu einer Art Verstopfung. Auf der negativen Elektrode bilden sich Ablagerungen von festen Elektrolytoxidationsprodukten, die sie langsam versiegeln. Damit können die Lithiumionen nicht mehr durch. Es verhält sich ähnlich wie bei einem Kaffeefilter: Verwendet man denselben Filter mehrmals, lagert sich immer mehr Kaffeesatz in den Poren ab, bis nichts mehr durchgeht. Wenn die Batterien hochkompakt sind, also über eine niedrige Porosität verfügen, verstopfen sie recht rasch in wenigen Ladezyklen. Es kommt dann oft schlagartig zu einem großen Kapazitätsverlust. Verwendet man weniger kompakte, porösere Strukturen, passiert das nicht. Elektrolytzusätze können helfen, diese parasitischen

Nebenreaktionen zu verhindern. Jeder Hersteller verwendet dabei seine eigenen geheimen Zutaten.

Wie rasch sich diese Elektrolytoxidationsprodukte bilden und damit die Batterieleistung verschlechtern, hängt von der Temperatur und der Schnelligkeit des Be- und Entladens ab und weniger von strukturellen Änderungen durch Ausdehnung. Manche Batteriehersteller geben beispielsweise an, dass Batterien bei Temperaturen von 60 Grad Celsius nach 500 Ladezyklen zehn Prozent ihrer Kapazität verlieren.[64] Die Kapazitätsverluste fallen aber höher aus, je langsamer das Laden und Entladen geschieht und je länger Batterien hohen Temperaturen ausgesetzt sind. Der zugrunde gegangene Elektrofahrzeughersteller Fisker hatte genau damit seine Probleme.

Professor Jeff Dahn von der Dalhousie University, Halifax, untersucht diese Kapazitätsverluste mit neuen Messverfahren, die sehr präzise die Temperaturen in der Batterie messen und eine Vorhersage des Leistungsverlusts bereits nach wenigen Ladezyklen erlauben. So kann man auch rascher verschiedene Elektrolytzusätze ausprobieren. Dabei hat Dahn eine Faustregel erstellt: Je mehr Elektrolytzusätze in der Batterie verwendet werden, desto haltbarer scheinen die Batterien zu werden. Seine Forschung erleichtert das Procedere ungemein: Um realistische Bedingungen zu simulieren, mussten sonst wochen- und monatelange Testzyklen gefahren, also die Batterien be- und entladen werden, wie es der Anwendung in der Praxis entspricht. Dramatische Kapazitätsverluste treten manchmal erst nach mehreren hundert Ladezyklen auf.

Neben den Elektrolytzusätzen wirkt sich auch das Wärmemanagement bei Batterien kritisch auf deren Leistung und Haltbarkeit aus. Und das beginnt schon bei der Produktion. Im traditionellen Herstellungsprozess werden die Batterien verschweißt, was zu hohen Temperaturen führen kann, die wiederum Elektrolytoxidation bewirken. Als Beispiel dafür, wie viel Spielraum die Entwicklungen bei der Batterietechnologie noch offen lassen, dient das österreichische Unternehmen Kreisel Electric. Dieses von drei Brüdern gegründete Start-up hat eine Methode entwickelt, die die Batteriezellen mit Lasern verschweißt und damit den Prozess verkürzt.[65] So kann die Batterietemperatur von Anfang an besser kontrolliert und kurz gehalten und die produktionsbedingte Elektrolytoxidation verringert werden. Und das ist nicht der einzige Ansatz von Kreisel. Sie haben außerdem ein ausgeklügeltes Batteriekühlsystem entwickelt, das ein schnelleres Be- und Entladen erlaubt.

Die Analyse von 500 Batterien des Tesla Model S im Praxistext ergab einen verhältnismäßig geringen Verlust von fünf Prozent nach 80.000 Kilometern, der Prozess verlangsamte sich sogar noch weiter mit nur acht Prozent nach 160.000 Kilometern.[66] Eine Gruppe von Teslabesitzern pflegte über die Jahre eine Liste von Ladezyklen und Reichweiten und kommt zu ähnlichen Ergebnissen.[67] Beim Nissan Leaf hingegen sank die Kapazität innerhalb von drei Jahren um 20 Prozent.[68]

In welche Richtung sich die Batterietechnologie noch weiterentwickelt, ist offen. Angestrebt werden optimierte Produktionsprozesse, besseres Temperaturmanagement, neue Elektrolyte auf der einen Seite und neue Materialien auf der anderen. Ein vielversprechender Ansatz sind sogenannte Graphene, die in Anoden verwendet werden könnten.[69] Diese wabenförmig angeordneten Kohlenstoffverbindungen versprechen eine vierfach höhere Energiedichte, weitaus schnellere Ladezyklen und eine längere Lebensdauer. Noch ist dieses Material, das eine um mehr als den Faktor 100 höhere Zugfestigkeit als Stahl hat, in der Produktion jedoch aufwendig und sehr teuer.

Die Energiedichte der Batterien verzweifachte sich zwischen 1995 und 2005. Mit dem Model 3 erhofft sich Tesla eine weitere Verdoppelung.[70]

Was leistet, das kostet

Batterien können bei einem Elektrofahrzeug mit Tausenden Euros zu Buche schlagen. Anfang 2017 präsentierte die Unternehmensberatung McKinsey eine Studie, die aufschlüsselte, wie die Preise für eine Kilowattstunde von ungefähr 1.000 Dollar im Jahr 2010 auf 227 Dollar pro Kilowattstunde im Jahr 2016 gefallen waren. Die Kosten für Teslas Batterien lagen tatsächlich bereits seit Anfang 2016 bei 190 Dollar pro Kilowattstunde.[71] Mit dem Start der Batteriezellenproduktion in der Gigafactory 1 erwartet Tesla eine weitere Reduktion der Kosten um 30 Prozent auf ungefähr 125 Dollar pro Kilowattstunde.[72] Sobald die Kosten die 150-Dollar-Marke erreichen, wird mit Verbrennern gleichgezogen. Während McKinsey einen

Preispunkt von 100 Dollar nicht vor dem Jahr 2025 erwartet, sind andere zuversichtlicher, dass das schon früher passieren wird. Professor Tony Seba von der Stanford University schätzt, dass es im Jahr 2022 so weit sein wird. Extrapoliert man den Kostenverfall bei Tesla, könnte das stimmen, CEO Elon Musk geht sogar von 2020 aus. Ab diesem Zeitpunkt wird ein Fahrzeug mit Verbrennungsmotor sowohl in der Anschaffung als auch im Betrieb unwirtschaftlicher sein als ein Elektrofahrzeug.

Wiederverwertung wird groß geschrieben

Das Ende eines Fahrzeuglebens ist nicht mit dem Ende der Batterielebenszeit gleichzusetzen. Selbst bei einer „Lebensdauer" von acht Jahren hat eine Batterie noch nicht ausgedient. Zunächst einmal kann sie aufgrund ihrer Bauweise repariert werden, sollten nur einzelne Module oder Zellen defekt sein. Zwar kann man eine Batterie, die nur mehr über 70 oder 80 Prozent ihrer Kapazität verfügt, mangels Reichweite nicht mehr sinnvoll in Elektroautos einsetzen, aber der Verband der Elektrotechnik schätzt, dass eine Weiterverwendung als Energiespeicher in Häusern und Betrieben für weitere 20 Jahre möglich ist. Batterien sind also kein Sondermüll, sondern wiederverwertbar.[73]

Tesla und Mercedes bauen Hausspeicher, die überschüssige Energie von Solaranlagen aufnehmen können. Das Schweriner Start-up ReeVolt funktioniert ausgediente Elektromoped-Akkus zu Energiespeichern für Haushalte um. Das amerikanische Start-up FreeWire wiederum benutzt die „Altlasten" als Starthilfe für Elektrofahrzeuge mit dem mobilen Stromspender Mobi.

Irgendwann müssen die Batteriezellen dann doch entsorgt werden. Und dazu werden sie zuerst einmal aus ihren Gehäusen entfernt, um dann entweder thermisch – also durch Schmelzen – oder durch Zerkleinern aufbereitet zu werden. Zuvor müssen die Recycler sicherstellen, dass die Batterien ausreichend entladen wurden, da es sonst buchstäblich brandgefährlich werden kann, wenn der Elektrolyt sich entzündet.[74]

Die Variantenvielfalt bei Batteriesystemen erschwert die Automatisierung der Demontage. Die Art, wie die Akkus miteinander verschraubt sind und von Kühlschlangen und Ähnlichem umwickelt werden, erfordert einen verhältnismäßig hohen manuellen Aufwand. Die zerkleinerten und geschmolzenen Teile der Batterien werden durch chemische Verfahren bei niedrigen oder hohen Temperaturen in ihre Elemente aufgespaltet. Allerdings ist der Aufwand für die Trennung von Lithium teilweise extrem und somit unwirtschaftlich. Er kann momentan nur anhand von wenigen Erfahrungswerten abgeschätzt werden. Dazu sind noch zu wenige Fahrzeuge auf dem Markt, die recycelt wurden und für die Batterie-Recyclingtechnologie vorhanden ist.[75]

Generell ist die Wirtschaftlichkeit solcher Recyclingverfahren von den Preisen der in den Batterien enthaltenen Elemente abhängig. Teure Batteriebestandteile wie Nickel und Kobalt würden den Aufwand lohnen. Wenn Batteriehersteller diese allerdings aus Kostengründen durch billigere Elemente ersetzen, ist das zwar für die Anschaffung eines Elektroautos gut, nicht aber für das Recycling.

Nach wie vor werden allerdings eher dubiose Entsorgungsmethoden für ausgediente Batterien angeboten. Einem deutschen Hersteller wurde von einem chinesischen Unternehmen die Grube gezeigt, wo sie vergraben werden sollten. Man lehnte dankend ab.

Das ABC des Aufladens – Stecker, Standards und andere Hindernisse

Wie kommt der Strom in die Batterien? Durch einen Stromstecker, logischerweise. Doch wie sieht so einer aus? Und da wird's für den Elektroautoneuling verwirrend, gibt es doch unterschiedliche Ladesysteme. CHAdeMO, Typ 2, SAE J1772, Gleich- und Wechselstrom, 50, 130 oder lieber 350 Kilowatt? Das ist für ihn genauso verwirrend wie für den Fahranfänger, der sich zwischen Diesel, FlexFuel und Benzin mit 87, 89 oder 91 Oktan entscheiden muss. Was heißt denn das alles?

Wie es so oft bei einer noch am Anfang stehenden Technologie vorkommt, ist nicht klar, welche Standards sich durchsetzen werden. Es ist nicht gesagt, dass das immer auch der „beste" sein muss – je nachdem, wie man das definieren will. Betamax und Video 2000 waren beide besser als VHS, und trotzdem wurde Letzteres zum Videostandard für Endverbraucher. So finden Elektroautofahrer mehrere konkurrierende

Ladesystem-Steckerstandards bei Ladestationen vor. Im besten Fall kann er auswählen, im schlimmsten Fall findet er den Standard seines Fahrzeugs nicht und muss einen Adapter verwenden oder zur nächsten Ladestation weiterziehen, immer in der Hoffnung, dass die Restladung in der Batterie reicht und dort dann auch wirklich das Aufladen möglich und der Ladeplatz nicht defekt ist oder von einem anderen Fahrzeug blockiert wird.

Das augenscheinlichste Merkmal für die unterschiedlichen Standards ist der Stecker. Nicht jede Form passt in jedes Auto. CHAdeMO ist ein in Japan entwickelter Standard, der vom Nissan Leaf, von Mitsubishis i-MiEV oder dem Kia Soul EV verwendet wird. Der Typ-2-Stecker der deutschen Firma Mennekes wird vor allem von deutschen Herstellern verwendet. Der SAE J1772 kommt vor allem in Nordamerika vor. Für die einzelnen Systeme gibt es auch Zwischenstecker, damit man mit dem „falschen" doch laden kann. Das Ganze ähnelt den unterschiedlichen Steckdosensystemen in anderen Ländern, mit denen man es auf Reisen zu tun bekommt: Stecker mit 2 oder 3 Stiften in unterschiedlichen Winkeln und Formen lassen das internationale Unterwegssein zum Stromabenteuer werden. Wie kriege ich denn jetzt bloß den Bart ab oder die Haare trocken?

Hat man das einmal verstanden, weiß man, wie wichtig die Ladeleistung ist. Die sagt nämlich, wie rasch die Batterien wieder aufgeladen werden können. Fließt der Strom „tröpfchenweise" ins Auto oder eher wie aus einem Feuerwehrschlauch? Als einfache Formel für Sie: Je höher die Kilowattleistung, desto rascher ist man wieder „on the road". Eine höhere Ladeleistung hat jedoch allerdings einen Nachteil: Das Ladekabel und der Stecker werden heiß und müssen in Kühleinheiten gepackt werden, was beides wiederum steifer, dicker und schwerer werden lässt; für zierliche Hände eine Herausforderung.

Derzeit werden die Schnellladesäulen mit einer Leistung von 50 Kilowatt betrieben. Damit dauert es 21 Minuten, um Energie für 100 Kilometer nachzuladen. Ein möglicher Ausbau auf bis zu 350 Kilowatt Ladeleistung lässt die Tankzeit für diese Strecke auf vier Minuten schrumpfen. Porsche installierte im Juli 2017 die ersten öffentlichen Stationen mit dieser Ladeleistung für seinen kommenden Mission E. Doch ist für so ein extremes Schnellladen dieselbe Anschlussleistung wie für ein ganzes Stadtviertel nötig. Auch muss dabei, wie gesagt, der

Ladestecker gekühlt werden. Extremes Schnellladen ist zudem nicht ganz ungefährlich für die Batterie: Wenn irgendetwas schiefgeht, wird sie beschädigt. Auch hier ist das Wärmemanagement von großer Bedeutung.

Noch wichtiger als Ladesäulen im öffentlichen Raum sind die zu Hause. Man kann zwar sein Fahrzeug an die normale 220-Volt-Steckdose andocken (was die ganze Nacht dauern kann), doch raten Experten davon ab. Manchmal sind die Verkabelungen nicht auf dem heutigen Stand der Technik, es kann zu Schwelbränden kommen. Die Sicherungen für einen Stromkreis sind auf 16 Ampere ausgelegt, genauso wie die Ladekapazität eines Elektrofahrzeugs. Hängt man weitere Geräte oder Autos an denselben Stromkreis, fliegt gleich die Sicherung raus. Besser ist es, neue Leitungen und eine eigene Ladebox installieren zu lassen. Eine Ladebox (oder auch Wallbox) kommt mit langen und hohen Strömen gut zurecht und garantiert Schnelligkeit und Sicherheit.

Das in San Carlos, Silicon Valley, beheimatete Start-up eMotorWerks bietet eine populäre und günstige Ladebox unter dem Namen JuiceBox an. Und das mit 160 Millionen Dollar Risikokapital ausgestattete Start-up Chargepoint kann bereits über 30.000 Ladepunkte in den USA vorweisen. Das Unternehmen erwartet für 2018, dass die Zahl an Ladestationen schnell zunimmt, vor allem auch in den Städten, die ihre Flotten vollständig elektrifizieren. Anne Smart, die bei Chargepoint für die Beziehungen zu Regulierungsbehörden zuständig ist, schilderte aber auch Probleme, die sich ergeben, sobald Ladestationen einmal installiert sind. Es sind weniger Vandalismusaktionen als vielmehr miserable Autofahrer, die beim Einparkversuch die Stationen rammen und sie so außer Gefecht setzen.

Der Ausbau der Ladesysteme ist nicht nur auf Autos beschränkt. Lastwagen, Mopeds, Gabelstapler, ja selbst Flugzeuge werden elektrifiziert. Und überall bieten sich Gelegenheiten für Ladesystem-Anbieter, ihre Produkte zu installieren und zu betreiben. Einige Städte nehmen Elektrobusse in Betrieb, die – wie bei einer Straßenbahn – einen Stromabnehmer auf dem Dach haben. Der Abnehmer kann an jeder Station oder nur an den Endstationen ausgefahren werden und lädt die Batterien per Oberleitung auf.

Ein etwas anderes System verwendet einen Hybridansatz. Auf einem bestimmten Autobahnabschnitt werden Oberleitungen gespannt, die dem Elektro-Lkw über einen Stromabnehmer die notwendige Energie zuführen. Große Distanzen können somit ohne Nachladen gefahren werden. Auf Strecken ohne Oberleitung dienen dann die Batterie oder ein Dieselmotor als Antrieb. Damit lassen sich auch Überholmanöver realisieren.[76] Der Vorteil dieser Technologie liegt in den Energieeinsparungen, die die Kosten auf die Hälfte reduzieren könnten.

Der Verein CharIn e. V. kümmert sich um die Harmonisierung von Ladestandards. Der Initiative gehören neben Ford, GM und Tesla auch BMW, Daimler und Volkswagen sowie Ladestationenbetreiber an.[77] Als Erstes wurde der einheitliche Steckerstandard Combined Charging System (CCS) geschaffen. Für die weitere Entwicklung sollen dann ein Anforderungskatalog erstellt sowie ein Zertifizierungsprozess angeboten werden, um Herstellern die Verwendung des CCS-Standards in ihren Produkten zu erleichtern. Als drittes Aufgabengebiet nimmt sich CharIn die Verbreitung und Durchsetzung des gemeinsamen Standards vor, was vorrangig gegen den japanischen CHAdeMO gerichtet ist.

Wie schnell das gehen wird und ob es gelingt, steht in den Sternen. Zieht man die Zahlen an Ladestationen heran, die bereits in Japan aufgestellt sind, steht CharIn vor einer schweren Aufgabe. Japan hatte 2016 bereits mehr Ladestationen als Benzintankstellen im Land. Über 40.000 Ladepunkte standen 34.000 Zapfsäulen gegenüber.[78] In den USA zählte man erst 9.000 Ladestationen im Vergleich zu 114.500 Zapfsäulen.[79] In Deutschland sind aktuell über 6.000 e-Tankstellen installiert, in der Schweiz 800 und in Österreich über 2.000.[80] Schaut man nach China hinüber, sind all diese Zahlen „Peanuts". Dort gab es Anfang 2017 bereits sage und schreibe 270.000 Ladestationen.[81]

Der Ölkonzern Royal Dutch Shell überraschte Anfang 2017 mit der Ankündigung, die eigenen Tankstellen mit Ladestationen auszustatten. Zwar wurde nicht näher darauf eingegangen, in welchem Zeitraum das passieren solle, sehr wohl aber, in welchen Ländern. Gleich vorweg: Deutschland war nicht darunter, dafür aber standen die Shell-Heimatmärkte Großbritannien und die Niederlande im Fokus.[82]

Auch wenn die Anzahl von Ladestationen noch der von Tankstellen hinterherhinkt, ist zu erwarten, dass das in wenigen Jahren anders sein wird. Nicht nur sind Ladepunkte mit Preisen zwischen 3.000 und 7.500 Dollar viel günstiger, sie können auch (beinahe) überall installiert werden.[83]

Sie benötigen keine umfangreichen Umweltverträglichkeitsprüfungen so wie Tankstellen mit ihren Flüssigtreibstoffen, bei denen sichergestellt werden muss, dass sie die Umgebung nicht kontaminieren beziehungsweise sich mit anderen Einrichtungen in der Nachbarschaft gut vertragen.

Leider geht man in Deutschland recht dilettantisch vor. Es ist offensichtlich, dass die deutschen Autobauer und Stromanbieter nicht an Elektromobilität glauben. Wie sonst ist das Wirrwarr von Abrechnungssystemen zu erklären? Auch hier kommt das Defizit an digitalem Wissen im Land zum Vorschein. Unterschiedliche RFID-Karten, Abrechnungssysteme, deren Sicherheitsstandards Experten die Haare zu Berge stehen lassen, und öffentliche Ladesäulen, die nur zu den Bürozeiten genutzt werden können, stellen der Elektromobilität gleich mehrere Beine.

Und wenn nicht gerade dilettantisch vorgegangen wird, sabotiert man. Das „Schnellladenetz für Achsen und Metropolen", kurz SLAM genannt, hat als Ziel, bis Mitte 2017 600 Schnellladestationen mit 150 Kilowatt Ladeleistung je Ladepunkt zu Forschungszwecken auf Autobahnen und in größeren Städten aufzustellen. Die Daten sollen Wissenschaftlern erlauben, Modelle zu erstellen, die Aufschluss darüber geben, wo Ladestationen sinnvoll wären, wie sie genutzt werden und wie Bezahlungssysteme aussehen könnten.[84] Das aus Steuergeldern finanzierte Projekt hat sich vor allem durch ein Detail hervorgetan: Nur zwei der drei Ladestandards wurden eingebaut. Um es konkret zu sagen: Alle drei wurden vom Hersteller mit ausgeliefert, einzig der von deutschen Autobauern nicht verwendete, aber unter anderem von Nissan gebrauchte CHAdeMO-Standard wurde nachträglich abgeklemmt. Wie auch immer, viel passiert ist in dem Projekt seither sowieso nicht. Im März 2017 waren gerade mal 50 Ladesäulen installiert. Zum Vergleich: Tesla hatte Ende 2016 weltweit fast 5.000 Ladestationen in Betrieb und plant die Verdopplung dieser Zahl bis Ende 2017. Die geballte Macht der SLAM-Projektpartner – mit Daimler, BMW, Porsche, VW, RWE, EnBW und dem Bundesministerium für Wirtschaft und Energie alles Unternehmen, die als Crème de la Crème der deutschen Industrie betrachtet werden – schafft gerade mal ein Prozent von dem, was ein Start-up aus den USA zusammenbringt.

In Wien prüft die Stadtverwaltung, Ampeln und Lichtmasten zu Ladestellen zu erweitern. Dabei will man die 153.000 Lichtpunkte mit ihren

3.400 Schaltstellen sowie die 14.000 Ampelanlagen, die an ebenso vielen Schaltkästen hängen, verwenden, um eine Basisversorgung für das Laden von Elektrofahrzeugen zu schaffen. Eine Reichweite von 200 Kilometern innerhalb von vier Stunden soll dabei sechs Euro kosten. So zumindest der heutige Plan.[85]

Die Open Charge Alliance zielt auf die Ausarbeitung von gemeinsamen offenen Standards für Ladestationen ab. Zwei der bisherigen Standards schließen Protokolle für den Datenaustausch zwischen einer Ladestation und einem zentralen System mit ein und erlauben eine 24-stündige Vorhersage zum anstehenden Ladebedarf.[86] Zu den Partnern gehören neben vielen Start-ups, Forschungseinrichtungen und Industrieorganisationen auch Energieanbieter wie RWE. Auf internationaler Ebene sollen ebenfalls Standards für Abrechnungssysteme eingeführt werden. Hubject strebt ein europaweites System an, bei dem Fahrer die Bezahlsysteme ihrer Anbieter an beliebigen Ladestationen nutzen können.[87]

Noch besser wäre es allerdings, wenn wir uns gar nicht mehr ums Laden kümmern müssten. Und das soll das sogenannte Induktionsladen ermöglichen. Die Kaffeehauskette Starbucks bietet in den USA bereits solch ein System zum Laden von Smartphones an. An den Tischen befinden sich Ständer mit einer Auswahl an ringförmigen Steckern, die man ans eigene Handy anschließt; das legt man dann über die eingebaute Kopplungsspule auf den Tisch. Das geht zwar langsam – und während des Ladens kann das Handy auch nicht wirklich verwendet werden, da es über der Spule liegen bleiben muss –, aber es ist immer noch besser, als mit einem leeren Akku weiterziehen zu müssen.

Das Laden per Induktion verspricht eine Verbesserung in zweifacher Hinsicht. Zuerst einmal parkt man sein Auto auf einem Garagenplatz mit im Boden eingebauter Spule, oft in Form einer Matte mit elektromagnetischem Feld, die ohne weiteres Zutun, also ohne Einstecken eines Kabels, lädt. Im Auto selbst muss auch eine Kopplungsspule eingebaut sein, die als Empfänger dient. So gibt es kein vergessenes Anstecken am Abend gepaart mit Verzweiflung, wenn man es in der Früh nicht in die Arbeit schafft, weil die Batterien leer sind (des Autos, versteht sich). Eine weitere Form der Verbesserung versprechen die in die Straßen eingebauten Schleifen, die während des Fahrens aufladen. Theoretisch müsste das

Fahrzeug, das hier unterwegs ist, nie einen Ladestopp einlegen. Damit wäre nur noch das Problem der Pinkelpause zu lösen. Momentan wird die Induktionslösung noch durch die entstehenden Einbaukosten in Straßen und Parkplätze sowie durch die (noch) geringe Ladeleistung ausgebremst. Auch dürfen die Kopplungsspulen im Auto und auf der Matte nicht zu weit auseinanderliegen, optimalerweise nur wenige Zentimeter, um die Ladeverluste gering zu halten.

Wie in den anderen Bereichen der neuen Automobilindustrie tummeln sich auch hier gleich mehrere Start-ups, die das Induktionsladen technologisch vorantreiben – Momentum Dynamics, Plugless und WiTricity. Diese drei Start-ups haben zusammen bislang mehr als 42 Millionen Dollar Risikokapital erhalten. Google-Waymo, das Schwergewicht im autonomen Fahren, sieht das Induktionsladen als Bestandteil autonomer Elektroautos. Sowohl Hevo als auch Momentum Dynamics haben bereits Induktionsmatten für Googles selbstfahrende Koala-Fahrzeuge im Einsatz, allerdings noch mit sehr geringer Ladeleistung. Von den Start-ups werden in Bälde ebenfalls Ladeleistungen von 200 Kilowatt versprochen, womit man dann mit den Schnellladesäulen gleichzöge.[88]

In England ist man dem Kontinent zumindest schon einen Schritt voraus. Nicht nur hat man dort das System bereits getestet, sondern will weitere Straßen für kabelloses Laden ausbauen.[89] Auch das israelische Start-up Electroad hat mit der Erprobung des Induktionsladens von Elektrobussen in Tel Aviv begonnen.[90] Ein Laden während der Fahrt erlaubt die Verwendung kleinerer Batterien in den Fahrzeugen. Bei den heutigen Batteriegewichten ist das ein weiterer Vorstoß, das Fahrzeuggewicht zu verringern und somit die Reichweite zu erhöhen.

Werden diese kabellosen Ladesysteme zu einer neuen Quelle elektromagnetischer Strahlung mit möglicherweise negativen Auswirkungen auf die Gesundheit? Die Forschung ist sich da noch uneins, erste Studien widersprechen sich. Eine im Auftrag der Europäischen Union durchgeführte Untersuchung konnte keinen Zusammenhang zwischen niederfrequenten, elektromagnetischen Feldern und Leukämieerkrankungen feststellen.[91] Eine andere Studie hingegen sah eine Verbindung zwischen dem Wachstum von Krebstumoren bei Mäusen und deren Nähe zu elektromagnetischen Feldern.[92]

Batteriemarkt und Stromnetz:
Ein Geben und Nehmen

Batterien entwickeln sich zu einem großen Geschäft. Einer Studie zufolge wird dieser Markt bis 2020 auf zehn Milliarden Dollar anwachsen. Dabei werden sechs Hersteller 90 Prozent des Angebotes liefern, wobei Tesla allein die Hälfte davon in seine Autos verbauen will, gefolgt von BYD, VW, Renault Nissan, GM und BMW (in dieser Reihenfolge).[93] Die enorme Nachfrage wird von mehreren Batterieherstellern bedient werden – dazu gehören BYD, LG Chem, NEC und Samsung SDI –, wobei die Gigafactory 1 in Reno, Nevada, die Tesla und Panasonic gemeinsam betreiben, mit 46 Prozent den Markt beherrschen wird. Als größter Konsument der Batteriehersteller treten Elektrofahrzeuge auf den Plan mit bis zu 80 Prozent Nachfrage nach Speicherlösungen.

Zigtausende oder gar Millionen von Elektrofahrzeugen werden sich auch auf die Energieunternehmen auswirken; einerseits, weil die Fahrzeuge Strom zum Laden benötigen, andererseits, weil sie als dezentrale Energiespeicher im Gespräch sind. Fahrzeuge in derart großer Zahl, deren Batterien am Stromnetz hängen, können Überkapazitäten auffangen oder umgekehrt Strom ins Netzwerk abgeben. Wenn alle gleichzeitig ihre Fahrzeuge laden würden, könnte jedoch eine Überlastung auftreten und das Stromnetz destabilisiert werden – wie es unter Umständen bei Tagesspitzen passiert, wenn plötzlich alle Klimaanlagen oder Herde gleichzeitig in Betrieb sind. Ein intelligentes Stromnetz hingegen kommuniziert mit dem Fahrzeug und verteilt die Ladeleistung über einen bestimmten Zeitraum.[94] Solch ein System ist unter dem Namen Vehicle-to-Grid bekannt.[95]

Deutsche Hersteller zeichneten sich bis vor Kurzem noch durch ein zögerliches Hin und Her bei der Batterieproduktion aus. Sollte man selbst oder lieber doch nicht? Die Betriebsräte einiger Hersteller sprechen sich ausdrücklich für den Kompetenzaufbau bei Batterien aus, nicht zuletzt um die Abwanderung von Arbeitsplätzen aus Deutschland zu verhindern. Daimler hat nun doch für 2018 die Inbetriebnahme einer zweiten Batteriefabrik im sächsischen Kamenz angekündigt.[96] Auch Volkswagen und BMW wollen folgen.

Regulierungen und Notlösungen:
Gut gemeint ist nicht gleich gut gemacht!

Noch einmal: Die deutschen Hersteller und die deutsche Regierung stecken in einer Misere. Ihre extrinsische (also von außen kommende) Motivation steht gegen die intrinsische Motivation der „jungen Wilden". Es macht einen großen Unterschied, ob wir jemanden durch Versprechungen oder Anreize zu etwas bewegen – wie „Gewinne fünf Neukunden, und du erhältst einen zusätzlichen Urlaubstag!" beziehungsweise „Überschreitest du die Geschwindigkeitsbegrenzung, dann erwartet dich ein Bußgeld von 80 Euro!" – oder ob wir hochmotiviert aus eigenem Antrieb handeln: Ich besuche diesen Vortrag, weil mich das Thema wirklich interessiert und weil ich dort spannende Leute treffe und nicht, weil mir jemand 100 Euro dafür versprochen hat.

Wir Menschen sind und handeln im Grunde sehr irrational. Die Qualität der Arbeit leidet oder wir verlieren das Interesse an einer Aufgabe, wenn wir mit extrinsischen Anreizen ködern müssen und geködert werden. Das wurde in vielen Experimenten nachgewiesen. Erwachsene, Kinder, selbst Affen bringen in solch einem Fall weniger Zeit für die Aufgabe auf, machen mehr Fehler, leisten weniger qualitativ wertvolle Arbeit.[97]

Nehmen wir an, Sie möchten Ihren achtjährigen Sohn fürs Lesen interessieren. Sie versprechen ihm für jedes Buch ein Panini-Klebebild. Was, frage ich Sie, was wird wohl passieren? Welche Bücher wird er lesen? Natürlich die dünnsten mit der größten Schrift und dem wenigsten Text. Wenn wir ihn nach der Geschichte fragen, wird er vermutlich eher schlecht als recht den Inhalt nacherzählen können. Was wird geschehen, wenn wir ihn nicht mehr belohnen? Er hört mit dem Lesen wieder ganz auf. Wir haben genau das Gegenteil von dem erreicht, was wir eigentlich wollten. Die intrinsische Motivation „Lesen ist spannend" wurde durch den extrinsischen Anreiz „Klebebild" ersetzt.

Warum mache ich diesen Mini-Ausflug in die Verhaltensforschung? Weil schon von Anfang an fehlerhafte Anreizsysteme zum momentan beklagenswerten Zustand der deutschen Anbieter von Elektroautos und Hybriden geführt haben.

Wir sehen das an der heute verfügbaren Reichweite der angebotenen Fahrzeuge, die alternativ angetrieben werden. Dabei versprechen die von

Regulierungsbehörden eingeführten Testzyklen wie der „Neue Europäische Fahrzyklus" (NEFZ), dass mit ihnen der Flottenverbrauch und die Emissionen gesenkt werden können, sofern sie den Kriterien entsprechen. Was gut gemeint war, um die Automobilindustrie dazu anzuhalten, Hybride und Elektrofahrzeuge zu bauen, verpuffte in einem Minimalaufwand, der eine größere Vision gar nicht erst aufkommen ließ. Dazu kam die kurzsichtige Ausrichtung auf schnellen Unternehmenserfolg. Die Geschäftszahlen des nächsten Quartals liegen dem Management und den Aktionären näher als die Zukunftssicherung des Konzerns mit innovativen Technologien, bei denen sich Ergebnisse erst in fünf Jahren zeigen, weil sie da ohnehin nicht mehr im Vorstand sein werden oder die Anteile schon längst verkauft haben.

Gut gemeint bedeutet also nicht automatisch gut gemacht. Das drückte Elon Musk mit seiner Einschätzung von Toyota und Daimler aus. Seiner intrinsischen Motivation, die Menschheit von fossilen Brennstoffen zu befreien, steht die extrinsische Motivation deutscher Hersteller gegenüber, die Testzyklen einzuhalten, um sich die Dinge „schönzurechnen". Dieses Verhalten beschränkt sich nicht nur auf die Automobilbranche. Auch in der Erdölindustrie weiß man längst, dass man vom Öl wegkommen muss. Die Ansätze, in andere Energieträger zu investieren, werden aber immer nur halbherzig verfolgt.

Nicht nur ticken die Uhren anders im Silicon Valley, es setzt auch gewohnte Regeln außer Kraft. „Tesla macht doch keinen Gewinn. Gerade haben sie massive Verluste bekanntgegeben!" Das süffisante Grinsen des Managers einer deutschen Firma weicht rasch ungläubigem Staunen: „Und trotzdem stieg der Börsenkurs auf ein hohes Niveau, das verstehe mal einer." Es stimmt: Tesla verlor Mitte 2015 an die 4.000 Dollar pro verkauftem Model S, wie eine Reuters-Schlagzeile berichtete.[98] In normalen Unternehmen würde so etwas sofort zu radikalen Sparmaßnahmen, einer Umstrukturierung, zu Entlassungen oder vielleicht gar zur Einstellung der verlustbringenden Sparte führen. Tesla ist aber kein normales Unternehmen, das Produkt ist es ebenfalls nicht, und der Automobilmarkt steht vor einem Umbruch. Deshalb treten andere Regeln in Kraft, die außerhalb des Silicon Valley nur schwer verständlich sind. Traditionelle Geschäftsmodelle stellen die grundlegende Frage: „Wie kann ich Umsatz generieren?" Das Silicon Valley ist vermutlich der einzige Platz auf der

Welt, wo man diese Frage nicht beantworten muss, sondern überlegen darf, wie man Wert für den Kunden schafft.

Deutsche Start-ups, die über das German-Accelerator-Programm des Wirtschaftsministeriums (bei dem ich einer der Mentoren bin) für drei Monate nach Palo Alto kommen, berichten bei ihren Präsentationen oft stolz, dass sie bereits profitabel seien.[99] Für die hiesigen Wagniskapitalgeber ist das ein schlechtes Zeichen. Das bedeutet, dass das Start-up nicht genug Aufwand betreibt, um das Unternehmen zu vergrößern und den Markt zu besetzen, bevor sich mögliche Mitbewerber ins Spiel bringen. Denn genau das ist es, was Tesla macht. Die Verluste von 47 Millionen Dollar im zweiten Quartal 2015 sind vor allem auf den Ausbau von Infrastruktur zurückzuführen. Sowohl die Gigafactory 1 in Reno, in der Batterien für das künftige massentaugliche Tesla Model 3 und die Haushalte gefertigt werden sollen, als auch der weltweite Ausbau der Tesla-Ladestationen und die Vorbereitungen auf die Produktion des Tesla Model X gehen ins Geld.[100] Aber das sind Investitionen für das zu erwartende Wachstum. Tesla bereitet sich darauf vor, den De-facto-Standard für Elektrofahrzeuge zu setzen, den Markt für Batterien zu beherrschen und die Konsumenten mit leistungsfähigen Elektroautos en masse zu versorgen.

Tesla-Chef Elon Musk drückte seine Einstellung zu Gewinn und Verlust ganz konkret in einem Interview mit dem *Handelsblatt* aus, als er auf das Zitat von Daimler-Chef Dieter Zetsche, niemand werde mit elektrischen Autos Geld machen, antwortete:[101]

> „Ich stimme zu, wir können nicht auf ewig Verluste schreiben. Dieses Jahr investieren wir sehr viel in den Produktionsbeginn des Model X und langfristig auch in den des Model 3. Unser Ziel ab dem nächsten Jahr ist es, cashflow–positiv zu sein. Aber ich würde das Wachstum nicht verlangsamen, nur um profitabel zu sein."

Wie ein Schachspieler setzt Musk seine Figuren und nimmt dabei einige Bauernopfer in Kauf. Doch wenn alles klappt, stehen die Figuren am Ende alle richtig, um die Gegner schachmatt zu setzen und den Markt zu dominieren.

Auch Carl Benz hat die ersten Jahre kein Geld verdient, sondern es eher mit seiner verrückten Erfindung einer pferdelosen Kutsche verbrannt. Er lebte vom Erbe seiner Frau, die ihn finanziell unterstützte und sein „Venture Capitalist" war. Der eigentliche Grund für ihre Ausfahrt mit den Söhnen war ihre Ungeduld; entgegen Benz' Zögerlichkeit wollte sie die Fahrzeugtests endlich über die Grundstücksgrenzen hinaus ausdehnen und aller Welt zeigen, was ein Automobil zu leisten imstande ist. Sie machte sich auf den Weg, ungeachtet aller Verbote, fehlender Genehmigungen und mangelhafter Sicherheit. Dabei errang sie nicht nur die Aufmerksamkeit der Öffentlichkeit, sie gewann auch wertvolle Einsichten, um Verbesserungen am Auto vornehmen zu können. 100 Jahre später spricht und handelt der Mercedes-Chef dem historischen Pioniergeist des eigenen Unternehmens zuwider.

Ein Testbericht des *Manager Magazins* zum BMW i3 vom Februar 2014, bei dem der Testfahrer an den Ladestationen scheiterte, warf ein weiteres Schlaglicht auf die Unzulänglichkeiten bei der Einführung von elektrischen Fahrzeugen in Deutschland.[102] Das Spektrum reichte von nicht freigeschalteten Ladekarten und nur zu Bürozeiten verfügbaren Ladesäulen über die Nichtannahme von Kreditkarten bis hin zu baulichen Hindernissen, die das Fahren und Energieauftanken von Elektroautos behinderten. Es zeigte auf, wie Stromanbieter neue Trends und Geschäftsmodelle einfach verschlafen, nur halbherzig vorgehen oder ihr Nichthandeln zu entschuldigen versuchen. Dazu kommt eine weitere Unberechenbarkeit bei den Ladestationen: Die Preise, die verlangt werden, sind uneinheitlich. Anbieter verlangen einen Stundenpreis, eine Grundgebühr oder rechnen nach Strommenge ab. Elektroautofahren ist bis heute noch ein Geschäft mit Straßenräubermentalität. Keiner fühlt sich dafür zuständig, dem Kunden ein angenehmes Gesamt-Fahrerlebnis zu verschaffen. Die Autohersteller wälzen die Verantwortung auf die Stromgesellschaften ab, und diese sehen weniger auf die Kunden und mögliche Umsätze, sondern einzig auf die Vorabkosten. Abschließend zeigen alle mit dem Finger auf den Staat.

Sind Elektroautos „brandgefährlich"?

Das Foto eines vollständig ausgebrannten Teslas im verschneiten Norwegen dominierte die Schlagzeilen im Winter 2015. Beim Laden war der

Wagen überhitzt worden und fackelte ab. War das ein Zeichen dafür, wie unsicher und gefährlich Elektrofahrzeuge eigentlich sind? Sieht man sich die Statistiken an, ist dieser Eindruck falsch. In den USA allein listet man an die 150.000 Fahrzeugbrände pro Jahr.[103] Das sind 17 pro Stunde. In Deutschland zählt man nur ein Zehntel davon, was aber immer noch 15.000 Fahrzeugbrände pro Jahr oder 40 pro Tag ausmacht.[104]

Verbrenner brennen mindestens fünfmal so häufig wie Batteriefahrzeuge.[105] Was nicht heißt, dass ein Batteriebrand ungefährlich ist. Tatsächlich stellt er Feuerwehrleute vor neue Aufgaben. Eine brennende Batterie kann nicht so einfach mit Wasser gelöscht werden. Im Vergleich zu einem Benziner ist das Brennverhalten anders. Es gibt keine Brennflüssigkeit, die auslaufen kann oder spontan verpufft. Bei einem Unfall müssen die Einsatzkräfte auch die Batterie eines zerstörten Fahrzeugs unschädlich machen, dabei gilt es, speziell markierte Kabelverbindungen zu durchtrennen.

Nach den ersten Tesla-Bränden wurden die Sicherheitsmaßnahmen vom Hersteller überarbeitet. Bei einem Zwischenfall war die Bodenplatte des Wagens von einem Metallteil durchstoßen worden, das die Batterie beschädigt hatte. Tesla reagierte mit einer verstärkten Bodenplatte.

Natürlich sind Brände von Elektrofahrzeugen eher in den Nachrichten vertreten als die von Benzinern. Noch machen sich diese Art Zwischenfälle jedoch rar. Elektrofahrzeuge insgesamt generell für brandanfälliger zu halten, ist falsch. Wie Elon Musk mit einem Augenzwinkern sagte: „Wenn du Brandstiftung begehen willst, nimmst du dazu einen Kanister Benzin oder eine Batterie?"

Für eine saubere Zukunft: Footprints, Strommix, Emissionen

Der Actionfilmstar und ehemalige Gouverneur von Kalifornien Arnold Schwarzenegger ist auch für seine Liebe zu Autos bekannt. Er besitzt eine ganze Reihe von edlen Karossen, angefangen vom Benzinschlürfer Hummer über einen luxuriösen Bentley, einen Porsche und den Mercedes Excalibur bis hin zu einem Tesla; alles ist vertreten, was das automobile Herz begehrt. Die fährt er tatsächlich auch alle fleißig. Als i-Tüpfelchen befindet sich auch noch ein Panzer im Fuhrpark, angeblich genau derselbe, den der „Terminator" während seines Militärdienstes im österreichischen Bundesheer fuhr; er kaufte ihn aus Heeresbeständen auf und ließ ihn nach Kalifornien verschicken, um ihn zum Spaß zu fahren und für wohltätige Zwecke einzusetzen.[106]

Selbst ein Schwarzenegger, der sich in der Vergangenheit mit seiner Automobilbesessenheit nicht unbedingt von seiner ökologisch besten Seite zeigte, stellt sich nun auf die Seite der Elektrofahrzeuge; so geschehen in einem Facebook-Post mit dem provokanten Titel „*I don't give a **** if we agree about climate change*". Frei übersetzt: „*Es kümmert mich einen Scheißdreck, ob wir zum Klimawechsel einer Meinung sind.*"[107] Während wir uns in Europa doch ziemlich einig sind, dass wir einen globalen Klimawandel erleben, ist das in den USA eben nicht so. Das erklärt den Titel des Posts. Er liefert darin ein überzeugendes Argument für Elektrofahrzeuge beziehungsweise Fahrzeuge mit alternativem Antrieb in Form eines einleuchtenden Beispiels:

„Ich habe eine letzte Frage an Sie, und zur Beantwortung derselben braucht man etwas Vorstellungskraft.

Sie haben die Wahl zwischen zwei Türen. Hinter Tür Nummer 1 befindet sich ein schalldichter Raum, in der ein Auto mit einem heute üblichen Benzinmotor steht. Raum Nummer 2 ist identisch mit dem ersten, aber drinnen steht ein Elektroauto. Beide Autos laufen mit voller Kraft.

Ich möchte, dass Sie eine Tür auswählen, sie öffnen, hindurchgehen und wieder hinter sich schließen. Sie müssen eine Stunde im jeweiligen Raum verbringen. Sie können das Auto nicht abschalten. Ihnen steht keine Sauerstoffmaske zur Verfügung.

Rate ich richtig, dass Sie Raum Nummer 2 gewählt haben, den mit dem Elektrofahrzeug, stimmt's? Tür Nummer 1 ist nämlich eine tödliche Wahl – wer will schon Abgase einatmen?

Das ist die Wahl, vor der die Welt heute steht.

[…] Ich hoffe nur, dass Sie mich dabei begleiten werden, Tür Nummer 2 zu öffnen; für eine klügere, sauberere, gesündere und gewinnträchtigere Energiezukunft.

Das österreichische Umweltbundesamt untermauert in einer Studie die Umweltfreundlichkeit von Elektrofahrzeugen mit Zahlen.[108] Im Bericht, in dem die Treibhausgas- und Luftschadstoffemissionen mit dem Energiebedarf von Benzin-, Diesel-, Hybrid- und Elektroautos verglichen wurden, berücksichtigten die Experten die Umweltauswirkungen, die während des gesamten Lebenszyklus der Fahrzeuge entstehen, von der Produktion über den Betrieb bis hin zur Entsorgung.

Im Vergleich zu Diesel- und Benzinfahrzeugen liegen die Treibhausgasemissionen für den gesamten Zyklus von Elektrofahrzeugen um 75 bis 90 Prozent niedriger. Bei Stickoxiden schneiden Dieselfahrzeuge am schlechtesten ab mit einem neunmal höheren Ausstoß im Vergleich zu Benzinern. Elektrofahrzeuge weisen keine Stickoxidemissionen auf. Staubemissionen sind bei allen Antriebsarten gleich. Ungefähr 50 Prozent entstehen bei der Fahrzeugherstellung, die anderen 50 Prozent fallen bei der Akku- und der Stromproduktion von Elektroautos beziehungsweise bei der Energiebereitstellung von Verbrennern an.

Unabhängig von der Antriebsart sind Energieaufwand und Materialeinsatz bei der Herstellung ähnlich. Die meiste Energie erfordert der Betrieb eines Fahrzeugs. Der Energieaufwand über den gesamten Lebenszyklus ist bei Elektroautos um das 3- bis 4-fache niedriger als bei Verbrennern. Elektroautos benötigen insgesamt einen 50 bis 70 Prozent geringeren Energieaufwand.

Zu ähnlichen Ergebnissen kam die amerikanische Union of Concerned Scientists (UCS).[109] Zwar ist aufgrund der Herstellung der Batterie mit höherem Energieaufwand und damit höheren Emissionen in der Produktion zu rechnen (und zwar mit plus 15 Prozent bei einem Fahrzeug mit 135 Kilometern Reichweite beziehungsweise 68 Prozent bei einem mit 400 Kilometern Reichweite), aber die Umweltbilanz gleicht sich bereits nach sechs bis 18 Monaten Betriebslaufzeit aus. Abhängig von der Art der Stromerzeugung amortisiert sich das früher oder später. Am Ende eines gesamten Fahrzeuglebenszyklus produziert ein Verbrenner doppelt so viel Emissionen wie ein Stromer mit 135 Kilometer Reichweite.

Anhand des Strommix für die verschiedenen US-Bundesstaaten verglich die UCS die Emissionsbilanz von Elektrofahrzeugen und Verbrennern während des Betriebs.[110] Man ging der Frage nach, wie viel Kraftstoff ein Verbrenner auf 100 Kilometer verbrauchen müsste, um einem gleichgestellten E-Fahrzeug abgasmäßig ebenbürtig zu sein. In den sonnenreichen Bundesstaaten im Westen der USA müsste ein Verbrennungskraftfahrzeug auf einen Durchschnittsverbrauch von 2,5 Liter auf 100 Kilometern (97 Meilen pro Gallone) kommen. Im US-Durchschnitt dürfte dieser Verbrauch auch nicht bei mehr als 3,5 Liter auf 100 Kilometer (68 Meilen pro Gallone) liegen, ein Traumwert, den heute so gut wie kein Benziner oder Diesel im Praxisbetrieb auch nur annähernd schafft. Mittels eines Online-Emissionsrechners kann man sich die Umweltbilanz eines Elektrofahrzeugs nach Marke und Bundesstaat ansehen.[111]

Auch für Europa gibt es solch eine Übersicht, zumindest für die Kohlendioxidemissionen.[112] In die Auswertung flossen die Arten der Stromerzeugung ein. Dabei schneiden die Länder schlecht ab, die auf fossile Brennstoffe zur Elektrizitätsgewinnung setzen, wie Polen, Griechenland, Bulgarien, Estland und Litauen. Diejenigen mit erneuerbaren Energiequellen reduzieren den CO_2-Footprint, dazu zählen Norwegen, Schweden, Dänemark, Island und Österreich. Frankreich oder die Schweiz, die stark auf Atomenergie setzen, reduzieren diesen auch. Deutschland selbst liegt im Mittelfeld, der heutige Strommix würde noch zu keiner wesentlichen Reduktion des CO_2-Footprints führen.

Die Emissionsbilanz aber nur nach dem Benzinverbrauch zu messen reicht nicht. Die Förderung, der Transport und die Herstellung von Treibstoff verschlingen Unmengen an Energie und stellen selbst signifikante Emissionsquellen dar.

Um 1900 war die Förderung von Öl noch recht einfach. Um 100 Barrel Öl aus dem Boden zu holen, reichte gerade einmal der Energieaufwand von einem Barrel. Heute, wo die leicht zugänglichen Öllagerstätten bereits ausgebeutet wurden und man immer tiefer bohren oder den Rohstoff aus Ölschiefervorkommen erst gewinnen muss, steigt der Energieaufwand. Nicht mehr 100 Barrel Rohöl können mit einem Barrel gewonnen werden, sondern nur mehr zwischen zwölf und 17 Barrel. Bei Ölsand aus Kanada und Venezuela sinkt das Verhältnis sogar auf fünf Barrel.[113] Es wird immer schwieriger und teurer, an den Dinosauriersaft heranzukommen.

Aus einem Barrel Rohöl können im Durchschnitt 112 Liter (31 Gallonen) Benzin und Diesel gewonnen werden (neben einigen weiteren

Petroleumprodukten).[114] So benötigen Raffinerien mit einem 85-prozentigen Wirkungsgrad für jeden Liter Benzin, den sie erzeugen, an die 1,7 Kilowattstunden.[115] Zum Vergleich: Ein Liter Benzin hat eine Energiemenge von 8,5 Kilowattstunden.[116] 20 Prozent der Energiemenge in einem Liter Benzin wurden zu seiner Raffination aus Rohöl eingesetzt.

Bei der Förderung, dem Transport und der Lagerung von Rohöl beziehungsweise der raffinierten Produkte werden sowohl Energie verbraucht als auch Abgase emittiert. Aus den Förderanlagen gelangen Abgase und Rohöl in die Umwelt, und die Millionen Kilometer an Leitungen weisen an ihren zigtausend Ventilen und Verbindungsstellen Lecks auf, aus denen Rohöl tropft oder sonst wie in die Atmosphäre entweicht. Benzin- und Öltanks sind ebenfalls nicht unbedingt vollständig dicht, wie jeder Käufer einer Liegenschaft, die sich in der Nähe einer Tankstelle befindet, anhand der Einträge und Warnhinweise in den Dokumenten nachweisen kann.

Was bei den üblichen Berechnungen zum Lebenszyklus gern vergessen wird, sind die militärischen Kosten zur Sicherung der Energieversorgung. Amory Lovins vom Rocky Mountain Institute meint, dass ein wesentlicher Anteil des 638 Milliarden Dollar schweren US-Verteidigungsetats für die Sicherstellung von Energie aufgewendet wird. Allein für militärische Operationen im Mittleren und Nahen Osten setzt die Regierung 507 Milliarden Dollar ein, etwa zehnmal so viel, wie die Amerikaner für Öl aus dieser Region ausgeben. Selbst wenn nicht ganz so viel Geld in die Absicherung der Ölversorgung fließen sollte, machen schon wenige Prozent immer noch ein erkleckliches Sümmchen aus.[117]

Die Internationale Energieagentur (IEA) schätzt, dass die Länder weltweit fast 500 Milliarden US-Dollar pro Jahr ausgeben, um Erdöl, Benzin, Kohle und Gas künstlich zu verbilligen oder die Industrie zu unterstützen. Laut Fatih Birol, Vorsitzender der IEA, sind die Subventionen dreimal so hoch wie für erneuerbare Energien.[118]

Es kann also davon ausgegangen werden, dass die versteckten Umweltkosten für den Betrieb eines Verbrennungskraftfahrzeugs wesentlich höher liegen als vielfach bekannt; ganz zu schweigen von den humanitären Kosten in den Förderländern, wo wir in vielen Fällen wenig demokratische Regimes mit unserem Treibstoffgeld (unter-)stützen.

Wie rasch ein Umstieg auf Elektrofahrzeuge der Umwelt helfen wird, richtet sich nach den Gegebenheiten im jeweiligen Land. China, das sehr massiv Kohle zur Stromerzeugung einsetzt, gewinnt mit dem Umstieg auf Elektrofahrzeuge kurzfristig nur wenig.[119] Stromer verbessern vor allem dann die Ökobilanz, wenn die Elektrizität aus regenerierbaren Quellen kommt. Auch in Deutschland ist mit dem für 2022 angepeilten Ausstieg aus der Atomenergie zuerst einmal von keiner Verbesserung in der Emissionsbilanz auszugehen, dafür aber sicherlich von einem Rückgang in der atomaren Abfallbilanz.

Während Verbrenner ihre Energiequelle nicht ändern können – ein Benziner fährt eben nun mal nur mit Benzin, ein Diesel mit Diesel – steht Elektrofahrzeugen sehr wohl diese Möglichkeit offen. Strom hat kein spezielles Etikett, mittel- und langfristig können die Energieträger für die Stromerzeugung gewechselt werden. Beginnt ein E-Fahrzeugbesitzer mit dem üblichen Strommix aus der Steckdose, kann er diesen später durch eine eigene Solaranlage ersetzen oder mit der Zeit durch die Zuschaltung von emissionsfreien Energieträgern durch die Elektrizitätsgesellschaft umweltfreundlicher gestalten. Für das E-Fahrzeug kommt es auf den Strommix an, einen „Benzinmix" gibt es in diesem Sinne für den Verbrenner nicht.

Mit dem Trend der letzten Jahre, von besonders umweltbelastenden fossilen Energieträgern wie Kohle wegzukommen und Windräder und Solaranlagen zu fördern, verringert sich der Anteil stetig, mit dem die Energieproduktion auf die Gesamtemissionsbilanz einwirkt. Deshalb nahm die Quote der durch den Verkehr verursachten Emissionen relativ zu. Elektrofahrzeuge üben somit einen verhältnismäßig stärkeren positiven Einfluss auf die Verringerung der Emissionsbilanz aus.[120]

Heutige E-Fahrzeugbesitzer unterscheiden sich in ihrem Energieverhalten von anderen Autobesitzern. Allein in Kalifornien haben 60 Prozent von ihnen vom Angebot der Energieversorger Gebrauch gemacht, einen besonders günstigen Stromtarif während der Nachtstunden zu verwenden, um ihre Autos zu laden, auch mit dem Haken, dass sie tagsüber einen etwas erhöhten Tarif zahlen müssen.[121] Das nehmen sie deshalb in Kauf, weil 32 Prozent der befragten E-Fahrzeugbesitzer Solarstrom für den Eigenbedarf erzeugen.[122]

Unternehmen: Wer hat eigentlich die Hand am (Batteriestrom-)Hebel?

Wie sieht es eigentlich mit der Batterieindustrie in Deutschland aus? Dazu müssen wir über 100 Jahre zurückgehen, als die Accumulatoren-Fabrik Tudorschen Systems Büsche & Müller oHG im Jahre 1887 gegründet wurde. Diese wurde später unter dem Namen Varta bekannt und stand in Konkurrenz zu Siemens und AEG. Deutsche Batterietechnologie war jahrelang führend. Ihre Anwendungsgebiete lagen vor allem im militärischen Bereich (Stichwort: U-Boote), bei Autobatterien und Taschenlampen. Heute ist die Industrie nur mehr ein Schatten ihrer selbst. Hersteller wie Varta durchliefen in den letzten Jahrzehnten turbulente Zeiten. Akkus für Smartphones, tragbare Computer und andere Elektronikartikel sowie Kostenvorteile haben die Batteriekompetenz nach Asien verlagert. Zu den weltweit führenden Fertigern zählen Unternehmen wie LG, Panasonic und Samsung. Eine Studie des Fraunhofer Instituts zeigt klar, dass Deutschland nach wie vor kein Leitmarkt für Fahrzeugbatterien ist und einigen Aufholbedarf hat.[123] Das sollte nicht mit einem Achselzucken hingenommen werden, zumal die Kompetenz vorhanden ist. Denn Batterien und Batteriemanagement werden in Zukunft an die Stelle des Motors treten. Allerdings darf man sich von Batteriefabriken nicht erhoffen, dass sie die zu erwartenden Arbeitsplatzverluste in der Aggregatfertigung wettmachen. Batteriefertigung ist hoch automatisiert und benötigt gerade mal ein Zehntel der Beschäftigten, die im Motorenbau üblich sind.

Mehr halbherzig als beherzt haben deutsche Hersteller den Aufbau eigener Batteriefabriken angekündigt. Mercedes-Benz steckt zwar wie gesagt eine halbe Milliarde Euro in den Aufbau einer zweiten Batteriefabrik in Kamenz, wo seit 2012 Lithium-Ionen-Batterien produziert werden, kündigt jedoch gleichzeitig an, dass man ebenso viel Geld in den Bau einer neuen Benzin- und Dieselmotorenfabrik investieren wird.[124] Das ist so, als ob Carl Benz die Hälfte des Vermögens seiner Frau in die Pferdezucht gesteckt hätte.

Antriebstechnik im Vergleich: Motoren, Design und Wirkungsgrade

Wir sprechen zwar von Batteriefahrzeugen versus Verbrenner, so als ob sich die Veränderungen nur dort abspielen, wo die Energie für den Antrieb gespeichert oder erzeugt wird; tatsächlich aber ändert sich das ganze Umfeld. Ein Verbrennungskraftfahrzeug besitzt nicht nur den Motor mit vielen beweglichen Teilen, sondern darüber hinaus alle Bestandteile, um die Energiequelle zu speichern (Tank), sie zuzuführen (Treibstoffleitungen), die erzeugte Energie auf die Räder zu bringen (Kupplung, Getriebe, Schwungrad) und die entstehenden Abgase abzuführen und zu reinigen (Abgasanlage).

Ein Elektrofahrzeug funktioniert grundlegend anders. Benzinleitung, Benzinpumpe, Tank, Filter, Kupplung und Schwungrad werden nicht mehr gebraucht. Während ein Motor normalerweise eine sperrige Blockform erfordert, ist eine Batterieform flexibler. Sie kann ebenfalls als Block kommen, flach den Unterboden bilden oder im Kofferraum eingebaut sein, ja, selbst in einen Anhänger transferiert werden.[125] Das Getriebe, das bei einem Verbrenner die Kraft vom Motor auf die Räder umsetzt, benötigt Raum. Hätten Sie es als Laie auf Anhieb in der Mittelkonsole zwischen den Vordersitzen lokalisiert? Auch dieses Teil entfällt bei einem Elektrofahrzeug vollkommen. Damit ändert sich das Fahrgefühl, weil die Antriebskraft unterbrechungsfrei – also ohne Schaltgetriebe – und sanft dosiert auf die Räder gebracht werden kann. Jeder, der schon mal ein Elektrofahrzeug Probe gefahren hat, kann das bestätigen.

Für das Karosseriedesign und die Innenausstattung eröffnet der Platzgewinn neue Horizonte. Der Motorraum und die Orte, wo sich Tank und Getriebe sonst befinden, werden zum Designspielplatz. Der „VW-Käfer-Aha-Effekt" feiert fröhliche Urstände, weil unter der „Motorhaube" wieder ein Kofferraum möglich ist. All dieser frei gewordene Raum bietet neue Möglichkeiten, wie der italienische Autodesigner Andrea Zagato in einem Interview mit dem *Manager Magazin* schildert.[126]

„Elektroautos brauchen keinen großen Motor mehr, auch das Getriebe fällt weg. Da die Elektromotoren nicht mehr vorn sitzen müssen, könnten auch Kühlergrill und

Lüftungsschlitze wegfallen. Und auch ein klassisches
Armaturenbrett ist unnötig, weil ja alles elektronisch geht.
Das alles macht eine komplett andere Fahrzeugarchitektur
möglich und gibt uns mehr Freiheiten."

Wer jemals in einem Tesla Model S saß, wird bemerkt haben, wie viel
Platz zwischen den Sitzen vorhanden ist, der für Passagiere und Gepäck
verwendet kann. Jede Menge Metall und bewegliche Teile verschwinden.
Musste bei einem Verbrenner dafür gesorgt werden, dass der Motor genügend Raum um sich hat, um sich im Falle eines Unfalls nicht zu weit in
die Passagierkabine zu drängen, so kann ein Elektrofahrzeug-Designer
hier eine neue Knautschzone einplanen. Die Autos werden so für Passagiere sicherer.

Die am Boden eingebaute schwere Batterie wiederum setzt den Schwer-
punkt des Fahrzeugs herab und macht die Karosserie steifer. Bei Sicherheitstests in den USA war es daher fast unmöglich, ein Tesla Model S aufs
Dach zu werfen. Den Elchtest bestehen solche Fahrzeuge weitaus besser.

Elektromotoren sind viel kleiner und kommen mit etwa zwei Dutzend
Teilen aus im Vergleich zu den 1.200 bei einem Achtzylinder. Sie wiegen
somit weniger, können kompakter gebaut und direkt an den Achsen angebracht werden. Die Energie wird viel direkter übertragen und erlaubt eine
Fahrzeugbeschleunigung, die viele überrascht und uns die grundsätzliche
Frage, was einen Sportwagen eigentlich so besonders macht, neu stellen
lässt. Gleichzeitig ist die Lebensdauer höher und der Motor benötigt
weniger Wartung, was nochmals die Kosten reduziert.

Obwohl ein Elektromotor aus vergleichsweise wenigen Teilen besteht,
bedeutet das nicht, dass dessen Technologie simpel ist. Es gibt mehrere
Arten, die von Gleich- oder Wechselstrom angetrieben werden oder mit
starken Magneten arbeiten. Ebenso wird die Leistung eines Elektromotors davon beeinflusst, welche Materialien eingesetzt werden, wie hoch
die Qualität des Kupferdrahtes ist und wie die Laminierung des Eisen-
kerns für die Hitzeentwicklung produziert wurde. Für all das braucht
man Experten in der Forschung.

Zusätzlich kann ein Elektromotor wie ein Generator wirken. Elektro-
magnetische Felder erzeugen beim Bremsvorgang Strom, der wieder in

die Batterien zurückgeladen werden kann. Das wird „Rekuperation" genannt. Steigt der Fahrer vom Pedal, liefert die Batterie keine Energie mehr und der Motor treibt die Räder nicht mehr an. Weil eben die Bremswirkung vom Elektromotor ausgeht, werden die Bremsbeläge geschont. Weitere Teile, die sich weniger abnutzen.

Für einen Elektromotor spricht zudem der Wirkungsgrad. Im Gegensatz zum Verbrennungsmotor, wo ein großer Teil der umgewandelten Energie durch Wärme und Reibung verloren geht und nur ein bescheidener Teil in Bewegungsenergie übersetzt wird, arbeitet ein Elektromotor vergleichsweise verlustfrei. Der Wirkungsgrad liegt je nach Elektromotor bei bis zu 97 Prozent.[127] Benziner schaffen einen Wirkungsgrad von knapp 30 Prozent, Diesel und Hybride von bis zu 40 Prozent.[128] Direkt vergleichbar ist das nicht, da man auch den Wirkungsgrad des Stromerzeugers einrechnen muss. Wenn es sich um Solar-, Wind- und Wasserkraft handelt, müssen nur die Verluste durch den Stromtransport weggerechnet werden. Hat man es mit Kohlekraftwerken zu tun mit einem Wirkungsgrad von 35 Prozent, dann reduziert sich rechnerisch auch der Wirkungsgrad des Elektromotors.[129]

Der Automobilzulieferer BorgWarner untersuchte verschiedene Antriebssysteme und deren Wirkungsgrad, indem er Wagengröße und -gewicht und andere Faktoren herausrechnete, um die verschiedenen Antriebsstränge vergleichbar zu machen. Die Aussagen zu den Wirkungsgraden ähnelten den bereits erwähnten. Hybride kommen dabei auf 38 Prozent Effizienz, Verbrenner erreichen bei 25 Prozent ihre Grenze und Diesel bei 28 Prozent. Elektrofahrzeuge hingegen stehen momentan bei 80 Prozent. Bei den Verbrennern hat sich die Effizienz in den letzten zehn Jahren um 14 Prozent verbessert, für die nächsten zehn Jahre verlangen die Gesetzgeber aber mehr als 30 Prozent. Und das erfordert einen sukzessiven Umstieg auf Hybride und Elektrofahrzeuge.

Allerdings nutzte BorgWarner seine Ergebnisse und Vorhersagen, um den Automobilherstellern einen phasenweisen Übergang der Antriebstechniken vorzuschlagen, um die bisherigen Investitionen nicht zu riskieren: jedes Jahr so und so viel Prozent Benziner, so und so viel Dieselfahrzeuge, so und so viel Hybride und so und so viel Prozent Elektrofahrzeuge. So verständlich diese Empfehlung auch ist, hat sie doch ihre Tücken. Sie setzt nämlich eine lineare Entwicklung der Nachfrage an Elektrofahrzeugen voraus. Disruptive Innovationen sind aber exponentiell; sie beginnen langsam und explodieren dann förmlich. Bei der Präsentation im Silicon Valley wurden BorgWarners Ergebnisse und Empfehlungen von den Anwesenden zerpflückt. Viele von ihnen hatten in der Vergangenheit ähnliche Disruptionen in anderen Branchen hautnah miterlebt und waren entsprechend skeptisch.

Einige Zulieferer erkennen bereits den Trend – weg vom Verbrennungsmotor hin zum Elektrofahrzeug – an ihren Auftragsbüchern. Der Getriebebauer ZF hat für seine Standorte Saarbrücken und Schweinfurt das Herunterfahren der Getriebeproduktion angekündigt und eine Neuausrichtung auf Antriebsstränge für Elektrofahrzeuge geplant. Zwar meint das Management, dass keiner der 8.500 Arbeitsplätze gefährdet sei, die Realität wird aber zeigen, ob Getriebebauer so einfach in Batteriechemiker umgeschult werden können.[130]

Reifen mit Grip(s) für gewichtige Autos

Elektrofahrzeuge erfordern Innovation bei unerwarteten Komponenten. Befreundete Tesla-Model-S-Besitzer berichteten mir von einem erhöhten Reifenverschleiß, nicht weil sie Freunden so oft die Beschleunigung demonstrierten, sondern weil Gummi und Profile durch die direkte Umsetzung der Antriebsenergie und den hohen Drehmoment stark belastet werden.

Die Reifenhersteller stehen damit vor neuen Herausforderungen: Reifen sollen insgesamt lange halten, leise sein und gut auf der Straße liegen. Doch man kann nicht alles gleichzeitig haben. Gut auf der Straße liegende Reifen verschleißen rasch. Reifen, die lange halten, sind laut. Und leise Reifen haben keinen guten Grip.

Unternehmen wie Tesla fordern jetzt aber doch alles gleichzeitig von einem Reifen: maximale Performance und Lebensdauer bei gleichzeitig niedrigen Abrollgeräuschen und guter Straßenhaftung. Um die Grenzen neu auszuloten, kombinieren Reifenhersteller mehr als 200 Variablen, von der Anordnung der Gürtellagen und der Seitenwand bis hin zu den Laufstreifen mit ihren verschiedenen Profildesigns und -tiefen. Die Pneus werden dabei spezifisch für einen Hersteller und ein Fahrzeugmodell designt.[131]

Michelin beispielsweise, die alle Reifen für die EV-Rennserie und für Tesla produzieren, musste wegen des hohen Gewichts und der Leistungsdaten des Model S die Karkasse, also das tragende Gerüst des Reifens, neu designen, um sicherzustellen, dass der Reifen die extremen Belastungen aushält und trotzdem alle anderen Bedingungen ebenfalls erfüllt.

„Was soll er denn kosten?"

Ein wichtiges Entscheidungskriterium für die Anschaffung eines fahrbaren Untersatzes sind die Kosten, ganz klar. Der Kaufpreis, die Betriebskosten und der Wiederverkaufswert fließen da mit ein. Elektroautos sind heute noch wesentlich teurer in der Anschaffung, da die Batteriepreise im Vergleich zur Leistung (noch) hoch sind. Auch das wird sich ändern.

Eine Studie schwedischer Forscher (2007 bis 2014) untersuchte die Kosten für Elektrofahrzeug-Batterien und stellte einen jährlichen Preisverfall von 14 Prozent fest. Kostete eine Kilowattstunde 2007 im Durchschnitt noch 1.000 Dollar, lagen die Kosten 2014 nur mehr bei 410 Dollar. Bei den Marktführern waren es sogar nur noch 310 Dollar. Es wird erwartet, dass sich dieser Trend fortsetzt.[132] Eine Studie von McKinsey sah den aktuellen Batteriepreis zwischen 227 und 230 Dollar, er fiel somit zwischen 2010 und 2016 um 80 Prozent.[133] Der Batteriehersteller Kreisel hofft, noch 2017 eine Kilowattstunde für 130 Euro anbieten zu können. Mit dem Start der Batteriezellenproduktion in der Gigafactory 1 erwartet Tesla eine weitere Reduktion der Kosten pro Kilowattstunde um 30 Prozent auf ungefähr 125 Dollar.[134]

Ich sagte es bereits: Ein Preis von 150 Dollar pro Kilowattstunde wird den Durchbruch für elektrische Fahrzeuge bedeuten, da sie dann günstiger werden als Verbrenner. Damit wird bei gleichbleibender Kostenreduktion zwischen 2020 und 2025 gerechnet.[135]

Die Kosten, die beim Laden der Batterie entstehen, hängen wiederum von mehreren Faktoren ab: vom Fahrzeugmodell, wo und wann man es lädt, ob öffentlich oder privat. Tesla bietet Model S- und X-Besitzern den Strom an den Tesla-Ladestationen gratis an, so auch andere Unternehmen, die ihren Mitarbeitern Lademöglichkeiten auf Firmenparkplätzen bereitstellen. Lädt man öffentlich auf, gelten je nach Stromanbieter unterschiedliche Preise. Diese können teilweise stark variieren. Gratisladestationen in Einkaufszentren wie in Ladennähe als besondere Serviceleistung sollen mehr Kunden anlocken. Lädt man den Wagen in der Nacht bei sich zu Hause, kann man von den günstigen Spättarifen profitieren. Und hat man eine eigene Solaranlage auf dem Dach, verringern sich die Kosten noch einmal.

In der Energieindustrie ist eine Tendenz deutlich erkennbar: Die Strompreise für Endabnehmer stiegen in den letzten Jahren, während sich die Kosten für Erzeugung, Transport und Vertrieb nur leicht bis gar nicht erhöhten (siehe Abbildung 3).

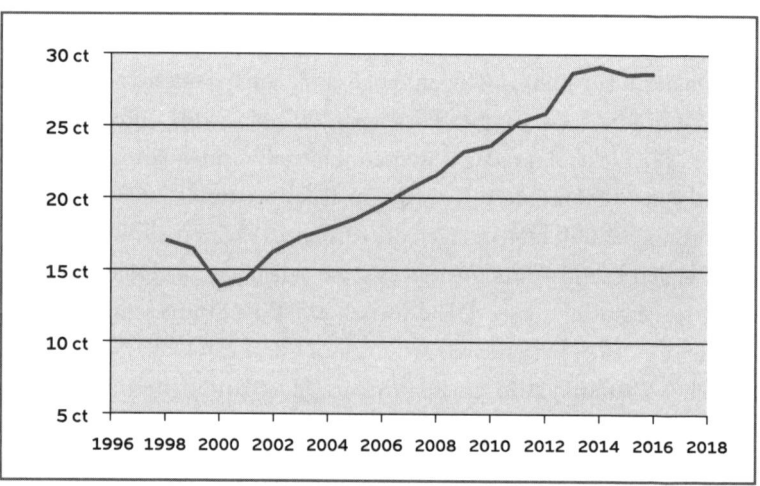

Abbildung 3: Strompreisentwicklung von 1998 bis 2016

Gleichzeitig sinken die Kosten für die Produktion von Solarstrom. Eine Studie der Deutschen Bank verglich die Preise aus der Solarstromerzeugung mit den Kosten, die in Stromkraftwerken durch Erzeugung, Transport und Vertrieb anfallen. Für 2018 prognostiziert sie den Gleichstand unter der Voraussetzung, dass der Preisverfall bei Solarstrom weiter anhält. Ab dann wird Strom aus Solarenergie preislich unter dem von Stromerzeugern liegen. Für 2021 wird ein Solarstrompreis von fünf Cent pro Kilowattstunde vorhergesagt. Das bedeutet, allein schon der Stromtransport vom Kraftwerk zum Abnehmer wird mehr kosten.[136] In

Verbindung mit einer Haushaltsbatterie wird es zudem technisch möglich und zunehmend auch wirtschaftlich vernünftig werden, sich von Energieversorgern komplett unabhängig zu machen.

Vergleichen wir das eben Gesagte einmal mit den fossilen Brennstoffen. Die amerikanische Energiebehörde bietet einen Onlinerechner an, mit dem man die Kosten verschiedener Fahrzeuge einander gegenüberstellen kann.[137] Die Kosten für die benötigten Kilowattstunden für eine Distanz von 100 Kilometern belaufen sich dabei auf ein Drittel bis hinunter zu einem Fünftel der Benzinkosten.

Ein weiterer Entscheidungsfaktor ist der Wiederverkaufswert von Fahrzeugen. Der Restwert eines Elektrofahrzeugs hängt weitgehend von der Batterie ab. Ist diese „im Eimer", sinkt der Wiederverkaufswert, ganz so wie ein Verbrenner nicht mehr viel einbringt, der von seinem Vorbesitzer mit Bleifuß gefahren wurde. Nimmt die Haltbarkeit von Batterien weiter zu und erhöht sich die Menge der Ladezyklen, ist zu erwarten, dass Elektrofahrzeuge einen ähnlichen oder sogar besseren Wiederverkaufswert erzielen als Verbrenner. Tatsächlich weisen erste Erfahrungen bereits darauf hin. In den Restwert fließen außerdem die Verarbeitungsqualität des Autos und der Ausbau des Ladestationen-Netzwerks ein. Die Deutsche Automobil Treuhand oder die Eurotax Schwacke, die beide Restwertberechnungen von Fahrzeugen durchführen und prognostizieren, setzen die zu erzielenden Preise von E-Fahrzeugen bei Normalleistung höher an als die eines vergleichbaren Verbrenners.[138] Was den Wiederverkaufswert ebenfalls beeinflussen könnte, sind Subventionen, wie sie eine staatliche Kaufprämie darstellt. Da diese meist nur für Neufahrzeuge gilt, werden damit mehr Wagen in den Gebrauchtwagenmarkt gedrängt; sie vergrößern das Angebot und drücken die Preise. Ähnliches geschah bereits bei der Abwrackprämie, die Gebrauchtwagen im Wert sinken ließ.

Fahrzeuge mit Elektroantrieb ändern das Preis- und Kostengefüge, schon bevor die Selbstfahrtechnologie marktreif ist. Heute rentiert sich ein Elektroauto vor allem dann, wenn man es fleißig benutzt. Je nach Modell und Kalkulation wird ein Elektrofahrzeug durch den niedrigen Verbrauch nach 50.000 bis 100.000 Kilometern günstiger. Die sogenannten „Total Cost of Ownership" (TCO) machen einen Verbrenner insgesamt unwirtschaftlicher.

Werkstätten schätzen, dass der Wartungsaufwand von Elektrofahrzeugen durch die Batterien und die fast verschleißfreien Teile um 70 Prozent geringer ausfallen und damit auch der Umsatz in etwa dieser Größenordnung sinken wird.[139] Auch der Ölwechsel, ein Service mit hoher Gewinnspanne, wird überflüssig.

All das übt bereits heute einen Druck auf die Neu- und Gebrauchtwagenpreise von Verbrennern aus. Der VW-Abgas-Skandal und die angekündigten Fahrverbote für Diesel in vielen deutschen Städten verunsichern die Kunden. Sie erkennen das Risiko, das in der Anschaffung eines solchen Fahrzeugs besteht. Und da man im Midmarket sein Auto wesentlich eher als im Premiumsegment verkauft, um den nächsten Neuwagen leichter finanzieren zu können, hat der Wiederverkaufswert einigen Einfluss auf die Kaufentscheidung. Gebrauchte Benziner und Dieselfahrzeuge können später vielleicht nur mehr mit hohen Rabatten abgestoßen werden.

Nimmt man nun alle Kostenfaktoren und Förderungen von Elektrofahrzeugen zusammen und stellt sie Verbrennern gegenüber, sind erstere im Betrieb zwar günstiger, kommen aber nach heutigem Stand in den ersten fünf Jahren teurer durch die höheren Anschaffungskosten (verursacht durch die Batterie).[140] Gelingt es Tesla aber, die Produktion wie angepeilt hochzufahren und mehr als eine halbe Million Autos pro Jahr zu bauen, wird sich das positiv auf die Produktionskosten auswirken. Dank der Skalierungseffekte sinken für Tesla bei jeder Produktionsverdopplung die Kosten um 20 Prozent.[141] So müssen heute für ein Model S an die 50.000 Dollar aufgewendet werden, was bei einem durchschnittlichen Verkaufspreis von 85.000 Dollar dennoch einen schönen Überschuss darstellt. Das Model 3 wird zum Basispreis von 35.000 Dollar angeboten und mit Zusatzausstattungen für circa 42.500 Dollar. Um den Basispreis halten zu können, müssen jährlich 160.000 Stück produziert werden. Werden es 275.000 Stück pro Jahr, sinken die Kosten auf 27.500 Dollar. Nach Forbes bedeutet diese Stückzahl den Break-even, wenn man Forschungs- und Entwicklungskosten, Investitionen in die Gigafactory und andere Aufwendungen abzieht.

Zur gleichen Zeit zögern die Hersteller noch, ihre ersten Elektrofahrzeuge günstiger oder überhaupt in ausreichender Stückzahl anzubieten. Der Preis des BMW i3 ist so hoch, dass anfänglich kaum Nachfrage bestand. Die monatlichen Leasingraten sanken von ursprünglich 800 Dollar auf 229 Dollar. General Motors wiederum beschränkt die Produktion des Chevrolet Bolt auf gerade mal 30.000 Stück, obwohl offenbar mehr Kunden Interesse zeigen. Das Angebot wird künstlich niedrig gehalten, weil GM mit jedem Bolt bis zu 9.000 Dollar verliert. Das Fahrzeug dient vorwiegend dazu, den Anforderungen einiger US-Bundesstaaten nach sogenannten Zero-Emission-Vehicles (ZEV) Genüge zu tun. So müssen 14 Prozent der in Kalifornien verkauften Fahrzeuge diesem Standard entsprechen. Tun sie das nicht, muss GM von anderen Herstellern ZEV-Credits (also Strafpunkte) kaufen, und das vor allem von einem Konkurrenten: Tesla. GM nimmt also einen Verlust beim Verkauf des Bolts in Kauf, damit man diesen Vorschriften gerecht wird.

Sowohl BMW als auch GM fürchten, ihre profitablen Modelle mit Elektrofahrzeugen zu kannibalisieren. Wer sich allerdings nicht selbst „etwas abschneidet", fällt anderen zum Opfer. Spätestens mit Beginn der Auslieferung des Tesla Model 3, das seit dem 7.7.2017 produziert wird, zeigt sich, wohin die Reise geht. Und keiner wird nachher behaupten können, es habe es nicht kommen sehen.

Wagen wir eine Vorausschau: Verbrenner werden zwischen 2018 und 2025 in jeder Hinsicht wirtschaftlich unvorteilhafter, und Elektrofahrzeuge mausern sich zum dominierenden Fortbewegungsmittel. Auch werden bis dahin die Batteriekapazitäten und die Verteilung von Ladestationen so weit fortgeschritten sein, dass sie die Reichweitenangst besänftigen.

Schicker Porsche, hässlicher Elektrozwerg?

Warum eigentlich sind viele Elektrofahrzeuge so hässlich oder sehen zumindest so ungewöhnlich aus? Diese Frage stellen sich nicht nur Kunden. Das Design mag viele Interessierte bisher abgeschreckt haben. Erst Tesla zeigte, dass ein Elektroauto auch schick aussehen kann und trotzdem nichts von seiner Leistungsfähigkeit einbüßt.

Warum frühere und auch noch viele heutige Modelle nach wie vor auf ein futuristisch und manchmal merkwürdiges Design setzen, hat eventuell mit dem Wunsch zu tun, die neue Technologie nach außen sichtbar zu machen. Dabei schreckt das Kunden ab. Viele mögen zwar Veränderung, aber nur in wohldosierten Portionen. Ersetzt man die Antriebstechnik durch eine Batterie, ist das für den Anfang schon Neues genug. Da muss das Auto nicht auch noch wie Raumschiff Enterprise daherkommen.

Elektrische „Flottenmanöver"

Dass sich Flottenbetreiber als einige der Ersten für neue Antriebstechnologien interessieren, ist nichts Neues. Bereits um 1900 zählten der öffentliche Dienst, Post und Feuerwehr sowie Taxidienstleister zu den größten Abnehmern von Autos im Allgemeinen und Elektrofahrzeugen im Speziellen.[142]

Manche Kunden wollen nicht mehr länger auf die Versprechen der Hersteller warten und nehmen Elektromobilität in die eigenen Hände. Sowohl die deutsche als auch die österreichische Post sind die jeweils landesweit größten Betreiber von elektrischen Fahrzeugflotten.[143] Das stieß den deutschen Goliaths besonders übel auf, weil die Elektrofahrzeuge der deutschen Post, in Zusammenarbeit mit dem 2014 übernommenen Elektrofahrzeugumrüster StreetScooter Gmbh, eine Eigenentwicklung sind.[144]

Weder Fisch noch Fleisch – Hybride als Zwischenlösung

Hätte Carl Benz ähnlich gedacht wie heutige Automanager, wäre der „Trab-in-Hybrid" auf uns zugekommen – eine motorisierte Kutsche mit Notfall-Pferd. Dann hätten wir Benzin und Heu gebraucht, Zaumzeug und Lenkrad und Pedale.

Genauso sind Hybride zu betrachten, egal in welcher Form sie daherkommen. Sie sind weder das Eine noch das Andere, weder Fisch noch Fleisch. Neben dem Motor ist noch ein elektrischer Antrieb drin, zusätzlich zum Tank und zur Auspuffanlage gibt es noch die Batterien, neben der Tanköffnung einen Ladestecker. Das Fahrzeug wird schwerer und technisch komplexer, damit wartungsanfälliger und teurer, das zusätzliche Gewicht konterkariert das Argument für Sparsamkeit, die Fahrzeuge sind kostspieliger in der Anschaffung und bieten gleichzeitig weniger Platz im Inneren, weil es vollgestopft ist mit doppelter Technologie.

In den Zentralen der Autobauer hatte man gedacht, so eine „eierlegende Wollmilchsau" könne den Kunden angedreht werden, doch die zeigen sich smarter als die hochbezahlten Automanager. 2016 wurden ganze 48.000 Stück in Deutschland neu zugelassen. Bei insgesamt 3,4 Millionen Pkw-Neuanmeldungen sind das nur 1,4 Prozent, kein Wunder, kosten Hybride doch auch 10.000 bis 15.000 Euro mehr als reine Verbrenner.[145]

Warum kommen die Automanager überhaupt auf die Idee, Hybride anzubieten? Das hat zwei Gründe. Der erste hat mit Schönfärberei zu tun, oder, wie das so euphemistisch genannt wird, mit der „Schönrechnung" des Kraftstoffverbrauchs wie beispielsweise beim NEFZ-Test (Neuer Europäischer Fahrzyklus). Dort werden unter Laborbedingungen kurze Fahrzyklen nachgestellt und dabei Kraftstoffverbrauch und Emissionen gemessen. Dabei schummelt man, indem man den Testzyklus mit der (vollgeladenen) Batterie beginnt und mit dem Motor fortsetzt, sobald sie leer ist. Die meisten angebotenen Hybridfahrzeuge kommen über eine elektrische Reichweite von 50 Kilometern nicht hinaus. Dieser Wert stammt offensichtlich aus einem Praxistest, den BMW 2008 mit elektrischen Minis durchführte. Dabei ergab sich, dass 90 Prozent der täglichen Fahrleistung 100 Kilometer nicht überschreiten. 50 Kilometer hin, 50 Kilometer zurück, darin liegt der Grund für die Dimensionierung der elektrischen Reichweite für Hybride.

Wie durch Zauberhand erscheinen dadurch der durchschnittliche Kraftstoffverbrauch und die Emissionen niedrig. Weitere „Optimierungen" helfen: Bei diesem Testzyklus sind Heizung oder Klimaanlage ausgeschaltet und auch keine anderen Stromverbraucher wie Scheibenwischer oder Scheinwerfer aktiv, ein überhöhter Reifendruck erlaubt geringen Rollwiderstand und eine Spitzengeschwindigkeit von 130 Kilometern pro Stunde. Solche Fahrzeuge sind nichts anderes als „Compliance-Fahrzeuge", die einzig und allein deshalb gebaut werden, um die Regulatoren zufriedenzustellen.

Der zweite Grund liegt in der Höhe der notwendigen Investitionen. Der vollständige und abrupte Umstieg auf Elektrofahrzeuge würde Milliarden für Batterietechnologien und Elektromotoren verschlingen, gleichzeitig gingen bereits in den Bau von Verbrennungsmotoren eingeflossene Investitionen gleichen Ausmaßes verloren. Zusätzlich würde ein Drittel der Belegschaft überflüssig, selbst wenn man sie auf Batteriechemie umschulen könnte.

Aus diesen Gründen erscheinen Hybride in den Augen deutscher Automanager so vielversprechend. Man schafft einen schonenden Übergang von der einen in die andere Technologie, ohne Arbeitskämpfe zu riskieren und ohne zu sehr bei den Eigentümern anzuecken. Das würde auch wunderbar funktionieren, wenn es da nicht einen kleinen Schönheitsfehler gäbe: Wir reden nicht nur von Deutschland und deutschen Herstellern. Mit Tesla haben wir ein Unternehmen, das ausgerechnet vom Premiumsegment her in die Lücke schießt, mit einem Fahrzeug, das über eine ausreichende Reichweite verfügt; in seine Fußstapfen treten vom unteren Preissegment her Renault-Nissan, Lucid Motors, NIO und Faraday Future bis hin zu einer Vielzahl an chinesischen Herstellern. Sie alle besetzen einen Markt, den deutsche Hersteller nicht bedienen, weil sie nicht an ihn glauben. Das Tempo geben ausländische Hersteller vor und nicht mehr deutsche.

Es „brennt" in der Brennstoffzellenentwicklung

Wenn wir von alternativen Antrieben sprechen, kommen wir an den Brennstoffzellen nicht vorbei. Nicht etwa, weil diese Technologie unmittelbar vor dem Durchbruch steht und bald in Kundenhänden sein wird, sondern weil sie seit Jahren zu den Lieblingsprojekten der Automobilindustrie gehört. Sie bietet nämlich ein Modell, das die Automacher verstehen. Statt einem Motor, der Benzin oder Diesel in einer kontrollierten Reaktion verbrennt und in Bewegungsenergie umwandelt, gibt es die Brennstoffzelle, die in einer kontrollierten Reaktion Wasserstoff verbrennt und in Bewegungsenergie umwandelt. Flüssiger Wasserstoff wird genauso in Tanks gespeichert und ins Auto gefüllt wie ein fossiler Flüssigkraftstoff.

Ein Wermutstropfen ist dabei, dass auch die Brennstoffzelle nicht so viele Bauteile wie ein Verbrennungsmotor besitzt und man damit weniger Mitarbeiter braucht. Aber glücklicherweise ist diese Zukunftsvision noch sehr weit weg, und niemand in der Automobilindustrie muss sich schon heute den Kopf darüber zerbrechen, was mit all den Beschäftigten geschehen soll, die dann nicht mehr benötigt werden.

Dabei ist das Prinzip hinter der Brennstoffzelle durchaus vielversprechend. Aus Wasserstoff entsteht bei der Verbrennung Wasser. Was hinten aus dem Auto rauskommt, ist nichts anderes als purer Wasserdampf. Leider bremst uns die Wirklichkeit mit einer Reihe praktischer Probleme aus. Reiner Wasserstoff ist nämlich hochexplosiv, „stark exotherm", wie Chemiker sagen. Wie explosiv, zeigt uns anschaulich das tragische Schicksal der Hindenburg. Zeppeline waren damals mit Wasserstoff gefüllt. Da dieser leichter als Luft ist, brachte er die Zeppeline in die Höhe. Über Helium, das als Edelgas inert ist und nicht mit Sauerstoff verbrennt oder mit anderen Substanzen reagiert, verfügte Deutschland damals noch nicht. Deshalb blieb nichts anderes übrig, als auf Wasserstoff zurückzugreifen. Was folgte, ist allgemein bekannt.

Wasserstoff muss also entsprechend sicher gelagert werden. Zuerst wird er synthetisiert, also durch Einsatz von Energie erzeugt, da er auf der Erde in reiner Form nicht existiert. Zu den häufigsten Herstellungsarten zählt die Raffination von fossilen Energieträgern. Bei der Zerlegung von Kohlenwasserstoffen wird Wasserstoff abgespalten. Das macht diesen Prozess nicht wirklich umweltfreundlicher. Eine andere Form der Wasserstoffsynthese ist die Elektrolyse. Dabei wird Wasserstoff direkt aus Wasser gewonnen.

Der Wirkungsgrad liegt gerade mal zwischen 60 und 70 Prozent. Fast die Hälfte der gewonnenen Energie geht bei der Elektrolyse verloren. Da Wasserstoff gekühlt werden muss, ist beim Speichern und Transport nochmals Energie aufzuwenden. Da der Wirkungsgrad der Brennstoffzelle selbst auch nur bei 60 Prozent liegt und es Zeit braucht, bis der Wasserstoff endlich in Bewegungsenergie umgesetzt wird, ist über die ganze Kette bereits dreimal so viel Energie verbraucht worden, wie der ins Auto gefüllte Wasserstoff bereitstellen wird.[146] Im Vergleich dazu liegt der Wirkungsgrad bei Elektrofahrzeugen bei über 80 Prozent, Verbrenner erreichen durch Hitze- und Reibungsverluste nur im Idealfall 40 Prozent.

Ein weiterer Schwachpunkt von Brennstoffzellen ist die Versorgungs-infrastruktur. Für Wasserstoff müssen ähnlich wie heute fossile Brennstoffe bereitgestellt werden, nämlich durch ein Netzwerk von Tankstellen und Pipelines. Und dieses gilt es, von null aufzubauen. Auch TU-Wien-Professor Hans-Peter Lenz sieht diesen Fakt als eines der größten Hindernisse. Die Kosten für eine Wasserstofftankstelle wurden bereits 2010 mit fast zwei Millionen Euro veranschlagt.[147] Wäre sie vorhanden und Wasserstoff nicht so teuer, könnten Fahrzeuge genauso rasch betankt werden wie mit heute üblichen Flüssigkraftstoffen. Konventionelle Brennstoffe kosten pro Kilometer nur ein Drittel von Wasserstoff.

Während die Brennstoffzelleninfrastruktur fehlt, ist Strom für Elektrofahrzeuge hingegen heute bereits in jedem Haushalt vorhanden. Das Netzwerk ist da und wird sukzessive aufgerüstet. Der Ausbau von Schnellladestationen ist kostengünstiger, weil weniger Umweltauflagen zu berücksichtigen sind als bei fossilen oder wasserstoffbasierten Energieträgern. Gleichzeitig holt E-Mobilität bei der Ladegeschwindigkeit auf.

All das führt uns zu der paradoxen Situation, dass dieselben Automanager, die Elektrofahrzeugen wegen fehlender Ladestationen die Alltagstauglichkeit absprechen, bei Brennstoffzellen plötzlich „blind" werden und das gleiche Problem nicht sehen wollen. Wie sehr diese Ansichten im Management der Autobauer verbreitet sind, ergab eine Umfrage der Beratungsfirma KPMG. 78 Prozent der Umfrageteilnehmer sehen Brennstoffzellen als wirklichen Durchbruch für den Elektroantrieb, während 62 Prozent glauben, dass Elektrofahrzeuge mit Batteriezellen aufgrund von Infrastrukturproblemen zum Scheitern verurteilt sind. Die geografischen Unterschiede könnten dabei nicht größer sein. 70 Prozent der europäischen Automanager erwarten das Scheitern der Batteriefahrzeuge, aber nur 34 Prozent der chinesischen.[148]

Doch die Herausforderungen enden nicht damit. Brennstoffzellen geben Energie gleichmäßig ab. Beim Beschleunigen braucht das Fahrzeug aber mehr Energie. Um Energiespitzen bedienen zu können, müssen zusätzlich Batterien ins Fahrzeug eingebaut werden. Damit wird das Auto schwerer, komplexer und teurer. Warum die Automanager dennoch an den Brennstoffzellen festhalten, kann mehrere Gründe haben. Weil man wirklich daran glaubt. Weil sie eine technisch interessante und herausfordernde

Technologie darstellen, die Großes verspricht. Oder weil man schon so viel Geld und Herzblut und den eigenen Ruf hineingesteckt hat, dass man das Einstellen der Arbeit daran als Scheitern interpretieren muss.

So verführerisch und vielversprechend das Modell der Brennstoffzellen auch klingen mag, es bleiben noch zu viele Fragen offen; so scheint es unwahrscheinlich, dass unser Max oder unsere Sophie schon 2030 von solcherart betriebenen Fahrzeugen bewegt werden. Kein Wunder, dass Mercedes diese nun doch einstellen will – nur wenige Wochen, nachdem das Unternehmen noch großartig die Entwicklungsanstrengungen bestätigt hat. Brennstoffzellen wurden inzwischen von Elektrofahrzeugen sowohl technologisch als auch ökonomisch überholt.[149]

Zu teuer, zu unzuverlässig, zu leise: Nicht jeder Vorbehalt ist haltbar

Nach wie vor ist Deutschland in Sachen Elektromobilität nicht ganz up to date. Fundierte und nicht fundierte Meinungen verzerren das Bild der Alltagstauglichkeit und technischen Durchführbarkeit. Manche Dinge werden beschönigt, andere schlechter dargestellt, als sie sind. Einigen Argumenten wird überproportionale Bedeutung zugemessen, weil man die Erfahrung mit und technische Umsetzung von Verbrennern eins zu eins auf Elektrofahrzeuge umlegt.

Nicht ganz unschuldig an dem Dilemma ist die bewusste Fehlinformation der Autohersteller selbst, die bislang sehr lustlos in diesen Bereich eingestiegen sind. Auch die Behörden gingen recht zaghaft vor, trotz aller Lippenbekenntnisse zur Bedeutsamkeit des Themas. Mit dem Erfolg von Tesla wird es immer schwieriger, den Kunden Elektrofahrzeuge als wenig wünschenswerte Entwicklung plausibel zu machen.

Die jahrelange Zögerlichkeit und Desinformation haben sicherlich ihren Teil dazu beigetragen, dass deutsche Kunden noch nicht auf den E-Zug aufgesprungen sind. Jahrelang sprachen die Autobauer schlecht über Elektromobilität, nun beklagen sie sich, dass die Deutschen der Entwicklung skeptisch gegenüberstehen.[150] Eine Befragung von 7.000 Konsumenten, die die Unternehmensberatung McKinsey in den Vereinigten Staaten,

Norwegen, China und Deutschland durchführte, ergab Vorbehalte zum Preis, zur Verfügbarkeit von Modellen und zur Reichweite von Elektrofahrzeugen.[151]

Sehen wir uns doch ein paar immer wieder vorgebrachte Argumente an und untersuchen sie genauer.

1. „Die Reichweite ist zu gering!"

99 Prozent aller täglichen Autofahrten liegen unter 120 Kilometern. Die 43 Millionen Autos auf deutschen Straßen fahren 611 Milliarden Kilometer jährlich, was 14.200 Kilometer pro Fahrzeug pro Jahr oder 39 Kilometer pro Tag bedeutet.[152] Mit einer Durchschnittsgeschwindigkeit von 60 Stundenkilometern sind Autos gerade mal 38 Minuten pro Tag unterwegs. Kaum besser läuft es in den USA. Die 260 Millionen Fahrzeuge fahren jährlich 5.125 Milliarden Kilometer, was auf eine Strecke von 19.700 Kilometern pro Jahr kommt, also 54 Kilometer pro Tag.[153] Bei derselben Durchschnittsgeschwindigkeit ist jedes Auto 54 Minuten täglich in Bewegung. 23 Stunden und 6 Minuten am Tag stehen amerikanische Autos nur herum.

Ein Auto ist ergo eigentlich kein Fahrzeug, sondern ein „Stehzeug". Selbst die kleinstdimensionierten Elektrofahrzeuge schaffen heute diese Distanz, ohne zwischendurch aufladen zu müssen. Die Reichweitenangst spielt sich also mehr im Kopf ab als in der Realität.

2. „Das Netz an Ladestationen ist unzureichend!"

Das stimmt! Das Netz ist weder flächendeckend noch gibt es bislang zumindest genauso viele Ladestationen wie Tankstellen, doch braucht man die ja nur, wenn man lange Strecken fährt. Der Ausbau von Ladestationen an Transitrouten und öffentlichen Plätzen ist schon in Angriff genommen, vielleicht nicht immer mit der Geschwindigkeit, die man sich wünschen würde; doch die Gesamtsituation verbessert sich. Das Fehlen von Tankstellen hielt auch Bertha Benz nicht davon ab, ihre erste Fahrt zu unternehmen.

Auch wird die Versorgung mit Ladestationen in der Diskussion leicht überbewertet. Verständlich, weil gerade deutsche Hersteller Elektroautos anbieten, die sehr knapp in ihrer Reichweite kalkuliert sind. Noch nicht berücksichtigt wird allerdings, dass Elektroautos nicht mehr vorrangig an öffentlich zugänglichen Stationen aufgeladen werden, sondern zu Hause oder am Arbeitsplatz. Am Arbeitsplatz müssen dazu auch Ladestationen verfügbar gemacht werden, die über eine einfache Steckdose hinausgehen. So kann das Auto seinen Job erledigen, während Sie Ihren machen.

Technische Fortschritte lassen eine jährliche Zunahme der Reichweite von zehn bis 15 Prozent erwarten. Mit dem Tesla Model 3 ist nun ein Mittelklasseauto mit über 300 Kilometern Reichweite auf dem Markt, und auch andere Anbieter zielen auf längere Strecken.

3. „Elektroautos sind zu teuer!"

Das stimmt auch. Aber nicht mehr lange. Heute noch sind Elektroautos teurer in der Anschaffung, aber günstiger zu betreiben. Auf ihren durchschnittlichen Lebenszyklus übertragen, werden Elektroautos somit ab einem bestimmten Zeitpunkt billiger. Einige Modelle haben bereits den Tipping Point erreicht, wo die Anschaffung eines vergleichbaren Verbrennungskraftfahrzeugs gleich viel kostet oder sogar schon teurer ist. Spätestens ab 2022 werden Mittelklasse-Elektrofahrzeuge billiger sein als Verbrenner, und es wird wirtschaftlich keinen Sinn mehr machen, einen Benziner oder Diesel anzuschaffen.

4. „Elektroautos sind nicht umweltverträglich wegen ihres CO_2-Ausstoßes!"

Wenn der Strom aus Kraftwerken mit fossilen Brennstoffen kommt, stimmt das. Je mehr aber auf umweltfreundliche Energiequellen zur Stromerzeugung umgestiegen wird, desto geringer ist der CO_2-Ausstoß und desto umweltfreundlicher wird der Gebrauch. Was sogleich wegfällt, ist der Anteil an der Feinstaubbelastung sowie Schadstoffe durch Abgase. Und, ja, fossile Kraftwerke können effizienter mit der Energie und den Emissionen umgehen, damit sich von Experten betreute und überwachte Abgasreinigungsanlagen besser rentieren.

5. „Die Batterien sind umweltschädlich!"

Die Batterieherstellung hat sicherlich eine Auswirkung auf die Umwelt. Die eines Motors aber auch. Im Betrieb fallen bei Benzinern und Dieselmotoren noch weitere umweltschädliche Stoffe an, wie beispielsweise Öl und Ölfilter, die gewechselt werden müssen. Und die lecken auch mal und verschmutzen die Umgebung.

6. „Woher soll denn all der Strom kommen?"

Zwei Berliner Wissenschaftler haben dazu Berechnungen angestellt, indem sie die Kilometerleistung heutiger Autos ermittelten und dem benötigten Energieaufwand von Elektrofahrzeugen gegenüberstellten.[154] Die jährliche Kilometerleistung von 636 Milliarden Kilometer aller 43 Millionen Autos auf deutschen Straßen entspricht umgerechnet knapp 115 Milliarden Kilowattstunden, wenn man für 100 Kilometer im Schnitt 18 Kilowattstunden benötigt. 2016 wurden in Deutschland 648 Milliarden Kilowattstunden an Strom erzeugt, wir kämen somit auf einen Bedarf von 17,6 Prozent der heutigen Stromproduktion für 43 Millionen Elektroautos mit derselben jährlichen Kilometerleistung.[155]

Diese Strommenge haben wir bereits heute zur Verfügung, und nicht alle Fahrzeuge gehen gleichzeitig ans Netz. Elektrofahrzeuge helfen im Gegenteil dabei, Stromspitzen aufzufangen, da die Batterien als Zwischenspeicher verwendet und vor allem in der Nacht geladen werden können. Mit intelligenter Steuerung wie einem SmartGrid kann das Laden zu einem Zeitpunkt ausgeführt werden, zu dem Kraftwerke, Solaranlagen und Windräder schon heute ihren Strom schwer loswerden. Elektroautos werden somit zu Strompuffern für Energieerzeuger.

Nicht vergessen werden darf auch, dass für die Raffination von Benzin ebenfalls Strom benötigt wird. So verbrauchen Raffinerien mit einem 85-prozentigen Wirkungsgrad für jeden Liter Benzin, den sie erzeugen, an die 1,7 Kilowattstunden.[156] Zum Vergleich: Ein Liter Benzin steht für eine Energiemenge von 8,5 Kilowattstunden.[157] Bei zehn Litern Benzin sind das 17 Kilowattstunden, und das entspricht der Fahrleistung eines Elektrofahrzeugs von fast 100 Kilometern. Diese Energiemenge spart man dann wieder ein, weil nicht mehr raffiniert werden muss.

Zusätzlich exportiert Deutschland heute um die 50 Milliarden Kilowattstunden an Strom in andere Länder. Angesichts dieser Zahlen müssten wir die Stromerzeugung um 16 Prozent erhöhen, wenn mit einem Schlag alle Autos durch Elektroautos ersetzt würden. Das wird so aber nicht geschehen, sondern vielmehr in Etappen vonstattengehen.

Welche Schlussfolgerung können wir daraus ziehen? Wir produzieren nicht nur bereits heute genug Strom für Elektroautos, sondern können mit ihnen sogar noch Stromversorgungsprobleme lösen.

7. „Elektroautos sind zu leise."

Kaum zu glauben, dass dies ein Vorbehalt sein könnte. Und doch ist es so. Elektroautos sind definitiv leiser. Nur Rolllärm und Luftwiderstand sind zu hören. Die Lautlosigkeit wird gern als Argument vorgebracht, vorgeblich, weil sehbehinderte Menschen mehr gefährdet werden im Verkehr. Tatsächlich verfügen aber oft gerade sie über einen besser entwickelten Hörsinn. In der Anfangsphase könnten daher eher sehende Menschen gefährdet sein, die sich auf ihr Gehör verlassen und nicht auf den Verkehr achten.

Glauben Sie mir: Wir werden uns an die beinahe lautlosen Autos gewöhnen. Genauso wenig, wie den meisten von uns heute laut klappernde Schreibmaschinen oder zischende Dampflokomotiven abgehen, genauso wenig werden wir aufheulenden Verbrenner- und nagelnden Dieselmotoren nachweinen.

Was die Gesundheit stark gefährdet, wissen wir schon heute: Lärm. Straßenlärm erhöht den Stresslevel und ist für den vorzeitigen Tod von Anrainern verantwortlich. Das Risiko, sieben Jahre früher zu sterben, liegt bei lärmbelasteten Über-75-Jährigen um zehn Prozent höher.[158]

8. „Treibstoffe bringen Steuereinnahmen."

Der Gesetzgeber in all seinem Erfindungsreichtum hat bei allem immer noch Mittel und Wege gefunden, Steuern zu erheben. „Wozu ist denn diese ‚Elektrizität' eigentlich gut?", lautete die Frage des britischen Finanzministers William Gladstone im 19. Jahrhundert. „Eines Tages werden Sie darauf Steuern einheben", lautete die Antwort von Michael Faraday.

Mit zunehmend mehr Elektrofahrzeugen auf unseren Straßen werden natürlich gleichzeitig die Einnahmen aus der Treibstoffsteuer beziehungsweise Mineralölsteuer zurückgehen. In Deutschland flossen 2015 über die Energiesteuer mehr als 39 Milliarden Euro in die Staatskassen.[159] In Österreich brachte die Mineralölsteuer im Jahr 2014 knapp über vier Milliarden Euro an Einnahmen, und in der Schweiz waren es im Jahr 2015 insgesamt 4,73 Milliarden Schweizer Franken.[160/161] Beträchtliche Anteile der Steuergelder sind zweckgebunden und werden zum Erhalt von Straßen und sonstigen Verkehrsinfrastrukturmaßnahmen aufgewandt.

Als Ersatz für den Einnahmeverlust könnte eine andere Art der Steuerberechnung für Energie herangezogen werden. Die EU-Kommission legte einen Entwurf vor, bei dem nach dem Energieinhalt besteuert werden könnte und nicht mehr nach Volumen.

Kurzes Fazit

Taxis werden in zehn Jahren vollständig elektrisch unterwegs sein, bei Bussen wird das noch etwas länger dauern, zumindest in Europa. Dabei liegen von Unternehmen wie BYD aus China, Proterra aus den USA und dem deutschen Sileo schon Angebote vor. Doch die Europäischen Verkehrsbetriebe zögern noch. London hingegen hat bereits BYD-Busse bestellt, und auch Shenzhens 400 Elektrobusse und die Shuttles der Stanford University stammen vom selben Hersteller. BYD produziert sowohl in Ungarn als auch – ab 2018 – in Hauts-de-France in Frankreich.[162]

Deutschland ist und bleibt Nachzügler, was die Elektromobilität betrifft, selbst wenn man sich hier die Zahlen mit Hybriden „schönzurechnen" versucht. China liegt mit fast der Hälfte aller E-Autos auf den Straßen an vorderster Front, gefolgt von den USA. Schon heute werden ein Viertel aller Batteriezellen und 37 Prozent aller Elektromotoren in China produziert.[163]

Hier rollt die Zukunft heran:

Autonome und

selbstfahrende Fahrzeuge

„Scheiß auf selbstfahrende Autos. Selbstputzende
Wohnungen, das braucht die Menschheit!"
– Hörensagen

ICH MUSS IHNEN etwas gestehen: Eines meiner heimlichen Vergnügen besteht darin, Autocrash-Videos auf Youtube anzuschauen. Stundenlang kann ich diesen verwackelten, unscharfen Aufnahmen von Unfällen folgen, immer in der Hoffnung, dass dabei – ganz im Gegensatz zu Reinhard Fendrichs Liedzeile über Sportler und Fernsehzuschauer („… und liegt ein Körper regungslos im Schnee, schmeckt erst so richtig der Kaffee") – nie jemand ernsthaft zu Schaden kam. Gleichzeitig erstaunt es mich, wie sich eine scheinbar normale Verkehrssituation von einem Moment auf den anderen in eine Trümmerlandschaft verwandeln kann. Die meisten Unfälle gehen ganz klar auf Fahrfehler zurück. Eine übersehene Vorfahrt, Abbiegen in den Gegenverkehr, überhöhte Geschwindigkeit, das Überholen auf der falschen Seite oder der Versuch, es noch bei Rot über die Kreuzung zu schaffen, sind einige der Ursachen. Abhängig von der Jahreszeit kommen dann noch Eis und Schnee hinzu, oder es handelt sich um Jugendphänomene wie die arabischen „Drifters", bei denen Autos vorsätzlich ins Schleudern gebracht werden und Unfälle geradezu herausfordern.

Der durch die Videos vermittelte Eindruck ist nicht falsch. Weltweit sterben 1,2 Millionen Menschen bei zehn Millionen Verkehrsunfällen, und 50 Millionen werden verletzt.[164] Laut National Safety Council (NCS) starben 2016 in den USA mehr als 40.000 Menschen bei Autounfällen, bereits 2.000 mehr als im Jahr 2015 und 5.000 mehr als im Jahr 2014.[165] Dabei gab es über 1,3 Millionen Verletzte. Autounfälle sind die Haupttodesursache für Amerikaner bis zum 39. Lebensjahr, für ältere Amerikaner bilden sie immer noch das Schlusslicht der Top Five nach Krebs, Herzinfarkt, unabsichtlicher Überdosis beziehungsweise Vergiftung und Selbstmord.[166] Einer von 112 Amerikanern stirbt bei einem Verkehrsunfall. Und jede in den USA lebende Person – egal ob Mann, Frau oder Kind – zahlt pro Kopf 784 Dollar inklusive Steuern und Versicherungsgebühren für medizinische Behandlungen, die auf Autounfälle zurückgehen.[167]

Die durch Unfälle verursachten wirtschaftlichen und sozialen Kosten werden auf eine Billiarde Dollar (ja, das sind 1.000 Milliarden) geschätzt.[168] 94 Prozent aller Unfälle sind auf menschliches Versagen zurückzuführen.[169]Und von den schuldigen Autofahrern wird kaum Rechenschaft verlangt. Wie das *Wall Street Journal* bei einer Recherche im Jahr 2014 herausfand, führten 95 Prozent aller tödlichen Unfälle zu keinerlei strafrechtlichen Konsequenzen.[170] Eine Analyse für Oregon ergab ein ähnliches Bild.[171] Autounfälle werden offenbar als unvermeidlich angesehen, wobei die Fahrer augenscheinlich keine Schuld trifft, solange sie nicht grob fahrlässig gehandelt haben, betrunken fuhren oder mit dem Handy telefonierten.

2014 wurden im Vereinigten Königreich 1.854 Menschen getötet und 185.540 verletzt, in Deutschland waren es mit 3.377 Verkehrstoten und 374.142 Verletzten ungefähr doppelt so viele (siehe Tabelle 5).[172] Um einfach mal zu illustrieren, wie viele Tote im Jahr das sind: Das ist so, als ob zweimal im Monat ein vollbesetztes Verkehrsflugzeug über Deutschland abstürzt. Die Wahrscheinlichkeit, bei einer durchschnittlichen Lebensdauer von 80 Jahren von einem Blitz tödlich getroffen zu werden, liegt bei 1 zu 13.000[173]; die Wahrscheinlichkeit, bei einem Autounfall zu sterben, hingegen bei 1 zu 112. 60 Prozent der Menschen sterben auf Landstraßen, 29 Prozent im urbanen Bereich, elf Prozent auf Autobahnen; zu 70 Prozent der Verletzungen kommt es im urbanen Bereich, zu 24 Prozent auf Landstraßen und zu sechs Prozent auf Autobahnen.

Unternehmen	1990	2000	2010	2013	2014
Belgien	1.976	1.470	840	724	727
Dänemark	634	498	255	191	182
Deutschland	11.046	7.503	3.648	3.339	3.377
Finnland	649	396	272	258	229
Frankreich	10.999	8.079	3.992	3.268	3.384
Griechenland	2.050	2.037	1.258	879	795
Großbritannien	5.402	3.580	1.905	1.770	1.854
Irland	478	415	212	188	193
Italien	7.151	7.061	4.114	3.401	3.381
Luxemburg	71	76	32	45	35
Niederlande	1.376	1.082	537	475	476
Norwegen	332	341	208	187	147
Österreich	1.558	976	552	455	430
Polen	7.333	6.294	3.908	3.357	3.202
Portugal	2.924	2.053	937	637	638
Schweden	772	591	266	260	270
Schweiz	925	592	327	269	243
Serbien		1.048	660	650	536
Slowenien	517	314	138	125	108
Spanien	9.032	5.776	2.478	1.680	1.688
Tschechien	1.291	1.486	802	654	688
Ungarn	2.432	1.200	740	591	626

Tabelle 5: Verkehrstote pro Land und Jahr;
http://www.dvr.de/betriebe_bg/daten/unfallstatistik/eu_europa.htm

Eine einjährige Studie aus dem Jahr 2006 untersuchte, wie sich Unfälle und Beinahunfälle verteilen. Dabei fand man 69 Unfälle, 761 Beinahunfälle und 8.295 „Zwischenfälle".[174] Auf jeden Unfall kommen 90 Zwischenfälle und acht Beinahunfälle. Die Hälfte aller Unfälle geschieht dabei nur wenige Kilometer von zu Hause entfernt. Vertrautes Terrain führt zu Unaufmerksamkeit – man kennt ja seine Strecke wie seine Westentasche –, und gerade dann ist man am meisten gefährdet, wenn Unvorhergesehenes passiert.

Wie unfallgefährdet Fahrer sind, ergibt sich aus der Fahrpraxis. Fahranfänger unterscheiden sich von erfahrenen Führerscheininhabern durch ein anderes Blickmuster. Sie tendieren dazu, vor allem die vordere Nahumgebung des Fahrzeugs sowie die Straßenränder im Auge zu behalten. Dabei lassen sie die Außenspiegel außer Acht, auch wenn sie Manöver ausführen, bei denen man diese unbedingt benötigt, wie beispielsweise bei einem Spurwechsel.[175] Erfahrene Fahrer hingegen wissen, was sie alles berücksichtigen müssen. Das Gleiche kennen wir aus unserem beruflichen Umfeld: Experten schauen umfassender auf die Dinge als Neulinge.[176] Überraschend unfallanfällig sind Fahrer von Firmenwagen. Sie unterliegen einer 49 Prozent höheren Wahrscheinlichkeit, in Unfälle verwickelt zu werden, selbst wenn man die höhere Zahl an gefahrenen Kilometern und andere Faktoren mitberücksichtigt.[177]

Eine Studie mit 1.700 Fahranfängern im Teenageralter – hier wurden Kameras im Wageninneren montiert – ergab Ernüchterndes. Bei 89 Prozent aller Unfälle, bei denen diese jugendlichen Fahrer von der Fahrbahn abkamen, und bei 76 Prozent, bei denen sie auf andere Fahrzeuge auffuhren, waren sie abgelenkt. Wodurch? Sie ahnen es sicher: Sie starrten auf ihr Smartphone, unterhielten sich mit anderen Passagieren oder hatten den Blick überall, nur nicht in Fahrtrichtung.[178] In acht Prozent der (Un-)Fälle sangen die Fahrenden zur Musik, in sechs Prozent legten sie Make-up auf.

Der Fall Courtney Sanford ist da bezeichnend. Die 32-jährige Amerikanerin war mit ihrem Fahrzeug auf die Gegenfahrbahn geraten und in einen Lastwagen gekracht. Sie starb noch an der Unfallstelle. Freunde, die von ihrem Unfall hörten, wurden stutzig, als sie den Unfallzeitpunkt mit ihrem letzten Facebook-Eintrag verglichen. Das Selfie zeigte sie am Steuer sitzend, darunter der Text „The happy song makes me so HAPPY." Sekunden vor ihrem tödlichen Unfall hatte sie mehrere Facebook-Einträge gepostet und den Crash dadurch erst verursacht.[179]

Die Häufigkeit von Unfällen wird also auch durch die Aktivitäten um das Fahren herum beeinflusst. „No na" oder „sicher doch" möchte man sagen. Es scheint uns verständlich, dass uns viele Ablenkungen zu schlechteren Fahrern machen. Ein lautes Radio, angeregte Gespräche mit dem Beifahrer und dichter Stadtverkehr mit unterschiedlichsten Aktionen fordern Unfälle geradezu heraus. Aber auch langweilige Straßenabschnitte, auf denen nichts passiert, stehen überraschend hoch im Kurs der Unfallhäufigkeiten. Das wird auch durch das Yerkes-Dodson-Gesetz bestätigt, das besagt, dass die kognitive Leistungsfähigkeit vom Erregungs- beziehungsweise Aktivierungsniveau abhängt.[180] Die Kurve zwischen geringem und hohem Erregungsniveau ist U-förmig. Ist man gar nicht oder ist man zu stark gefordert, bleibt die Leistung hinter den Erwartungen zurück. Zwischen den beiden Extremen gibt es das ideale Leistungsniveau. Ein Verkehrsverhalten, das zu wenig oder zu stark herausfordert, wirkt sich in beiden Fällen auf die Verkehrssicherheit negativ aus.

Der zweithäufigste Grund für Unfälle, die durch Ablenkungen hervorgerufen werden, ist nach der Müdigkeit der Voyeurismus.[181] Jeder von uns hat das sicher bereits erlebt. Auf der Gegenfahrbahn ist ein Unfall passiert. Einsatzfahrzeuge sind vor Ort, verzweifelte oder verletzte Menschen laufen auf der Straße, Wrackteile liegen verstreut herum. Und in der eigenen Richtung verlangsamt sich der Verkehr. Viele schauen neugierig hinüber. Und dabei kommt es zu Auffahrunfällen. Aus einem Unfall auf der einen Seite wurde ein Doppelunfall mit Staus auf beiden Richtungsfahrbahnen.

So mancher hegt die Vermutung, dass die Farbe des Autos einen Einfluss auf die Unfallhäufigkeit hat. Schon vor 30 Jahren erwähnte die Mutter einer Freundin, die gerade von einem anderen Fahrer „abgeschossen" worden war, dass sie das Gefühl nicht loswerde, ihr neues silberfarbenes „Schupferl" werde häufiger übersehen. Seit sie von einem knallroten Untersatz auf den silbergrauen Renault umgestiegen war, hatte sie wesentlich öfter brenzlige Momente erlebt. Und ihr Gefühl täuschte sie nicht. Untersuchungen an 16.700 Taxis in Singapur, die in Blau oder Gelb unterwegs waren, zeigten bei gleicher Kilometerleistung pro Monat sechs Unfälle pro tausend Taxis mehr bei den blauen als bei den gelben Typen. Über den Studienzeitraum von drei Jahren summierte sich das auf neun Prozent mehr Unfälle. Gelbe Taxis sind auffälliger und damit für andere Verkehrsteilnehmer besser zu sehen.[182]

Ein beunruhigender Trend der vergangenen Jahre führte zu einer erhöhten Todesrate bei Unfällen in den USA: nämlich das zunehmende Gewicht der Autos; nicht etwa weil die Fahrer immer übergewichtiger würden, sondern weil die Vorliebe zu größeren und schwereren Autos stieg. Das Paradox hierbei ist, dass größere und schwerere Autos vor allem mit dem Argument von mehr Sicherheit angeschafft werden. Und das stimmt teilweise auch, wenn auch nur für die Insassen dieses Fahrzeugs.

Deren Wahrscheinlichkeit, bei einem Unfall – unabhängig von der Schuldfrage – schwere Verletzungen zu erleiden, sinkt um 29 Prozent. Das wird aber mit einer um 42 Prozent höheren Verletzungsrate bei den Insassen kleinerer Wagen mehr als kompensiert.[183] Werden andere Unfallopfer mit eingerechnet, kommen auf jeden Unfalltoten in einem SUV oder Pick-up 4,4 tote Fahrzeuginsassen des kleineren Unfallgegners, Fußgänger, Rad- und Motorradfahrer. Bei einem Gewichtszuwachs von 453 Kilogramm (1.000 Pfund) steigt das Todesrisiko eines Unfallgegners um 47 Prozent.[184] Ergo sind die vermeintlich sichereren, schweren Fahrzeuge extrem tödlich für den Rest der Bevölkerung. Würde man sie verbieten, käme der sicherheitsrelevante Effekt gemäß den Berechnungen der Studienautoren der Ersteinführung der Sicherheitsgurte gleich.

Fährt man in Mountain View entlang der San Antonio Road und überquert die Brücke über die lokale Eisenbahnstrecke, hat man gute Chancen, eines der selbstfahrenden Fahrzeuge von Google-Waymo in freier Wildbahn anzutreffen. Genau dort befindet sich nämlich Googles Forschungszentrum zu selbstfahrenden Fahrzeugen in Form eines Bürogebäudes mit einer zweistöckigen Garage, in der mehr als 60 Wagen ihre Heimat haben. Google allein beherbergt in diesem Gebäude genauso viele autonome Testautos, wie alle anderen Hersteller zusammengenommen in Betrieb haben. Zum einen sieht man die Lexus SUVs, die eine Auswahl an verschiedenen Sensoren auf allen Seiten und auf dem Dach montiert haben, zum anderen eine Reihe von kleinen Autos, die von Medien als „Koala-Cars" bezeichnet und in Zusammenarbeit mit Bosch gebaut wurden. Diese mittlerweile ausgemusterten Zweisitzer sahen nicht nur niedlich aus, sondern kamen auch ohne Lenkrad, Pedale oder sonstige Steuereinrichtungen aus, die wir sonst gewohnt sind. Neu hinzugekommen sind die ersten Fiat Chrysler Pacifica Minivans, von denen über 100 Stück angeschafft wurden und von denen es bis Ende 2017 sogar 600 Stück geben soll. Damit hat Google bereits die vierte Generation von selbstfahrenden Fahrzeugen im Testbetrieb.

Als die *New York Times* 2010 das erste Mal über Googles selbstfahrende Fahrzeuge berichtete, schlug die Nachricht in der Öffentlichkeit wie eine Bombe ein.[185] Weder war erwartet worden, dass ein Internetunternehmen wie Google an so etwas arbeiten könnte, noch dass die Technologie bereits so weit fortgeschritten war. Googles Fahrzeuge hatten zu dem Zeitpunkt bereits über 200.000 Kilometer abgespult.

Eigentlicher Initiator des Projekts war die DARPA. Die amerikanische Defense Advanced Research Projects Agency führt seit Jahrzehnten Forschungsprojekte für die US-Streitkräfte durch und schreibt zu diesem Zweck immer wieder Wettbewerbe aus. Aus einem davon ging beispielsweise das Internet hervor. Und in den Jahren 2004 und 2005 gab es eben zwei Wettbewerbe zum autonomen Fahren.[186] 2004 wurde ein Preisgeld von einer Million Dollar ausgesetzt für dasjenige Fahrzeug, das 150 Meilen Wüstengebiet (an die 240 Kilometer) ohne menschliches Zutun durchqueren konnte. Erst beim zweiten Wettbewerb 2005, der mit zwei Millionen Dollar Preisgeld ausgeschrieben war, gelang es einem Stanford-Team unter Leitung von Sebastian Thrun, diese Aufgabe zu meistern. Sie hatten einen Volkswagen Passat namens Stanley mit Sensoren ausgestattet, programmiert und fahren lassen.

Für einige der Teilnehmer an der DARPA Grand Challenge stellt autonomes Fahren ein sehr persönliches Anliegen dar. Sebastian Thrun erzählte auf einer TED-Konferenz, dass einer seiner Jugendfreunde als Teenager bei einem Autounfall ums Leben kam.[187] Und Anthony Levandowskis ungeborenes Kind wurde beinahe getötet, als ein anderes Auto in das seiner schwangeren Verlobten fuhr.[188]

David Stavens war damals als Student in Sebastian Thruns Team dabei und schilderte mir die Schwierigkeiten. Thrun war gerade erst Professor für Künstliche Intelligenz am Stanford AI Lab geworden, als er von der ersten Ausgabe des Wettbewerbs hörte, bei dem es keinen Gewinner gegeben hatte. Um sich für den zweiten Wettbewerb anzumelden, fuhr er den Parcours durch die Wüste aus dem ersten Wettbewerb manuell nach. Und der war sehr schwer, selbst für einen menschlichen Fahrer. Die nächsten 18 Monate arbeitete Thrun mit einem Team von fünf bis zehn Studenten inklusive Stavens am Fahrzeug und an den Algorithmen – mit dem bekannten Ergebnis und der Erkenntnis, dass der Fokus auf Software der vielversprechendste war. Die anderen Teilnehmer sahen dagegen die Aufgabe vor allem als Hardwareproblem. Der Gewinn und die Tatsache, dass beim zweiten Wettbewerb bereits fünf Fahrzeuge die viel längere Strecke überwunden und es ins Ziel geschafft hatten, wird als der „Kitty

Hawk"-Moment (der Ort, in dem die Brüder Wright ihre ersten motorisierten Flüge unternahmen) für autonomes Fahren bezeichnet.

2007 folgte dann noch die DARPA Urban Challenge, wo die Fahrzeuge nicht mehr nur in der Wüste fuhren, sondern auch durch bebautes Gebiet einer verlassenen Kaserne auf dem ehemaligen Air-Force-Stützpunkt George in Victorville, Kalifornien. Neben Thrun war mit Philipp Unterbrunner ein weiterer deutschsprachiger Entwickler am Start, und zwar im Team der Cornell University, Ithaca, New York. Deren Fahrzeug war auch an der ersten Kollision zwischen zwei autonomen Fahrzeugen beteiligt. Die Autos vom MIT und der Cornell touchierten leicht. Trotz des Zwischenfalls belegte das mit ganz geringen Mitteln ausgestattete Team Cornell den fünften Platz.[189]

Google stellte nach Ende der Urban Challenge kurzerhand den Gewinner Sebastian Thrun ein und ließ ihn aus den Teams der Mitbewerber die besten Leute herauspicken. Auch Anthony Levandowskis Firma 510 Systems, das Sensoren und Lidars (Light Detection and Ranging) weiterentwickelte, wurde kurzerhand eingegliedert.[190] Einige Jahre erforschte und entwickelte Google im Geheimen selbstfahrende Fahrzeugen, bis die *New York Times* es öffentlich machte. Der Einstieg des Suchmaschinen-Giganten in den Automobilsektor inspirierte nicht nur andere Start-ups, sondern zwang schlagartig alle etablierten Automobilhersteller, ihre Anstrengungen zu intensivieren oder sich überhaupt erst in diese Richtung zu orientieren. Heute wetteifern unter anderem Audi, Toyota und Daimler um die Verwirklichung des Traums vom autonomen Fahren. Aktuell sind mehr als 700 Unternehmen an der Entwicklung von Komponenten und Lösungen für autonome Autos beteiligt.

Die Vision vom selbstfahrenden Auto ist nicht neu. Sowohl die Deutsche Bundeswehr als auch Carnegie Melon und Daimler führten Mitte der 1980er Jahre erste Versuche durch. Ein Team der Universität der Bundeswehr in München begann 1985 mit ersten Experimenten und wird als Pionier auf diesem Feld betrachtet. Unter der Leitung von Prof. Ernst Dickmanns baute man 1987 einen Mercedes-Passagierbus zum „Versuchsfahrzeug für autonome Mobilität und Rechnersehen" (VaMoRs) um und ließ ihn einen abgesperrten Autobahnabschnitt entlangfahren.[191] Carnegie Melon führte 1983 Versuche mit dem Terregator und 1986 mit dem NavLab 1 durch.[192] 1994 startete Mercedes mit seinem Projekt „Prometheus", bei dem zwei Mercedes SEL 500 mit Kameras und Computern vollgepackt wurden. Eines der Fahrzeuge fuhr 1.000 Kilometer im öffentlichen Straßenverkehr auf der Autobahn bis nach Paris, gefolgt von einer 1.700 Kilometer langen Fahrt von München nach Stockholm mit Spitzengeschwindigkeiten bis zu 175 Kilometern pro Stunde.[193]

Trotz dieser Erfolge wurde die Forschung wieder zurückgefahren. Die Automobilhersteller wollten Kunden nicht bevormunden, zudem war die Technologie noch zu teuer, zu sperrig und unerprobt. Erst mit den Fortschritten in Computertechnologie, Software und Sensoren und dem Preisverfall wurden massenkompatible autonome Fahrzeuge wieder denkbar.

Was aber zählt nun wirklich als autonom beziehungsweise selbstfahrend? Der Begriff Automobil bezeichnet ein Gefährt, das sich wie von selbst bewegt, ohne dabei von einem Tier oder Menschen gezogen oder geschoben zu werden. Es wird von einem Menschen lediglich gesteuert. Bei einem selbstfahrenden oder autonomen Fahrzeug übernimmt der Computer diese Aufgabe, Steuerelemente werden überflüssig und ein Mensch ist nur mehr Passagier. Auf dem Weg zum selbstfahrenden Fahrzeug unterscheidet der internationale Verband der Automobilingenieure (SAE) sechs Automationsstufen.[194]

Level 0: Keine Automation. Der menschliche Fahrer führt alle Fahraktivitäten aus, selbst wenn Warnsignale aufleuchten.

Level 1: Fahrerassistenz. Das Fahrzeug kann beim Lenken oder bei einer Geschwindigkeitsanpassung unter gewissen Bedingungen assistieren, der menschliche Fahrer behält jedoch nach wie vor die vollständige Kontrolle.

Level 2: Teilautomation. Das Fahrzeug kann unter bestimmten Bedingungen die Lenkung oder Geschwindigkeitsanpassungen übernehmen, der menschliche Fahrer ist nach wie vor vollständig für das Steuern verantwortlich. **Kurzformel: Hände weg (hands off)**

Level 3: Bedingte Automation. Das Auto lenkt, passt die Geschwindigkeit an und beobachtet die Straße. Vom menschlichen Fahrer wird erwartet, dass er die Kontrolle übernimmt, wenn das System Hilfe benötigt. **Kurzformel: Augen weg (eyes off)**

Level 4: Hohe Automation. Das Fahrzeug kann so ziemlich alles entscheiden, auch wenn der menschliche Fahrer auf eine Hilfeanfrage des Systems nicht reagiert. **Kurzformel: Aufmerksamkeit weg (mind off)**

Level 5: Vollständige Automation. Das Fahrzeug übernimmt und ersetzt den Menschen.

Der höchste Level geht davon aus, dass das Fahrzeug selbst bei einem technischen Defekt – ein geplatzter Reifen, ein Ausfall eines kritischen Sensors oder Ähnliches – nicht von den Passagieren erwartet, dass sie die Steuerung übernehmen. Das Fahrzeug muss von allein sicher anhalten können.

Momentan kommt kein Anbieter auch nur annähernd an die Anstrengungen von Google heran. 2016 fuhren Google-Autos autonom eine Million Kilometer auf öffentlichen Straßen – vor allem im Stadtverkehr – und nochmals 1,6 Milliarden Kilometer im Simulator. Damit war Google 2016 allein für 97 Prozent aller abgespulten Testkilometer in Kalifornien verantwortlich.[195] Anfang 2017 waren es bereits über fünf Millionen Kilometer. Aktuell kommen zu den täglich simuliert gefahrenen, fast fünf Millionen Kilometern jede Woche weitere echte 35.000 Kilometer dazu.

Im Juli 2016 waren das allein 88.000 Meilen, also knapp über 140.000 Kilometer, und das im dichtesten Stadtverkehr mit allen vorstellbaren Komplikationen. Dabei geht es weniger um den Wunsch, einfach nur Kilometer abzuspulen, als vielmehr um das Erleben und Analysieren möglichst vieler unterschiedlicher Fahrsituationen. Von Fußgängern, die eine Kreuzung überqueren, über Lastwagen, die aus einer Sackgasse zurücksetzen, bis hin zu Baustellen mit unklaren Straßenmarkierungen und improvisierten Schildern wird alles von den Fahrzeugen selbst „erfahren". Einem Google-Fahrzeug kam sogar eine Rentnerin unter (bitte nicht wörtlich nehmen), die im Elektrorollstuhl mitten auf der Straße herumfuhr. Was sie dort machte? Eine Ente mit einem Besen verscheuchen, wie der damalige Leiter der Google-Selbstfahrgruppe Chris Urmson in einem TED-Vortrag amüsiert schilderte.[196]

Brad Templeton, der mit Google an selbstfahrenden Autos forschte, kritisiert das obige Levelsystem von SAE und schlägt eine andere Form der Kategorisierung autonomer Fahrzeuge vor.[197] Als Beispiel nennt er autonome Shuttlebusse, die auf einem Firmen- oder Universitätsgelände fahren. Diese kommen zwar ohne Lenkrad und Fahrer aus, sind aber auf bestimmte Straßen und Straßenabschnitte beschränkt. Auch wenn dieses Fahrzeug damit technisch Level 4 (Hohe Automation) entsprechen würde, ist es doch weit davon entfernt, ein solches zu sein, zu behütet sind die Verkehrsszenarien auf der befahrenen Strecke. Templeton schlägt daher vor, eine andere Einteilung vorzunehmen, nämlich nach dem Gebiet, in dem die Autos unterwegs sind, und nach der dafür erforderlichen/erlaubten Geschwindigkeit. So könnte man Untergruppen bilden und Kategorisierungen von Straßen und Orten vornehmen, wo bestimmte Arten von selbstfahrenden Fahrzeugen unterwegs sein dürfen. Diese Einteilung könnte unter anderem folgende Kriterien umfassen:

- Befahren einzig von erlaubten Straßen und Kreuzungen
- Fahren auf Straßen mit einer Geschwindigkeit von 30 Kilometern pro Stunde
- Fahren nur auf Autobahnen
- Fahren nur zur Nachtzeit bei geringem Verkehrsaufkommen
- Keine Werktags-Fahrt in Schulgebieten zwischen acht und neun Uhr morgens oder gegen Schulende
- Fahren nur in Gegenden mit Telekommunikationsnetzwerken von entsprechender Bandbreite.

Wie auch immer die Klassifizierung ausfallen wird, die neue Technologie kann manchen nicht schnell genug kommen. An den Shuttlebussen, die Facebook, Google und andere Unternehmen betreiben, sieht man, wie wenig die junge Generation daran interessiert ist, selbst am Steuer zu sitzen. Tagtäglich fahren Hunderte der meist weißen, unmarkierten Doppeldeckerbusse über den Highway 101 und bringen Mitarbeiter zu ihren Arbeitsplätzen und nach Hause. Dank des WLAN-Anschlusses an Bord können sie im Bus arbeiten oder sich einem anderen Zeitvertreib zu widmen. Mit Stand September 2017 haben 39 Unternehmen von der kalifornischen Zulassungsbehörde Department of Motor Vehicles (DMV) die Erlaubnis

erhalten, Testfahrzeuge auf öffentlichen Straßen einzusetzen.[198] Neben
bekannten Herstellern befinden sich darunter auch etliche unbekannte:

- Volkswagen Group of America (Deutschland)
- Mercedes-Benz (Deutschland)
- Google (USA)
- Delphi Automotive (USA)
- Tesla Motors (USA)
- Bosch (Deutschland)
- Nissan (Japan)
- GM Cruise LLC (USA)
- BMW (Deutschland)
- Honda (Japan)
- Ford (USA)
- Zoox, Inc. (USA)
- Drive.ai, Inc. (USA)
- Faraday & Future Inc. (China)
- Baidu USA LLC (China)
- Wheego Electric Cars Inc. (USA)
- Valeo North America Inc. (Frankreich)
- NextEV USA Inc (China)
- Telenav (USA)
- NVIDIA (USA)
- AutoX (USA)
- Subaru (Japan)
- Udacity (USA)
- Navya (Frankreich)
- Renovo (USA)
- Uber (USA)
- Plus.ai (China)
- Nuro (USA)
- CarOne (USA)
- Apple Inc. (USA)
- Bauer's Intelligent Transportation (USA)
- Pony.ai (USA)
- TuSimple (China)

- Jingchi Corp (China)
- SAIC Innovation Center, LLC (China)
- Almotive Inc (Ungarn)
- Nullmax (USA)
- Samsung Electronics (Südkorea)

Diese Unternehmen haben mehr als 200 Testfahrzeuge auf den Straßen, die von über 500 zugelassenen Nichtfahrern nicht gelenkt werden. Das Nichtfahren ist dabei ermüdender, als man denken mag. Ford hat festgestellt, dass manche beim Beobachten des Fahrzeugs eindösen.[199] Um sie wach zu halten, haben sowohl Google als auch Ford Glöckchen, Summer, vibrierende Sitze und Warnlichter eingebaut. Auch ein zweiter Ingenieur auf dem Nachbarsitz soll helfen, dass die Nichtfahrer nicht einschlafen. Genau dieses Phänomen veranlasst Hersteller wie Ford, den Level 3 (Bedingte Automation) gleich zu überspringen, bei dem das Auto erwartet, dass der Mensch die Steuerung jederzeit – mit Vorwarnzeit – wieder übernehmen kann. In Tests hat sich jedoch ergeben, dass Menschen bis zu 20 Sekunden und mehr Vorwarnzeit benötigen und selbst dann noch nicht voll bei der Sache sind, sodass eine erhöhte Gefährdung von ihnen ausgeht.

Zusätzlich zu den bereits genannten Unternehmen mit einer kalifornischen Testlizenz haben ein gutes Dutzend weiterer Hersteller autonome Fahrzeuge in Kalifornien im Einsatz. Da sie Testgelände, private Strecken oder sogenanntes Bundesgebiet (das kalifornischen Regulierungen nicht unterliegt) nutzen, dürfen auch sie autonome Fahrzeuge testen.[200]

Im März 2017 legte der kalifornische DMV einen Entwurf vor, der zum Ende des Jahres umgesetzt wird. Ab dann sind überhaupt keine Fahrer mehr in selbstfahrenden Autos auf allen kalifornischen Straßen zwingend vorgeschrieben.[201]

Die Tests beschränken sich jedoch nicht auf den Boden allein. So ist auf dem NASA Ames Moffett Airfield bei Mountain View ein autonom fliegender Black-Hawk-Helikopter unterwegs, dem das amerikanische Militär Flugmuster für Kampfeinsätze beibringt.

In Nevada, dem Bundesstaat, der 2012 die erste offizielle Testlizenz an Google vergeben hat, sind fünf große Unternehmen am Start. Die Anzahl der zugelassenen autonomen Fahrzeuge liegt dort derzeit bei 30 Stück.[202]

- Google
- Continental Automotive Systems
- Volkswagen Group of America
- Delphi Labs
- Daimler/Freightliner

Geholfen hat dabei, dass Nevada bereits 2011 ein Gesetz verabschiedete, dass unter bestimmten Bedingungen den Test autonomer Fahrzeuge erlaubte:[203] Es muss eine fünf Millionen Dollar hohe Haftpflichtversicherung abgeschlossen werden, die Vorgabe von minimalen Sicherheitsstandards ist einzuhalten, und die Fahrzeuge dürfen nur innerhalb bestimmter, für die Tests freigegebener Zonen eingesetzt werden. Zu den Sicherheitsmaßnahmen zählt unter anderem die Anwesenheit von mindestens zwei Personen im Fahrzeug, die ein Training zum Betrieb dieses Fahrzeugs absolviert haben. Das Fahrzeug muss mit einer Abschaltvorrichtung ausgestattet sein, die das Ausschalten des autonomen Fahrmodus erlaubt, sowie mit einem System, das dem Fahrer rechtzeitig die Kontrolle über das Fahrzeug übergeben kann. Auch muss das Fahrzeug die Fahr- und Sensordaten der letzten 30 Sekunden vor einer Kollision aufzeichnen können sowie den Beweis erbringen, dass es bereits 10.000 Meilen (16.000 Kilometer) autonom gefahren wurde, letzteres beispielsweise auf einem Testgelände.

Zu anderen Start-ups gehören AIMotive (vorher bekannt als Adas-Works) in Ungarn, Nauto in Palo Alto und nuTonomy in Massachusetts und Boston.[204] In Singapur testen mit Delphi und nuTonomy zwei Hersteller selbstfahrende Fahrzeuge. So nebenbei ist Singapur damit auch der erste Ort, in dem das Linksfahren an autonomen Fahrzeugen getestet wird. Nissan begann im Februar 2017 mit Tests in London.[205]

Wie weit die Entwicklung fortgeschritten ist, erfuhr die Öffentlichkeit im August 2016, als nuTonomy anfing, selbstfahrende Taxis an Kunden in Singapur zu testen; vier Monate später fuhren diese „Robomobile" bereits in Boston.[206] Uber erhielt im selben Monat die ersten von 100 Volvos XC90, die mit Selbstfahrtechnologie ausgestattet waren und ab sofort in Pittsburgh ebenfalls für Kunden bereitstanden.[207] Zwar sitzen hinter dem Lenkrad noch Fahrer, diese sollen aber nur eingreifen, wenn das Fahrzeug nicht richtig reagiert.

Wer selbst in einem selbstfahrenden Fahrzeug mitfahren will, kann das an mehreren Orten tun, nicht nur in Singapur. Der Ridesharing-Service Uber nimmt in der ehemaligen Stahlmetropole Pittsburgh Passagiere auf. Kurzzeitig testete Uber in San Francisco, allerdings ohne Genehmigung, weshalb das Programm von den Behörden gestoppt wurde und die Firma ihre Flotte nach Arizona umsiedeln musste.[208] Der chinesische Internet-Gigant Baidu arbeitet mit BMW zusammen und testet in Peking.[209] Spät, aber hoffentlich nicht zu spät, plant endlich auch BMW, sich ab 2017 in München mit 40 Fahrzeugen im autonomen Fahren zu engagieren.[210] Baidu testet eine autonome Flotte von schlumpfblauen Taxis in Wuzhen. Und Volvo begann 2017 mit den Tests einer autonomen Taxiflotte im schwedischen Göteborg.

Die Herangehensweise der Hersteller ist unterschiedlich: Einige entwickeln ihr eigenes System, andere warten darauf, eine fertige Lösung kaufen zu können, die sie in ihre Fahrzeuge integrieren.[211] Und nicht immer halten sich Unternehmen an die Vorgaben der Regulierungsbehörden, so wie Ot.to, der Hersteller autonomer Lkws in Nevada. Dort wurden anscheinend die ersten Tests ohne Ansuchen um Erlaubnis durchgeführt.[212]

Während die traditionellen Autohersteller einen Schritt nach dem anderen machen und mit Fahrerassistenzsystemen starten, gehen die Disruptoren gleich in die Vollen. Google, Uber oder nuTonomy zielen von Anfang an auf volle Autonomie. Chris Urmson von Google verglich die Herangehensweise der Autobauer mit dem Versuch, Fliegen zu lernen, indem man sich bemühe, immer ein wenig höher zu springen.

In den alljährlich von der DMV verlangten Berichten zu den Herstelleraktivitäten ist der Umfang zu erkennen, den die Unternehmen bei der Entwicklung von fahrerlosen Autos treiben.[213] Dabei sticht sofort ins Auge, wie groß Googles Vorsprung im Vergleich zu anderen Unternehmen ist. Zwei Berichte für die Jahre 2015 und 2016 liegen vor. In beiden Jahren fuhren Google-Waymo-Fahrzeuge mindestens zehnmal so viele Kilometer wie alle anderen Hersteller zusammen und sind außerdem in der Überzahl.

In diesen Berichten werden verschiedene Daten verlangt, besonders wichtig ist dabei die Anzahl der Disengagements. Darunter wird gemäß DMV Folgendes verstanden:

„Die DMV-Regeln definieren Disengagements als die Deaktivierung des autonomen Fahrmodus für die folgenden zwei Situationen:

(1) „wenn eine Fehlfunktion der Selbstfahrtechnologie erkannt wird" oder

(2) „wenn der sichere Betrieb des Fahrzeugs verlangt, dass der Fahrer des autonomen Fahrzeugs den autonomen Modus ausschaltet und sofortige manuelle Kontrolle des Fahrzeugs übernimmt".

Und als Zusatz: „Diese Klärung ist notwendig, um sicherzustellen, dass die Hersteller nicht jede sonstige oder Routineabschaltung berichten."

Der erste Disengagement-Report stammte vom 1. Januar 2016, in dem insgesamt sieben Unternehmen Bericht erstatteten, wie sich die insgesamt 71 Fahrzeuge bis 30. November 2015 verhalten hatten. Der inzwischen vorliegende Bericht für das Jahr 2016 (das heißt bis zum 30. November des Jahres) listet bereits elf Unternehmen. Während für die ersten sieben Unternehmen ein zwölfmonatiger Zeitraum gilt, haben die vier neuen Unternehmen BMW, Ford, GM Cruise und Honda ab Erteilung der Testlizenz zu berichten, also für mehr als zwölf Monate (siehe Tabelle 6).

Firma	Anzahl Autos		Anzahl Abschaltungen (Disengagements)		Anzahl gefahrene Kilometer		Disengagements pro 1.000 Kilometer	
	2015	2016	2015	2016	2015	2016	2015	2016
BMW	0	1		1		1.021		1,0
Bosch	2	3	625	1.442	1.496	1.573	417,8	916,8
Delphi	1	2	405	178	26.659	5.000	15,0	35,6
GMCruise	0	25		181		13.642		11,6
Ford	0	2		3		944		3,2
Google-Waymo	57	60	341	124	678.930	1.017.389	0,5	0,1
Honda	0	0		0		0		
Nissan	4	5	106	29	2.376	6.558	44,6	4,4
Mercedes	5	1	1.031	336	3.582	1.077	287,8	312,0
Tesla	0	4		180		880		204,6
VV	2	0	260	0	23.912	0	10,9	
Total	71	103	2.768	2.474	736.955	1.050.083		

Tabelle 6: Disengagementbericht der Hersteller an die DMV; https://www.dmv.ca.gov/portal/dmv/detail/vr/autonomous/testing

Wie wir sehen können, stieg die Anzahl der Testfahrzeuge um 45 Prozent; von 71 im Jahr 2015 auf 103 im Jahr 2016. Die zwei größten Flotten werden von Google-Waymo und GM Cruise mit 60 beziehungsweise 25 Fahrzeugen betrieben. Die beiden Unternehmen stellen damit 83 Prozent aller Fahrzeuge.

Mehr Fahrzeuge fuhren entsprechend mehr Kilometer. Die Zahl stieg um mehr als 310.000 Kilometer, von 736.955 im Jahr 2015 auf 1,05 Millionen im Jahr 2016. Das ist ein Anstieg um 42 Prozent gegenüber dem Vorjahr, allerdings nicht gleichmäßig über die Unternehmen verteilt. Während Google-Waymo doppelt so viele Kilometer fuhr wie im Jahr zuvor, stellte Volkswagen seine Aktivitäten fast vollständig ein oder reduzierte seine Fahrten wie auch Delphi drastisch. Dafür hat GMCruise massiv Fahrt aufgenommen. Trotzdem stemmte Google-Waymo den Löwenanteil der Fahrten mit 97 Prozent der Kilometerleistung.

Dieser Vorsprung macht sich in den Disengagements bemerkbar. Google-Waymo schafft pro 1.000 Kilometer 0,1 Disengagements. Das heißt, dass erst ab über 8.000 Kilometern autonomen Fahrens ein Fahrer eingreifen muss. Und das ist eine Verbesserung um den Faktor 4 im Vergleich zum Vorjahr. Bei den anderen Firmen liegt die Disengagement-Rate zumindest um den Faktor 10 höher.

Auch wenn etliche Hersteller fehlen, die an der Entwicklung autonomer Fahrzeuge arbeiten, und die Auslegung eines Disengagements einigen Interpretationsspielraum zulässt, bietet Kalifornien dank der Anzahl der testenden Unternehmen und der öffentlichen Berichtspflicht einen ersten Einblick in den Stand der Technik und ermöglicht es uns, die Fortschritte der Hersteller zu vergleichen. Einen besseren Überblick erhielte man nur, wenn die Hersteller, die in anderen Bundesstaaten oder sogar Ländern testen, diese Daten ebenfalls veröffentlichen müssten. Man beachte auch, dass einige Unternehmen, die sehr forsch in den Medien aufgetreten sind, im Bericht (noch) nicht vorkommen.

Offensichtlich wird aber auch, dass Standards für Technologievergleiche geschaffen werden müssen. Heute sind die Vorgaben des DMV noch zu vage, um einen genaueren Vergleich zuzulassen, und die Hersteller sind nicht verpflichtet, die Rohdaten bereitzustellen. Unternehmen interpretieren unterschiedlich, was als Disengagement zählt, und könnten schon bei geringeren Abweichungen ein Disengagement hervorrufen. Da autonome Fahrzeuge noch nicht am Markt angeboten werden, ist es Prüfanstalten und Behörden heute noch nicht möglich, welche zu erwerben und unabhängige Tests durchzuführen, um die Herstellerangaben zu verifizieren.

Verzerrend wirkt auch, dass in diesen DMV-Berichten nur die kalifornischen Tests angeführt sind. Die meisten Hersteller testen aber auch in anderen Bundesstaaten oder anderen Ländern, wo keine jährliche Offenlegung notwendig ist. Um sich nicht in die Karten schauen zu lassen und anderen Herstellern einen Einblick zu gewähren, wie weit die eigene Technologie schon ist, könnte es sein, dass man in Kalifornien nur relativ einfache oder erprobte Szenarien offiziell testet, während die experimentelleren, die mehr Disengagements verursachen, eher in anderen Regionen oder auf nicht berichtspflichtigen Testgeländen aufgebaut werden.

Eine Lösung könnte die Einrichtung eines unabhängigen Konsortiums sein, das Kennzahlen und Szenarien definiert und die Hersteller zur Verwendung von standardisierten Messverfahren und Berichten verpflichtet, anstatt sich auf länder- oder sogar nur bundeslandspezifische Vorgaben zu beschränken.

Trotz der erwähnten Einschränkungen lässt sich doch sagen, dass Google-Waymo der klare Technologieführer ist – und das mit großen Abstand –, obwohl viele Unternehmen ihre Anstrengungen verstärkt haben. Spannend wird es vor allem dann werden, wenn Hersteller wie Tesla Autopilotfunktionen freischalten, Uber und nuTonomy sich mehr öffnen und berichten, und auch, wenn Google-Waymo seine eigene Flotte Fiat-Chrysler-Minivans in Betrieb nimmt und damit seine Fahrzeugzahl mehr als verdoppelt.

Geleakte interne Berichte zeigen, dass Ubers 43 Fahrzeuge in der ersten Märzwoche 2017 20.354 Meilen (32.500 Kilometer) fuhren und dabei alle 0,8 Meilen vom Fahrer übernommen werden musste. 930 Fahrten wurden in derselben Woche mit Passagieren in Pittsburgh durchgeführt, 150 in Tempe, Arizona. Im Schnitt zählte man 800 Passagierfahrten pro Woche seit Aufnahme der Tests in Pittsburgh.[214] Vergleicht man die Testaktivitäten mit der Zahl der von den Unternehmen eingereichten Patente, scheint es keinen Zusammenhang zu geben. Laut Patentstatistik zu autonomen Fahrzeugen führen traditionelle Hersteller zahlenmäßig.[215] Toyota gefolgt von Bosch, Denso und Hyundai führen die Liste an, Google taucht erst an 26. Stelle auf. Die Anzahl an Patenten ist aber kein Indikator für den Grad der Innovationskraft und für den Fortschritt in der Entwicklung neuer Technologien eines Unternehmens.

In den Berichten an das DMV werden von Google auch „simulierte Berührungen" aufgelistet. Google berichtet von derartigen Berührungen alle 74.000 Meilen (120.000 Kilometer). Berührungen sind dabei nicht nur wirkliche Kontakte mit anderen Fahrzeugen, sondern auch so etwas wie das Überfahren eines Randsteins. Menschliche Fahrer haben laut Unfallberichten alle 500.000 Meilen (800.000 Kilometer) eine Berührung, wobei das nur die an die Polizei berichteten Kollisionen umfasst. Die Dunkelziffer wird mindestens auf das Doppelte geschätzt; Berührungen von Randsteinen oder Ähnlichem sind nicht berücksichtigt.[216] Angesichts der Unfallstatistiken sollten wir uns eigentlich weniger Sorgen um den menschlichen Schutz vor Roboterautos machen als vielmehr um den Schutz der Roboterautos vor uns Menschen.

Nahe der Bay Area befindet sich das einzigartige Testgelände GoMentum Station, ein Teil der früheren Concord Naval Weapons Station. Auf dem Gelände, das nach wie vor als militärisches Sperrgebiet deklariert ist, befindet sich ein 30-Kilometer-Netz an Straßen und Autobahnstücken, das von allen Herstellern für Fahrzeugtests in Betracht gezogen wurde. Aktuell testen dort Honda, Acura, Ot.to und Easymile ihre Fahrzeuge.

Die Hoffnungen, die man an selbstfahrende Fahrzeuge knüpft, sind hoch. Wenn nur ein Bruchteil der auf menschliches Versagen zurückzuführenden Verkehrstoten und Verletzten reduziert werden könnte, wäre es die Nutzung dieser Technologie schon wert. Dabei ist gar nicht so sicher, ob sie das wirklich leisten kann. Eine Studie der University of Michigan kommt zu dem wenig überraschenden Ergebnis, dass es immer Unfälle geben wird. Auch ist es für die Forscher nicht ableitbar, dass ein selbstfahrendes Auto automatisch besser fährt als ein erfahrener Autofahrer. Und vor allem in der Übergangsphase, wo automatische und manuelle Fahrzeuge sich die Straßen teilen, kann es vorübergehend sogar zu einer Erhöhung der Unfallzahlen kommen.[217]

Umfragen zu den Vorteilen eines automatisierten Fahrens beantworteten 43,5 Prozent mit der weitgehend entfallenden Parkplatzsuche, 39,6 Prozent sagten, dass man während der Fahrt etwas anderes tun könne, und 53 Prozent fanden die Möglichkeit gut, zwischen automatisiertem und unterstütztem Fahrmodus zu wechseln. Selbstfahrende Autos werden dabei von zwei Drittel der Befragten in Kombination mit neuen Antrieben wie Hybrid und elektrisch gesehen.[218]

Eine Kombination mit Ridesharing-Services kann die Anzahl der Autos auf den Straßen auf jeden Fall reduzieren, durch eine effizientere Fahrweise lässt sich Benzin sparen. Weniger Autos auf den Straßen bedeuten auch weniger Bedarf an teurer Verkehrsinfrastruktur, inklusive Parkplätzen. Solche Fahrzeuge erlauben darüber hinaus, dass bisher benachteiligte Personengruppen wieder am mobilen, sozialen und wirtschaftlichen Leben teilnehmen können. Ältere und eingeschränkt sehfähige Menschen beispielsweise oder auch Kinder zählen dazu. Damit würden auch andere entlastet, die bisher Aufgaben kompensatorisch übernommen haben.

Traditionelle Hersteller und Neueinsteiger sehen die Zukunft des Autos aus unterschiedlichen Perspektiven, das spiegelt sich auch in der Begriffsdefinition wider. Die Chefs von Volvo oder Renault Nissan verwenden den Begriff „autonom" für Fahrzeuge, die auch in Zukunft noch mit Lenkrad und Pedalen ausgeliefert werden, aber Level-4-Fahrzeugen entsprechen. Die traditionellen Hersteller glauben, dass selbst in absehbarer Zukunft Kunden Fahrzeuge noch privat besitzen und ab und zu auch selbst steuern wollen. Autos ohne manuelle Steuerelemente bezeichnen sie als „selbstfahrend"; diese werden vor allem von Taxiflotten und Ridesharing-Unternehmen eingesetzt.[219] Die Neueinsteiger in diesen Markt hingegen differenzieren nicht. Sie erwarten, dass Automobile in absehbarer Zukunft keine Steuerelemente mehr brauchen werden; diese würden die Kosten des Fahrzeugs nur erhöhen und unsichere Situationen hervorrufen, wenn ein Passagier in die Steuerung eingreifen müsse.

Auf die Auswirkungen auf andere Wirtschafts- und Gesellschaftszweige werde ich später noch stärker eingehen. Schauen wir uns aber zuerst einmal an, wie denn ein selbstfahrendes Fahrzeug überhaupt funktioniert, was es benötigt und mit welchen Fragen wir uns beschäftigen müssen.

Sehen und gesehen werden – Kameras, Laser, Lidarsysteme

„Es ist unmöglich. Es ist schwierig. Es ist erledigt."
– gängiger Silicon–Valley–Spruch

Obwohl schon seit Jahrzehnten von fahrerlosen Autos geträumt wird, scheint erst jetzt der Durchbruch möglich. Und das hat mit dem Entwicklungsfortschritt in mehreren Technologien zu tun: Rechen- und Datenspeicherkapazität, Maschinenlernen, Robotik, Algorithmen, Breitbandnetzwerke oder Sensortechnologie.

Selbstfahrende Fahrzeuge werden typischerweise mit einer ganzen Reihe von Sensoren ausgestattet, die es dem Auto erlauben zu „sehen". Nicht alle Automobilhersteller verlassen sich dabei auf die gleichen Technologien, sondern lassen manche ganz aus oder versuchen über Kombinationen, gleichrangige Informationen zu erzielen. Die folgende Auflistung orientiert sich dabei an Googles selbstfahrenden Fahrzeugen, dem bis dato fortgeschrittensten und weitreichendsten Ansatz.[220]

Am auffälligsten ist das am Dach befestigte Lidarsystem, das von einem Glassturz in der Größe einer kleinen Kirchenglocke geschützt wird. Im Glassturz befindet sich eine Anordnung von 32 oder 64 sich um die eigene Achse drehenden Lasern, die den Abstand zu anderen Objekten messen und dabei eine dreidimensionale Karte der Umgebung im Umkreis von 200 Metern abbilden. Mit Umkreis ist dabei ein 360-Grad-Radius um das Fahrzeug herum gemeint. Das Funktionsprinzip ähnelt einem Radar, anstelle von Radiowellen werden aber Laserstrahlen ausgesandt, um auf optische Weise Abstände zu den Objekten im Umkreis des Fahrzeugs zu ermitteln. Pro Sekunde werden 30 vollständige dreidimensionale Bilder erzeugt.

Aus den Daten des Lidarsystems können auch die Geschwindigkeit und die Bewegungsrichtung anderer Objekte berechnet werden, indem bei jeder Messung verglichen wird, wo sich das Objekt gerade befindet. Der Computer kann somit vorausberechnen, wohin sich beispielsweise ein anderes Fahrzeug bewegt, und entsprechend darauf reagieren. Eine normale Verkehrssituation ist damit vom Fahrzeug gut erfassbar. Probleme entstehen, wenn sich ausgesprochen viele Objekte um das Fahrzeug herum bewegen, wie beispielsweise beim Durchqueren einer Menschenmenge. Dann reicht die Rechenkapazität momentan noch nicht aus, dieses Szenario kommt jedoch glücklicherweise eher selten vor.

Die Datenmengen, die über das Lidar anfallen, sind gewaltig. Es werden ja nicht nur die Fahrbahnmarkierungen erfasst, sondern auch jede Menge Objekte. Die Intensität des reflektierten Laserlichts ermöglicht auch, Straßenschilder zu lesen und zu interpretieren. Eine komplette Erfassung von fast 500 Autobahnspurkilometern um Palo Alto brachte dem Kartenhersteller Civil Maps ein Terabyte an Daten.[221] Durch clevere Filtermethoden konnte diese Datenmenge auf acht Megabyte reduziert werden. Trotzdem müssen diese 3D-Landkarten aufwendig auf dem aktuellen Stand gehalten werden. Das sind die Herausforderungen, die die Lidartechnologie mit sich bringt. Deshalb versuchen etliche Start-ups und Unternehmen, ohne Lidarsysteme auszukommen.

Ein komplexes Lidarsystem kostete noch vor wenigen Jahren mehrere hunderttausend Dollar, die Preise sanken aber zwischenzeitlich auf ein Zehntel, und es wird erwartet, dass sie weiter fallen werden. Waren es 2007 noch 400.000 Dollar, die man für ein System mit 32 Lasern hinblättern musste, so konnte man dasselbe System 2015 schon für „erschwingliche" 40.000 Dollar bekommen.[222] Ein Schnäppchen sozusagen. Solange Lidarsysteme aber nicht schon für wenige hundert Dollar erhältlich sind und viel kleiner werden, sind sie für den Massenmarkt nicht einsetzbar. Einfache statische und somit sehr kostengünstige Lidarsysteme finden Sie beispielsweise in jedem Roboterstaubsauger oder auch in den in jedem Baumarkt erhältlichen Laserentfernungsmessern. Drehte sich bei den Vorgängermodellen die Laseranordnung noch mehrmals pro Sekunde um die eigene Achse, so besitzen sogenannte Solid State Lidars keine beweglichen Teile mehr.[223] Zwar sind bei ihnen Sichtfeld und Reichweite eingeschränkter, sie sind aber wartungsfreier und günstiger.[224]

Waymo-CEO John Krafcik erwähnte den Preisverfall auf der Detroit Autoshow. So verwendet Waymo Eigenentwicklungen von Lidarsystemen, die heute nur noch ein Zehntel des Preises von vor wenigen Jahren ausmachen. Von 75.000 Dollar, die die ersten Systeme kosteten, ist der Preis nun auf unter 8.000 Dollar gefallen. Selbst dieser Betrag ist für die Ausstattung von Serienfahrzeugen noch zu viel, doch Firmen wie das israelische Innoviz und das MIT haben bereits Lidarsysteme für 100 Dollar beziehungsweise für um die zehn Dollar angekündigt.[225]

Da mehrere Autohersteller ab 2020 oder 2021 autonome Autos auf den Markt bringen wollen, wird die Nachfrage nach Lidarsystemen auf jeden Fall steigen. Velodyne geht davon aus, 2017 an die 12.000 Stück zu verkaufen, 2018 bereits 80.000 und 2022 dann 1,7 Millionen.[226] Auf diesen bevorstehenden Boom sind weitere neue, mit viel Risikokapital ausgestattete Start-ups ausgerichtet, so Luminar Technologies, das vom gerade mal 22-jährigen Austin Russell gegründet wurde. Hier haben Kapitalgeber kolportierte 150 Millionen Dollar bei einer Evaluierung von einer Milliarde Dollar investiert. Ebenso viel Geld hat Quanergy erhalten. Wie heiß umkämpft die Vorherrschaft auf dem Lidarmarkt tatsächlich ist, sieht man an der Gerichtsklage, die Waymo gegen Uber angestrengt hat. Uber wird vorgeworfen, ehemalige Google-Mitarbeiter hätten beim Firmenwechsel 14.000 Dokumente zur Lidartechnologie und zu Lieferantenlisten widerrechtlich mitgehen lassen. Im Mittelpunkt der Kontroverse steht der ehemalige Google-Mitarbeiter Anthony Levandowski, der die Entwicklung der Lidartechnologie federführend vorangetrieben hatte. Wenn sich die Behauptungen bewahrheiten, dass Uber illegal in den Besitz von Waymo-Technologie gekommen ist, kann dies das Aus für Uber bedeuten, da es die Innovation zurückgeben oder lizenzieren lassen müsste. Selbstfahrtechnologie ist so bedeutend für den zukünftigen Erfolg von Sharingprogrammen, dass eine Niederlage vor Gericht den Technologierückstand fast uneinholbar groß werden ließe. Und damit würde sich auch das Vertrauen der Investoren, Fahrer und Kunden in Luft auflösen.

Die Weiterentwicklung von Lidarsystemen mit Tausenden Laserpulsen pro Sekunde in jede Richtung schreitet jedenfalls rapide voran. Waymos weitreichende Lidars können bis zu 220 Meter weit sehen und – wie Krafcik erklärte – einen Footballhelm am Ende zweier Spielfeldlängen ausmachen und identifizieren. Die „kurzsichtigen" Lidarsysteme erkennen Handzeichen, wie sie beispielsweise ein Polizist oder Radfahrer gibt, und die Blickrichtung eines Fußgängers, und können so die erwartete Geh- oder Fahrtrichtung abschätzen und das Fahrzeug entsprechend reagieren lassen.[227]

Velodyne ist eines der heißesten Lidar-Start-ups. Sowohl Ford als auch Baidu investierten 150 Millionen Dollar in das in Palo Alto beheimatete Unternehmen.[228] XenomatiX in Leuven in Belgien und sensL in Irland sind zwei von mehreren Dutzend weiteren Lidarproduzenten. Und alle entwickeln eifrig weiter, um die Systeme robuster zu machen. Einige Szenarien und Straßenbedingungen stellen die Entwickler vor größere Herausforderungen als andere. Direktes Sonnenlicht, Regentropfen und Laserlicht anderer Autos mit Lidarsystemen können das Signal stören. Regentropfen verwirren das Lidarsystem, denn sie reflektieren das Lasersignal und überlagern die Reflexionen aller anderen Objekte. Die vom Vordermann aufgewirbelten Wassertröpfchen erscheinen den Sensoren als festes Objekt und lassen sie den Wagen bremsen. Das muss mit aufwendigen Algorithmen herausgefiltert werden. Zumindest für leichten Regen, für kleine Regentropfen und Schneeflocken ist das bereits möglich.[229] Schnee auf der Fahrbahn wiederum verdeckt die Fahrbahnmarkierungen und setzt damit die Kameras „außer Gefecht". Das MIT Lincoln Laboratory entwickelte ein Radarsystem – ein Localizing Ground Penetrating Radar (LGPR) –, das mittels eines Hochfrequenzradars die Reflexionen der Fahrbahnoberfläche aufnehmen kann und somit Fahrbahnmarkierungen „sieht".[230]

Auch die Farbe der Autos kann Lidars vor Herausforderungen stellen. Nicht nur Menschen sehen knallige Autos besser, wie wir schon erfahren haben, sondern auch Sensoren. Dunkle Farben absorbieren mehr Laserlicht und reflektieren damit weniger brauchbare Signale. Ebenso absorbieren Plastikteile und solche mit Verbundstoffen mehr Licht. Metallische Lackierungen wiederum blockieren Ultraschall. Entsprechend im Fahrzeug eingebaute Sensoren dringen nicht durch. Und der Radar kann durch manche Farbbestandteile ebenso blockiert werden.[231] Das dehnt sich auch auf Strukturen aus. Es wird nicht mehr länger nur eine ästhetische Frage sein, wie Straßenmobiliar, Träger und andere Objekte auf der Straße zur Geltung kommen, sondern es muss auch berücksichtig werden, inwieweit es die Sichtbarkeit für Sensoren beeinflusst. Zu allem gibt es Lösungen, die bestimmte Wellenlängenbereiche und Einfallswinkel filtern können, mehrfache Laserimpulse aussenden und mittels Algorithmen Häufungen errechnen und Streulicht von Signalen trennen.[232]

Zusätzlich zu den Lidarsystemen werden Kameras benötigt, die so angeordnet werden, dass sie ebenfalls 360 Grad um das Fahrzeug herumsehen können. Die Kameras halten einerseits nach Fußgängern, Radfahrern und anderen Fahrzeugen, andererseits aber auch nach Straßenschildern, Ampeln oder Straßenbegrenzungen Ausschau. Die Auflösung heutiger Kameras mit weniger als zwei Megapixel pro 36 Bilder pro Sekunde (also insgesamt 60 bis 70 Megapixel) übertrifft diejenige von Lidars, die nur bis zu zwei Megapixel pro Sekunde erreichen. Des Weiteren sind Kameras unverzichtbarer Bestandteil des Arsenals an verfügbaren Sensoren, da sie nicht nur die Form, sondern auch die Beschaffenheit anderer Objekte erkennen können. Ist das auf der Straße liegende Objekt nun ein Holzpfosten oder eine Styroporverpackung?

In den Stoßstangen wiederum sind radarbasierte Abstandsmesser eingebaut, deren Aufgabe es ist, andere Fahrzeuge und unmittelbar vor und hinter dem Fahrzeug kreuzende Objekte zu erkennen. Diese Radare sind natürlich nicht die rotierenden Radarantennen, die wir normalerweise sehen, sondern kommen auf briefmarkengroßen Chips daher.[233]

Bevor aber ein mit einem Lidar ausgestattetes Fahrzeug wirklich autonom fahren kann, muss die Umgebung in einer dreidimensionalen Landkarte erfasst werden. Und das nicht nur einmal: Die Umwelt verändert sich ständig, und dies ist zu berücksichtigen. Das aufwendige Aktualisierungsverfahren können sich nur wenige Unternehmen wie Google und Apple leisten, die über die notwendige Ausrüstung und das Finanzpolster verfügen. Eine Antennenanlage am hinteren Teil des Fahrzeugs empfängt Geolokationsdaten von GPS-Satelliten. In zumindest einem der Räder wiederum ist ein Ultraschallsensor eingebaut, der die Radbewegung aufzeichnet. Komplettiert werden die Sensoren durch Höhenmessgeräte, sogenannte Gyroskopen, die die Beschleunigung messen, und einen Tachometer. Hinzu kommt aber noch Folgendes: Der Straßenzustand in Kalifornien, gerade im größten „Testgebiet", ist erbärmlich. Fehlende und verblassende Straßenmarkierungen, Schlaglöcher oder von der Vegetation überwachsene Verkehrsschilder machen die Aufgaben für die Hersteller nicht einfacher.

Kameras kommen nicht nur für die Sicht nach außen, sondern auch im Wageninneren zum Einsatz. Das Fraunhofer-Institut testet in Zusammenarbeit mit VW, Bosch und anderen Anbietern verschiedene

Möglichkeiten, um herauszufinden, wie viele Personen sich im Wagen befinden, wer sie sind, welche Haltung sie einnehmen und was sie in den Händen halten. Daraus versuchen die Forscher, Rückschlüsse auf die Aktivitäten der Passagiere zu ziehen.[234] Auch, ob ein Fahrer erregt oder gelangweilt ist, lässt sich messen.

Das MIT erforscht, wo die Fahrer von Teslas mit Autopilot hinsehen und wie ihr emotionaler Zustand ist.[235] Überraschenderweise stellte sich dabei heraus, dass ein Lächeln auf Fahrerlippen nicht Zufriedenheit signalisiert, sondern ein Zeichen von Frustration und Unzufriedenheit ist: mit dem Navigationssystem, dem eigenen Fahrzeug oder anderen mobilen Untersätzen. Während ein zufriedener Fahrer eher gelangweilt schaut, weist ein frustrierter Fahrer mit seinem Lächeln auf die Absurdität der Situation hin.

Die Auswertung und Interpretation der anfallenden Sensordaten ist sehr rechenaufwendig. Kein Wunder, dass die Hersteller von Computerchips, die ebenfalls im Silicon Valley beheimatet sind, hier ihre nächste Chance wittern. Da die geografischen Wege zwischen den Experten der beteiligten Unternehmen so kurz sind, beschleunigt sich die Entwicklung. Ein Unternehmen, das spezifisch auf autonome Fahrzeuge zugeschnittene Prozessoren anbietet, ist NVIDIA. Was heute in handtellergroßen Platinen um wenige hundert Dollar verbaut wird, hat noch vor zehn Jahren Millionen gekostet und einen ganzen Raum gefüllt.

Dazu muss man zunächst wissen, wofür die Autos diese Rechenpower benötigen. Anhand eines Beispiels wird das klar. In der Google-Bilddatenbank sind zehntausende Formen beweglicher Objekte gespeichert: ein Erwachsener, eine Person im Rollstuhl, eine mit Gehstock, eine mit Hund an der Leine, ein Kind, eine am Boden liegende oder kriechende Person, ja selbst die von Chris Urmson erwähnte, von einer Rentnerin im Rollstuhl verfolgte Ente. In Sekundenbruchteilen muss das Auto anhand der Daten so gut wie möglich einschätzen, was ihm da vor die Sensoren kommt.

Kann ein zu identifizierendes Objekt sicher überfahren werden oder hält man besser an? Häufiger aber muss das autonome Fahrzeug Straßen, Fahrbahnmarkierungen, Verkehrsschilder und Ampeln, Gebäude, andere Fahrzeuge, Menschen, Bäume etc. richtig einordnen können. Dazu unterscheiden die Algorithmen zwischen einer semantischen Segmentation und einer Objekterkennung.[236] Unter semantischer Segmentation versteht man die Aufschlüsselung und die Zuordnung einzelner Bildpixel zu sogenannten Objektklassen. Gehört das, was ich sehe, zur Objektklasse Baum oder Mensch oder ist es nur eine Fahrbahnmarkierung? Die Objekterkennung geht weiter und versucht zu verstehen, ob es sich um ein statisches Objekt handelt oder um eines, das sich bewegt, und wenn ja, wohin es sich bewegt und ob darauf reagiert werden muss.[237] Einiges kann von Softwareentwicklern vorhergesagt und vorprogrammiert werden, anderes aber überhaupt nicht (siehe die Ente). Das muss vom Fahrzeug in allen Bedeutungen des Wortes „erfahren" werden. Und da kommen die Künstliche Intelligenz und das Maschinenlernen ins Spiel.

Künstliche Intelligenz – Amerika erfindet's, China kopiert's, Deutschland reguliert's

„Ich weiß nicht viel über Künstliche Intelligenz, ich erforsche natürliche Dummheit."

– Amos Tversky

Unser Gehirn ist ein Wunderwerk der Natur. Kein heute existierender Computer kommt auch nur in die Nähe der Rechenleistung, die ein menschliches Gehirn bewältigen kann, und das bei einem Bruchteil des Energieaufwands. Es braucht dazu nur zwischen 50 und 100 Watt, was der Leistung einer Glühbirne entspricht. Wenn das nächste Mal einer über einen anderen sagt, „der ist keine große Leuchte", kann das durchaus als Kompliment verstanden werden.

Bevor wir uns nun in die Künstliche Intelligenz vertiefen und verstehen, wofür sie von einem Auto zukünftig gebraucht wird, sehen wir uns doch zuerst mal an, was genau das Auto wissen und lernen muss. Die ersten zwei großen Fragen lauten: „Wo bin ich?" Und: „Wohin bin ich gefahren?"

GPS eignet sich zwar wunderbar, um herauszufinden, wo auf dem Erdball man sich gerade befindet (mit einer Genauigkeit von zwei bis zehn Metern), für ein selbstfahrendes Fahrzeug sind die Daten aber zu ungenau. Eine sichere Navigation im Straßenverkehr benötigt Angaben im Umkreis von wenigen Zentimetern. Um diesen Level an Genauigkeit zu erreichen, orientieren sich die Fahrzeuge an stationären Objekten. Das kann eine Tür, ein spezielles Gebäude, ein Baum oder Ähnliches sein. Der Abgleich mit dem GPS-Signal erlaubt dem Fahrzeug, abzuschätzen, wo es sich befindet. Sobald sich das Fahrzeug bewegt, kommen andere stationäre Objekte ins „Sichtfeld", und die Berechnung, wo es ist und wohin es fährt, wird genauer.

Man stelle sich das so vor: Außerirdische haben Sie eines Nachts entführt und setzen Sie nach kurzer Zeit wieder auf der Erde ab. Nur wo auf der Erde? In der Ferne erkennen Sie ein Licht, das einen Parkplatz beleuchtet, den eines Supermarktes. Die Beschriftung ist in deutscher Sprache, also können Sie schon vermuten, dass Sie sich in irgendeinem deutschsprachigen Land befinden. Ein paar geparkte Autos haben deutsche Kennzeichen, damit steigt die Wahrscheinlichkeit, dass es Deutschland selbst ist. Eine Werbung für eine bayerische Biermarke über einem Wirtshaus weist darauf hin, dass Sie irgendwo in Bayern sein müssten. Immer detaillierter engen Sie Ihren Standort anhand der Referenzobjekte ein. Noch gibt es die geringe Wahrscheinlichkeit, dass Sie sich in einem bayerischen Dorf mitten in China befinden, das die Chinesen ähnlich wie Hallstatt oder Paris kopiert haben, aber die sinkt mit jedem weiteren Detail, das Sie identifizieren.

Wie rasch zu erkennen ist, benötigt ein autonomes Fahrzeug entsprechend detaillierte und aufbereitete Landkarten, um diese Fragen beantworten zu können. Das erklärt die Anstrengungen von Google und Apple, die beide Karten- und Navigationslösungen anbieten, und zeigt auch, warum ein Konsortium deutscher Automobilhersteller Nokias HERE-Kartendienst für einen Milliardenbetrag erwarb.

Nachdem das Fahrzeug weiß, wo es ist und wohin es sich bewegt, eröffnen sich schon die nächsten Fragen:

- Befinden sich andere Objekte um mich herum?
- Was für Objekte sind das?
- Wie schnell sind sie?
- Wohin bewegen sie sich?

Im Vergleich dazu erscheinen die ersten beiden Fragen, wo sich das Fahrzeug selbst befindet und wohin es sich bewegt, geradezu einfach. Das Auto muss jetzt die Objekte interpretieren. Welche kann es schlicht und einfach ignorieren, welche muss es im Auge behalten und welche sind besonders kritisch?

Die verschiedenen Sensoren am Auto nehmen unterschiedliche Abbildungen der Wirklichkeit auf, dabei sind fehlerhafte Informationen möglich. Eine Kamera kann durch Sonnenlicht geblendet werden, das Lidar durch Regentropfen und Schneeflocken schnell einmal blind werden, das GPS durch metallische Strukturen einen falschen Ort anzeigen; ganz zu schweigen von einem ganz simplen Defekt, ausgelöst beispielsweise durch einen Wackelkontakt. Das Fahrzeug sieht sich vor der großen Herausforderung, aus den vorhandenen Messungen noch sinnvolle Aussagen treffen zu müssen, die ein sicheres Fahren erlauben. Die Sensordaten werden fusioniert und interpretiert. Man spricht hier von Sensorfusion.

Hat das Fahrzeug all diese Probleme gelöst, weiß, wo es ist, wohin es fährt, wer und was sich in der Umgebung befindet und wohin sich alle bewegen, muss es sich um die eigene Bewegungsplanung kümmern. Welche mögliche Route ist die effizienteste? Nicht alle Strecken sind gleich gut, und diese Bewertung kann sich während der Fahrt nochmals ändern. Wer jemals Google Maps verwendet hat, weiß, dass das System die kürzeste Strecke anzeigt und schon mal während der Fahrt eine alternative Route vorschlägt, die einen von den üblichen Hauptstraßen weg auf Seitengassen und Landwege führen kann. In den USA beispielsweise sind Strecken, auf denen viel nach links abgebogen werden muss, weniger effizient, weil auf Gegenverkehr gewartet werden muss und damit die Fahrt mehr Zeit beansprucht. Die Navigationssysteme von Lieferdiensten wie UPS und Fedex berücksichtigen das, indem sie Strecken vorschlagen, auf denen vorrangig nach rechts abgebogen werden muss, auch wenn der Weg damit länger wird.

Die effizienteste Strecke ist auch in anderen Fällen nicht immer vom direkten Weg abhängig. Manchmal erlaubt der Verkehr in der eigenen Richtung nicht die Wahl der optimalen Strecke. Ein Lastwagen, der einen partout nicht in die Abbiegespur einordnen lässt, erzwingt unter Umständen einen Umweg, der schlussendlich günstiger sein kann. Oder ein Weg ist, obgleich schneller, für den menschlichen Passagier zu unangenehm. Eine Rumpelpiste oder kurvenreiche Straße kann zu Übelkeit führen.

Wie fährt nun das Auto? Motor an und los, nicht wahr? Das funktioniert selbst auf geraden Strecken nicht. Die Fahrbahn kann eine Neigung aufweisen, ein Reifen ist nicht richtig aufgepumpt, und schon driftet das Auto langsam in eine Richtung ab. Dann muss gegengesteuert werden. Bei Kurven soll das Fahrzeug nicht einfach voll nach rechts einschlagen, sondern mit verringerter Geschwindigkeit weich hineinziehen. Der Bewegungsplaner muss sanfte Bewegungen einplanen. Ruckelndes, zuckelndes Fahren, das selbst den Ritt auf dem Rücken eines Pferdes sanfter erscheinen lässt, wird nicht gerade als angenehm und eventuell mit entsprechend negativen „Begleiterscheinungen" erlebt.

Sebastian Thrun, der Gewinner der DARPA Grand Challenge, geht in einem Onlinekurs auf Udacity ausführlich auf die Grundlagen der Programmierung all dieser Fragestellungen ein.[238] Damit ist aber gerade einmal nur die allgemeine Basis geschaffen. Sehr viele weitere Anpassungen müssen vorgenommen und Situationen „erfahren" werden, um eine ausführliche Datenbank all der Fahrsituationen zu schaffen, die den Fahrzeugen irgendwann begegnen könnten.

Die Schaffung dieses Datenschatzes ist zeitaufwendig. Aber sobald eine Erfahrung von nur einem Fahrzeug gemacht wurde, steht sie allen anderen Fahrzeugen sofort zur Verfügung. Im Gegensatz zu Menschen, wo jeder einzelne neue Führerscheininhaber bei null beginnt und sich erst Fahrpraxis aneignen muss, kann jedes neue selbstfahrende Fahrzeug sofort auf die Datenbank zugreifen. Deshalb sind Google-Waymos mehrere hundert Testfahrzeuge, die monatlich 200.000 Kilometer und mehr abspulen, so wichtig. Und sie sind bereits über Mountain View, wo das Wetter meist sonnig und klar ist, hinaus. Neben der heißen Wüste von Austin, Texas und Phoenix, Arizona und dem regnerischen Wetter von Kirkland, Washington, werden zukünftig auch London mit seinem Linksverkehr und verschneite Gegenden von selbstfahrenden Fahrzeugen „heimgesucht" werden.

Andere Fahrzeughersteller kämpfen dagegen zumeist noch mit eher grundlegenden Problemen, Fahrzeuge sicher zu steuern. Eine Taktik, wie der Googles-Vorsprung aufgeholt werden könnte, wendet momentan Tesla an mit dem Over-the-Air-Update-Verfahren. Ein Großteil der Sensoren, über die Googles selbstfahrende Fahrzeuge verfügen, ist bereits in über zehntausend ausgelieferte Teslas eingebaut. Als Ende 2015 15.000 Teslas über Nacht halbautonome Fahrfunktionalität in einem Over-the-Air-Update erhielten, wurden innerhalb weniger Tage hunderte Videos von Tesla-Besitzern hochgeladen, die Spurwechsel und Fahrten auf der Autobahn ohne Eingriffe der Fahrer zeigten.

Seit Mitte Oktober 2016 hat Tesla mit der neuen Autopilot-Hardware Kit 2, die acht Kameras, Ultraschall- und Radarsensoren sowie einen leistungsfähigen NVIDIA-Prozessor umfasst, noch ein weiteres Ass im Ärmel. Sobald die Software einen Stand erreicht, der vollautonomes Fahren erlaubt, kann sie ebenfalls über ein Over-the-Air-Update aufgespielt werden. Mit einem Schlag werden alle Teslas, die bis dahin mit dem mehrere tausend Dollar teuren Hardwarekit ausgestattet sind, selbstfahrtauglich. Und das werden an die 100.000 Fahrzeuge sein. Schon jetzt werden über das Kit Fahrdaten passiv erfasst und an Tesla weitergeleitet. Tesla baut damit eine Datenbank an Fahrszenarien und Straßenkarten auf, die aggregiert allen Tesla-Fahrzeugen zugutekommt. Selbst ohne sichtbare Fahrbahnmarkierungen auf einer Schneefahrbahn kann das Fahrzeug von der gesammelten Fahrerfahrung der gesamten, sich in Kundenhänden befindlichen Tesla-Flotte profitieren und die Spur halten.

Was Google mühsam in Eigenregie realisieren muss, bündelt Tesla also mit seinen Fahrzeugbesitzern in einer crowdgesourcten Anstrengung. Das Fahrzeug lernt vom Fahrverhalten vieler menschlicher Fahrer. Auf diese Weise können raschere Ergebnisse erzielt und mehr unterschiedliche Szenarien erstellt werden, auch wenn diese mit Vorsicht genossen werden müssen. So ergaben sich als Ergebnis einer solchen Übung Probleme mit dem Lichteinfall, da in Kalifornien die meisten beteiligten Fahrer bei Sonnenlicht fuhren und am ehesten damit konfrontiert waren.[239] Trotzdem werden wir hier eine exponentielle Steigerung sehen, die mit einem Schlag die zaghaften Anstrengungen deutscher Hersteller alt aussehen und hinter sich lassen wird. Die haben bislang ja nicht einmal entschieden, wie weit sie gehen wollen, geschweige denn Hardware ausgesucht, um sie in Produktionsfahrzeuge einzubauen.

Legt man Babys etwas Ungewöhnliches vor, schauen sie länger hin. Solche Versuche verwenden Forscher unter anderem, um abzuleiten, ob Moral bei Babys angeboren oder sozialisiert ist und ob sie Humor haben.[240] Tatsächlich stellt sich heraus, dass Babys bei lustigen Interventionen – wie beispielsweise bei lauten Geräuschen, die Vater und Mutter mit einem Gegenstand produzieren – vor allem ihre Eltern anschauen. Das tun sie, um deren Reaktionen und Absichten abzuschätzen. Lachen die Eltern, lachen die Babys auch.[241] Ähnliches nutzen die Entwickler aus, um selbstfahrende Fahrzeuge zu schulen.[242] Eine Kamera beobachtet den Fahrer und erkennt, ob er auf den Innen- und den Außenspiegel oder über die Schulter sieht. Das ist meist ein Anzeichen für ein bevorstehendes Fahrmanöver wie Spurwechsel und Überholen. Mit den Daten der nach außen gerichteten Sensoren kann das Fahrzeug dann lernen, unter welchen Umständen solch ein Manöver passiert, und es anschließend selbst ausführen.

Sie können sich sicher vorstellen, wie rechenaufwendig diese Prozesse sein müssen. Da kommt wieder die spezialisierte Hardware ins Spiel und bringt uns zurück zu Anbietern wie NVIDIA, die Prozessoren auf den Markt bringen, die der Rechenleistung von 150 MacBook Pros und mehr entsprechen.[243] NVIDIA verbaut nun vier dieser Prozessoren auf einer Recheneinheit für selbstfahrende Fahrzeuge und arbeitet momentan mit der erstaunlichen Zahl von 80 Kunden an dieser Plattform.[244]

Heute verbauen die Hersteller in den Autos eine Menge sogenannter Electronic Control Units (ECU), also kleine Prozessoren, die beispielsweise für Sensoren, Bremsen oder Unterhaltungselektronik die Steuerung übernehmen. Beinahe jeder Sensor besitzt seine eigene ECU, die Anzahl geht rasch in den dreistelligen Bereich. Auch wenn bei den Herstellern seit Jahren die Diskussion geführt wird, weniger und dafür mehr zentral ausgelegte Prozessoren zu verwenden, treibt erst die Entwicklung von selbstfahrenden Autos dieses Thema voran. Zentrale ECUs sind nicht nur günstiger, sie vereinfachen auch die Programmierung und das Aufspielen von Software-Updates. Da die Automobilproduktion auf tiefer vertikaler Integration von Lieferketten basiert, also die Autobauer sehr eng mit ihren Zulieferern verkettet sind, wandern Aufgaben, die bisher dezentral beim vom Lieferanten produzierten Bestandteil lagen, nun zu den verantwortlichen Entwicklern der zentralen ECUs über. Auch das bedeutet große Umstellungen, da

die Dezentralisierung bisher ein starkes Inseldenken von Abteilungen innerhalb der Herstellerfirmen förderte und zu einem Aufbau vieler Redundan-
zen bei den Beschäftigten führte. Allein schon deshalb waren bisherige
Versuche zur Zentralisierung der ECUs wenig erfolgsversprechend. Das
wird aber nun durch die Entwicklung autonomer Autos forciert und trifft
deshalb in den betroffenen Abteilungen auf einigen Widerstand.[245]

Chiphersteller wie NVIDIA, Qualcomm und andere liegen dabei vor
Intel, das den Anschluss verloren hat und durch Partnerschaften mit Her-
stellern wie Delphi und Mobileye versucht, in dieser gewinnträchtigen
Zukunftsbranche doch irgendwie relevant zu bleiben.[246] Intel hat deshalb
im März 2017 einen Befreiungsschlag versucht und die israelische Firma
Mobileye für 15,3 Milliarden Dollar aufgekauft.

Was geschieht aber, wenn Sensoren ausfallen? Gelingt es den anderen
Sensoren, die fehlende Information zu liefern und die Sicherheit des Fahrzeugs zu gewährleisten? Dieser Fragestellung gingen Forscher in Cambridge nach.[247] Die Aufgabenstellung war, herauszufinden, ob eine einfache, 200 Dollar teure Kamera, die hinter der Windschutzscheibe
montiert ist, ausreichende Informationen über Objekte vor dem Fahrzeug
liefern kann. Auch hier sind die bereits bekannten Fragen zu beantworten: Welche Objekte befinden sich vor mir, bewegen sie sich und, wenn
ja, in welche Richtung? Den Forschern gelang aber genau das. Dank
schlauer Algorithmen und Maschinenlernen ist es möglich, mit einer
Kamera allein den Ausfall anderer Sensoren zu kompensieren. Die Anwendungsgebiete sind nicht nur auf autonome Fahrzeuge beschränkt. Diese
Routinen lassen sich auch bei Haushaltsrobotern einsetzen, um Objekte
in der Wohnung zu erkennen und entsprechend einzuordnen.

In der Fachsprache wird diese Aufgabe als „pixelweise semantische
Etikettierung" bezeichnet. Dabei werden Algorithmen angewandt, die
versuchen, aus Gruppen von Bildpunkten einen Sinn herzustellen.
Anhand von Beleuchtungsänderungen, Schatten, Umrissen und Mase-
rung versucht das Programm, die einzelnen Objekte nicht nur zu erkennen, sondern sie auch richtig einzuordnen. Ist das schon eine große
Herausforderung bei einzelnen Bildern, wird es erst richtig schwierig bei
einem Video, wo je nach Bildrate eine Handvoll oder auch Dutzende von
Bildern pro Sekunde analysiert werden müssen.

Künstliche Intelligenz ist eine Schlüsseltechnologie für zukünftige Automobile und viele andere Branchen. Unternehmen, die aus der Softwarewelt kommen, haben das früh verstanden. Uber, Tesla, Google, Apple, NVIDIA, IBM, Baidu oder Microsoft investieren Milliarden in Künstliche Intelligenz (KI), und Robotik-Start-ups werden rasch zu hohen Preisen aufgekauft oder KI-Experten von Universitäten und Forschungsstätten mit astronomisch hohen Gehältern abgeworben. So investierte Ford Anfang 2017 eine Milliarde Dollar in das von ehemaligen Google- und Uber-Mitarbeitern gegründete Start-up Argo AI. Uber kaufte Ot.to mit 90 Mitarbeitern für kolportierte 700 Millionen Dollar. Aurora wiederum wurde vom ehemaligen Google-Leiter Chris Urmson gegründet, der dafür bereits drei Millionen Dollar an Risikokapital aufstellen konnte, und Nuro.ai ist das Ziehkind zweier weiterer ehemaliger Google-Leute.[248] Intels Akquisition von Mobileye mit 600 Mitarbeitern, darunter 450 Ingenieure, verschlang 15,3 Milliarden Dollar. Der Kaufpreis entspricht einem Pro-Kopf-Preis für Selbstfahrtechnologie-Ingenieure von gesalzenen 33 Millionen Dollar.

Der Expertenmarkt ist bereits leer gefischt, bevor etablierte Autobauer verstanden haben, warum Künstliche Intelligenz von Bedeutung ist. Wie wenig man KI in Deutschland versteht, schildert eine Zusammenfassung von Fabian Westerheide vom Bundesverband Deutscher Start-ups. In einer Sitzung vor dem Ausschuss „Digitale Agenda" des deutschen Bundestags im März 2017 fokussierten sich die Fragen vor allem darauf, wie KI zu regulieren wäre, anstatt auf die Chancen und Möglichkeiten.[249] Amerika erfindet's, China kopiert's, und Deutschland reguliert's.

Übung macht den Meister!
Maschinelles Lernen und Deep Learning

Ein Jugendfreund tänzelte auf mich zu. „Na, wollen wir mal Pingpong spielen? Ich habe alles dazu in diesem Buch gelesen. Jetzt kann mich keiner schlagen!" Nicht dass ich der tollste Tischtennisspieler unter der Sonne war, doch damals hatte dieser Freund keine Chance gegen mich. Denn er hielt einen Schläger zum ersten Mal in der Hand.

Für uns ist es offensichtlich, dass sich zwischen Theorie und Praxis eine Kluft auftut. Alles über die theoretischen Aspekte zu wissen, wie man den Schläger hält und in welchem Winkel, wie man die Flugbahn des Balles vorhersieht und sich bewegt, verliert an Bedeutung, sobald man wirklich den Ball treffen muss; und zwar mit genau der Kraft und Geschwindigkeit, die den Ball weit genug über das Netz fliegen lässt, um ihn für den Gegner unerreichbar zu machen, ohne die Platte zu verpassen.

Und so geht es uns doch mit allem. Zu gehen lernt man, indem man es tut. Und zum Lernprozess gehört selbstverständlich auch das Hinfallen. Die Koordination der Bewegungen, die Anwendung der Theorie und die besonderen Feinheiten muss man sich durch Üben aneignen.

Ähnlich ist es mit selbstfahrenden Autos. Man kann zwar alle Regeln einprogrammieren, aber die vielen Feinheiten des realen Straßenverkehrs sowie Situationen, die ein Ingenieur nie hätte vorhersagen können, machen es unumgänglich, dass die Maschine selbst fahren und dabei lernen muss. Das nennt man Maschinenlernen. Die Künstliche Intelligenz erarbeitet sich ihre Erfahrung genauso wie ein Mensch. Übung macht den Meister.

Anca Dragan, Forscherin an der Berkeley University, beschäftigt sich mit der Interaktion zwischen Menschen und Maschinen. Anstatt Autos ein Verhalten einzuprogrammieren, wie sie sich beispielsweise an einem in den USA häufigen Four-Way-Stop (vier Stoppschilder an einer Kreuzung) zu verhalten hätten, lässt sie sie es selbst herausfinden. Zwar weiß der Roboter, dass er an so einem Schild anhalten muss, die Herausforderung besteht aber darin zu erkennen, dass er sicher losfahren kann, ohne andere Verkehrsteilnehmer zu gefährden. Menschliche Fahrer kommen oftmals nicht zu einem vollen Halt, wie es eigentlich gesetzlich vorgeschrieben ist. Google machte folgende Erfahrung: Ein Roboterauto würde nun so lange warten, bis die anderen Fahrzeuge ganz gestoppt haben und nach einer kurzen Wartezeit losfahren. Menschliche Fahrer sehen das als Zögern und nehmen sich die Vorfahrt. Ein auf Sicherheit bedachter Roboter würde so nie zum Zug kommen.

Deshalb ließ Dragan das Fahrzeug mittels mathematischer Formeln den günstigsten Zeitpunkt errechnen, um sicher loszufahren. Dabei stellte sich heraus, dass sich das Fahrzeug neue Verhaltensweisen aneignete. Eine war, dass es einen Meter zurückschob, um anderen Fahrzeugen anzudeuten, dass es ihnen den Vorrang überlasse. Auch Google-Autos haben überraschende Verhaltensweisen an den Tag gelegt. Beim Fahrtrichtungswechsel in einer engen Straße lernen Menschen den sogenannten Three-Point-Turn, also eine Dreipunktumdrehung. Zuerst biegt der Fahrer nach vorne links, dann schiebt er nach hinten rechts, um dann nach vorne links den vollständigen Fahrtrichtungswechsel abzuschließen und geradeaus zu fahren. Das Roboterauto fand andere Wege für ein solches Drehmanöver. Es schob zuerst nach hinten oder nach rechts in eine Einfahrt. Nicht alles, was die Maschine lernt, ist dann aber auch gut. Wichtig ist, dass sie ein Verhalten zeigt, das Menschen nicht verunsichert.

Indem das Auto lernfähig bleibt, ist es besser auf neue Fahrsituationen vorbereitet und kann eine Lösung dafür finden. Was aber geschieht, wenn es in eine Situation gerät, aus der es keinen Ausweg findet? Genau das geschah bei den DARPA Grand Challenges, beim Wüstenwettbewerb für Roboterautos. Im ersten Grand Challenge blieb ein Roboterauto an einer Böschung stecken und ließ die Räder sich so lange weiterdrehen, bis sie in Flammen aufgingen.

Nissan glaubt, dass es immer zu Situationen kommen wird, bei denen ein autonomes Auto Hilfe braucht. Anstatt es selbst herausfinden zu wollen und in Gefahr zu geraten, steckenzubleiben, ruft das Auto ein Callcenter an, wo ein Mensch aus der Ferne die Situation betrachtet und das Auto heraussteuert. Das sich noch im Stealth-Modus befindende (also geheim operierende) Start-up Zoox und Toyota haben Patente eingereicht, die die Fernsteuerung von Fahrzeugen in unerwarteten Fahrsituationen beschreiben.[250]

Es gibt eine beunruhigende Tatsache, die Künstliche Intelligenz mit sich bringt. Die Forscher verstehen selbst nicht mehr ganz genau, wie die Maschine was macht und was sie genau lernt. Das zeigte sich bereits bei Google AlphaGo, dem Go-Computer, der Anfang 2016 den koreanischen Go-Champion Lee Sedol nicht nur 4 : 1 besiegte, sondern gleichzeitig deklassierte. Besonders erstaunlich war für die Beobachter die Art und Weise, wie AlphaGo spielte. Der Computer machte Züge, die menschliche Spieler noch nie zuvor gesehen hatten. Während IBMs Schachcomputer Watson noch massive Rechenpower einsetzte – die sogenannte „brute force" sprich „nackte Gewalt" –, um möglichst viele Züge im

Voraus zu berechnen und seine Gewinnchancen zu ermitteln, nutzte AlphaGo das Maschinenlernen und etwas, was wir als „Intuition" oder „Instinkt" bezeichnen würden. Go erfordert im Gegensatz zu Schach zwar nur einfache Züge, hat dafür aber viel mehr Permutationsmöglichkeiten, die man nicht mit brute force vorausberechnen kann.[251]

Mehrere Monate spielte AlphaGo zuerst gegen Fan Hui, den dreifachen Go-Europameister, und dann gegen sich selbst, um sich auf den Wettkampf vorzubereiten. Im 37. Zug des dritten Spiels gegen Lee Sedol machte die Maschine einen Zug, der nicht nur sämtliche Go-Experten verwirrte, sondern auch Lee Sedol aus der Ruhe brachte; so sehr, dass er zuerst eine fünfzehnminütige Auszeit nahm und schlussendlich die Partie aufgab. Die Wahrscheinlichkeit, dass ein menschlicher Spieler diesen Zug gemacht hätte, lag bei 1 : 10.000. Entgegen der Expertenmeinung tat ihn AlphaGo intuitiv trotzdem.

Hier trat zum ersten Mal der Effekt auf, der als „Singularität" bezeichnet wird. Maschinen werden so mächtig, dass sie uns etwas beibringen werden. Wollen Menschen einen Affen etwas lehren, können sie ihn auf eine höhere kognitive Ebene bringen, als wenn Affen von Affen lernen. Forscher haben das unter anderem mit dem Gorillaweibchen Koko demonstriert, das Zeichensprache lernte und sich einen über tausend Worte umfassenden Wortschatz aneignete.[252] Menschen werden heute von Menschen geschult. Was aber wären die Möglichkeiten, wenn uns eine höhere Intelligenz unter ihre Fittiche nähme und uns lehrte? Wir könnten auf ein uns bis dato unerreichbares kognitives Niveau gehoben werden. Genau das passiert mit fortgeschrittenen KI-Systemen. AlphaGo zeigte den menschlichen Spielern Alternativen auf, die sie bis dato nicht kannten. Fan Hui, der vor seinen Spielen gegen AlphaGo noch Platz 600 der internationalen Go-Rangliste belegte, hat sich seither auf Platz 300 vorgespielt. Auch Lee Sedol hat in den Monaten nach der Niederlage gegen AlphaGo nicht mehr verloren, sondern sogar eine neue Lust am Spielen entdeckt, weil ihm der Computer weitere Möglichkeiten aufgezeigt hatte.

Der Oxford-Philosoph Nick Bostrom berichtet in seinem Buch *Superintelligence* von mehreren Experimenten, bei denen man KI-Systemen Aufgaben stellte. Die vom System vorgeschlagenen alternativen Lösungen wurden von den Wissenschaftlern zuerst als falsch und als Systemfehler eingestuft, bis sie nach eingehender Untersuchung doch als möglich klassifiziert wurden, teilweise mit überraschenden Ansätzen.

Was einigen von uns als ungeahnte Chance erscheinen mag, ruft bei anderen Bedenken hervor. Unser Verständnis für und die Akzeptanz von Entscheidungen beruht in vielen Fällen auf der Nachvollziehbarkeit von Schlussfolgerungen. Was sind die Regeln, welche Entscheidungen werden getroffen und was führt zu welchen Endergebnissen?

Einfach gesagt: KI funktioniert ein bisschen wie „stille Post". Man flüstert dem Nachbarn etwas ins Ohr. Der Nachbar wiederum flüstert das, was er verstanden hat, dem nächsten ins Ohr, und so weiter, bis der letzte in der Reihe laut ausspricht, was er meint, gehört zu haben. Zum Vergnügen aller kommt am Ende oftmals etwas völlig anderes heraus als die Anfangsbotschaft. Mit Künstlicher Intelligenz wird das Spiel etwas komplizierter. Jedem Teilnehmer in der Reihe wird nicht nur von einer Person etwas eingeflüstert, sondern von mehreren gleichzeitig. Aus dem Gesagten muss der Empfänger Sinnvolles zusammenfügen und entscheiden, was er nun wiederum weitersagt und wem. Man erhöhe die Anzahl der beteiligten Personen auf Tausend oder gar eine Million, die sich in mehreren Linien und langen Ketten untereinander austauschen, und es wird beinahe unmöglich vorherzusagen, was am Ende dabei rauskommt.

Ein maschinell lernendes System trifft Entscheidungen aufgrund von Wahrscheinlichkeiten. Von vielen Wahrscheinlichkeiten. Jeder Knotenpunkt übt dabei einen kleinen, aber eventuell wichtigen Einfluss aus. Wie schon beim Schmetterlingseffekt in der Chaostheorie, wo der Flügelschlag eines Butterflys auf der anderen Seite des Globus einen Wirbelsturm auslösen kann, wird es für uns unverständlich, wie sich die einzelnen Knotenwahrscheinlichkeiten auf das Endresultat auswirken. Menschen fällt es schwer, das zu akzeptieren, basieren doch die ganze Wissenschaft wie auch das öffentliche Bewusstsein auf nachvollziehbaren Entscheidungen.

Wie aber reagieren wir, wenn ein autonomes Fahrzeug eine Entscheidung trifft, die wir nicht verstehen und die möglicherweise Menschen gefährdet? Ethische Fragen wie die der Trolley-Problematik (mehr dazu im entsprechenden Kapitel etwas weiter unten) können wir selbst schon schwer genug beantworten; unter Umständen erwarten wir klare Regeln und Entscheidungskriterien, um uns rechtlich abzusichern. Die

Gesetzgebung kann für vorhersehbare Fälle Vorschriften erlassen, die eindeutige Entscheidungen zulassen. Wie wir aber schon bei der entenverjagenden Rentnerin im Elektrorollstuhl gesehen haben, ist die Wirklichkeit viel komplexer und überraschender. Ein von KI gesteuertes autonomes Fahrzeug muss in jedem Fall sicher reagieren können.

Genau diese Befürchtungen hindern Automobilbauer an der zügigen Entwicklung von selbstfahrenden Fahrzeugen. Berichte von sich selbst beschleunigenden Fahrzeugen betrafen in der Vergangenheit unter anderem Audi und Toyota. Immerhin ist ein Auto die größte bewegliche und nach dem Eigenheim die zumeist zweitteuerste Anschaffung, die Menschen tätigen. Man stelle sich nun einen Zweitonner-Roboter vor, der autonom unterwegs ist und aus dem Ruder läuft. Aufgrund drohender Klagen und potenziell hoher Schadenersatzforderungen gehen die traditionellen Hersteller extrem vorsichtig vor.

Diese Philosophie deutscher Ingenieure zeigt sich in weiteren Herangehensweisen. Die Maschine, die man baut, ist bereits weitgehend erprobt und perfekt. Deshalb ist es gemäß dieser Logik nicht notwendig, Fahrzeuge mit Technologien auszustatten, die erst zu einem späteren Zeitpunkt marktreif werden und genutzt werden können. Während die Datenspeicher von Smartphones fast leer ausgeliefert werden, sind die von Autos voll. Korrektur-Updates sind gerade noch möglich, das Aufspielen neuer Funktionalität ist es aber nicht.[253] Das liegt weniger an den Kosten für freien Speicherplatz, als am Denken, dass ein App-Ökosystem zu viele neue Fragen aufwerfen und Befürchtungen auslösen würde bezüglich Sicherheit, Zuverlässigkeit, Kosten, Abrechnungssystemen und externen Entwicklern. Mit vielem davon hat man keine eigenen Erfahrungen und sieht es als zu großes Risiko mit zu geringem Nutzwert für den Hersteller.

Autos werden normalerweise als autarke Maschinen gesehen, die unabhängig von anderen zuverlässig operieren können. Jedes für sich. Autarke Systeme benötigen keine Vernetzung, sie müssen nicht mit anderen Systemen kommunizieren können. Aber auch wenn vernetzte Systeme anfänglich mehr Aufwand in der Bereitstellung erfordern, zahlen sie sich sehr rasch aus. Die Behebung eines kleinen Softwarefehlers im e-Golf wird zu einem kostspieligen Unterfangen, wenn Tausende von Einzelfahrzeugen in die Werkstätten zurückbeordert werden müssen, damit ein

Mechaniker über einen USB-Port den Softwarepatch aufspielen kann (ganz zu schweigen von der Frustration der Besitzer, die – schon wieder – in die Werkstatt müssen).

Hier „spielen" Tesla und Google nicht mehr mit. Ihre Wurzeln liegen in der Digitalbranche, wo es gang und gäbe ist, Verbesserungen und Funktionserweiterungen im Lauf der Zeit unkompliziert nachzuliefern. Das haben wir bereits bei Teslas Over-the-air-Updates gesehen. Die Überraschung und offensichtliche Begeisterung zeigten sich an unzähligen Demonstrationsvideos im Netz. Da durch die Videos und die an Tesla übermittelten Fahrdaten aber auch bedenkliche Verhaltensweisen der Besitzer wie ein eingeschlafener Fahrer oder gefährliche Situationen wie ein auf seinen Vordermann auffahrender Tesla auftraten, korrigierte das Unternehmen als Folge einige der Autopilotfunktionen oder schaltete sie ganz ab.

Für klassische Automobilhersteller stellen solche Vorgänge ein rotes Tuch dar. Zu groß ist die Angst, dass Komponenten schadhaft sind und dass Schadensersatzprozesse den Ruf und das Finanzpolster ruinieren. Was man ausliefert, muss perfekt sein. Änderungen sind kostspielig. Der Austausch eines Airbags oder Zündschlosses ist mit einem immensen logistischen Aufwand verbunden, von den Unannehmlichkeiten für die Autobesitzer gar nicht zu sprechen. So gesehen wirkt die Auslieferung von unfertiger Software wie ein Frevel. Anstelle einer Null-Fehler-Kultur wird das Testen auf den Kunden abgewälzt. Reid Hoffman, Gründer und CEO von LinkedIn, liefert dazu ein anschauliches Bild: „Du springst eine Klippe hinunter, und auf dem Weg nach unten baust du ein Flugzeug zusammen."

Teslas Einstellung und die anderer (Software-)Unternehmen darf man nicht mit Sorglosigkeit und Unbekümmertheit verwechseln. Horizontal integrierte Systeme können im Labor nicht vollständig getestet werden, wie es bei vertikal integrierten der Fall ist. Selbst wenn man es könnte, ware der Aufwand astronomisch hoch. Dafür sind sie aber unglaublich wendig. Auch erhält man sehr viel rascher direkte Rückmeldungen von den Kunden, was zu verbessern sei. In der vertikalen Integration hat ein Hersteller jedes Element unter Kontrolle. Bis alles getestet ist, können in einer schnelllebigen Welt wie der unsrigen die endlich freigegebenen Komponenten bereits maßlos veraltet sein. Man sieht am Beispiel des für die Besitzer fast unbedienbaren BMW-iDrive-Menüknopfes, dass er eine Laborentwicklung ist, die von den Ingenieuren als „perfekt" angesehen wurde, und dass hier anscheinend nie Kundenrückmeldungen eingeholt wurden.

Christoph Keese, Autor von *Silicon Germany – Wie wir die digitale Transformation schaffen*, umschreibt den Kulturunterschied zwischen digitalen und traditionellen Unternehmen wie folgt: Risikomanagement statt Fehlervermeidungen, Entdeckung statt Bewahrung, kontinuierliche Verbesserung statt Perfektion am Tag der Auslieferung.

Dass das ganze Thema nicht ganz so abstrakt ist wie gedacht und brenzlige Situationen mit KI-Systemen bereits eingetreten sind, können wir am Beispiel des Videospiels Elite Dangerous sehen. In diesem Spiel verfügte das KI-System plötzlich über eine erweiterte Funktionalität, die es ihm erlaubte, neue Fähigkeiten zu entwickeln und gezielt die Raumschiffe menschlicher Mitspieler auszulöschen.[254]

Google-Waymo-Fahrzeuge allein fahren jede Woche an die 40.000 Kilometer, und das nicht mehr nur in Kalifornien. Google testet seine Fahrzeuge in Texas, Washington und Arizona mit unterschiedlichen Straßensituationen und Witterungsbedingungen. Tesla wiederum hat seit Freischaltung der Autopilotfunktion im Oktober 2015 bereits innerhalb weniger Monate 150 Millionen Kilometer Erfahrung durch Teslabesitzer gesammelt.[255] Da alle Daten gemeldet werden, ist es dem Unternehmen möglich, Rückschlüsse aus dem Fahrverhalten der Fahrer und des Fahrzeugs zu ziehen und damit den Autopiloten kontinuierlich zu verbessern. Tesla bot der amerikanischen Verkehrsbehörde Department of Transportation (DoT) sogar den gesamten Datenbestand aller 1,2 Milliarden Kilometer an, die Teslafahrer bisher aufzeichneten.[256] Damit kann sich die DoT selbst ein Bild machen und es als Entscheidungsbasis für gesetzliche Bestimmungen zum autonomen Fahren heranziehen.

Elon Musk beschrieb in dem im Juli 2016 veröffentlichten zweiten Teil seines „Masterplans", dass er die Zulassung autonomer Fahrzeuge durch die Regulierungsbehörden dann erwarte, wenn sich erstens die Fahrsicherheit der Systeme im Vergleich zum Menschen um den Faktor 10 verbessert habe und wenn zweitens den Behörden Testsystemdaten zu zehn Milliarden Fahrkilometern vorlägen.[257] Zwischenzeitlich wurde eine intensive Diskussion über Sinn und Unsinn von Fahrerassistenzsystemen und autonomem Fahren in der breiten Öffentlichkeit angestoßen, als im Mai 2016 der Fahrer eines Model S bei eingeschaltetem Autopilot tödlich verunglückte. Der 40-jährige Joshua Brown war mit seinem Tesla im Autopilotmodus unterwegs, als ein Sattelschlepper den Highway kreuzte und der Wagen unter dem Anhänger durchkrachte. Das Autopilotsystem war nicht dafür ausgelegt, ein querstehendes Fahrzeug zu erkennen, und konnte wahrscheinlich die weiß gestrichene Seite des Lkw nicht vom Himmel dahinter unterscheiden.[258] Eine nachfolgende Untersuchung durch die NHTSA kam allerdings zu dem Schluss, dass die Schuld bei den Menschen lag. Brown wurde mehrfach vom System gewarnt und hätte gemäß Bedienungsanleitung die Kontrolle über das Fahrzeug wieder übernehmen sollen. Auch befand die NHTSA, dass das Unternehmen nicht nur keine Schuld trüge, sondern dass anhand der ausgehändigten Daten der Autopilot bereits zu einer generellen Unfallreduktion von 40 Prozent geführt habe.[259]

Die großen Automobilhersteller mit ihren Erfahrungen aus der Vergangenheit, wo sie wegen technischer Fehler zu großen Rückrufaktionen und oft auch zu Strafzahlungen verurteilt wurden, sind da gebrannte Kinder. So wollen GM und Audi Teslas Autopiloten in nichts nachstehen und kündigten für 2017 und 2018 Fahrerassistenzsysteme an, die um eine Kamera ergänzt werden, die ins Wageninnere schaut und zu eruieren versucht, ob der Fahrer auf den Straßenverkehr achtet oder abgelenkt ist. Scheint der Fahrer abgelenkt, wird er durch das System gemahnt, sich doch bitte wieder zu konzentrieren. Zusätzlich sollen diese Assistenzsysteme nur auf in den Navigationssystemen freigeschalteten Straßenabschnitten funktionieren.[260] Alles, was dazu beiträgt, die Sicherheit solcher Fahrzeuge zu erhöhen, muss willkommen geheißen werden.

Zusätzlich zu den Automobilherstellern und den mit prall gefüllten „Kriegskassen" ausgestatteten Internet-Giganten bemühen sich auch kleine Start-ups um ein Stück vom Kuchen. Diese konzentrieren sich zumeist auf Hard- und Software, die in marktübliche Fahrzeuge eingebaut werden können und dem Fahrzeug zu einem autonomen Fahrmodus verhelfen. Cruise Automation in Mountain View und Comma.ai in San Francisco sind nur zwei dieser Start-ups. Während ersteres bereits von General Motors geschluckt wurde (der Kaufpreis betrug mehr als eine Milliarde Dollar) und momentan 30 Fahrzeuge auf den Straßen testet, ist das Enfant terrible

George Hotz mit Comma.ai dabei, einen Selbstfahrbausatz zu erstellen, mit dem Fahrzeuge für einen Betrag von unter 1.000 Dollar in Selbstfahrer umgewandelt werden können.[261] Hotz, der sich bereits als 17-Jähriger mit einem Hack einen Namen gemacht hatte, der ihm die Entsperrung des iPhones ermöglichte, konnte mehrere Millionen an Risikokapital für sein Unternehmen aufstellen. Seine Herangehensweise für die Erstellung der Software: crowdgesourctes Maschinenlearning. Mittels Smartphone-App sollen Tester ihr Fahrverhalten aufzeichnen. Mit den Daten wird dann das KI-System gefüttert und in den Bausatz eingespielt. Die ersten Datensätze hat Comma.ai im Sommer 2016 veröffentlicht, um die gemeinsamen Anstrengungen zu beschleunigen.[262/263]

Solche Ansätze treiben etablierten Herstellern den Schweiß auf die Stirn. Ralf Herrtwich, ehemaliger Leiter der Fahrerassistenz- und Fahrwerksysteme bei Daimler und seit 2016 Leiter des Automotive-Bereichs von HERE, sah im individuellen Lernen der Fahrzeuge Probleme.[264]

„Wir sehen momentan noch davon ab, dass unsere Fahrzeuge selber lernen, in dem Sinne, dass sie ihre eigenen Algorithmen verändern. Es ging also um die Ebene der einzelnen Software-Entität. Das würde uns nämlich vor das Problem stellen, dass, wann immer ein Fahrzeug einen Fehler zeigt, dieser Fehler für uns kaum noch nachstellbar wird, weil uns der individuelle Kenntnisstand des Fahrzeugs fehlt. Deswegen habe ich damals gesagt, ich würde nicht davon ausgehen, dass jedes Fahrzeug individuell lernt.

Was wir uns durchaus vorstellen können, ist eine Zusammenführung der Erfahrungen aus der Flotte im Backend. Daraus könnten wir ein Training für alle Fahrzeuge entwickeln und diese zurückspielen, sodass alle Fahrzeuge mit derselben Logikstruktur fahren. Für uns ist es einfach ein wesentlicher Faktor, dass das Verhalten unserer Fahrzeuge deterministisch bleibt, wir es also nachstellen können. Wenn jedes Fahrzeug sich seinen eigenen Datenerfahrungen anpasst, verhält sich jedes

Fahrzeug leicht anders. Ich weiß, das klingt sehr
menschlich und wäre eigentlich auch cool, aber es stellt
uns vor das Problem, dass wir kaum noch absichern
können, welches Verhalten unsere Fahrzeuge anbieten
und welches nicht."

Hier stoßen mehrere Welten aufeinander. Auf der einen Seite stehen deutsche Unternehmen, die extrem vorsichtig und somit langsam vorgehen, um ihren über viele Jahre erworbenen Ruf als Hersteller sicherer Fahrzeuge nicht zu riskieren. Wenig hilfreich sind hier auch die Vorurteile gegenüber dem autonomen Fahren, die von den höchsten Konzernetagen propagiert werden.[265] Auf der anderen Seite stehen die finanziell hervorragend ausgestatteten Branchenaußenseiter Google, Tesla und Apple, die enorme Ressourcen einsetzen, aber auch kleine Start-ups wie Comma.ai. Sie wenden unkonventionelle Methoden an, die ihnen aus dem Stand die Führerschaft eingetragen haben. Hinzu kommen gleich mehrere Neueinsteiger aus China, die ebenfalls mit gewaltigen Finanzmitteln und politischer Unterstützung punkten und dem Ganzen hohe Geschwindigkeit verleihen können. Dort werden mal eben rasch Verbote für oder Strafsteuern auf Verbrennungsmotoren ausgesprochen oder Unternehmen verpflichtet, Ladestationen aufzustellen. Zu den Mitbewerbern zählen unter anderem der chinesische Google-Rivale Baidu und der Automobilhersteller Geely, der 2010 Volvo kaufte.[266]

Wie sieht es aber nun mit den Erwartungen seitens der Behörden aus? Als erstes Kriterium für die Zulassung von selbstfahrenden Autos sieht die NHTSA, dass die tödlichen Unfälle durch sie um die Hälfte reduziert werden. NHTSA-Verwaltungschef Mark Rosekind meinte dazu:[267]

„Ich möchte als Ziel eine zweifache Verbesserung
vorgeben. Wir müssen einen hohen Standard setzen,
wenn wir Sicherheit erwarten, die uns nützt und nicht
nur gerade so die Anforderungen erfüllt. Niemand fragt:
‚Wie gut ist denn gut genug?' Ich würde vorschlagen:
‚Fangen wir bei einer zweifachen Verbesserung an und
arbeiten wir uns dann weiter vor.'"

Behörden und Experten sind sich einig, dass neue Wege gefunden werden müssen, um die Sicherheit und Effizienz von autonomen Fahrzeugen zu bewerten. Und dabei wollen sie Anleihen bei der Flugzeugindustrie machen. Als gutes Beispiel soll ein Netzwerk für den anonymen Austausch von Sicherheitsdaten übernommen werden, der es Piloten, Fluglotsen etc. erlaubt, untereinander vertrauliche Informationen zu systemischen Problemen und Beinahunfällen auszutauschen, in der Hoffnung, Fehler korrigieren und künftige Unfälle vermeiden zu können.

Tatsächlich sind die Sicherheitsstandards in der Flugzeugindustrie mit Blut geschrieben. Jeder Flugzeugabsturz dient dazu, die Ursachen zu untersuchen und darauf zu reagieren. Mein Bruder, seines Zeichens Linienpilot in Österreich, war einige Zeit verantwortlich für Sicherheitsstandards. Jeder Flugzeugunfall weltweit wird in Fachzeitschriften analysiert, die Untersuchungsergebnisse leitet man an sämtliche Fluglinien weiter. Somit kann man die für die eigene Flotte relevanten Sicherheitsprobleme identifizieren und neue Standards durchsetzen. Übrigens: Aus eigener Erfahrung würde ich Ihnen nicht empfehlen, als Unbedarfter solche Berichte zu lesen. Wenn man sich einmal durch die Fachsprache durchgewühlt hat, offenbaren sie Details, die einem den Magen umdrehen können. Auch passieren Unfälle aufgrund menschlichen Versagens, bei denen man nur mit dem Kopf schütteln kann.

Ähnliches wird bei selbstfahrenden Autos zu erwarten sein. Die sukzessive Verbesserung der Fahrzeuge wird sich auf bereits vorhandene Szenarien von tödlichen Unfällen stützen. Die Analyse des tödlichen Unfalls von Joshua Brown hat bereits zu etlichen Verbesserungen des Autopiloten geführt, auch wenn die NHTSA Tesla keine Schuld am Unfall zusprach.

Nach einem Besuch bei Google wurde NHTSA-Vertretern zudem klar, dass die momentanen Vorgaben der Behörden zu kurz greifen und dass dank autonomer Fahrzeuge viel mehr zum Fahrverhalten verstanden wird.

„Als mehrere NHTSA-Vertreter eine Testfahrt neben einigen geparkten Fahrzeugen vornahmen, öffnete ein NHTSA-Mitarbeiter die Autotür, die das Fahrzeug zu einem abrupten Stopp veranlasste. Wäre dieser Zwischenfall auf einer öffentlichen Straße passiert und nicht auf dem

abgeschlossenen Parkplatz, hätten die momentanen
Vorschriften von Google gefordert, die Aktion des
Fahrzeugs als abrupten Stopp an die kalifornische
Verkehrsbehörde zu melden.

,Es wäre als abrupter Stopp bezeichnet und als
,Hoppla, harter Stopp' gegen Google verwendet worden,
statt als ,Unfall vermieden', sagte Rosekind, der dabei war.
,Wir brauchen also neue Sicherheitsvorschriften.'"[268]

Um das Lernen autonomer Systeme zu beschleunigen, werden nicht nur
Straßen in der realen Welt befahren, sondern auch jede Menge Kilometer
in Simulatoren abgespult. Auf der Detroit Auto-Show 2017 berichtete
Waymo-CEO John Krafcik, dass die Fahrzeuge 2016 eine Milliarde Mei-
len (1,6 Milliarden Kilometer) im Simulator zurückgelegt hätten. Diese
virtuellen Meilen seien extrem wertvoll für die Weiterentwicklung und
die vorherrschende Form, um das Fahrverhalten des Autos zu verbessern.[269]
   Die Simulationen werden mit den Daten realer Testfahrten gefüttert.
Im Simulator können diese dann verändert werden, um unterschiedliche
Szenarien zu testen. Hätte beispielsweise das Fahrzeug die Rentnerin im
Rollstuhl auch bei Nacht erkannt? Was, wenn ein bestimmter Sensor
ausgefallen wäre, hätten die anderen noch das komplette Bild geliefert
und richtig interpretiert? Was wäre bei Regen gewesen? Die realen Testfahrten bilden die Grundlage, um hunderte Testfälle im Simulator nach-
spielen zu können. Mit den fast 40.000 Kilometern, die wöchentlich in
der realen Welt gefahren werden, und den monatlich rund 150 Millionen
simulierten Kilometern kommt man auf bis zu 6.000 verschiedene Simu-
lationsszenarien, die aus einer realen Testfahrt resultieren können. Aus
allen lernt die Künstliche Intelligenz dahinter und baut eine immense
Datenbank und tiefe Entscheidungsbäume auf.
   Auch andere Hersteller und Forschungseinrichtungen verwenden
Simulationen, um autonome Autos zu entwickeln und zu verbessern.
Udacity bietet in seinem Onlinekurs Fahrdaten und Simulatoren an. Intel
Labs und die Universität Darmstadt verwenden Daten aus dem populä-
ren Videospiel Grand Theft Auto V, annotieren und überlagern sie mit
Daten aus der Wirklichkeit, um Trainingssimulationen für das autonome

Fahren zu schaffen. Ähnliche Ansätze probiert die University of British Columbia, Kanada.[270] László Kishonti von AImotive, einem ungarischen Start-up für Selbstfahrtechnologie, verwendete für die ersten Software-trainings ein Autorennspiel auf der Xbox-Spielekonsole von Microsoft. Die Software erhielt die Aufgabe, das Rennauto zu steuern. Anfänglich fuhr sie es immer gegen die Wand oder ließ es von der Straße abkommen, aber mit jedem Versuch lernte das Fahrzeug dazu; nach unzähligen Versuchen konnte die Software die Rennautos auf der virtuellen Strecke schnell und fehlerfrei fahren lassen.[271]

Andere Hersteller bieten ganze virtuelle Fahrsimulatoren für autonome Fahrzeuge an. Das Computer Vision Center in Barcelona beispielsweise hat eine ganze Palette an Fahrszenarien in einer Stadt erstellt.[272] In der Simulationssoftware Synthia können Forscher schnell austesten, ob ihre Software richtig auf verschiedene Situationen reagiert.[273] Während die Fahrt auf einer Autobahn relativ einfach für ein KI-System zu erlernen ist, gestalten sich Stadtszenarien und solche, die nur selten vorkommen, recht schwierig. Wie soll ein selbstfahrendes Fahrzeug auf einen Verkehrs-unfall, auf ein Einsatzfahrzeug oder auf Baufahrzeuge, die an einer Bau-stelle und auf den angrenzenden Straßen rangieren, richtig reagieren? Wie sieht dieselbe Verkehrssituation unter verschiedenen Wetterbedingungen und im Wechsel der Jahreszeiten aus? Das kann in Simulatoren besser nachgestellt und an die Vorkommenshäufigkeit angepasst werden, sodass das KI-System entsprechend oft damit konfrontiert wird und daraus lernt.

Auch unerwartete Effekte können auftreten, wenn Verkehrsregeln gebrochen werden müssen oder gewisse Fahrweisen Einfluss auf das Wohl-befinden der Passagier ausüben. Ein am Straßenrand geparktes Fahrzeug, das in die Fahrbahn hineinragt, oder ein Müllfahrzeug, das die Fahrbahn blockiert, kann ein selbstfahrendes Auto verwirren. Soll es warten, bis das andere Fahrzeug die Fahrbahn wieder freigibt, oder doch die doppelte Sperrlinie überfahren und dem Hindernis ausweichen? Menschliche Fah-rer erkennen sehr rasch, ob das Hindernis dort noch länger stehen wird, und werden entsprechend reagieren. Ein autonomes Fahrzeug muss genauso handeln können.

Wie soll mit Schlaglöchern umgegangen werden? Erkennt sie das Fahr-zeug, soll es gegebenenfalls unbekümmert durchfahren und die Passagiere durchschütteln oder ihnen doch lieber ausweichen? Was, wenn die Straße mit Schlaglöchern übersät ist?

Diese Vielfalt an Möglichkeiten im realen Leben stellen KI-Systeme und das Maschinenlernen vor große Herausforderungen. Es gibt genug zu tun und dafür braucht man Mitarbeiter mit entsprechendem Know-how. Doch wegen der breit aufgestellten Anwendungsmöglichkeiten von Künstlicher Intelligenz sind solche Experten und Forscher heiß begehrt. Wir erleben ein regelrechtes Wettbieten um Talente. Carnegie Mellons Abteilung für Robotikforschung verlor 2015 auf einen Schlag mehr als drei Dutzend Experten, als Uber ihnen ein Angebot machte, das sie nicht ablehnen konnten.[274]

Als im August 2016 der Fahrdienstleister Uber das gerade mal acht Monate alte Start-up Ot.to für überlieferte 700 Millionen Dollar kaufte, kam damit umgerechnet der Preis für jeden Mitarbeiter des Unternehmens auf 7,5 Millionen Dollar. Intel war bereit, mit dem Kauf von Mobileye für jeden Mitarbeiter 25 Millionen Dollar auf den Tisch zu legen, insgesamt 15,3 Milliarden Dollar. Ford investiert eine Milliarde Dollar in das Start-up Argo.ai. Das sind die Summen, die Unternehmen heute bereit sind zu zahlen, um Ingenieure für die Entwicklung des autonomen Fahrens zu bekommen, und die Jahresgehälter scheinen ebenfalls astronomisch; die für Selbstfahringenieure liegen zwischen 232.000 und 405.000 Dollar, im Schnitt bei 295.000 Dollar. Google bietet 283.000 Dollar, ohne dass dabei der Startbonus von 30.000 Dollar und andere Benefits mit eingerechnet sind, und ist unter Umständen sogar bereit, 348.000 Dollar pro Jahr zu zahlen.[275]

Fächer, die noch nicht an Hochschulen angeboten werden, unterrichtet man online. Die von Sebastian Thrun gegründete Online Lernplattform Udacity bietet seit Ende 2016 einen sogenannten Nanodegree als Ingenieursabschluss für die Programmierung selbstfahrender Fahrzeuge an.[276] Und dieser Kurs hat es in sich. Was relativ einfach mit dem Erkennen von Fahrbahnmarkierungen beginnt, weitet sich rasch zu Deep Learning und Neuronalen Netzwerken aus, zu TensorFlow, zur Klassifizierung von Straßenschildern und Erkennung anderer Fahrzeuge, zum Übertragen menschlicher Verhaltensweisen auf Roboter und zu Entscheidungsbäumen. Und das ist nur der erste Teil des dreiteiligen Kurses.

Die ersten Studenten starteten im Oktober 2016, doch jeden Monat kamen hundert weitere aus aller Welt hinzu. Aus meiner eigenen Erfahrung als Teilnehmer weiß ich, wie aufwendig dieser Kurs ist. Kenntnisse in mehreren Programmiersprachen und der Umgang mit großen Datenmengen werden ebenso vorausgesetzt wie auch die benötigte Computerhardware für Berechnungen. Die meisten Kursteilnehmer wenden locker 30 Stunden pro Woche auf, um die entsprechenden Aufgaben zu lösen.

Um mit dem neuen Trends mithalten zu können, gehen etliche traditionelle Hersteller Partnerschaften mit Start-ups und Mitbewerbern ein, investieren oder kaufen gleich ganz auf. So hat General Motors 500 Millionen Dollar in Lyft investiert.[277] Fiat wiederum stellt Google 100 Fahrzeuge zur Verfügung.[278] Volkswagen hat in Gett investiert, Apple Milliarden in Didi Chuxing gesteckt. Und die deutschen Hersteller kauften Nokia den Landkartenservice HERE ab.[279]

Das Trolley-Problem: Wie lösen „Selbstfahrer" ethische Probleme?

Wann immer sich die Diskussion um selbstfahrende Fahrzeuge dreht, stellt sich meist früher als später die Frage nach der Schuld bei Unfällen und wie denn die Software bei einem unvermeidbaren ethischen Konflikt entscheide, wer überfahren oder getötet werden soll.

Matthias Müller, seines Zeichens ehemaliger Vorstandschef von Porsche und jetziger von Volkswagen, wurde dazu im *auto motor und sport*-Magazin zitiert. „Ich frage mich immer", sagte er, „wie ein Programmierer mit seiner Arbeit entscheiden können soll, ob ein autonom fahrendes Auto im Zweifelsfall nach rechts in den Lkw schießt oder nach links in einen Kleinwagen."

Die gleiche Frage wurde in der Ausgabe des *Spiegel* vom Januar 2016 gestellt. Headline: „Lotterie des Sterbens."[280]

„Eines Tages wird es geschehen, so oder ähnlich:
Ein selbstfahrendes Auto saust übers Land, der Computer lenkt. Der Fahrer hat es gemütlich, er liest Zeitung.

Da hüpfen drei Kinder auf die Straße, links und rechts
stehen Bäume. In diesem Augenblick muss der
Computer entscheiden. Wird er das Richtige tun?
Drei Menschenleben hängen davon ab."

Genau! Wer wird beziehungsweise wer muss sterben? Sehen wir uns diese
Frage und das entsprechende ethische Problem einmal genauer an und
analysieren zudem, was es über den Fragestellenden selbst aussagt. Nämlich: Er weiß entweder sehr wenig über selbstfahrende Fahrzeuge und
Unfallstatistiken, oder er kennt die Fakten und meint es mit seiner Frage
nicht aufrichtig.

Deshalb zuallererst ein paar Gegenfragen:

1. Fahren Sie selbst Auto?
2. Wenn ja, wie lange schon?
3. Wenn Sie beide 1. und 2. mit „ja" und „seit mehreren Jahren oder
   Jahrzehnten" beantwortet haben: Haben Sie schon einmal die Entscheidung treffen müssen, mit Ihrem Auto einen Menschen zu töten?
   Wie oft haben Sie selbst als Autofahrer vor diesem Dilemma gestan-
   den? Kennen Sie irgendjemanden, der bereits vor dem Konflikt
   stand, entweder Personen zu überfahren oder sich selbst gegen einen
   Baum zu setzen?
4. Wem vertrauen Sie mehr, die richtige – sofern das überhaupt möglich ist – Entscheidung zu treffen? Einem Fahrer, der solch eine
   ethische Entscheidung in Sekundenbruchteilen treffen soll, oder
   einem Softwareentwickler, der Stunden, Tage, Wochen oder Monate
   dieser Frage nachgehen und Algorithmen ausarbeiten konnte?
5. Wussten Sie, dass nicht der Programmierer letztendlich die Entscheidung trifft, sondern das Auto, das sich durch Maschinenlernen und
   menschliche Hilfe solch eine Entscheidung selbst beigebracht hat?

Solch ein Dilemma tritt tatsächlich so selten auf, dass es eine reine Hypothese für die meisten von uns darstellt. Das sogenannte „Trolley-Problem"
(auch „Utilitarismus" genannt) wird aber regelmäßig von Kritikern und
Besorgten als Beispiel angeführt und als Argument gegen diese „unausgereifte Technologie" verwendet. Vielleicht ist Ihnen auch Schirachs Buch

und Theaterstück *Terror* ein Begriff. Seit Jahrzehnten spielen Forscher verschiedenste Varianten durch, um ethische Konflikte aufzuzeigen und Verhaltensmuster zu erkennen.[281]

Das ursprüngliche Trolley-Problem setzt sich mit folgender Problemstellung auseinander: Ein Waggon rollt ungebremst eine Strecke hinab, an deren Ende sich mehrere Arbeiter aufhalten. Diese können aus der Position des Befragten nicht rechtzeitig gewarnt werden. Allerdings hat man einen Weichenschalter vor sich, der es erlauben würde, den Waggon von den Arbeitern weg auf ein anderes Gleis zu lenken. Leider befindet sich auf der anderen Strecke auch eine Person. Die Frage lautet: Würde man die Weiche umschalten und damit riskieren, nur einen Menschen umzubringen, oder nicht reagieren und damit vermutlich mehrere Menschen töten?

Sicherlich eine intellektuell stimulierende und ethisch interessante Fragestellung, die aber in der Praxis (fast) nie vorkommen wird. Heute geschehen eher Unfälle an Bahnübergängen, wenn Menschen Gleise überqueren, obwohl alle Warnlichter blinken oder die Schranken geschlossen sind, oder wenn der Zugführer unaufmerksam war. Diese Szenarien sind relevanter, weil sie öfter auftreten und mehr Menschen dabei zu Schaden kommen, aber ich greife voraus.

Beim Utilitarismus wird eine Handlung nach ihrem größten Nutzen für die Gesellschaft bewertet, auch wenn es grausam klingt. Ist es beispielsweise von größerem Nutzen für die Gesellschaft, wenn das Auto die Großmutter überfährt und nicht das Kleinkind? Utilitaristisch betrachtet könnte man so argumentieren, dass eine Seniorin den Großteil ihres Lebens bereits hinter sich hat und nur mehr die Gesellschaft „belastet", während Junior sein Leben noch vor sich sieht und vieles für die Allgemeinheit leisten kann. Aber stimmt das auch? Was, wenn das Kleinkind frühzeitig schwer erkrankt und nur Krankenhauskosten verursacht, während die Großmutter gerade dabei ist, ihren ersten Bestseller zu veröffentlichen? Wie sollen wir, wie soll das Auto das wissen, zumal in einer Situation, die keine andere Option erlaubt?

Varianten des Trolley-Problems experimentieren mit der Verfügbarkeit von anderen Objekten oder Personen, die einen direkten oder indirekten Eingriff erlauben. Da gibt es einen dicken Mann, den man bewusst vor den Waggon schubsen könnte, um das Unglück zu verhindern, oder eine Stange, über die man den dicken Mann unabsichtlich stolpern lässt, damit er vor den Waggon stürzt und ihn abbremst. Variante 1 wird von den Probanden abgelehnt, man will nicht direkt schuld sein. Variante 2 ist akzeptabler, weil man durch die Stange zumindest eine Stufe von der eigenen Aktion getrennt ist. Nicht ich, sondern die Stange war es, die den dicken Mann ins Spiel gebracht hat. Einmal ist man direkt verantwortlich, das andere Mal nur indirekt. Das eine Mal tötet man selbst, das andere Mal lässt man sterben. Das Resultat ist jedoch in beiden Fällen das gleiche: Der dicke Mann stürzt vor den Waggon.

Und das bringt uns dem moralischen Dilemma etwas näher. Die Anwendung des Trolley-Problems auf autonome Fahrzeuge unterschlägt uns zumeist den Kontext. Es ist hypothetisch und künstlich, von Forschern entwickelt, um möglichst viele Parameter konstant zu halten. Es erlaubt keine dritte Alternative, kein Erkennen einer Alternative. Wir unterschlagen beispielsweise, dass autonome Fahrzeuge jederzeit eine 360-Grad-Sicht der Umgebung beibehalten, dank der Kombination von Lidar, Radar und Kamerasensoren 200 bis 300 Meter weit sehen und somit schneller reagieren können als ein Mensch.

Es gibt immer eine weitere Option, wie wir schon beim Go-Spiel gesehen haben. Und wie auch schon Captain Kirk in einer Folge von *Raumschiff Enterprise* bewiesen hat. Das von Spock entwickelte Programm für die Prüfung an der Sternenflottenakademie stellte die Prüflinge vor Entscheidungen, an denen sie nur scheitern konnten. Kirk hackte sich ins System des Trainingssimulators, um die Parameter zu ändern, und wurde so zum einzigen Kandidaten, der je die Aufgaben lösen konnte. Aber hier schweift ein Star-Trek-Fan ab …

Selbst wenn wir theoretisch eine (moralische) Entscheidung durchdenken, ist das keine Garantie, dass wir uns im Moment der Wahrheit wirklich so entscheiden.[282] Was aber, wenn wir realisieren, dass ohne unser Zutun unser eigenes Leben geopfert wird, um das anderer zu schützen? Soll ein autonomes Fahrzeug seine Passagiere gefährden, um Fußgänger zu retten?

Chris Urmson, der ehemalige Leiter der Google-X-Selbstfahrtechnologiegruppe, sagte dazu, dass Google sein Auto mit einem sehr defensiven Fahrverhalten ausgestattet habe und eine Art Rangliste führe, auf wen und was es mit besonderer Priorität achten solle. So versucht das autonome Auto zuallererst, die verletzlichsten Teilnehmer im Straßenverkehr zu schützen, und das sind Fußgänger und Radfahrer. Dann folgen größere bewegliche Objekte wie beispielsweise andere Autos und Lastwagen. Und dann erst stehende Objekte.[283]

Viele dieser Verhaltensweisen müssen vom Fahrzeug selbst erfahren werden. Hier liegt eines der Missverständnisse, denen wir aufsitzen. Nicht der Ingenieur trifft die Entscheidung und programmiert das System entsprechend, das System trifft sie selbst aus dem Maschinengelernten heraus. Die Ingenieure geben dem Fahrzeug anfänglich ein Regelwerk mit, helfen dem System bei Situationen, mit denen es Schwierigkeiten hat, aber mit den millionenfach gefahrenen Kilometern baut sich die Künstliche Intelligenz dann selbst ein Verhalten auf.

Google hat es am Beispiel von Katzenbildern plausibel gemacht. Natürlich kann ein Programmierer versuchen, alle Kriterien einer Katze in einem Softwareprogramm zu definieren. Woran erkennt man auf dem Foto, dass es sich um eine Katze handelt? Am Fell, an der Zeichnung, den Augen, den Ohren, den Pfoten, der Nase, den Zähnen. Wie beschreibt man aber dem Computer eine Pfote? Mit Krallen oder ohne? Sieht man die Pfote von oben oder unten, von der Seite, ausgestreckt, eingezogen oder gar nicht? Und schon geht es los. Es gibt zu viele Dinge, die im Algorithmus beschrieben werden müssen, und selbst das garantiert nicht, dass der Computer die Katze erkennt. Stattdessen gibt der Programmierer einige Rahmenbedingungen vor und lässt das System eine Million oder mehr Katzenbilder „ansehen". Anfänglich wird der Computer sehr schlecht abschneiden. Er wird die Katzen nicht erkennen oder etwas fälschlicherweise als Katze deklarieren. Da muss der Mensch ran. Er überprüft, was und wie das System lernt, ändert den Algorithmus, fügt Kriterien und Parameter hinzu. Im Lauf der die Zeit erkennt das System immer besser, ob auf dem Foto eine Katze zu sehen ist. Jedes weitere Bild erhöht die Trefferquote.

Genauso gehen die Entwickler von selbstfahrenden Autos vor. Sie geben Algorithmen und Regeln als Rahmenbedingungen ein. Dann lassen sie das Auto fahren, zuerst im Simulator, um die gröbsten Fehler zu sehen, dann beginnen sie mit vorsichtigen ersten Fahrten in der realen Welt. Dabei macht die Maschine jede Menge Fehler. Diese Situationen werden wiederum in den Simulator eingespielt und wiederholt, Parameter werden geändert und neue Szenarien hinzugefügt; Wiederholung folgt auf Wiederholung. Langsam tastet sich dabei die Maschine an immer komplexere Verkehrssituationen heran, lernt aus ihnen und wird sukzessive besser. So wie der AlphaGo-Computer sein Go-Spiel so lange verfeinerte, bis er den Go-Champion übertrumpfte, lernt das Auto (und mit ihm lernen es zugleich alle anderen Autos seines Schlags), immer besser zu fahren, bis es irgendwann den durchschnittlichen menschlichen Autofahrer übertrifft.

Sieht man sich Verkehrsunfallstatistiken mit Personenkraftwagen an, erkennt man, dass vor allem menschliche Fehler, nämlich 94 Prozent, die Hauptursache für Unfälle sind. Der entstandene wirtschaftliche Schaden beträgt weltweit 500 Milliarden Dollar.[284] Von schätzungsweise 3.400 Verkehrstoten in Deutschland pro Jahr sind es gerade mal 200, die durch technisches Versagen oder Ähnliches verunglückten.

Dabei nimmt man an, dass in den USA zwischen 55 und 80 Prozent der Unfälle gar nicht gemeldet werden.[285] Die Hälfte der Unfallopfer in westlichen Ländern sind tatsächlich Fahrer und Beifahrer, während die „Quote" in Ländern wie Kenia oder Indien nur zwischen fünf und zehn Prozent liegt. Mehr als 80 Prozent der Verkehrsopfer dort sind Fußgänger, Radfahrer und Motorradfahrer.[286] Indien weist generell die katastrophalsten Statistiken im Straßenverkehr auf. Hier sterben 400 Menschen täglich, pro Jahr somit über 140.000.[287] Und mehr als 11.000 Menschen jährlich sterben dort nur aufgrund von oftmals miserabel installierten Bremsschwellen, die Unfälle eigentlich verhindern sollten.[288]

Die meisten Unfälle in den USA geschehen samstags und sonntags zwischen Mitternacht und drei Uhr früh. Dabei sterben mehr Menschen als an anderen Tagen zur selben Nachtzeit.[289] In Europa ist die Anzahl der Verkehrsopfer ungleich verteilt. Russland allein zeichnet für zwei Drittel aller europäischen Verkehrstoten verantwortlich.[290] Unfälle sind dabei auch ein Ergebnis von Korruption. Polizisten und andere für die Verkehrssicherheit Verantwortliche schauen nur zu gern weg, wenn der Preis stimmt. Das hat in Mexico City zu einer drastischen Maßnahme geführt. 2007 wurde der letzte männliche Verkehrspolizist abgezogen und durch einen weiblichen ersetzt.[291] Die Unfallzahlen gingen zurück, gleichzeitig stieg die Anzahl der ausgestellten Strafzettel um 300 Prozent.

Eine alternative Methode, Unfälle zu reduzieren, ist die „Freundinnen-methode" (the „girlfriend effect"). Speziell bei jungen Männern wirken weibliche Passagiere als Korrektiv. Sie üben einen beruhigenden Einfluss auf die männlichen Fahrer aus und bewegen sie damit zu einer vorsich-tigeren und langsameren Fahrweise. Die israelischen Streitkräfte IDF machen sich dies zunutze, indem sie heimkehrenden Soldaten geschulte Kameradinnen für den Nachhauseweg zuweisen und diese somit zu „Schutzengeln" abkommandieren.[292]

All diese Fakten sind echt und eben keine Hypothesen. Viele Menschen sterben heute auf den Straßen durch Verkehrsunfälle, und das vor allem durch menschliches Versagen. Letztendlich treibt uns doch vor allem auch hier die Frage um: Wer ist schuld an einem Unfall? Wer kommt für den Schaden auf, wer zahlt Schmerzensgeld an die Geschädigten? Die Schuldfrage bei Fahrzeugen aber tritt bereits in den Hintergrund. Volvo hat schon 2015 angekündigt, dass das Unternehmen für Unfälle, die von seinen autonomen Fahrzeugen verursachten würden, einstehe.[293] Anders Kärrberg, Volvo-Vizepräsident und zuständig für Regulierungsangele-genheiten, meinte dazu:[294]

> „Autobauer sollten die Verantwortung für jedes System
> im Auto übernehmen. Deshalb haben wir angekündigt,
> dass bei einer Fehlfunktion eines unserer autonomen
> Fahrzeuge wir die Schuld übernehmen werden."

Man kann sich das wie bei einem anderen zivilrechtlichen Fall vorstellen: der Scheidung. Bis 1976 war eine Scheidung nur nach Bestimmung der Schuldfrage möglich, um die Unterhaltspflicht eines Ehegatten für den anderen regeln zu können. Seit 1976 ist eine Eheauflösung auch ohne Klärung der Schuldfrage möglich.

Das könnte ein Modell für selbstfahrende Autos werden. Der Flotten-betreiber oder Hersteller eines solchen Vehikels wäre dann automatisch verantwortlich. Mit der erwarteten niedrigen Unfallhäufigkeit könnten zu Schaden gekommene Personen rascher entschädigt werden. Sensor-daten würden die Abwicklung noch vor Ort ermöglichen, Versicherungen noch am Unfallort die Schadenssumme überweisen.

Um noch einmal zur Ausgangssituation zurückzukehren: Wie viele Unfallszenarien konfrontieren uns nun wirklich mit dem im *Spiegel* angeführten ethischen Dilemma? So gut wie keine. Warum also ist diese Fragestellung so populär und wird derart aufgeblasen? Brad Templeton, Technologie-Experte und ehemaliger Berater im Google-X-Self-Driving-Car-Projekt, hat ausführlich dazu Stellung genommen und macht deutlich, welche Fragen man eigentlich stellen solle, wenn man es ehrlich mit den Möglichkeiten dieser neuen Technologie meine.[295]

Wenn es um Roboter geht, sind wir katholischer als der Papst. Robotern gestehen wir unethisches Verhalten einfach nicht zu, sie müssen perfekt sein, bei anderen Menschen akzeptieren wir es mit Zähneknirschen, bei uns selbst rationalisieren wir es einfach weg.[296] Verhaltensforscher wie Dan Ariely von der Duke University erforschen menschliche Verhaltensweisen, insbesondere irrationale wie das Schummeln. Welche Randbedingungen lassen Probanden Entscheidungen treffen, die weniger ethisch sind?[297]

Menschen sehen Roboter als künstlich geschaffene Maschinen an, die von Ingenieuren hinreichend getestet und fehlerfrei programmiert werden sollten. Dieser Ansatz bewahrte bei einer mechanistischen Betrachtung der Welt lange seine Gültigkeit. Mit Künstlicher Intelligenz und neuronalen Netzen nähern sich Roboter jedoch den Menschen an. Sie lernen (wie Menschen), sie müssen Erfahrungen sammeln (wie Menschen) und sie treffen Entscheidungen auf eine Art, die wie menschliche Intuition aussieht. Den einen Zug, den AlphaGo tätigte und der die Go-Welt so in Aufruhr versetzte, hielten Go-Experten für Spielinstinkt.

Das Aufwerfen ethischer Fragen könnte daher auch in eine andere Richtung gehen. Als was sind Roboter und somit autonome Fahrzeuge zu betrachten? Sollten sie zu eigenen rechtlichen Personen ernannt werden? Gestehen wir ihnen zu, dass sie Fehler machen und Frustration zeigen dürfen, dass sie Rechte gegenüber Menschen haben und bestraft werden können? Das Europäische Parlament denkt genau das. In einem Entwurf zum Zivilrecht werden ganz konkret Vorschläge unterbreitet, wie Roboter eingestuft werden sollten, nämlich als rechtliche Personen mit allen Rechten und Pflichten.[298]

Da wir uns mit Robotern auf einem neuen Territorium bewegen, könnten bestehende Gesetze unzureichend sein. „Nullum crimen sine lege"

– kein Verbrechen ohne Gesetz. Dort, wo Gesetze fehlen, kommt die Ethik ins Spiel. Idealerweise würden Gesetze, Moral und Ethik konvergieren, die Wirklichkeit sieht wie immer anders aus. Was ist die „richtige" Entscheidung und warum? So interessant diese Frage ist, so wenig trägt sie dazu bei, sich mit dem positiven Potenzial selbstfahrender Fahrzeuge auseinanderzusetzen: weniger Verkehrsunfälle, größere Mobilität bisher benachteiligter Personengruppen, weniger Fahrzeuge auf den Straßen und damit eine Reduktion der Verkehrsinfrastruktur.

Doch wir wittern erst einmal die Gefahren, die von neuen Technologien ausgehen. Die Tendenz der Medien, vorrangig negative Aspekte und potenzielle Gefahren herauszustellen, hat durchaus System. Eine von mir betreute Facebook-Seite mit einer Sammlung von Artikeln und Argumenten aus der deutschsprachigen Presse zeigt eindrücklich, wie Gefahren und Risiken hochgespielt werden.[299] Das Spiel mit der Angst verkauft sich besser, schafft mehr Klicks und bringt mehr Werbeeinnahmen, wirkt sich aber langfristig verheerend auf einen objektiven und ehrlichen Umgang mit neuen Entwicklungen aus.

In einem Artikel auf *Spiegel Online* zum Thema Künstliche Intelligenz wurde beispielsweise der Experte einleitend gefragt, ob wir uns denn fürchten müssten, dass KI uns an den Kragen wolle.[300] KI-Forscher Jürgen Schmidhuber nannte das Kind gleich beim Namen:

> „Ich merke schon, Sie wollen mit mir heute nicht darüber reden, wie unsere KIs und künstlichen neuronalen Netze aktuell bereits Milliarden Menschen helfen können, etwa durch klügere Smartphones und automatische Krebsfrüherkennung; Sie interessieren sich mehr für mögliche Gefahren der ferneren Zukunft."

Und genau das macht Deutschland so zu schaffen. Wir selbst blockieren uns, indem wir bei neuen Technologien vor allem die Gefahren, nicht aber die Potenziale diskutieren. Oft stellt sich heraus, dass Risiken gar nicht mehr relevant sind, weil die Idee schon längst anders umgesetzt wird. Als Kritiker/Warner/Negativler erscheinen wir intelligenter als die Idealisten, welche die Welt mit ihrer Kreativität verändern wollen.

Harvard-Professorin Teresa Amabile hat diese Denkungsart in Experimenten erforscht und belegt. Sie legte Studenten zwei Buchrezensionen vor. Eine war eher wohlwollend formuliert, die andere kritisch. Anschließend sollten die Studenten die Intelligenz der Rezensenten einschätzen. Die Studenten bewerteten die Intelligenz des Verfassers der kritischen Rezension höher. Was die Studenten aber nicht wussten: Beide Buchkritiken waren von Amabile selbst verfasst worden.[301] Amabile musste sich also fragen, wer denn nun intelligenter sei – sie selbst oder sie selbst?

Selbstverständlich müssen solche Fälle wie das Trolley-Problem durchdacht und in entsprechende Maßnahmen umgesetzt werden. Sie aber zum heute vordringlichen Hauptargument gegen selbstfahrende Autos zu verwenden ist gefährlich und verantwortungslos. Eine solche Diskussion wird zumeist aus wenig aufrichtigen Motiven angestoßen.

Die wirklich wichtigen Diskussionen sollten sich vielmehr beispielsweise um die Frage drehen, welchen Abstand ein autonomes Auto beim Vorbeifahren an einem Radfahrer einhalten sollte. Ist es unfall- und verkehrstechnisch zu vertreten, einen Radfahrer nur im Abstand von zweieinhalb Metern zu passieren, obwohl dann die Unfallwahrscheinlichkeit höher wäre als bei einem Abstand von drei Metern? Oder kann man bei größerem Abstand hinnehmen, dass der Verkehrsfluss ins Stocken geraten könnte, weil das Auto leicht auf die Gegenfahrbahn ausweichen müsste?

Ein solches Experiment könnte schon an der (Nicht-)Genehmigung durch eine Ethik-Kommission scheitern, welche Menschen vor Schaden bewahren will. Ein Ingenieur kann nicht so einfach die „richtigen" Einstellungen einprogrammieren. Straßenbreiten, Verkehrsbedingungen, Hindernisse oder das Wetter könnten den vorgeschriebenen Abstand unmöglich machen. Ein Mensch ist nicht in der Lage, alle möglichen Kombinationen vorherzusehen, sodass die Maschine im Endeffekt selbst in der Lage sein muss, eine sichere Kombination von Abstand, Geschwindigkeit, Vorbei- und Hinterherfahren zu finden oder sich fürs Stehenbleiben zu entscheiden.

Das Radfahrerbeispiel ist natürlich viel weniger „sexy" als das Trolley-Problem, aber es tritt bei Weitem häufiger auf und ist somit viel wichtiger. Apropos Ethik-Kommission: Diese gibt es tatsächlich für automatisiertes Fahren in Deutschland. Und sie legte im Juni 2017 ihren Bericht vor. Wohlgemerkt: Bevor es überhaupt praktikable Gesetze zum autonomen Fahren gibt, ist Deutschland bereits von den ethischen Problemen tief vereinnahmt. Dankenswerterweise tappte die Kommission, die sich unter anderem aus Vertretern von Industrie, Universitäten, Religion und Regulierungsbehörden zusammensetzt, nicht in die Falle des Trolley-Problems, sondern sieht sehr wohl die positiven Auswirkungen einer funktionierenden zukünftigen Selbstfahrtechnologie. In den USA denkt die Politik gleich in Richtung Fortschritt. Dort beschäftigen sich die Senatoren mit prinzipiellen Maßnahmen, wie man autonomes Fahren möglichst rasch ermöglichen könnte und dennoch Sicherheit gewährleistet.

Nach Auswertung der Unfallstatistiken ist das ultimative ethische Problem, das wir diskutieren sollten, ob wir Menschen das Steuern von Fahrzeugen nicht ganz verbieten. Es sind vor allem Menschen, die Unfälle verursachen; diese Situation weiterhin bestehen zu lassen, wenn uns eine bessere Technologie zur Verfügung steht, ist ethisch einfach nicht vertretbar. Jeder, der sich dagegen sträubt und die vermeintliche Kontrolle nicht abgeben will, sollte mit den Hinterbliebenen von Unfallopfern über das Thema „Kontrollverlust" sprechen.

Zumindest um einen (unfreiwilligen) Verkehrsteilnehmer kümmern sich die Entwickler von autonomen Autos schon heute, und, nein, es sind nicht die Straßenarbeiter im Trolley-Problem. In Australien wurden neuronale Netzwerke für das autonome Fahren entwickelt, die helfen sollen, Kängurus zu erkennen und zu vermeiden.[302] Hühüpf!

Immer die Fehler der anderen

Die größte Herausforderung für autonome Fahrzeuge stellen heute nicht so sehr Verkehrsregeln oder schlechte Straßenmarkierungen dar, sondern Fehler und Regelverstöße, die andere Verkehrsteilnehmer begehen: Fahrzeuge, die plötzlich noch die Straße queren, obwohl die Ampel bereits auf Rot schaltete; Radfahrer, die entgegen der Verkehrsrichtung fahren; Autos, die ohne Blinksignal spontan die Spur wechseln. Diese Liste ließe sich beliebig fortsetzen. Menschen verhalten sich irrational. Wäre das nicht so, hätten wir schon längst autonome Fahrzeuge und die Welt wäre einfacher – vermutlich weniger spannend, dafür aber sicherer.

Eine Studie der britischen Verkehrsbehörden erwartet deshalb auch eine Verschlechterung der Verkehrssituation in der Übergangszeit, wenn selbstfahrende und manuell gesteuerte Autos gleichzeitig die Straßen (un)sicher machen.[303] Und das hat mit der Verhaltensweise autonomer Fahrzeuge zu tun: Die einen sind begeistert, die anderen außer sich vor Wut. Als Fußgänger wünsche ich mir ein Roboterauto, das vorsichtig und defensiv fährt und zuvorkommend und höflich zu mir ist. Als dessen Fahrer will ich, dass es gefälligst einen schnelleren Gang einschiebt, weil ich es eilig habe.

Gerade weil sich autonome Fahrzeuge in der ersten Phase der Einführung noch besonders vorsichtig im Straßenraum bewegen werden, erwarten die britischen Verkehrsbehörden auch einen Anstieg der Verkehrsverzögerungen um 0,9 Prozent. Da die Umgebung das Fahrverhalten selbstfahrender Autos beeinflusst, wird der Anteil an Roboterautos am Verkehrsgeschehen also erst ab einer kritischen Masse von 50 bis 75 Prozent zu den erhofften Effizienzsteigerungen im Verkehr führen. Mit anderen Worten: Zunächst wird es mehr Staus geben. Es muss also im Interesse der Verkehrsplaner liegen, die Übergangszeit möglichst kurz zu halten. Das kann beispielsweise durch die Schritt-für-Schritt-Umstellung in Stadtteilen geschehen, wo definierten Fahrzeuggruppen die Durchfahrt verboten, autonomen Autos aber erlaubt wird.

Menschliches Arschloch oder Google-Terminator? Regelüberschreitungen und andere (Schönheits-)Delikte

Stellen Sie sich vor, Sie stehen vor einem Fußgängerübergang und ein schwarzer Sportwagen hält an. Der Fahrer lässt den Motor aufheulen. Was denken Sie sich? Na klar, da sitzt ein Arschloch am Steuer. Handelt es sich aber um ein autonomes Fahrzeug, kommt uns als erstes „Terminator" in den Sinn und uns wird mulmig zumute. Daher weisen Mitarbeiter bei Google-Waymo darauf hin, wie wichtig das Design für die Akzeptanz selbstfahrender Fahrzeuge sei. Die eher niedlich (und zugegebenermaßen hässlich) aussehenden Koala-Autos, die Google testet, sollen ungefährlich wirken und sich freundlich und zuvorkommend verhalten, damit die Bereitschaft, sie zu verwenden, steigt.

Hier beginnen wir zu verstehen, wie wichtig es ist, dass Roboter – und autonome Fahrzeuge zählen dazu – Verhaltensweisen zeigen, die Vertrauen erwecken. Ein Teil hängt dabei auch vom Aussehen ab. Helen Greiner, Mitgründerin von iRobot, schilderte die ersten Reaktionen von Testkunden auf einen Staubsaugerroboter-Prototypen.[304] Zuerst lehnten die Kunden so etwas entsetzt ab. Sie stellten sich einen humanoiden Roboter mit einem Staubsauger in der Hand vor. Als Helen ihnen dann den Roomba präsentierte, der wie ein etwas überdimensioniertes Frisbee aussieht, konnten sich plötzlich alle vorstellen, ihn zu verwenden. Der harmlos aussehende Roomba bekommt von seinen Besitzern sogar Spitznamen, ja, ganze Shops sind auf Kleidung für ihn spezialisiert. Sie haben richtig gelesen, Kleidung für einen Staubsaugerroboter. Weil er derart unbeholfen und niedlich wirkt, neigt man dazu, ihn zu „vermenschlichen". Helen Greiner berichtete auch von Kunden, die sich weigerten, ihre defekten Roombas einzuschicken, um sie reparieren zu lassen, und stattdessen erwarteten, dass eine Ambulanz käme, um sie abzuholen.

Selbst militärische Roboter werden von ihren Soldaten nicht einfach in der „Joint Robotics Repair Facility" (offizieller Begriff) repariert, sondern ins „Robo-Hospital" (Kosename) geschickt. Die Soldaten erwiesen Robotern, die nicht mehr repariert werden konnten, sogar militärische Ehren mitsamt Salutschüssen bei einem offiziellen „Begräbnis". Verrückt, oder?

Damit wird deutlich, dass sich die schicken Designs traditioneller Automobile ändern müssen. Nicht mehr Stromlinienform und protzige Elemente werden gefragt sein, sondern Freundlichkeit und Harmlosigkeit. Sind selbstfahrende Fahrzeuge erst Teil der Sharing Economy, wo viele Gesellschaftsschichten selbst kein Fahrzeug mehr besitzen werden, wird es überhaupt egal sein, wie das Auto aussieht, solange es seinen Job gut macht. Auch heute wählt kaum ein Taxipassagier seinen mobilen Untersatz nach dem Fahrzeugdesign aus. Oder tun Sie das etwa?

Neben dem niedlichen Aussehen soll sich das Fahrzeug aber auch höflich verhalten: Fußgängern den Vortritt lassen, im heute noch von menschlichen Fahrern dominierten Verkehrsgeschehen mitfließen, seinen

Passagieren ein sicheres und dennoch zügiges Vorankommen vermitteln. Die Lektion musste Google erst lernen. Es genügt nicht, lediglich den Verkehrsregeln zu folgen. Es gibt fließende Übergänge, wo der gesamte Verkehr etwas oberhalb der Geschwindigkeitsgrenze unterwegs ist oder Zögern einen einfach nicht zum Zug kommen lässt. Noch schlimmer: Gegenteilige Verhaltensweisen ziehen den Zorn anderer Fahrer auf sich, die dann ihrerseits mit ihren Reaktionen die Verkehrssicherheit gefährden. Deshalb erlauben Googles Testfahrzeuge bei Autobahnfahrten die manuelle Erhöhung der Geschwindigkeit über das offizielle Limit hinaus.

Eine andere Gefahr für die Google-Fahrzeuge stellen momentan Fahrer dar, die – wie ich selbst zugegebenermaßen – beim Anblick eines solchen Autos sofort ihre Kamera für Schnappschüsse und Videomitschnitte zücken und dabei vergessen, dass sie selbst auf den Verkehr aufpassen sollten.[305] Es wird also höchste Zeit, dass ich aus dem Verkehr gezogen werde.

Verkehrsteilnehmer achten auch auf subtile Gesten der anderen. So hat Audi herausgefunden, dass Fahrer, die einen Spurwechsel vornehmen wollen, sich oft schon den Fahrbahnmarkierungen annähern, bevor sie ein Blinksignal geben.[306] Damit wird dem Auto eine „menschlichere" Fahrweise einprogrammiert. Ob diese auch die beste ist, sei dahingestellt.

Ein Beispiel ist auch das Warten an der Ampel auf die Grünphase. Google hat erkannt, dass in den ersten zwei bis drei Sekunden einer Grünphase ein Auto aus der Gegenrichtung (die Ampel zeigt Rot) mit erstaunlicher Häufigkeit noch die Kreuzung passiert. Um einen Unfall zu vermeiden, sind Googles Autos so eingestellt, dass sie zwei bis drei Sekunden warten, bevor sie die Fahrt wieder aufnehmen. Das wiederum macht die dahinter wartenden Fahrer ungeduldig, sodass sie hupen und Fernlicht benutzen und riskante Überholmanöver wagen, um endlich vorwärtszukommen. Wohlgemerkt: zwei bis drei Sekunden … mittlerweile ein Äon.[307]

Auch gibt es gewisse Situationen, bei denen Gesetze übertreten werden müssen. Ein Beispiel dafür ist die doppelte Sperrlinie. Die darf eigentlich nicht überfahren werden. Wenn ein Auto aber von einem am Straßenrand haltenden Fahrzeug ausgebremst wird – wie beispielsweise von einem Müllfahrzeug – macht es keinen Sinn, so lange zu warten, bis dieses weiterfährt. Das autonome Fahrzeug muss also diese Situation richtig einschätzen können und die Entscheidung treffen dürfen, die doppelte Sperrlinie zu überfahren.

Was aber ist, wenn das Fahrzeug Gesetze missachten soll, weil es der Besitzer so anordnet? Wenn ein Parkplatz nur für zwei Stunden belegt werden darf, müsste ich eventuell umparken. Jetzt kann ich dem selbstfahrenden Auto eingeben, sich selbst alle zwei Stunden einen neuen Parkplatz zu suchen. Ist das noch moralisch vertretbar? Statt dass ich entscheide, einen bezahlten Parkplatz aufzusuchen, wo ich unbeschränkt stehenbleiben kann, und damit für mehr Umsatz in der Verkehrszone sorge, umgehe ich mit meinem Verhalten die Anordnung der Stadt oder Gemeinde.

Nicht alle vertrauen den Unternehmen, dass ihre autonomen Fahrzeuge in der Lage sein werden, allein ethische Entscheidungen treffen zu können. Christopher Hart, Vorsitzender des National Transportation Safety Board, meint, dass die Bundesbehörden Vorgaben für ethische Fragen und Sicherheitssysteme ausarbeiten müssten, ähnlich wie es heute in der Flugzeugindustrie üblich ist.[308] Von anderen Experten wird angezweifelt, dass es überhaupt regulierbar sei, zu komplex und unvorhersehbar stellten sich die Situationen dar, denen ein autonomes Fahrzeug potenziell gegenüberstehen könne.

Zusammenfassend erwarten sich Verkehrsteilnehmer heute von einem autonomen Auto, dass es fährt wie sie selbst, ohne dabei Passagiere und Menschen außerhalb des Fahrzeugs zu gefährden, dass es keine Risiken eingeht oder durch seine Fahrweise Übelkeit verursacht. Dabei soll es sicherer auf der Straße unterwegs sein als ein Mensch und trotzdem den schnellsten und effizientesten Weg zum Zielort finden. Man will schwanger sein, aber nur ein bisschen.

Skeuomorphismus, Siri und Symbole: Wie interagieren wir heute?

Als mein 2012 fünfjähriger Sohn auf Apples iPhone-Sprachassistentin Siri stieß, schüttelten wir uns vor Lachen, als er begann, Siri Fragen zu stellen wie: „Wie viele Tage sind es noch bis Weihnachten?" oder „Wann ist Halloween?" Er gab nicht auf, obwohl Siri ihm damals keine hilfreichen

Antworten geben konnte. Zum Schluss fragte er sie: „Warum bist du eigentlich so dumm?"

Während wir belustigt waren, folgte seine Herangehensweise den gleichen Mustern, die wir selbst in der Vergangenheit bei Technologiewechseln anwandten. Wer hat heute noch ein Festnetztelefon mit einer Wählscheibe? Die ans Ohr gelegte Hand, die „Ruf mich an!" bedeuten soll, ist der „Generation Smartphone" kaum noch verständlich, denn ihre Finger sind vor allem zum Tippen da. Auch den auf das Handgelenk gelegte Finger für die Frage nach der Uhrzeit versteht eine armbanduhrlose Generation nicht mehr. Die Uhrzeit wird doch vom Smartphone angezeigt.

Jugendliche assoziieren das Symbol für „Speichern" in Anwendungen nicht mehr mit der gezeigten Diskette. Disketten verschwanden Anfang 2000 aus dem Gebrauch. Viele digitale Anwendungen, die wir nutzen, imitieren bildlich das physische Objekt, aus dem es einst abgeleitet wurde: Die Notizbuch-App sieht wie ein Notizblock aus, das e-Book blättert die Seiten. Dies soll dem Benutzer den Übergang vom physischen Objekt zu einer digitalen Anwendung leichter machen. Es gilt, Benutzern bei einem Technologiewechsel gerade so viel an Änderung „unterzuschieben", dass sie sich nicht überfordert fühlen. Dieses Designprinzip wird als Skeuomorphismus bezeichnet.[309]

Zu viele Änderungen auf einmal überfordern die meisten Menschen. Sie verweigern ein Produkt. Das erklärt auch teilweise Teslas Erfolg, weil man sich dort nicht darauf einließ, mit seinem Automobildesign zu sehr von der heute gängigen Norm abzuweichen, um zu demonstrieren, dass es sich um ein völlig anderes Antriebssystem handele. Andere Hersteller, die die Innovation durch gewagte Designs unterstreichen wollen, scheitern oftmals. Sobald sich die Benutzer daran gewöhnt haben, können die Designer einen Schritt weitergehen und die bisherige Formen- und Bildsprache überschreiben.

Apples Betriebssystem für das iPhone änderte erst einige Jahre nach dem Launch sein Erscheinungsbild und verwarf in seinen Anwendungsdarstellungen vieles von dem, was Ähnlichkeit mit physischen Objekten aus der realen Welt aufwies. Lederne oder papierne Hintergründe wichen erst nach einigen Jahren, als die Anwender mit den neuen Möglichkeiten vertraut waren. Damit löste man sich auch von den Limitationen analoger Technologien. Ein digitaler Kalender beispielsweise hat weitaus mehr „drauf" als ein papierbasierter.

Die Tochter einer Freundin – im gleichen Alter wie mein Sohn – benutzt ihr Smartphone auf eine völlig andere Weise, als wir Erwachsene es tun. Während ich persönlich längere Texte lieber auf meinem MacBook schreibe, kommuniziert sie wie viele meiner Bekannten und vor allem die jüngere Generation mit Sprachassistentin Siri, diktiert beim Frühstück oder im Auto auf dem Rücksitz Mails an die in Spanien lebende Oma, lässt sich Mails vorlesen, hört sich die Suchergebnisse an oder launcht eine App durch einen Sprachbefehl. Für sie und für meinen Sohn ist das völlig normal, so wie es uns völlig normal erscheint, eine Tastatur zu benutzen, während unsere Eltern und Großeltern auf einer Schreibmaschine dem „Adlerprinzip" folg(t)en: Der Zeigefinger kreist über den Tasten, bis der richtige Buchstabe gefunden wurde, dann stürzt er sich darauf. Noch lieber würden wohl einige einen Text noch mit Tinte zu Papier bringen.

Die Art, wie wir mit Maschinen kommunizieren, wandelt sich. Eingabegeräte wie Lochkarten, Drehregler, Schalter, Tastaturen, Joysticks, Spracheingaben oder Bewegungssensoren kamen und gingen innerhalb von gerade mal drei Jahrzehnten. Und nun kommen tonnenschwere Maschinen auf uns zu, bewegen sich mitten unter uns und interagieren mit uns. Sie müssen unsere Absichten verstehen können und wir ihre.

Gerade das Autofahren stellt ein soziales Erlebnis dar. Das mag erstaunlich klingen, betrachtet man die Verhaltensweisen von Menschen in Autos, die glauben, die Straße gehöre nur ihnen allein. Jemand, der normalerweise zuvorkommend und höflich ist und Türen aufhält, findet nichts dabei, anderen beim Autofahren die Vorfahrt zu nehmen und sie zu schneiden. Verkehrsregeln sind eine Sache, das eigene Verhalten eine andere. Zu viel liegt beim Autofahren in der Grauzone. Dazu muss man sich nur einmal aus der eigenen Stadt oder dem eigenen Land hinausbewegen, um zu sehen, dass dort zwar die gleichen Verkehrsschilder stehen, aber andere Normen gelten. Die Betätigung der Hupe gehört in der Türkei und in Italien zum Autofahren einfach dazu. Ein Auto mit kaputter Hupe wird dort als Totalschaden betrachtet. In Indien wird beim Überholen gehupt, um dem anderen mitzuteilen, was man vorhat. Der in den USA an vielen Kreuzungen übliche Vierwegestopp erfordert eine genaue Beobachtung, wer zuerst ankam und ergo in die Kreuzung einfahren darf. Ein gebrochener Mittelfinger in Österreich, und man ist fahrunfähig.

Oft sind die Unterschiede äußerst subtil, ein kleines Nicken, ein Blick, eine Geste können entscheiden, wer Vorrang erhält. Das erinnert an den Tango. Bei sogenannten Milongas – also Tangoveranstaltungen – in Buenos Aires geschieht das Auffordern einer Tänzerin quer über die Tanzfläche hinweg durch Blickkontakt. Für Tänzer und Tänzerinnen aus dem deutschsprachigen Raum ist das Parkett übersät mit Landminen. Die Aufforderung und Zustimmung oder Ablehnung erfolgen so subtil, dass Nicht-Argentinier dauernd in irgendein Fettnäpfchen treten. Die deutschen Tangoforen sind voll mit peinlichen Milonga-Geschichten. Der Tanz auf vier Rädern über die Straße ist eine ähnlich komplexe soziale Aktivität, und nun mischen sich zusätzlich Maschinen unters Volk.[310] Forscher aus Schweden und England haben eine ganze Videosammlung zusammengetragen, die soziale Verkehrsinteraktionen zwischen Menschen und Autos im Autopilotmodus und die daraus resultierenden Missverständnisse zeigen.[311]

Wie kommunizieren wir mit einem autonomen Fahrzeug als Fußgänger, Radfahrer oder als Fahrer? Woran erkenne ich, dass es mich gesehen hat und mir den Vortritt lässt? In heutigen Verkehrssituationen versuchen wir, mit dem Fahrer eines (anderen) Fahrzeugs Augenkontakt aufzunehmen. Bei jemandem, dessen Blick abgewandt ist, sind wir vorsichtiger. Er kann uns ja übersehen haben. Manche Fahrer verwenden das auch, um sich das Vorfahrtsrecht zu erzwingen.[312] Wie aber nehmen wir mit einem selbstfahrenden Auto Blickkontakt auf? Wohin schaue ich da? Wie sich herausstellt, ist der Trend, der Vorderfront eines selbstfahrenden Autos ein gesichtsähnliches, freundliches Erscheinungsbild zu geben, mehr als ein schlichtes Designelement. Wie in Pixars Animationsfilm „Cars" könnten derartige Fronten wirklich die Aufgabe übernehmen, die Kommunikation zwischen Mensch und Maschine zu ermöglichen: Text oder Symbole könnten eingeblendet werden; oder das Fahrzeug spricht mit dem Fußgänger und tut seine Absicht kund. Audi testete mit einem autonomen A7 eine LED-Leuchtanzeige hinter der Windschutzscheibe, die Fußgängern signalisierte, dass es diese gesehen habe – sozusagen als digitales Äquivalent zu einem Handzeichen des Fahrers.[313] Ein Fahrzeug könnte auch einen Zebrastreifen auf den Boden projizieren, um so Fußgängern den Vorrang anzuzeigen. Verspielter ist es, wenn das Fahrzeug den Fußgänger anlächelt, um ihm zu zeigen, dass es sicher ist, vor ihm die Straße zu überqueren.[314] Das Silicon-Valley-Start-up Drive.ai beschäftigt sich genau damit. Eine Mischung aus Text und Emojis – also universell verständliche Symbole –, mit denen im ersten Schwung Fußgänger verstehen lernen sollen, welche Absichten das Fahrzeug verfolgt, sind der erste Ansatz.[315] Fußgänger stehen deshalb im Zentrum dieser Interaktion, weil die meisten Menschen autonome Fahrzeug zuerst einmal nicht als Passagier, sondern als Außenstehende oder Fahrer eines manuellen Fahrzeugs erleben werden. Das aus dem Stanford Artificial Intelligence Lab hervorgegangene Start-up Drive.ai verwendet auf seinen Testfahrzeugen Sensoraufbauten, die auch eine Anzeige beinhalten. Ein eingeblendeter Text vermittelt dem Fußgänger, was man vorhat.

Google hat bereits ein Geräusch als Kommunikationselement in seine Autos integriert. Und zwar kein anderes als die altbekannte Hupe.[316] Ein Computeralgorithmus bestimmt dabei, wann diese eingesetzt wird. Handelt es sich um eine brenzlige Situation? Ein Hupsignal wird getätigt, wenn ein anderes Fahrzeug zu nah einen Spurwechsel vornimmt und dabei das Google-Fahrzeug gefährdet. Oder wenn ein Auto sich aus einer Ausfahrt heraus einordnen will und nicht klar ist, ob der Fahrer die Google-Kugel gesehen hat. Oder gar, wenn ein Fahrzeug auf der falschen Spur entgegenkommt. Zweimal kurz gehupt wird, wenn ein Fahrzeug vor dem Google-Auto zurückschiebt.

Anfänglich wurde das Hupen nur innerhalb des Wagens selbst angezeigt, damit die Testfahrer dem Fahrzeug mitteilen konnten, ob das Signal angemessen war oder das Fahrzeug die Fahrsituation falsch verstanden hatte. Google möchte, was die Hupe angeht, letztendlich einen erfahrenen und geduldigen Fahrer simulieren. Aber das Geräusch erfüllt noch einen anderen Zweck. Weil Googles Koala-Autos Elektrofahrzeuge sind und damit kein Motorengeräusch produzieren, überhört man sie leicht. Ein kleines Hupsignal kann Fußgänger oder Fahrradfahrer warnen.

Nicht nur muss das Auto anderen Verkehrsteilnehmern seine eigenen Absichten mitteilen, sondern auch die Absichten der anderen deuten und entsprechend darauf reagieren können. Ein Beispiel sind Handsignale, mit denen Radfahrer Richtungs- und Spurwechsel anzeigen.[317] Es genügt dabei nicht nur, das Handzeichen zu erkennen, es muss auch ein dementsprechendes Fahrmanöver ausgeführt werden.

Radfahrer beispielsweise sind zwar einerseits im Verhältnis langsamere, aber dennoch sehr agile Teilnehmer im Straßenverkehr. Ihre Bewegungen sind oft schwer einzukalkulieren, noch dazu im Kontext mit der Umgebung. Google führt als Beispiel Radfahrer an, die an geparkten Autos vorbeifahren und einer offenen Seitentür ausweichen müssen. Der Algorithmus muss die geöffnete Seitentür erkennen und voraussagen, dass der Radfahrer gegebenenfalls ohne Handsignal ausweichen wird. Das Google-Fahrzeug hat ihm dafür entsprechenden Raum zu lassen. Auch können die Handsignale nicht korrekt oder schlampig ausgeführt sein. Manchmal ist es nur ein Blick über die Schulter, der einen Spurwechsel oder ein Abbiegen des Radfahrers andeutet.

Handsignale kommen des Weiteren von Polizisten mit einer Kelle, einem Bauarbeiter, der eine Fahrspur für ein Baufahrzeug freihält, einem Passagier/einem Hotelmitarbeiter, der ein Taxi heranwinkt, oder einem gestrandeten Autofahrer, der Hilfe benötigt. Und manchmal auch von einem, der einen Raub begehen will. Auch muss das Fahrzeug unterscheiden können, ob es sich um ein an das Auto gerichtetes Handsignal oder nur um eine zufällige Geste handelt. Eine Begebenheit mit einem Freund, der bei Google-Waymo arbeitet, illustriert das. Auf dem Weg in ein Brauhaus in Mountain View wollten wir die Straße kreuzen, als eines der Fahrzeuge, an denen er arbeitet, vorbeikam. Drinnen saßen seine Kollegen, und er winkte ihnen vom Straßenrand zu. Das Auto interpretierte dieses Winken als Handsignal und bremste ab.

Eine englische Forschergruppe entwickelte eine Sprache für autonome Autos namens „Blink", die Handsignale einsetzt.[318] Noch versteht das System nur die für Anhalten und Weiterfahren, aber es wird bereits durch Maschinenlernen geschult, hunderte weitere Signale zu erkennen, darunter auch kulturspezifische.

Gesten formen menschliches Verhalten, wie Forscher des Berliner Zentrums für Gestenforschung feststellten, und das nicht erst, seit wir ernsthaft mit autonomen Robotern kommunizieren. Die Wischbewegungen auf dem Smartphone, das Deuten auf das Handgelenk, um nach der Uhrzeit zu fragen oder Dringlichkeit anzuzeigen, wie auch das Anlegen

eines fiktiven Telefonhörers, um jemanden wortlos zu bitten, einen anzurufen, sind nur einige der Gesten, mit denen wir uns verständigen beziehungsweise früher verständigt haben.

Ein erster Schritt, um Robotern ein Verständnis für Gesten zu eröffnen,
besteht in einer Katalogisierung. Das Linzer Ars Electronic Future Lab hat
mit Mercedes Benz an die 150 Interaktionsmuster und Handzeichen klassifiziert. Welche Gesten verwenden wir alltäglich? Welche davon sind im
Umgang mit Robotern sinnvoll anwendbar?[319] Müssen wir neue Gesten
erfinden oder können wir aus dem vorhandenen Schatz schöpfen? Und welche Gesten sind missverständlich? Je nachdem, in welchem Land man sich
befindet, kann ein und dieselbe Geste Bestätigung oder etwas Anstößiges
bedeuten. Das mit Daumen und Zeigefinger geformte O ist bei uns ein OK,
in Brasilien hingegen wird es als Symbol für ein Ausscheidungsorgan und
somit als Beleidigung aufgefasst. Ein mit Zeige- und Mittelfinger geformtes
V mit dem Handrücken nach außen interpretiert man in Großbritannien
als Stinkefinger. Das ist schon für uns nicht einfach, und auch für die Steuerung von Fahrzeugen können sich da unendlich viele kulturelle Fettnäpfchen auftun, die zur Verweigerung der neuen Technologie führen.

Noch einen Schritt weiter ist man in China. Forscher der Nankai Universität untersuchen die Steuerung selbstfahrender Autos mittels Gedanken. Ein Passagier, der einen Kopfaufsatz mit 16 Sensoren trug, um dem
Fahrzeug über Elektroenzephalogrammsignale Anweisungen zu geben,
erzielte in Tests erste Erfolge. Diese Lösung könnte Menschen mit Behinderung neue Möglichkeiten eröffnen.[320]

Wie ein Google-Fahrzeug schmerzhaft erleben musste, gelten auch für
die „Harmlosen" die Regeln des Stärkeren. Es streifte einen Linienbus,
der sich nicht so verhalten wollte, wie es das System vorhersagte. Das Auto
hatte erwartet, dass ihm der Busfahrer in dieser spezifischen Verkehrssituation Vorrang geben würde, doch tat das dieser nicht. Glücklicherweise
kam es mit einer verbogenen Stoßstange und einem abgerissenen Sensor
davon.[321] Die Lernerfahrung daraus war, dass ein größeres Fahrzeug
weniger wahrscheinlich nachgibt als ein kleineres. Der Kleinere gibt nach,
der Stärkere nimmt sich sein Recht. Maschinen müssen also menschliche
Verhaltensweisen verstehen und annehmen können. Man kann sie nicht
starr programmieren und alle Regeln streng befolgen lassen. Menschen

brechen Regeln und interpretieren sie flexibel, und auch die Maschine muss wissen, wann sie das darf und wann es von ihr sogar erwartet wird.[322]

Wie sehr vertrauen Menschen selbstfahrenden Autos? Eine entsprechende Umfrage ergab ein überraschendes Bild, bei dem das Alter eine Rolle spielt. Mehr als die Hälfte aller Autobesitzer der Generationen Y (56 Prozent) und Z (55 Prozent) – also der Millennials und der heutigen Jugendlichen – gaben an, selbstfahrenden Fahrzeugen zu trauen, nur 18 Prozent beziehungsweise elf Prozent sprachen sich mit „sicher nicht" dagegen aus. Bei Generation X (den 30- bis 50-Jährigen) vertrauten 23 Prozent (27 Prozent „sicher nicht") und bei den Babyboomern waren es nur mehr 23 Prozent im Vergleich zu 39 Prozent.[323] Auch im Bundesstaaten- und Ländervergleich ergeben sich starke Unterschiede.[324] Länder in Wachstumsmärkten wie Brasilien geben mehrheitlich an (95 Prozent!), autonomen Fahrzeugen zu vertrauen, während in gesättigten Ländern wie Deutschland die Mehrheit dieser Technologie misstraut.[325] In Indien vertrauen 86 Prozent, in China 70 Prozent, in den USA 60 Prozent, in Frankreich und England jeweils nur 45 Prozent und in Deutschland gar nur 37 Prozent.

Die eigentliche Überraschung aber stellt sich ein, sobald man selbst in einem selbstfahrenden Fahrzeug sitzt. Wie viele Online-Videos zu Teslas Autopilot zeigen, vertrauen die Fahrer nach kurzer Skepsis dem System mehr als gedacht. Auch Google machte diese Erfahrung, als es Mitarbeitern die ersten Prototypen zum Testen anbot, auch wenn das Vertrauen weder beim Autopiloten noch bei den Google-Fahrzeugen in diesem frühen Stadium schon gerechtfertigt war.[326]

Tests mit Fußgängern zeigten, dass diese bereit sind, autonomen Fahrzeugen blindes Vertrauen zu schenken, und furchtlos und ohne Zögern vor ihnen die Straße zu überqueren. Das kann zu gefährlichen Situationen führen, solange wir uns in einer Übergangsphase befinden, in der sich selbstfahrende und manuell gesteuerte Fahrzeuge die Straße teilen, sich die Handgesten beider noch unterscheiden oder einer der Teilnehmer nicht wie erwartet reagiert.

Nicht immer ist der Mensch der am meisten gefährdetste Teilnehmer. Auch die Roboter selber können zu Opfern werden, und zwar von einer Seite, die wir nicht unbedingt auf dem Schirm haben: von Kindern. Forscher der Osaka-Universität beobachteten, dass ein autonom herumfahrender Roboter, der Shoppern in Einkaufszentren für Fragen bereit stand, von den Kleinen immer wieder beschädigt wurde.[327] Die Kinder – sofern sie ohne Aufsicht von Erwachsenen unterwegs waren – stellten sich ihm in den Weg, traten auf ihn ein, schlugen oder schüttelten ihn. Den Wachrobotern der Firma Knightscope im Stanford Shopping Center geschah Ähnliches. Die japanischen Forscher lösten das Problem, indem sie den Roboter den nächsten Erwachsenen aufsuchen lassen, sobald er bemerkt, dass sich ihm Kinder nähern. Die pure Anwesenheit eines Erwachsenen hilft auch in diesem Fall.

Auch wenn die Kinder selbst aussagen, dass sie ihr schädliches Verhalten erkennen, tun sie es trotzdem wieder. Auf diese Weise scheinen sie – laut Studien – Empathie zu lernen. Die neue, noch nicht weitverbreitete Robotergeneration erlebt vermutlich ein ähnliches Phänomen wie die Kutschenfahrer mit den ersten Automobilen. Auch diese wurden von Kindern und Erwachsenen voller Neugierde umzingelt und berührt und büßten Teile ein, die einfach abgerissen wurden. Frühe Automobilisten mussten das Auto vor derartigen Übergriffen regelrecht schützen.

Was aber ist zu tun, wenn ein selbstfahrendes Fahrzeug tatsächlich einen Unfall verursacht? Wenn Millionen solcher Fahrzeuge die Straßen befahren und jemand verletzt oder gar getötet wird? Haftet der Hersteller? Haftet der Betreiber? Haftet der Passagier? Oder gar das Unfallopfer? Diese Frage ist nicht mehr nur rein theoretisch zu behandeln, gibt es doch zumindest zwei bis dato bekannte Unfälle, die von solchen Fahrzeugen verursacht worden sind, auch wenn dabei keine Menschen zu Schaden kamen. Ein mit einem Sensoraufbau des mittlerweile von GM erworbenen Unternehmens Cruise Automation bestücktes Fahrzeug berührte in San Francisco die Stoßstange eines geparkten Autos. Der menschliche Lenker hatte zu spät auf die Kontrollrücknahmeaufforderung seines Fahrzeugs reagiert.[328] Und vom Unfall mit dem Linienbus, der Googles Lexus SUV beschädigte, haben wir schon gesprochen.

Schauen wir uns noch ein paar (fiktive) Beispiele an.

Fall 1: Falsche Reaktion

Ein leeres, selbstfahrendes Fahrzeug befindet sich auf dem Weg, einen Passagier abzuholen. Es kommt zu einer unübersichtlichen Stelle, und gerade als es vorbeifährt, springen Kinder auf die Straße. Für das Fahrzeug ist es zu spät, anzuhalten; es überfährt die Kinder.

Ein ehemaliger Arbeitskollege erzählte mir von einem Spiel, das er als Sechsjähriger mit Freunden spielte. Sie versteckten sich hinter geparkten Autos und sprangen im letztmöglichen Moment hervor, wenn ein Wagen gerade vorbeifuhr. Er erzählte das mit demselben Kopfschütteln ob seiner kindlichen Dummheit, wie es jeder von uns tun würde. Es war mehr Glück als Verstand, dass er und seine Freunde nie auch nur einen Kratzer abbekamen und die Fahrer noch reagieren und bremsen konnten.

Für unser selbstfahrendes Fahrzeug tritt nun eine Situation auf, die laut Hersteller in Millionen von Fahrstunden nie aufgetreten und somit unbekannt war. Wie soll nun ein Richter dazu urteilen? Entweder weist er den Eltern die Verletzung der Aufsichtspflicht zu und entlastet Fahrzeug und Hersteller beziehungsweise Eigentümer, oder er legt dem Hersteller auf, die Lücke im System zu schließen.

Fall 2: Fehlerhafter Sensor

Es ist wahrscheinlich, dass einer oder mehrere der unzähligen Sensoren, die einen sicheren Betrieb des selbstfahrenden Fahrzeugs gewährleisten, einmal ausfallen. Und das muss nicht unbedingt durch einen Defekt geschehen. Die tief stehende Sonne kann eine Kamera blenden, Regen das Lidar „unscharf sehen" lassen oder brütende Hitze einen Sensor so stark erwärmen, dass es zu Messungsungenauigkeiten kommt.

Hier steht die Frage im Raum, wer die Schuld für die Fehlfunktion trägt, so wie heute der Fahrer für sein Gefährt einstehen muss, bei dem der letzte Service bereits überfällig war oder ein Sensordefekt bekannt ist. Liefert ein Sensor falsche Daten, müssen erst einmal die Gründe für die Fehlmessung eruiert werden. Sind es Umwelteinflusse, falsche Programmroutinen, eine fehlerhafte Justierung? Hätte das Auto den Defekt eigenständig erkennen können?

Fall 3: Anweisung des Menschen

Ein Passagier gibt seinem selbstfahrenden Fahrzeug eine Anweisung, die im Konflikt zur Sicherheit des Fahrzeugs und der Umgebung steht. Dabei kommt es zu einem Unfall. Das führt uns zu der Erkenntnis, dass Robotern auch gestattet sein muss, sich menschlichen Befehlen verweigern zu dürfen. Genau das haben Forscher am Human-Robot Interaction Lab der Tufts-Universität von Massachusetts bereits demonstriert.[329] Ein Mensch gibt einem Roboter die Anweisung, auf einem Tisch vorwärtszugehen. Als der Roboter sich dem Rand nähert und ihm befohlen wird, weiterzugehen, verweigert er genau diesen Befehl, weil es nicht mehr sicher für ihn ist. Der Roboter widersetzt sich seinem menschlichen Befehlsgeber. Dies kann durch einen speziellen Modus umgangen werden, den Superbenutzermodus, indem der Administrator den Roboter anweist, eine Vorsichtsmaßnahme zu umgehen und sich selbst oder einen Menschen zu gefährden. In unserem Fall geht der Roboter über den Tischrand hinaus, wo ihn der Mensch dann hoffentlich auffängt. Der Roboter muss dabei dem Menschen vertrauen können.

Man kann sich eine ganze Menge anderer Situationen vorstellen, bei denen ein Mensch die vorprogrammierten Sicherheitsmaßnahmen des Roboters durch einen Administratormodus umgeht. Menschen missachten ständig Sicherheitsmaßnahmen. Manchmal aus guten Gründen, manchmal aus Dummheit, manchmal aus böser Absicht. Dabei geht die Verantwortung vom Roboter auf den Menschen über.

Fall 4: Externe Einflussnahme

Komplizierter wird es, wenn von außen Einfluss auf das Fahrzeug genommen wird. So wie immer wieder Leichtsinn und Nervenkitzel manche Menschen dazu bringen, mit leistungsstarken Laserpointern Flugzeuge anzustrahlen und damit die Sicht der Piloten im Cockpit zu behindern, könnten Menschen versuchen, Roboterfahrzeuge zu beeinflussen – indem man unvermittelt auf die Straße tritt, wenn das Auto vorbeifährt, oder indem jemand aufwendig versucht, das Auto aus der Ferne unter seine Kontrolle zu bringen.

Was macht ein Roboter, wenn er eine Aktion nicht ausführen kann? Don Norman, emeritierter Professor für Kognitionswissenschaft, hat dazu einen Vorschlag: Roboter sollen ihre Frustration ausdrücken können.[330] Was im ersten Moment merkwürdig klingt, hat durchaus seine Vorteile. Ein selbstfahrendes Fahrzeug, das sich in einem Kreisverkehr verirrt und die Ausfahrt nicht findet, kann durch die Darstellung von Frustration menschliche Hilfe anfordern. Täte es das nicht, sondern würde immer wieder versuchen, die gleiche Strategie anzuwenden, und dabei erwartungsgemäß neuerlich scheitern, erschiene es einem menschlichen Beobachter als ziemlich dämliche Maschine. Zeigt es hingegen Frustration an, tendieren Menschen dazu, zu Hilfe zu eilen.

Frustration hilft uns selbst auch, eine Aufgabe liegen zu lassen und uns um eine andere zu kümmern. Und dieselbe Wirkung kommt Robotern zugute. Das im Kreisverkehr herumirrende Fahrzeug kann durch den Frustrationsalgorithmus die Aufgabe, den gewünschten Ausgang zu finden, beenden und sich einer neuen zuwenden, beispielsweise der, den Kreisverkehr einfach an der nächsten Ausfahrt zu verlassen und das ursprüngliche Ziel auf einem anderen Weg zu erreichen.

Roboter mit Frustrationsmodus können somit „Deadlocks" vermeiden, also Sackgassen, in denen sie die eine Aufgabe nicht erledigen können (das Ziel erreichen), weil eine andere vorher beendet sein muss (den Kreisverkehr an der vorgegebenen Ausfahrt verlassen). Was ein Roboter sich dabei fragen und was er entscheiden muss, lässt sich auf folgende fünf Komponenten beschränken:

1. Wissen: Weiß ich, wie ich Aktion X ausführen kann?
2. Befähigung: Ist es mir physisch möglich, Aktion X in diesem Moment auszuführen? Ist es mir *normalerweise* physisch möglich, Aktion X auszuführen?
3. Zielpriorisierung und Zeitplanung: Kann ich Aktion X jetzt und hier ausführen?
4. Soziale Rolle und Verpflichtung: Bin ich aufgrund meiner sozialen Rolle verpflichtet, Aktion X auszuführen?
5. Standardzulässigkeit: Wird einer der zulässigen Standards verletzt, wenn ich Aktion X ausführe?

Während die ersten drei Fragen selbsterklärend sind, bezieht sich die vierte Frage auf den Befehlsgeber. Ist dieser berechtigt, mir die Anweisung zu geben? Soll ich auf jede am Straßenrand stehende Person reagieren, die ihre Hand hebt und mich zum Anhalten auffordert, oder gilt das nur für meinen Eigentümer oder einen Polizisten? Und Nummer 5 ist die etwas akademisch ausgedrückte Frage des Roboters, ob die geforderte Aktion ihn oder einen Menschen gefährden kann.

Wie sehen wir die Schuld- und Zurechnungsfähigkeit im Falle eines Unfalls oder einer Straftat? Voraussetzung dafür ist, dass ein „moralischer Agent", also beispielsweise eine Person, zwischen moralisch richtigem und falschem Verhalten unterscheiden kann, sich der Konsequenzen seines Verhaltens bewusst ist und die Möglichkeit hat, eine entsprechende Handlung umzusetzen.

Tatsächlich können wir bereits beschriebene Ansätze heranziehen, auch wenn sie im ersten Moment abstoßend und völlig fehl am Platz wirken. Jerry Kaplan, der Autor des Buchs *Humans Need Not Apply* (frei übersetzt: „Menschen brauchen sich gar nicht erst bewerben"), kramt die (dankenswerterweise abgeschafften) Sklavengesetze hervor, die vor dem amerikanischen Bürgerkrieg vergleichbare Fragen behandelten. Sklaven waren (Sach-)Eigentum und hatten Eigentümer. Die Bestimmungen, wer für den durch einen Sklaven angerichteten Schaden aufzukommen habe oder bestraft werden müsse, wurde in den „Slave Codes" festgelegt (neben vielen anderen Regelungen, die sich meist gegen Sklaven wandten). Die Eigentümer wurden darin nur in bestimmten Fällen haftbar gemacht, in vielen anderen wurden die Sklaven bestraft. Die Ermittlung von Schuld hatte jedoch weniger Recht und Gesetz im Sinn als das Wohlergehen des Sklavenhalters: Bedeutete eine Bestrafung des Sklaven eventuell zu große Nachteile für den Eigentümer? Und nur um das zu ergänzen: Selbst im 17. und 18. Jahrhundert waren die Slave Codes nicht so unumstritten, wie das heute erscheinen mag.

Doch wie bestraft man Roboter und Unternehmen im Falle von Fehlverhalten oder eines von ihnen angerichteten Schadens, wenn man es nicht mit einer „Einzelperson" zu tun hat? Bestraft man nur die Verantwortlichen, bestraft man die Ausführenden oder die Anweiser oder gleich die ganze Firma? Bezieht man das Motiv, die Absicht und die Auswirkungen auf die Gesellschaft mit ein?

Natürlich kann man einen Roboter nicht ins Gefängnis stecken. Aber es gibt Ansätze, die uns ein Äquivalent ermöglichen. Sowohl ein Roboter als auch ein Unternehmen erfüllen einen Zweck. Ihre ganze Existenz zielt darauf ab, diesen Zweck zu erfüllen. Werden sie zu Geldstrafen verurteilt, werden Gewerbescheine oder Unternehmenslizenzen entzogen, kann es den Zweck für einen bestimmten Zeitraum nicht erfüllen. Ein Richter kann auch die Schließung eines Unternehmens veranlassen. All diese

Maßnahmen entziehen dem Unternehmen die Grundlage für eine Fort-
führung des Geschäftsbetriebs. Das kann einem Todesurteil gleichkom-
men. Als Beispiel sei hier der Unfall der Deepwater Horizon im Golf von
Mexiko im Jahr 2010 erwähnt, nach dem die Behörden BP zur Kosten-
übernahme der kostspieligen Aufräumarbeiten zwangen und Strafen
in Milliardenhöhe verhängten.

Ein selbstfahrendes Fahrzeug soll uns und unsere Güter transportieren.
Wird eine Strafe verhängt, kann es die Aufgabe, für die es geschaffen
wurde, nicht mehr erfüllen. Jerry Kaplan argumentiert, dass Betreiber
von Flotten selbstfahrender Autos dazu gezwungen werden könnten, nicht
ein Unternehmen für alle Autos zu formen, sondern jedes Auto als eigenes
Unternehmen anzumelden. Damit werde vermieden, dass bei einem möglichen Schadensfall die daraus resultierenden Klagen die ganze Flotte aus
dem Verkehr zögen, zum Beispiel die eines Taxiunternehmens, sondern
nur das eine Fahrzeug und das damit verbundene Unternehmen.

Asimovs Robotergesetze oder
Was ist (noch) legal?

Der bekannte Science-Fiction-Autor Isaac Asimov postulierte bereits 1942
seine Robotergesetze. Diese sind hierarchisch aufgebaut und lauten:

1. Ein Roboter darf kein menschliches Wesen (wissentlich) verletzen
   oder durch Untätigkeit gestatten, dass einem menschlichen Wesen
   (wissentlich) Schaden zugefügt wird.
2. Ein Roboter muss den ihm von einem Menschen gegebenen Befehlen gehorchen – es sei denn, ein solcher Befehl würde mit Regel 1
   kollidieren.
3. Ein Roboter muss seine Existenz beschützen, solange dieser Schutz
   nicht mit Regel 1 oder 2 kollidiert.

Später führte Asimov noch ein „nulltes Gesetz" ein:[331]

0. Ein Roboter darf nicht die Menschheit (wissentlich) verletzen oder
   durch Passivität gestatten, dass der Menschheit (wissentlich) Schaden zugefügt wird.

Dass sich diese Robotergesetze als Grundlage für unser Roboterverständnis ein halbes Jahrhundert halten konnten, ohne neu postuliert zu werden, spricht nicht unbedingt für uns. Betrachtet man die Regeln näher, entdeckt man rasch, dass sie heute zu kurz greifen, zu ungenau oder zu genau sind. Was ist mit Tieren? Muss ein Roboter Befehle von egal wem ausführen? Was ist, wenn er physisch gar nicht imstande ist, einen Befehl auszuführen?[332]

Etwas anders sehen diese Gesetze bereits in einem späteren Science-Fiction-Roman aus, den Isaac Asimov noch entwarf, aber nicht mehr ausführen konnte:

1. Ein Roboter darf keinen Menschen verletzen.
2. Ein Roboter ist verpflichtet, mit Menschen zusammenzuarbeiten, es sei denn, diese Zusammenarbeit stünde im Widerspruch zum ersten Gesetz.
3. Ein Roboter muss seine eigene Existenz schützen, solange er dadurch nicht in einen Konflikt mit dem ersten Gesetz gerät.
4. Ein Roboter hat die Freiheit, zu tun, was er will, es sei denn, er würde dadurch gegen das erste, zweite oder dritte Gesetz verstoßen.

Robotern wird hier zum ersten Mal ein freier Wille zugesprochen. Sollen wir daher Robotern und selbstfahrenden Fahrzeugen erlauben, überall hinzufahren? Und wenn ja, unter welchen Umständen?

Der Rechtswissenschaftler Bryan Walker Smith vertritt die Meinung, dass selbstfahrende Fahrzeuge in den USA anfänglich nicht illegal waren, weil in den USA das Rechtsprinzip gilt, dass „etwas erlaubt ist, solange es nicht explizit verboten ist".[333] Während die USA ihren Bürgern damit größtmögliche Freiheiten einräumen, hält man es in Europa oft mit dem umgekehrten Prinzip: „Etwas, das nicht ausdrücklich erlaubt ist, ist verboten."

Erst vor Kurzem erließen eine Reihe von US-Bundesstaaten Gesetze, die versuchen, selbstfahrende Fahrzeuge zu regulieren. Auch hat der damalige US-Präsident Barack Obama die Verkehrssicherheitsbehörden angewiesen, Regulierungen für selbstfahrende Fahrzeuge zu finden, mit der expliziten Auflage, diese zu ermöglichen und nicht zu behindern. Anlass war ein erster Vorschlag der kalifornischen Behörden, der an die sogenannten „Locomotive Acts" (auch bekannt als „Red Flag Traffic

Rules") vom Ende des 19. Jahrhunderts erinnerte. Dort musste eine Person mit einer roten Flagge oder Laterne in der Hand (daher auch der Name des Gesetzes) dem Automobil vorauslaufen, um Fußgänger und Kutschen zu warnen.[334] Dies hatte den Effekt, dass die Geschwindigkeit der Autos auf ein Schritttempo beschränkt wurde und sich englische Ingenieure lieber der Entwicklung von schienengebundenen Lokomotiven zuwandten. Ein Grund, warum die britische Autoindustrie international nie die gleiche Bedeutung erlangte wie die anderer Länder.

Im ursprünglichen Vorschlag des Department of Motor Vehicles Ende 2015 wäre der Betrieb eines selbstfahrenden Fahrzeugs nur mit einem führerscheinbesitzenden Fahrer erlaubt gewesen.[335] Nach einem Aufschrei von Industrie und Behindertenverbänden wurde dieser Passus aber entfernt.

> Eine historische Anekdote, die ich Ihnen hier nicht vorenthalten möchte, stammt aus dem Jahr 1896, als der US-Bundesstaat Vermont sich vor allem um das Gemüt von Rindern und Pferden sorgte. Lokale Gesetzgeber verabschiedeten ein Gesetz, das Automobilisten bei der zufälligen Begegnung mit Rindern oder anderen Nutztieren verpflichtete, unverzüglich …
> 1. das Auto zum Stillstand zu bringen,
> 2. sofort und so rasch als möglich das Automobil zu zerlegen und
> 3. die Einzelteile aus dem Sichtfeld zu bringen und zum Beispiel hinter einem Busch zu verstecken, bis sich Pferde oder Rinder wieder ausreichend beruhigt hätten.
>
> Das Gesetz wurde nie unterzeichnet, weil der Gouverneur von Pennsylvania sein Veto einlegte.

Ein Entgegenkommen von Regulierungsbehörden und ein Rechtsprinzip, das Nichtreguliertes zuerst einmal erlaubt und nicht verhindert, kommen auch der Innovation zugute. Auch deshalb sind die amerikanischen Hersteller Deutschland so weit voraus. Wenn ich zunächst einmal monate- oder jahrelang warten muss, bis ich eine Zulassung für eine Testfahrt erhalte, verliere ich einen technologischen Vorsprung oder es vergrößert sich mein Abstand zur Konkurrenz. Mercedes erhielt erst 2015 die Zulassung, seine mit autonomer Technologie ausgestatteten Lkws auf einem bestimmten Autobahnabschnitt zu testen, Ende 2016 gab Stuttgart, nichts weniger als die Heimatstadt von Mercedes, dem Unternehmen eine Testgenehmigung für autonome Fahrzeuge.[336] Da hatte Google bereits vier Millionen Kilometer auf amerikanischen Straßen abgespult.

Der Roboterexperte Brad Templeton, der an Googles Selbstfahrprogramm beteiligt war, empfiehlt, mit zu detaillierten Regulierungen zu warten. Bei disruptiver Innovation sei der Weg, der letztendlich eingeschlagen wird, oft schwer vorhersehbar. Erste Trends können sich als Sackgasse entpuppen und unvorhergesehene Pfade sich öffnen. Übereifrige Regulierer hindern die Innovation an ihrer Entfaltung, wie das Beispiel Uber zeigt. In Deutschland, Ungarn oder Frankreich haben übereifrige Regulierer unter Druck der bedrohten Taxilobby verhindert, dass sich diese neue Industrie zum Vorteil der Konsumenten ausbreiten kann.[337]

Uber ist auch ein extremer Fall in die andere, nämlich die unreglementierte Richtung. Kurz vor Weihnachten 2016 begann das Unternehmen mit Testfahrten seiner autonomen Taxiflotte in San Francisco, ohne sich eine entsprechende Testgenehmigung vom kalifornischen DMV eingeholt zu haben. Kalifornien hat solch eine bis dato an drei Dutzend Unternehmen ausgegeben und arbeitet bereits seit 2012 an einem noch relativ lockeren Regelwerk. Nach Gesprächen mit Behördenvertretern und Strafandrohung zog Uber alle Fahrzeuge aus San Francisco ab und brachte sie nach Arizona, wo der dortige Gouverneur mit dem Hinweis auf nicht notwendige Genehmigungen in seinem Staat lockte.[338]

Es kann nur spekuliert werden, warum Uber die knapp über 100 Dollar liegende Testlizenz nicht erwerben wollte. Ein Grund könnte seine Ablehnung gewesen sein, Fahrdaten mit den Behörden zu teilen, um Konkurrenten keine Einsicht in den Entwicklungsstand zu erlauben oder technologische Geheimnisse preiszugeben. Seit März 2017 hat Uber allerdings nun doch eine Testlizenz für Kalifornien erhalten, gleichzeitig mit dem Bekanntwerden einer Klage von Waymo, bei der der Diebstahl von geistigem Eigentum im Fokus steht. Wie zuvor schon erwähnt, wird ehemaligen Google-Waymo-Mitarbeitern, die nun bei Uber arbeiten, vorgeworfen, technische Dokumente zum Aufbau der eigenentwickelten Sensoren sowie Testroutinen und Daten, aber auch Listen von Zulieferern und anderes kopiert und mitgenommen zu haben. Diese Klage kann in die Milliarden gehen und unter Umständen Ubers Zukunft bedrohen.

Früher oder später werden Regulierungen unumgänglich, und etliche Bundesstaaten haben bereits Entwürfe ausgearbeitet, verabschiedet oder abgelehnt.[339] Dabei ist die Vorgehensweise für die Einführung von Regulierungen und gesetzlichen Bestimmungen üblicherweise wie folgt:

1. Diese Branche/Industrie handelt mit Dingen oder ist in Aktivitäten verwickelt, die gefährliche Konsequenzen nach sich ziehen können.
2. Diese Branche/Industrie hat keinen eigenen Anreiz, diese gefährlichen Dinge und Aktivitäten auf ein ungefährliches Maß zu verringern, wenn sie nicht dazu gezwungen wird.
3. Wir zwingen die Branche/Industrie durch Regulierungen und gesetzliche Bestimmungen, sie auf ein ungefährliches Maß zu reduzieren.

Unüblich hingegen sind die folgenden Ansätze:

1. Wir stellen uns vor, was die Branche/Industrie alles falsch machen könnte, bevor sie es realisiert, und verbieten es im Vorhinein.
2. Wir verbieten kategorisch alles, was neu ist, und erst nach ausführlicher Prüfung lassen wir Stück für Stück neue Elemente zu.

Weil die technologische Entwicklung zu autonomen Fahrzeugen in den USA bereits weiter fortgeschritten ist, haben sich nicht nur die unmittelbar davon betroffenen Bundesstaaten mit Regulierungen auseinandergesetzt, sondern auch die Bundesverkehrssicherheitsbehörde NHTSA. Diese veröffentlichte im September 2016 einen Entwurf, der 15 Sicherheitsberücksichtigungen beinhaltete und von den Unternehmen größtenteils positiv aufgenommen wurde.[340] Die NHTSA muss damit den Spagat zwischen öffentlicher Sicherheit (vor den technologisch noch unausgereiften Testfahrzeugen) und dem Interesse an der Entwicklung solcher Technologien schaffen. Die Behörden sind sich sehr bewusst, dass all dies mittelfristig zu deutlich mehr Sicherheit im Verkehr führen könnte. Und das ist ganz im Sinn der Verkehrssicherheitsbehörde – und steckt sogar in ihrem Namen.

Erst Anfang 2017 hat auch die EU auf übernationaler Ebene damit begonnen, sich dieses Themas anzunehmen. Es wurde eine Vereinbarung getroffen, dass das Testen autonomer Fahrzeuge auch länderübergreifend geschehen darf. Bislang hatte jedes der 28 Länder separate Bestimmungen eingesetzt.[341]

Einige Anleihen zum Betrieb selbstfahrender Fahrzeuge könnten auch hier bei den Flugbehörden genommen werden. Die amerikanische FAA verbot die gewerbliche Nutzung von Drohnen wie bei Auslieferungen von Paketen durch Amazon oder den Überflug über ein Haus, um Fotos für eine Immobilienmaklerwebsite bereitzustellen. Nur private Drohnen, die in geringer Höhe unterwegs sind, werden gestattet, müssen aber seit 2016 auch registriert sein. Wohin sie fliegen dürfen, ist ebenfalls reguliert. Die Gegend um Flughäfen, Einflugschneisen oder Orte von besonderer Bedeutung wie Atomkraftwerke oder das Weiße Haus sind Verbotszonen. Dabei will man sich nicht auf die Kooperation der Drohnenbesitzer verlassen. Drohnenhersteller müssen Mikroprozessoren einbauen, die mit den Verbotszonen gefüttert werden können. Eine solchermaßen ausgestattete Drohne verweigert dann einem Drohnenpiloten den Flug in die Sperrzone.[342]

Bei selbstfahrenden Fahrzeugen ergeben sich dabei interessante Fragen. Darf mir jemand vorschreiben, wohin ich fahren darf oder wohin nicht? Kann mir meine Versicherung ein bestimmtes Gebiet verbieten? Baumaßnahmen waren bisher ohnehin ein Hinderungsgrund, abgesperrte Privatgrundstücke ebenfalls. Nun eröffnen sich aber neue Möglichkeiten.

In Rio de Janeiro können Autobesitzer bereits heute von ihrer Versicherung bereitgestellte Trackinggeräte einbauen, die per GPS aufzeichnen, wohin sich das Auto bewegt. Die Versicherung will nachvollziehen, ob der Fahrer regelmäßig in einen Stadtteil fährt, in dem viele Autoeinbrüche geschehen. Der Versicherungsbeitrag wird dann automatisch erhöht. Fahrer, die solche Gebiete meiden, zahlen weniger. Das hat hohe politische Brisanz. Aus guten Gründen veröffentlichen die Versicherungen nicht, welche Gebiete sie als gefährlich einstufen.

Wie wird man elektronische Schranken behandeln? Vermutlich nicht anders als bauliche Maßnahmen, die einem die Ein- oder Durchfahrt erlauben. Gerade bei Connected Cars öffnet sich hier aber eine Tür für missbräuchliche Aktionen. Was hält mich davon ab, bestimmte Signale zu setzen wie zum Beispiel einen Unfall vorzutäuschen, um meine Straße elektronisch für alle abzuriegeln und meine Nachtruhe zu gewährleisten?

Weitere interessante Fragestellungen ergeben sich aus dem Erwerb selbstfahrender Fahrzeuge. Was passiert, wenn ein Besitzer die Raten für den Autokredit nicht zahlt? Kann die Bank das Auto einfach anweisen, zum Hersteller zurückzufahren? Juristen sehen so etwas als verbotene Besitzstörung und halten Vertragsklauseln, die im Vorhinein die Zustimmung des Käufers verlangen könnten, für gerichtlich nicht durchsetzbar.[343]

Auch wenn schon heutige Fahrzeuge viele Daten sammeln und ganze Bewegungsmuster aufgezeichnet werden, ist zu erkennen, dass Regulierungsbehörden eine Art Blackbox vorschreiben werden. Das deutsche Verkehrsministerium denkt laut darüber nach.[344]

Äußere Schönheitsfehler und Hightech mit Gefühl

Wer einen Google-Koala-Car das erste Mal sieht, dem werden zwei kontroverse Dinge ins Auge stechen:

1. wie niedlich er aussieht …
2. wie hässlich er aussieht …

Die Gründe für die Niedlichkeit des Fahrzeugs haben wir bereits ausführlich diskutiert. Der Grund für die Hässlichkeit ist weitaus schwerer zu verstehen, denn für viele Autobesitzer wird neben dem Preis immer noch das Aussehen als wichtiges Kriterium für die Anschaffung eines Modells genannt. Macht es Eindruck? Ist es schnittig? In welcher Farbe will ich es haben? Von welchem Hersteller? Das gilt aber nur so lange, wie es sich um mein eigenes Auto handelt. Ein Taxi ist halt nur ein Taxi. Die meisten von uns werden auch nicht unterscheiden können, ob sie in einer Straßenbahn von Siemens oder ABB sitzen. Sobald sich das Modell selbstfahrender Fahrzeuge als Ridesharing-Angebot wie vorhergesagt als das dominante erweisen sollte, wird das Aussehen an Wichtigkeit verlieren, nicht aber das Design.

Das autonome Auto ist fundamental anders als das manuell gesteuerte, nicht nur optisch, sondern in seiner ganzen Funktionsweise. Wie wenig dieser geistige Sprung den neuen Autobauern gelingt, sieht man an folgendem Zitat aus *Wer kriegt die Kurve?* von Prof. Ferdinand Dudenhöffer:[345]

„Der dritte Kundenwert des Roboterautos ist die Freude an der Ästhetik der digitalen Intelligenz. Apple hat mit iPhone, iPad oder MacBook gezeigt, wie man für Künstliche Intelligenz eine Formensprache finden kann, die Formschönheit, Hochwertigkeit, Klarheit und Präzision zum Ausdruck bringt. Menschen denken nicht abstrakt, sondern in Bildern. Emotionen werden durch Assoziationen mit Bildern im Kopf ausgelöst. Deshalb spielt das Design eine herausragende Rolle. Die erfolgreiche Neuausrichtung von Mercedes unter seinem Vorstandsvorsitzenden Dieter Zetsche hat viel mit der neuen Designsprache des Konzerns zu tun, die Chefdesigner Gorden Wagener geprägt hat. ‚Sinnliche Klarheit als Ausdruck von modernem Luxus. Ziel ist es, klare Formen und glatte Flächen zu erzeugen, die Hightech inszenieren und zugleich eine emotionale Metaebene haben‘, so wird Wagener auf der Mercedes-Website zitiert. Wesentliches Gestaltungselement aller Mercedes-Modelle ist die sogenannte Dropping Line, eine an der Fahrzeugseite zunächst ansteigende Linie der Karosserie, die zum Ende hin abfällt, so Spannung erzeugt und die Skulptur abschließt. Mit einer solchen Formensprache müssen die klassischen Autohersteller auch beim automatisierten Fahren punkten. Reine Softwarekonzerne haben oft weniger Gespür für Formgebung – ein möglicher Grund, warum das Google-Auto gegenwärtig so aussieht, als sei es aus der Playmobil-Kinderspielecke entliehen worden.“

Auch bei den ersten Eisenbahnen gelang der geistige Sprung von der pferdelosen (Automobil-)Kutsche auf die neuen Möglichkeiten jahrelang nicht. In Zügen, die zunächst wie mehrere zusammengepferchte Kutschen aussahen, mussten sich die Schaffner mühsam über gefährliche offene Verbindungsstellen von einem Waggon zum nächsten hangeln. Es dauerte Jahrzehnte, bis sich die Waggondesigner vom Kutschenbild lösen konnten und geschlossene Einheiten mit entsprechend sicheren Übergängen bauten. Beim „fahrerlosen" Auto können sich die Experten nicht von der Vorstellung lösen, Lenkrad und Innenaufbau müssten weiter dem eines Verbrenners entsprechen. Wir haben ja bereits von der Möglichkeit gesprochen, den Antrieb nicht mehr als eigenständigen Block zu betrachten, sondern die Karosserie selbst in eine Batterie zu verwandeln.[346]

Die amerikanische Soziologin Sherry Turkle untersucht seit Jahrzehnten das Verhältnis zwischen Menschen und Maschinen im Alltag. Dabei ist sie immer wieder überrascht, wie rasch Menschen Vertrauen zu Maschinen fassen und teilweise Beziehungen zu ihnen aufbauen, die tiefer sind als zu anderen Menschen, ja selbst zu engen Familienmitgliedern.[347] Von Helen Greiners Erfahrungen über die Vermenschlichung von Roomba-Staubsaugerrobotern durch die Kunden und dem Robo-Hospital für Drohnen hartgesottener Soldaten haben wir bereits gehört.[348]

Die emotionale Verbindung, von der Prof. Dudenhöffer spricht, hat bei Roboterautos weniger mit Coolness oder Kraft zu tun, sondern eher damit, wie menschlich und vertrauenswürdig ein solches System vom Benutzer gesehen wird. Design ist damit immer noch wichtig, aber auf ganz andere Weise, als heutige Automobildesigner und Experten das im Blick haben.

Die Google-Koala-Cars brauchen ein ganz spezielles Design, damit den Sensoren eine möglichst uneingeschränkte Sicht auf die Umgebung ohne tote Winkel ermöglicht wird. Wie sich vor allem bei Smart Cars gezeigt hat und nun auch bei Google-Fahrzeugen, möchte und kann man diese Fahrzeuge hervorragend als Werbeträger nutzen. Google betreibt mehrere Fahrzeuge, deren Seitentüren mit Kunstwerken verziert sind. Auch können diese Flächen mit Leuchtschriftmodulen ausgestattet werden, die Botschaften an das menschliche Umfeld senden. Es ergeben sich ungeahnte neue Anwendungsgebiete für solche Fahrzeuge.

Auch die aktuell vorhandene Technologie und die Vorschriften der Sicherheitsbehörden beeinflussen das Design: Leistungsfähige Lidar-Systeme sind derart klobig und teuer, dass Google nur eines auf dem Dach installiert; andere Hersteller bauen bis zu acht Lidarsysteme ein, verteilt auf die vordere und hintere Stoßstange (je zwei) und jedes Eck des Daches (vier). Sobald die Lidarsysteme billiger und kleiner werden, kann sich auch das Design ändern. In einem 1.000-seitigen NHTSA-Handbuch für Autohersteller ist ganz genau spezifiziert, welche Kontrollelemente im Auto vorhanden sein müssen. Da das momentane Handbuch immer noch einen menschlichen Fahrer voraussetzt, müssen nach wie vor Außenspiegel angebracht werden, auch wenn sie für ein selbstfahrendes Fahrzeug eigentlich ohne Nutzen sind.

Wenn wir vom Design eines selbstfahrenden Autos sprechen, dann beschränkt sich das nicht nur auf das Äußere. Auch die Innenausstattung wird sich ändern. Wer sich im Computer History Museum in Mountain View in Googles dort ausgestelltes Koala-Auto setzt, wird erstaunt sein, wie groß es eigentlich ist. Auf der Straße sieht es wie ein Minicar aus, tatsächlich aber erlaubt es, wie von Londoner Taxis bekannt, ein fast aufrechtes Einsteigen ohne Bücken. Da es innen weder Lenkrad noch Pedale oder andere Steuerelemente benötigt und als Elektrofahrzeug auch kein Getriebe, ist das Innere so frei und offen, dass man sich beinahe schon wieder verloren fühlt, so viel Platz offeriert das Fahrzeug.

Das bietet neue Möglichkeiten für Designer und Passagiere. BMW stellte auf der CES 2017 ein Konzept vor, das sogar ein kleines Bücherregal – für gedruckte Bücher wohlgemerkt – mit einplante.[349] Auch Unterhaltungssysteme, Arbeitsplätze, Schlafeinrichtungen und Ähnliches sind vorstellbar. Die Zeit, die man nicht mehr zum Steuern des Fahrzeugs aufwenden muss, kann nun anders verwendet werden. Der Stellenwert von Interiordesign wird mit autonomen Autos an Bedeutung gewinnen und vermutlich die Hauptfunktion erfüllen, Markenloyalität bei den Passagieren zu schaffen.

Wie sich autonome Fahrzeuge auch auf das Design von Städten auswirken könnten, behandeln wir in einem späteren Kapitel.

Moonshots und Datengeschäfte: Reden wir mal über Googles Rolle …

Warum denn nun eigentlich gerade Google eine solch aktive Rolle bei der Entwicklung autonomer Fahrzeuge spielt, ist eine Frage, die sich Automobilexperten immer noch stellen. Es ist richtig, dass die IT-Expertise daran erheblichen Anteil hat, aber was ist das Grundmotiv? Ist Google nicht vorrangig eine Suchmaschine? Und was plant Google für die Zukunft?

Hierbei müssen wir zwei Faktoren einbeziehen. Nr. 1: Google strebt nach „Moonshots", stellt sich also extrem herausfordernden und schwierigen Problemen, um der Menschheit wichtige, und das bedeutet in diesem Fall tausendprozentige Verbesserungen zu bringen. Einen Menschen am Ende des Jahrzehnts auf den Mond zu schießen und wieder zurückzubringen war solch ein (buchstäblicher) Moonshot, den US-Präsident Kennedy am 25. Mai 1961 ankündigte – und mit der Mondlandung am 20. Juli 1969 auch einlöste.

Die Google-Gründer sehen sich dabei in der Verantwortung, das viele Geld, das das Suchmaschinengeschäft abwirft, in solche „worldchanging projects" zu investieren.

Der zweite Grund ist logischer und mit dem Kerngeschäft verbunden. Als Google zum ersten Mal den Google-Maps-Service anbot, wunderte ich mich, wie das zusammenpassen sollte. Auf der einen Seite eine Suchmaschine, auf der anderen ein Landkartendienst? Als ich dann einige Tage später die konkrete Anwendung eines Immobilienmaklers sah, der die Positionierung seiner Objekte durch die offenen Programmierinterfaces auf den Landkarten zeigte („mit einem Klick erfahren Sie mehr"), verstand ich es. Die virtuelle Welt im Internet, die von der Suchmaschine mit automatisierten Bots nach Informationen abgegrast wurde, überlagerte sich mit der realen Welt und stellte neue Inhalte zur Verfügung. Die Streetview-Cars, die Straßenbilder ablichteten, waren dann nichts anderes als physische „Bots", die die virtuellen ergänzten. Wenn man es von einer Handvoll Streetview-Fahrzeuge zu einer ganzen Armee selbstfahrender Fahrzeuge bringt, kann man zeitnah Information auf allen Straßen der Welt sammeln und mit den virtuellen Informationen kombinieren.

Googles Leitspruch, „alle Information der Welt zu sammeln und bereitzustellen", gewinnt damit eine neue Dimension. Mit den Landkarten und den Daten der Streetview-Cars konnten neue Anwendungszwecke gefunden werden. Menschen mit Behinderung können per Google Streetview ihre Wege besser planen. Ist ein Geschäftslokal für einen Rollstuhlfahrer barrierefrei zugänglich oder nicht? Urlauber können sich in der Nachbarschaft ihrer Airbnb-Unterkunft schon vorher umsehen. Das half mir in Paris, als dem Taxifahrer die Adresse nicht genau bekannt war, und ich durch meine vorherige Recherche wusste, dass sich gleich neben dem Eingang ein Schokoladengeschäft befand. Sobald ich dieses gesehen hatte, konnte ich den Fahrer anhalten lassen.

Bedeuten selbstfahrende Fahrzeuge, dass Google selbst zum Automobilhersteller wird? Wohl eher nicht. Wahrscheinlicher ist – und das scheint sich anhand der Automobilpartnerschaften abzuzeichnen –, dass Google die Zuliefererrolle anstrebt, beispielsweise seine Selbstfahrtechnologie in einer Box an die Hersteller liefert. Bereits heute haben moderne Autos Hunderte von Sensoren eingebaut, die Daten liefern, und das wird in Zukunft noch mehr werden. Dank Internetverbindung lassen sich die präzisen Straßenkartenservices online lesen, so wie auch Updates zur Software und Landkartendetails heruntergeladen werden können. Man kann sich sogar vorstellen, dass Google den Automobilherstellern diese Dienstleistungen – einschließlich der Box – kostenlos anbietet und im Gegenzug Zugriff auf die Fahrzeugdaten verlangt.

Dabei ist gar nicht sicher, ob man für Selbstfahrtechnologie überhaupt eine Box benötigen wird. Vielleicht lädt man nur eine App aufs Smartphone, mit der man sich in ein Fahrzeug reinhängt und es so kontrolliert. Heutige Smartphones verfügen zwar noch nicht über diese Rechenkapazität, in wenigen Jahren wird das jedoch kein Problem mehr sein.

Auch heute verdient Google sein Geld nicht mit dem Verkauf von Straßenkarteninformationen oder Abonnementgebühren von Google Docs, sondern mit der Verwendung der Daten für weitere Dienstleistungen. Die von Millionen von Fahrzeugen in der realen Welt gesammelten Umgebungs- und Verhaltensdaten werden damit immens wertvoll. Weltweit schätzt man das Potenzial auf über 750 Milliarden Dollar.[350]

Energieeffizienz und Unfallvermeidung: „Selbstfahrer" haben die Nase vorn

Autofahrerklubs und Firmen mit großen Fuhrparks veranstalten immer wieder Kurse, in denen kraftstoffsparende Fahrweisen geschult werden: mit richtigem Reifendruck, weniger Ladung im Fahrzeug und Ökomodus bei der Schaltung und vor allem durch Fahren mit gleichmäßiger Geschwindigkeit und viel Rollenlassen, ohne extreme Beschleunigungen und Bremsmanöver, mit wenig Leerlauf und den Windschatten ausnutzend. Natürlich können auch der (Nicht-)Einsatz von Klimaanlage, Heizung und anderen Energieverbrauchern helfen, Benzin zu sparen. All das ist kaum jemandem bekannt oder wird nicht richtig angewendet.

Diese Einsparungen erscheinen geradezu lächerlich, bedenkt man die inhärente Ineffizienz von Verbrennungskraftmotoren. Wie Sie schon gelesen haben, verschwendet die Umwandlung von Verbrennung in Bewegung 80 Prozent der erzeugten Energie. Am Ende des Tages dienen gerade mal ein Prozent des verwendeten Kraftstoffs dazu, den Menschen zu transportieren.

Nicht zuletzt durch den Dieselabgas-Skandal wurde auch einer breiteren Öffentlichkeit wieder in Erinnerung gerufen, wie hoch der Emissionsanteil von Autos ist und wie viele Menschen jährlich durch automobile Abgase getötet werden; laut MIT waren das in den USA 53.000 vorzeitige Todesfälle pro Jahr.[351] Schlügen sich die versteckten Kosten im Benzinpreis nieder, wäre er dreimal so hoch wie heute.

Eine automatisierte Maschine hingegen kann eine energiesparende Fahrweise immer an den Tag legen. Sie „vergisst" es nicht. Tatsächlich schätzt eine Studie, dass mit selbstfahrenden Elektrofahrzeugen zwischen 87 und 94 Prozent der heutigen Emissionen verringert werden könnten.[352] Die Fahrweise wird umweltfreundlicher eingestellt und das Gewicht des Fahrers fällt weg. Ein selbstfahrendes Auto mit geringerer Unfallwahrscheinlichkeit kann zudem leichter gebaut und mit weniger Sicherheitselementen ausgestattet werden. Zwar werden auch in heutigen Wagen sehr viel leichtere Materialien verwendet als früher, gleichzeitig mussten aber auch verstärkt zwingend vorgeschriebene

Sicherheitsmechanismen eingebaut werden, die jegliche Gewichtseinsparungen wieder zunichtemachten. Die NHTSA schätzt, dass jedes Auto allein durch die „Security" 57 Kilogramm mehr auf die Waage bringt und sich der Fahrzeugpreis 2001 um insgesamt 839,13 Dollar erhöhte.[353] Größere und schwerere Autos machen unsere Straßen zu tödlichen Fallen, vor allem für den kleineren Unfallgegner. 500 Kilogramm mehr an Fahrzeuggewicht erhöht die Unfallwahrscheinlichkeit um ungefähr 50 Prozent.[354]

Dabei ist unsere Herangehensweise irgendwie pervers. Wir statten die Autos so aus, dass sie einen Unfall besser überstehen, statt dass ein Unfall von vornherein vermieden wird. Und genau auf Letzteres sollten wir uns konzentrieren. Die heute üblichen Fahrerassistenzsysteme sind schon darauf aus, und noch viel mehr packen autonome Fahrzeuge diese Problematik an – und das gleich an der Wurzel. Sicherheitsgurte, Airbags, Schutzzonen, versteifter Passagierkäfig, Seitenverstrebungen in den Türen – all diese Einbauten dienen dazu, im Fall eines Unfalls die Passagiere zu schützen. Dabei ist es da im Grunde schon zu spät. Der Schaden soll nicht minimiert werden, sondern erst gar nicht auftreten. Mit der Selbstfahrtechnologie-Entwicklung schlägt man zwei Fliegen mit einer Klappe: weniger Kosten durch Unfallvermeidung und weniger Umweltkosten durch ein verringertes Fahrzeuggewicht.

Heute übliche vier- und fünfsitzige Fahrzeuge, die auch von Einzelpersonen gefahren werden, sind auf den häufigen Ein-Prozent-Fall ausgelegt, dass man eben mal nicht allein zur Arbeit fährt, sondern mit Freunden, Familie, viel Gepäck und Ausrüstung in den Urlaub düst. Einem selbstfahrenden, elektrischen Uber kann ich schon bei der Bestellung sagen, dass ich nur einen Ein- oder Zweisitzer brauche, der mich an mein Ziel bringt.

Nicht zu unterschätzen ist auch die Energieverschwendung in Staus und bei der Parkplatzsuche. Ein städtischer Parkplatz verbraucht pro Jahr so viel Benzin, wie ich für eine zweieinhalbfache Hin-und Rückfahrt von München nach Berlin benötige.

All diese Faktoren tragen dazu bei, dass das Energieeinsparungspotenzial mit einem vollständig auf selbstfahrende Fahrzeuge ausgerichteten Transportsystem zwischen 87 und 94 Prozent liegt.

Im Klartext: Wann können wir ein selbstfahrendes Fahrzeug kaufen?

Wie weit ist denn nun die Entwicklung von selbstfahrenden Fahrzeugen fortgeschritten? Wann können wir sie nutzen oder sogar kaufen? Die gute Nachricht: Es ist bereits heute möglich. Schon bei den Prototypentests hat sich gezeigt, wie wichtig es ist, Menschen das Steuer möglichst schnell aus der Hand zu nehmen. Viele Ereignisse während der Millionen Kilometer an Testfahrten verdeutlichten, dass selbst die „Selbstfahr-Erlkönige" mindestens ebenso sicher unterwegs sind wie menschliche Fahrer. Und Google informierte in der Vergangenheit aus freien Stücken im Monatsrhythmus über den Stand der Entwicklung.[355] Das Google-Projekt hat die ersten firmeninternen Milestones geschafft und bestätigt, dass der Zeitplan zwar nicht einfach einzuhalten sein wird, es aber zu schaffen ist. Seit Ende 2016 gibt es nun Waymo, ehemals als das Google-Selbstfahrprogramm (Google-X-Self-Driving-Programme) bekannt, das als eigenständige Firma die Selbstfahrtechnologie kommerzialisieren soll.

In mehreren Städten auf der Erdkugel sind bereits fahrerlose Taxiflotten im Testbetrieb unterwegs. Und mit etwas Glück hat man die Chance, als Passagier einzusteigen, wie in Singapur bei nuTonomy. Im August 2016 begannen die Testfahrten in einem mehrere Blocks umfassenden Straßenabschnitt; Passagiere konnten hinten im Fond mitfahren, während Ingenieure auf dem Fahrer- und Beifahrersitz das Fahrzeug überwachten, um im Notfall eingreifen zu können. Im September 2016 folgte dann Uber mit einer Testflotte in Pittsburgh. Auch hier fuhren Ingenieure auf dem Fahrersitz mit, um im Notfall eingreifen zu können. Passagiere dürfen momentan gratis einsteigen. Uber absolviert hier bis zu 930 Fahrten pro Woche, hinzu kommen 150 in Tempe, Arizona. Im Schnitt wurden seit Aufnahme der Tests in Pittsburgh 800 Passagierfahrten wöchentlich durchgeführt.[356] Ende März kam es dann zu einem ersten größeren Unfall, bei dem ein Uber-Fahrzeug im autonomen Modus von einem anderen Fahrer angefahren und zum Umkippen gebracht wurde.[357]

Tabelle 7 umfasst die bereits operierenden und die angekündigten Testflotten. Für den Sommer 2017 waren 40 autonome BMWs angekündigt, die in der Münchner Innenstadt ihren Testbetrieb aufnehmen sollten. Ob das tatsächlich geschehen ist, werden Sie wissen, wenn Sie dies gerade lesen.

Stadt	Unternehmen	Beginn der Testfahrten
Singapur	nuTonomy	August 2016
Pittsburgh	Uber	September 2016
Wuzhen	Baidu	November 2016
Boston	nuTonomy	Dezember 2016
San Francisco	Uber	Dezember 2016 – eingestellt März 2017 Wiederaufnahme
Tempe	Uber	Januar 2017
Göteborg	Volvo	Januar 2017
Mountain View	Google/Fiat–Chrysler	Sommer 2017
Tempe / Chandler	Google/Fiat–Chrysler	Februar 2017
München	BMW	angekündigt für 2017

Tabelle 7: Städte mit autonomen Taxiflotten

Neben Taxiflotten ließen bereits viele Städte kleine und große Busse oder Shuttles der Start-ups Local Motors (Olli), EasyMile oder Navya fahren. Lausanne, Amsterdam, Berlin, Salzburg, Perth, Las Vegas und weitere Metropolen stellten bereits Raum für vereinzelte Testprogramme zur Verfügung. Mehr sind im Kommen. Weltweit bereiten sich Städte auf autonome Fahrzeuge vor und erhoffen sich damit kostengünstige und sichere Transportmittel, die auch bislang unterversorgte Stadtteile besser an den öffentlichen Verkehr anschließen.[358]

Autonome Fahrzeuge lösen auch das als „Last Mile" bekannte Problem. Damit ist die Strecke gemeint, die ein Mensch von einer Haltestelle bis zur Wohnung oder zum Arbeitsplatz noch zu Fuß zurücklegen muss. Damit steht und fällt der öffentliche Nahverkehr. Sind Stadtgebiete nicht erschlossen, bleibt den Bewohnern keine andere Wahl, als mit dem Auto zu fahren. Bevölkerungsgruppen, die sich kein Auto leisten können, oder Personen, die nicht Auto fahren können oder dürfen, sind dann von sehr vielen städtischen Angeboten und Leistungen – Arbeitsplätze, Sozialeinrichtungen, Schulen, Spitäler, Shoppingcenter – ausgeschlossen oder müssen große Mühen auf sich nehmen, um sie doch wahrnehmen zu können.

Nach über zwei Millionen Kilometern an Straßentests waren Googles Autos lediglich in zwölf Kollisionen bei geringen Geschwindigkeiten verwickelt, wovon bloß zwei selbstverschuldet waren; alle trugen nur leichte Blechschäden davon. Damit kam es nur ungefähr alle 200.000 Kilometer zu einer Kollision. Die Unfallhäufigkeit entspricht dabei ziemlich genau der von Menschen gesteuerten Fahrzeugen.[359]

Deshalb ist es ermutigend, dass Googles Projekt intern „graduierte". Das bedeutet, dass das Unternehmen nun alles daransetzt, selbstfahrende Fahrzeuge zu produktisieren und auf den Markt zu bringen. Dieses Projekt stieg vom Status eines verrückten Moonshots zu einem eigenen Unternehmen auf, das Geld einbringen wird.[360]

Trotz der guten Nachrichten geht die richtige Arbeit jetzt erst richtig los. Und bei Weitem nicht alle Probleme sind schon gelöst. Wie viele davon noch anzupacken sind, zeigten Wissenschaftler der Oxford University.[361] In ihrem eigenen Testprogramm konzentrierten sie sich auf denselben zehn Kilometer langen Weg zur und von der Arbeit, das ganze Jahr hindurch und zu jeder Tages- und Nachtzeit. Wie sehr sich die Bedingungen auf ein und derselben Fahrstrecke dabei änderten, überraschte die Forscher dann doch; nicht nur Lichteinfall und Wetter spielten eine Rolle, sondern auch bauliche Maßnahmen: Ein kleiner Kreisverkehr wurde im Laufe des Jahres gleich dreimal verlegt. Man teilte in kurzfristige und langfristige Veränderungen ein. Verkehrsdichte, geparkte Autos, Sonnenlicht und Straßenlaternen bei Nacht zählten zu den kurzfristigen, Büsche und Hecken, Bäume mit und ohne Blätter sowie Bautätigkeiten und neue Verkehrsschilder zählten zu den langfristigen. Einige davon können Selbstfahrsystemen unter gewissen Umständen Probleme bereiten. Verlässt sich beispielsweise ein solches Fahrzeugsystem auf hochpräzise Straßenkarten, wie es die Google-Fahrzeuge tun, kann die spontane Verlegung des Kreisverkehrs zu Verwirrung führen. Systeme wie die von Tesla wiederum, die sich stärker auf Kameras verlassen, könnten dieses Problem besser behandeln, würden aber vermutlich durch anderes stärker herausgefordert sein.

Ergeben sich in derselben Region schon aufgrund von Tages- und Jahreszeit bedeutende Veränderungen, können Verkehrsflächen und Regeln in einer größeren Stadt, in einem Land oder gar über Kontinente hinweg noch mehr differieren. Signallichter von Ampeln, die in Kalifornien vertikal angeordnet sind, werden in Teilen von Texas horizontal ausgerichtet. Ob man bei Rot rechts abbiegen darf, ist selbst in den USA nicht in allen Bundesstaaten gleich. Dies alles sicher unter ein „(Auto-)Dach" zu bringen wird nicht einfach werden.

Vorbehalte:
„Ich fahre aber gern selbst Auto!"

Die beste Selbstfahrtechnologie hilft uns nicht, wenn wir selbstfahrende Fahrzeuge verweigern. Was sind die Argumente und Hintergründe? Sind sie ernst zu nehmen oder eher irrationaler Natur? Betrachten wir einige der Einwände, die von Skeptikern gerne gegen autonome Fahrzeuge vorgebracht werden.

Einwand 1: „Ich fahre aber gern selbst Auto!"
Das glaube ich gern. Es ist schon richtig schön, ein Fahrzeug durch eine atemberaubende Landschaft zu steuern und den Wind in den Haaren im offenen Cabrio zu genießen. Ich fuhr zwölf Jahre lang so durchs Silicon Valley und genoss jede (freie) Fahrt. Öfter jedoch saß ich im Stau im morgendlichen oder abendlichen Stoßverkehr: Schrittweises Vorankommen, das Reinzwängen in Lücken, verpasste Abfahrten und eine nervige Parkplatzsuche gerade dann, wenn man es ohnehin eilig hat. Na, servus! Und ich will gar nicht erst die Fahrten in den Urlaub erwähnen. Dann wenn alle in die Ferien düsen, die Autobahn zum kilometerlangen Parkplatz wird und man letztendlich gestresster am Ziel ankommt, als man losgefahren ist, bringt „selbst am Steuer zu sitzen" alles andere als Spaß.

In 95 Prozent aller Fälle muss man nur von A nach B kommen. Der Genussfaktor liegt bei null. In den USA stiegen die Zeitverluste durch Verkehrsstaus von 700 Millionen Stunden im Jahr 1982 auf 6,9 Milliarden im Jahr 2015, die geschätzte 160 Milliarden Dollar kosten.[362] In der EU wird der Betrag auf ein Prozent des EU-Bruttonationaleinkommens geschätzt, also auch auf 160 Milliarden Euro.[363] Und die Vorhersagen bleiben pessimistisch. Für das Vereinigte Königreich erwartet man bis 2030 eine Zunahme um 63 Prozent, für die USA um 50 Prozent.[364]

Gründe dafür gibt es mehrere. Zunächst einmal sind heute bereits mehr Fahrzeuge auf den Straßen, als wofür die Verkehrsinfrastruktur in vielen Ländern konzipiert worden ist.[365] Und mit dem momentanen Stand der Technik wird eine weitere Verdopplung der Fahrzeugzahlen in den nächsten 20 Jahren erwartet.[366]

Im jährlichen TomTom-Verkehrsindex werden die US-amerikanischen Städte mit den meisten Staus gelistet. Los Angeles liegt in Führung, gefolgt von San Francisco, New York, Seattle und San José.[367] In Los Angeles dauert die durchschnittliche Fahrt 44 Minuten länger, als es bei frei fließendem Verkehr nötig wäre.[368] Die schlimmsten Staus weltweit verzeichnen Mexico City (Mexiko), Bangkok (Thailand), Jakarta (Indonesien), Chongqing (China) und Bukarest (Rumänien). In Deutschland führt Köln die Tom-Tom-Statistik vor Hamburg, München, Berlin und Frankfurt am Main an.

Seien Sie ehrlich: Wie oft erleben Sie also wirklich die vielzitierte „Freude am Fahren"? An diesem Punkt wurde auch ein Google-Mitarbeiter nachdenklich. Als begeisterter Porschefahrer meldete er sich freiwillig auf den Aufruf des Google-X-Selbstfahr-Teams, um eine Woche lang einen der ersten Prototypen zu testen. Er konnte sich nicht vorstellen, sich wirklich mit dem Fahrzeug anzufreunden. Sehr bald aber realisierte er, dass die tägliche Fahrt zur Arbeit und wieder nach Hause viel entspannter ablief. Am Ende der einwöchigen Testphase war ihm klar, dass er seinen Porsche nur noch dann fahren und genießen wollte, wenn er ihn wirklich am Wochenende „ausfahren" konnte. Er mochte das Google-Auto gar nicht mehr hergeben.

Einwand 2: „Ich werde niemals in ein Fahrzeug steigen, über das ich keine Kontrolle habe!"

Tatsache ist, dass jeder von uns bereits heute mit Transportmitteln unterwegs ist, über die wir keine Kontrolle haben. Wir nehmen den Autobus, die Tramway, die U-Bahn, den Zug, das Flugzeug. Wir können nicht einmal kontrollieren, wohin es uns bringt. Eine Umleitung im Bahn- oder Flugverkehr lässt uns ungewollt an einer anderen Station aussteigen oder in einer anderen Stadt landen.

Uns ist unwohl bei dem Gedanken, dass Maschinen für Leben und Tod verantwortlich sind. Diese Entscheidung wollen wir uns selbst vorbehalten.

So verständlich dieser Wunsch auch erscheint, so vergeblich ist er bereits heute. Etliche unserer Transportmittel werden von Maschinen gesteuert. Das machen wir uns gar nicht bewusst. Fahrerlose U-Bahnen, Autopiloten im Flugzeug oder Verkehrsleitsysteme in der Luftfahrt erlauben beispielsweise eine viel engere und sicherere Taktung von Schienenfahrzeugen und Flugzeugen, als Menschen das je organisieren könnten. Und selbst etwas uns heute so selbstverständlich Erscheinendes wie ein Airbag entzieht sich unserer Kontrolle: wann er ausgelöst wird und wann nicht, ob wir sterben, schwer verletzt werden oder unbeschadet aus dem Wrack aussteigen. Im Flugzeug übernimmt der Autopilot zu 99 Prozent der Zeit die Kontrolle. Im Zug ebenso. Etliche U-Bahn-Systeme haben gar keinen Fahrer mehr. Auf den Flughäfen Frankfurt oder Zürich beispielsweise werden die Reisenden zwischen den Terminals führerlos transportiert. In manchen Flugphasen ist es sogar vorgeschrieben, dass der Autopilot übernehmen muss, wenn beispielsweise bei Unwetter oder schlechter Sicht gelandet werden muss. Und dasselbe werden wir bei Autos und Lastkraftwagen auch bald erleben. Wie Professor Dudenhöffer, Leiter des CAR-Instituts an der Universität Duisburg-Essen, im seinem bereits erwähnten Buch schlussfolgert:[369]

„Die Frage, ob ein Computer über unser Leben entscheiden darf, haben wir, wenn wir ehrlich sind, schon millionenfach mit Ja entschieden."

Ein Beispiel aus der Vergangenheit zeigt, dass selbst einem menschlichen Fahrer nicht in jedem Fall vertraut wird. Als die ersten weiblichen Straßenbahnfahrerinnen und Pilotinnen ihre Arbeit aufnahmen, gab es ähnliche Einwände; ein männlicher Vertreter der Zunft sei wesentlich erfahrener. Und heute? Ist es selbstverständlich, dass Frauen wie Männer uns chauffieren.

In viele technische Systeme sind bereits Elemente eingebaut, die ohne Zutun des Menschen die Kontrolle übernehmen und Entscheidungen treffen. Das Antiblockiersystem ist so ein Beispiel. Tritt der Fahrer aufs Bremspedal, entscheidet das ABS, ob es anspringt oder nicht. Auf einer normalen trockenen Fahrbahn wird es gegebenenfalls aktiv, auf einer vereisten Fahrbahn springt es hingegen eventuell gar nicht an.

Beim internen Google-Testprogramm wurden die Teilnehmer angewiesen, sich immer mit auf den Verkehr zu konzentrieren und aktiv mitzufahren, damit sie notfalls eingreifen konnten. Immerhin hatte man es nach wie vor mit einer unausgereiften Technologie zu tun, die über den Prototypenstatus noch nicht hinausgegangen war. Wie die Aufzeichnungen der im Wageninneren angebrachten Kameras zeigten, befolgten die Mitarbeiter diese Anweisung am ersten Tag noch sehr strikt und blieben wachsam. Am zweiten Tag wurden sie schon etwas nachlässiger, und am dritten Tag schauten sie schon mehr auf die Landschaft und Objekte um das Auto herum als auf das Verkehrsgeschehen. Am krassesten war das Beispiel eines Mitarbeiters, der sein Handy aufladen wollte und das Ladekabel aus seiner Tasche holen musste, die auf dem Rücksitz lag. Dabei drehte er sich um, öffnete die Tasche, zog seinen Laptop heraus, griff nach dem Kabel und legte alles auf den Beifahrersitz, bis er nach einigem Herumfummeln endlich das Handy zum Aufladen bereit hatte. Erst dann, nach ungefähr 15 langen Sekunden, blickte er wieder auf die Straße und den Verkehr.

Menschen gewinnen nach anfänglicher Skepsis überraschend schnell Vertrauen in die Maschinen, auch wenn sie wie im vorliegenden Fall eigentlich wachsam bleiben sollten. Und hier schließt sich der Kreis. Autonome Fahrzeuge verbinden uns auf ihre Weise wieder mit der Ära der Pferdekutschen, in der wir unsere Aufmerksamkeit nicht die ganze Zeit auf die Straße und den Verkehr lenken mussten.

Auch Notabschaltesysteme könnten einen gegenteiligen Sicherheitseffekt haben. Aus praktischer Erfahrung weiß man, dass Menschen schlechter beim Erkennen von Notsituationen abschneiden. Sie reagieren langsamer, oft falsch, halten manchmal vor Schockstarre inne und könnten das System missbräuchlich oder unabsichtlich abschalten und sich und das Fahrzeug damit erst recht gefährden. Die riskanteste Phase beim Übergang zu autonomen Fahrzeugen wird nach Ansicht von Experten jene sein, bei der die Kontrolle zwischen Mensch und Maschine geteilt wird. Wie gefährlich das ist, zeigen Studien von Ford. Bis sich der Mensch bei einer Übergabe des Computers wieder in die Verkehrssituation „eingelesen" hat, vergehen mehr als 20 Sekunden.[370] Erst wenn wir dem Menschen die Kontrolle beim Fahren gänzlich abnehmen, werden wir die Sicherheitsgewinne realisieren können, die für autonome Systeme vorhergesagt sind.

***Einwand 3: „Die meisten Kollisionen mit selbstfahrenden Fahrzeugen
werden zwar von menschengelenkten Fahrzeugen verschuldet,
aber nur deshalb, weil erstere – wie alte Leute – zu vorsichtig fahren.
Kein Wunder, dass andere Fahrer da nervös werden."***

Ein Aspekt, der bei diesem Einwand durchscheint, zeugt von einer gewissen Ambivalenz, was die Anforderungen an ein selbstfahrendes Auto angeht. Einerseits wirft man ihnen ihre Zögerlichkeit vor, andererseits sieht man sie als unkontrollierte Amokläufer. Hier wünscht man sich, dass sie an grünen Ampeln oder beim Abbiegen mit mehr Verve vorgehen, dort, dass man sie gar nicht erst auf die Straße lässt oder die Höchstgeschwindigkeit extrem begrenzt. Man beschwert sich über andere Fahrer, die aggressiv fahren, selbst ist man aber gern sportlich unterwegs. Man weist den langsamen Sonntagsfahrer mit Lichthupe und Mittelfinger auf seine blöde Fahrweise hin, reagiert aber genervt, wenn jemand hinter einem hupt, weil man selbst das rollende Verkehrshindernis in einer unbekannten Gegend darstellt.

Die heutigen selbstfahrenden Fahrzeuge, die wir auf öffentlichen Straßen sehen, sind so eingestellt, dass sie es vorsichtig angehen (beispielsweise zwei bis drei Sekunden an der grünen Ampel warten, bis sie losfahren). Die Höchstgeschwindigkeit der Google Koala-Cars ist auf 40 Kilometer pro Stunde begrenzt. Und sie sind auf Höflichkeit programmiert und darauf, vor allem schwächeren Verkehrsteilnehmern den Vortritt zu lassen – in all jenen Situationen, in denen menschliche Fahrer rasch ungeduldig werden, die Vorfahrt nehmen, sich noch reinzwängen, einen Fußgänger nicht vorlassen oder einen Fahrradfahrer zu knapp überholen. Und das immer, und nicht nur, wenn sie gerade in Stimmung sind.

Was sagt das über uns Menschen aus, wenn wir eine derartige Fahrweise als „blöd" und „gefährlich" bezeichnen? Sollte im anderen Fall etwas passieren, wenn nämlich selbstfahrende Autos ebenso zügig oder aggressiv unterwegs sind wie viele der heutigen „Normalos" und dann einen Unfall verursachen, kommen genau dieselben Leute an und sagen wieder: „Ich hab's ja schon immer gesagt! Die Technik ist nicht sicher!" Tatsächlich hat Google all diese Vorsichtsmaßnahmen in den Algorithmen eingebaut, weil selbstfahrende Fahrzeuge vor allem auf menschliche Fehler reagieren und sie korrigieren müssen.

Einwand 4: „Menschliche Fahrer werden selbstfahrenden Fahrzeugen ohne Rücksicht immer den Vorrang nehmen. Damit bleiben selbstfahrende Autos stehen, wo sie sind, weil sie nie in den Verkehr hineingelassen werden."

Das freundlich-zuvorkommende Verhalten von Roboterfahrzeugen ist mit dem von Fahranfängern zu vergleichen. Es kann mit Unsicherheit verwechselt werden. Und wenn einige Fahrer meinen, sie müssten sich im Kontakt mit ihnen aggressiv verhalten, ist das ihr Problem. Das ist jedoch in keinem Fall zu tolerieren, auch nicht gegenüber Roboterfahrzeugen.

Einwand 5: „Terroristen werden autonome Fahrzeuge mit Sprengstoff vollstopfen und als fahrende Bomben verwenden."

Tatsächlich ergab eine Befragung von 700 Personen aus dem Jahr 2016, dass 43 Prozent der Deutschen und Österreicher, 40 Prozent der Amerikaner und 41 Prozent der Südkoreaner davor Angst haben, dass autonome Fahrzeuge von Terroristen missbraucht werden.[371] Die Lösung könnte aus einer völlig anderen Industrie kommen, nämlich der Blockchain, einer dezentralen Datenstruktur. Diese war ursprünglich rein für den Finanzsektor gedacht, hat sich aber als unglaublich vielseitig anwendbar entpuppt.

Ohne näher ins Detail zu gehen, ist die Aufgabe der Blockchain nichts anderes, als eine Transaktion sicherzustellen, wie beispielsweise Geld von einem Konto abzubuchen und auf einem anderen gutzuschreiben. Das geht auch mit Grundbucheinträgen. Der Besitztitel wird von einer Person auf die andere übertragen. Dabei ist die Blockchain nicht zentralisiert, sondern dezentralisiert angelegt. Nicht eine Bank oder das Grundbuchamt halten das Verzeichnis, sondern es ist für alle öffentlich einsehbar und wird innerhalb von wenigen Minuten aktualisiert. Da die gesamte Transaktionshistorie eines Objekts in der Blockchain aufbewahrt wird – Transaktionsblöcke werden aneinandergereiht, also verkettet – lässt sich sofort ermitteln, wer die Beteiligten waren. Ein autonomes Auto, das über die Blockchain verwaltet wird, trägt seine gesamte Transaktionshistorie sichtbar mit sich, ein Missbrauch wird damit sofort sichtbar.[372]

Einige Eigenheiten der Blockchain-Technologie könnten die Anwendung im Automobilbereich noch verhindern, aber sie stellt auf jeden Fall einen Lösungsansatz für Cybersecurity-Probleme dar.

Fahrweisen, die „zum Kotzen" sind

Eine Autofahrt mit meiner jüngeren Schwester im Kindesalter glich immer einem Glücksspiel. Würde sie sie überstehen, ohne sich übergeben zu müssen? Ihre Magenempfindlichkeit blieb nicht nur aufs Autofahren beschränkt. Auch in Straßenbahnen wurde ihr schlecht. Nicht immer, aber regelmäßig, was meine Eltern in ihrer Mobilität stark einschränkte. Seit sie selbst fährt, ist das vorbei. Das Fahrzeug selbst unter Kontrolle zu haben und die Fahrtrichtung selbst bestimmen zu können, beruhigt ihren Magen.

Was aber löst die Übelkeit in bewegten Fahrzeugen aus? Die entsteht, wenn wir eine Diskrepanz spüren zwischen der Bewegung, die wir sehen, und der, die wir mit unserem Körper erfahren, und wenn wir die Bewegungsrichtung weder vorhersagen noch kontrollieren können. Deshalb betrifft Übelkeit vor allem Passagiere, aber nur in seltensten Fällen den Fahrer. Um es einmal drastisch auszudrücken: Bedeutet das nun, das selbstfahrende Fahrzeuge „einfach zum Kotzen sind?"

Nur, wenn die Fahrweise wieder dem Ritt auf einem Pferd gleicht. Lange Jahre nahm ich den Werksbus oder öffentliche Verkehrsmittel, um zur Arbeit zu gelangen. In den ersten Wochen war es mir nicht möglich zu lesen. Zu rasch wurde mir schwindlig. Mit der Zeit gewöhnte ich mich daran, und es gelang mir problemlos, die Fahrt lesend zu verbringen. Mit einer Ausnahme: wenn ein bestimmter Busfahrer für unsere Route zuständig war. Dieser wechselte zwischen Beschleunigen und Abbremsen hin und her, was sofort Übelkeit verursachte. Wie die Kollegen im Bus so treffend anmerkten: „Nur Reiten ist schöner!"

Wir kennen das aus eigener Erfahrung. Sitzen wir allein im Auto, fahren wir anders, als wenn die ganze Familie dabei ist. Wir fahren vorsichtiger, ruhiger, damit auch ja niemandem schlecht wird. Fahren andere, hängt unser Wohlbefinden davon ab, ob wir mit der Fahrweise des Fahrers „kompatibel" sind. Ein selbstfahrendes Auto muss in einer Weise unterwegs sein, die allen zuträglich ist.

Forscher der Universität Michigan erwarten, dass es mit der Verbreitung selbstfahrender Autos zu mehr Übelkeit bei mehr Passagieren kommen wird, da niemand mehr selbst am Steuer sitzt.[373] Auch Aktivitäten wie Lesen oder Videospiele machen können dazu beitragen. Man geht davon aus, dass sechs bis zehn Prozent aller Erwachsenen häufig unter

Übelkeit leiden werden und weitere zwölf Prozent unter gelegentlichen Beschwerden.

Wie könnte das nun verhindert werden? Indem Hersteller das Sichtfeld mit großen Fenstern erweitern und Bildschirme so anbringen, dass sie die Passagiere nach vorn blicken lassen. Das würde auch bedeuten, drehbare Sitze und Aktionen, die viele Kopfbewegungen nötig machen, zu vermeiden und stattdessen Sitze mit verstellbarer Rückenlehne einzubauen.

Nur im Kreis fahren wird auch irgendwie langweilig …

Beschränken sich selbstfahrende Autos rein auf öffentliche Straßen? Ganz und gar nicht! Land Rover experimentiert mit autonomen Fahrzeugen, die unabhängig von asphaltierten und markierten Straßen quer durchs Gelände heizen können.[374]

Wer also glaubt, selbstfahrende Autos könnten nur „langsam", war wohl noch nie auf einem entsprechenden Rennen. Sie sind durchaus in der Lage, schnell, sogar sehr schnell zu fahren, wie Audi mit seinem RS7-Prototyp demonstriert hat. Der fuhr sagenhafte 250 Kilometer pro Stunde.[375] Es gibt sogar bereits eine eigene Rennserie für autonome Fahrzeuge, die von Silicon-Valley-Unternehmer Joshua Schachter ins Leben gerufen wurde.[376] Drei Fahrstunden nördlich von San Francisco, auf der Thunderhill-Rennstrecke im Central Valley, fand Ende Mai 2016 das erste Rennen statt.[377] Ein Dutzend Teams nahm daran teil. Auch wenn die Veranstaltung weniger einem Formel-1-Racing-Event glich als einer Vorzeige- und Werbeveranstaltung, erinnerte es doch an die Ursprünge des Automobil- und Flugsports. Damals waren viele Vehikel Bastlerfahrzeuge, die es manchmal gar nicht erst zur Startlinie schafften oder bereits an der ersten Kurve scheiterten. Auto- oder Flugzeughersteller gab es damals noch nicht, deshalb gingen die tollkühnen Piloten und Fahrer mit ihren Eigenbauten an den Start. 2017 wurden auch die ersten Testrennen von autonomen Rennautos in der Roborace-Serie in Paris und Buenos Aires durchgeführt.[378]

In welche Richtung sich die heutigen Autorennen entwickeln werden, bei denen immer noch die Fahrer die Sympathien und Hoffnungen des

Publikums, der Fans und einer ganzen Nation tragen, und ob sie mit autonomen Rennautos an Popularität einbüßen, lässt sich heute nur schwer abschätzen. Wenn ich mir allerdings ansehe, welche Begeisterung der ComBot-Cup und die RoboGames auslösen, sehe ich da keinen Grund zur Sorge.[379] Mit meinem damals sechsjährigen Sohn besuchte ich zwei derartige Veranstaltungen. Es war mörderisch laut, die ferngesteuerten Roboter gingen mit Flammenwerfern, Kreissägen, Hämmern und jeder Menge anderer Tricks aufeinander los und bannten die Aufmerksamkeit des Publikums, das zur Hälfte aus Kindern bestand. Wenn ich etwas vorhersagen darf: Die Rennstrecken der Zukunft werden mehr einem Mad-Max-Rennen ohne Fahrer ähneln, mit allem, was erlaubt ist. Und die heutigen Kinder werden sich nicht mehr vorstellen können, warum die Formel 1, oder – noch öder – NASCAR einst so populär waren. Wie schon der dreifache Formel-1-Weltmeister Niki Lauda vor vielen Jahren sagte: „Ich habe es satt, im Kreis zu fahren."

Clever sparen – der Umwelt zuliebe

Um die Umweltverträglichkeit von Autos zu ermitteln, betrachten wir üblicherweise die Herstellung, die Art des Gebrauchs und schlussendlich das Recycling. Aufgrund der spezifischen Eigenheiten autonomer Automobile erhofft man sich schon bei der Produktion Vorteile. Man wird zukünftig bei autonomen Fahrzeugen, die nach Expertenmeinung die Unfallzahlen nach allgemeiner Einführung signifikant reduzieren, auf viele Sicherheitseinrichtungen verzichten können. Ab einem bestimmten Sicherheitsgrad autonomer Systeme und mit der Verbannung manuell gesteuerter Fahrzeuge von den Straßen können im Fahrzeugbau weniger und leichtere Materialien zum Einsatz kommen und die Wagen somit billiger machen. Leichtere Autos schonen die Ressourcen und brauchen weniger Batteriekapazität und -gewicht bei gleichbleibender Reichweite, sofern es sich um Elektrofahrzeuge handelt.

Ein Auto, das durchschnittlich nur 38 Minuten am Tag bewegt wird, stellt eine gewaltige Ressourcenverschwendung dar und ist alles andere als nachhaltig. Selbstfahrende elektrische Ubers transportieren Passagiere und Güter rund um die Uhr, als Ein-, Zwei- oder Mehrsitzer. Eine Flotte an Robotertaxis, die aus erneuerbaren Energiequellen wie Solar- und Windkraftanlagen gespeist wird, könnte die Treibhausemissionen zwischen 87 und 94 Prozent reduzieren.[380]

15 Prozent an Treibstoffkosten wären zudem einzusparen, indem man eine optimale Fahrstrecke und eine Fahrweise wählt, die nicht auf einem „menschengemachten" Wechsel von Stop-and-go basiert.[381] Ein Stopp an Kreuzungen und das erneute Anfahren und Beschleunigen vernichtet kinetische Energie. Wenn die Fahrzeuge miteinander kommunizieren und sich an Kreuzungen so synchronisieren, dass sie nicht mehr anhalten müssen, würden hier sogar gleich 30 Prozent an Treibstoffkosten eingespart werden.[382]

Die Fahrzeuge könnten auch in sogenannten „Road Trains" als Konvoi gebündelt werden. Autos, die koordiniert fahren, verursachen zudem keine Staus mehr. Damit fallen Hunderte Milliarden an verlorenen Produktionskosten und im Stau verbrannte Treibstoffmengen weg. Die Methode, bei der sich mehrere Fahrzeuge verschiedener Transportunternehmen miteinander „verlinken" und mit jeweils zwölf Meter Abstand hintereinander herfahren, ist vor allem für Lkws interessant. Der schwedische Hersteller Scania testet dies in Singapur.[383] Das erste Fahrzeug spart dabei 4,5 Prozent an Treibstoffkosten, jedes weitere zehn Prozent.[384] Bedenkt man, dass der Treibstoff sich mit bis zu 40 Prozent in den Betriebskosten eines Transportunternehmens niederschlagen kann, bedeutet das eine signifikante Einsparung. Obwohl Lkws nur vier Prozent aller Fahrzeugtypen ausmachen, sorgen sie für 25 Prozent des Emissionsausstoßes. 42,7 Prozent gehen auf das Konto von Pkws, 17 Prozent auf das von Pick-ups, Kleinbussen und SUVs.[385] Insgesamt zeigt sich der Transportsektor für 27 Prozent aller Treibhausemissionen verantwortlich.[386]

Intelligente Systeme, die einem Fahrzeug helfen, einen Parkplatz oder eine optimale Route zu finden, können nochmals fünf Prozent an Einsparung bringen. Bedenken wir aber, wie viele Autos heute in Städten zu gewissen Tageszeiten auf der Suche nach einer Abstellmöglichkeit sind, lernen wir autonome Fahrzeuge ohne Parkplatzbedarf oder elektronische Parkleitsysteme (= weitere Reduktionen) noch mehr zu schätzen.

Nicht alle halten autonome Fahrzeuge für *die* Lösung. Eine Studie setzt die tatsächlich möglichen Einsparungen durch weniger Staus bei maximal fünf Prozent an. Die Effizienz von Road Trains hänge beispielsweise vom Abstand der einzelnen Fahrzeuge und der Gesamtlänge des ganzen Konvois ab.[387] Auch die bestehende Infrastruktur und rechtliche Bestimmungen könnten Grenzen setzen. Vielleicht würden wir mit autonomen Autos sogar mehr und weiter fahren als bisher, wenn ein Auto einfach bequem per App gerufen werden kann und man sich um nichts weiter kümmern muss.

Autos stellen das Konsumentenprodukt mit der höchsten Recyclingrate dar. Fast 100 Prozent des verwendeten Eisens und Stahls, die 60 Prozent des Fahrzeuggewichts ausmachen, werden wiederverwertet.[388] Selbst ein Umstieg auf Aluminiumkarossen wird das nicht ändern, da dieses Material sogar eine noch höhere Recyclingrate besitzt, weil es ohne Qualitätsverlust wiederverwertet werden kann. Dies ist preislich sogar günstiger, als neues Aluminium zu produzieren.

Selbstfahr-Erlkönige „auf freier Wildbahn"

Im Verkehrskindergarten wollte jedes Kind im Auto sitzen und konnte nicht erwarten, bis es dran war und nicht mehr Fußgänger sein musste. Es gab zwar auch Dreiräder und sogar Fahrräder, aber jeder wollte im Tretauto durch diese Miniaturversion einer Stadt fahren. Alles war vorhanden: Schilder, Zebrastreifen, Kreisverkehr und Miniaturampeln. Bevor wir Kinder auf die reale Verkehrswelt losgelassen werden sollten, mussten wir in einer sicheren Variante üben. Wir fühlten uns wie die Großen, aber leider waren wir nur ein einziges Mal dort.

Genauso wenig, wie wir als Kinder unvorbereitet in den Verkehr geschickt wurden, können Prototypen selbstfahrender Fahrzeuge sofort auf die Öffentlichkeit losgelassen werden. Immerhin handelt es sich bei diesen Autos um zwei Tonnen schwere Roboter, die einigen Schaden anrichten können, wenn etwas schiefgehen sollte. Der tödliche Unfall eines Tesla-Fahrers mit eingeschaltetem Autopiloten – der ein Fahrassistenzsystem und kein autonomes Fahren darstellt – unterstreicht die Notwendigkeit von Testgeländen.

Bisher testeten die Hersteller ihre Autos auf eigenen, abgeschlossenen Strecken, wie Daimler auf dem Hockenheimring oder im Prüfzentrum in Immendingen, das in erweiterter Form ab 2018 bereitstehen soll.[389] Oftmals werden Rennstrecken oder ehemalige Flugfelder dafür herangezogen. Trotzdem muss man mit neuen Modellen irgendwann einmal auf die Straße. Eine eigens darauf spezialisierte Branche aus Fotografen und Journalisten lauert diesen oftmals mit Tarnfolien verklebten „Erlkönigen" auf, um sie Autointeressierten in Fachmagazinen zu präsentieren.

Die heutigen Übungsstrecken werden den Anforderungen für fahrerloses Fahren aber nicht mehr gerecht. Es genügt nicht länger, nur auf einem einfachen Abschnitt zu testen, die Hersteller müssen reale Zustände vorfinden mit einem üblichen Verkehrsaufkommen, variierenden Straßenzuständen und Wetterbedingungen, Gebäuden, Subjekten und Objekten auf der Straße und am Straßenrand und mit Überraschungssituationen. In den USA gibt es mehrere Testgelände wie das schon vorgestellte GoMentum unweit von San Francisco, die solch unterschiedliche Bedingungen anbieten, und viele weitere sind in Planung. Die Straßen im GoMentum bilden repräsentativ den Zustand vieler kalifornischer Straßenabschnitte ab, mit Schlaglöchern, verwitterten Straßenmarkierungen, kreuzenden Eisenbahnschienen, Autobahnauffahrten, Brücken und Unterführungen, aber auch mit Gebäuden, Kreuzungen, verblichenen Straßenschildern und – falls gewünscht – auch mit anderen Fahrzeugen und Fußgängern. Dieses Testgelände bietet alles, was das Herz eines Entwicklers autonomer Fahrzeuge begehrt. Da das Gelände nach wie vor militärisches Gebiet darstellt, ist es bewacht und für die Öffentlichkeit nicht zugänglich. Für Hersteller, die ihre Forschungen unter Ausschluss der Öffentlichkeit vorantreiben wollen, ist das ein nicht zu unterschätzender Vorteil.[390] Acura, Honda und EasyMile testen bereits heute auf der GoMentum Station, ein Dutzend weiterer Hersteller ist mit den Betreibern im Gespräch. Auch die NASA Ames Airforce Base wird für Tests verwendet, derzeit von Google, Nissan und Peloton.

Seit der kalifornische Gouverneur Jerry Brown grünes Licht gegeben hat, dürfen auf zwei genau bestimmten Straßenabschnitten auch autonome Autos ohne einen menschlichen Fahrer unterwegs sein, und zwar auf der GoMentum Station und im Geschäftszentrum Bishop Ranch bei San Ramon in der East Bay.[391] Das kalifornische Department of Motor Vehicles ging sogar noch einen Schritt weiter. Ab November 2017 sollen autonome Fahrzeuge ohne Fahrer auf allen öffentlichen Straßen Kaliforniens unterwegs sein dürfen. Besonders weit geht ein Vorschlag des amerikanischen Kongresses, der bis zu 100.000 autonome Fahrzeuge auf allen amerikanischen Straßen erlaubt, ohne dass bestehende Sicherheitsstandards eingehalten werden müssen. Warum machen die das? Um die Entwicklung voranzutreiben und nicht zu behindern. Die Vorteile autonomer Fahrzeuge sind für die Abgeordneten so vielversprechend, dass sie dem nicht im Weg stehen wollen."[392]

Sehr viel kleiner und mit ganz anderen Eigenschaften ausgestattet ist die M City in Ann Arbor, Michigan. Diese wird von der University of Michigan betrieben und bietet künstliche Straßenszenarien unter idealen Bedingungen. Alle Straßenmarkierungen und Schilder sind neu, die Strecke ist optimiert und anpassungsfähig. Auch erlaubt es das Wetter in Michigan eher als das in Kalifornien, die Fahrzeuge unter schlechten Witterungsbedingungen wie Regen und Schnee zu testen.[393] Seit Dezember 2016 erlaubt Michigan bereits fahrerlose Autos ohne einen Fahrer oder ein Lenkrad an Bord.[394]

In Michigan ist noch ein weiteres Testgelände für „Connected Cars" und autonome Fahrzeuge geplant, das in der ehemaligen Bomberfabrik Willow Run in Ypsilanti aufgebaut werden soll. Der Spatenstich erfolgte im November 2016.[395] Zehnmal so groß – verglichen mit M City – soll die Bandbreite an Verkehrsszenarien werden. Betrieben wird dieses Testgelände ebenfalls von der University of Michigan unter dem Namen „American Center for Mobility".[396] Im selben Bundesstaat in Flint unterhält die Kettering University gemeinsam mit General Motors ebenfalls eine Teststrecke, und in Blacksburg hat die Virginia Tech ein Übungsgelände eröffnet.[397/398] Florida wollte nicht nachstehen und begann im Frühjahr 2017 mit dem Bau eines Testgebiets in Polk County.[399]

Google selbst verwendet die frühere Castle Airforce Base, zweieinhalb Stunden östlich von San Francisco bei Merced, als Testgelände und Schulungszentrum für seine Fahrer, sprich Nichtfahrer, die das

Fahrzeug und die Umgebung im Auge behalten müssen, um im Notfall eingreifen zu können.[400] Die Fahrleiter geben Aufgaben für die jeweiligen Testfahrten vor, um Daten zu sammeln und die Algorithmen justieren zu können.

Das Testzentrum beherbergt einen Lagerraum mit vielen Gegenständen, die auf der Teststrecke platziert werden oder von anderen Mitarbeitern, die Verkehrsteilnehmer simulieren, verwendet werden können. Die Testfahrer helfen dem Auto, Gegenstände zu erkennen und zu klassifizieren und auch Fahrsituationen richtig zu interpretieren. So können sie die Entwickler auf bestimmte Verhaltensweisen hinweisen, die ihnen aufgefallen sind. Das ist gar nicht so einfach, wie es klingt, da die Testfahrer und Ingenieure auch mal eindösen.[401]

Im Januar 2017 gab dann das US Department of Transportation eine Liste mit zehn offiziellen Testgeländen und öffentlichen Testgebieten heraus, die der Weiterentwicklung der Fahrzeuge, der Erstellung von Standards und Gesetzen und dem Austausch von Informationen und Erfahrungen dienen sollen.[402]

1. City of Pittsburgh & Thomas D. Larson Pennsylvania Transportation Institute
2. Texas AV Proving Grounds Partnership
3. U.S. Army Aberdeen Test Center
4. American Center for Mobility (ACM) at Willow Run
5. Contra Costa Transportation Authority (CCTA) & GoMentum Station
6. San Diego Association of Governments
7. Iowa City Area Development Group
8. University of Wisconsin-Madison
9. Central Florida Automated Vehicle Partners
10. North Carolina Turnpike Authority

Jede Gemeinde, jede Stadt und jeder Bundesstaat in den USA will bei diesem Rennen um die Gunst der Automobilindustrie dabei sein. Mit dem In-Aussicht-Stellen von flexiblen Regelungen und öffentlicher Infrastruktur erhoffen sich lokale Verwaltungen, über ein Testgebiet zu einem Produktions- und Entwicklungsstandort zu werden.

Wie sieht es damit in Deutschland aus? Obwohl deutsche Hersteller und Forschungseinrichtungen bereits in den 1980er-Jahren mit der Entwicklung autonomer Fahrzeuge begannen und seit 2010 58 Prozent aller Patente in diesem Bereich auf ihr Konto gehen, fallen sie zurück.[403] Patente anzumelden und die Technologie vorwärtszubringen, das geht nicht unbedingt Hand in Hand. Während in den USA bereits mehrere Testgelände in Betrieb und viele weitere in Planung sind, während einige Bundesstaaten autonomes Fahren unter Auflagen auf öffentlichen Straßen erlauben und sogar eine Fahrerlaubnis für autonome Fahrzeuge ohne Menschen an Bord vorbereiten und während die NHTSA bereits an einem umfassenden Regelwerk arbeitet, steht Deutschland noch nicht einmal richtig in den Startlöchern. Für 2016 wurde angekündigt, einen Teilbereich der Autobahn A9 als Teststrecke freizugeben, aber die Umsetzung verzögerte sich. Wer heute die A9 und A93 entlangfährt, kann jedoch rund 70 Zentimeter breite Schilder am Straßenrand erkennen. Diese sind als Orientierungspunkte für fahrerlose Autos gedacht und sollen einen zentimetergenauen Abgleich der Fahrzeugposition mit dem GPS-Signal ermöglichen (siehe Abbildung 4).

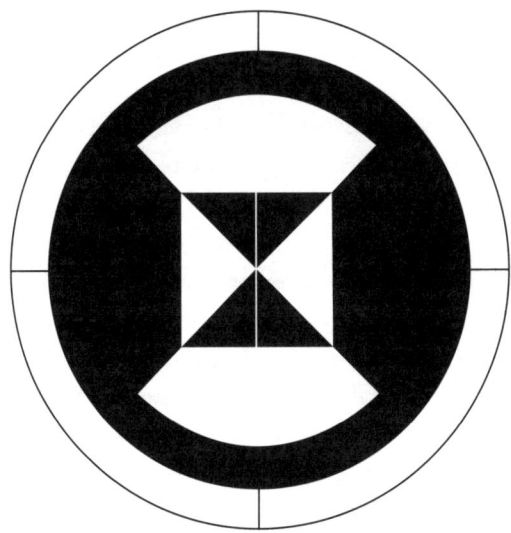

Abbildung 4: Orientierungspunktzeichen für computergesteuerte Autos

Ob das Folgende auch umgesetzt wird, kann ich zum heutigen Zeitpunkt noch nicht sagen: 2017 sollen testweise autonome BMWs im Stadtverkehr von München Erfahrung sammeln, und zwar nicht nur im Google-Schleichmodus, sondern auch schon einmal spritzig mit 70 Kilometern pro Stunde.[404] Als ob es darauf ankäme! Auch Mercedes-Benz erhielt endlich Ende 2016 von Stuttgart eine Lizenz, autonome Autos im Stadtgebiet zu testen.[405] Kurz zuvor kündigte das deutsche Verkehrsministerium an, einen fahrerlosen Kleinbus des US-Start-ups Local Motors in Berlin auf dem EUREF-Campus probeweise fahren zu lassen.[406] Solch ein Versuch läuft ebenfalls in Leipzig, allerdings zusammen mit dem französischen Hersteller Easymile. Beide Probebetriebe werden von der Deutschen Bahn durchgeführt. Auch in Hamburg peilen die Verkehrsplaner eine fahrerlose Buslinie an, aber erst für 2021. Und Braunschweig und Kassel sind ebenso als Testgebiete angekündigt.

Bisher ist man sich in Deutschland nicht ganz einig, was solche öffentlichen Teststrecken können müssen, bevor man sie freigibt. Wie steht es mit Sensoren, die eine Kommunikation mit den Fahrzeugen ermöglichen? In Berlin wird mit einem Riesenaufwand von 3,7 Millionen Euro an Fördergeldern eine Teststrecke mit Sensoren ausgestattet. Partner des Projekts DIGINET-PS sind neben der TU Berlin Fraunhofer FOKUS, Daimler, Cisco sowie die Berliner Verkehrsbetriebe (BVG).[407]

Solche Bedenken und Überlegungen hindern die US-Hersteller nicht. Parallel zum bereits laufenden Betrieb mit Prototypen zielt eine Vier-Milliarden-Dollar-Initiative der Regierung darauf ab, einen vollständigen Highway als Transitroute für fahrerlose Fahrzeuge auszustatten. Der Highway 83, der sich 3.000 Kilometer durch North Dakota, South Dakota, Nebraska, Kansas, Oklahoma und Texas zieht, könnte es werden.[408] Die amerikanischen Unternehmen haben sogar eine industrieübergreifende Plattform gebildet, die die Rahmenbedingungen und die Technologie zu autonomem Fahren vorantreiben soll. Die „Self-Driving Coalition for Safer Streets" vereint neben Uber, Lyft und Google auch Hersteller wie Ford und Volvo. Auch Organisationen wie Mothers Against Drunk Driving, National Federation of the Blind, United Spinal Association, das R Street Institute und Mobility 4 All gehören der

Koalition an. Geleitet wird sie vom ehemaligen NHTSA-Chef David Strickland.[409]

Und was macht Europa? Ungarn hat den Bau eines Testgeländes in Zalaegerszeg angekündigt, Österreich will folgen, hat aber bisher noch nichts konkret umgesetzt.[410] Rechtliche Fragen, Skepsis und mangelndes Bewusstsein für die Dringlichkeit bremsen die Anstrengungen aus. Ende 2016 wurden lediglich eine Fahrt auf der A2 in der Nähe von Graz durch den Automobilzulieferer AVL List durchgeführt und der Test eines autonomen Minibusses des französischen Start-ups Navya in der historischen Salzburger Innenstadt.[411/412] In der Schweiz, auf dem Campus der Technischen Hochschule von Lausanne (EPFL), unternahm man bereits 2015 Versuche mit solch einem autonomen Kleinbus in Zusammenarbeit mit dem Flottenmanagement-Start-up BestMile und dem schweizerischen Postbus.[413] In Sion/Sitten fährt seit einigen Monaten ein autonomer Bus im Testbetrieb mit Fahrgästen.

Deutschen Herstellern bleibt bisher nichts anderes übrig, als ihre Fahrzeuge in Kalifornien und Nevada zu testen. Während sie noch darum kämpfen, im eigenen Land eine Testerlaubnis zu erhalten, kommen die amerikanischen und japanischen Hersteller mit ihren eigenen Fahrzeugen bereits nach Europa. Ford nimmt ab 2017 den Testbetrieb im britischen Essex auf, gefolgt von Tests in Aachen und Köln.[414] Nissan wiederum startete Testläufe im Frühjahr 2017 in London.[415]

Auch Kanada gibt fleißig Gas, obwohl dort kaum eine nennenswerte Automobilindustrie zu verzeichnen ist. So hat Ontario Regulierungen verabschiedet, die der University of Waterloo, den Unternehmen Blackberry und General Motors Canada und dem deutschen Hersteller Erwin Hymer Group das Testen autonomer Fahrzeuge auf öffentlichen Straßen erlaubt.[416]

Und selbst ein Land wie Indien mit seinem chaotischen Verkehr darf nicht fehlen. Gleich zwei indische Organisationen haben um eine Testlizenz für die „Mission Impossible" ersucht: Tata Elxsi und die Automotive Research Association of India.[417] Dringend notwendig hat auch Russland selbstfahrende Autos, angesichts der Tatsache, dass zwei Drittel aller europäischen Verkehrstoten auf russisches Konto gehen. Cognitive Technologies aus Moskau arbeitet daran.[418]

„Verkehrs"-Aktivitäten und andere Nebenwirkungen …

Im obskuren, dafür aber umso humorvolleren tschechischen Film *Knoflikari* (auf Deutsch: Die Knöpfler) aus dem Jahr 1997 mietet sich ein Pärchen ein Taxi und befiehlt, eine einsame Straße in Prag entlangzufahren. Während der Fahrer – der schon vieles erlebt hat – sich auf den nächtlichen Straßenverkehr konzentriert, frönen die beiden Fahrgäste auf der Rückbank einer anderen Art von Verkehr. Unterschiedliche Positionen werden ausprobiert, einmal tauchen ihre Beine zwischen den Vordersitzen auf, dann wiederum ihre Köpfe. Nach einiger Zeit sitzen beide frustriert da. Schließlich ergreift die Frau das Wort und sagt dem Fahrer: „Er kann nicht, wenn Sie so langsam fahren!" Der Taxler kennt eine andere Strecke, wo er schneller als die erlaubten 50 Stundenkilometer fahren darf, und verhilft den beiden so zu ihrem Genuss.

Sieht so ein zukünftiger Verwendungszweck von autonomen Fahrzeugen aus? Nutzt man die Zeit auf dem Weg zur Arbeit für ein Schäferstündchen, anstatt ein Hotel zu buchen? Werden selbstfahrende Autos zu rollenden Bordellen? Ist die Rotlicht-Industrie der Haupttreiber, um die neue Technologie auszureizen und weiterzuentwickeln, wie bereits beim Videostreaming oder bei der Verbesserung der Bildqualität? Zumindest Tim Kentley-Klay, Gründer des geheimniskrämerischen Start-ups Zoox aus Menlo Park, scheint schon daran gedacht zu haben. Auf einer Konferenz erwähnte er belustigt, einen „Licht-aus-Modus" zu erwägen, mit dem alle Aufzeichnungsgeräte im Auto ausgeschalten werden und „man etwas Spaß haben könne."[419]

Werden selbstfahrende Fahrzeuge nun den Verkehr entlasten oder eher belasten und andere „Verkehrsaktivitäten" erhöhen? Einerseits erlaubt die intensivere Nutzung von Autos, dass insgesamt weniger benötigt werden; ergo käme es zu weniger Verkehrsstaus. Andererseits befürchtet man, dass es einfacher wird, längere Strecken zu fahren, was die Zersiedelung vorantreiben könnte. Beide Effekte wurden in einer Simulation nachgewiesen.[420]

Heute liegt die Limitation fürs Pendeln in der dafür aufzuwendenden Zeit. Mehr als je eine Stunde morgens und abends für den täglichen

Weg zur Arbeit aufwenden zu müssen, lässt die gefühlten Kosten für den Zeiteinsatz zu hoch werden. Kann man diese Stunden jedoch fürs Arbeiten, Lesen oder Ähnliches verwenden, scheint vielleicht auch ein zweistündiger Pendlerweg erträglich und erlaubt ein Häuschen im Grünen weit weg vom Arbeitsplatz.

Ford ermittelte in einer Studie, wie Menschen ihre frei gewordene Zeit im Auto verbringen würden. Auch wenn noch kaum jemand in solch einem Auto saß, haben die meisten Befragten doch klare Vorstellungen: 80 Prozent würden sich einfach entspannen und den Ausblick genießen, 72 Prozent telefonieren und 64 Prozent würden in Ruhe essen.[421]

Interessant könnte auch sein, was mein Fahrzeug (solange ich noch eins privat besitze) in der Zwischenzeit tut, eben nachdem es mich zur Arbeit oder nach Hause gebracht hat. Es kann nämlich für mich Geld verdienen und Passagiere aufnehmen und transportieren.

Spannend wird es, wenn man auf die Kosten von Unfallschäden schaut, wobei erwartet wird, dass autonome Autos Unfälle weitgehend verhindern können. Eine mehrere Länder umfassende Studie stellte die heute entstehenden Kosten einer 90-prozentigen Reduktion von Unfällen durch fahrerlose Autos gegenüber. Für Deutschland verringerten sich die Ausgaben von jährlich knapp 40 Milliarden auf vier Milliarden Dollar, für Österreich von 12 Milliarden auf 1,2 Milliarden Dollar, für die Schweiz von 6,6 Milliarden auf 0,7 Milliarden Dollar. Mit einer Kostensenkung von 307 Milliarden auf 34 Milliarden ist das Einsparungspotenzial für die USA in absoluten Zahlen am größten.[422]

Spätestens wenn die Selbstfahrtechnologie marktreif ist und entsprechende Elektrofahrzeuge im Sharingmodell verfügbar werden, ändern sich die Regeln so fundamental, dass kein Stein mehr auf dem anderen bleibt. Gemäß einer von Nissan in Auftrag gegebenen Studie wird die wirtschaftliche Bedeutung autonomer Autos für Europa bis 2050 auf 17.000 Milliarden Euro geschätzt.[423] Morgan Stanley geht davon aus, dass autonome Autos allein in den USA jährliche Kosteneinsparungen von 1.300 Milliarden Dollar bringen könnten, weltweit sogar 5.600 Milliarden Dollar.[424] Diese Zahlen setzen sich aus Faktoren wie Verkehrsunfällen, Produktivitätsverlusten und Benzinverbrauch durch unökonomische Fahrweisen, Parkplatzsuche und Wartezeiten im Stau zusammen.[425]

Design-Eigenheiten und „internationale Differenzen"

Reicht es aus, wenn die Autos lediglich selbstfahrend sind? Google jedenfalls vertritt die Ansicht, dass zu einem fahrerlosen Auto mehr gehöre. Damit meinen die Entwickler, dass die Erwartungshaltung der Menschen zusätzliche Funktionen erforderlich machen wird, wie beispielsweise elektrische Türen, die sich bei einem Taxibot selbst öffnen und schließen. Genau deshalb hat Google-Waymo den Pacifica Minivan von Fiat-Chrysler als fahrbare Plattform für die kommenden Tests ausgewählt; die Schiebetüren für den Passagierraum können nämlich elektrisch geöffnet werden.[426] Die Überlegung macht Sinn. Ein Passagier, der in der Eile vergisst, die Tür eines Taxibots hinter sich zu schließen, würde das Fahrzeug in Verlegenheit bringen, da es sie nicht selbst schließen kann und auf menschliche Hilfe warten müsste, um weiterfahren zu können.

Selbsttätig schließende Türen stellen nur eines von vielen Designproblemen bei der Interaktion zwischen Robotern und Menschen dar. Kritischer wird es, wenn nicht richtig nachgedacht wird und das Leben davon abhängt. In der Autobranche wurden zum Beispiel Sicherheitseinrichtungen mit Crashtestdummys entwickelt, die auf den Körpermaßen männlicher Fahrern basierten. Frauen waren daher um 47 Prozent unfallgefährdeter als Männer, da die Sicherheitsgurte nicht auf sie ausgelegt waren. Erst seit 2011 werden auch ihre Maße bei Tests berücksichtigt.[427]

Carol Reily, Mitgründerin des Start-ups drive.ai, schilderte in ihrer Doktorarbeit ebenfalls geschlechtsspezifische Probleme. Sie hatte einen stimmaktivierten chirurgischen Roboter designt. Die eingesetzte, von Männern entwickelte Spracherkennungssoftware verstand aber ihre Stimme nicht, da sie nicht tief genug war. Bei jeder Präsentation musste sie einen männlichen Studenten bitten, für sie die Sprachbefehle zu geben.[428]

Wer sich jemals Youtube-Videos von Verkehrsszenen in anderen Ländern angeschaut hat, wird sich fragen, warum dort nicht mehr Menschen ums Leben kommen. Chaotische Kreuzungen in Indien, Pakistan oder Brasilien gleichen den vergleichsweise disziplinierten Abläufen in Europa nur wenig. Kein Wunder, dass sich selbstfahrende Fahrzeuge erst an die landesspezifischen Gepflogenheiten anpassen müssen, bevor sie in den gemischten Verkehr mit menschlichen Fahrern geschickt werden können.[429]

Hier im Silicon Valley bleiben Autos oft schon weit vor dem Übergang stehen, um einem Fußgänger anzudeuten, dass gefahrloses Überqueren der Straße möglich ist. In San Francisco hingegen geht es bereits wie in jeder anderen Großstadt zu, wo Fußgänger zwischen den Fahrzeugen über die Straße laufen. Spezielle Herausforderungen werden deutlich, wenn Sie sich Gegebenheiten wie den Kreisverkehr am Arc de Triomphe oder auf Kreuzungen in Bangalore anschauen. Auch als selbstfahrender Tourist muss man erst lernen, wie man sich dort am besten verhält.

Die Schritt-für-Schritt-Ausweitung der Gebiete, in denen autonome Autos erlaubt sind, wird vermutlich auch Baustellen umfassen müssen. Diese sind heute noch ziemlich komplex und schwer zu programmieren. Dort sind nämlich alle Fahrbahnmarkierungen ungültig oder eventuell vorübergehend in einer anderen Farbe aufgebracht, Baustellenhütchen zeigen den Weg, ein Bauarbeiter leitet den Verkehr mit einem Schild in der Hand, Baustellenfahrzeuge navigieren vor und zurück, Schmutz liegt auf der Straße; all das kann dazu noch von Land zu Land oder, wie in den USA, sogar von Bundesstaat zu Bundesstaat variieren. Kein Wunder, dass heutige Fahrzeuge damit (noch) überfordert sind.[430] Auch können Baustellen jederzeit eingerichtet werden, sobald die Baufirma die Erlaubnis dazu erhält. Nicht immer werden zentrale Daten vorgehalten, sodass sich ein Fahrzeug nicht vorher informieren kann. Eine vorübergehende Lösung könnte so aussehen, dass fahrerlose Autos Baustellen zunächst meiden und eine alternative Route wählen. Oder dass, wie Nissan es vorschlägt, ein Kundendienstmitarbeiter die Fernsteuerung des Fahrzeugs übernimmt, um es sicher durch eine Baustelle zu navigieren.

Wer sich schon heute an der Entwicklung autonomer Autos beteiligen will und nicht zu knapp bei Kasse ist, für den gibt es reichlich Gelegenheit. Mitte 2016 zählte man bereits mehr als 200 Unternehmen, die an einzelnen Technologiebestandteilen oder auch an ganzen Fahrzeugen arbeiteten: Die Branchen reichen von Sensortechnologie (Radar und Ultraschall), Lidars und Kameras über Prozessoren bis zu

Hochpräzisions-GPS-Systemen. Einen weiteren Entwicklungsschwerpunkt stellt die Software dar: Kartenlösungen, Algorithmen, KI und Maschinenlernen, Cybersecurity, Lösungen für das Flottenmanagement und Sharing.[431] Investitionsplattformen wie Angel List oder Venture Radar listen Dutzende von Start-ups in den verschiedenen Technologiebereichen.

Selbst zum Tüftler werden mit Open Source

Um sich in die Materie autonomer Fahrzeuge einzuarbeiten, muss man nicht unbedingt die massiven Ressourcen von Automobilunternehmen und Internet-Giganten vorweisen können. Dank etlicher Open-Source-Projekte können Interessierte kostengünstig an Software und Datensätze kommen, ja sogar Hardware-Kits zu annehmbaren Preisen erstehen.

Am prominentesten sind die Projekte von Udacity, das nicht nur den von den Studenten erstellten und auf einem eigenen Fahrzeug erprobten Code bereitstellt, sondern auch den Fahrsimulator und die zugehörigen Daten, mit denen reale Fahrsituationen getestet werden können.[432/433] Vom Comma.ai-Gründer George Hotz stammt der Open Pilot, für den für einige Fahrzeugtypen der Quellcode wie auch 3D-Druckdateien bereitliegen, um das eigene Smartphone zusammen mit einer Bauanleitung für einen Kühler in einen Fahrassistenten zu verwandeln.[434] Das Open-Source-Car-Control-Kit wiederum hilft Interessierten, ihren Kia Soul in ein autonomes Testfahrzeug umzubauen.[435] Auch die TU Braunschweig plant, ihre Daten und Simulatoren in Zukunft als Open Source freizugeben. Und dann gibt es seit Neuestem noch ein Open-Source-Projekt auf Android-Basis.[436]

Neben der Software stellen einige Organisationen auch Bilder von Straßenverkehrsszenen bereit, so wie es die Max-Planck-Gesellschaft mit den sogenannten Kitti-Datensätzen tat; auf den Bildern sind Autos, Lastwagen, Fußgänger, Radfahrer, Straßenbahnen und andere annotiert – so wird das Markieren dieser Objekte bezeichnet.[437/438] Die Website *Common Objects in Context* (COCO) stellt ebensolche Materialien zum

Download bereit, ebenso das California Institute of Technology in Pasadena.[439/440] Nicht alle sind von der Qualität der gratis verfügbaren Daten überzeugt. Eine Forschungsgruppe der Max-Planck-Gesellschaft kritisiert die Pasadena-Daten in einer Studie.[441] Die Oxford University wiederum macht über das PASCAL-Visual-Object-Class-Projekt standardisierte Bilder für Klassifizierungen zugänglich. In diesem Datenset sind Flugzeuge, Fahrräder, Vögel, Boote, Busse, Autos, ja sogar Pferde, Hunde, Schafe und Topfpflanzen annotiert.[442] Man muss schließlich vorbereitet sein, wenn Grünzeug einen Fahrfehler begehen sollte! Und zuletzt verweise ich noch auf die Datensätze von Cityscapes, das 5.000 hochqualitativ annotierte Bilder und 20.000 Bilder mittlerer Qualität aus 50 Städten bereitstellt.[443]

Zwar sind alle Datensätze frei verfügbar, nicht alle aber dürfen für kommerzielle Zwecke benutzt werden. Es lohnt sich ausnahmsweise einmal, die Allgemeinen Geschäfts- und Nutzungsbedingungen durchzulesen.

Sicherheit geht vor – auch für Künstliche Intelligenzen

Sowohl die amerikanische NHTSA als auch die Europäische NCAP führen Sicherheitstests mit Autos durch, die sich jedoch einigermaßen voneinander unterscheiden. Während sich die NHTSA vor allem auf Struktur- und Rückhalttests fokussiert mit der Hauptfrage, wie sich eine Kollision auf die (erwachsenen) Insassen auswirkt, berücksichtigt die NCAP eine größere Bandbreite an Szenarien, die auch die Sicherheit von Kindern im Fahrzeug und die von mit dem Fahrzeug kollidierenden Fußgängern einbezieht.

Selbstfahrende Autos stellen Behörden und Hersteller vor neue sicherheitstechnische Herausforderungen. Wie kann ein Algorithmus getestet werden, wie das neuronale Netzwerk einer Künstlichen Intelligenz? Hier gibt nicht mehr der Programmierer sicheres Verhalten vor, sondern das System erfährt und lernt selbst, allerdings mit menschlicher Unterstützung und unter Aufsicht. Philipp Koopman, Forscher an der Carnegie

Mellon University, die momentan zu den führenden Forschungseinrichtungen für Robotik und KI zählt, sagt dazu:

> „Das ist ein inhärenter Risiko- und Fehlermodus von
> Maschinenlernen. Sieht man in das Modell, um zu
> verstehen, was es macht, dann erhält man nichts anderes
> als statistische Zahlen. Es ist wie eine Blackbox.
> Man weiß nicht, was es genau lernt."[444]

Es ist also schwer nachzuvollziehen, ob das System richtig reagiert und
wie es eine Entscheidung trifft. In Göteborg, wo Volvo seine autonomen
Fahrzeuge in einem Feldversuch testet, arbeiten jetzt Forscher der Technischen Hochschule Chalmers an Prozeduren, mit denen autonome Fahrzeuge auf Sicherheit getestet werden können.

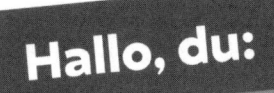

Hallo, du:

Connected Cars im Dialog

„Wahre Liebe ist der Mangel an Verlangen, auf sein Smart–
phone zu schauen, während man mit jemandem
zusammen ist."

— ALAIN DE BOTTON auf Twitter

ALS FAHRER BEOBACHTET man ständig die Umgebung und steht im Dialog mit anderen Verkehrsteilnehmern: ein Blick in den Rückspiegel, ein an einen anderen Fahrer gerichtetes Kopfnicken, ein Handzeichen für einen Fußgänger, ein Stinkefinger für den, der uns geschnitten hat. Menschen sind einfallsreich in der Art, wie sie kommunizieren. Sprache und Gesten haben sich über die Jahrtausende hinweg verfeinert und verändert, sie regeln unser Zusammenleben. Auch wenn die Absicht dahinter nicht immer deutlich und eindeutig erkennbar ist, kommen wir doch irgendwie zusammen. Meistens jedenfalls.

Wie aber kommunizieren unbesetzte Fahrzeuge mit der Umgebung? Und wie mit dem Passagier im Fahrzeug, wenn es das Auto ist, das die Entscheidungen trifft und die Kontrolle innehat? Einige Kommunikationsmöglichkeiten haben wir bereits kennengelernt: Eine defensive Fahrweise, digitale Anzeigen außen und Stimmansagen für andere Verkehrsteilnehmer sind nur einige davon.

Interessant wird es erst, wenn die Selbstfahrer ganz selbstverständlich mit anderen Fahrzeugen, Verkehrsteilnehmern und Objekten in der Umgebung kommunizieren können. Stellen Sie sich vor, Sie kommen an eine ampellose Kreuzung, und der dichte Querverkehr stoppt nicht. Wann kann Ihr Auto rechts abbiegen? Muss es warten, bis sich jemand erbarmt und es in den Verkehr einfädeln lässt? Oder soll es sich einfach dazwischendrängen und hoffen, dass der Querverkehr aufpasst? Abhängig vom jeweiligen Land, in dem Sie unterwegs sind, kann die eine Fahrweise gefährden und die andere Sie in Ihrem Auto an der Kreuzung verhungern lassen.

Ein Connected Car hingegen kann mittels Internetverbindung mit anderen Fahrzeugen kommunizieren, das heißt, Informationen und Absichten austauschen, um einen störungsfreien Verkehrsfluss zu erlauben. Das nennt man Vehicle-to-Vehicle(V2V)-Kommunikation. An einer Kreuzung kann dies folgendermaßen aussehen: Mein Auto will nach rechts abbiegen und plant dafür eine gewisse Geschwindigkeit ein, während ein herannahendes Fahrzeug seine eigene Geschwindigkeit meldet und mitteilt, dass es diese anpasst und das Abbiegen ermöglicht. Ein weiteres herannahendes Auto auf dem Mittelstreifen kann zusätzlich melden, dass es keinen Spurwechsel plane und deshalb der Abbieger sein Manöver sicher durchführen könne. Dieses Miteinander-Reden erlaubt unter Umständen, einen größeren Situationsumfang zu umfassen, als er Sensoren zur Verfügung steht, die oft nicht den gesamten Ausschnitt des Verkehrsgeschehens wahrnehmen können.

Toyota hat in Japan bereits das V2V-Verfahren für den Prius, den Lexus RX und den Crown in Betrieb. Die Fahrzeuge tauschen sich damit in einem Radius von 300 Metern über den Standort, die Geschwindigkeit und das Ziel aus.[445] Die genannten Modelle können dabei per V2I, sprich, Vehicle-to-Infrastructure-Kommunikation, auch mit der Infrastruktur kommunizieren, beispielsweise mit Ampeln, die mitteilen, wann sie von Rot auf Grün schalten werden. Auf diese Weise können Fahrzeuge ihre Geschwindigkeit entsprechend anpassen. Audi hat solches bereits in Las Vegas demonstriert und Mercedes plant, ab 2019 die Mercedes S-Klasse mit V2V-Kommunikation auszustatten.[446]

Einsatzkräfte, Straßenzüge, Lampen, Parkplätze oder Häuser könnten mit dem Fahrzeug Informationen austauschen und über den Verkehrszustand informieren oder Anweisungen liefern. Bei einem Unfall und einer daraus folgenden Straßensperre wäre es möglich, per Signal den Verkehr elektronisch umzuleiten; dies käme auch bei zeitweisen Verkehrsberuhigungsmaßnahmen für ungestörte Nachtruhe oder bei Veranstaltungen infrage. Bodensensoren könnten vor eisigen oder rutschigen

Bildteil

Bild 1: Fifth Avenue in New York City im Jahr 1900.

Bild 2: Fifth Avenue in New York City im Jahr 1913.

Bild 3: Kutsche in der kaiserlichen Wagenburg in Schönbrunn.
Kutschenmacher Carl Marius.

Bild 4: Kennzeichen für den Test autonomer Fahrzeuge auf öffentlichen
Straßen in Nevada. Dieses Kennzeichen wurde an Google vergeben.

Bild 5: Drei Google-Waymo Koala-Autos warten vor einer Ampel auf der San Antonio Road, Kreuzung Middlefield Road, in Mountain View, Kalifornien.

Bild 6: Ein Blick in das Google-Waymo Koala-Auto im Computer History Museum in Mountain View. Es hat keine Pedale und kein Lenkrad.

Bild 7: Blick in die Google-Waymo-Garage mit autonomen Testfahrzeugen der vierten Generation. Die Fiat-Chrysler Pacifica Minivans verfügen bereits über Sensoraufbauten, es fehlt aber noch das Lidarsystem.

Bild 8: Unmarkiertes Testfahrzeug für autonomes Fahren eines unbekannten Herstellers (vermutlich Apple Inc.) auf der University Avenue in Palo Alto.

Bild 9: Wenn alt auf neu trifft – ein Tesla Model X hält neben einem geparkten Citroën Typ H in San Francisco an.

Bild 10: Udacity-Plakatwerbung für den Selbstfahrtechnologie-ingenieurskurs am Highway 101 in Palo Alto.

Bild 11: Zwei autonome Lastwagen mit Sensoraufbauten von Otto (von Uber 2016 akquiriert).

Bild 12: Selbstfahrender Minibus vom französischen Hersteller EasyMile im Geschäftspark Bishop Ranch in San Ramon, Kalifornien.

Bild 13: TryBooster, ein Silicon-Valley-Start-up, das Fahrzeuge auf Firmenparkplätzen betankt.

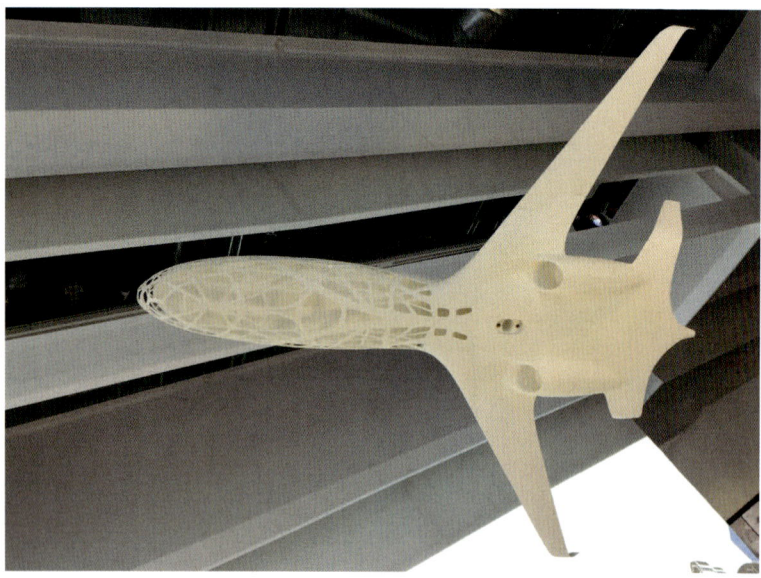

Bild 14: Flugzeugstruktur, die von Künstlicher Intelligenz berechnet wurde und weniger Material bei gleicher Stabilität verbraucht.

Bild 15: Elektromotoren des Elektrofahrzeugherstellers Lucid Motors in Menlo Park, Kalifornien.

Bild 16: Batterieboxen und Elektromotor im Rahmen eines Tesla Model S.

Bild 17: Eine der acht Kameras des Autopilot Hardware Kit 2 an einem Tesla Model S. Dieses Hardware Kit erlaubt autonomes Fahren.

Bild 18: Unmarkiertes autonomes Testfahrzeug eines unbekannten Herstellers auf der University Avenue in Palo Alto, Kalifornien.

Bild 19: Apple Maps Car mit Sensor- und Kameraaufbauten auf dem Highway 101 bei der Rückkehr nach Cupertino in die Zentrale.

Bild 20: Tesla-Roadster-Besitzer stellen ihre Fahrzeuge an einem Samstag in Los Gatos, Kalifornien, aus.

Bild 21: Ladestationen des Elektro-Scooter-Sharing-Start-up Scoot in San Francisco.

Bild 22: Doordash-Lieferroboter von Starship Technologies in Redwood City.

Bild 23: Auslieferung von Tesla Model S und X auf dem Highway 680.

Bild 24: Unmarkiertes autonomes Testfahrzeug eines unbekannten Herstellers auf der University Avenue in Palo Alto, Kalifornien.

Bild 25: Ein von einem Menschen (links) und von einem KI-System designtes Teil (rechts) erlaubt bei gleicher Stabilität eine Reduktion des Materialeinsatzes um 75 Prozent. Aufgenommen in der Autodesk Gallery in San Francisco.

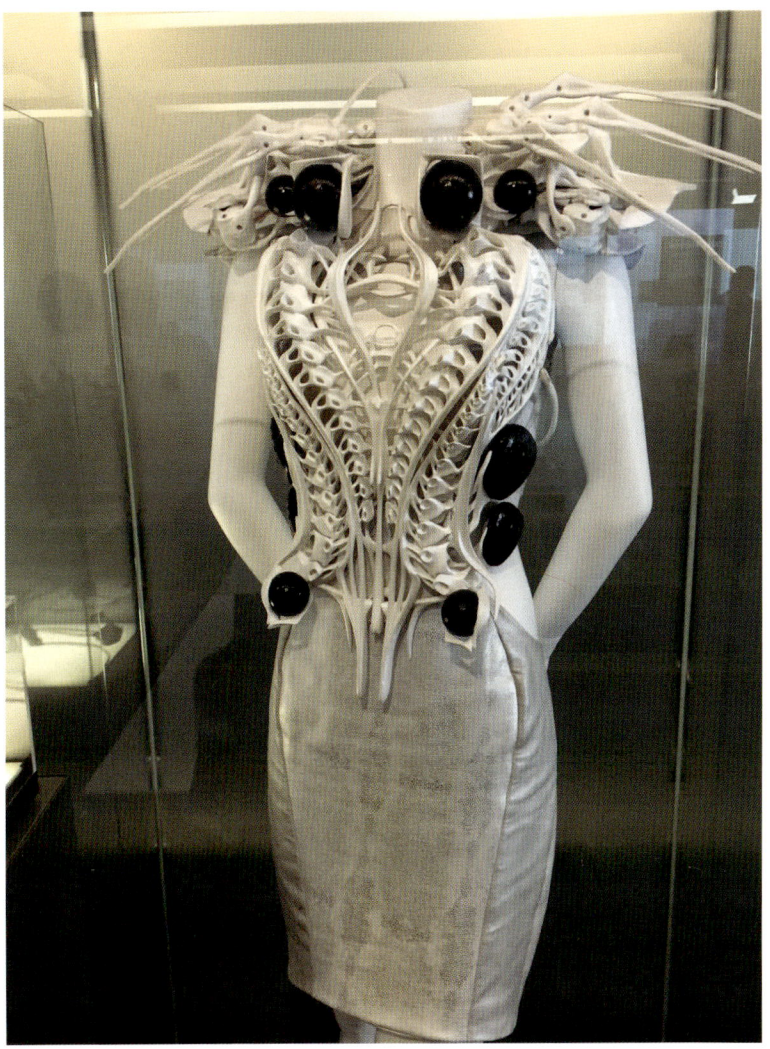

Bild 26: Ein von der niederländischen Fashiontechdesignerin Anouk Wipprecht entworfenes Korsett mit spinnenbeinähnlichen Tentakeln, die sich bei Annäherung an die Trägerin aufrichten. Je rascher sich dabei jemand nähert, desto aggressiver bewegen sich die Tentakeln.

Bild 27: Der „Deskla", ein entkerntes Tesla Model S, das im Start-up-Akzelerator ‚Hero City' als Schreibtisch für die Rezeption dient. Die Venture-Kapital-Familie Draper war eine der ersten, die in Tesla investiert hatten.

Bild 28: Unmarkiertes autonomes Testfahrzeug eines unbekannten Herstellers auf der Castro Street in Mountain View, Kalifornien.

Fahrbahnbedingungen warnen. Lösungen von Unternehmen wie Inrix oder UPark helfen, diese Ansätze zu etablieren.

Damit alles reibungslos funktioniert und Anweisungen und Informationen nur von einem berechtigten Objekt ausgesendet und angenommen werden, müssen wieder einmal die passenden Sicherheitsmaßnahmen eingebaut sein. Allzu leicht kann man sich vorstellen, dass ein Anwohner elektronisch kommuniziert, seine Straße sei wegen eines Unfalls gesperrt, und damit den Verkehr umleitet, um seine Nachtruhe zu gewährleisten. Falsche Information kann einen sichereren Straßenzustand vortäuschen, als er tatsächlich gegeben ist. Elektronische Signale zwingen Connected Cars eventuell zum Anhalten und ermöglichen einen Überfall oder Raub.

Kein Wunder, dass sich die Forscher gleich von Anfang an mit elektronischen Sicherheitsprotokollen auseinandersetzen und Anleihen bei Online-Shoppingportalen nehmen. Für sichere Transaktionen, bei denen sensible Daten wie Kreditkarten- oder Kontonummern ausgetauscht werden, gibt es das SSL-Protokoll. Dieses verschlüsselt Informationen bei der Übertragung; nur derjenige, der den elektronischen Schlüssel zum Auslesen hat, bekommt Zugriff. Damit man aber weiß, dass es sich garantiert um eine zertifizierte Seite handelt, die ein SSL-Protokoll lesen will, wird von einer zentralen Vergabestelle ein für eine bestimmte Zeit gültiges Zertifikat vergeben, so als ob der Haustürschlüssel nur für ein Jahr gültig ist und dann erneuert werden muss.

Der Unterschied wird sein, dass hier jedes beteiligte Gerät – sei es das Auto oder der Bodensensor – in der Lage sein muss, solche Zertifikate lesen zu können, da es sowohl Sender als auch Empfänger wichtiger Informationen ist, die die Verhaltensweisen anderer Teilnehmer beeinflussen. Um Fälschungen vorzubeugen, muss sichergestellt sein, dass die Zertifikate gültig sind und der Sender die Berechtigung hat, sie auch auszusenden. Die große Herausforderung wird dabei sein, den Prüfprozess rasch genug durchzuführen. Mehrere Sekunden Wartezeit bei der Datenübermittlung sind in einem dynamischen Umfeld wie dem Straßenverkehr zu langsam. Wackelige Internetverbindungen sind wenig hilfreich, und auch Datenmengen und berechtigte Objekte müssen vorhersehbar sein. Wenn an einer Straßenkreuzung nicht nur 20

Fahrzeuge kommunizieren, sondern zusätzlich Hunderte von Sensoren, braucht man ein extrem leistungsstarkes Netz. Die Behörden reservieren ein spezielles Radiowellenspektrum für diesen Anwendungsbereich, die sogenannte Dedicated Short Range Communication (DSRC). Sie wird beispielsweise in Europa für die elektronische Mautabrechnung verwendet.

Auch mit Hackerangriffen ist zu rechnen. Schon heute sind DDoS-(Distribute Denial of Service)-Attacken die gängigsten Methoden, Webseiten lahmzulegen. Tausende sogenannter Zombierechner – ohne Wissen oder Zustimmung der Besitzer mit Schadsoftware infizierte Rechner – senden innerhalb kurzer Zeit gleichzeitig so viele Anfragen an die Server der angegriffenen Webseite, dass diese zusammenbricht. Ähnliches ist bei den Connected Cars vorstellbar, indem diese mit Informationen zu vieler Services gleichzeitig überschüttet werden und zu lange brauchen, die relevanten Sender und Daten zu identifizieren.

Und nicht zuletzt müssen die eigenen Daten ausreichend geschützt sein. Nicht jeder (und schon gar nicht eine Person des öffentlichen Lebens) möchte seine üblichen Fahrwege und Vorlieben jedermann zugänglich machen.[447]

Wie gefährlich Angriffe sein können, demonstriert folgendes Beispiel.[448] Ein Journalist der Technologiezeitschrift *Wired* testete auf der Autobahn bei 110 Stundenkilometern einen Jeep, der nach vorheriger Absprache von zwei freundlich gesinnten Hackern aus der Ferne kontrolliert wurde. Zuerst drehten sie das Radio auf, dann das Gebläse, schließlich verlangsamten und beschleunigten sie das Fahrzeug und lenkten es auf eine Wiese, ohne dass der Fahrer etwas dagegen unternehmen konnte.

Der IT-Sicherheitsexperte Craig Smith veröffentlichte dazu ein Handbuch mit dem knackigen Titel: „Das Autohackerhandbuch: Eine Anleitung für den Einbruchstester.“[449] War es ursprünglich als Anregung für Automobilhersteller gedacht, um sie auf Sicherheitslücken hinzuweisen, erfreuen sich heute vor allem Mechaniker und Autobesitzer an dem Buch mitsamt der zugehörigen Wiki; denn sie fühlen sich immer mehr von den elektronischen Systemen und der rigorosen Auslegung von Gewährleistungsansprüchen seitens der Hersteller bevormundet. Die Wartung und das Tunen des Fahrzeugs werden immer stärker softwaremäßig durchgeführt, und die Hersteller erlauben Eingriffe Dritter immer weniger.

Bricht die Verbindung mit dem Netzwerk ab, kann nicht nur der Gebrauch des Fahrzeugs eingeschränkt werden; auch Sicherheitsprobleme wären die Folge. Im August 2016 fiel Teslas Datennetzwerk aus.[450] Obwohl man das Auto weiterhin manuell steuern konnte, war es jedoch nicht mehr möglich, die hochpräzisen Straßenkarten für die Gegend, durch die man fuhr, herunterzuladen. Das ist vor allem dann kritisch, wenn das Auto im Autopilot-Modus (oder in späterer Folge vollständig autonom) unterwegs ist.

Connected Cars reduzieren ihre Kommunikation jedoch nicht nur auf die Außenwelt. Bereits heute verbinden wir unsere Smartphones mit dem Fahrzeug und verwenden sie als Navigations- und Unterhaltungssysteme. Wer lädt schon seine Musiksammlung und Kontaktinformationen auf die bordeigenen Speicher, wenn er sie ohnehin schon mit sich herumträgt? In Zukunft werden sich diese Systeme noch weiter ausbreiten und an Bedeutung gewinnen. Nicht nur nehmen selbstfahrende Fahrzeuge dem Menschen die Aufgabe ab, selbst fahren zu müssen, es wird ihnen auch mehr Zeit bleiben, sich zu entspannen, sich dem Entertainmentsystem zu widmen oder zu arbeiten. Der Ridesharing-Dienst Uber erlaubt Passagieren bereits, eigene Musik über das Autoradio abzuspielen. So könnten auch andere Einstellungen per Smartphone geregelt werden: Sitzposition, bevorzugter Fahrstil, Fahrziele und vieles mehr. Wie weit diese „digitale Personalisierung" gehen wird, können wir heute noch nicht voraussagen.

In jedem Bereich ringen Automobilhersteller und digitale Unternehmen um die Vorherrschaft. Welche Betriebssysteme vorherrschen und welche Standards für die Connected Cars gelten werden, ist noch völlig offen. Google gründete die Open Automotive Alliance, die sich zur Aufgabe gesetzt hat, Android in die Autos zu integrieren.[451] Daran beteiligen sich schon heute die meisten großen Hersteller wie die Volkswagengruppe, Jeep, Mazda und Ford. Die Automotive Open System Architecture wiederum, kurz AUTOSAR, arbeitet an einem offenen Standard, mit der elektronische Steuereinheiten definiert werden sollen. Dazu gehören elektronische Komponenten für die Unterhaltungssysteme, Softwaretestroutinen,

Schnittstellen, um Daten auszulesen und Geräte anzuschließen, und auch die Rechenpower, die autonome Fahrzeuge benötigen.[452]

Behörden könnten sich dafür interessieren, Autos mit elektronischen Identifikatoren auszustatten, mit denen man sie „tracken" kann.[453] Das chinesische Elektronik-Mekka Shenzhen stellte in einem Pilotprojekt 200.000 elektronische Lizenzen für Autos aus, darunter Lastwagen und Autobusse. Mit diesem Projekt sollte beispielsweise verfolgt werden, welche Routen Gefahrenguttransporte oder Schulbusse durch die Stadt nehmen. Mithilfe derartiger Lizenzen könnte man bestimmten Fahrzeugarten spezielle Fahrstrecken zuweisen oder verbieten, abhängig von Tageszeit, Wetterbedingungen oder sonstigen Umständen.

Volvo wiederum verwendet Connected-Car-Technologie für einen Zustellservice. Mit Volvo In-car Delivery können Lieferanten bestellte Waren im Kofferraum eines geparkten Fahrzeugs ablegen.[454] Die Anwendung zeigt dem Zusteller an, wo sich das Fahrzeug befindet, und lässt ihn den Kofferraum mittels Smartphone-App öffnen.

Die Infrastruktur, die nötig ist, um eine Vehicle-2-X-Kommunikation (also die zwischen Fahrzeugen und Objekten) zu ermöglichen, lässt auch traditionelle Software-Anbieter wie Microsoft in das Geschäft einsteigen. Daten, die im und durch den Verkehr erzeugt werden, müssen mit anderen geteilt und sowohl im Auto oder Objekt selbst als auch außerhalb gespeichert werden. Microsoft sprang auf den (Auto-)Zug auf, um sich mit seiner Cloud- Azur-Lösung ein Stück vom immer größer werdenden Kuchen zu sichern.[455] Die Analystengruppe Gartner erwartet bis 2020 an die 250 Millionen Connected Cars auf den Straßen.[456] Die anfallenden Daten werden einen eigenen, milliardenschweren Wirtschaftszweig schaffen, der weitere Dienstleistungen für Fahrer, Passagiere, die Betreiber von Taxiflotten und andere kreiert, so wie wir es bereits beim Aufkommen der Smartphones gesehen haben.[457]

In der Übergangsphase, in der sich autonome und Connected Cars die Straßen mit menschengesteuerten Fahrzeugen teilen, könnte der Informationsaustausch zwischen den CCs wie eine Gerüchteküche ausschauen. Die Autos lassen einander wissen, welcher der menschlichen Verkehrsteilnehmer schlecht oder aggressiv fährt. Anca Dragan, Mensch-Maschinen-Forscherin an der University of California in

Berkeley, findet dieses Szenario durchaus interessant, hält es aber für datenschutzrelevant.

Wie aber schickt man große Datenmengen herum? Heutige Netzwerke stellen Engpässe dar, wenn Straßenkarten upgedatet werden müssen, Verkehrsinformationen reinkommen oder mit anderen Fahrzeugen und Objekten kommuniziert werden soll. So wie der AT&T-CEO vor der Einführung des ersten iPhones die Nutzungsdauer bestimmter Datendienste wie YouTube-Videos auf 20 Sekunden beschränken wollte, weil er einen Zusammenbruch der Netzwerke befürchtete (er handelte sich damit den Zorn von Apple-Chef Steve Jobs ein), so muss die Kapazität für diese neuen, zusätzlichen Teilnehmer – also die Autos – erweitert werden; die Hersteller der Datenservices in den Automobilen haben allerdings auch sicherzustellen, dass sie das Netzwerk nicht mit unnötigen Datenmengen verstopfen.

Wie auch immer: Die Bereitsteller solcher Infrastrukturen beginnen schon jetzt damit, die Kapazitäten auszubauen. Qualcomm beispielsweise testet die ersten 5G-Netzwerke, die Datenmengen bis zu 45 Gigabyte pro Sekunde verkraften können. Ab 2020 sollen sie dann flächendeckend installiert werden.[458] Im Vergleich dazu liegen die heutigen Downstream-Geschwindigkeiten in Deutschland im Durchschnitt bei gerade mal 13,7 Megabit pro Sekunde, was 26.000 Mal langsamer ist (und, so nebenbei, halb so schnell wie in Südkorea).[459]

Hier werden sich Deutschlands Digitalfeindlichkeit und Datenschutzparanoia deutlich rächen. Hinkt die Nation bereits heute in der Verbreitung von Smartphones, im Zugang zu offenen/öffentlichen WLAN-Knoten und einer damit verbundenen geringeren Erfahrung mit der Digitalökonomie nach, verschärft sich dieser Rückstand mit einem Schlag, wenn 5G-Netzwerke in der kommenden Generation für Produkte wie eben Autos zum unverzichtbaren Bestandteil werden. Andere preschen da unbeschwert vor und besetzen den Markt, den Deutschland offen lässt.

Mit autonomen Connected Cars steigt die Zahl der benötigten Sensoren und Chips enorm. Heute sind es bis zu 170 Sensoren und 100 Chips, die vom Reifendruck bis zur Außentemperatur alles nur Erdenkliche messen. Selbstfahrende Fahrzeuge fügen eine ganze Palette neu hinzu. Das Ihnen bereits ausführlich vorgestellte Lidar-System ist dabei der vermutlich aufwendigste Teil. Tesla Motors deutete bei der Vorstellung des Model X neue Einsatzgebiete von Sensoren an, was einigen Bloggern zufolge nichts anderes als die Vorbereitung auf die Verknüpfung von selbstfahrenden Elektrofahrzeugen mit Fahrdienstleisterfunktionen darstellte.[460] Ein Sensor in der Fahrzeugtür erkennt den Fahrgast, öffnet automatisch die Tür und richtet die Sitze nach dessen Vorlieben ein. Unter den Sitzen befindet sich Stauraum für eine Hand- oder Computertasche.

Für die neuen Fahrzeuge müssen die Elektrik- und Elektronikarchitekturen geändert werden. Anstatt jedem Sensor und jedem Teil seinen eigenen Chip zuzuteilen, werden diese auf einige wenige Cluster konzentriert. Diese Systeme müssen abgesichert und damit einhergehend aufwendig getestet werden, vor allem die Teile, die für das Fahrverhalten verantwortlich sind.[461] Und wer hätte damit mehr Erfahrung als Unternehmen mit einem starken Soft- und Hardware-Hintergrund wie Google, Apple und Tesla! Auch dieses Wissen müssen sich Automobilfirmen erst erwerben und zum Teil der eigenen „DNA" werden lassen.

Buchstäblich ein neuer Zeitgeist? Die Sharing Economy auf dem Vormarsch

WIR STEHEN AUF der Market Street in San Francisco, die Delegationsteilnehmer eines deutschen Pharmakonzerns wollen nach ihrem Besuch bei einem Start-up-Akzelerator zurück ins Hotel. Stoßzeit. Kein freies Taxi in Sicht. Widerwillig entscheiden sie sich auf mein Drängen hin, nun doch ein Uber zu bestellen. Sie drücken auf den Bestellknopf, und sofort leuchten die Informationen zu ihrem Fahrzeug auf. Auf der Straßenkarte sehen sie, wie es bereits um die Ecke biegt, und kurz danach hält es bereits vor ihnen. Sie sind völlig baff. In weniger als einer Minute war das Fahrzeug da und brachte sie zehn Minuten später ins Hotel.

Es hätte genauso gut eines der anderen Carsharing-Unternehmen sein können, die in den letzten Jahren wie Pilze aus dem Boden geschossen sind: angefangen bei den innerstädtischen Carsharing-Start-ups wie Uber, Lyft und Via aus den USA, Didi Chuxing aus China oder Haxi aus Norwegen bis zu denen, die Langstrecken anbieten, wie BlaBlaCar aus Frankreich. Gut zwei Dutzend oft sehr gut finanzierter Start-ups wetteifern um die Vorherrschaft im Carsharing. Auch wenn ich sie hier unter demselben Begriff laufen lasse, unterscheidet man zumindest drei Varianten. Erstens: Echtes Carsharing zwischen Menschen (peer-to-peer), wie es GetAround, JustShareIt oder Turo anbieten. Zweitens: Mitglieder-Mietservices wie Zipcar, Car2Go oder WeCar. Und drittens: Uber und Lyft, ihres Zeichens Anbieter von On-demand-Taxidienstleistungen.

Obwohl wir hier im Westen vor allem Uber erwähnen, wenn wir von Ridesharing sprechen, stellt der chinesische Rivale Didi Chuxing alles weit in den Schatten. Laut Eigenangaben verzeichnete Didi im Mai 2015 an die 300 Millionen Benutzer weltweit, darunter 14 Millionen registrierte Fahrer; es bedient allein in China 400 Städte.[462] Um global auftreten zu können, hat der chinesische Sharingdienst Allianzen mit anderen Unternehmen geschlossen. So investierte man 350 Millionen Dollar in das südostasiatische GrabTaxi, 100 Millionen in Lyft und 500 Millionen in das indische Ola.[463] So groß wurde Didis Übermacht in China, dass Uber schließlich im August 2016 seine chinesische Niederlassung an ihn verkaufte.[464]

Überall dort, wo die Ridesharing-Cars auftauchen, sind Konflikte vorprogrammiert. Gerichtsklagen werden eingereicht, Betriebsverbote ausgesprochen, Strafandrohungen stehen im Raum und Attacken werden gefahren von ortsansässigen Taxidienstleistern, die sich um ihr Geschäft betrogen fühlen. Sie fühlen sich zu Recht bedroht. Wer jemals ein Taxi in einer amerikanischen Großstadt nehmen musste (oder überhaupt das Glück hatte, eins zu bekommen), konnte über die schlechte Qualität der Fahrzeuge nicht hinwegsehen, ganz zu schweigen vom Gefühl, wie in einem Käfig zu sitzen, in dem Fahrer und Fahrgast nur durch ein kleines Schiebefenster miteinander kommunizieren. Und erst das vorhersehbare Gejammer, wenn man mit Kreditkarte und nicht mit Bargeld zahlen möchte. 50 Minuten kann die Wartezeit auf einen Wagen am Taxistandplatz vor der Zentrale der *New York Times* während der Stoßzeit betragen. Nicht etwa, weil es an Taxis fehlt. Jedes zweite vorbeikommende Taxi fährt ohne Passagiere weiter, weil der Fahrgast in eine andere Richtung will, als es dem Fahrer genehm ist, oder weil die Taxifahrer eigentlich beim Schichtwechsel sind und alle zum selben Übergabeort in der Stadt müssen. Ist es zu fassen? Mitten in der Hauptnachfragezeit fährt der Großteil der Taxis ohne Passagiere, um den Wagen zu übergeben. Die Fahrer finden das noch nicht einmal seltsam, wie eine Recherche der Zeitung ergab, die über dieses Phänomen stolperte.[465]

Wie sehr die Ridesharing-Unternehmen das alte Machtverhältnis stören, lässt sich an den Kosten für die Taxilizenzen erkennen. In den USA braucht man diese „Cab Medaillons", um ein Taxiunternehmen zu betreiben. Weil sie von der Stadt limitiert werden, ist der Preis pro Lizenz in den letzten

Jahren auf über eine Million Dollar gestiegen. Während die Städte in den vergangenen Jahrzehnten rasant wuchsen, stieg die Anzahl an Lizenzen hingegen nicht mit. Bis eben Uber in die Stadt kam und einen Preisverfall auslöste. Die Cab Medaillons mussten einen 50-prozentigen Wertverfall hinnehmen und sind nun in New York Gegenstand von Gerichtsklagen, die von Taxiunternehmen und Kreditgebern eingereicht wurden.[466]

Nach Investorenlogik sind jedoch die Anzahl der Klagen und das Ausmaß des Widerstands gegen ein Start-up nicht nur Anzeichen für die Höhe des Risikos, das es birgt, sondern vor allem für die Größe der Disruption, die es in bestehende Märkte bringt. Die Gleichung ist einfach: Je mehr Klagen, desto größer die Disruption, desto größer auch die Chance, hohe Investmenterlöse zu generieren.

Während europäische Start-ups sich bestehenden Regularien beugen, werden diese von den Silicon-Valley-Newcomern hinterfragt und verändert. Die Regulierungen des Taxigewerbes kommen nicht von ungefähr. In der Vergangenheit bestand ein Informationsungleichgewicht zwischen Taxianbieter und Fahrgast. Ein Besucher kennt eine Stadt oder Region meist weniger gut oder gar nicht. Und viele Fahrer nutzen das aus. Das Erlebnis einer spanischen Freundin beweist es. Nach einer Konferenz in Las Vegas war sie zeitig in der Früh im Taxi unterwegs zum Flieger, als eine Motorradstreife an einer roten Ampel ans Fenster klopfte und den Fahrer nach seinem Fahrziel fragte. Dieser gab an, auf dem Weg zum Flughafen zu sein. Der Polizist hakte nach, warum er denn dann in die entgegengesetzte Richtung fahre. Die Antwort des Taxifahrers, dass er wegen des Verkehrs einen schnelleren Umweg nehmen müsse, genügte dem Polizisten nicht, weil es um sechs Uhr früh keinerlei Anzeichen für ein erhöhtes Verkehrsaufkommen gab. Er notierte sich das Kennzeichen und die Lizenznummer des Taxis, wies den Fahrer an, sofort umzudrehen und den direkten Weg zu nehmen. Meiner verdutzten Freundin überreichte der Streifenpolizist eine Karte mit seiner Telefonnummer und dem Angebot, ihn anzurufen, sollte es Probleme geben und die Fahrt mehr als 20 Dollar kosten.

In Las Vegas ticken die Taxifahrer anders? Nicht anders als in Wien oder München oder Berlin. Als ich einmal obige Geschichte erzählte, steuerte einer meiner Wiener Freunde ein eigenes Erlebnis bei. Nach einem gemeinsamen Abendessen stiegen er und ein Bekannter aus der Schweiz

in ein Taxi und vertieften sich auf der Rückbank in ein Gespräch auf
Englisch – bis es meinem Wiener Freund auffiel, dass sie in den letzten
zehn Minuten zweimal auf derselbe Straße am Rathaus vorbeigefahren
waren. Der Taxifahrer hatte geglaubt, seine Fahrgäste wären ortsunkun-
dig, und wollte die Situation zu seinem Vorteil ausnutzen.

Um solchem Geschäftsgebaren Einhalt zu gebieten, verabschiedeten viele
Städte und Gemeinden Regulierungen und Bestimmungen, geben Taxilizenzen aus, fordern Fahrprüfungen und führen regelmäßige Kontrollen
durch. Mit dem Uber-Angebot weiß aber der Fahrgast nicht nur im Vorhinein, wie viel die Fahrt kosten wird und wie der Fahrer von anderen
Fahrgästen beurteilt wurde, auch der Fahrer sieht die Bewertungen des
Fahrgasts von Kollegen. Es gibt eine größere Transparenz: Mit wem hat
man es zu tun und welches Preis-Leistungs-Verhältnis ist zu erwarten?

Ubers Popularität führt dazu, dass Taxiservices genau die Regulierungen, die ihnen auferlegt wurden, nun als Waffe verwenden wollen, da der
Konkurrent den Standpunkt vertritt, genau diesen Regulierungen eben
nicht zu unterliegen. Die Behörden sehen sich plötzlich mit der Tatsache
konfrontiert, dass Regeln, die dem Schutz der Fahrgäste gegen die Taxiservices dienen sollten, nun von den Taxiservices zum eigenen Schutz
gegen Uber verwendet werden. Das führt zu der interessanten Situation,
dass bei Gemeindesitzungen Uber-Nutzer lautstark protestieren und
Gemeindevertreter sich rückbesinnen müssen, warum diese Regulierungen eigentlich derzeit eingeführt wurden. Die veränderte Situation macht
sie teilweise obsolet und erfordert eher neue Bestimmungen, wie beispielsweise einen Versicherungsschutz für Uber-Fahrgäste, der in der Vergangenheit fehlte.

Wie geradezu absurd es werden kann, sieht man an einer neuen Eichverordnung für Taxameter. Wer Amsterdam besucht, wird nicht umhin-
können, die vielen Tesla Model S zu bemerken, die als Taxis umherfahren.
Tatsächlich betreiben zwei Taxiunternehmer Flotten mit 167 Teslas.[467]
Umweltfreundlich und bequem. In Deutschland ist das wegen einer neuen
Eichverordnung nicht möglich. Um Manipulationen und Falschabrech-
nungen zu vermeiden, dürfen als Taxis nur solche Fahrzeuge eingesetzt
werden, die von den Herstellern auch als Taxis angeboten werden. Das
ist bei den Elektrofahrzeugen von Tesla und Renault momentan nicht

der Fall.[468] Jüngsten Meldungen zufolge hat die Bundesregierung dieses Manko aber bereits erkannt und bereitet eine Änderung vor.

Kleine Nadelstiche – eine Verordnung hier, eine Regulierung da – sollen langsam, aber sicher alles abtöten, was zart erblühen will. Dabei sind Taxameter Messgeräte aus der Steinzeit. Sie laufen und zählen während der Fahrt und bestimmen den Fahrpreis aufgrund von Distanz und Zeit, zuzüglich wenig nachvollziehbarer Pauschalen, Tarifklassen und Aufschläge. Am Fahrtziel steht dem Fahrgast oft eine Überraschung ins Haus, wenn der Preis höher ausfällt als gedacht. Mit Uber wäre das anders! Aber Uber hat man hierzulande ja verboten … Um Christoph Keese, Autor von *Silicon Germany*, nochmals zu zitieren:

> „Deutschland ist das Technologiemuseum des
> 20. Jahrhunderts. Hier regiert der Neophobismus,
> also die Feindseligkeit gegenüber Neuem."

Woher aber kommt die Popularität von Car- und Ridesharing-Unternehmen? Gründe dafür liegen auf der Hand: Motivationsfaktoren ändern sich und die neue Generation setzt auch neue Schwerpunkte. Sie legt weniger Wert auf Eigenheim und eigenes Auto, dafür aber umso mehr auf den Sinn des eigenen Schaffens. Im Gegensatz zu ihren Eltern ist sie eher bereit, auf höhere Gehälter zu verzichten, solange die Arbeit für sie von Bedeutung ist. Die Videospielgeneration sucht nach einer „Epic Mission" für das Spiel des Lebens.

Das macht der Automobilindustrie zu schaffen. Eine Generation, die keinen Führerschein mehr anstrebt und die wenig Sinn darin sieht, noch ein eigenes Auto zu besitzen, muss und will anders bedient werden.[469] Dieses Loch füllen Carsharing-Unternehmen, indem sie digitale Technologien zum Kern von Mobilitätsdienstleistungen machen. Dominierte früher das Besitzmodell, wird genau dieses jetzt als zu aufwendig und zu teuer angesehen. Damit bewegt sich die Wirtschaft von einem Besitz von Ressourcen hin zu einem Zugang zu Ressourcen. Und das hat Auswirkungen auf die Verkaufszahlen: Eine Umfrage in zehn US-Städten lässt rückschließen, dass mit jedem Fahrzeug, das zu einer Ridesharing-Flotte dazustößt, bis zu 32 weniger Fahrzeuge verkauft werden.[470]

80 Prozent der Zipcar-Mitglieder geben ihr eigenes Fahrzeug ab, nachdem sie Mitglied wurden. Das bedeutet, dass ein Zipcar 15 private Autos von der Straße nimmt.[471/472]

Die Boston Consulting Group schätzt, dass sich Carsharing vor allem dann auf die Autoverkäufe auswirkt, wenn fahrerlose Autos ganz zur Verfügung stehen.[473] Der Grad an Bequemlichkeit wird unschlagbar werden. Bis dahin wird man in Europa für jedes Auto, das in ein Carsharing-Programm aufgenommen wird, drei Autos weniger verkaufen, in den USA 1,2 und in Asien sogar 4,6.

Auch die verschiedenen Modelle, wie Uber-Ridesharing sie anbietet, sind eine bemerkenswerte Entwicklung. Uber Pool oder das Modell des Start-ups Chariot, bei dem sich mehrere Passagiere ein Fahrzeug teilen und ein ungefähres Ziel anpeilen, ähneln den Marschroutentaxis, wie sie beispielsweise von Russland bekannt sind. Tatsächlich hat Uber gerade mit diesem Modell überraschend viel Erfolg. Beinahe die Hälfte aller Fahrten in San Francisco wird als Uber Pool gebucht.[474] Bekannte benutzen Ubers darüber hinaus, um ihre Kinder von der Schule abholen zu lassen, wenn sie es selber einmal nicht rechtzeitig schaffen. Daimler testet sogar ein ähnliches Modell mit einem Pilotprogramm namens Boost.[475]

Während Uber & Co. Disruption in die Taxi-Industrie bringen, versuchen es andere mit Verleihfirmen. ZipCar und Car2Go stellen an sich nichts Neues dar. Bereits in den 1990er-Jahren war ich Mitglied in einem solchen Verein, der an Bahnhöfen oder anderen Schlüsselstellen der Stadt mehrere Fahrzeuge bereitstellte. Es standen drei Typen zur Auswahl: Golf-Klasse-Fahrzeuge, Limousinen und Kleinbusse. Je nach Bedarf konnte ich mir das passende Fahrzeug stundenweise entleihen.

Etwas anders funktioniert Flightcar.[476] Reisende, die ihr Fahrzeug in den oft teuren Flughafengaragen stehen lassen müssen, können dieses für die Dauer ihrer Reise vermieten. Der Vorteil für beide Seiten sticht ins Auge. Anstatt teure Parkgebühren zu bezahlen, verdient das eigene Auto sogar Geld. Und am Zielflughafen kann ich selbst anstelle eines Mietwagens ein Privatfahrzeug über Flightcar buchen.

Die Automobilhersteller überlassen die Sharing Economy nicht sich selbst und planen eigene Programme – BMW mit DriveNow und ReachNow, Daimler mit car2go und jetzt auch Croove.[477] Zuletzt hat

Renault-Nissan die Entwicklung eines Flottendienstes für selbstfahrende Fahrzeuge angekündigt, der öffentlichen Transport ersetzen und zuerst einmal in Paris getestet werden soll.[478] Daimler sagt voraus, dass sich Car2Go in ein Car2Come verwandeln wird, sobald Selbstfahrtechnologien marktreif sind.[479]

Audi sieht sich ebenfalls als Premiumanbieter eines Ridesharing-Services. Ulrich Quay von BMW Ventures erwartet, dass mit Sharingmodellen mehr Menschen Zugang zu Premiumfahrzeugen erhalten werden. Sinken dank Sharing die Kosten für Mobilität von 5.600 Euro pro Jahr für den Privatbesitz auf ein Zehntel, fallen einige hundert Euro mehr im Jahr für den Zugang zu Premiummarken nicht mehr ins Gewicht. Es gibt somit einigen Grund zu erwarten, dass Mercedes, Porsche, BMW und Audi in der Sharing Economy sogar an Bedeutung gewinnen könnten.

Ob die Benutzer wirklich auf Premiumfahrzeuge Wert legen, ist nicht so sicher. Emily Castor, die für Transportregulierungen bei Lyft zuständig ist, berichtete auf einer Podiumsdiskussion zum Thema Mobilität an der Stanford University, dass den Benutzern der Ridesharing-Services die Qualität des Fahrzeugs weniger wichtig sei als die Qualität der Punkt-zu-Punkt-Verbindung.[480] Es erscheine ausschlaggebender, dass man in den zehn Fahrminuten sein Handy rasch aufladen, als dass man seinen Hintern auf beheizbaren Ledersitzen räkeln könne.

Wer allerdings meint, die Disruption, die Ride- und Carsharing-Dienste mit sich bringen, werde sich auf das reine Fahren und die Taxi- und Verleihunternehmen beschränken, verkennt die größere Geschichte, die sich dahinter versteckt. Die digitale Natur der Unternehmen generiert ein extrem detailliertes Bild der Mobilitätsnachfrage und der Transportmuster einer Region. Damit können Vorhersagen getroffen werden, die eine bessere Verkehrsplanung und Lösung potenzieller Probleme erlauben. Wer auf diesen Daten sitzt, hockt auf einer Goldgrube. Die Verwendungsmöglichkeiten reichen von den Ausgaben für die Stadtplanung über Wertsteigerungen von Immobilien bis hin zum optimalen Einsatz von Werbebudgets entlang der Transitstrecken und Hinführung zu Geschäftslokalen. Kein Wunder, dass digitale Giganten wie Google, Baidu und Apple unter die Goldgräber gegangen sind und in diese Technologien investieren. Führt man diese Gedanken weiter, bewegen sich Uber & Co.

bereits weg von reinen Mobilitätsdienstleistern hin zu Unternehmen, deren KI-Systeme sich der Vorhersage von menschlichen Verhaltensweisen widmen, während traditionelle Unternehmen noch versuchen, das Uber-Modell mehr schlecht als recht zu kopieren. Ein Vorgehen, wie wir es bereits am Beispiel von Netflix und Blockbuster verfolgen konnten. Wer nicht innovativ mitgeht, wird vom Markt gefegt.

Weil das Uber-System vor allem auf einer digitalen Anwendung beruht, können Geschäftsmodelle und Dienstleistungen rasch erweitert werden. Eine davon ist das sogenannte „Surge Pricing", bei dem die Fahrpreise bei Nachfrageanstieg kurzfristig erhöht werden können. Was dem marktwirtschaftlichen Prinzip von Angebot und Nachfrage folgt und im ersten Moment wie ein genereller Nachteil für den Kunden aussieht, bietet Fahrgästen in manchen Städten sogar Vorteile. In New York hat man es oft schwer, während eines Regengusses genug Taxis zu finden.[481] In einer Studie aus dem Jahr 1997 fanden die Forscher heraus, dass die Taxifahrer ihre Arbeitszeiten an die Tageserlöse anpassten. Hatten sie einen guten Tag, beendeten sie ihre Schicht früher. An schlechten Tagen fuhren sie hingegen länger, um auf ihre Tagesquote zu kommen. Dieses Marktverhalten führte dazu, dass die Fahrer an Tagen mit hohem Fahrgastaufkommen und damit einer erhöhten Nachfrage nach Taxis das Angebot verringerten, indem sie frühzeitig nach Hause gingen, weil sie ihr selbst gesetztes Tagesziel früher erreicht hatten.[482] Mit dem „Surge pricing" von Uber könnten Fahrer ein Vielfaches des normalen Fahrpreises verdienen und dazu angehalten werden, längere Schichten zu machen und ihre Gewinnspanne erheblich zu erhöhen.

Heute macht das Fahrergehalt 50 Prozent der Kosten eines Taxis aus. Der Rest geht für Ridesharing-Gebühren, Abschreibungen, Benzin, Versicherungen, Wartung und Sonstiges drauf.[483]

Trotz all der Sharingmodell-Euphorie zeigen sich die Automobilhersteller noch skeptisch. Führungskräfte glauben nicht, dass der Privatbesitz von Automobilen völlig verschwinden wird. Dabei mussten einige bereits zugeben, dass auch sie in ihrem Bekanntenkreis jüngere Menschen haben, die kein Auto und keinen Führerschein mehr besitzen und auch nicht vorhaben, das zu ändern. Heutige Verkaufszahlen, die dank des wirtschaftlichen Aufstiegs von Ländern wie China oder Indien einen

Aufschwung erhalten, dürfen jedoch nicht so einfach extrapoliert werden. Auch der Höhepunkt der Pferdepopulation wurde erst lange nach der Erfindung des Automobils erreicht.[484]

Bei zunehmendem Bevölkerungswachstum und stetigem Wachstum der Metropolen muss der private Besitz von Autos jedoch dringend auf den Prüfstand gestellt werden. Bereits heute lebt die Mehrheit der Menschen im urbanen Bereich.[485] Waren es 1960 noch 34 Prozent, so erreichte der urbane Bevölkerungsanteil im Jahr 2014 auf globaler Ebene bereits 54 Prozent, in Deutschland und den USA sogar fast 80 Prozent. Heute gibt es weltweit 28 Städte mit mehr als zehn Millionen Einwohnern. Bis 2030 werden 41 Städte diese Bevölkerungszahlen erreicht haben, die Hälfte davon befindet sich in Asien.[486] In China allein verzeichnen heute über 130 Städte mehr als eine Million Einwohner.[487] Und diese Zahl soll bis 2030 auf über 200 steigen. Zum Vergleich: In der EU befinden sich gerade mal 35 Millionenstädte.[488]

Wie schon Twitter und andere soziale Medienplattformen in der Vergangenheit demonstrierten, liegt in den Ansätzen aus dem Silicon Valley explosives Potenzial, das über den wirtschaftlichen und technischen Bereich hinausgeht. Soziale Medien hatten ihren Anteil am Arabischen Frühling, bei dem gleich in mehreren Ländern die Herrscher und Despoten hinweggefegt wurden. Hinter dem Einstieg eines saudi-arabischen Investmentfonds bei Uber mit 3,5 Milliarden Dollar verbergen sich noch andere Gründe als die, ein gutes Investment zu tätigen. Saudischen Frauen ist es immer noch verboten, ein Fahrzeug zu steuern. Damit ist ihre Mobilität drastisch eingeschränkt, die Einkaufsfahrt oder das Pendeln zum Arbeitsplatz werden erschwert. Die saudische Regierung erhofft sich nun – statt den Frauen das Fahren zu erlauben, was einfacher und richtiger wäre –, mit Uber eine Transportlösung anbieten zu können. Immer vorausgesetzt, dass den Frauen erlaubt wird (jede Frau in Saudi-Arabien benötigt einen männlichen Vormund), in das Fahrzeug eines fremden Mannes einzusteigen. Die Saudierinnen selbst sind davon wenig begeistert: Nicht nur werde ihnen von der Regierung das Fahren verboten, nun verdiene diese auch noch Geld mit dem antiquierten Fahrverbot.[489] Dass es auch anders gehen kann, zeigt Dubai mit seinen „Pink Taxis". Diese werden von Frauen gesteuert und wenden sich ausschließlich an weibliche Kunden.

Mit den kostengünstigen und einfach zu nutzenden Ridesharing-Diensten könnte es auch zu erfreulichen Nebeneffekten kommen wie der sinkenden Anzahl betrunkener Fahrer. Laut Unternehmensangabe ging in 17 kalifornischen Städten die Unfallquote bei unter 30-Jährigen, die einen zu viel über den Durst getrunken hatten, um sechseinhalb Prozent zurück, sobald Uber seinen Fahrdienst dort anbot.[490] Dem wird hingegen in anderen Studien widersprochen.

Eine Studie der University of California, die das Mobilitätsverhalten von car2go-Mitgliedern in Seattle, Calgary, San Diego, Vancouver und Washington untersuchte, stellte fest, dass auch die Abgasemissionen sinken könnten, weil die Mitglieder unter anderem insgesamt weniger fahren als mit eigenen Fahrzeugen.[491]

Sharingmodelle ersetzen nicht nur Taxis, sondern auch öffentliche Nahverkehrsmittel und schaffen es zum ersten Mal, unterversorgte Gebiete verkehrstechnisch anzuschließen. In Altamonte Springs in Florida setzt die Stadtverwaltung Ubers in einem Testprogramm ein, um fehlende Busverbindungen zu ersetzen.[492] Zwar hatte die Stadt mit einer flexiblen Buslinie experimentiert, Uber stellte sich aber als kostengünstigere und weit anpassungsfähigere Variante heraus. Die Stadt subventioniert die Uberfahrten und alle profitieren davon. Die Bürger zahlen für eine Fahrt nicht mehr als für reguläre Busfahrkarten und werden sogar vor ihrer eigenen Haustür abgesetzt, das ist schneller und bequemer, als es ein Bus leisten könnte. Die Stadt kostet das weniger, als wenn sie eigene Buslinien betreiben müsste. Auch wenn momentan noch nicht alle Probleme gelöst sind – so müssen die Kunden eine Kreditkarte und ein Smartphone besitzen, und Uber ist nicht verpflichtet, behindertengerechte Fahrzeuge anzubieten –, lassen sich doch die Potenziale erkennen.

Wie aber gehen wir damit um, wenn private Unternehmen den öffentlichen Nahverkehr ersetzen? Viele Verkehrsbetriebe sind heute in öffentlichen Händen, entweder zur Gänze oder teilweise. Städte und Regionen versuchen auf diese Weise, sozialen Ausgleich zu schaffen und alle Bevölkerungsgruppen am öffentlichen Leben teilhaben zu lassen. Sobald Nahverkehr nun aber vollständig aus der öffentlichen Verantwortung entlassen und stattdessen privaten Unternehmen überlassen wird, muss eventuellen Benachteiligungen mancher Bevölkerungsschichten entgegengewirkt werden. Schon das Fehlen einer Kreditkarte kann zu einem unüberwindlichen Hindernis werden, wenn ein Ridesharing-Dienst diesen voraussetzt. Auch die Bewertung von Passagieren durch Fahrer, wie es bei Uber üblich ist, kann eine wenig durchsichtige Zugangsverweigerung zu Mobilität zur Folge haben.

Die Skepsis in Bezug auf Sharingdienstleister kommt noch aus einer anderen Ecke. Schaffen wir damit weitere gering bezahlte Beschäftigte, die keinerlei Anspruch auf Leistungen des Sozialstaates erhalten, weil sie von Uber, Lyft & Co. als freie Unternehmer gesehen werden? Trotz der guten Erfahrung mit Uber in San Francisco wiesen die bereits erwähnten deutschen Pharmamanager auf diesen Faktor hin. Und da muss ich ihnen zustimmen. Diese Frage muss gelöst werden. Und die beschränkt sich nicht nur auf die neuen Transportdienstleister, sondern bezieht nach jüngsten Meldungen auch die herkömmlichen Taxiunternehmen mit ein. Ermittlungen der Staatsanwaltschaft gegen ein Wiener Taxiunternehmen gründeten sich auf den Verdacht von Steuerhinterziehung, wobei Einkünfte der Steuerbehörde nicht angegeben worden waren; man hatte Fahrer fälschlicherweise als geringfügig beschäftigt gemeldet und damit Sozialleistungen unterschlagen.[493]

Die chinesische Regierung erwägt wiederum, nur legale Stadtbewohner als Fahrer solcher Ridesharing-Dienste zuzulassen.[494] In China kann man nicht einfach wohnen, wo man will, sondern muss eine Erlaubnis einholen, wenn man in eine Stadt ziehen will. Die wirtschaftlichen Umschwünge haben aber viele Landbewohner dazu gebracht, (illegal) in die Metropolen zu ziehen. Oft ist für sie die Arbeit als Fahrer die einzige Möglichkeit, Geld zu verdienen.

Und auch darüber sollte man nachdenken: Die involvierten Unternehmen wie auch viele von uns bezeichnen diesen Industriezweig vorzugsweise als „Sharing-Ökonomie". Unter der „Wirtschaft des Teilens" versteht man eigentlich einen unkommerziellen, persönlichen Austausch, ohne dass Geld den Besitzer wechselt, also dass Nachbarn Nachbarn helfen und Menschen Zugang zu ohnehin brachliegenden Ressourcen erhalten.[495] Letztendlich mögen manche der Sharing-Plattformen einmal so begonnen haben, die Weiterentwicklung aber führte zu etwas anderem, als es der mittlerweile etablierte Begriff suggeriert. Waren es ursprünglich wirklich vor allem

Individuen, die Zimmer oder Fahrzeuge im Tausch anboten, kippte das Verhältnis stark zugunsten professioneller und gewinnorientierter Wohnungsanbieter und Flottenbetreiber. Bei Uber und Airbnb handelt es sich eindeutig um Aggregationswirtschaft – von Fahrdiensten und freien Zimmern. Harvard-Professor Yochai Benkler bezeichnet die Betrachtung Ubers als Teil der Sharing-Ökonomie als „Blödsinn". Uber habe die Verfügbarkeit mobiler Technologie genutzt, um ein Unternehmen zu gründen, das die Beförderungskosten für Verbraucher senkt. Mehr nicht.[496]

Vergessen wird auch, dass Plattformbetreiber wie Uber und Airbnb immer stärkere Kontrollen über diese aggregierten Ressourcen ausüben. Dank des Netzwerkeffekts haben sie die Macht, Preise nicht nur zu empfehlen, sondern auch zu diktieren, die Standards und Anforderungen festzulegen, an wen vermietet werden darf. Auch haben sie die Entscheidungsgewalt darüber, welche Anbieter sie auf der Plattform haben wollen und welche nicht. Uber-Fahrer, die zu oft Fuhren ablehnen oder deren Bewertung zu schlecht ist, werden ohne weitere Begründung von der Plattform ausgeschlossen, ohne eine rechtliche Handhabe dagegen zu haben. Das führt zu der perversen Situation, dass die Bewertung der Uber-Fahrer fast ausschließlich im Fünf-Sterne-Bereich rangiert, weil Passagiere sie schützen wollen. Die Bewertung wird somit nutzlos und hinterlässt bei vielen Beteiligten einen üblen Nachgeschmack.

Weil sich Uber nicht als Taxiunternehmen, sondern als Vermittlungsplattform zwischen Fahrdienstleistungsangebot und -nachfrage sieht, entzieht es sich bislang den Ausgaben für Versicherung, Umsatzsteuer, Fahrzeuginspektion und Barrierefreiheit. Taxiunternehmen unterliegen diesen Bestimmungen und müssen einen bestimmten Prozentsatz an Fahrzeugen für Menschen mit Behinderung bereitstellen. Uber beruft sich auf Abschnitt 230 des Communications Decency Act, der eigentlich dazu dienen sollte, Webseitenbetreiber von der Haftung für die Inhalte verlinkter Webseiten beziehungsweise für die Kommentare und Posts der Benutzer freizusprechen.[497] So wie ein Telekomanbieter nicht für die Inhalte der Telefongespräche verantwortlich gemacht werden kann, verwendet Uber dieses Gesetz, um sich von einem möglichen Fehlverhalten eines Fahrers zu entlasten. Man betreibe doch nur eine Webseite und eine App, was die Fahrer und Passagier da machten, sei allein deren Sache.

Kein Wunder, dass Tom Slee, Autor des Buches *Deins ist meins*, Ubers Verhalten in den Städten, in denen es operiert, als „parasitär" bezeichnet. Das Unternehmen ist an allen Fronten in Bedrängnis geraten. Das zeigen jüngste Enthüllungen zu Sexismus und sexueller Belästigung von Mitarbeiterinnen, das auf Video aufgezeichnete Fehlverhalten von Uber-Gründer und nun Ex-Uber-CEO Travis Kalanick gegenüber einem Fahrer, die Kritik an Kalanick wegen seiner kurzlebigen Beratertätigkeit für US-Präsident Trump als Mitglied des Strategic and Policy Forums sowie die anhängige Gerichtsklage von Waymo, in der Uber des Diebstahls geistigen Eigentums bezichtigt wird. Man hat sich zu viele Feinde und kaum Freunde geschaffen.

Doch selbst Uber & Co. sind vor Disruption nicht gefeit. Der ehemalige Google-Mitarbeiter Mike Hearn stellte das Konzept eines „TradeNet" vor, bei dem eine Art Auktionsplattform für Dienstleistungen – wie sie der Zugang zu einem autonomen Fahrzeug darstellt – mithilfe der Blockchain-Technologie die Fahrzeugbesitzer wieder selbstermächtigt. Wenn ein Benutzer eine Fahrt anfragt, können ihm die Fahrzeugbesitzer ein automatisiertes und auf seinem Benutzerprofil basierendes Angebot unterbreiten. Nicht Uber bestimmt Preis und Dienstleistung, sondern die Plattformnutzer machen beides untereinander aus.[498]

„Während die meisten Technologien Arbeitnehmer an der Peripherie wegrationalisieren, die einfache Tätigkeiten verrichten, rationalisiert die Blockchain die Zentrale weg", sagt Vitalik Buterin, Gründer des Blockchain-Start-ups Etherum. „Die Blockchain nimmt nicht den Taxifahrern die Arbeit weg, sondern Uber. Die Taxifahrer können dann direkt mit ihren Kunden zusammenarbeiten."[499] Der Kritik an zentralen Transportation Network Providern versucht auch das israelische Start-up La'Zooz zu begegnen. So wie Bitcoin eine dezentrale Währung ist, handelt es sich bei La'Zooz um ein dezentrales Transportnetzwerk, das auf der Blockchain basiert und niemandem gehört. Damit soll die Macht vom Anbieter in die Hände der Fahrer übergehen.[500]

Heute stellen Autobesitzer ihre Fahrzeuge noch hauptsächlich den Diensten zur Verfügung, die meisten Fahrer in San Francisco verwenden Uber und Lyft. Sobald die Hersteller aber autonome Fahrzeuge anbieten, immer weniger Menschen Autos besitzen und stattdessen die Dienste von

Flotten in Anspruch nehmen, könnten Autobauer diese auch gleich selbst betreiben. Wer bräuchte dann noch die Zwischenverdiener?

Die größte Gefahr für Uber, Lyft & Co. geht vom eigenen Geschäftsmodell aus. Sie besitzen keine Autos und treten als Intermediäre auf. In Situationen, wo Benutzer und Fahrer das Vertrauen in die Vermittler verlieren, gehen sie baden. Uber bekam das am eigenen Leib mit Social-Media-Kampagnen wie dem Hashtag #DeleteUber und den Enthüllungen zu sexuellen Belästigungen zu spüren. Hunderttausende Benutzer löschten die App von ihren Smartphones.

Trotz aller Euphorie über das Potenzial von Ridesharing-Unternehmen gibt es nach wie vor die Befürworter des privaten Untersatzes. Für viele Menschen der mittleren und älteren Generation steht das Auto immer noch für Freiheit: ohne Vorbereitung, ohne Wartezeit und ohne die letzte Meile zu öffentlichen Verkehrsmitteln einfach losfahren und ein Ziel ansteuern können. Man nimmt dabei hin, dass diese Freiheit teuer erkauft ist und gleichzeitig viele Freiheiten nimmt. Da wären die Kosten für Wartung und Haltung, die Notwendigkeit, einen Parkplatz zu finden und zu bezahlen, die Miete für ein situationsbedingt anfallendes Transportfahrzeug oder die vielen Staus und Unfälle. Man hängt am Freiheitsgedanken, weil Alternativen noch nicht existieren oder ausprobiert werden konnten und alte Gewohnheiten nicht so einfach aufgegeben werden. Witzigerweise wurde mir von mehreren Seiten, wenn auch unabhängig voneinander, dasselbe Argument für den unerlässlichen Besitz eines eigenen Autos genannt – nämlich die Möglichkeit, seine Golfschläger hinten im Kofferraum parat zu haben und spontan auf einen Golfplatz fahren zu können. Darüber werden die meisten Menschen vermutlich nur lachen oder den Kopf schütteln. Sie haben wahrlich andere Probleme.

Die Parkplatzsituation in vielen Städten ist mittlerweise so angespannt, dass ich selbst versuche, Stadtfahrten tunlichst zu vermeiden oder sie so zu planen, dass ich möglichst wenig mit meinem Auto dort herumkurven muss. Von Freunden habe ich gehört, dass sie mit dem eigenen Auto an die Stadtgrenze fahren und von dort dann ein Uber nehmen. Sobald autonome Autos im Ridesharing-Modell flächendeckend verfügbar sind, wird der Vorteil so offensichtlich werden, dass sich auch viele der heutigen Skeptiker rasch überzeugen lassen.

Forschung, Innovation, Disruption – mehr Geld, mehr Features

„Wenn alles unter Kontrolle scheint, dann bist du nicht schnell genug."

– MARIO ANDRETTI

STELLEN SIE SICH VOR, Sie produzieren ein Auto, in dem sich Bauteile befinden, die gar nicht verwendet werden. Und nicht nur das, diese überflüssigen Bauteile erhöhen den Preis des Fahrzeugs für den Endkunden um ein paar Prozentpunkte. Sie verbieten Ihren Verkäufern, darüber zu sprechen und sie in irgendeiner Spezifikation anzuführen. Die Reaktion ist vorhersehbar: Sie wären sehr rasch Ihren Job los.

Genau das hat Tesla gemacht. Teile sind bereits im Softwarepaket vorhanden, die erst in einem späteren Update ergänzt oder durch zusätzliche Lizenzgebühren freigeschaltet werden können. Im Tesla Model S wurden solche Teile verbaut; nach einem Software-Update verfügte das Fahrzeug plötzlich über eine Autopilot- und eine Einparkfunktion, sehr zum Entzücken der Besitzer. Teslas Model S wird zudem in Varianten angeboten, wo die leistungsfähigere und damit eigentlich teurere Batterie bereits verbaut, aber erst gegen Aufpreis freigeschaltet wird. Was in traditionellen Fahrzeugen nur durch eine Umrüstung in der Werkstatt geschehen könnte, ist bei Tesla „per Klick" machbar.

Solch ein Verfahren macht traditionellen Herstellern zu schaffen. Für sie ist es nur schwer zu rechtfertigen, Bauteile schon im Vorhinein einzubauen, ohne sicher zu sein, dass sie jemals verwendet werden können.

Gerechterweise muss man sagen, dass Tesla im hochpreisigen Premium-sektor so vorgeht, wo höhere Margen dergleichen auch erlauben. Ein Trend in diese Richtung bahnt sich jedoch an, zumal, wenn die Digitalisierung im Fahrzeug an Bedeutung gewinnt. Da gerade auch Sharing-Modelle durch das wirtschaftliche Betriebsmodell mit teureren Bauteilen „gut fahren", kann sich das Auto abhängig vom Benutzer anpassen. Bezahlt man den günstigeren Fahrtarif, stehen einige Funktionen nicht zur Verfügung. Für mehr Geld werden mehr Features bereitgestellt, wie auch schon heute bei Flugzeugen üblich, wo unterschiedliche Sitzkategorien das Unterhaltungs- und Essensangebot beeinflussen.

Sind die Unternehmen mit dem größten F&E-Budget auch die innovativsten?

> „Fortschritt wird uns durch die Faulpelze gebracht, die nach einfachen Wegen suchen, um Dinge zu machen."
> – ROBERT HEINLEIN

Sieht man sich die Ausgaben zu Forschung und Entwicklung an, stehen Automobilunternehmen ziemlich gut da. Unter den Top-20-Unternehmen befinden sich gleich fünf davon. Volkswagen dominierte 2016 die F&E-Ausgaben öffentlich gehandelter Unternehmen mit über 13 Milliarden Dollar.[501]

Betrachtet man hingegen die Ausgaben im Vergleich zum Umsatz, dann stellt der Aufwand, den Tesla treibt, alle anderen Autobauer in den Schatten. Mit 17,7 Prozent liegt Tesla weit vorn, VW rangiert abgeschlagen mit 6,4 Prozent auf dem zweiten Platz, BMW mit sechs Prozent auf dem dritten. GM ist mit 4,9 Prozent dabei, Daimler mit 4,4 und Toyota mit 3,7 (siehe Abbildung 5).[502]

Europas Innovationserfolge verblassen im Vergleich zu denen des Silicon Valley oder sogar Asiens. Ein Artikel in der *Washington Post* zeigt auf, dass sich der Europäische Innovationsrückstand auch nicht so rasch aufholen lässt.[503] Ein Bericht zu Internettrends von Kleiner Perkins Caufield

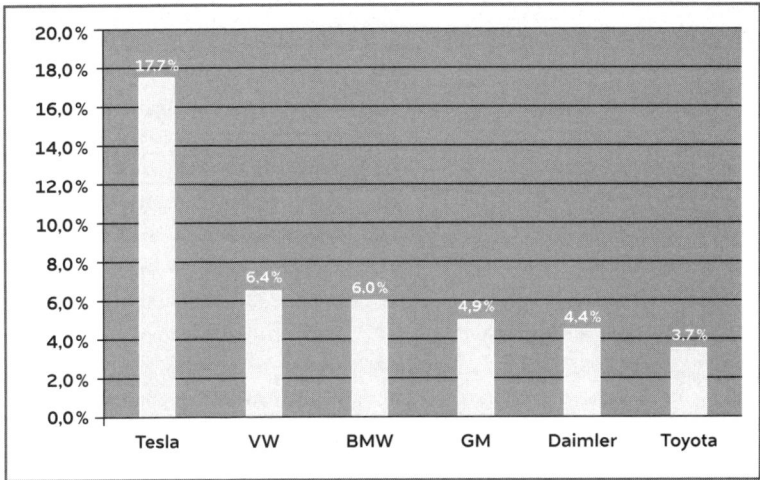

Abbildung 5: Forschungsintensität der Autohersteller

& Byers, einer im Valley angesiedelten Venture-Capital-Gesellschaft, zeigte bereits 2015, dass die 15 wertvollsten Internetunternehmen einen Marktwert von beinahe 2,5 Billiarden Dollar aufweisen. Kein einziges davon stammt aus Europa, elf hingegen aus den USA und vier aus China.[504] Und dieser Abstand hat sich, wie schon erwähnt, noch vergrößert.

Europäische Regierungen und die Wirtschaft wollen das ändern, aber es scheint, als ob als Antwort immer nur die altbekannten, wenig wirksamen Vorgehensweisen gefunden werden: neue Förderprogramme, erhöhte Forschungs- und Entwicklungsausgaben, Investitionen in Universitäten. Die letzte deutsche Initiative ist ein von der Regierung vorangetriebenes Programm namens Industrie 4.0.

Wäre mehr Innovation möglich, wenn die Gelder stattdessen in Unternehmen fließen oder bessere Anreize geschaffen würden? Diese Frage stellte sich die Unternehmensberatung PricewaterhouseCoopers und analysierte die Forschungs- und Entwicklungsausgaben von an der Börse gehandelten Unternehmen.[505] Unter den 20 Firmen mit den größten Forschungsbudgets befanden sich sieben Europäische, wobei fünf davon wenig überraschend aus dem klinisch-pharmazeutischen Umfeld stammten und die zwei verbleibenden aus dem Automobilbereich (siehe Tabelle 8).

2016	2015	Unternehmen	Millarden Dollar	Firmen-zentrale	Industrie
1	1	Volkswagen	13,2	Europa	Auto
2	2	Samsung	12,7	Südkorea	Computer & Elektronik
3	7	Amazon	12,5	Nordamerika	Software & Internet
4	6	Alphabet	12,3	Nordamerika	Software & Internet
5	3	Intel	12,1	Nordamerika	Computer & Elektronik
6	4	Microsoft	12,0	Nordamerika	Software & Internet
7	5	Roche	10,0	Europa	Medizin
8	9	Novartis	9,5	Europa	Medizin
9	10	Johnson & Johnson	9,0	Nordamerika	Medizin
10	8	Toyota	8,8	Japan	Auto
11	18	Apple	8,1	Nordamerika	Computer & Elektronik
12	11	Pfizer	7,7	Nordamerika	Medizin
13	13	General Motors	7,5	Nordamerika	Auto
14	14	Merck	6,7	Nordamerika	Medizin
15	15	Ford	6,7	Nordamerika	Auto
16	12	Daimler	6,6	Europa	Auto
17	17	Cisco Systems	6,2	Nordamerika	Computer & Elektronik
18	20	AstraZeneca	6,0	Europa	Medizin
19	32	Bristol-Myers Squibb	5,9	Nordamerika	Medizin
20	22	Oracle	5,8	Nordamerika	Software & Internet

Tabelle 8: Die Unternehmen mit den 20 größten Forschungsbudgets

Um zu sehen, ob es eine Korrelation zwischen Innovationskraft und der Größe des Forschungsbudgets gibt, befragte PricewaterhouseCoopers Manager, welche Unternehmen sie zu den innovativsten zählten. Das Ergebnis war ernüchternd. Apple als das am innovativsten bewertete Unternehmen brachte es mit seinen Forschungsausgaben nur auf den 11. Platz (siehe Tabellen 2 und 8). Mehr Forschungsausgaben bedeuten also nicht automatisch mehr Innovation. Kein einziges europäisches Unternehmen fand sich unter den Top Ten. Ich wiederhole: kein einziges Europäisches Unternehmen.

Warum aber führen erhöhte Forschungs- und Entwicklungsausgaben nicht unbedingt zu einer Erhöhung des Innovationsausstoßes eines Unternehmens? Da spielen viele Faktoren mit.

Eine eigene Forschungs- und Entwicklungsabteilung vermittelt Mitarbeitern die Botschaft, dass Innovation in erster Linie von dieser

Abteilung, nicht aber von ihnen erwartet wird. Auch sind isolierte F&E-Abteilungen oft zu weit weg von Kundenwünschen und interagieren zu selten mit dem Rest des Unternehmens. Damit erhalten sie kein notwendiges direktes Feedback, was ihnen rasche Anpassungen oder sogar einen Pivot – beispielsweise eine Änderung des Anwendungszwecks oder Geschäftsmodells – erschwert. F&E-Mitarbeiter, oft Ingenieure mit tiefer Expertise in ihrem Fach, werden zumeist – wie auch in universitären Forschungseinrichtungen üblich – an ihren Patentanmeldungen oder wissenschaftlichen Veröffentlichungen gemessen, aber nicht notwendigerweise an der Zahl von Produkteinführungen. Wie ich bereits aufgezeigt habe, entsteht disruptive Innovation oft durch Nicht-Experten, die in frischer Weise und durch die Intersektionalität mit anderen Disziplinen auf neue Ideen und Konzepte kommen. Oft sehen Ingenieure unternehmerisches Denken – wie es Intrapreneure aufweisen – auch nicht als ihre vorrangige Aufgabe an, sondern delegieren es an Mitarbeiter aus anderen Unternehmensbereichen. Des Weiteren können die Verfügbarkeit und die Verwendung zu vieler Ressourcen innovationshemmend sein, weil zu viele Probleme gleichzeitig angepackt werden.

Forscher untersuchten, wie Innovation eigentlich zustande kommt. Dazu sahen sie sich die Gewinner der „R&D 100 Awards" an und fanden heraus, dass 2006 nur sechs von 100 Gewinnern in der Liste der „Fortune Global 500" vertreten waren. Die Studienautoren stellten daraufhin die Hypothese auf, dass große Unternehmen eher inkrementelle Innovation betreiben (also Innovation an bestehenden Produkten), als dass sie radikal neue Ideen anpacken.[506] Ergo verlassen viele kluge Köpfe die F&E-Abteilungen der Konzerne und arbeiten lieber in staatlichen Forschungseinrichtungen, Universitäten und in kleinen Laboratorien.[507]

F&E-Abteilungen tendieren dazu, Probleme nur ab einer bestimmten Größenordnung anzugehen. Polaroid war sehr stolz darauf, große Innovationsprojekte im Bereich von einer halben Milliarde Dollar stemmen zu können.[508] Derart gigantische Summen führen dazu, dass die Angst vor Veränderungen und vor dem Scheitern so groß wird, dass man die Projekte so lange weiterführt, bis sie für das Unternehmen existenzbedrohlich werden können. Die Dauer der Projekte hält nicht mit der

Innovationsgeschwindigkeit mit. Annahmen, die bei Projektbeginn gemacht wurden, können bei Projektende schon nicht mehr gültig sein. Es gibt nichts Schlimmeres, als erkennen zu müssen, dass das Endprodukt bereits durch eine disruptive Technologie ersetzt worden ist. Ein vielversprechenderer Ansatz ist es hier, Innovation als die Aufgabe jeder Abteilung und jedes Mitarbeiters als Parole auszugeben.

Woran erkennt man eine disruptive Idee?

Tesla hat seit 2013 ein elektrisches Fahrzeug mit ausreichender Reichweite im Angebot. Uber ist seit 2009 in Betrieb. Google treibt seit acht Jahren autonomes Fahren voran. Zeit genug, um aufzuholen, sollte man meinen, und doch sind die traditionellen Hersteller ins Hintertreffen geraten. Warum?

Das Beispiel einer Delegation aus der deutschen Möbelbranche macht das besonders anschaulich. Die 15-köpfige Gruppe aus Möbelherstellern und -händlern war beim dritten Pitch angelangt. Wie im Silicon Valley üblich, wollten die Teilnehmer unbedingt in einem kurzen Vortrag ein mögliches Start-up-Konzept vorstellen. Ein Pitch will Investoren dazu bewegen, Geld in ein Start-up oder Projekt zu stecken. Meine Rolle bestand darin, als vorgeblicher Investor den Pitches zuzuhören und Rückmeldung zu den Ideen zu geben.

Die ersten beiden Pitches brachten Ideen, die zwar interessant, aber wenig ertragreich klangen, da ein zu kleiner Markt mit zu kleinem Umsatz angegangen worden war. Beim dritten Pitch trug der Redner eine Idee zu einer Plattform vor, auf der Möbelhändler und -hersteller überschüssige oder unverkäufliche Ware günstig verhökern könnten, „natürlich immer im Sinne des Kunden, der sich freuen wird, an billige Möbel zu kommen".

Das stimmte so allerdings nicht. Die Hauptbegünstigten waren die Händler und Hersteller selbst, die auf diese Weise alte Ware zu Geld machen konnten und die Möbel nicht teuer entsorgen mussten. Und das ist durchaus legitim. In einem Nebensatz etwa nach der Hälfte des Pitches trat jedoch zutage, wo die echte Disruption und wo der wahre

Nutzen für einen Endkunden lag. Es ist normalerweise so: Ein und dasselbe Möbelstück wird vom selben Hersteller für unterschiedliche Händler und Marken produziert. Nur verkauft sich beispielsweise so ein Stuhl – vom selben Hersteller, mit der gleichen Spezifikation, dem gleichen Design und von gleicher Qualität – unter einem Luxuslabel für ungefähr 200 Euro das Stück, ein Möbeldiscounter bietet ihn aber schon für um die 30 Euro an. Das ist in der Branche ein offenes Geheimnis und zählt zur branchenüblichen Vorgehensweise.

Was ist nun die disruptive Idee dabei? Disruptiv wäre eine Plattform, die eben diese Unterschiede aufzeigt und die Preise transparent macht. Davon könnten die Kunden am meisten profitieren und eine Menge Geld sparen. Doch genau das wurde im Pitch nicht erwähnt, denn diese Idee hätte das Geschäftsmodell zerstört und die Geschäftsbeziehungen zwischen Händlern und Herstellern nachhaltig beschädigt. Das kann oder will man sich nicht leisten, weil diese Beziehungen über viele Jahre aufgebaut worden waren.

Und genau hier kommen Start-ups ins Spiel, branchenfremde Außenseiter, die weder in ein Beziehungsgeflecht verstrickt sind noch in brancheninterne Geheimnisse. Sie haben nichts zu verlieren und treten damit allen auf die Füße. Je disruptiver die Idee, desto mehr Klagen sind zu erwarten. Genau das ist es, was Uber, Google und andere machen, und wo Daimler oder BMW eben nicht problemlos gleichziehen können. Uber arbeitet an den Taxidiensten vorbei, Mercedes dagegen ist in Deutschland Hauptlieferant von Taxis und kann es sich nicht erlauben, seine Kunden vor den Kopf zu stoßen. Traditionelle Hersteller und Zulieferer bewegen sich auf dünnem Eis.

Zwar haben die deutschen Hersteller bereits die Zeichen der Zeit erkannt, aber es ist nicht ganz klar, wie rasch sie die Technologie auf den Markt bringen können. Mercedes forscht bekanntlich seit den 1990er-Jahren an selbstfahrenden Autos, ohne bisher den großen Impact gehabt zu haben. Audi hat angekündigt, mit Technologiepartnern eine eigene Tochterfirma namens SDS zu gründen, die die Entwicklung selbstfahrender Fahrzeuge vorantreiben soll.[509] Porsche wiederum setzt auf eine eigene Tochter für den Softwarebereich namens Digital GmbH.[510]

Warum die Automobilskandale eine Chance für Deutschland sind …

Der Dieselabgas-Skandal mit den Schummelmotoren lässt sich an Dramatik nicht überbieten. Millionen von VW-, Audi- und Mercedes-Fahrzeugen (und vermutlich anderer Hersteller auch) sind davon betroffen; Rückrufe, dutzende Lösungsansätze, Strafzahlungen, Klagen, Verkaufsrückgänge sowie Strafverfahren und -untersuchungen auf der ganzen Welt sind im Gange. Mitarbeiter, die entlassen werden, selbst gehen oder sich sogar in Untersuchungshaft befinden, sorgen für Schlagzeilen. Wer meinte, dass es schlimmer nicht werden könnte, musste nur auf das Bekanntwerden eines seit Jahrzehnten bestehenden Preiskartells zwischen fünf deutschen Herstellern warten. Technische Arroganz – die Anmaßung, besser zu wissen, was gute Technologie ist und können muss, auch wenn man dabei in der Grauzone agiert – könnte ein Grund für den Dieselskandal gewesen sein; Gewinnmaximierung ohne Rücksicht auf Verluste anderer. Kurzfristig wird Volkswagens Vorgehen sicherlich negative Auswirkungen auf die gesamte deutsche Wirtschaft und deren Reputation haben, gleichzeitig aber könnte das die Chance sein, endlich die so dringend benötigte Start-up-Szene zu beleben. Angesichts der Tendenz größerer Unternehmen, Innovation durch das Bewusstsein eigener Größe und durch Prozesse, die für Massenskalierung und -ausführung optimiert sind, zu sublimieren, könnte der deutsche Automobilskandal die unerwartete Gelegenheit bieten, das innovative eigene Potenzial oder auch das anderer freizulassen.

Das lässt sich mit einem Beispiel aus der Vergangenheit belegen, nämlich dem österreichischen Weinskandal aus dem Jahr 1985. In diesem Jahr entdeckten die Behörden, dass Winzer ihren Weinen illegalerweise eine Chemikalie namens Diethylenglykol zugesetzt hatten, um sie geschmacklich zu „verbessern" und teurer zu verkaufen. Diese Substanz wird normalerweise als Frostschutz im Kühlwasser von Automobilen verwendet. Darüber hinaus war es Usus, den Weinen Zucker hinzuzufügen. Sobald diese Praktiken aber aufgedeckt worden waren, fielen die Verkäufe ins Bodenlose. Die österreichische Weinindustrie war am Ende, die Schuldigen landeten im Gefängnis.

30 Jahre später halten sich österreichische Weine an der Spitze der internationalen Weincharts – und all das ohne illegale Tricks. Der Skandal hatte die Gesetzgeber zu strengeren Auflagen und Kontrollen gezwungen, während die Winzer eine Auszeit nahmen und sich langsam, aber sicher wieder auf ihre wahre Bestimmung besannen, nämlich qualitativ hochwertigen, natürlich gereiften Wein ohne Zusätze zu keltern.

Der Volkswagenkonzern beschäftigte 2016 weltweit 610.000 Mitarbeiter mit einem jährlichen Umsatz von über 200 Milliarden Euro. 2016 lag er als größter Automobilhersteller der Welt mit 10,3 Millionen produzierter Fahrzeuge knapp vor Toyota mit 10,2 Millionen.[511] Der Konzern vereint über ein Dutzend Marken wie Volkswagen, Bugatti, Audi, Porsche, MAN und Bentley. Auch verfügt er mit 13,2 Milliarden Dollar über das größte Forschungs- und Entwicklungsbudget aller öffentlich gehandelten Unternehmen. Das hat sich aber bekanntlich nicht auf seine Innovationskraft ausgewirkt – es sei denn, man zählt Spielarten betrügerischer Tricksereien dazu.

Die Automobilindustrie ähnelt heute fatal der Erdölindustrie. Für ein Land entpuppt sich die Entdeckung von Rohstoffvorkommen oft als Segen und Fluch zugleich. Durch die Rohstoffe fließen mit einem Mal große Geldmengen ins Land, die die Inflation in die Höhe treiben. Es kommt zu Wechselkursschwankungen. Die Rohstoffindustrie trocknet gleichzeitig andere Zweige aus, weil sie qualifizierte Mitarbeiter mit hohen Gehältern abwirbt. Sie fördert Verschwendung und Korruption, unterminiert Demokratie und Gesetze, provoziert Konflikte mit Landbesitzern und vertreibt Teile der Bevölkerung. Und das alles für ein ziemlich „dummes" Produkt, das wenig Intelligenz erfordert oder Wertschöpfung mit sich bringt.[512] Zwar stellt die Autoindustrie ein wesentlich intelligenteres Produkt her, doch binden alte Technologien wie die Verbrennungsmotoren gut ausgebildete Ingenieure, die der Menschheit woanders einen größeren Dienst leisten könnten. Seine ganze berufliche Karriere für einen Dichtungsring oder die Pleuelstange verantwortlich zu sein ist eine Verschwendung von Humankapital.

Da die Rückstellungen für die Schäden aus dem Dieselabgas-Skandal in die Milliarden gehen, müssen VW, Daimler & Co. nun in allen Bereichen Kosten einsparen und Mitarbeiter entlassen. Tausende Ingenieure und Kreative werden mittelfristig gehen (müssen), unter anderem auch wegen den anstehenden fundamentalen Änderungen beim Antrieb. Viele werden Abfindungen erhalten. Und obwohl der deutsche Arbeitsmarkt mit hohen Beschäftigungszahlen im Vergleich zum europäischen Durchschnitt sehr gut dasteht, könnten viele ehemalige Automobilingenieure die Chance nutzen, ihr eigenes Unternehmen zu gründen und ihre eigenen Ideen zu verwirklichen. Stellen wir uns das kreative Potenzial vor, das diese Leute mit ihrem Wissen und ihren Fähigkeiten darstellen. In Bereichen wie Robotik, Drohnen, Elektronik, tragbare Technologien, Medizin und Digitale Transformation könnten Tausende neuer Arbeitsplätze und Firmen entstehen und zum wichtigsten Wirtschaftsmotor für Europa werden.

Die Frage lautet: Ist die deutsche Wirtschaftslandschaft darauf vorbereitet? Gibt es ausreichend verfügbares Risikokapital? Wie können Regierung und Behörden diesen Gründern mit gründerfreundlichen Bestimmungen dabei helfen? Vieles muss sich bewegen in der Politik, um das nächste deutsche Wirtschaftswunder zu ermöglichen und ihm keine bürokratischen Steine in den Weg zu legen. Die deutschen Automobilskandale sind *die* Chance für Deutschland, die eigene Wirtschaft in die moderne digitale Ära zu überführen. Mit einer Kombination aus hochqualifizierten ehemaligen Automobilmitarbeitern, Abfindungen, Risikokapital und gründerfreundlichen Regelungen kann Deutschland Europa anführen und Arbeitsplätze und Industrien schaffen.

Um den Ökonomen Paul Romer zu zitieren: „Eine Krise ist zu schade, um sie nicht als Gelegenheit zu nutzen." Deutschland hat die Chance dazu! Die deutschen Automobilskandale könnten sich paradoxerweise als das Beste erweisen, was Deutschland in letzter Zeit „zugestoßen" ist. Ob auch die Hersteller die Gelegenheit nutzen werden, stößt bei Experten und in der Öffentlichkeit auf Zweifel. Das Verhalten von Management, Betriebsrat und Eigentümern lässt bislang nichts Gutes erhoffen.

Zeithorizont –
zur Automobilindustrie
auf uns zu?

> „Die Zukunft ist schon da, sie ist bloß noch nicht
> gleichmäßig verteilt."
>
> – WILLIAM GIBSON

W ENN SIE DIESEN Packen an Information erst einmal verdaut
haben, wird Ihnen hoffentlich bewusst, wie rückständig die heute
wie selbstverständlich eingesetzten Technologien eigentlich sind. Alljährlich sterben Millionen von Menschen bei Autounfällen oder werden verletzt. Unsere Mobilität kostet uns einen Haufen Geld, nicht zuletzt, weil
wir extrem verschwenderisch mit den Ressourcen umgehen. Zuerst müssen wir Autos mit hohen Sicherheitsstandards bauen, weil wir so schlechte
Fahrer sind. Das zusätzliche Gewicht benötigt mehr Treibstoff. Wir bauen
große Autos für den Ausnahmefall, dass wir mit mehr als nur einer Person unterwegs sind. Und die Treibstoffkette ist so ineffizient, dass wir
letztendlich nur weniger als ein Prozent der verwendeten Energiemenge
für den Transport eines Menschen aufwenden. Hier ist die Aufschlüsselung für Verbrennungsmotoren:

- Förderung: 10 bis 20 Prozent allein für die Förderung[513]
- Transport: 5 bis 10 Prozent für die Bereitstellung
- Raffination: 20 Prozent für die Raffination[514]
- Wirkungsgrad im Motor: 30 bis 40 Prozent[515]
- Anteil des menschlichen Gewichts in einem typischen
  Kraftfahrzeug: 5 Prozent

Vergleicht man das mit einer vollen Einliterwasserflasche, dann verwenden wir für den Transport von Menschen gerade mal ein paar Tropfen. Es kann mir niemand ein- oder schönreden, dass die Effizienz unseres heutigen Individualverkehrssystems hoch sei.

Insofern sollten wir es nicht erwarten können, dass neue Technologien die alten ersetzen und unsere Mobilität nachhaltiger, sauberer, sicherer und billiger machen. Gesetzgeber und Unternehmen stehen unter Zugzwang. Alle Beteiligten und Betroffenen müssen verstehen, dass und wie sich Mobilität in Zukunft verändern wird und welche anderen alltäglichen Bereiche davon berührt werden. Die Frage ist also nicht, ob, sondern wann es geschieht. Die zweite, ob wir führend sein oder anderen weiterhin die Führung überlassen wollen.

In den vorigen Kapiteln haben wir uns den heutigen Stand der Technik und die intensiven Anstrengungen auf allen Seiten genau angeschaut. Die Signale sind da, die Möglichkeiten sind da, jetzt gilt es, all die verschiedenen Technologien zu kombinieren und ihr Potenzial für uns verfügbar zu machen. Um die Dringlichkeit zu verdeutlichen, werde ich die Fakten und Entwicklungen einmal anhand eines Zeithorizonts verdeutlichen, damit Sie eine Ahnung davon bekommen, im welchem Tempo es vorangeht.

Die Entwicklung autonomer Fahrzeuge hat bereits einen Stand erreicht, an dem Experten an die Hersteller appellieren, ihre Erkenntnisse miteinander zu teilen, um Ziele schneller zu erreichen und die Technologie sicherer zu machen.[516] Tesla hat, wie bereits erwähnt, dem Department of Transportation DoT den Zugriff auf alle Autopilotdaten angeboten, um mit massiven Datensätzen die Sicherheit der Technologie zu erhöhen.[517/518] Damit kommt man möglichen Forderungen von Regulierungsbehörden entgegen, die nun zusammen mit dem Gesetzgeber Expertise aufbauen müssen, um möglichst rasch Chancen und Risiken besser einschätzen und entsprechende Bestimmungen verabschieden zu können.

In den USA rechnen offizielle Stellen schon fest mit einer Massenverfügbarkeit autonomer und elektrischer Fahrzeuge innerhalb der nächsten zehn Jahre. Infrastrukturprojekte müssen schon heute ihre Planungen darauf abstellen. Wie bereits erwähnt, hat Los Angeles den Ausbau öffentlicher Verkehrsmittel mehr oder weniger ad acta gelegt, während Florida bereits Straßenprojekte für Selbstfahrer plant. Zwei Drittel aller US-Städte, die sich 2016 an der Smart City Challenge des DoT beteiligt hatten, bauen selbstfahrende Autos fix in die Verkehrsplanung mit ein.

Wie werden wir selbstfahrende Autos erleben? Vermutlich über eine schrittweise Einführung auf bestimmten Trassen und mit verschiedenen Anwendungen. Die ersten Einsatzgebiete gibt es heute bereits weltweit: vom autonomen Campus-Shuttle-Service auf Universitätsgeländen in den USA, den Niederlanden und in der Schweiz bis hin zu 22 autonomen Lastwagen, die im australischen Bergbaugebiet Rio Tinto unterwegs sind.[519] Autobahnabschnitte, auf denen autonome Lkws zugelassen sind, werden wohl als Nächstes folgen. Autobahnen sind für diese Technologie im Gegensatz zum Stadtverkehr vergleichsweise einfach zu meistern: nur jeweils eine Richtung, keine Ampeln, viel weniger Straßenschilder und keine Fußgänger (im Normalfall). Dann könnten einzelne Stadtgebiete wie die Zentren oder aber mit öffentlichen Verkehrsmitteln unterversorgte Stadtteile technisch und rechtlich für autonome Vehikel vorbereitet werden.

Damit öffnet sich langsam mehr und mehr öffentliche Verkehrsfläche für autonomes Fahren und schließt gleichzeitig manuelles Fahren aus. Eine Übergangsfrist, bei der beide Arten von Fahrzeugen nebeneinander existieren, ist mehr als wahrscheinlich. Vielleicht aber sollte man diese Phase so kurz wie möglich halten, um rasch die positiven Effekte der autonomen Elektroautos ausschöpfen zu können. Der Gründer des Uber-Rivalen Gett, Shahar Waiser, erwartet ein Verbot manueller Autos sogar schon zehn Jahre, nachdem das erste autonome Auto zugelassen wurde.[520]

Das stellt uns vor die Herausforderung, wie wir mit den manuellen Autos und den Verbrennern umgehen, die ausgemustert werden. Es kann einerseits eine Übergangsfrist geben, die durch Umrüstung der Fahrzeuge per Selbstfahrumrüstkit verlängert werden kann; bestehende, manuell gelenkte Autos werden also nachträglich umfunktioniert. Da Autos heute zu 100 Prozent recycelt werden, ist hier der Kreislauf bereits vorhanden. Sie werden sukzessive ausgemustert. Und als Anmerkung zu den Enthüllungen des Jahres 2017: Kritischer ist da eher, dass Millionen von Dieselfahrzeugen nach dem Abgas-Skandal aus dem Verkehr gezogen werden müssen, und das weit vor Ablauf ihrer natürlichen Lebensdauer. Der Abgasbetrug stellt somit nicht nur durch die höheren Emissionen, sondern auch durch die Fahrzeugmasse selbst eine riesige Umweltschädigung dar. Und die EU-Kommission, die wegen des langsamen Vorgehens der Bundesregierung und des Widerstands der betroffenen Hersteller immer mehr die Geduld verliert, hat bereits ein EU-weites Verbot dieser manipulierten Dieselfahrzeuge ab 2018 angekündigt.

Generell sind bei den Herstellern zwei Ansätze zu erkennen, wie die Entwicklung von selbstfahrenden Fahrzeugen vorangetrieben wird. Auf der einen Seite steht der evolutionäre Ansatz, bei dem Schritt für Schritt neue Technologien und Funktionalitäten eingeführt werden. Dazu zählen Fahrassistenzsysteme wie der Tesla Autopilot, der Drive Pilot bei der Mercedes S-Klasse und das zentrale zFAS (sperriger Begriff) des Audi A8. Auf der anderen Seite haben wir den revolutionären Ansatz, wie ihn Google verfolgt. Welcher Ansatz der sicherere ist, darüber lässt sich leidenschaftlich debattieren. Wie auch immer, beide Ansätze treiben den Fortschritt voran und werden vermutlich schlussendlich konvergieren.

Der von Experten prognostizierte (und teilweise bereits eingetretene) Zeithorizont für die Einführung autonomer Fahrzeuge sieht wie folgt aus:

2016 (bereits geschehen)

- Tesla und andere Hersteller bieten Fahrassistenzsysteme an, die teilautonome Fahrweisen erlauben: Spuren zu wechseln, ein- und auszuparken und automatisch zu bremsen, falls erforderlich.
- Hersteller wie Google, Audi und Uber testen autonome Fahrzeuge in einer kontrollierten Umgebung: Dazu gehören (teilweise abgesperrte) Autobahnen, Teststrecken oder innerstädtische Zonen bei niedrigen Geschwindigkeiten. Dabei sitzen nach wie vor Fahrer im Auto, die im Notfall die Kontrolle übernehmen können.
- Die ersten Regulierungsbehörden erlassen landesweite Vorschriften. In den USA sind es die von Kalifornien, Florida, Nevada, Michigan, Louisiana, North Dakota, Tennessee, Utah und Washington, D. C., wobei Florida diese am weitreichendsten und großzügigsten auslegt.[521] Im August 2016 bemühten sich bereits 16 Bundesstaaten um entsprechende Gesetze für autonome Fahrzeuge.[522] Frankreich erlaubt seit August Tests mit autonomen Fahrzeugen auf öffentlichen Straßen.[523]

- Vorzeigestädte wie das nordchinesische Taiyuan haben bereits 2016 alle Taxis auf Elektrofahrzeuge umgestellt, Peking will seine 70.000 Verbrennertaxis innerhalb von wenigen Jahren vollständig ausmustern und gegen E-Fahrzeuge austauschen.

2017 bis 2019

- Fahrassistenzsysteme werden Funktionserweiterungen erfahren und immer mehr Aufgaben automatisieren, beispielsweise Autobahnfahrten selbstständig absolvieren können. Sogenannte Korridore – Streckenabschnitte auf Autobahnen – werden für das Fahren autonomer Lkws freigegeben.
- Verkehrsbehörden werden Regelwerke ausarbeiten, die das Testen und den Betrieb von selbstfahrenden Fahrzeugen bestimmen. In Kalifornien sollen ab November 2017 autonome Autos auch völlig ohne Kontrollperson im Auto auf öffentlichen Straßen fahren dürfen.
- Die Hersteller werden die Anzahl der Testkilometer steigern, immer mehr Szenarien unter diversen Bedingungen „erfahren" und zugrunde liegende Technologien und ihre Sicherheit verbessern. Tesla hat mit einem Software-Update auf einen Schlag mindestens 100.000 selbstfahrfähige Autos weltweit auf den Straßen und in Kundenhänden. Seit dem Frühjahr 2017 sammelt Tesla Sensordaten von tausenden Kundenfahrzeugen, um das Maschinenlernen der Selbstfahrtechnologie zentral zu beschleunigen und wieder auf Kundenfahrzeuge aufzuladen. Spätestens jetzt wird es für die großen Hersteller fast unmöglich sein, ihren Rückstand aufzuholen.
- Die Preise von Sensoren und Elektronik werden weiter fallen und so auch für die unteren Preissegmente erschwinglich sein.
- Das Tesla Model 3 wird seit Sommer 2017 ausgeliefert und damit zum ersten Fahrzeug, das den endgültigen Durchbruch zur Elektromobilität bedeutet.

2020

- Ab diesem Jahr werden neu produzierte Autos der meisten Hersteller jegliche Technologie (wenn auch in unterschiedlichen Entwicklungsstadien) an Bord haben, die autonomes Fahren gestattet: Sensoren,

Kameras, Lidars, Prozessoren sowie Software. Diese Autos werden Ampeln und Schilder erkennen und entsprechend handeln können.

• Ridesharing-Unternehmen rechnen bereits fix mit dem Einsatz kommerzieller autonomer Fahrzeugflotten, die als Service in bestimmten Städten und Stadtteilen zum Zuge kommen.

2020 bis 2023

• Mehr und mehr autonome Fahrzeuge werden die Straßen bevölkern. Das ist zugleich der Wendepunkt, da Gesetzgeber, Regulierungsbehörden und Stadtplaner nun endgültig darauf reagieren und Anpassungen vornehmen müssen.

• Selbstfahrende Ridesharing-Autos spulen innerhalb kurzer Zeit Hunderte Millionen von Kilometern im Selbstfahrmodus ab. Die aus den Daten gewonnenen Erkenntnisse werden unser Verständnis, wie Städte und Verkehr funktionieren, massiv beeinflussen oder sogar grundlegend verändern.

• Als erster großer Hersteller hat Ford für 2021 die Auslieferung autonomer Fahrzeuge ohne Lenkrad und Pedale angekündigt.[524] Es wird erwartet, dass Volvo eine ebensolche Eigenentwicklung und Fiat-Chrysler mit Google-Waymo ähnliche Fahrzeuge anbieten wird. [Andere (lies: deutsche) Hersteller haben ebenfalls Konzepte vorgestellt und Ankündigungen gemacht, bislang blieb es aber bei vagen Versprechungen.]

• Elektroautos werden sowohl in der Anschaffung als auch im Betrieb billiger sein als Verbrenner. Es wird somit unwirtschaftlich, ein Verbrennungskraftfahrzeug zu kaufen und zu betreiben.

2025

• Alle im urbanen Raum eingesetzten Taxis werden von Flotten betriebene Elektrofahrzeuge sein, in vielen Stadtgebieten sogar meist nur mehr autonome Autos. Geladen werden die Fahrzeuge an den Standplätzen, sofern das tagsüber noch notwendig ist.

2030

• Spätestens jetzt werden keine manuell gesteuerten Autos mehr für den Massenmarkt produziert werden, sondern nur mehr als Sondermodelle.

- Es werden Übergangsbestimmungen eingeführt, die manuell gefahrene Fahrzeuge auf öffentlichen Straßen verbieten und diese auf abgeschlossene Strecken verweisen, beispielsweise auf Bergstrecken und Küstenstraßen, die an bestimmten Wochenenden manuellen Autos zur Verfügung stehen (wie es heute bei Oldtimerrennen üblich ist). Manuelles Autofahren wird zu einem schlichten Freizeitvergnügen.
- Die letzte Person macht einen Führerschein.

2045

- Spätestens jetzt sind auch die letzten manuell gesteuerten Autos von den Straßen verschwunden, was enorme Auswirkungen auf Städte und den Verkehr hat. Verkehrsflächen, die in der Vergangenheit für Autos reserviert waren, werden den Menschen zurückgegeben.
- Öffentliche Nahverkehrsmittel werden rückgebaut. Straßenbahnen, Autobuslinien, Schnellbahnen und U-Bahnen werden verschwinden. Viel mehr Menschen werden an Mobilität teilhaben können, und das zu günstigeren Preisen.

Sind diese Vorhersagen zu optimistisch? Vielleicht, vielleicht auch nicht. Es gibt eine Reihe guter Argumente dafür, warum es nicht zu diesen Entwicklungen in diesem Tempo kommen wird. Die menschliche Natur ist geprägt von Gewohnheiten, Verhaltensweisen und Irrationalität, die schon vielen (vermeintlich) guten und (dankenswerterweise) auch schlechten Ideen einen Strich durch die Rechnung gemacht haben. Natürliche Hindernisse können sich als unüberwindlicher erweisen als vermutet. „Black-Swan"-Ereignisse, diese seltenen oder nicht vorstellbaren Weltgeschehnisse, die dann doch eintreten und Auswirkungen auf viele(s) haben, könnten dazwischenfunken. Die Terrorattacken vom 11. September 2001 waren ein solches Ereignis. Die Finanzkrise von 2008 ebenso. Oder die Wahl von Donald Trump zum US-Präsidenten. Und nicht zuletzt die deutschen Automobilskandale. Solche Vorkommnisse können einzelne Technologien pushen oder untergehen lassen wie auch den Zeithorizont verlängern oder verkürzen.

Womit Hersteller „rechnen" müssen

„Jede sinnvolle Aussage über die Zukunft wird zunächst lächerlich erscheinen."

– JIM DATOR

SEIT DER GLOBALEN Finanzkrise von 2008 und den damit einhergehenden Insolvenzen von GM und Chrysler (die von Ford konnte noch knapp abgewendet werden) hat sich die Situation für die Automobilhersteller wieder gebessert. Die letzten Jahre bedeuteten Rekordverkaufsergebnisse – Friede, Freude Eierkuchen, könnte man meinen. Tatsächlich aber sinken die Aktienkurse traditioneller Hersteller, und der gesamten Branche schwant „Böses". Deutet „Peak Car" den Niedergang des Verbrenners an wie „Peak Horse" vormals den des (Kutschen-)Pferdes?[525]

Die Zahl der Fahrzeuge in Deutschland liegt heute bei 43 Millionen. Diese fahren rund 611 Milliarden Kilometer im Jahr, was jährlich 14.200 Kilometer pro Fahrzeug bedeutet.[526] Nehmen wir an, all diese Autos wären selbstfahrende, elektrische Ubers mit einer Durchschnittsgeschwindigkeit von 60 Stundenkilometern, dann wären sie weitaus länger als die bereits berechneten 38 Minuten täglich pro Verbrenner in Betrieb. Sie könnten bis zu 20 Stunden „on the road" sein, was uns auf eine Leistung von täglich 1.200 Kilometer brächte. Die restlichen vier Stunden würden mit Wartung und Laden zugebracht. Ein solches Auto brächte es somit auf eine jährliche Fahrleistung von 438.000 Kilometern. Ziehen wir den heutigen jährlichen Fahrbedarf von 611 Milliarden Kilometern heran, kommen wir auf knapp 1,4 Millionen benötigte Fahrzeuge, um den heutigen Fahrbedarf abzudecken.

Statt 43 Millionen brauchten wir in Deutschland nur mehr 1,4 Millionen selbstfahrende Autos. Selbst wenn wir großzügige Reserven einrechnen und annehmen, dass Menschen mit diesen Fahrzeugen mehr fahren als früher, dass der öffentliche Verkehr durch sie ersetzt wird und dass jedes Fahrzeug nicht 20, sondern vielleicht nur zehn Stunden am Tag im Einsatz ist, und selbst wenn wir zu diesen elektrischen Ubers noch private Autos hinzurechnen, erreichen wir niemals mehr die heutigen Dimensionen. 10 bis 25 Prozent des heutigen Fahrzeugbestands genügen uns. Für die USA mit den berechneten 54 Minuten an täglicher Fahrzeit pro Auto müssten wir 30 Prozent aufschlagen.

Es ist klar, dass nicht jeder bereit sein wird, auf ein privates Auto zu verzichten, auch wenn es autonom fährt und im Sharingmodell günstiger wäre. Zu viele andere Faktoren spielen noch eine Rolle. Ein Handwerker benötigt seinen Wagen als Transporter für sein Werkzeug. Jamie Carlson zum Beispiel, Senior Director für Autonomous Driving bei NIO, glaubt aus persönlichen Gründen nicht an das Sharingmodell, da er als Vater Kindersitze und Spielsachen im Auto immer bereithält und sich nicht vorstellen kann, diese jedes Mal umzuräumen. Er sagt klipp und klar, dass NIO ein Auto für den Eigenbesitz baut und nicht fürs Sharen.

Sind das also insgesamt schlechte Nachrichten für die Fahrzeughersteller? Vielleicht, vielleicht auch nicht. Ein Auto, das mehr gefahren wird, muss eben auch öfter ersetzt werden, so wie man Taxis heute schon alle ein bis zwei Jahre austauscht. Damit erhöhen sich die Stückzahlen weiter, und Qualität wird noch wichtiger, um einem rascheren Verschleiß vorzubeugen. Der Absatz von Premiumfahrzeugen könnte steigen, wenn auch solche Fahrzeuge im Sharingmodell eingesetzt und neue Kundenschichten gewonnen werden. Den Lebenszyklus eines Modells setzt man nicht mehr mit vier bis sieben Jahren an, sondern weitaus niedriger, wie etwa den eines Handys. Ein alle ein bis zwei Jahre erforderlicher Fahrzeugaustausch innerhalb einer Flotte eröffnet auch die Chance, rascher neue Modelle und Upgrades ein- und durchzuführen. Technologieinnovation kommt damit rascher auf die Straßen. Tesla macht das heute schon vor. Nicht nur werden bald im monatlichen Rhythmus Software-Updates herausgebracht, sondern auch alle paar Monate die Modelle angepasst und Hardwareteile eingebaut, die erst später zum Einsatz kommen, wie bereits geschildert. Regulatoren hingegen können die Rechtslage schneller an neue Gegebenheiten anpassen und praktisch in den nationalen Fahrzeugflotten umsetzen.

Eine höhere Gebrauchsrate von Autos, die als Robotertaxis unterwegs sind, impliziert außerdem, dass Fahrzeuge schnell und unkompliziert gewartet werden können und dass ein Komponentenaustausch rasch über die Bühne geht. Dieser Aspekt wird für die Flottenbetreiber besonders wichtig werden. Ein Auto, das in der Werkstatt herumsteht, verdient kein Geld.

Gute Nachrichten für die Benutzer? Aufgrund des Sharingmodells würde Autofahren auf jeden Fall günstiger. Die Kosten könnten sich bis zu 90 Prozent reduzieren. In den USA muss der Besitzer an die 12.000 Dollar pro Jahr für Wertverlust, Benzin, Versicherung, Wartung und Sonstiges einrechnen. In Deutschland liegen die Aufwendungen für einen Mittelklassewagen bei um die 5.600 Euro jährlich.[527] Selbst eingefleischte Autobesitzer, die sich nie vorstellen könnten, kein eigenes Auto mehr zu besitzen, kommen ins Grübeln, wenn sie nur mehr 1.200 Dollar beziehungsweise 560 Euro im Jahr bezahlen müssten und gleichzeitig eine größere Flexibilität bei den verfügbaren Fahrzeugtypen hinzugewinnen. Auf die USA umgelegt, in denen die durchschnittliche jährliche Fahrleistung jedes der 260 Millionen Autos bei 21.500 Kilometern (13.400 Meilen) liegt, werden die Einsparungen noch dramatischer ausfallen.[528] In den USA wurden 2016 laut NHTSA 3.220 Milliarden Meilen oder umgerechnet 5.152 Milliarden Kilometer gefahren.[529]

Und das sind nur die Kosten, wir haben noch nicht einmal den Bequemlichkeitsfaktor mit einbezogen: keine Parkplatzsuche mehr, keine Wartung und Reinigung, die man selbst organisieren und vornehmen muss, kein Laden beziehungsweise Tanken mehr und ganz klar auch kein Stress mehr beim Fahren. Das Auto fährt, und der Passagier beschäftigt sich mit anderen Dingen.

Ganz sicher können wir davon ausgehen, dass die Autoindustrie ihr Geschäftsmodell umstellen muss. Zukünftiges Ziel wird nicht mehr sein, den Absatz zu erhöhen, sondern für eine Mobilitätsleistung zu sorgen. Andere Industrien habe es bereits vorgemacht. Energieerzeuger legen es nicht mehr darauf an, möglichst viel Strom zu verkaufen, sondern eine

Lichtleistung, eine Wärmeleistung, eine Kühlleistung, eine Unterhal-
tungsleistung oder eine Bewegungsleistung zu erbringen. Als Konsument
will ich, dass es im Haus warm ist, dass mein Kühlschrank kühlt, dass
Fernseher und Computer laufen und dass mein Elektroauto fährt. Wenn
somit die Verrechnung nicht mehr auf der Strommenge basiert, sondern
auf der jeweiligen Leistung, sind Kraftwerke motiviert, dieselbe Leistung
mit weniger Strom gewährleisten zu können.

Automarken werden an Bedeutung verlieren. Sie stehen zwar als Synonym für Qualität, doch ist es mir schon heute egal, ob ich in einem
Mercedes-Taxi oder in einem Toyota-Prius-Taxi sitze. Wichtig ist vielmehr,
dass ich schnell, sicher, günstig und bequem ans Ziel komme und dass
ich mein Handy auch während einer kurzen Fahrt aufladen kann. Ob
ich dabei die „Audi-Experience" erlebe – in welcher Stadt ich mich auch
immer gerade befinde –, ist mir ziemlich egal.[530]

Das automobile Ökosystem –
Welcome to the Valley

Wer die neuesten Automobiltrends sehen wollte, musste bislang zu einer
der großen Messen pilgern. Die North American International Auto Show
in Detroit oder die Frankfurter Automobilausstellung sind nur zwei davon.
Doch mittlerweile stiehlt ihnen die in Las Vegas stattfindende Consumer
Electronics Show (CES) die Schau. Nicht länger geben Chrom und Moto-
renlärm die Trends vor, sondern elektronische Leisetreter. Und für die
eignet sich eine Elektronikfachausstellung weitaus besser. Jeder Autohersteller von Rang und Namen muss dort heutzutage Präsenz zeigen. Tesla
beispielsweise stellt in Detroit gar nicht aus, zumal das Unternehmen aufgrund der Händlerregulierung in Michigan nicht verkaufen darf.

Die Verschiebung der automobilen Power in den Westen der USA spiegelt sich auch im automobilen Ökosystem wider, das im Silicon Valley wie
auch in ganz Kalifornien entsteht. An einem der teuersten Standorte der
Welt sprießen Autofabriken nur so aus dem Boden. Tesla produziert in
Fremont, und Faraday Future (mit Zentrale in Gardena, Los Angeles) baut
gleich um die Ecke eine Fabrik in Vallejo. Die Gigafactory 1 in Reno

befindet sich gerade mal drei Stunden nördlich von Fremont, Lucid Motors ist in Menlo Park, Elektrobushersteller Proterra in Belmont und Karma Automotive – vormals Fisker – ist in Irvine bei Los Angeles stationiert.

Detroit, Stuttgart, Wolfsburg oder München geben nicht länger den Ton an und die Schlagzahl vor, alle Hersteller mussten in den vergangenen Jahren Präsenz im Silicon Valley zeigen. Wer vorn mitfahren will, kann nicht warten, bis im Heimatland entsprechende Genehmigungen zum Testen autonomer Fahrzeuge endlich erteilt und Teststrecken aufgebaut werden. Im Silicon Valley ist das alles schon vorhanden – das Ökosystem aus Technologieunternehmen, Forschungseinrichtungen, rechtlichen Rahmenbedingungen, Experten und ausgebildetem Personal mit der richtigen Einstellung steht.

Wer jemals im Valley auf Besuch war, hat vielleicht die Meet-ups besucht; informelle Veranstaltungen mit Vorträgen und Diskussionen, die zumeist abends nach der Arbeit stattfinden und von Privatpersonen mit Unterstützung von Firmen organisiert werden. Dort sitzen Start-up-Gründer, Investoren und Interessierte neben Mitarbeitern der großen Unternehmen. Daimler neben Bosch, Tesla neben Peloton, NVIDIA neben Kleiner Perkins, BorgWarner neben Stanford, Udacity neben Nissan. Die Größen der Branche geben sich ein Stelldichein. Sebastian Thrun, George Hotz und andere zählen zu den regelmäßigen Sprechern. Ganz im Mindset des Silicon Valley öffnet man sich der öffentlichen Diskussion, im Gegensatz zur zurückhaltenden Kommunikationskultur der traditionellen Hersteller, die kaum über ihre Aktivitäten berichten wollen (außer es handelt sich um illegale Preisabsprachen oder Technologieschummeleien).

Alison Chaiken, Entwicklungsleiterin bei Peloton Technology, ist eine der umtriebigsten Veranstalterinnen von Meet-ups zum Thema Automotive.[531] Auch das trägt dazu bei, dass das Silicon Valley den traditionellen Herstellern in so vielen Bereichen der neuen Automobilindustrie voraus ist. Was mich immer wieder erstaunt, sind die engagierten und fundierten Diskussionsbeiträge, die auf die Vorträge und Podiumsdiskussionen folgen. Man merkt, die Fragesteller arbeiten selbst daran mit, Grenzen zu verschieben und die Entwicklung voranzutreiben.

Die Bedeutung Teslas für das entstehende automobile Fertigungs-Know-how im Silicon Valley kann nicht genug hervorgehoben werden. 50 Tesla-Zulieferer fertigen in der Region und Dutzende andere der insgesamt 300 Zulieferer weltweit planen, dort ebenfalls Niederlassungen zu eröffnen. Man will und muss nahe am „Mutterschiff" sein.[532] Klassische Autohersteller lagerten mit der Zeit immer mehr Teile an die Tier-1-Zulieferer aus. Unternehmen wie Bosch, Continental oder Magna liefern ganze Komponentensysteme an die Hersteller, die diese dann zum fertigen Auto zusammensetzen. Eine Autotür oder der Kofferraum kommen fix und fertig zum Autobauer. Bis zu 70 Prozent eines Fahrzeugs werden von Zulieferern produziert.[533] Die Kompetenz der Hersteller beschränkt sich, vereinfacht ausgedrückt, auf das Design, das Chassis, den Motor, die Markenpflege und das Branding. Auf diesen Gebieten sind Volkswagen, Mercedes Benz, BMW und Opel sehr gut.

Ähnliches ist in anderen Industrien ebenfalls gang und gäbe. Nike selbst produziert keine Sportschuhe oder Jogginghosen. Nike erstellt das Design, übermittelt die genauen Produktionsvorschriften an die Auftragsfertiger und übernimmt die Logistik, das Branding und den Verkauf in den Läden. Apple entwickelt und designt das iPhone, übergibt die Produktion mit strengen Auflagen an die Auftragsfertiger, übernimmt Verteilung und Branding, erstellt die Software und verkauft das Endprodukt.

Am Beispiel von Apple lassen sich die Änderungen in der Elektronikfertigung ebenfalls klar erkennen – sie geben einen Vorgeschmack auf das, was auf die Autohersteller zurollt. Apple baute bis Ende der 1990er-Jahre seine Computer selbst. Apple besaß sogar Fabriken. Als Tim Cook die Verantwortung für die Logistik und den Fertigungsprozess übernahm, stellte er beides radikal um. Eine solche Fertigung benötigt teures Inventar, das sich auf die Liquidität des Unternehmens nachteilig auswirkt. Elektronik muss wie verderbliche Milch rasch umgesetzt werden. Inventar bindet Kapital. Zielvorgabe war aber, das Inventar binnen weniger Tage umzuschlagen und nicht erst innerhalb von Monaten. Deshalb verkaufte Apple alle Fabriken und lagerte Produktion und das Lager selbst aus.

Produzenten wie Foxconn wiederum fertigen nicht nur für Apple, sondern auch für andere, und können deshalb aufgrund der höheren Volumina niedrigere Komponentenpreise anbieten, als ein Unternehmen

sie je allein bekommen könnte. Selbst wenn man weitere Kosten dazu-
rechnet, ist das immer noch billiger, als selbst zu produzieren. Dieses
Modell erwies sich als wunderbar skalierbar, als Apple neben Computern
auch iPods und später iPhones zu entwickeln begann. Autobauer gehen
in dieselbe Richtung, wenn auch langsamer. Wer aber von den traditionellen Autobauern die nächste automobile Revolution überleben will,
muss seine Expertisen „digitalisieren". Der Motorenbau verschwindet,
Software wird zum zentralen Bestandteil, Treiber und Verkaufsargument.

Von „Pfadfindern" und Citymobiles: Auch Busse fahren jetzt selbst

Auch bei den selbstfahrenden Bussen tut sich etwas. Daimler arbeitet
daran, und neue Start-ups wie EasyMile und Navya aus Frankreich oder
SB Drive aus Japan tun es ebenfalls. Laufende Feldversuche finden eigentlich heute schon überall statt:

- Milton-Keynes (Großbritannien) testet 40 autonome Kleinfahrzeuge
  für zwei Passagiere mit maximal zwölf Stundenkilometern – soge-
  nannte Lutz Pathfinder.
- CityMobil2 ist ein internationales Forschungsprojekt mit autono-
  men Shuttlebussystemen in La Rochelle (Frankreich).
- Meridian Shuttle ist in Greenwich (Großbritannien) und Singapur
  unterwegs.
- EasyMile EZ-10 operiert in Wageningen (Niederlande) und Bishop
  Ranch (USA).
- Daimler testet in Amsterdam (Niederlande).
- Navya testet in Las Vegas (USA).
- Die Schweizer Post testet in Sion Navya-Busse für den Personen-
  transport (Schweiz).

Und die Liste ist noch länger. Auch in Deutschland, Österreich und der
Schweiz – in Lausanne, Salzburg, Berlin, Düsseldorf und Hamburg –
waren/sind bereits selbstfahrende Busse unterwegs, allerdings noch nicht
in regulärem Betrieb.

Schwere Brummis sicher allein unterwegs

Für die Platzhirsche unter den Lkw-Herstellern, MAN, Mercedes, Scania und DAF, war das Erfolgsrezept in den letzten Jahrzehnten relativ klar. Die Lkws sollten spritsparend und zuverlässig sein. Komfort war eine Dreingabe, um die Fahrer bei Laune zu halten. In den USA kam bei den Trucks noch der chrombeschlagene, barocke Aufguss hinzu. Die Hersteller spielten das gleiche Spiel und nahmen sich gegenseitig nur wenige Prozentpunkte an Marktanteil weg.

Mit einem Mal aber herrscht Aufruhr. Neueinsteiger wie das von Uber übernommene Start-up Ot.to aus Palo Alto und San Francisco setzen den traditionellen Lkw-Herstellern zu und machen mit selbstfahrenden Lkws die Fahrer arbeitslos. Peleton Technology aus Mountain View, Embark im Silicon Valley und der Chinese Baidu sind einige der weiteren Newcomer. Ot.to plant, bereits 2017 den ersten kommerziell verfügbaren selbstfahrenden Lkw auszuliefern. Volvo, Peleton Technologies und Embark ermöglichen die elektronisch gesteuerte Kopplung in einem Konvoi, Tesla will elektrisch betriebene Zugmaschinen auf den Markt bringen, die auch Mercedes bereits getestet hat. Und vor Kurzem gab auch Waymo zu, seine Selbstfahrtechnologie auf Lkws zu testen. FR8, Trucknet und Uber Freight wiederum machen den Speditionen Konkurrenz, indem sie Frachtraum und Frachten zusammenführen. Halbleere Fahrten werden durch diese Frachtbörsen reduziert – damit erhöht sich trotz wachsenden Frachtanteils die Nachfrage nach Lkws nicht im gleichen Maße, was den Herstellern das Geschäft vermiesen könnte.

Eine Umfrage unter 2.000 europäischen Speditionen durch die Unternehmensberatung Bain & Company zeigt, dass die Markenloyalität sinkt. Nicht mehr die Herstellermarke ist ausschlaggebend, sondern Kosten und Zuverlässigkeit führen die Liste an. Ebenso wichtig sind zusätzliche Leistungen, angefangen von digitalen Diensten bis hin zur Wartung der Fahrzeuge.[534] Auch hier schlägt die digitale Transformation zu. Die Lastwagen unterscheiden sich nur mehr unwesentlich voneinander, digitale Services jedoch könnten den Ausschlag geben. Hier sind die „Neuen" mit ihrer digitalen Expertise klar im Vorteil.

In den USA werden 22,8 Prozent aller Emissionen von Lkws verursacht, 42,7 Prozent durch Pkws. Wenn nicht einmal drei Millionen Lkws auf 265 Millionen Fahrzeuge kommen, ist das beträchtlich.[535] Obwohl nur ein Prozent aller Fahrzeuge in den USA Trucks sind, verursachen sie ein Viertel der Schadstoffausstöße, fahren 5,6 Prozent der Gesamtkilometerleistung und sind für neun Prozent aller Verkehrstoten verantwortlich.[536/537/538] Übermüdete Fahrer, Unaufmerksamkeit, Stress oder Road Rage sind gute Argumente, um den Menschen hinter dem Steuerrad zu ersetzen. Zumindest teilweise. In der ersten Phase werden Lkws vermutlich nur auf geraden Autobahnstrecken selbstfahrend unterwegs sein, der Fahrer übernimmt dann an den Abfahrten, auf Landstraßen, in der Stadt und bei der Anfahrt ans Ladedock.

Aufgrund dieser Zahlen ist es plötzlich gar nicht mehr so abwegig, dass Unternehmen und Start-ups an autonomen, elektrischen Lkws arbeiten, auch wenn heute einigen von uns der Gedanke an einen Vierzigtonner-Roboter auf unseren Straßen Gruselschauer über den Rücken jagt. Truckfahrer, die in den USA maximal elf Stunden pro Tag und 60 pro Woche fahren dürfen, brauchen Ruhepausen. In denen steht der Lastwagen und verdient nichts für die Speditionen. Der Fahrer ist mit einem Drittel der Gesamtkosten eines Lastwagens anzusetzen. Ein weiteres Drittel der Kosten geht für den Treibstoff drauf, das beläuft sich also in Europa auf rund 80.000 Euro pro Lkw; sanfter aufs Gaspedal zu treten und damit bis zu 30 Prozent weniger zu verbrauchen schaffen die meisten Fahrer nicht. Autonome Lastwagen hingegen können durchfahren, und das wirtschaftlich so optimal, dass sie einiges an Kosten sparen.[539] PricewaterhouseCoopers schätzt, dass die jährlichen Betriebskosten pro Lkw um 28 Prozent sinken, wenn diese autonom unterwegs sind. Die Kosten könnten sich demnach von 115.600 Euro auf 82.800 Euro im Jahr reduzieren.[540]

Die neue Entwicklung wirkt sich auf Jobprofile wie auch auf Geschäftsmodelle aus. Statt 3,5 Millionen Truckdriver in den USA und 540.000 Lkw-Fahrer in Deutschland wird man verstärkt computerversierte Logistiker in der Zentrale einsetzen. Speditionen könnten in die Röhre schauen, wenn Lastwagenhersteller und Kunden direkt zusammenarbeiten.

Ot.to hat den ersten kommerziellen Test bereits hinter sich. Gemeinsam mit der großen US-Brauerei Anheuser-Busch (vor über 150 Jahren von deutschen Auswanderern gegründet) wurden im Oktober 2016 von einem autonomen Ot.to-Truck 50.000 Bierdosen über eine Strecke von 190 Kilometern ohne Eingriff des Fahrers ausgeliefert. Ich habe das von Ot.to veröffentliche Video mehrmals vor Publikum gezeigt; die Reaktion, wenn der Fahrer sich abschnallt und seinen Sitz in Richtung hinteren Fahrzeugbereich verlässt, ist bezeichnend.[541] Unterdrückte Schreie und weit aufgerissene Augen beschreiben die Überraschung. In Zukunft aber wird das genau andersherum sein. Wir werden uns so sehr an fahrerlose Autos gewöhnt haben, dass wir uns eher dann fürchten, wenn wir einen Fahrer hinter dem Lenkrad sehen, ähnlich der Reaktion, wenn wir jemanden in der Öffentlichkeit mit einer Schusswaffe herumfuchteln sehen.

Einen ähnlichen Ansatz wie Ot.to testet das Start-up Embark mittels neuronaler Netzwerke und Maschinenlernen in Nevada.[542] Peleton Technology aus Mountain View fokussiert sich hingegen mit 18 Millionen Dollar Risikokapital im Rücken auf das „Platooning" der Lkws. Die ersten Produkte sind bereits ausgeliefert, sie erlauben unter anderem Vehicle-2-Vehicle-Kommunikation und halten mittels Radar Abstand zu vorausfahrenden Fahrzeugen.[543] Dann gibt es noch Starsky Robotics aus San Francisco, das ebenfalls autonome Lastwagen auf den Markt bringen will.[544]

Der chinesische Internet-Gigant Baidu wiederum hat mit der Foton Motor Group den ersten selbstfahrenden Lkw vorgestellt.[545] Baidus Interesse ergab sich aus den Telematik- und Unterhaltungsanwendungen CarLife und CoDriver, die bereits von 60 vorwiegend chinesischen Automobilunternehmen verwendet werden. Gleich mit drei weiteren Unternehmen stellte Baidu selbstfahrende Autos vor: mit Chery, BYD und der Shou Qi Group. Start-ups wie das Pekinger TuSimple wiederum zeichnen die Fahrweise von Lastwagenfahrern auf, um ab 2018 autonome Lkws anzubieten.[546]

Traditionelle Hersteller geben dieses Geschäft aber nicht kampflos auf. Volvo, MAN und Daimler entwickeln ebenfalls autonome Lastwagen. Volvo hat bereits Road Trains und Daimler fahrerlose Lkws auf der Autobahn getestet.

Klein und handlich: Pretty Pods

Vor einiger Zeit war mein Facebook-Feed voll mit Gegenüberstellungen von populären Automodellen und ihren Vorgängern. Zwei Porsche 911, einer aus dem Jahr 1963, der andere aus 2013, standen nebeneinander. Der 1963er sah geradezu schmächtig neben dem wuchtigen Heck des jüngeren Modells aus, das fast zweimal so groß erschien. Beim Mini Cooper war es nicht anders. Das Modell aus dem Jahr 1959 findet beinahe zur Gänze auf der hinteren Rückbank des aktuellen Minis Platz. Die Größe eines heutigen VW Polos gleicht eher dem Golf von vor 30 Jahren, während ein heutiger Golf auf die damalige Passatgröße kommt. Unsere Autos werden also immer größer, obwohl durchschnittlich nur eine Person regelmäßig damit fährt.

Autonome, elektrische Taxibots bieten die Chance, Fahrzeuge kompakter und weniger ressourcenintensiv zu gestalten. Mehrere Hersteller haben das Konzept aufgegriffen. General Motors hat 2010 in Peking zusammen mit Segway einen zweisitzigen Pod namens EN-V vorgestellt. In Milton Keynes soll der bereits erwähnte LUTZ Pathfinder auf urbanen Strecken zum Einsatz kommen.[547] Und auf der CeBIT stellte Adaptive City Mobility das CITY eTAXI vor, das gerade mal 550 Kilogramm wiegt und über eine austauschbare Batterie verfügt, mit Platz für drei Personen – oder, wie demonstriert wurde – für eine mit einer Euro-Palette. Praktisch, wenn man bedenkt, wie oft wir bisher Probleme hatten, ein Taxi zu finden, dass uns mit einer Palette unterm Arm mitnehmen konnte.[548]

Selbstfahrende Motorräder: Ja, dürfen die das denn?

Für das autonome Fahren von Vier- und Mehrrädern gibt es überzeugende Argumente. Wie steht es aber mit Zweirädern? Sollen die auch computergesteuert werden? Wollen wir das? Können wir das?

Die letzte Frage ist mit einem eindeutigen Ja zu beantworten. Bei der DARPA Grand Challenge nahm auch ein Motorrad teil. Anthony Levandowski, der später bei Google arbeitete und dann Ot.to gründete, war das Mastermind hinter dem ersten autonomen Motorrad. Leider auch ein Pechvogel, da ihm das Motorrad beim Start erst einmal umfiel. Er hatte vergessen, den Gleichgewichtsstabilisator zu aktivieren.

Lit Motors, ein Start-up aus San Francisco, arbeitet im ersten Schritt an einem selbststabilisierenden Motorrad, um dieses dann auch autonom fahren zu lassen.[549] Solch ein Fahrzeug könnte als Taxibot besonders effizient individuelle Transportleistungen für Kurzstrecken im Stadtverkehr anbieten, und das energiesparend. Das in Peking beheimatete Lingyun Intelligent Technology versucht Ähnliches, ebenso BMW.[550]

Der bayerische Hersteller stellte mit dem Concept Link das Zukunftskonzept eines autonomen, elektrischen Motorrads vor, das dem heutigen Zeitgeist entsprechen soll. Genau mit dem kämpft die US-Ikone Harley-Davidson. Harley-Fahrer werden immer älter, die Kundschaft wird immer weniger. Heute sind die Besitzer des amerikanischen Inbegriffs von Freiheit durchschnittlich 50 Jahre alt. Das Durchschnittsalter lag vor gar nicht allzu langer Zeit mal bei 35. Die älteren Fahrer müssen teilweise aus gesundheitlichen Gründen auf ihr heißes Eisen verzichten. Selbstfahrtechnologie soll weniger ein Mittel sein, den Spaß am Fahren zu vermiesen, als Fahrfehlern und Unfällen vorzubeugen. Überdurchschnittlich viele Zweiradfahrer verunglücken im Straßenverkehr, beinahe 30 Prozent aller tödlichen Motorradunfälle geschehen ohne Fremdeinwirkung. Selbstfahrtechnologie, die Fahrfehler oder andere Fahrzeuge frühzeitig registriert, kann den Fahrer retten und ihm damit eine reelle Chance geben, zu überleben und die Geschichte dazu zu erzählen.

Womit Arbeitnehmer rechnen müssen

> „Automatization went after blue collar jobs, Artificial Intelligence goes after white collar jobs."
>
> – Ben Levy, BootstrapLabs

WAS ZEIGT DAS Hintergrundbild auf Ihrem Rechner oder iPhone? Ein Foto Ihrer Familie? Den letzten Strandurlaub? Ihren Hund? Was immer es auch sein mag, es ist vermutlich keines von Ihrem Arbeitsplatz. Deshalb war ich bei einem Besuch des BMW-Werks im bayerischen Dingolfing umso mehr überrascht. Auf dem Weg durch die Montagehalle umgab uns Surren und Brummen. Der chaotisch anmutende, tatsächlich aber perfekt choreografierte Tanz von Menschen und Maschinen um Skulpturen aus Glas, Metall und Kunststoff zeigte uns hautnah, wie eines der begehrtesten Fahrzeuge produziert wurde. Erst als wir endlich die drei Stockwerke hohen Regalreihen mit Motoren passiert hatten und im Büro des IT-Chefs hinter uns die Tür schlossen, wachten wir aus dem Traum auf. In seinem karg eingerichteten Büro „thronte" er über der Werkshalle, um sicherzustellen, dass alle Computersysteme am Montageband klaglos arbeiteten. Als wir ihm unsere Aufmerksamkeit zuwandten, fiel uns etwas auf.

„Ist das das Design des neuen 5er BMWs?" fragte einer von uns. Der IT-Chef richtete seinen Blick auf das Hintergrundbild seines Computers. „Ja! Die Marketingabteilung hat heute die Bilder für die Öffentlichkeit freigegeben", antwortete er. Nach einer langen Pause seufzte er, ohne den Blick vom Foto genommen zu haben, verliebt: „Es ist wirklich ein schönes Auto."

Das ist das Besondere an der Automobilindustrie: die Leidenschaft, mit der die Mitarbeiter bei der Sache sind. Autos provozieren Emotionen.

Wir verbinden mit ihnen Gefühle und Erinnerungen, und das auf eine Weise, die ans Irrationale grenzt. Für viele bedeutete das erste eigene Auto die Erfüllung eines lang gehegten Traums. Es stand für Freiheit und Unabhängigkeit. Für ein mobiles „Zimmer", in dem sie erstmals jemand anderen küssten als einen Familienangehörigen, in dem sie leidenschaftlichen Sex hatten und in dem vermutlich unzählige Kinder gezeugt wurden. Kultfilme und -serien wurden um das Auto herum inszeniert, als Haupt- und als Nebendarsteller. Wer aus der mittleren und älteren Generation kennt nicht KITT, Herbie, Chitti Chitti Bang Bang oder den Kli-Kla-Klawitter-Bus?

Wir sagen nicht: „Mein Auto ist dort drüben geparkt.", sondern: „Ich stehe da drüben." Das Auto ist ein Teil des Ichs, eine körperliche Erweiterung, vielleicht sogar ein transzendentales, außersinnliches Erlebnis. So mancher gibt seinem Auto einen Namen. Flitzi, so nannten wir vor Jahren unseren VW Polo. Wir vermenschlichen Autos und erkennen sie an ihren Eigenheiten. Unser alter Renault „sang" ab einer bestimmten Geschwindigkeit. Auch der Tesla einer Freundin tut das. Der Verlust des Autos oder des Führerscheins hat manchen schon derart hart getroffen, dass er die Freude am Leben verlor, keinen Sinn mehr darin sah, weiterzumachen, und sogar Selbstmord beging.

Und doch ist diese emotionale Verbindung dabei zu zerreißen. Schon jetzt empfinden immer mehr junge, urbane Menschen das Auto vor allem als Last, als teures, Platz brauchendes Ungetüm, das sie vom Smartphone ablenkt.

Die unmittelbar Betroffenen wissen mehr oder weniger genau, was da Bedrohliches oder Spannendes auf sie zurollt, auch wenn nicht alles bereits mit Zahlen untermauert werden kann. Die Veränderung wird kommen und sie wird massiv sein. Eine Vogel-Strauß-Taktik à la „Es wird schon nicht so schlimm werden" oder „So schnell kann das nicht passieren" bringt uns nicht weiter. Denn auch wer nicht direkt vom Automobilsektor lebt, wird sich umstellen müssen: der Städtebau, die Krankenhäuser, die „Schild(er)bürger", um nur einige zu nennen.

Eine Studie des McKinsey Global Institute schätzt die wirtschaftlichen Auswirkungen der neuen autonomen Fahrzeugtechnologie auf bis zu 1.900 Milliarden Dollar bis 2025 (siehe Tabelle 9).

Technologien	Niedrige Schätzung [Billiarden Dollar]	Hohe Schätzung [Billiarden Dollar]
Mobiles Internet	3,7	10,8
Künstliche Intelligenz	5,2	6,7
Internet der Dinge	2,7	6,2
Cloud	1,7	6,2
Robotertechnik	1,7	4,5
Autonome Fahrzeuge	0,2	1,9
Genetik	0,7	1,6
Energiespeicher	0,1	0,6
3D-Drucker	0,2	0,6
Moderne Materialien	0,2	0,5
Öl- und Gasexploration	0,1	0,5
Erneuerbare Energie	0,2	0,3

Tabelle 9: Geschätzte wirtschaftliche Auswirkungen neuer Technologien bis 2025 © McKinsey Global Institute

Kein Berufsbild ist mehr sicher

Auch Sie müssen sich vielleicht der Tatsache stellen, dass Ihr Beruf nicht mehr von Änderungen verschont bleibt. Es wird eher wahrscheinlich werden, dass künftige Generationen mehrmals in ihrem Leben den Job wechseln oder auch die Berufsrichtung. Damit steht das Ausbildungssystem bereits jetzt vor der Herausforderung, Menschen auszubilden, die sich an neue Jobgegebenheiten anpassen oder sich auch eigene Jobs schaffen können. Und Gewerkschaften dürfen nicht länger mit einem Modell aus dem 19. Jahrhundert auf die Anforderungen des 21. Jahrhunderts reagieren.

Während gesellschaftliche Umwälzungen in der Menschheitsgeschichte nichts Neues darstellen, ist doch die enorme Geschwindigkeit, in der es gerade jetzt vorangeht, beispiellos. Um es noch einmal ganz deutlich zu sagen: Ja, wir stecken bereits mitten drin in der 2. Automobilrevolution, sie geschieht JETZT!

Jede gelungene Revolution stellt Gesellschaften und Hierarchien auf den Kopf. Mit der industriellen Revolution begann der Abstieg des Adels und der Aufstieg von Industriellen und Arbeitern. Innovation hat revolutionäre

Auswirkungen. Webstühle machten die Weber überflüssig, Container reduzierten den Bedarf an Hafenarbeitern, landwirtschaftliche Maschinen ersetzten Knechte und Mägde. Damit stieg der Bedarf an einer guten Ausbildung, die entsprechende Fachkräfte für eine zunehmend mechanisierte Welt liefern sollte. Das heutige Schulsystem entstand daher wenig überraschend parallel zur industriellen Revolution. Fabriken brauchten Arbeiter, die Anleitungen lesen und Maschinen bedienen konnten.

Die Mechanisierung der Landwirtschaft ging jedoch vergleichsweise langsam vor sich. War vor 200 Jahren noch die Mehrheit der Menschen im Agrarbereich tätig, sind es in den sogenannten Industrienationen heute nur mehr weniger als zwei Prozent.[551] In den USA beispielsweise verringerte sich die Zahl der in diesem Bereich Beschäftigten von 80 Prozent um 1800 auf eineinhalb Prozent heute. Die Verlustquote an Arbeitsplätzen damals beschränkte sich durchschnittlich auf ein halbes Prozent pro Jahr. Bauern, Knechte und Mägde standen damit nicht plötzlich vor dem Aus, es ging langsam voran und das erlaubte den Betroffenen, sich darauf vorzubereiten. Ihre Kinder konnten Schulen besuchen und wurden Mechaniker, Elektriker oder Industriearbeiter.

Heute bringt es selbst der Beschäftigtenanteil im Industriesektor auf kaum mehr als 30 Prozent. Hingegen macht der Dienstleistungssektor in Ländern wie England oder Frankreich bis zu 80 Prozent aus. Dabei ist auch das klassische Angestelltenmodell immer weniger vertreten. In den USA sind bereits 34 Prozent der Beschäftigten als Selbstständige unterwegs, bis 2020 wird sogar mit einem Anteil von 40 Prozent gerechnet.[552] Auch wenn die Quote in Deutschland mit drei Prozent vergleichsweise gering ist, hat sie sich doch seit 2000 verdoppelt.[553] Die Zahl stieg von 705.000 auf 1,344 Millionen in 2016.[554] In Österreich liegt der Anteil der Selbstständigen bei sieben Prozent.[555]

Mit fast 800.000 Beschäftigten stellt der Automobilsektor den bedeutendsten Industriezweig für Deutschland.[556] Der VDA schätzt, dass 5,4 Millionen Menschen indirekt von der Autoindustrie abhängig und 405 Milliarden Euro pro Jahr an Wirtschaftsleistung damit verbunden sind. Am stärksten betrifft es die Erdölindustrie, wenn Elektrofahrzeuge die Mehrheit stellen; damit wird auch ein politischer Wandel in den erdölproduzierenden Ländern angestoßen, der alles Bisherige in den

Schatten stellen könnte. Anhand dieser Zahlen wird deutlich, wie massiv sich die Automobilrevolution auf den deutschen Arbeitsmarkt auswirken kann, wenn deutsche Hersteller den beweglichen Neueinsteigern aus dem Silicon Valley und aus China den Vortritt lassen und ihnen keine Paroli bieten. Dabei bleibt es aber nicht allein. Wie wir auf den nächsten Seiten sehen werden, sind weitaus mehr Berufszweige von der Art und Weise betroffen, wie wir uns fortbewegen, und das mit allen Konsequenzen.

Die jungen Lkw- und Taxifahrer, Garagenbetreiber und Kfz-Mechaniker wird es vermutlich noch zu deren Lebzeiten erwischen. Die Änderungen in der Automobilindustrie und in den angrenzenden Wirtschaftssektoren, die wir hier bereits besprochen haben, sind in weniger als einer Generation zu erwarten. Einige der Jobs, die wir verlieren werden, erforderten hohe Qualifikationen und galten bislang als sicher. Wir stehen hier nicht vor einem langsamen Hineingleiten in eine neue Technologieära, wir stürzen geradezu hinein.

Vor 100 Jahren fielen Pferde diesem Wandel zum Opfer. Sie waren sozusagen nicht mehr vermittelbar. Besäßen Pferde ein Wahlrecht, hätte das sicherlich zu starken politischen Auswirkungen geführt. Aufgrund des technologischen Fortschritts und des Aufstiegs von Künstlicher Intelligenz stehen wir Menschen vor einer ähnlichen Situation wie die Pferde vor 100 Jahren. Wir werden nicht mehr gebraucht. Ein Großteil der Bevölkerung wird plötzlich nicht mehr vermittelbar sein, und das völlig unverschuldet. Selbst heute hochspezialisierte und angesehene Berufe sind davor nicht gefeit. Die medizinische Krebsdiagnose wird bereits heute von IBMs Watson mit höherer Genauigkeit gestellt als von einem Ärzteteam. Kampfpiloten verlieren gegen KI-gesteuerte Kampfflugzeuge, Computer spielen besser Go als Menschen.

Die Universität Oxford führte eine Datenanalyse durch, bei der die Wahrscheinlichkeit drohender Automatisierung für 702 Berufsgruppen vorhergesagt wird.[557] 47 Prozent der heute Beschäftigten würden in fast allen Industrien und Branchen massiv betroffen sein. Und in diese Kalkulation haben die Studienautoren noch gar nicht die Fortschritte von Künstlicher Intelligenz in entsprechender Breite mit einbezogen. Nicht Tesla oder Uber oder Google oder Apple sind es, die all diesen Berufsgruppen oder der Automobilindustrie „zustoßen", es ist die Zukunft, die sich nicht aufhalten lässt. Tesla & Co. sind nur ihre Instrumente. Der Verleger Tim O'Reilly meinte dazu:[558]

> „Die spannendsten Unternehmen sehen Technologie als Werkzeug, um mehr Gelegenheiten und Chancen für die Menschen zu schaffen, und nicht, um sie zu verringern. Wenn wir an selbstfahrende Autos denken, dann ist die langweiligste Art, sie zu betrachten, diejenige, bei der wir nur die Kostenreduktion vor Augen haben. Stattdessen sollten wir schauen, auf welche Art sie Wirtschafts- aktivitäten befähigen: billigere, klügere öffentliche Trans- portnetzwerke, besseren Zugang zum Gesundheitswesen. Aus dieser Perspektive sollten wir alle Technologien betrachten. Nehmen wir Zipline, eines der heißesten Silicon-Valley-Start-ups, das ein Pilotprogramm betreibt, bei dem Drohnen je nach Bedarf Medikamente und Blut für Transfusionen liefern. Das Unternehmen beginnt in Ruanda, einem Land, das Straßen, die zeitweise unpas- sierbar sind, und schlechte medizinische Versorgung aufweist."

Mindestens fünf Dutzend Berufsgruppen und Branchen werden am ehes- ten mittel- oder unmittelbar durch Veränderungen in der Automobil- branche betroffen sein. Sie werden entweder gänzlich verschwinden oder nur „verschlankt" weiterbestehen. Schauen wir uns nun die Auswirkungen auf einzelne Industrien und Berufsgruppen im Detail an.

Fahrer aller Arten

Am stärksten betroffen werden all die Jobs von Menschen sein, die Auto- mobile steuern. Darunter fallen auch Fahrer von Rettungswagen oder von Gefahrgütern.

In Deutschland sind heute um die 540.000 Berufskraftfahrer im Güter- verkehr beschäftigt.[559] In den USA zählt man 1,7 Millionen Truckfahrer, wobei das amerikanische Büro für Arbeitsstatistik in seinen Schätzungen von einem zu erwartenden Anstieg auf 1,89 Millionen Fahrer bis 2022 ausgeht.[560] Rechnet man die Kleinlasterfahrer hinzu, sind es sogar 3,3 Millionen Fahrer. 2014 war in 28 von 52 US-Bundesstaaten der Truckerberuf der am häufigsten ausgeübte.[561]

Die Hochrechnung ist verständlich, wenn man den Zuwachs an Gütertransporten aufgrund des Internets und der zunehmenden Verzahnung von Produktionsprozessen berücksichtigt. Was ausgespart wird, sind die Änderungen in der Transporttechnologie. Autonome Lastwagen werden Berufskraftfahrer zunehmend überflüssig machen. Die Zahl wird eher gegen null denn gegen 1,89 Millionen gehen. Und weil die Lkw-Fahrer auch Pausen einlegen und schlafen, essen und unterhalten werden müssen, sind im ganzen Land Hotels, Raststätten und kleine Städtchen von ihnen abhängig. Sie werden ihre Stammgäste verlieren. Das Beratungsunternehmen McKinsey schätzt, dass bereits 2025 jeder dritte Lastwagen teilautonom unterwegs sein wird.[562]

In Deutschland wiederum gibt es 36.000 Taxiunternehmen und insgesamt 250.000 Fahrerlaubnisse zur Fahrgastbeförderung.[563] Die Anzahl der Gewerbeberechtigungen für Österreich betrug im Jahr 2014 insgesamt 16.447, wobei auf Taxis 7.469 entfielen und auf Fiaker 174. Zumindest Letztere, so viel kann ich prophezeien, werden durch die autonomen Taxibots nicht gefährdet sein.[564]

Speditionen sind generell bedroht, wenn Lkw-Hersteller und Kunden wie Supermärkte oder Elektrohandelsketten die Transporte gleich selbst übernehmen.

In diesen Bereich gehören folgende Berufsgruppen:

1. Taxifahrer
2. Uber-/Lyft-Fahrer
3. Chauffeure
4. Autobusfahrer
5. Lastwagenfahrer
6. Botendienstfahrer
7. Valet-Parkdienst
8. Einsatzwagenfahrer
9. Spediteure

Berufe im Automobilbau

Ein Drittel aller Beschäftigten in der Automobilbranche dienen dem Aggregat (Motor) und dem Ökosystem drumherum. Zigtausende Mitarbeiter (Zahlen gehen von 120.000 bis 180.000 aus) müssen – so wie vormals Pferdezüchter, Sattler, Zaumzeugmacher, Veterinäre oder Stallungsbesitzer – Platz machen für Batterieingenieure und Chemiker, vor allem aber für Informatiker, Experten für Künstliche Intelligenz, Robotiker, Computer-Vision- und Elektronikexperten. Nach dem vollständigen Umstieg auf Elektrofahrzeuge werden auch bei den Zulieferern die Mitarbeiterzahlen von 310.000 auf ungefähr 220.000 Beschäftigte sinken.[565] Von 810.00 Mitarbeitern im Autosektor verlieren selbst im besten Fall 210.000 und im schlimmsten 270.000 ihren Job. Die Industrie wird circa ein Drittel ihrer Beschäftigten nicht mehr einsetzen können. Als Einzelbeispiele für viele Werke in Deutschland und Österreich seien zwei herausgepickt: Das VW-Motorenwerk in Salzgitter beschäftigt 7.500 Mitarbeiter, das BMW-Motorenwerk in Stey 4.100 Menschen. Diese und andere Werke werden massiven Stellenabbau erleben.

Das hohe (Fertigungs-)Wissen um den Bau eines Motors wird aber nicht ganz überflüssig werden. Autonome elektrische Autos benötigen eine Infrastruktur, die von diesem Fertigungswissen profitieren wird: Zellen, Batteriepacks, Ladeinfrastruktur, Energiebereitstellung, Wartung, Fahrzeuginneneinrichtung und Spezialfahrzeuge gehören dazu. Was man aber vor allem mitbringen muss, ist ein anderes Mindset, die notwendige Bereitschaft, neue Wissensfelder zu erschließen und dabei Möglichkeiten und Chancen zu erkennen und nicht nur Gefahren.

Die Betriebsräte deutscher Hersteller wie auch Gewerkschaftsvertreter werden sich allmählich dieser Auswirkungen bewusst. Michael Brecht, Vorsitzender des Betriebsrats im Daimler-Konzern, warnt deshalb vor der Abgabe von Elektromobilitätskompetenz an Zulieferer.[566] Vertreter der IG-Metall, sonst eher als Betonfraktion innerhalb des Volkswagenkonzerns bekannt, sehen in den Bestrebungen Chinas, eine eigene Elektromobilitätsindustrie aufzubauen, eine unmittelbare Gefahr für deutsche Hersteller und fordern deshalb eine rasche Abkehr von den heutigen Verbrennungskraftfahrzeugen.[567]

In diesen Bereich gehören folgende Berufsgruppen:
  10. Motorenbauer
  11. Abgasexperten
  12. Kraftstoffexperten
  13. Getriebebauer

Während hier Arbeitsplätze bedroht sind, werden anderswo welche geschaffen. Hersteller von Sensortechnologie und Software erwarten bis 2020 zusätzliche 20 bis 25 Milliarden Dollar an jährlichen Umsätzen.[568] Davon entfallen auf Straßenkarten für die Navigation, auf Kollisionsvermeidungssysteme und andere zwischen zehn und 15 Milliarden pro Jahr, auf Kameras, Radar, Ultraschallsensoren und Lidarsysteme 9,9 Milliarden Dollar.[569]

Berufe in der Verkehrsüberwachung

Jedes Auto in Deutschland erwirtschaftet jährlich zwischen 50 und 60 Euro an Strafgeldern, die in die Kassen von Gemeinden und Städten fließen. Bei einer Zahl von 43 Millionen Verbrennerfahrzeugen kommt da ein erkleckliches Sümmchen von über zwei Milliarden Euro zusammen. Was, wenn das wegfällt? Amerikanische Autobahnpolizisten verbringen zurzeit allein 80 Prozent aller Einsätze mit der Absicherung von Unfällen, die aber mit selbstfahrenden Autos immer weniger vorkommen werden. Da diese auch Verkehrsregeln und Geschwindigkeitsbegrenzungen einhalten, den Großteil des Tages unterwegs sind und nicht mehr (falsch) parken, gibt es nichts mehr zu bestrafen; Verkehrspolizisten und Politessen könnten anderweitig eingesetzt werden.

In diesen Bereich gehören folgende Berufsgruppen:
  14. Verkehrspolizisten
  15. Parkraumwächter
  16. Abschleppdienste
  17. Verkehrsnachrichtensprecher
  18. Verkehrsrichter
  19. Verkehrsverstoßrechtsanwalt
  20. Alkotesthersteller

Berufe in der Verkehrsrauminfrastruktur

Für wen sind Ampeln und Schilder heute gemacht? Für Menschen und menschliche Fahrer. Nicht für selbstfahrende Fahrzeuge. Die können die benötigte Information über entsprechend erweiter- und korrigierbare Straßenkarten beziehen.

Allein in Deutschland gibt es 20 Millionen Verkehrsschilder und vier Millionen Wegweiser. Die Stückpreise liegen zwischen 80 und 200 Euro pro Schild, die Montagekosten noch nicht einmal eingerechnet. Eine Ampel – und von denen gibt es in Deutschland 1,5 Millionen – kostet zwischen 35.000 und 250.000 Euro, ihr Betrieb nochmals 5.000 Euro pro Jahr ohne Stromkosten.

In diesen Bereich gehören folgende Berufsgruppen:
21. Ampelhersteller
22. Schilderhersteller

Berufe in der Fahrausbildung

Wenn es keine Fahrer mehr gibt, wer braucht dann noch eine Fahrschule und Fahrprüfung? Auch der Führerschein wird hinfällig, so wie auch alle Zusatzprüfungen, die Fahrer von Spezialgütertransportern und Spezialfahrzeugen ablegen müssen. In Deutschland allein arbeiten heute 21.485 angestellte Fahrlehrer in knapp über 11.000 Fahrschulen, wobei ihre Zahl abnimmt und die verbleibenden immer älter werden.[570]

Vielleicht ist das schon ein Signal dafür, dass sich die Fahrlehrerzunft langsam verabschiedet. Denn Elektroautos haben (welche Überraschung!) kein Schaltgetriebe und autonome Autos brauchen keinen Fahrer mehr.

In diesen Bereich gehören folgende Berufsgruppen:
23. Fahrlehrer
24. Fahrprüfer
25. Führerscheinausstellung

Berufe in Forschungseinrichtungen und Universitäten

„Wenn Wissenschaftler sagen, etwas sei möglich, dann
unterschätzen sie sehr wahrscheinlich, wie lange es
dauern wird. Wenn sie aber sagen, es wäre unmöglich,
dann liegen sie sehr wahrscheinlich falsch."

– RICHARD SMALLEY

Heute beschäftigen sich viele Forschungseinrichtungen und Universitäten
mit der Optimierung von Kraftstoffen und Motoren. 40 Prozent des
gesamten Forschungs- und Entwicklungsaufwands in Deutschland kommen aus der Autoindustrie.[571] Diese Institutionen werden ihre Anstrengungen umleiten müssen, um nicht den Anschluss zu verlieren. Während
traditionelle Kraftfahrzeuginstitute an Bedeutung verlieren und teilweise
aufgelöst werden, werden andere einen Aufstieg erleben. Institute, die an
Sensortechnologie, Elektronik, Datenverarbeitung oder Batteriechemie
forschen, werden Mittelzuflüsse erleben.

In diesen Bereich gehören folgende Berufsgruppen:
26. Universitätsprofessoren
27. Forscher

Berufe in der Fahrzeuginstandhaltung

Elektrofahrzeuge brauchen keinen Motor, kein Getriebe, keinen Kühler,
keine Abgasanlage, kein Kraftstoffsystem mehr. Damit fallen auch der
Ölwechsel, der Austausch von Zündkerzen und Dichtungsringen und teilweise auch die Erneuerung von Bremsen weg. Diese Fahrzeuge bremsen ja
vorwiegend mit dem Motor. Autonome Automobile verursachen weniger
Unfälle, ergo auch weniger Reparaturarbeiten. Bis zu 70 Prozent der Arbeit
von Kfz-Mechanikern wird also wegfallen.[572] In den USA allein waren 2014
an die 739.000 Menschen in Kfz-Werkstätten beschäftigt, in Deutschland
390.000.[573] Und wenn der private Autobesitz zurückgeht und stattdessen
Flotten betrieben werden, müssen sich Automobilclubs von einem Mitgliederverein zu einem Dienstleister im B2B-Bereich wandeln.

In diesen Bereich gehören folgende Berufsgruppen:
28. Kfz-Mechaniker
29. Abgasprüfer
30. Pannenhelfer
31. Autowaschanlagenbetreiber

Berufe im Fahrzeugverkauf

Wenn immer mehr Menschen – vor allem im städtischen Bereich – auf das eigene Auto verzichten und stattdessen Fahrdienstleister in Anspruch nehmen, werden weniger Autos an Konsumenten und mehr an Flottenbetreiber verkauft werden. Das Endkunden- oder Business-to-Customer-Geschäft (B2C) wandelt sich zu einem Firmenkunden- oder Business-to-Business-Geschäft (B2B). Das bedeutet, dass Autos nicht mehr an viele Einzel-, sondern an wenige große Firmenkunden mit entsprechenden Preisnachlässen verkauft werden. Die Käufer gewinnen mehr Spielraum in den Preisverhandlungen.

Die heutigen Verkaufszahlen lassen das noch nicht erahnen. Bei den deutschen Autohändlern arbeiten an die 70.000 Menschen. Dennoch: Verkäufer werden in der Zukunft wohl weniger gebraucht.

In diesen Bereich gehören folgende Berufsgruppen:
32. Fahrzeugkreditgeber
33. Gebrauchtwagenhändler
34. Autotuner
35. Autoverkäufer

Berufe im Bauwesen und in der Verkehrsflächenplanung

Zunächst eine gute Nachricht: Wohnungen und Häuser werden billiger. Wenn der als Parkplatz reservierte Raum für andere Zwecke verwendet werden kann, ergeben sich neue Möglichkeiten. Auch darf man nicht vergessen, dass Zufahrtsrampen in Garagen ebenfalls Platz benötigen. Städtische Parkhäuser vergrößern die Distanz zwischen einzelnen Gebäuden und erschweren es den Fußgängern, leicht und bequem ihre Ziele zu erreichen. Die heutige Lösung? Mehr Autos, die noch mehr Parkplätze nach sich ziehen, größere Autos, die mehr Parkraum brauchen. Weniger Fahrzeuge benötigen weniger Straßenraum und Parkflächen. Selbstfahrende Fahrzeuge können zudem den Raum optimaler ausnutzen als menschliche Fahrer.

In diesen Bereich gehören folgende Berufsgruppen:

36. Parkplatz- und Garagenbauer sowie -betreiber
37. Beschäftigte im Straßenbau
38. Garagenwächter

Berufe in der Bereitstellung fossiler Brennstoffe

Jeder weiß, dass Hunderte Milliarden für Erdöl ausgegeben werden und dabei vor allem in die Kassen von Regimes fließen, die nicht unbedingt als Vertreter von Demokratie und Freiheit gelten. Jede Minute schicken allein die USA 612.500 Dollar in solche Länder, um für Benzin zu zahlen. Das summiert sich pro Jahr auf über 300 Milliarden Dollar.[574]

Die USA allein geben über 600 Milliarden Dollar pro Jahr für das Militär aus. Laut Schätzungen fließen zwischen zehn und 25 Prozent des Militärbudgets in die Sicherung der Erdölbereitstellung.[575] Das ist eine versteckte Steuer, die Amerika und die Welt für die noch bestehende Abhängigkeit vom Erdöl zahlen und die zu großen Teilen entfallen könnte. Öl muss nicht nur gefördert, sondern auch transportiert und aufbereitet werden, bevor es dann in Autos verbrannt wird. Mehr Elektrofahrzeuge auf den Straßen erlauben einen alternativen und umweltverträglicheren Strommix.

In den USA selbst sind 174.000 Menschen im Kohlebergbau beschäftig, in Deutschland hingegen weniger als 10.000.[576/577] Diese Zahlen bewegen sich bereits deutlich unter den Rekordständen in den 1950er-Jahren, wo in Deutschland über 300.000 Menschen im Steinkohlebergbau beschäftigt waren. Und nun folgt die Ölindustrie nach.

An die 14.500 Tankstellen gab es 2016 in Deutschland, mit insgesamt 100.000 Beschäftigten.[578] Wenn keine Tankstellen mehr benötigt werden, fallen auch die damit verbundenen kleinen Märkte weg. Nicht, dass das

schlecht wäre. In den USA beispielsweise werden die Hälfte aller Ziga-
rettenverkäufe über Tankstellen abgewickelt.[579] Im Jahr 2015 machten
die Glimmstängel 35,9 Prozent der Warenverkäufe in den Tankstel-
lenshops aus.[580]

In diesen Bereich gehören folgende Berufsgruppen:
Beschäftigte
39. in der Ölförderung
40. in Raffinerien
41. Tanklaster-Fahrer und -betreiber
42. auf Öltankschiffen und -plattformen
43. an Ölpipelines und -tanks
44. Tankstellenbetreiber und -angestelle
45. in der Umweltverträglichkeitsprüfung
46. Soldaten

Berufe im Versicherungswesen

Noch legen Versicherungen keine Angebote für selbstfahrende Fahrzeuge
vor, doch sollten sich die Prognosen bewahrheiten, dass 90 Prozent aller
Unfälle durch selbstfahrende Fahrzeuge vermieden werden, müssen sich
auch die Versicherungsraten nach unten anpassen. Weniger Schadenser-
satzforderungen bedeuten weniger Umsatz, was sich in den Unterneh-
mensbilanzen nicht gut machen wird. Experten erwarten einen Einbruch
bei Kraftfahrzeugprämien um mindestens 40 Prozent.[581]
    Über 23 Milliarden Euro Einnahmen aus Kfz-Versicherungen weist
die Bilanzsumme deutscher Versicherungsgesellschaften aus; in den USA
verzeichnet man sage und schreibe 200 Milliarden Dollar, in Europa
120 Milliarden Euro und weltweit an die 700 Milliarden Dollar.[582] Beinahe die Hälfte aller Versicherungsprämien stammt aus der Autoversi-
cherung. Die drastische Verringerung dieses Bilanzposten wird Aktionäre
schwer treffen. Heute bilden die Kfz-Versicherungen vor allem auch eine
Gelegenheit für die Branche, weitere Produkte an den Mann und die Frau
zu bringen. Auch dieser Zugang würde weitgehend versperrt sein und
somit teuer zu stehen kommen.

Welch Wunder, dass Hersteller und Flottenbetreiber wie Tesla und Uber um eigene Versicherungslizenzen angesucht haben. Tesla beispielsweise hat in Australien und Hongkong einen eigenen Versicherungsplan namens InsureMyTesla ins Angebot aufgenommen. Damit werden nicht nur die Fahrzeuge selbst, sondern auch die Ladestationen versichert.[583] Zudem plant man, die Versicherung und den Wartungsplan gleich in den Verkaufspreis mit einzurechnen. Ein Autokäufer müsste sich dann gar nicht mehr auf die Suche nach einem Versicherer begeben.[584]

Prämienänderungen kommen im Zuge sicherheitsrelevanter Ausstattungen rascher, als eine Fahrzeugflotte tatsächlich umgerüstet werden kann. So mag es bis zu 30 Jahre dauern, bis alle Fahrzeuge auf den neuesten Stand gebracht und die ältesten Modelle ausgemustert wurden. Airbags beispielsweise wurden 1984 eingeführt, aber erst 2016 waren 95 Prozent aller Fahrzeuge auf US-Straßen damit ausgestattet. Trotzdem wurden die Versicherungsprämien schon lange zuvor um 25 bis 40 Prozent reduziert und damit an den optimierten Sicherheitsstandard angepasst.

In diesen Bereich gehören folgende Berufsgruppen:
47. Kfz-Versicherungsvertreter
48. Schadensfallprüfer und -abwickler
49. Versicherungs-Callcenter-Agenten

Berufe in der Gesundheitsindustrie

In den USA werden jährlich 1,2 Millionen Menschen bei Autounfällen verletzt, 2016 starben 40.000 Menschen auf der Straße. In Deutschland enden Verkehrsunfälle für mehr als 3.500 Menschen im Jahr tödlich, in Österreich für an die 500. Auch das Gesundheitswesen ist darauf eingestellt und entsprechend dimensioniert, Verkehrsopfer aufzunehmen und zu behandeln. Sinken die Unfallzahlen, verringern sich auch hier Kapazitäten.

Hätten Sie gedacht, dass auch der Organspendebereich von geringeren Unfallzahlen betroffen sein wird? Unter den Unfalltoten gibt es viele Spender. In den USA stammen 12,3 Prozent aller Organspenden von Verkehrstoten.[585] Mehr als 123.000 Menschen in den USA warten auf ein Herz oder eine Niere, und täglich sterben 18 von ihnen, weil sie trotz der jährlichen 28.000 Transplantationen nicht oder nicht rechtzeitig operiert werden konnten.[586]

Es wäre natürlich zynisch zu argumentieren, dass wir die Unfallzahlen auf dem heutigen Niveau halten sollten, um Organspenden von Unfalltoten nicht zu verlieren und Arbeitsplätze im medizinischen Sektor zu sichern. Aber andere Technologien mögen da einspringen und uns Lösungen bringen. Vielleicht erhöht das die Bereitschaft, alternative Methoden zu entwickeln, Organe durch Bioengineering und 3D-Druck zu schaffen.

In diesen Bereich gehören folgende Berufsgruppen:
50. Rettungsdienste
51. Ärzte
52. Krankenschwestern
53. Therapeuten
54. Behindertenhilfe und -fürsorge

Berufe im Nah- und Fernverkehr

Sind selbstfahrende Fahrzeuge einfach und günstig verfügbar und dazu noch komfortabel, wird sich keiner mehr die Mühe machen, auf die Straßenbahn oder den Zug umzusteigen. Warum sollte man noch sein Gepäck zum und durch den Bahnhof schleppen, um seinen Waggon und Sitzplatz zu finden, oder die dunklen Treppen in den U-Bahn-Schacht hinablaufen, wenn man bereits in einem selbstfahrenden elektrischen Uber sitzt? Gerade Frauen würden ein erhöhtes Sicherheitsgefühl sehr begrüßen.

Die Eisenbahn und öffentliche Verkehrsmittel erhalten dabei Konkurrenz von mehreren Seiten: Autonome Lastwagen benötigen keine Verladung auf die Schiene mehr, Fernbusse sind günstiger. U-Bahnen könnten bereits heute schon fahrerlos unterwegs sein. Auch wirtschaftlich macht es Sinn, von öffentlichen Verkehrsmitteln loszukommen. Es ist extrem teuer und aufwendig, eine U-Bahn zu bauen. In den USA sind gerade mal zwei neue Linien im Bau begriffen, nämlich in New York City und in San Francisco.

In diesen Bereich gehören folgende Berufsgruppen:
55. Lokführer
56. Schaffner und Kontrolleure
57. Bahnbedienstete
58. Schalterbeamte
59. Straßenbahnfahrer
60. U-Bahn- und Busfahrer
61. Security-Personal

Berufe in der Übernachtungsbranche

Eine nächtliche Fahrt mit dem Auto von München nach Hamburg, die ich schlafend verbringen kann, erspart mir das Hotel. Vielleicht erweitern Hotels dann ihren Service und bieten statt Zimmern nur Dusche mit Frühstück an. Und wie wir weiter oben schon gesehen haben, werden auch die Rast- und Gaststätten für Lkw-Fahrer nicht mehr benötigt.

In diesen Bereich gehören folgende Berufsgruppen:
63. Rezeptionisten
64. Reinigungspersonal
65. Personal an Raststätten

Berufe in der Unterhaltungsindustrie

Wenn wir wie im Flugzeug während der Fahrt die neuesten Filme anschauen können, warum sollten wir dann noch ins Kino gehen?

In diesen Bereich gehören folgende Berufsgruppen:
66. Kinobetreiber
67. Kartenabreißer

Was bin ich? Das Beruferaten der Zukunft

Neue Technologien schaffen neue Industrien und neue Berufe. So auch die 2. Automobilrevolution. Die Diskussion um Arbeitsplatzverluste und zukünftige Betätigungsfelder flammt immer wieder von Neuem auf. Wir sehen bereits in anderen Branchen, wie sich das abspielt. Die Zimmervermietungsplattform Airbnb macht nicht nur Hotels und Pensionen Konkurrenz, sondern schafft auch Einkommen für Menschen, die vorher nie daran gedacht hätten, Räume, Wohnungen oder Häuser zur Verfügung zu stellen. So verdienten allein 2015 Vermieter in den USA über Airbnb 3,2 Milliarden Dollar, in Europa drei Milliarden Dollar.[587] Um die Plattform herum entwickelten sich Dienstleistungsbranchen, die die Reinigung und Abwicklung vor Ort übernehmen. Smartphone-Hersteller haben die Produzenten einfacher Handys an den Rand gedrückt, gleichzeitig aber App-Entwickler hervorgebracht. Unternehmen wie Uber oder Airbnb wären ohne Smartphones gar nicht denkbar.

Schauen Sie sich einmal um. Allein dass es Autobahnraststätten und Hotels überall gibt, dass Urlaubsmagazine und Reiseführer die Sehenswürdigkeiten auf der ganzen Welt beschreiben, zeigt uns, wie sehr das Automobil seit seiner Erfindung unsere Art zu leben verändert hat. Einiges war vorhersehbar: Infrastrukturplaner, Straßen und Straßenarbeiter, Parkplätze, Mechaniker und Tankstellen sowie Einkehrmöglichkeiten. Anderes war weniger vorhersehbar: Einkaufszentren am Stadtrand oder ein Warenangebot zu niedrigen Preisen. Marc Andreessen, Netscape-Gründer und Risikokapitalgeber, bringt es auf den Punkt:[588]

„Der wirklich große wirtschaftliche Einfluss von Autos war nicht die Automobilindustrie selbst – der wirklich große wirtschaftliche Einfluss waren Vorstädte und Handel und Paketzusteller und Kinozentren und Hotelketten und Abenteuerparks und die Autobahn und Raststätten und all die anderen Auswirkungen. Einfach ausgedrückt, die Art, wie wir heute leben, ist eine Konsequenz der Erfindung des Autos. Denn vorher sind die Menschen nicht wirklich irgendwo hingefahren. Deshalb ist jedes Ziel, zu dem du reist, eine Konsequenz des Automobils."

Folgende kleine Liste möglicher Zukunftsberufe soll Sie inspirieren, sich eigene Gedanken zu machen, vielleicht in Form eines „heiteren" Gesellschaftsratespiels: Welche Tätigkeiten können Sie sich noch vorstellen? Ihrer Imaginationskraft sind keine Grenzen gesetzt.

- Batterieingenieure
- Experten für Künstliche Intelligenz
- Elektronikexperten für Straßenbau und Connected Cars
- In-car-Entertainmentsystem-Hersteller
- Ladestationenmanager
- Stromzulieferer
- In-car-App-Entwickler
- In-car-Werber
- Werberoutenoptimierer
- Verkehrsplaner
- Datendienstleister
- ...

Welleneffekte und Vertrauensbonus:

Im Gleichschritt, marsch!

„98 Prozent aller Autopendler wünschen sich
öffentliche Transportmittel für die anderen."

– The Onion

JEDEN TAG MACHEN sich Millionen von Berufstätigen auf den Weg zu ihren Arbeitsplätzen. Dieser kostet jeden Pendler durchschnittlich an die 50 Minuten seiner Lebenszeit. Bei 120 Millionen Berufstätigen in den USA summiert sich das auf 6 Milliarden Minuten täglich. Nimmt man eine durchschnittliche Lebensdauer von 70 Jahren an, sind das zusammengerechnet 162 Leben, die allein in den USA täglich durchs Pendeln vergeudet werden.[589]

Wer seinen Militärdienst absolviert hat, kennt das Phänomen: Viele Soldaten marschieren im Gleichschritt in langen Reihen hintereinander. Beim Kommando „Im Gleichschritt, marsch" setzt sich die ganze Kolonne auf einmal in Bewegung. Jeder einzelne Soldat kann darauf vertrauen, dass der Vordermann zum gleichen Zeitpunkt den ersten Schritt machen wird. Damit bewegt sich die Kolonne wie ein einziger Körper. Würde hingegen nur die erste Reihe mit dem Marschieren beginnen, die zweite verzögert einsetzen, dann die dritte und so fort, zöge sich die Kolonne wellenförmig auseinander, ein Gleichschritt wäre nicht mehr möglich.

Haben Sie sich nicht auch schon einmal ein solches Kommando an Ampelanlagen gewünscht? Während es vorn Grün wird und die ersten Autos anfahren, stehen weiter hinten noch alle. Man spricht hier von

„start-up lost time".[590] Das erste Fahrzeug muss darauf achten, dass nicht doch noch jemand aus einer anderen Richtung bei Rot über die Straße fährt. Dieses Warten kostet die meiste Zeit; sie verringert sich dann für jedes folgende Fahrzeug. Trotzdem muss man circa zwei Sekunden einplanen. Bei SUVs schlagen die Größe, das Gewicht und die langsamere Beschleunigung mit zusätzlichen 20 Prozent zu Buche. Diese Anfahrzeiten summieren sich ganz schön auf.

Mit selbstfahrenden Autos und Connected Cars kommen wir dem Gleichschritt schon ein Stück näher; sie würden nur eine einzige (gemeinsame) Anfahrzeit verlieren. Oder aber sie halten gar nicht mehr an, da sie Geschwindigkeiten und Ampelschaltungen miteinander synchronisieren. An ampellosen Kreuzungen würden die Fahrzeuge ebenfalls ihre Geschwindigkeiten anpassen und die Fahrbewegungen miteinander koordinieren, sodass keiner der Verkehrsteilnehmer stoppen müsste. Das von Forschern entwickelte Konzeptvideo zeigt, wie flüssig hier der Verkehr im Gegensatz zu ampelregulierten Kreuzungen fließen könnte (siehe Abbildung 6).[591]

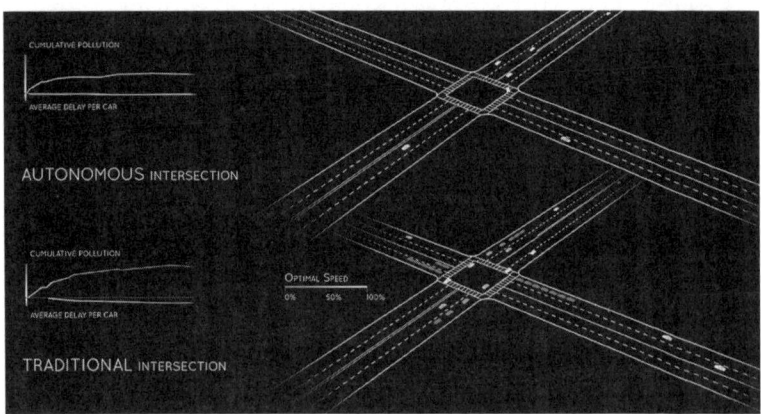

Abbildung 6: Simulierte Fahrzeugkoordination bei Kreuzungen

Der Unterschied ist erstaunlich. Anstelle der Welleneffekte an Kreuzungen, wo die Fahrzeuge verlangsamen, anhalten und dicht hintereinander aufgereiht werden, bleiben die Abstände beinahe unverändert. Das Bremsen und Beschleunigen mit dem damit einhergehenden Energieverbrauch und Bremsklotzverschleiß verschwindet fast vollständig. Mit dem Verkehrsfluss erhöht sich das Fahrerlebnis.

Die Simulation in Abbildung 6 läßt Fußgänger und Fahrradfahrer allerdings außen vor, im Gegensatz zu einem Video, das auf spektakuläre Weise alle Verkehrsteilnehmer an einer Kreuzung zusammenbringt.[592] Dieses populäre Filmchen, das durch Bearbeitungstricks den Eindruck vermittelt, die Verkehrsteilnehmer entgingen nur um Haaresbreite einer Kollision, demonstriert einen Verkehrsfluss ohne nennenswerte Verlangsamung (siehe Abb. 7).

Abbildung 7: Verkehrsteilnehmerkoordination an einer Kreuzung

Das reale Szenario wird auf jeden Fall selbstfahrende Fahrzeuge, Fußgänger und Radfahrer berücksichtigen und die Geschwindigkeiten so anpassen, dass alle sicher unterwegs sein können, gegebenenfalls auch durch einen sofortigen Stopp. Vertrauen die Fußgänger erst einmal der Reaktion des selbstfahrenden Fahrzeugs, werden wir Ähnliches erleben, wie gern vom verstorbenen holländischen Verkehrsplaner Hans Monderman demonstriert wurde. Während eines Gesprächs oder Interviews an einer als „shared space" bekannten Kreuzung, an der sämtliche Verkehrszeichen und Signale entfernt wurden, spazierte er rückwärts gehend in den Verkehr hinein. Er demonstrierte damit, wie die Verkehrsteilnehmer aufeinander Rücksicht nahmen. Unsere Zukunft wird irgendwo zwischen der Vision des Videos und der Arbeit Hans Mondermans liegen.

Welleneffekte treten nicht nur an Kreuzungen, sondern auch auf Autobahnen auf. Ein abbremsendes Fahrzeug zwingt Nachfolger ebenfalls dazu. Beschleunigen dann wieder alle, passiert es oft, dass man schon sehr bald wieder zum Halten kommt, weil sich vor einem ein Stau bildet (und manch einer fragt sich später, woran der denn bloß gelegen habe).[593] Der erste Abbremsvorgang eines Wagens aus welchem Grund auch immer kann oft schon eine halbe Stunde zurückliegen, trotzdem erhält sich dieser Welleneffekt. Das daraus resultierende Stop-and-go ist für die Verkehrsteilnehmer oft frustrierend.

Ein weiteres Video demonstriert ebenfalls den Welleneffekt (siehe Abbildung 8).[594]

Abbildung 8: Welleneffekt ©The Mathematical Society of Traffic Flow

Während Straßenbetreiber derzeit versuchen, die Welleneffekte mit einer dynamischen Anpassung von Geschwindigkeitsbeschränkungen zu dämpfen, werden solche Effekte in Zukunft durch die Kommunikation zwischen den einzelnen autonom fahrenden Verkehrsteilnehmern und dem rascheren Erkennen der Verkehrssituation gar nicht mehr entstehen. Die Fahrzeuge treten als intelligenter Schwarm auf. Aus Neugier abzubremsen gehört dann auch der Vergangenheit an. Tatsächlich zeigten Forscher, dass schon wenige autonome Fahrzeuge unter von Menschen gesteuerten zu einer drastischen Verringerung solcher Wellenbewegungen führen können.

Auch Ladungen buchen ein Uber

AUCH DIE GESAMTE Fracht- und Transportbranche steckt technologisch noch in den Kinderschuhen und steht im Fokus der Startups, um ebenfalls disruptiert zu werden. Es wird noch viel per Telefon kommuniziert, Frachtpapiere bestehen tatsächlich noch aus Papier, und nur vereinzelt wird (veraltete) Software eingesetzt, aber nicht wirklich integriert. Viele Standards erschweren die Kommunikation zwischen den Softwaresystemen.

Allein in den USA bedienen 532.000 Speditionen jährlich 400 Millionen Komplettladungen (also volle Lastwagenladungen) von 1,7 Millionen Auftraggebern. Das jährliche Gesamtvolumen der Transporteure beläuft sich auf über 700 Milliarden Dollar, wovon 600 Milliarden auf das Konto von Komplettladungen gehen und der Rest sich auf Pakete verteilt.[595] 90 Prozent der Speditionen besitzen Fuhrparks mit weniger als sechs Lastwagen, es handelt sich somit um einen sehr fragmentierten Markt. 13.000 Frachtenvermittler helfen Auftraggebern dabei, die richtige Spedition für ihre Fracht zu finden. Dafür nehmen sie zwischen 15 und 20 Prozent des Frachtwertes als Vermittlungsgebühr. Wegen der „vielen Kleinen" im Frachtgeschäft sind ihre Dienste nach wie vor gefragt.

Das Interesse chinesischer Hersteller und Start-ups kommt auch nicht überraschend. Allein in China bevölkern 7,2 Millionen Lastwagen mit 16 Millionen Fahrern den Verkehr.[596] Die 130 chinesischen Millionenstädte erzeugen eine derart hohe Nachfrage an Transportdienstleistungen, dass wir sie uns fast nicht vorstellen können. Die chinesische Transportindustrie wird auf 300 Milliarden Dollar geschätzt.

Ein weiterer (Minus-)Punkt ist die Ineffizienz: Zum einen kennen auch Sie sicher die langen Lkw-Staus an Grenzübergängen, wo die Fahrer dazu verdammt sind, auf die Abfertigung zu warten. Zum anderen sitzen sie oft stundenlang untätig herum, weil sie warten müssen, bis die nächste Fracht vermittelt ist. Allein diese Wartezeit wird in den USA mit 26 Milliarden Dollar an verlorener Wirtschaftsleistung beziffert.

Kein Wunder, dass mehrere Start-ups Blut geleckt haben. Uber scheint mit Uber Freight an einen Frachtenvermittlungsservice zu denken. Erfahrung damit hat Uber bereits über seine Vermittlungsplattform von Taxifahrten gesammelt. Statt einzelner Passagiere suchen und buchen nun Ladungen ein Uber.[597] Vielleicht wird man auch das „Surge Pricing" auf Frachten anwenden, sodass in Zeiten hoher Nachfrage die Preise steigen. Der Internet- und Retail-Gigant Amazon will Uber das Feld auf jeden Fall nicht kampflos überlassen. Für 2017 kündigte das Unternehmen einen Frachtvermittlungsservice an."[598]

Big „Apple" und der Kampf um Big Data

> „Ohne Daten ist man nichts anderes als eine weitere Person mit einer Meinung."
>
> – W. Edwards Deming

WAS HABEN BMW, Mercedes und Ford gemeinsam? Dass sie Autos bauen? Nein, das wäre zu einfach. Sie alle verweigerten die Zusammenarbeit mit Apple in Bezug auf ein Auto, den gerüchteumwobenen iCar. Die Verhandlungen scheiterten weniger an den physischen Details als an der Frage, wem die vom Auto generierten Daten gehören sollten. Die Daten, die in der 2. Automobilrevolution den eigentlichen Goldschatz darstellen. Bereits heute generieren Autos Daten en masse. Hunderte von Sensoren erzeugen jede Stunde tausende Messungen – pro Sensor wohlgemerkt. Doch was und für wen messen sie denn eigentlich?

Zuerst einmal sind es Betriebsdaten, die durch Kameras, Lidar- und Radarsysteme sowie Ultraschallsensoren gesammelt werden. Dazu gesellen sich die Daten, die jeder andere Sensor im Auto liefert, unter anderem zu Reifendruck, Kühlwassertemperatur und verbleibender Batteriekapazität. Die Fahrdaten erlauben, Verbesserungen an den Algorithmen vorzunehmen, und Entscheidungen zu treffen, die selbstfahrenden Autos eine bessere und sicherere Fahrleistung ermöglichen. Ein Connected Car sammelt Daten durch die Kommunikation mit anderen Fahrzeugen und Objekten. Fahrszenarien, die jedes Auto erlebt, können analysiert werden und in den gesamten Pool zurückfließen und somit die Flottenperformance steigern. Personenbezogene Daten ermitteln, wer sich im Auto befindet, welche Strecke es nimmt und womit sich die Passagiere während der Fahrt beschäftigen. Ob sich das Auto in einer unsicheren Gegend aufhält oder ob es konventionell oder eher sportlich unterwegs ist, sind Daten, die für Versicherungen interessant sein könnten. Und zuletzt gelangen über die Transportation Networks noch jede Menge Daten in die Hände von Anbietern wie Uber und Lyft.

Intel-Chef Brian Krzanich schätzt, dass jedes selbstfahrende Auto bei einer Fahrleistung, die dem heutigen Gebrauch entspricht, jeden Tag bis zu vier Terabyte an Daten erzeugt.[599] Wo speichert man all diese Daten bloß und wie lädt man sie auf einen externen Datenspeicher?, fragen Sie sich vielleicht als Laie.[600] Nun, nicht alle Daten werden auf Vorrat gehalten, einige löscht man, wenn sie nicht mehr gebraucht werden. Andere Daten allerdings wird man länger behalten wollen beziehungsweise aus unterschiedlichen Gründen – rechtlichen, wartungs-, unfall- oder abrechnungstechnischen – speichern müssen.

Letztendlich wird ein Fahrzeug nicht mehr als ein Terabyte an Daten lokal speichern müssen, der Rest wird in die Cloud hochgeladen. Und das kann durchaus wiederum nur ein Bruchteil der Datenmenge sein, die in der Cloud des Herstellers gespeichert wird. Die Übertragungsbandbreite kann sich da als Nadelöhr erweisen. Wie schnell sind die Netzwerke, die mir das Hochladen von Daten und die Kommunikation mit anderen Objekten erlauben?[601] Aus den Unmengen von Daten soll aber auch zeitnah etwas Sinnvolles herausgelesen werden.[602] Dazu wird entsprechende Rechnerpower benötigt.

Was aber beinhalten die Daten und was macht sie so wertvoll? Die kommerziell lukrativsten Daten beschreiben das Verhalten der Benutzer. Wie wird das Auto verwendet? Wer viel weiß, kann zusätzliche Dienstleistungen anbieten oder Verbesserungen vornehmen.

In Deutschland sieht man all diese Informationen vor allem als Risikofaktor. Das Thema Datenschutz nimmt hier einen extrem hohen Stellenwert ein und ist dazu hochsensibel. Die Verletzung der privaten Datensphäre durch gleich zwei Regimes mit teilweise tödlichen Konsequenzen für die Bürger macht das verständlich. Alles, was mit Daten zu tun hat, wird sofort kritisch beäugt. So kommt es sogar zu einer Art „Selbstzensur": Die Daten sollen nicht mehr nur geschützt, sondern gleich ganz vermieden werden. Ingenieure versuchen gar nicht erst, die Daten zu erzeugen, die sie in die Bredouille bringen könnten.

Das aber ist meiner Ansicht nach ein falsches Verständnis von Datenschutz. Selbst wenn eigentlich keine Notwendigkeit besteht, schafft man sich dennoch das entsprechende Problem. Es sollte doch beim Schutz vor allem um personenbezogene Daten gehen, nicht aber um Maschinendaten. Doch hier will niemand ein Risiko eingehen. Die Ingenieure nicht und die Rechtsabteilungen schon gleich gar nicht; der Boden ist ihnen einfach zu heiß.

Die deutschen Autobauer haben die Daten, die in einem digitalisierten Auto anfallen, wie folgt als personenbezogen definiert:[603]

> Personenbezogenheit: Bei der Nutzung eines modernen Kraftfahrzeugs wird permanent eine Vielzahl von Informationen erzeugt und verarbeitet. Insbesondere bei Hinzuziehung weiterer Informationen können die anfallenden Daten auf den Halter oder auch auf den Fahrer und Mitfahrer zurückführbar sein und Informationen über persönliche oder sachliche Verhältnisse einer bestimmbaren Person enthalten. Die bei der Kfz-Nutzung anfallenden Daten sind jedenfalls dann personenbezogen im Sinne des Bundesdatenschutzgesetzes (BDSG), wenn eine Verknüpfung mit der Fahrzeugidentifikationsnummer oder dem Kfz-Kennzeichen vorliegt.

Noch bevor die ersten autonomen Fahrzeuge auf den Straßen sind, wird in Deutschland bereits reguliert, ohne dass man verstanden hat, wie die gemessenen Daten aussehen und eingesetzt werden können. Das Ausschöpfen dieses Potenzials ist aber genau das, was das Land sich so dringend als „Digitalisierung" oder „Industrie 4.0" wünscht. Da die Verantwortlichen nicht auf die Chancen und Möglichkeiten, sondern vordringlich auf die Gefahren und den möglichen Missbrauch schauen, bleibt Deutschland auch hier wieder hinter anderen Ländern zurück.

Fakt ist, dass wir uns in einer sich rasch ändernden rechtlichen Grauzone befinden. Wie schon bei der untragbaren Cookies-Regelung ist die

Gesetzgebung so langsam und technisch derart unbedarft, dass Bestimmungen verabschiedet werden, die weder der usprünglichen Intention gerecht werden noch die wahre Bedeutung berücksichtigen und die zum Zeitpunkt des Inkrafttretens bereits wieder veraltet sind. Es gibt allerdings keinen Zweifel daran, dass Handlungsbedarf besteht und das Recht auf informationelle Selbstbestimmung endlich in den richtigen rechtlichen Rahmen gegossen werden muss. Ich als Benutzer will bestimmen können, was mit den über mich gesammelten Daten passiert. Facebook oder Google müssen beispielsweise Werkzeuge bereitstellen, mit denen europäische Benutzer ihre Daten einsehen und gegebenenfalls löschen können.

Neueinsteiger wie Apple und Google haben genau hier ihre Kernkompetenz: Verhaltensmuster der Benutzer zu erkennen und sie zu bedienen. Apples Ökosystem beispielsweise zeichnet ein umfassendes Bild seiner Anwender, welche Apple-Geräte sie besitzen und welchem Medienkonsum sie frönen. Um iTunes herum sind Apps und ihre Anwendungsbereiche, der Musik- und Filmgeschmack wie auch das Einkaufsverhalten abgespeichert. Auch Googles umfassende Gratisangebote drehen sich um den gläsernen Benutzer. Wer hat wonach gesucht und sich dabei wo genau befunden, welche Kontakte pflegen die Benutzer und worüber sprechen sie miteinander? All diese Daten machen Google neben Apple zum wertvollsten Unternehmen der Welt.

Kein Wunder, dass der Kampf um Fahrzeugdaten erbittert geführt wird. Selbstfahrende Fahrzeuge erlauben mehr Medienkonsum; der gesamte Infotainmentsektor erwirtschaftet jedes Jahr 31 Milliarden Dollar.[604] Und genau da sind Apple, Google & Co. bereits ausgezeichnet positioniert. Bereits heute konsumieren Benutzer über mobile Geräte, auf denen Android und iOS als Betriebssysteme laufen. Warum soll ich daher statt meines Smartphones das Betriebssystem des Autoherstellers verwenden, das ihm in Vertrautheit und Benutzerfreundlichkeit weit unterlegen ist? Für die „Silicon-Valley-Armee" stellt das Auto somit das nächste zu erobernde Territorium dar. Die Schlacht könnte für die traditionellen Hersteller bereits verloren sein, selbst wenn sie versuchen, eigene Systeme zu entwickeln, wie Ford mit AppLink oder GM mit MyLink. Auf Fords Initiative wurde SmartDeviceLink als eine Art Industriestandard entwickelt, die einen Schnittpunkt für die Verbindung von Smartphones mit dem Auto bilden soll.[605] Doch all das steht und fällt mit der Zahl an externen Entwicklern, die sich mit diesen Dingen beschäftigen.

Die langjährige Erfahrung im Bau von Betriebssystemen und das Vorhandensein eines ganzen Ökosystems an Entwicklern und Werkzeugen gibt Unternehmen wie Google, Apple und Microsoft einen beinahe uneinholbaren Vorteil. Schon jetzt verlassen sich die Fahrer lieber auf Google Maps als auf die mitausgelieferten Navigationssysteme oder lassen ihre Musik gleich vom Smartphone laufen anstatt über die eingebaute Festplatte.

Die Anpassung und Steuerung des Bewegungsverhaltens von Passagieren verspricht Geschäftsmöglichkeiten von ungeahntem Ausmaß. Das Beratungsunternehmen Accenture schätzt die zusätzlichen Einnahmen aus der Verarbeitung der Daten, die während der Lebensdauer jedes einzelnen Fahrzeugs auflaufen, auf 5.565 Euro pro Auto.[606] Der CEO des Fahrassistenztechnologie-Start-ups Caruma, Chris Carson, geht davon aus, dass jedes Auto pro Jahr einen Datenwert von 1.400 Dollar erzeugt.[607] Fast zwei Drittel aller zukünftigen Einkunftsquellen werden sich laut Accenture über das Angebot und den Verkauf von Zusatzprodukten erschließen. Die Beratungsfirma McKinsey schätzt, dass der gesamte Datendienstleistungsbereich im Autosektor bis zu 750 Milliarden im Jahr 2030 erreichen kann.[608] Der Markt für Smartphone-Apps hingegen sieht im Vergleich dazu mit 100 Milliarden Dollar nachgerade mickrig aus.

Für Regulierungsbehörden kündigen sich bereits jetzt Kopfschmerzen wie auch Chancen an, auf jeden Fall eine Menge Arbeit. In den ersten Entwürfen der amerikanischen Verkehrssicherheitsbehörde wird auch auf die Frage nach dem Zugriff auf die erzeugten Daten eingegangen.[609] Die Behörden verlangen ihn bei Unfällen, um Ursache und Verschulden zu ermitteln und Maßnahmen ergreifen zu können, selbstfahrende Autos sicherer zu machen. Dazu müssen sich alle Beteiligten aber auf einen Standard einigen, um die Daten auch zwischen Herstellern austauschen zu können. Wie man sie teilen kann, ohne Betriebsgeheimnisse offenzulegen, ist noch nicht geklärt.[610]

Das heißt aber auch, dass sich (Untersuchungs-)Behörden und andere offizielle Stellen wie die Polizei oder der TÜV das nötige Know-how aneignen müssen, um mithilfe der Daten digitale Forensik an Autos durchführen und die Unfallursache aus den Daten ermitteln zu können. Sie müssen verstehen, wie sie die Sicherheit eines solchen mobilen Datengenerators zu messen und zu beurteilen haben. Automobilclubs und Werkstätten müssen Daten lesen und interpretieren können, um Defekte zu erkennen und zu reparieren. Diese Arbeit könnte ihnen von den Herstellern selbst streitig gemacht werden. Und das bedeutet bereits jetzt, dass all die genannten Entitäten Positionen ausschreiben sollten, die dieses Wissen in ihre Organisation bringt. Datenanalysten, Datenbankspezialisten, IoT- und KI-Experten oder Softwareprogrammierer wären ein guter Anfang.

Fiat hingegen scheint weniger Bedenken zu haben, sich der digitalen Industrie widerstandslos auszuliefern, je nachdem aus welchem Blickwinkel man sich die Sache anschaut. Der italienische Autobauer schloss mit Google im Mai 2016 ein Kooperationsabkommen über den Bau von 100 selbstfahrenden Waymo-Minivans in einem gemeinschaftlichen Pilotprojekt.[611] Es war das erste Mal überhaupt, dass Google Details über seine bisher unter Verschluss gehaltene Technologie für selbstfahrende Fahrzeuge mit einem Automobilhersteller teilte. Die ersten Fahrzeuge wurden bereits im Oktober 2016 ausgeliefert, und ich konnte als erster Fotos „live" aus der Google-Garage veröffentlichen. An diesem Ferienwochenende kontaktierte mich das Unternehmen innerhalb von zwei Stunden mit der Aufforderung, die Aufnahmen wieder zu entfernen. Aber das ist eine andere Geschichte.

You are right „HERE!"

USTRALIEN STAND 2016 vor einem ungewöhnlichen Problem. Es musste seine Längen- und Breitengrade verschieben und seine Daten auf den GPS-Satelliten anpassen. Der Grund dafür ist die tektonische Aktivität des Kontinents. Australien wandert jedes Jahr um sieben Zentimeter gen Norden. Da sich die lokalen Messungen an Fixpunkten auf dem Kontinent orientieren, verschieben diese sich zwangsläufig mit, nicht aber die Längen- und Breitengrade; so kommt es zu einer Diskrepanz. Weil die bisherigen Daten aus dem Jahr 1994 stammten, kam es mittlerweile zu einer Abweichung von eineinhalb Metern. Und die ist für Navigationssysteme und speziell für selbstfahrende Fahrzeuge einfach zu groß. Wie Chris Urmson mit einem Augenzwinkern in seinem Vortrag unterstrich: „Eineinhalb Meter Abweichung auf der Straße wären ein schlechter Tag." Deshalb muss Australien das lokale Koordinatensystem anpassen, bis diese unentwegt auftretenden Abweichungen dann ab dem Jahr 2020 in einem neuen System automatisch berücksichtigt werden.[612]

GPS-Signale sind präzise genug für uns Menschen, nicht aber für Autos. „Auf einige Meter genau" bedeutet für ein Auto, dass es bereits auf der Gegenspur fährt. Deshalb sind hochpräzise, zentimetergenaue Landkarten, wie sie TomTom, HERE, Google und Apple erstellen, nicht nur generell für die Navigation wichtig, sondern unabdingbare Voraussetzung für selbstfahrende Autos. Das erklärt, warum alle Hersteller emsig daran arbeiten, eigene Straßenkarten zu erstellen, gilt es doch allein in den USA, über sieben Millionen Straßenkilometer zu vermessen und digital für autonome Fahrzeuge aufzubereiten.

Mit seiner am 8. Februar 2005 gelaunchten Maps-Anwendung übertrug Google – statt wie bisher nur Informationen aus dem Internet aufzulisten – die virtuelle auf die reale Welt. Heute scheint uns das selbstverständlich, damals war es revolutionär. Über die Jahre schaffte es Google, seine Maps mit Informationen und mit Streetview vollzu-packen, sodass wir heute Orte und Straßen auf der ganzen Welt virtu-ell erfahren können. Als Urlaubsvorbereitung sehen wir uns vorher das Viertel und die Straße an, in dem unsere Unterkunft liegt. Menschen mit Behinderung können von daheim aus überprüfen, ob ein Geschäft oder Restaurant barrierefrei zugänglich ist. Wir informieren uns über Öffnungszeiten, bevor wir losziehen.

Google ließ es dabei aber nicht bewenden. 2013 kaufte das Unterneh-men für kolportierte 966 Millionen Dollar das israelische Start-up Waze. Was ursprünglich als crowdgesourctes Straßenkartenprojekt für Israel begann, entwickelte sich rasch zu einer kostenlosen Navi-App, bei der die Anwender nur durch die Benutzung ihre Geschwindigkeit anonym mit-teilten und Waze auf diese Weise feststellen konnte, ob auf der Strecke ein Verkehrsstau vorlag. Damit war es möglich, den Benutzern Umlei-tungen zu empfehlen. Heute sind Teile von Waze in Google Maps inte-griert, so die Meldung von Verkehrshindernissen. Aber auch andere Apps – wie die Taxi-Apps Lyft, Cabify oder 99Taxis – integrieren Waze.[613]

Wie schwierig es ist, gute Straßenkarten für die Navigation zu schaf-fen, musste Apple erfahren. Als der iPhone-Hersteller 2012 auf den Smartphones Google Maps durch Apple Maps ersetzte, brach ein „Shit-storm" über den erfolgsverwöhnten Technologie-Giganten herein. Die Straßenkartenlösung war mit Fehlern gespickt. Einige Wochen später meldete sich Google Maps auf dem iPhone zurück. Seither hat Apple viel Geld in Apple Maps gesteckt und lässt dutzende Vermessungswagen durch die USA und andere Länder fahren, um präzise und frische Daten zu eruieren.[614] Gerade diese stark intensivierten Aktivitäten gaben den Gerüchten neue Nahrung, Apple entwickele ein eigenes Autoprojekt (Codename „Titan").

Ein Konsortium der deutschen Hersteller Audi, Mercedes und BMW konnte sich da nicht zurückhalten und kaufte Nokia 2016 für 2,7 Milli-arden Dollar den Straßenkartendienst HERE ab. Auch HERE hat damit begonnen, Benutzerdaten in den Dienst zu integrieren. Fahrzeuge mit fortgeschrittenen Assistenzsystemen sollen Straßendaten rückmelden kön-nen, um auch anderen Fahrern ein aktuelles Bild über die Verkehrs- und

Straßensituation zu vermitteln.[615] Auf diese Weise werden die Informationen ergänzt, die 200 HERE-Vermessungsfahrzeuge in über 1.000 Städten von über 100 Ländern gesammelt haben.[616]

Toyota wiederum hält Anteile am japanischen Kartenanbieter Zenrin, der unter anderem auch Daten für Google erstellt.[617] Uber wiederum will sich von der momentanen Abhängigkeit von Google Maps für seinen Ridesharing-Service lösen, nicht zuletzt auch wegen eigener Bestrebungen, in den Markt für autonome Fahrzeuge einzusteigen. So erwarb Uber von Microsoft die Bing-Straßenkartenlösung inklusive der 100 Mitarbeiter und investiert weitere 500 Millionen Dollar in Straßenkartenvermessungen.[618/619]

Der israelische Hersteller Mobileye beschäftigt 800 Mitarbeiter, die Bilder annotieren, um beispielsweise Fahrbahnmarkierungen für das System zu interpretieren, und hat jüngst auch eine Zusammenarbeit mit HERE angekündigt.[620] Man verwendet ein reduziertes 3D-Modell unter Zuhilfenahme von Orientierungspunkten. Bei Apple kümmern sich 4.500 Mitarbeiter weltweit um ähnliche Aufgaben. Ford hat sechs Millionen Euro in das 3D-Landkarten-Start-up Civil Maps investiert.[621]

Im Gefolge der großen Hersteller tummeln sich ebenfalls viele Start-ups. Das deutsche TechniSat aus Daun arbeitet an Navigationssystemen, und Mapbox bietet ein Softwarekit an, das es Entwicklern erlaubt, auf Straßenkartendaten zuzugreifen und sie in ihre Anwendungen zu integrieren.[622]

Mit den für uns gut lesbaren Straßenkarten, wie sie heute Google, Apple und Tomtom anbieten, können selbstfahrende Autos nichts anfangen: zu ungenau und lückenhaft. Für sie müssen viel präzisere Details erfasst werden, als sie ein Mensch je benötigen würde. Dazu gehören die Höhe der Bordkanten, die Breite von Gehsteigen, Fahrradwege und ihre Verläufe, Mittelstreifen- und spezielle Fahrbahnmarkierungen. Da sich die Gegebenheiten erstaunlich oft verändern, nicht nur wetter- und jahreszeitenbedingt, sondern auch durch Baustellen oder Lichteinfall je nach Sonnenstand und Tageszeit, müssen die Daten ständig aktualisiert werden. Hier könnten die Verkehrsteilnehmer über das sogenannte Crowdsourcen ins Spiel kommen, um die speziellen Mapping Cars von Apple und Google, die heute schon die Bay Area im

Silicon Valley kartografieren, zu entlasten.[623] Autonome Fahrzeuge vergleichen auf ihren Strecken die digitalen mit den realen Bedingungen und melden Abweichungen. Dazu müssen genügend Daten übertragen werden können, ohne die vorhandene Kapazität aufzubrauchen. Die Informationen müssen also komprimiert und auf das Notwendigste beschränkt bleiben. Auch will man dafür nicht unbedingt zusätzliche Sensoren einbauen, sondern die bereits existierenden mitverwenden.

Tesla macht sich das bereits heute zunutze. Beispielsweise kann sich sein System eine Bremsschwelle merken und sie rückmelden. Damit kann allen anderen Teslas eine aktuelle Karte übermittelt werden, damit die Fahrzeuge, sobald sie sich einer Bremsschwelle nähern, den Bodenstand des Wagens automatisch erhöhen und den Fahrer anweisen können, die Geschwindigkeit zu reduzieren. Wie gut das funktioniert, konnte man in einem Video sehen, das ein Tesla-Fahrer im Winter aufgenommen hat. Auf einer verschneiten Straße waren keine Fahrbahnmarkierungen mehr zu erkennen, trotzdem hielt der Tesla-Autopilot die Spur, weil das Fahrzeug aus dem Schatz der vergangenen Fahrdaten schöpfen konnte und somit auch ohne sichtbare Linien wusste, wo auf der Straße es sich befand.[624]

Digitales Erlebnis

„Der schnellste Weg zu meinem Herzen ist die Antwort auf meine Frage: Wie lautet dein WLAN-Passwort?"

– Flirten heute

IN EUROPA IST die „digitale Transformation" gerade in aller Munde. Seit einigen Jahren wird dieses Thema heiß diskutiert. Viele versuchen zu verstehen, was das eigentlich bedeutet und wie das Silicon Valley vorgeht. Krampfhaft wird dabei nach Einsatzmöglichkeiten gesucht. Als Ergebnis präsentiert man dann zumeist eine App, die man auf das eigene Produkt draufgeklatscht hat. Das hat aber nur beschränkt etwas mit einer digitalen Transformation zu tun. Das ist nichts anders, als – wie die Amerikaner sagen – „to put lipstick on a pig". Es mag zwar hübscher aussehen, bleibt von Natur aus aber immer noch ein Schwein. Auch deutet der Begriff Transformation an, dass ein Zustand in einen anderen übergeht und es somit wieder einen Endzustand gibt. Die Änderungen setzen sich aber kontinuierlich fort und hören niemals auf. Sie gehen Form in Form in Form über. Wurde ein Wandel beendet, gilt es schon, den nächsten anzupacken. Digitale Transformation ist also kein Projekt, sondern ein Prozess. Und der ist endlos.

Dabei muss man sehen, dass der Begriff selbst – genauso wie übrigens das Schlagwort „Industrie 4.0" – im Silicon Valley eher unbekannt ist. Die Verwendung von digitalen Werkzeugen stellt dort keine eigene Disziplin dar, die man über eine bereits bestehende drüberstülpt, sondern ist oft der zentrale Bestandteil. Werfen wir einen Blick auf die Carsharing-Industrie. Uber begann nicht mit der Frage, wie man bestehende Taxidienstleister herausfordern könne, sondern wie eine App zu gestalten sei, um eine bessere Transportdienstleistung zu erbringen. Zuerst wurde die App gebaut. Man überredete Autobesitzer, ihre Dienstleistung und brachliegenden Ressourcen dort anzubieten. Dass sich neben bisher nicht als Transportdienstleister in Erscheinung getretenen Fahrern auch einige Taxidriver registrierten, wurde willkommen geheißen. Aber in erster Linie kümmerte man sich um die einzelnen Fahrer und Limousinenservices. Auch bemühte man sich nicht darum, eigene Fahrzeuge anzuschaffen oder Fahrer einzustellen. Die eigene Kernkompetenz lag in der App, der dahinter liegenden Datenbank und den Algorithmen, die einen effizienten Service boten.

Während sich Unternehmen bei der digitalen Transformation vor allem mit der Frage beschäftigen, wie sie die eigenen, bestehenden Ressourcen effektiver mithilfe digitaler Werkzeuge einsetzen können, schauten Unternehmen aus der Sharing Economy vor allem darauf, wie sie Kunden einen optimalen Service bieten können. Das ist ein gravierender Unterschied in der Betrachtungsweise, der seine eigene Dynamik entfalten kann. Denn dieser Ansatz gestattet, alles zu hinterfragen und keine Rücksicht auf irgendwelche Sensibilitäten nehmen zu müssen. Etablierte Unternehmen sind durch ihre Historie so verzahnt mit anderen Industrien und Interessenten, dass eine Art von Eigenzensur geschieht. Man erlaubt sich gewisse Herangehensweisen nicht, aus Angst, man könnte dabei gut etablierte Beziehungen in Gefahr bringen und sich selbst unternehmerisch schaden.

Ein nicht unwesentliches und zum Verständnis beitragendes Detail an dieser Stelle und zu Deutschlands Schwierigkeiten mit der digitalen Transformation. Ein Grund könnte in der Verwendung beziehungsweise Nichtverwendung digitaler Werkzeuge durch die Unternehmenschefs liegen. Elon Musk ist bekannt für seine Tweets, über die er direkt mit Kunden und Presse interagiert und Ankündigungen macht. Auch Steve Jobs suchte immer wieder den Kundenkontakt, indem er unangemeldet in Apple-Stores auftauchte oder Kundenmeldungen im System selbst bearbeitete. Ebenso bloggt Renault-Nissan-Chef Carlos Ghosn regelmäßig auf LinkedIn und stellt seine Vision dar. Keiner der drei obersten Bosse der deutschen Automobilhersteller hat ein aktives Twitterkonto oder fällt durch die Verwendung sonstiger digitaler Werkzeuge auf. Das passt ins Gesamtbild: Die digitale Transformation wird von oben her nicht (vor)gelebt.

Sehen wir uns nun einige Bereiche der 2. Automobilrevolution an, in denen das digitale Erlebnis von Bedeutung sein wird.

Upgrades per Klick:
Over-the-Air-Updates statt Werkstatt

Die Meldung der amerikanischen Verkehrsbehörde NHTSA zu einem Softwarefehler in Volkswagens e-Golf klang technisch nüchtern: „Wegen einer überempfindlichen Diagnose des Batteriemanagementsystems kann es zur fälschlichen Erkennung einer Überspannung kommen, die den elektrischen Motor unerwartet abschalten kann."[625] In den USA mussten über 5.000 Fahrzeuge in die Werkstatt, um von den Mechanikern ein Update aufspielen zu lassen. Abgesehen von den anfallenden Kosten für VW kommt für Fahrzeugbesitzer die zeitliche Unannehmlichkeit hinzu.

Da beginnt man sich zu fragen, wieso das immer noch so umständlich sein muss. Warum kann das nicht über das Internet geschehen? Stellen wir uns vor, wir müssten mit unserem Smartphone wegen jedes Software-Updates oder -fehlers zur Servicestelle, unsere Zeit entsprechend einteilen und dort eventuell in einer Schlange warten, bis ein Techniker den entsprechenden Patch aufgespielt und durchgetestet hat. Was heute kein Hersteller mehr den Besitzern von Smartphones und Computern zumuten will, ist in der Autoindustrie noch ganz selbstverständlich.

Dabei hat Tesla mit den Over-the-air-Updates – kurz OTA – vorgemacht, wie es geht. Über Nacht wird neue Software aufgespielt, die Fehler behebt oder neue Funktionalitäten ermöglicht. So reagierten Tesla-Besitzer ekstatisch, als sie plötzlich Anfang 2016 über die „Summon"-Funktion (das eigenständige Ein- und Ausparken des Fahrzeugs ohne Fahrer) und einen Autopilotmodus verfügen konnten. Das Internet wurde regelrecht mit Videos geflutet, die zeigen, wie das Auto aus der Garage rollt und den am Straßenrand wartenden Fahrer abholt.

Während diese Art des Updating in der digitalen Branche niemanden mehr vom Hocker reißt, sondern viel eher vorausgesetzt wird, ist das Verfahren für die Autobranche nach wie vor revolutionär. Dabei verpasst man die Möglichkeiten, die zu schnellerer Entwicklung neuer Funktionen führen können. Das Update zum Autopiloten, das von den jüngsten Versionen des Model S verwendet werden konnte, verschaffte

Tesla schlagartig ein Testfeld mit über 10.000 Fahrzeugen. Die gesammelten Daten verbesserten die Datenbasis, wovon alle Tesla-Besitzer profitierten.

Diese Software-Updates sind jedoch nicht ganz unkritisch zu sehen. Etliche Videos zeigten Fahrer, die dem Autopiloten zu sehr vertrauten, obwohl Tesla auf die Limitationen hingewiesen hatte. Als Reaktion darauf nahm man in kurzer Folge einige weitere Updates vor, die gewisse Funktionen wieder einschränkten, bis zusätzliche Daten bereitstanden.

Der Vorsitzende des TÜV Rheinland meint, dass sich ein Tesla nach einem solchen Software-Update zu wesentlich von dem Fahrzeug, für das die Betriebserlaubnis ursprünglich gewährt wurde, unterscheide, sodass diese Genehmigung vorerst – wie bei einem frisierten Fahrzeug – entzogen werden müsse.[626]

Hier treffen zwei Welten aufeinander: einerseits die digitale Industrie, die rasche und regelmäßige Updates durchführt, andererseits eine auf Risikovermeidung gepolte Autoindustrie. Und beide haben recht. Wer will schon sein Leben in einem Auto riskieren, das durch einen aufgespielten Softwarefehler oder ein sich noch im Teststatus befindliches Programm einen Unfall verursacht? Gleichzeitig wollen wir den Komfort, für Korrekturen nicht erst in eine Werkstatt fahren zu müssen, und die Sicherheit. Da digitale Funktionen immer wichtiger für Autos werden und als treibende Kraft für die Umbrüche in der Industrie zuständig sind, müssen Maßnahmen getroffen werden, die Sicherheit *und* Bequemlichkeit gewährleisten. Automobilbauer müssen lernen, wie eine hoch ausfallsichere Software programmiert und verwaltet wird. Anleihen dazu können bei der Nuklearindustrie oder Weltraumfahrt genommen werden. Die Methoden sind vorhanden, bringen allerdings erhebliche Kosten mit sich.

Software wird nicht nur von Automobilherstellern aufgespielt werden, sondern vermutlich auch von Drittanbietern. Mit ähnlichen Plattformen wie den App-Stores von Apple oder Google Play eröffnen sich für unabhängige Software-Anbieter neue Dimensionen. Damit Autohersteller davon profitieren können, müssen sie sich die nötigen Kompetenzen aneignen. Das beinhaltet etwa den Aufbau einer Entwicklergemeinde, die die von den Autoherstellern angebotenen Programmierwerkzeuge und

-schnittstellen einsetzt. Auch hier sind Google, Apple & Co. schon besser aufgestellt. Sie haben mit Betriebssystemen für mobile Geräte, Computer und jetzt auch dem „Internet der Dinge" bereits viel Erfahrung gesammelt.

Mit Dashboard und Entertainment die „Schlacht" gewinnen

Die Fronten, an denen der Kampf um die Vorherrschaft für das Auto der Zukunft geführt wird, zeichnen sich an allen offensichtlichen und weniger offensichtlichen Stellen ab. Das Dashboard ist eines der Schlachtfelder. Mein Volvo S60, Jahrgang 2014, hat bereits ein digitales Display. Mittlerweile verfügt jedes vorgestellte und angekündigte Fahrzeug – egal welchen Herstellers – über digitale Anzeigen. Wer aber das Betriebssystem dafür erstellt und letztendlich das Ökosystem kontrolliert, ist offen.

Google ist mit Android Auto ganz vorn mit dabei.[627] Mit Google Maps, einem Musikdienst wie Spotify und Tausenden anderer Apps hält das Smartphone bereits heute jede Menge Anwendungen bereit, die ein Fahrer vom Autohersteller nicht mehr erwartet oder benötigt. Selbst fahrzeugspezifische Daten werden heute schon durch Dongles auf Smartphone-Apps übertragen.

Google, Apple und Microsoft greifen auf einen Pool von Entwicklern zu, die Millionen von Apps geschrieben haben. Das kann selbst das bestfinanzierte Autounternehmen nicht stemmen, abgesehen davon, dass Autobauer ihre Kernkompetenz im Bau von Autos, aber nicht in der Softwareprogrammierung, der Erstellung von Betriebssystemen oder dem Aufbau eines Entwicklerökosystems haben. Für die Software-Unternehmen selbst ergeben sich etliche Vorteile. Zuerst einmal erhalten sie Zugriff auf die Daten, die bei einer Fahrt erzeugt werden. Gleichzeitig binden sie Kunden an ihre Smartphones. Die Verlockung, alle zwei Jahre beim Upgrade auf ein neues Smartphone den Schritt zu einem Konkurrenzprodukt wie dem iPhone zu machen, wird geringer, wenn das eigene Auto im Durchschnitt alle fünfeinhalb Jahre gewechselt wird. Man hat sich eingerichtet, und ein Smartphonewechsel bedeutet den Verlust des vertrauten Auto-Dashboards.

Auch deshalb ist Apple nicht untätig. Mit Apple Carplay gibt es das Gegenstück zu Google. Die Autobauer wie beispielsweise Ford gehen heute auf Nummer sicher, indem sie beides integrieren.[628] Doch wie geht man langfristig damit um? Wenn sich der Wert des Autos auf die Daten verschiebt, will man dann den Technologie-Giganten das Feld kampflos überlassen? Hat man dabei überhaupt eine Chance, gleichzuziehen?

Die Taxi-Lobby klagt an: Sharing ist gegen die Regeln

Sobald neben Disruptoren wie Uber und Lyft nun auch Autohersteller in das Carsharing einsteigen, sind Konflikte mit Taxiunternehmen vorprogrammiert. Das spürt Mercedes, das traditionell über die Hälfte aller geschätzten 90.000 Taxis auf deutschen Straßen stellt. Taxiunternehmen beginnen zu überlegen, ob sie nicht wechseln sollten, wenn der Hersteller selber zum Konkurrenten wird. Für Mercedes ein wichtiges Signal zur Umorientierung: Der Betrieb eines eigenen Fahrdienstes könnte sich als einträglicher erweisen und die Zukunft besser sichern, als lediglich Fahrzeuge an Taxifirmen zu liefern.[629]

Wo immer Uber auftritt, trifft das Unternehmen auf Widerstand, von Risikokapitalgebern ja nicht ganz unerwünscht. Die Anzahl der gerichtsanhängigen Fälle ist nicht zu übersehen. In Deutschland, das sich doch so gern das Mäntelchen von digitaler Industrie und Industrie 4.0 umhängt und das Thema sogar auf die politische Agenda nahm, zeigt sich der Zwiespalt am deutlichsten. Da kommt ein innovatives und revolutionäres Unternehmen, das den Kunden einen unvergleichlich besseren Service bietet, und Regierungsstellen wie Gerichte haben nichts Besseres zu tun, als die Pfründe der alteingesessenen Taxibetreiber zu schützen. Da hat die Taxi-Lobby mit ihrer Nähe zu Regulatoren einen lästigen Wettbewerber ausgeschaltet.

Besonders schizophren scheint diesbezüglich allerdings folgende Aussage:[630] „Ubers aggressive Taktiken verprellen auch potenzielle Kunden", so Andreas Müller, ein Finanzanalyst, der Ubers Angebot in Frankfurt testen wollte, nachdem er den Service das erste Mal auf einer Dienstreise in Chicago ausprobiert hatte. Müller änderte seine Meinung jedoch, als er las, dass das Unternehmen gegen Gerichtsbeschlüsse verstoßen hätte und die Fahrer nicht direkt, sondern nur als freie Mitarbeiter beschäftigte. „Das mag in den USA funktionieren, aber das ist nicht, wie es in Deutschland funktioniert", meinte Müller, 37. „Alle müssen sich an die Regeln halten." Da mag jemand den besseren Service, stellt sich aber nicht die Frage, ob die Gesetze, auf denen die Gerichtsbeschlüsse basieren, für Uber überhaupt noch Gültigkeit besitzen beziehungsweise geändert werden sollten, und vergisst obendrein, dass auch Taxiunternehmen freie Mitarbeiter beschäftigen.

Über die digitale Revolution schwingt man gerne Reden, aber wehe, sie kommt; dann schlägt man sie nieder, anstatt mit besseren Services zu kontern. Zum Schaden der Kunden, zum Schaden der digitalen Bestrebungen insgesamt.

Geschäftsmodelle

DAS SELBSTFAHRENDE elektrische Uber stellt die Geschäftsmodelle vieler Beteiligter infrage. Disruption passiert nicht nur
durch eine technologische Innovation, sondern durch die geballte Kraft
von mehreren Innovationen auf unterschiedlichen Gebieten: wie und
durch welche Vertriebskanäle die Technologie verkauft wird, wie sie sich
als Marke positioniert, welche Änderungen sie für die bisherigen Dienstleistungen bringt, welche neuen Dienstleistungen und Modelle sie ermöglicht, an welche bislang noch nicht erreichten Kunden sie adressiert ist.
Die Liste könnte beinahe beliebig fortgesetzt werden.

„Ich hätte gern ein E-Fahrzeug" – Händler und ihre Kunden

Kauft man in Deutschland ein Auto, beschränkt sich der Besuch beim
Händler zumeist auf das Probefahren und die Konfiguration des
gewünschten Fahrzeugs. Nach zwei bis drei Monaten erhält man das gute
Stück entweder direkt vor die Haustür geliefert oder man holt es beim
Händler ab. In den USA hingegen fährt man mit dem Auto noch am
selben Tag nach Hause. Die Händler verfügen typischerweise über eine
große Auswahl an unterschiedlich ausgestatteten Fahrzeugen, die verkauft
werden müssen. Fahrzeuge, die zu lange herumstehen, werden oft zu
hohen Rabatten veräußert. Während sich deutsche Autoverkäufer eher
Wagenkonfigurationsberater nennen müssten, scheinen Amerikaner
aggressive Verkaufsstrategen zu sein.

Beide Verkaufsmodelle sind jedoch bedroht. Wer braucht noch einen
deutschen Händler, wenn man die Konfiguration des Autos im Internet
vornehmen und direkt beim Hersteller bestellen kann? Die aggressive

Verkaufsmasche der amerikanischen Händler hingegen ließ deren Vertrauenswürdigkeit in einer Gallup-Umfrage auf den vorletzten von 22 Plätzen sinken.[631] Mit den technologischen Änderungen geraten die Händler unter Zugzwang, weil sich die Neueinsteiger in den automobilen Bereich nicht mehr auf die traditionellen Verkaufsmodelle verlassen wollen und können.

Tesla betreibt seine eigenen Verkaufscenter. Die Autoverkäufer, allesamt Tesla-Mitarbeiter, erhalten keine Kommission, wie es im Autohandel ansonsten üblich ist. Damit kommt es für die Kunden zu einem entspannteren Verkaufsgespräch. Tesla bevorzugt eh den Direktverkauf, da traditionelle Händler Elektroautos nicht gern an den Kunden bringen. Zum einen verkauft sich leichter, was man kennt. Zum anderen liegt das lukrative Geschäft in der Finanzierung und im Service. Nach Angaben des amerikanischen Automobilhändlerverbands NADA verdienen Händler am Verkauf selbst zwei Prozent, mit dem Fahrzeugservice über die Jahre aber mehr als zehn Prozent des Verkaufspreises.[632] Und dieser Service wird bekanntlich von Elektrofahrzeugen weniger benötigt.

Nach wie vor wissen Autohändler nicht genau, wie ein Elektrofahrzeug funktioniert, und favorisieren weiterhin ihre Verbrenner. Elektrofahrzeuginteressierte berichten anekdotisch in Internetforen von fehlenden Vorführfahrzeugen und nicht vorhandenen Ladestationen. Eine Studie, für die in den USA 308 Händler besucht wurden, zeigte ein vernichtendes Bild.[633] LOL: Nachfolgende Kundenzitate geben Ihnen einen etwas skurrilen Einblick in gängige (Nicht-)Geschäftspraktiken:

„Ich konnte keine Testfahrt machen, weil der Schlüssel verloren gegangen war. Ich wurde stattdessen ermuntert, ein nicht-elektrisches Fahrzeug zu kaufen."

– Nissan-Händler, Connecticut

„Der Händler teilte mir mit, dass sie nicht für Elektrofahrzeuge zertifiziert seien und keine Elektrofahrzeugexperten hätten."

– Ford-Händler, Maine

„Der Händler hatte nur zwei Elektrofahrzeuge, und diese
waren für eine Testfahrt nicht ausreichend aufgeladen."
– Mercedes-Händler, Kalifornien

„Sie hatten keine Elektrofahrzeuge im Angebot, und er
sagte, dass er kein Interesse daran habe, je ein
Elektrofahrzeug zu verkaufen. […] Der einzige Weg für ihn,
ein Elektrofahrzeug zu verkaufen, sei, wenn ihn
Volkswagen dazu zwingen würde."
– Volkswagen-Händler, Maine

Ähnliche Berichte findet man in den einschlägigen Foren deutscher Elek-
trofahrzeuggruppen. Hier ein Post vom 30.12.2016 aus der Facebook-
Gruppe *Elektroauto*:[634]

„Dienstleistungswüste Deutschland: Wollten uns heute bei
BMW über den i3 informieren und gegebenenfalls
kaufen … Nach 20 Minuten Warten wurden wir von der
Empfangsdame auf den Nachmittag vertröstet, da der
Ansprechpartner zu Tisch gegangen ist. Im Hintergrund
vernahmen wir dann seine Aussage einem anderen
Kollegen gegenüber, ‚Wegen einem i3 hänge ich mich jetzt
nicht rein …'
  Wir sind dann zu Tesla und haben final das Model 3
angezahlt und reserviert. Wir fühlten uns da sofort sehr
wohl und herzlich aufgenommen und kompetent beraten."

Nach dieser Momentaufnahme wird es schwer für die Mitbewerber, Kun-
den zu gewinnen, geschweige denn zu halten.
  Aus derselben Facebook-Gruppe ein ähnlicher Bericht eines anderen
Benutzers:

„Ich habe mal BMW zur i3-Besichtigung besucht.
Nach zehn Minuten meint der Verkäufer: ‚Sie wissen ja,
dass ich Ihnen für das Geld auch ein richtiges Auto

verkaufen kann?' Die haben null Interesse, ein E-Mobil zu verkaufen. Bei VW habe ich Ähnliches erlebt."

In diesem Ton geht es weiter:

„Ging mir 1:1 gleich mit dem Audi A3 Hybrider [...] Meine E-Mailanfrage wurde nach sechs Wochen beantwortet, und da stand, ,wenn Sie weiterhin interessiert sind, können wir vielleicht im nächsten Jahr dann mal eine Probefahrt arrangieren.' In einem Nebensatz stand [in] etwa ,Probefahrt aber nur, wenn Sie ernsthaftig interessiert sind ...' [...] Bin daraufhin bei Tesla dreimal eine Stunde Probe gefahren und habe ein Model S bestellt. Seither zufriedener als je zuvor. Schade um die deutschen Premiummarken."

Interessanterweise ist in etlichen US-Bundesstaaten der Direktverkauf von Fahrzeugen durch die Hersteller gesetzlich verboten. Der Grund dafür liegt in der Vergangenheit. In der großen Wirtschaftskrise in den 1930er-Jahren hielt beispielsweise Ford die Produktion auf dem Vorkrisenniveau und zwang die Händler, die Fahrzeuge abzunehmen, im vollen Bewusstsein, dass sie die Autos nicht verkaufen konnten. Diese befürchteten, aus dem Händlernetzwerk entlassen und somit in zukünftigen besseren Zeiten nicht mehr beliefert zu werden. Ebenso waren die Händler den Herstellern bei der Produktausstattung und der Marktpositionierung völlig ausgeliefert.

Die Händler schlossen sich deshalb zusammen und betrieben erfolgreiches Lobbying in ihren jeweiligen Bundesstaaten, deren Gesetzgeber dann Gesetze verabschiedeten, die ihnen auf regionaler Ebene einen Gebietsschutz gegenüber den Autobauern einräumten; dazu zählt auch das Verbot von Hersteller-Verkaufsstellen, um direkte Konkurrenz auszuschalten. Um Autos zu verkaufen, braucht man in allen Bundesstaaten eine Genehmigung. Deshalb liegt Tesla mit seinem Direktverkaufsmodell im Clinch mit vielen lokalen Gesetzen. In einigen Bundesstaaten ist es bereits gelungen, diese Gesetze zu kippen, wie beispielsweise in

Massachusetts und Maryland.[635] Das amerikanische Justizministerium schätzt, dass die Verkaufspreise um mehr als acht Prozent sinken könnten, sobald auch Hersteller direkt verkaufen dürfen.[636]

Das Nürtinger Institut für Automobilwirtschaft (IFA) merkte an, dass auch in Deutschland das Händlernetzwerk starken Veränderungen ausgesetzt ist. Gab es 2000 noch 18.000 Händlergruppen, sank die Zahl 2016 auf 7.400. Für 2020 erwartet das IFA nur mehr 4.500. Immer mehr Autos werden heute online gekauft, und kleine Händler verschwinden. Ein Viertel der Händler schreibt Verluste, die Hälfte erwirtschaftet weniger als ein Prozent Rendite. Wenn auch der Umsatz mit Reparaturen steigt, werden die Gewinne gleichzeitig durch die gestiegene technische Komplexität und die damit einhergehenden Investitionen wieder aufgefressen.[637] Hinzu kommt, dass immer mehr Autos einem Computer auf Rädern gleichen und der Softwareservice direkt vom Hersteller über besagte Over-the-Air-Updates geleistet wird.

Druck auf die Händler wird auch aus anderen Richtungen ausgeübt. Die Geschäftsmodelle ändern sich. Tesla beispielsweise betreibt seine Geschäftslokale in Toplagen der Stadtzentren. Tritt das Szenario ein, dass Menschen weniger Autos besitzen werden und auf Sharingmodelle umsteigen, verlagert sich das Händlergeschäft weg vom Verkauf an Endkonsumenten hin zu Flottenbetreibern; immer unter der Voraussetzung, dass die Händler überhaupt noch Teil der Verkaufskette sind und Flottenbetreiber nicht gleich direkt vom Hersteller kaufen beziehungsweise Hersteller nicht selbst als Flottenbetreiber auftreten. DriveNow von BMW und car2go von Mercedes machen das schon vor. Wer wird dann wirklich noch eine Vielzahl von Händlern brauchen, zumal wenn es wie in den Apple-Stores möglich ist, innerhalb von fünf Minuten Produkte gleich für mehrere Tausend Euro zu kaufen, und das ganz ohne einen Verkäufer. Man öffnet die Apple-Store-App auf dem iPhone, scannt den Barcode der Schachtel, bestätigt die Bezahlung und verlässt das Geschäftslokal mit dem Produkt.

Da wird es unverständlich, warum ich in den USA drei bis vier Stunden beim Händler verbringen muss, um ein Auto zu kaufen. Natürlich ist hier mehr Geld im Spiel, aber wenn viele meiner Angaben mehrmals überprüft und händisch ins System eingegeben werden und der

Verkäufer immer wieder im Nebenzimmer verschwindet und Papiermengen mit antiquierten Durchschlägen per Nadeldrucker ausdruckt, versteht man, warum hier der Autokauf nicht zum positiven Erlebnis wird.

Weniger Steuern ohne Steuerrad – woher nehmen, wenn nicht stehlen?

Autos sind eine Quelle unermüdlich fließender Einnahmen für Städte, Gemeinden, Bund und Länder: Kfz-Steuern, Mineralölsteuer, Maut, Strafzettel für Verkehrsübertretungen, Parkplatzgebühren etc. Und der Einfallsreichtum der Behörden kennt keine Grenzen. Autofahrer als Melkkühe der Nation zu bemitleiden ist aber nicht angebracht. Die Parkplatzpreise in den Städten bewegen sich unterhalb des marktkonformen Preisniveaus, während Wohnungspreise um 20 bis 30 Prozent höher liegen aufgrund der Bauvorschriften, die Parkplätze noch zwingend erforderlich machen. Diese Preise werden von allen, auch den Nichtautobesitzern, quersubventioniert. Der volkswirtschaftliche Schaden durch Abgase, Unfälle, Lärm, Staus und die generelle Ressourcenverschwendung liegt über den Einnahmen aus Abgaben, Steuern und Gebühren.

Die jährlichen Steuereinnahmen in den USA aus der Produktion und der Benutzung von Automobilen liegt bei 206 Milliarden Dollar.[638] Mehr als eineinhalb Millionen Menschen sind im Automobilsektor beschäftigt, 322.000 davon direkt bei den großen Autoherstellern, über 500.000 bei den Zulieferern und mehr als 700.000 bei den Händlern und Werkstätten.[639]

Jedes deutsche Auto spült über Strafzettel wegen Falschparkens, Geschwindigkeitsübertretungen und weitere Verkehrsdelikte 50 bis 60 Euro jährlich in die Gemeindekassen. Selbstfahrende elektrische Ubers halten sich an die Regeln und parken nicht. Und schon klafft in den Gemeindekassen ein Zwei-Milliarden-Euro-Loch.

Mit mehr und mehr Elektrofahrzeugen auf den Straßen werden gleichzeitig die Einnahmen aus der Treibstoffsteuer beziehungsweise Mineralölsteuer zurückgehen. Wie bereits erwähnt, flossen in Deutschland im Jahr 2015 über 39 Milliarden aus der Energiesteuer in die Staatskassen.[640] In

Österreich brachte die Mineralölsteuer 2014 knapp über vier Milliarden Euro an Einnahmen.[641] Und in der Schweiz waren es 2015 insgesamt 4,73 Milliarden Franken.[642] Beträchtliche Steueranteile sind zweckgebunden und werden für den Erhalt der Verkehrsinfrastruktur aufgewandt. Als Ersatz für den Einnahmeverlust durch den Rückgang von Verbrennungskraftfahrzeugen ist seitens der EU-Kommission eine Besteuerung nach Energieinhalt und nicht nach Volumen angedacht.

Autonome elektrische Ubers verringern aber auch insgesamt den volkswirtschaftlichen Schaden, den unser heutiger Individualverkehr verursacht und den Städte, Gemeinden, Bund und Länder in ihre Budgets einkalkulieren müssen. Weniger Unfälle, ein besserer ökologischer Fußabdruck, Lärmreduzierung und die Schrumpfung von Verkehrsinfrastruktur und öffentlichem Nahverkehr sind wesentliche Kosteneinsparungspunkte.

Gar nicht sicher: Wer zahlt bei Unfällen?

Verursacht ein vollständig autonom fahrendes Uber einen Unfall, ist der Passagier wie bei einem Taxiunternehmen versichert. Die Versicherung wird vom Fahrzeugbesitzer – in vielen Fällen ein Unternehmen – zu tragen sein. Wer im Schadensfall dann zahlen muss, Fahrzeughersteller oder Unfallgegner, hängt von der Schuldfrage ab. Bei teilautonomen Fahrzeugen, also denen auf Level 3, wo das Fahrzeug dem Fahrer unter bestimmten Bedingungen die Kontrolle übergibt, verhält es sich etwas anders. Ging der Unfall auf das Konto des Fahrers, weil er am Steuer saß oder zu spät reagierte? Oder hat das Fahrzeug sich nicht richtig verhalten? Oder gab es eine andere Unfallursache? Damit werden einige Versicherungsfälle komplexer werden, während andere langsam wegfallen.

Die amerikanische Verkehrsbehörde NHTSA erwartet sich eine konservativ geschätzte Halbierung der Zahl an Verkehrstoten dank der neuen Technologie.[643] Gelingt das den Selbstfahr-Fahrzeugen durch ihre sicherere Fahrweise und ihr schnelleres Reaktionsvermögen, kann es die Einnahmen auf dem deutschen Kfz-Versicherungsmarkt um bis zu 20 Milliarden Euro schrumpfen lassen. In den USA würden sie sogar von 200 auf läppische 20 Milliarden Dollar heruntersacken. Man erkläre die drastische Verringerung dieses Bilanzposten mal den Aktionären. Wer zahlt, hängt auch von den Herstellern ab. So hat Volvo bereits angekündigt, für Unfälle, die von ihren zukünftigen selbstfahrenden Autos verursacht werden, die Haftung zu übernehmen.[644]

Anfänglich wird wohl dieser Effekt zu beobachten sein. Mit den ersten selbstfahrenden Fahrzeugen wird die Anzahl der Un- und Schadensfälle sinken und bei den Versicherungen für einen höheren Gewinn sorgen. Diese könnten auch versuchen, in ihre Policen und Beiträge die hochpreisige Technologie mit einzubinden, solange Sensoren und Computereinheiten in diesen Autos noch vergleichsweise teuer sind. Liegen dann die ersten Zahlen und Hochrechnungen zur Risikoeinschätzung autonomer Fahrzeuge vor, ist zu erwarten, dass die Versicherungssummen fallen werden und damit auch die Erlöse und Profite.[645]

Im Gegenzug könnten die Versicherungen das Risiko menschlicher Fahrer im Vergleich zum Computer als derart hoch einschätzen, dass sie diese Versicherungsgebühren in einer Weise nach oben schrauben, die prohibitiv wirkt. Man stelle sich vor, das Risiko bei Menschen, einen Unfall zu verursachen, läge ab 2025 zehnmal so hoch wie bei einem Selbstfahrer ... dann müsste sich das unmittelbar auswirken. Statt 50 Euro zahlte man dann plötzlich 500. Das Start-up Root bietet als erste Versicherung eine reduzierte Kraftfahrzeugprämie für Teslabesitzer an. Wenn das Auto im Autopilotmodus gefahren wird, berechnet Root nur die Hälfte der Prämie.[646]

Wenn in Zukunft vermehrt Flottenbetreiber à la Uber oder Lyft den Markt beherrschen, werden es Versicherungen hauptsächlich mit Unternehmen und nicht mehr mit Privatpersonen zu tun haben. Privatpersonen tragen heute in den USA zu einem Drittel der Einnahmen auf dem Versicherungsmarkt bei.[647] Das ändert die Verhandlungsposition. Größere Versicherungen können größere Rabatte geben und mehr Dienstleistungen anbieten als kleine. Damit ist zu erwarten, dass kleinere Versicherungen aus dem Geschäft hinausgedrängt werden. Und noch etwas: Flottenbetreiber könnten auch generell dazu übergehen, ihre Autos aufgrund der geringen Unfallhäufigkeit nicht mehr separat zu versichern, sondern die Schadenssummen einfach aus dem operativen Geschäft abzudecken.

Schon jetzt experimentieren Versicherungen mit neuen Geschäftsmo-
dellen. Der erste Ansatz resultiert aus der Tatsache, dass heutige Autos
durchschnittlich 23 von 24 Stunden am Tag nur parken. Anbieter wie
das mit über 200 Millionen Dollar Risikokapital ausgestattete Start-up
Metromile zeichnen die Fahrzeiten auf und erheben nur für diesen Zeitraum plus Fahrer die Versicherungsgebühr.[648]

Mit autonomen vernetzten Fahrzeugen, die mit Sensoren vollgestopft
sind, könnten zeitnah Versicherungsfälle abgewickelt und die Prämien
angepasst werden. Sobald das Fahrzeug in einen Stadtteil mit höherer
Kriminalitätsrate fährt, geht die Prämie hoch. Wenn ein Unfall passiert,
kann der Schadensfall aufgrund der Sensordaten noch vor Ort abgewickelt werden.

Vielleicht aber behaupten sich Versicherungen auch im Zeitalter des
autonomen Autos. Aufgrund der notwendigen Vernetzung könnte es im
Fall eines Defekts zu Megaunfällen mit tausenden Fahrzeugen kommen.
Dabei wird der Verursacher fast nebensächlich. Hacker könnten die Kon-
trolle übernehmen und alle betroffenen Autos gleichzeitig rechts abbiegen
lassen, oder ein fehlerhafter Algorithmus verursacht plötzliches Chaos.
Letzteres ist bereits in einem anderen Sektor passiert: 2010 kam es an den
Börsen zu einem sogenannten Flashcrash, als binnen Sekunden der Dow
Jones um zehn Prozent einbrach. Tatsächlich gab es seit 2006 mehr als
18.000 solcher Minicrashs an den Börsen, an denen heute vorwiegend
Algorithmen handeln, die Menschen gar nicht mal bemerken.[649]

Die britische Regierung war die erste, die Gesetzesbestimmungen zu
Versicherungen für autonome Autos ausgearbeitet hat.[650] Das Gesetz
wurde dabei nicht nur einfach erweitert, sondern so umgeschrieben, dass
Versicherungsbedingungen sowohl für einen menschlichen Fahrer als
auch für einen Computer gelten. Versicherungen müssen dem unschul-
digen Unfallopfer auf alle Fälle den Schaden ersetzen, können sich aber
im Falle eines technischen Defekts beim Hersteller des autonomen Autos
schadlos halten.

Bankkunde Auto

Gigantische 1.027 Milliarden Dollar betrug die Summe, die US-Banken 2015 für Autokredite bereitgestellt hatten.[651] Und diese Zahlen schließen den gewaltigen Leasingbetrag noch gar nicht mit ein. Nach Immobilien- und Studentenkrediten steht der Automarkt an dritter Stelle der Kreditsummen. 86 Prozent aller Autoverkäufe in den USA sind kreditfinanziert; in China nur 26 Prozent. In Deutschland werden Neuwagen zu 50 Prozent über Kredite finanziert, Gebrauchtwagen zu 28 Prozent.[652]

Im Sharingbereich bietet Uber seinen Fahrern mit „Xchange Leasing" eine Kreditfinanzierung an, damit sie Neuwagen anschaffen und die Qualität der Fahrzeuge und das Erlebnis für die Passagiere hoch halten können. Ein für Uber nicht unwillkommener Nebeneffekt ist auch die engere (Produkt-)Bindung der Fahrer an das Unternehmen. Und noch etwas anderes hat sich Uber einfallen lassen: 30 Prozent all seiner Fahrer besitzen kein Bankkonto. Das Taxigewerbe in den USA basiert sehr stark auf Bargeldzahlungen, womit ein Bankkonto für viele Taxifahrer keine Notwendigkeit darstellte.[653] Das erschwert und verzögert die Auszahlung der Verdienste in einer durch digitale Zahlungen dominierten Sharing-Industrie. Um also Uber für die Fahrer attraktiver zu machen und bei der Stange zu halten, bietet die Firma bei der Anwerbung auch die Eröffnung eines geschäftlichen Bankkontos an. Uber warb damit auf einen Schlag 300.000 Kleinkunden, mehr als alle Großbanken gemeinsam zusammenbringen.[654]

Wenn neben den Fahrern auch autonome Autos damit beginnen, Geld mit weiteren Fuhren zu verdienen, nachdem sie ihre Besitzer zur Arbeit gebracht haben, könnten auch sie selbst ein Bankkonto brauchen, auf das Fahrgebühren eingezahlt und von dem Ausgaben fürs Tanken und Wartungseinheiten beglichen werden. Ein solches Bankkonto ist nicht mit einer Person verbunden, sondern gehört dem Auto. Der deutsche Getriebehersteller ZF stellte gemeinsam mit UBS und Innogy auf der CES die eWallet vor, die genau das macht.[655] Und das wirft weitere interessante Fragestellungen auf. Wie kann sich das Auto identifizieren und bei einer Bank ausweisen? Muss es Steuern auf seine Verdienste zahlen?[656]

„Smart City Challenge": Auf dem Weg zur auto- und parkplatzfreien Stadt

Wir haben bereits viel über den Verkehr in Städten gesprochen und wie Verkehrsplaner darauf abzielen, diesen möglichst flüssig zu halten (außer wir reden über Verkehrsplaner in der Schweiz, wo diese genau das Gegenteil zu erreichen versuchen und stolz darauf sind). Tatsächlich gibt es die „Allgemeine Theorie der Ergehbarkeit" einer Stadt, wie sie der amerikanische Stadtplaner Jeff Speck definiert.[657] Er unterscheidet vier Haupteigenschaften, an denen sich eine Stadt in Bezug auf Fußgänger messen lassen muss: Sie muss nützlich, sicher, bequem und interessant sein. Eine nützliche Stadt lässt Anwohner alle Aspekte des täglichen Lebens in einer angemessenen Gehzeit erreichen. Die Straßen müssen sicher geplant sein, damit sich Fußgänger nicht durch Fahrzeuge gefährdet sehen. Umgebung und Gebäude sollten das Gefühl vermitteln, man bewege sich bequem wie durch ein Outdoor-Wohnzimmer. Als Gegenbeispiel führt Jeff Speck große Plätze an, die üblicherweise daran scheitern, Fußgänger anzuziehen. Und letztendlich muss der öffentliche Raum interessant sein und Abwechslung entlang der Gehsteige bieten: durch beliebte Einkaufsstraßen, vielseitige Architektur und kleine, über die Stadt verstreute Parks, die für Fußgänger in ihren jeweiligen Vierteln gut erreichbar sind.

Wie sähen unsere Städte aus, wenn der Raum, der heute für Parkplätze und Straßen reserviert ist, für andere Zwecke verfügbar wird? Auf historischen Fotografien, die Straßenszenen vor dem Anbruch des Automobilzeitalters zeigen, besticht vor allem, wie selbstverständlich die Menschen den gesamten Straßenraum verwenden: Kinder beim Spielen, streunende Hunde und Erwachsene im Gespräch sind selbst in der Straßenmitte anzufinden. Heute ist das für uns unvorstellbar. Konzepte, die die möglichen Auswirkungen autonomer Fahrzeuge auf unser Stadtleben zeigen, sehen beinahe futuristisch aus, dabei stellen sie nur eine Rückkehr zur alten Lebensweisen dar. Menschen ringen Autos den öffentlichen Raum wieder ab.[658] Autonome Fahrzeuge im Sharingmodell bieten die Chance, unsere Städte völlig umzugestalten. Sie benötigen weniger Parkplätze, da sie vor allem in Bewegung sind. Damit werden weniger

Einzelwagen benötigt, die weniger Raum verstellen. Dieser frei gewordene Raum wiederum lässt sich für andere Zwecke heranziehen. Und manche Vorreiter-Städte planen bereits zukunftsweisend.

„Geschahen" Städte einfach so in der Vergangenheit, so werden die heutigen meist detailgenau geplant. Römische Grenzstädte, Alexandria, Haussmanns Paris oder Barcelonas Eixample-Wohnblöcke stellten Ausnahmen von dem ungeplanten Chaos dar, in dem sich Städte über viele Jahrtausende hin entwickelten. An einem Fluss, einer Brücke, einer Mühle, einem Bergwerk entstanden Schlafstätten, Koch- und Waschstellen und in weiterer Folge Häuser. Heute greifen Stadtentwicklungspläne ein und stellen sicher, dass es „geordnet" abläuft – nicht immer zum Vorteil für die Lebensqualität.

Eine Stadtplanung umfasst mehr, als nur festzulegen, welche Straße wohin führen soll, wo Wohnkomplexe liegen werden und wo ein Shoppingcenter hinkommen soll. Anbindungen an öffentlichen Nahverkehr, Kanalisation und Elektrizitätsversorgung, Kindergärten und Straßenobjekte wie Laternen und Sitzbänke fallen auch darunter. Selbst hier greifen neue Technologien. Los Angeles beispielsweise startete Versuche mit smarten Straßenlaternen, die über die Beleuchtung hinaus Rückmeldung an die Zentrale geben, ob sie ein- oder ausgeschaltet sind, die mit Verkehrsteilnehmern kommunizieren und durch Lichtsignale vor Einsatzfahrzeugen oder gefährlichen Situationen warnen.[659] Auch als Ladestation für elektrische Autos sind sie vorstellbar. Ein solcher Anbieter ist das britische Start-up Telensa, das dank einer Finanzierungsrunde von 18 Millionen Dollar solche Lösungen bereits in Moskau und Shenzhen installiert hat.[660]

Die Auswirkung einer guten Lage auf den Erfolg der dort ansässigen Unternehmen darf ebenfalls nicht unterschätzt werden. Ob sich ein Unternehmen in der Stadt oder nur in stadtnaher Umgebung ansiedelt, kann entscheidend sein. Die zentrale Lage bedeutet einen größeren Pool an Talenten und Kunden, die Ansiedlung außerhalb der Stadt verspricht günstigere Mietpreise. In einer Studie wurden die Börsenkurse von 38 vergleichbaren New Yorker Unternehmen, die die Stadt verließen und sich außerhalb ansiedelten, mit denen von 35 Unternehmen verglichen, die in New York blieben. Die Kursentwicklung der abgesiedelten Unternehmen war in den Jahren danach nur halb so gut.[661]

Auch die Distanz, die Pendler von ihrem Zuhause bis zum Arbeitsplatz zurücklegen müssen, wirkt sich auf die Wirtschaftsleistung aus. So fand die amerikanische Umweltbehörde EPA heraus: Je weiter Beschäftigte zum Arbeitsplatz pendeln müssen, desto geringer ist die Produktivität dieses Bundesstaats.[662]

Der venezianische Physiker Cesare Marchetti analysierte die Zeit, die Menschen im Durchschnitt für den Weg zum Arbeitsplatz aufbringen müssen. Dabei fiel ihm auf, dass sich diese konstant auf ungefähr eine Stunde „einpendelt", egal ob wir zu Fuß, im Pferdesattel, auf dem Fahrrad, mit dem Auto oder dem Zug unterwegs sind. Im Durchschnitt akzeptieren wir eine halbe Stunde für den Weg zur Arbeit und eine halbe Stunde für den Heimweg. Dieser als „Marchetti-Konstante" in die Literatur eingegangene Wert bleibt über die Jahrhunderte und unabhängig vom eingesetzten Transportmittel gleich.

> „Obwohl sich die Formen der Städteplanung und der Verkehrsmittel ändern und obwohl manche in Städten und andere auf dem Land leben, passen Menschen ihre Lebensbedingungen schrittweise solchermaßen an, dass die durchschnittliche Pendelzeit ungefähr gleich bleibt und sich bei ungefähr einer Stunde pro Tag einpendelt."[663]

Interessanterweise versuchen Menschen, ihre Wegezeit auch künstlich zu vergrößern. Arbeitnehmer, die nahe zur Arbeit wohnen, machen oft einen kleinen Abstecher ins Café, um auf diese Weise eine Mini-Pendelstrecke zu schaffen.[664] Genau das tue ich auch. Sofern mich meine Beratungstätigkeit nicht in die Welt hinausführt, verbringe ich meine Zeit zu Hause mit dem Schreiben von Büchern und Studien. Mein eigentlicher Weg zur Arbeit ist nur wenige Meter lang: vom Bett zum Schreibtisch. Langweilig! Deshalb gehört es zu meiner Routine, ins nahegelegene Kaffeehaus zu gehen und dort zwei bis drei Stunden zu arbeiten. Ich schaffe mir somit einen kleinen Weg zur Arbeit, der mich 20 Minuten Zeit kostet, auf dem ich aber bereits die heutigen Aufgaben und Ideen vor meinem geistigen Auge durchgehe, um sie dann auszuführen oder niederzuschreiben.

Nicht alle Entwicklungen im Zuge der Neueinführung und Anpassung von Verkehrsmitteln können vorausgesagt werden. Dass es mehr Straßen und Parkplätze geben würde, konnte man vor 100 Jahren sicherlich vorhersehen, aber dass mit dem Auto auch große Einkaufszentren wie Walmart oder Real oder Ikea am Stadtrand entstehen würden, waren überraschende Auswirkungen der neuen Technologie. Welche konkreten Veränderungen mit dem gesharten Auto auf uns zukommen, kann daher nur zum Teil prophezeit werden. Außer bei den Bauvorschriften!

Bei einem Spaziergang durch eine Stadt fällt einem erst durch bewusstes Hinsehen auf, wie sehr sie von Autos dominiert wird. Mancherorts belegen Parkhäuser, Parkplätze und Garagen bis zu ein Drittel des verfügbaren Raums. Und das hat mit örtlichen Bauvorschriften zu tun, die Parkflächen im Verhältnis zur Größe einer Wohnung, eines Ladens oder Büros vorschreibt. Forscher haben für vier amerikanische Kleinstädte analysiert, wie sich Parkhäuser und -flächen auf die Stadtgestaltung auswirken, und sie auf Luftaufnahmen markiert. Die Resultate sprechen für sich.

In Cambridge, Sitz der Harvard University im US-Bundesstaat Massachusetts, sind 0,09 Parkplätze pro 93 Quadratmeter verbauter Fläche vorgeschrieben (nach amerikanischem Maß 1.000 Quadratfuß), also knapp ein Parkplatz pro 1.000 Quadratmeter. Im Stadtplan fallen die in Rot markierten Parkflächen nicht auf. Im kalifornischen Universitätsstädtchen Berkeley, das mit Faktor 0,25 dreimal mehr Parkflächen als Cambridge anbietet, sieht man das Rot schon deutlicher, wenn auch noch spärlich. Das ändert sich drastisch in New Haven und Hartford, beide in Connecticut gelegen, die 0,60 beziehungsweise 0,86 Parkplätze pro 93 Quadratmeter ausweisen. Dort sind die Städte von Parkhäusern durchsiebt, die Hälfte des Stadtplans leuchtet rot.[665] Paradoxerweise führt das zu einer Zersiedelung. Weil sich zwischen den Wohnblöcken und Geschäftslokalen Parkstrukturen befinden, werden die Gehwege länger, was zu vermehrtem Autogebrauch führt und damit zu einer gesteigerten Nachfrage nach Parkplätzen. Wer obige Kleinstädte kennt, kann sofort die lebenswerteste unter den vieren nennen. Und das ist definitiv nicht die mit den meisten Parkplätzen.

Die chinesische Stadt Wuhu mit fast vier Millionen Einwohnern in der Nähe von Schanghai will in fünf Jahren komplett auf selbstfahrende Autos umsteigen.[666] In Zusammenarbeit mit Baidu sollen sukzessive autonome Busse, Lastwagen und Pkws im gesamten Stadtgebiet eingeführt werden.

In den USA hatten bis vor Kurzem nur sechs Prozent der Städte autonome Fahrzeuge in ihren Transportplänen berücksichtigt.[667] Deshalb schrieb die amerikanische Verkehrsbehörde Department of Transportation (DoT) für 2016 die „Smart City Challenge" aus, einen Ideenwettbewerb, der dazu aufrief, neue Konzepte für den urbanen Verkehr und für die verknüpfte Verwendung von autonomen Fahrzeugen, Sensoren und Daten zu entwickeln.[668] Insgesamt reichten 78 amerikanische Städte Entwürfe ein. Laut Mark Dowd, Forschungs- und Technologieleiter am DoT, fiel dabei besonders auf, dass zwei Drittel der Städte autonome Fahrzeuge als integralen Bestandteil zukünftiger urbaner Verkehrslösungen sahen; so auch die Gewinnerin des mit 40 Millionen Dollar ausgelobten Wettbewerbs, Columbus, Ohio, die autonome Shuttlebusse einsetzen will, um Bewohnern der ärmeren Stadtviertel einen besseren Verkehrsanschluss zu bieten, damit sie Gesundheitseinrichtungen in anderen Stadtteilen leichter aufsuchen können.[669]

Anders ausgedrückt: Eine Mehrheit von Stadtverwaltungen sieht autonome Fahrzeuge nicht nur als etwas Unvermeidliches an, sondern sehnt sie geradezu herbei, um drängende Verkehrsprobleme zu lösen. Egal in welcher Stadt oder Gemeinde autonome Fahrzeuge ihre Testfahrten unternehmen möchten, die örtlichen Vertreter buhlen schon im Vorfeld darum und sind bereit, rechtliche Hindernisse beiseite zu räumen.

Die ersten kleineren Gemeinden haben bei ihrer Planung bereits autonome Fahrzeuge im Hinterkopf. Das in Florida gelegene Babcock Ranch hat einen neu geplanten Vorort nicht nur mit umweltverträglicher Energieversorgung konstruiert, sondern als Nahverkehrssystem die Verwendung autonomer Minibusse und Fahrzeuge eingeplant und vor allem auch die notwendige Infrastruktur in ergehbarer Distanz zu den Wohneinheiten angelegt.[670] Damit ändert sich auch die Bauweise der Häuser: ohne Garage oder vorgeschriebenen Parkraum auf der Straße.

Die Verkehrsplaner der vom Autoverkehr besonders geplagten Stadt Los Angeles haben die Planung neuer öffentlicher Verkehrsmittel mehr oder weniger aufgegeben. Obwohl die Stadt noch in den 1920er-Jahren über ein großzügiges Straßenbahnnetz verfügte, wurde dieses – wie im Film *Falsches*

Spiel mit Roger Rabbit kurz thematisiert – von über die Automobilindustrie finanzierten Scheinfirmen aufgekauft und dichtgemacht. Wer schon einmal auf einem der achtspurigen Highways nur im Schritttempo vorangekommen ist, weiß, dass L.A. ein gewaltiges Verkehrsproblem hat. Daher hat sich die Stadt entschlossen, öffentliche Verkehrsmittel nach Jahren der Vernachlässigung einfach zu überspringen und stattdessen gleich auf autonome Fahrzeuge zu setzen.[671] Los Angeles will bis 2035 mit seiner „Vision Zero" die Anzahl der Verkehrstoten auf null bringen. Ja, auf null, Sie haben richtig gelesen. Und das gelingt nur mit selbstfahrenden Autos. Um seine Ausgaben zu senken, denkt auch der US-Bundesstaat Wisconsin bereits darüber nach, seine Investitionen in die teure Straßeninfrastruktur zugunsten autonomer Autos zu reduzieren.[672] Diese Einsparungen könnten für Verwaltungen schon Motivation genug bedeuten, sowohl die Zulassung von selbstfahrenden als auch das Verbot manueller Autos zu beschleunigen. Wir stehen hier vor der einmaligen Situation, dass sich Regierungen rascher an neue Technologien anpassen werden, als die Menschen selbst es wollen.

Autonome Autos spielen ebenfalls eine wichtige Rolle in der „Road to Zero"-Initiative der NHTSA und mehrerer Verkehrssicherheitsorganisationen.[673] Innerhalb von 30 Jahren soll die Zahl der Verkehrstoten in den USA auf null gebracht werden, man baut dabei auf die Sicherheit fahrerloser Autos. Auch dies ist wieder ein Beispiel dafür, wie eine Vision beziehungsweise damit verbundene emotionale Trigger Behörden und Unternehmen dazu bringen können, disruptive Innovation voranzutreiben und auf den Markt zu bringen. Gleiches steht auch in Deutschland auf dem Plan, zumindest was Organisationen wie den Deutschen Verkehrssicherheitsrat DVR oder den Verkehrsclub Deutschland (VCD) angeht.[674/675]

Während der Einsatz persönlicher Narrative, also menschlich-emotionaler Geschichten als Marketinginstrument in den USA völlig normal ist, tun sich Deutsche eher schwer damit, sie in einem solchen Rahmen zu akzeptieren. Eine Delegation aus Niedersachsen unter Leitung von Olaf Lies, niedersächsischer Minister für Wirtschaft, Arbeit und Verkehr, kam nach dem Besuch bei Google-Waymo mit glänzenden Augen zurück. Was die Teilnehmer mehr als alles andere bewegt hatte, war ein Video über den blinden Steve Mahan, ehemaliger CEO des Santa Clara Valley Blind Centers, der im Google-Auto allein zu seinen Terminen fuhr.[676]

Was stellen die deutschen Hersteller dagegen? Slogans! „Das Auto", „Vorsprung durch Technik", „Freude am Fahren". Erbärmlich. Geschichten und Narrative sind es, die inspirieren. Gene Roddenberrys Raumschiff Enterprise hat mit dem Kommunikator das Klapptelefon inspiriert wie auch eine ganze Reihe von Start-ups, die am Tricorder arbeiten, einem medizinischen Gerät, mit dem mehrere Vitalparameter wie Körpertemperatur oder Puls gemessen werden können. Die TV-Serie Knight Rider beflügelte mit K.I.T.T. Träume von selbstfahrenden, kommunizierenden Autos, und die Uhr am Handgelenk, mit der man sprechen kann, hat zu so etwas wie Siri geführt. Allerdings kommen weder die Geschichten noch die entsprechenden Technologien aus Deutschland.

Marc Andreessen, vormaliger Netscape-Gründer und nun Leiter des Investmentfonds Andreessen-Horowitz, sieht einen noch radikaleren Ansatz für Entwicklungen.[677]

„Da gibt es Bürgermeister, die ihre ganze Innenstadt von menschlichen Fahrern freihalten wollen. Sie wollen ein Netzwerk von autonomen Autos, Golfwagen, Bussen, Straßenbahnen, was auch immer, und alles ist eine Dienstleistung, alles elektrisch, alles autonom.

Überleg mal, was sie machen könnten, wenn sie das hätten. Sie könnten Straßenparkplätze beseitigen. Sie könnten alle anderen Parkplätze beseitigen. Sie könnten ganze Stadtzentren in einen Park verwandeln und mit leichtgewichtigen elektrischen Fahrzeuge versorgen. Keine Verschmutzung, kein Lärm, nichts. Es wäre fast so, als käme man zu einem Flughafen, und dann lässt man seinen Wagen stehen, steigt in einen Golfwagen, der einen in die Stadt bringt. Es gibt Städte, die genau das tun wollen, nicht nur in den USA, sondern auch internationale Städte in Ländern, wo die Regierung das einfach vorschreiben kann. Universitätsgelände, Altersheime, Vergnügungsparks, Industrie und Bürogelände sind unter anderem Einsatzgebiete, wo das von oben verordnet und durchgesetzt werden kann. Ich denke, das Ganze wird Schritt für Schritt durchgeführt werden und nicht in einem einzigen, großen Schritt der Massenakzeptanz."

Mit dem Bekanntwerden des Dieselabgas-Skandals und der anhaltenden Feinstaubbelastung haben manche Städte bereits teilweise drastische Maßnahmen ergriffen. So hat die Pariser Bürgermeisterin Anne Hidalgo nach einem ersten Test mit einer Vollsperrung des Prachtboulevards Champs Élysées und eines Straßenabschnitts entlang der Seine nun auch die Verbannung besonders belastender Fahrzeuge aus der Stadt angekündigt. Diese sollen auf weniger als die Hälfte verringert werden, stattdessen werden öffentlichen Verkehrsmitteln und dem Fahrrad Vorrang eingeräumt.[678] Bis 2020 soll es sogar zu einem vollständigen Verbot von Dieselfahrzeugen in Paris kommen.

Andere Städte leiden noch mehr. Als ich 2014 in Bangalore war und naiverweise die Umgebung um den Hotelkomplex beim Joggen erkunden wollte, war ich schon nach kurzer Zeit erschöpft und kämpfte mit Atemproblemen. Die dreckige Luft hatte ihren Tribut gefordert. Waren in Indien noch 2012 mehr als 50 Prozent der Fahrzeuge dieselbetrieben, sah sich die Regierung inzwischen genötigt, die entsprechenden Steuervorteile aufzuheben. Seither ist der Anteil an Dieselfahrzeugen um die Hälfte gesunken.[679]

Das norwegische Oslo verbot Ende Januar 2017 zum ersten Mal in seiner Geschichte privaten Dieselfahrzeugen (und das bei einem Anteil von 45 Prozent) die Fahrt in die Stadt. Der Grund: Smoggefahr.[680] Auch Athen, Madrid und Mexico City wollen bis 2025 Dieselautos von ihren Straßen verbannen. Mit den neuesten Erkenntnissen zu Abgasen und Feinstaubwerten von Benzinern – die wahren Werte stehen denen von Dieselmotoren in nichts nach – ist ein Verbot von Verbrennern noch wahrscheinlicher geworden.[681] Vielleicht muss man sogar zu noch drastischeren, wenn auch höchst kostspieligen Maßnahmen greifen und manuell gesteuerte Verbrennungskraftfahrzeuge gezielt aus dem Verkehr ziehen (das heißt, sie den Eigentümern abkaufen), um die allgemeine Einführung autonomer elektrischer Fahrzeuge zu beschleunigen und die Übergangsperiode zu selbstfahrenden, elektrischen und manuell gesteuerten Automobilen möglichst kurz zu halten.[682]

Einige Experten warnen davor, dass der Fokus auf fahrerlose Passagierautos die Sicht auf andere Fahrzeuge nicht verstellen dürfe. Auch für Müll- und Lieferwagen, die ebenfalls relativ große (Park-)Flächen in einer Stadt benötigen und heute oft in zweiter Spur stehen und den Verkehr blockieren, müssen Lösungen gefunden werden.[683]

Autonom unterwegs auf dem Land

Wir sprechen viel von der Stadt als erstem Einsatzgebiet für autonome Autos. Dabei bieten fahrerlose Autos gerade im ländlichen Raum viele Chancen. Ein Viertel bis ein Drittel der europäischen Bevölkerung lebt mehr oder weniger abgeschieden auf dem Land. Die Versorgung mit öffentlichen Nahverkehrsmitteln ist aufwendig und teuer. Wartezeiten von mehreren Stunden, bis ein Bus eine Station anfährt, sind keine Seltenheit. Und auch mit öffentlichen Verkehrsmitteln bleibt das Problem der letzten Meile ungelöst. Oftmals muss man nach dem Ausstieg noch etliche Kilometer zum eigentlichen Zielort laufen.

Diese Situation könnte sich mit autonomen Fahrzeugen verbessern. Die Vorteile sprechen für sich selbst. Erstens: Die Autonomen sind kleiner und somit ressourcenschonender als die ohnehin zumeist leeren oder halbleeren Überlandbusse. Zweitens: Man kann den Fahrer „einsparen". Drittens: Die Autos müssen sich nicht an einen strikten Fahrplan halten, sondern kommen auf Bestellung. Und fahren bis vor die Haustür. Damit wird jeder mobil, auch die, die kein eigenes Fahrzeug besitzen. Selbst landwirtschaftliche Maschinen wie Traktoren und Erntemaschinen könnten ohne menschliche Steuerung Tag und Nacht unterwegs sein und ihre Arbeit tun; der Landwirt würde zum Verwalter und Fernüberwacher der Maschinen. Das Video eines kanadischen Landwirts zeigt, wie er einen autonomen Traktor mit Anhänger einsetzt und mit einem Mähdrescher nebenher fahrend den Anhänger befüllt.[684] Konsequenterweise wird in Zukunft auch der Mähdrescher autonom fahren.

Das Braess-Paradoxon und andere Straßengeschichten

Straßenkreuzungen sind Unfallmagnete. In den USA ereignen sich 50 Prozent aller Unfälle an Kreuzungen, im Kreisverkehr hingegen sind es nur 16 Prozent. Dazu muss man wissen, dass es an Kreuzungen insgesamt 56 Konfliktpunkte gibt, Varianten, die zu einem Zusammenstoß führen können. Davon fallen 32 unter die Kategorie Fahrzeug-Fahrzeug-Konflikt,

24 unter den Fahrzeug-Fußgänger-Konflikt.[685] Kreisverkehre reduzieren Unfälle gemäß Untersuchungen des Washington State Department of Transportation um 37 Prozent, Unfallverletzungen um 75 Prozent und tödliche Unfälle gleich um ganze 90 Prozent.[686] Sie zwingen die Fahrzeuge zum Abbremsen, es geht nur in eine Richtung, und es gibt keine roten Ampeln, die in der Eile noch überfahren werden könnten.

Entgegen allgemeiner Erwartungen sind Straßensituationen, die sich gefährlich anfühlen, sicherer als jene, die uns ungefährlich erscheinen. Bei ersteren sind wir achtsamer, an letztere gehen wir unbedarft heran.

Deshalb gilt bei Planern die Faustregel, dass Autobahnen so gebaut sein sollten, dass ein Fahrer jede Minute eine kleine Kurve nehmen muss, um ihn vor Unaufmerksamkeit zu bewahren. In den USA sind Rüttelstreifen gängig, die sowohl in der Fahrbahnmitte als auch am Fahrbahnrand installiert sind und helfen, 70 Prozent der durch Übermüdung und Unaufmerksamkeit verursachten Unfälle zu vermeiden.[687] Entweder werden sie in den Fahrbahnbelag gefräst, oder die Markierung ist erhöht. Kommen die Reifen während der Fahrt mit ihnen in Berührung, gehen kleine lautstarke Erschütterungen durch das Fahrzeug. Sie sollen Fahrer buchstäblich wachrütteln und darauf hinweisen, dass es Zeit ist, sich eine Pause zu gönnen.

Als Argument für den Straßenbau wird oft die Schaffung von Arbeitsplätzen angeführt. Dabei muss man genau unterscheiden, was gemeint ist. Autobahnen und Überlandstraßen, die Ballungsräume und Fabriken miteinander verbinden, schaffen indirekt Arbeitsplätze, weil sie den Austausch von Waren und Dienstleistungen ermöglichen. Der Straßenbau in Städten, der die Innenräume weniger begehbar macht und die Lebensqualität der Anwohner verringert, schadet mehr, als er bringt. Der Bau von Autobahnen mit großen Maschinen und kleinen Bauteams wird von Arbeiten an Durchgangsstraßen, Gehsteigen oder Radwegen in den Schatten gestellt, die zwischen 60 bis 100 Prozent mehr Arbeiter beschäftigen.[688]

In den USA wird trotz Lippenbekenntnissen seitens der Politiker zum öffentlichen Verkehr nach wie vor viermal mehr Geld in den Straßenbau gestopft als in andere Verkehrsmittel. 2011 waren das 40 Milliarden Dollar, die gemäß der kalifornischen Umweltbehörde noch durch zusätzliche 65 bis 113 Milliarden Dollar an offenen und versteckten Subventionen ergänzt wurden.[689]

Martin Wachs, emeritierter Professor für Infrastrukturplanung an der University of California, stellte trocken fest: „Weit über 90 Prozent unserer Straßen sind zu 90 Prozent der Zeit nicht verstopft."[690] Paradoxerweise reduzieren zusätzliche Straßen den Verkehr nicht, sondern schaffen ihn erst beziehungsweise sorgen für mehr Staus; sie bewirken somit eine längere Fahrdauer. Bereits 1968 wurde dieser Fakt vom deutschen Mathematiker Dietrich Braess bewiesen. Das als „Braess-Paradoxon" bekannte Phänomen zeigt, dass eine zusätzliche Straße die Fahrzeit bei gleichbleibendem Verkehrsaufkommen für alle Verkehrsteilnehmer ansteigen lässt.[691] Und das hat damit zu tun, dass wir – wenn wir die Wahl haben – Einzelinteressen über das Gemeinwohl stellen. Wenn wir erstere optimieren, verschlechtern wir die Situation für alle. In der Wissenschaft wird auch von „latenter Nachfrage" gesprochen. Wenn man mehr Straßen baut, fahren mehr Leute.[692] Man fährt eher auf Besuch, mehr Pakete werden geliefert und mehr Babys werden in den Schlaf gelullt, indem man sie ins Auto packt und in der Gegend herumkutschiert.[693]

In der Praxis wurde das Braess-Paradoxon an mehreren Beispielen sichtbar. Die apokalyptisch als „Carmaggedon" vorhergesagte mehrtägige Vollsperrung der Interstate 405 in Los Angeles, die aufgrund von unaufschiebbaren Reparaturen nicht länger hinausgezögert werden konnte, führte im Gegenteil zu einer Verringerung von Staus und zu einer drastischen Reduktion der Umweltbelastung in den umliegenden Siedlungen.[694] Ebenso reduzierte die Sperrung der 42. Straße in New York die Staus in den benachbarten Straßen. Neue Straßen verschlechterten die Verkehrsbedingungen, wie ein Beispiel aus dem Jahr 1969 in Stuttgart zeigte.[695]

Auch für die Nichtautofahrer unter Ihnen gibt es eine Alternative, das vorher Gesagte auszuprobieren. Nämlich auf der Rolltreppe. Eine Londoner Beratungsfirma untersuchte, wie sich das Gehen und Stehen auf einer Rolltreppe auf den Durchsatz und die Dauer auswirken.[696] Liefen 40 Prozent der Leute mit der Rolltreppe mit, lag die Transportzeit für die Stehenbleiber im Schnitt bei 138 Sekunden, für die Geher bei 46 Sekunden. Wenn aber alle stehenblieben, lag die durchschnittliche Zeit für jeden bei 59 Sekunden, was also eine Verbesserung von 59 Sekunden für die Stehenden bedeutete und eine kleine Verschlechterung von

13 Sekunden für die Mitläufer. Zum Vorteil der Gruppe sollten alle stehenbleiben, aber das tun die Menschen eben nicht.

Wie viele Verkehrswege wir haben und vor allem, wie wir sie nutzen, ist eine Kostenfrage. Der Wert der kommunalen Straßen in Deutschland wird auf 202 Milliarden Euro geschätzt.[697] Insgesamt umfasst das deutsche Straßennetz 650.000 Kilometer, davon entfallen 12.993 Kilometer auf Autobahnen und 230.000 Kilometer auf überörtliche Straßen.[698] 2013 war die Größe der Verkehrsflächen in Deutschland mit 14.500 Quadratkilometern angegeben.[699] Der jährliche Aufwand pro Quadratmeter liegt bei 1,30 Euro, um die Substanz entsprechend zu erhalten, tatsächlich werden aber nur 75 Cent aufgewandt.[700] Damit würde die Straßenerhaltung jährlich fast 19 Milliarden Euro betragen, tatsächlich liegt sie bei knapp elf Milliarden Euro. Wie auch immer, es handelt sich um einen riesigen Betrag, der anderswo besser eingesetzt wäre, noch dazu, wenn man die bereits erwähnte Tatsache hinzuzieht, dass 90 Prozent unserer Straßen zu 90 Prozent der Zeit nicht benutzt werden.

Straßen sind selbst auch Einnahmenquellen. Tatsächlich bringen sie dreimal so viel Geld, wie sie an Ausgaben verursachen. 2010 lagen die Einnahmen in Deutschland bei knapp über 50 Milliarden Euro, denen Ausgaben in Höhe von knapp unter 17 Milliarden Euro gegenüberstanden.[701]

Auf der Suche nach der verlorenen Park-Zeit-Zone

Von den 43 Millionen Autos auf deutschen Straßen werden alljährlich 611 Milliarden Kilometer gefahren. Das ergibt über 14.000 Kilometer, die jedes einzelne Fahrzeug jährlich fährt. Bei einer durchschnittlichen Geschwindigkeit von 60 Stundenkilometern ist jedes Fahrzeug somit täglich gerade einmal 38 Minuten im Einsatz. Eigentlich steht es über 23 Stunden am Tag nur herum. Fahrzeug? Eher wohl ein „Parkzeug". Kaum besser ist es in den USA. Die 260 Millionen Fahrzeuge fahren jährlich 5.125 Milliarden Kilometer, was einer Kilometerleistung von 19.700 pro Jahr entspricht, also täglich 54 Kilometer.[702] Bei derselben Durchschnittsgeschwindigkeit ist jedes Auto 54 Minuten täglich in Bewegung.

23 Stunden und 6 Minuten stehen amerikanische Autos jeden Tag nur so herum.

Und die Parkplätze sind nicht günstig. Der billigste asphaltierte städtische Parkplatz auf einem relativ günstigen Grundstück kostet an die 4.000 Dollar in den USA, der teuerste Parkplatz hingegen 60.000 Dollar. Und der befindet sich in einem Shopping Center in Seattle. Die üblichen Kosten für einen Parkplatz in einer oberirdischen Garage liegen zwischen 20.000 und 30.000 Dollar, in unterirdischen bei 40.000 Dollar. Auch in Deutschland siedeln Immobilienverwalter die Baukosten eines unterirdischen Garagenplatzes zwischen 30.000 und 40.000 Euro an, die für einen Straßenparkplatz bei 10.000 Euro.[703] Berücksichtigt man, dass auf jedes Fahrzeug an die vier Parkplätze kommen, übersteigt der Wert aller Parkplätze den aller Autos im Land.[704]

Da jeder Parkplatz zudem noch Zufahrtswege und gegebenenfalls Rampen benötigt, übersteigt der Platzverbrauch die reine Parkplatzgröße noch. Ein Parkplatz kann die Kosten für eine Wohnung um bis zu einem Fünftel erhöhen. In Seattle fand eine Studie heraus, dass die Wohnungskosten dort um mindestens 15 Prozent höher liegen, wenn Parkplätze zwingend vorgeschrieben sind, und das selbst dann, wenn in der Nacht, also in der Zeit mit dem höchsten Parkplatzbedarf, im Grunde 37 Prozent davon leerstehen.[705] Wir können Garagen und Parkplätze auch nicht umgehen. Bauvorschriften geben genau vor, wie viele Einstellplätze für neue Wohnungen oder Läden bereitgestellt werden müssen. Und das kann teuer werden und Wohnungen, Häuser oder Geschäftsräume für viele Menschen erst recht unerschwinglich machen. Manche Städte verwenden 15 Prozent ihrer bebauten Fläche für Parkplätze. Die Ironie dabei ist, dass die Behörden Verstöße gegen die Einhaltung von Parkplatzvorgaben strenger ahnden als die gegen Vorgaben für subventionierte Wohnungen für Geringverdiener.

Das Perverse kommt aber erst noch. Zunächst einmal muss jeder Steuerzahler für die Parkplätze zahlen, unabhängig davon, ob er ein Fahrzeug besitzt oder benutzt. Selbst wenn wir nur mit öffentlichen Verkehrsmitteln unterwegs sind, zu Fuß gehen oder Rad fahren, zahlen wir für die autogerechte Infrastruktur. Alle gemeinsam subventionieren wir somit die Autofahrer. Es wird geschätzt, dass Güter durch die

Parkplatzvorgaben ein Prozent teurer sind, als sie sein müssten. Geld fließt von Geringverdienern zu den einkommensmäßig besser aufgestellten Bevölkerungsgruppen. Des Weiteren werden diese Parkplätze zu Preisen „vermietet" (durch Parkgebühren), die weit unter dem tatsächlichen Wert liegen. Und das gilt sowohl für Garagen als auch für straßenseitige Parkplätze.[706] Damit machen wir das Fahren für Autofahrer billiger, was zu mehr Autofahren verleitet, was wiederum Städte weniger ergehbar und erradelbar macht. Der amerikanische „Parkplatzguru" Donald Shoup bringt dazu folgenden Vergleich:

> „Stellen wir uns vor, Städte würden Restaurants auferlegen, dass zu jeder Hauptspeise eine Gratisnachspeise hinzugegeben werden müsste. Wir können uns leicht vorstellen, dass die Preise der Hauptspeise raufgehen würden, um die Nachspeisekosten reinzukriegen. Damit die Restaurants nicht schummeln, schreiben die Städte präzise ‚Mindestkalorien' vor, die eine Nachspeise haben muss. Manche Restaurantgäste würden für Nachspeisen bezahlen, die sie nicht essen, und andere würden diese zuckerhaltigen Nachspeisen essen, die sie nie bestellt und gegessen hätten, wenn sie dafür separat zu zahlen gehabt hätten. Die Folgen würden unweigerlich zu höheren Raten an Übergewicht, Diabetes und Herzkrankheiten führen. Ein paar ernährungsbewusste Städte wie New York oder San Francisco würden Gratisnachspeisen verbieten, aber die meisten Städte würden diese nach wie vor vorschreiben. Viele Menschen würden bei dem Gedanken wütend werden, dass sie für Nachspeisen zahlen müssen, die sie bis jetzt gratis erhalten haben."

Forscher schätzen, dass zwischen 8 und 74 Prozent der Fahrzeuge im Fließverkehr auf Parkplatzsuche sind.[707] Die durchschnittliche Zeit, die dafür vergeudet wird, liegt zwischen drei und dreizehn Minuten, im Stadtzentrum von Los Angeles sind zwischen 13 und 14 Uhr sogar unglaubliche 96 Prozent aller fahrenden Autos auf Parkplatzsuche.[708]

Rechnet man, dass im Schnitt jeder Parkplatz von zehn Fahrzeugen pro Tag benutzt wird, summiert sich die Suchzeit im besten Fall auf mindestens 30 Minuten täglich pro Parkplatz. Bei einer entsprechenden Durchschnittsgeschwindigkeit von 15 Stundenkilometern beläuft sich das Herumfahren rasch auf 7,5 Kilometer pro Parkplatz, natürlich mit dem entsprechenden Benzinverbrauch und Schadstoffausstoß. Pro Jahr und pro Parkplatz ergibt sich so leicht eine Strecke, die wir mehr als zweimal zwischen München und Berlin hin- und herfahren könnten.

Kein Wunder, dass Start-ups wie ParkWhiz dieses Problem zu lösen versuchen. Die ParkWhiz-App zeigt Benutzern, wo Parkplätze in Garagen frei sind und leitet die Fahrer dorthin.[709] In San Francisco versucht eine Initiative, Angebot und Nachfrage an Straßenparkplätzen durch flexible Preisregelungen zu steuern. SFPark verwendet sogenannte smarte Parkuhren, die abhängig von Tag, Uhrzeit und Ort den Preis anpassen. Ziel ist es, innerhalb jedes Straßenblocks an die fünfzehn Prozent der Parkplätze freizuhalten, um die Suchzeit zu verringern und damit auch den Benzinverbrauch zu reduzieren.[710]

Parkplatzsucher verhalten sich dazu noch anders. Sie werden langsamer und verringern die Geschwindigkeit der anderen Verkehrsteilnehmer. Es wird geschätzt, dass fast ein Fünftel aller Kollisionen durch Parkmanöver verursacht wird.[711] Dazu kommt noch ein geschlechtsspezifischer Unterschied. Frauen sind bereit, länger nach einem Parkplatz zu suchen, weil sie näher am Ziel parken wollen, während Männer das Auto auch weiter weg abstellen. Beide verschätzen sich. Frauen überschätzen den Fußweg vom Parkplatz zum Ziel, Männer hingegen unterschätzen ihn.[712]

Eine Studie, die sich die Pendlerdaten von Lissabon vornahm, kam zu dem Schluss, dass derselbe Mobilitätsgrad mit einem Zehntel der Fahrzeuge erreicht werden könnte. Eine Flotte von 26.000 Taxibots könnte die Fahrleistung von 203.000 Fahrzeugen, die momentan durch Lissabon kurven, abdecken. Damit würde eine Fläche von 210 Fußballfeldern für andere Zwecke freiwerden.[713] Eine für Singapur durchgeführte Studie kam zu dem Ergebnis, dass man heute bereits mit einem Drittel aller Fahrzeuge den gesamten Verkehr im Stadtstaat abdecken könnte.[714] Und auch für New York City berechnete das Institut für Künstliche Intelligenz des MIT in einer Simulation, dass 3.000 selbstfahrende Taxis die aktuelle

Taxiflotte von 13.000 Autos bei 98 Prozent aller Fahrten ersetzen könnten.[715] Ann Arbor in Michigan wiederum, das heute 120.000 Autos zählt, könnte mit 18.000 gesharten autonomen Fahrzeugen auskommen.[716] Und eine Studie zu München, wo heute 700.000 Autos gemeldet sind, kam zu dem Schluss, dass 200.000 Privat-Pkws durch 18.000 Robotertaxis ohne Einbußen für die Mobilität ersetzt werden könnten.[717]

Für die USA, wo der durchschnittliche Haushalt 2,1 Autos besitzt, wird eine Reduktion um 43 Prozent auf 1,2 Autos pro Haushalt prognostiziert, wobei die Anzahl an gefahrenen Kilometern pro Auto von heute über 18.000 Kilometer auf fast 33.000 Kilometer steigen würde.[718] Die damit verbundenen Kosten betragen für eine amerikanische Durchschnittsfamilie gemäß der Amerikanischen Automobil Association (AAA) um die 18.000 Dollar pro Jahr. Damit kostet eine gefahrene Meile um die 60 Cent, viermal mehr als eine zurückgelegte Meile in einem autonomen Fahrzeug.[719] Die Einsparungen bei der Mobilität insgesamt könnten mehr als drei Billiarden Dollar in die Taschen amerikanischer Haushalte spülen, was 19 Prozent des amerikanischen Bruttoinlandproduktes entspricht.[720]

Global erwirtschaftet die Parkindustrie heute um die 100 Milliarden Dollar pro Jahr, wobei die Einkünfte aus Parkgaragen zwei Drittel des Umsatzes in den USA ausmachen, den Rest steuern Straßenparkgebühren bei.[721]

Was machen wir aber mit all den frei werdenden Parkplätzen und -garagen? Einer Studie zufolge könnte dieser Raum in San Francisco sage und schreibe 25 Prozent betragen.[722] Abreißen ist eine kostspielige Lösung. Vielleicht wird es cool werden, in einer Parkgarage zu leben? Wie die heute so begehrten Lofts, die aus alten Lagern und Fabrikhallen entstanden sind, könnten auch leere Parkgaragen zu coolen Wohnobjekten werden.

Die Zukunft sieht vielversprechend aus, zumindest, was den Parkraum betrifft. Sie sagt uns, dass Autos viel weniger Platz einnehmen werden, als sie es heute tun, und Städte und Bewohner wieder Luft zum Durchatmen bekommen.

Verloren im Schilderwald oder
Warum uns Ampeln Lebenszeit kosten

Ein Vorort in Wien, Mitte der 1970er Jahre. Wir strömen aus dem Schulgebäude. Meine Freunde und ich sind nach einem anstrengenden Tag in der Volksschule auf dem Heimweg. Mein Sitznachbar Gerald und ich albern auf dem Weg zur Straßenbahnstation herum und versuchen, uns im Schnellgehen zu übertrumpfen. Dabei beobachten wir uns ganz genau, während wir weit ausladende Handbewegungen machen. Plötzlich ein lautes DENG! Gerald ist schnurstracks in eine Schilderstange am Gehsteigrand gelaufen. Es blieb glücklicherweise bei einer kleinen Delle, auch bei Gerald.

So etwas musste ja passieren. Allein an und auf Deutschlands Straßen reihen sich 20 Millionen Verkehrsschilder und vier Millionen Wegweiser aneinander. In Österreich und in der Schweiz sind es je zwei Millionen. Der Gesetzgeber kennt 500 unterschiedliche Verkehrszeichen.[723] Eine Studie im US-Bundesstaat Maryland ergab, dass einem Autofahrer auf knapp jedem halben Meter eines typischen Straßenabschnitts ein neues Informationshäppchen serviert wird. Das ergibt 1.320 Botschaften bei einer Geschwindigkeit von 50 Stundenkilometern, was 440 Wörtern pro Minute oder ganzen drei Absätzen entspricht. All das rasch zu verarbeiten kommt zu den sonstigen Aufgaben des Autofahrens noch hinzu.[724]

Trotz aller Versuche, diesen bürokratischen Wildwuchs einzudämmen, nimmt der Schilderwald zu. Und das kostet! Jedes Schild schlägt mit 80 bis 200 Euro zu Buche, dazu kommen Transport, Montage, Betrieb und gegebenenfalls die Beleuchtung.[725] Im schweizerischen Kanton Aargau wurde vor einigen Jahren in einer Einsparungsaktion jedes achte Verkehrsschild abgebaut. Pro Schild waren das 1.000 Franken (gut 900 Euro). Auch in anderen Städten gab es schon Pilotprojekte, um den Schilderwuchs vollständig loszuwerden: so im niederländischen Städtchen Drachten, in dem der Ihnen bereits bekannte Verkehrsforscher Hans Monderman sämtliche Straßenschilder und Ampelanlagen entfernen ließ und die Verkehrsflächen als gemeinsamen Raum definierte.[726] Das Ergebnis: eine drastische Reduktion von Unfällen. Das Konzept der „Shared

Spaces" erwies sich als derart ermutigend, dass es mittlerweile von einer Anzahl weiterer Städte in mehreren Ländern übernommen wurde.[727] Mit dem Aufkommen von selbstfahrenden Fahrzeugen können wir mehr von diesen Shared Spaces erwarten.[728]

Dabei lag ursprünglich eine gute Absicht zugrunde. Schilder sollten die Orientierung erleichtern und die Verkehrssicherheit erhöhen. Aufgrund der schieren Menge tritt aber heute das genaue Gegenteil ein. Viele der Schilder sind verwirrend oder widersprechen sich. Damit wird die Konzentration der Autofahrer auf den Straßenverkehr gestört.

Zu den Schildern kommen in Deutschland noch 1,5 Millionen Ampelanlagen hinzu.[729] Die billigsten schlagen mit 34.000 Euro zu Buche, komplexere wie die Fahrradampel oder die für eine Straßenbahn kosten schon gut und gern einmal 270.000 Euro.[730] Die Betriebskosten belaufen sich auf bis zu 5.000 Euro, hinzu kommen Stromkosten in Höhe von 800 Euro. Diese stolzen Summen sind mit ein Grund dafür, warum immer mehr Städte und Gemeinden Kreisverkehre einrichten. Weitere Kosten fallen für die Verkehrsteilnehmer an. In England stehen Autofahrer bis zu einem Fünftel ihrer Fahrzeit vor roten Ampeln.[731] Das entspricht ziemlich genau der Zeitspanne, die Forscher ermittelt haben: Wenn man von einer täglichen Fahrzeit von 38 Minuten in 50 Fahrjahren ausgeht, steht jeder von uns in seinem Leben fast zwei Wochen vor roten Ampeln.[732]

Da selbstfahrende Fahrzeuge und Connected Cars aus all den bekannten Gründen diese sündhaft teuren Straßeninstallationen nicht mehr brauchen (sie beziehen ja ihre Informationen elektronisch beziehungsweise digital), werden sich das Verkehrsschild und die Ampelanlage aus der physisch-analogen Welt verabschieden und in der digital-virtuellen Welt in aktuellerer und billigerer Form wiederauftauchen. Freuen wir uns also schon jetzt auf freie Sicht!

Vom Förderband

über „Vertikale Integration"

zu KI-Design –

Produktion im Wandel

„Die Grenze zwischen Ordnung und Unordnung liegt
in der Logistik."

– SUN TZU

SEIT DER EINFÜHRUNG des Förderbands durch Henry Ford
1908 wurde die Automobilproduktion extrem optimiert. „Vertikale
Integration", just-in-time und just-in-sequence sind nur einige der Schlag-
worte. Jede Schraube, jede Leuchte, jede Tür wird zum exakten Zeitpunkt
in exakter Reihenfolge von Zulieferern ins Haus gebracht. Nicht 100
schwarze 3er BMWs laufen in einer Reihe auf dem Förderband und werden entsprechend zusammengebaut, sondern verschiedenste Typen wie
Kombis und Cabrios stehen hintereinander, in allen Farben und Ausstattungen. Die Arbeit folgt nicht länger einer streng linearen, unveränderba-
ren Linie, sondern mutet auf den ersten Blick chaotisch an.[733] Lediglich
von einem Förderband zu sprechen hieße, dieser hochkomplexen Maschi-
nerie keine Gerechtigkeit widerfahren zu lassen. Die Automobilhersteller
haben es in mehr als 100 Jahren geschafft, eine der präzisesten Maschinen
zu schaffen, die ihrerseits wiederum Maschinen baut. Immer mehr Bereiche des Förderbands sind mit Robotern besetzt, die schweißen, Gläser
einsetzen, Sitze montieren und Karosserien und Teile selbstständig zwischen den einzelnen Stationen weitertransportieren.

Audi überlegt, komplett vom Förderband wegzugehen und nur noch Roboter einzusetzen, um damit noch größere Flexibilität zu schaffen und Kosten zu sparen. Damit könnte in Ruhe an Autos mit Spezialausstattungen weitergearbeitet werden, die länger dauernde Arbeitsschritte erfordern, während sie von Fahrzeugen mit geringerem Zeitaufwand „überholt" werden.

Eine Maschine, die Maschinen baut – das ist der Traum von Tesla-Chef Elon Musk. Die Komplexität eines Automaten, der Produkte baut, ist viel höher als das Produkt selbst, auch bei einem bereits so vielseitigen Produkt wie dem Auto. Musk propagiert, dass in der Optimierung einer Fabrik ein viel größeres Potenzial stecke als im Produktdesign selbst. Dieses Potenzial sieht er in der Größenordnung von einem Faktor 10.[734]

In der Softwareindustrie schreiben KI-Systeme bereits eigenständig bestimmte Codes.[735] Und das beginnt immer mehr dem zu ähneln, was wir bei biologischen Organismen als Fortpflanzung bezeichnen würden. Auch da wird genetischer Code neu sequenziert und neues Leben geschaffen.

Künstliche Intelligenz im Produktionsprozess endet nicht bei der Produktion, sie beginnt bereits beim Automobildesign. In der Autodesk Gallery auf der Market Street in San Francisco ist ein Flugzeugdesign ausgestellt, das von Airbus in Auftrag gegeben wurde und eher einem biologischen Organismus – einem von Sehnen durchzogenen Körper, Knochenstrukturen unter dem Mikroskop, Adern in einem Blatt – ähnelt als einer regelmäßigen Abfolge von Strukturelementen, wie wir sie von Menschenhand gewohnt sind. Von einem KI-System berechnete und ausgeworfene Designs, die Sie vielleicht schon bei Hakenvorrichtungen, Fahrradbestandteilen und Automobilkarosserien gesehen haben, scheinen wie zufällig entstanden. Sie wirken dabei nicht nur erstaunlich ansprechend und „lebendig", sondern lassen sich auch besser und billiger herstellen. Bei gleicher Steifheit wird nur ein Viertel des Materials benötigt, was eine Gewichtsreduktion von 75 Prozent erlaubt.[736]

Hochleistungs-

Batteriezellen

an die (Elektro-)Front

WENN DAS GESPRÄCH auf Batteriespeicher und alternative Stromerzeugung kommt, fallen kaum die Namen der Energieanbieter, die den Markt in der Vergangenheit dominiert haben. Nicht E.ON, Vattenfall, RWE oder EnBW werden genannt, wenn man von Ökostrom spricht. Neue Unternehmen dringen auch in den Energiesektor ein. Automobilhersteller wie Tesla mit seiner Gigafactory oder Internetfirmen wie Entelios treiben die Entwicklung voran. Anfangs überließ man den Neueinsteigern gern diesen Bereich, zu unrealistisch und teuer erschienen ihre Visionen. Jetzt, wo sich eine Wende abzeichnet, sind die Energie-Riesen fast schon zu spät dran. Gerade mal zwölf Prozent des in Deutschland produzierten Ökostroms werden von ihnen angeboten.[737]

Autohersteller und Internetfirmen treten mit neuen Ansätzen und Modellen an und haben einen Wissensvorsprung. Sie können aus der Datenflut, die durch die Erzeugung und den Verbrauch von Strom generiert wird, besseren Nutzen schlagen als die Errichter und Betreiber von Großkraftwerken. Junge Unternehmen wie Opower und Gridcure setzen sich zwischen Energieanbieter und Kunden und bieten Dienstleistungen an, die auf den erzeugten Daten basieren – von einer besseren Auslastung und Planung des Grids über Vorschläge, wo neue Ladestationen installiert werden sollten, bis hin zur Verwendung von Elektrofahrzeugbatterien als Zwischenspeicher für Produktionsspitzen.

Neben Tesla glaubt auch Ford an die Notwendigkeit, die Batteriezellenproduktion im Unternehmen zu belassen. Ford sieht die Entwicklung

von Batterien und das Verständnis der chemischen Prozesse als Kernkompetenz, die nicht an ein anderes Unternehmen abgetreten werden
sollte.[738] Leicht ist das nicht. Nissan experimentierte bereits seit 1992 mit
eigenen Batterien, entschied sich dann aber doch für ein Joint Venture
mit einem externen Hersteller, weil dessen Zellen billiger waren. Doch
billige Zellen sind nicht gleichzusetzen mit guten Zellen. Deshalb hat
Nissan für das neueste Modell des Leaf den Batteriezellenhersteller
gewechselt. Auch Toyota scheiterte mit der Herstellung eigener Lithium-
ionen-Akkus. Selbst Tesla konnte nur mithilfe von Panasonic die Batte-
rieentwicklung auf einen Stand bringen, der bisher von keinem anderen
Hersteller erreicht wurde.

Smartes Verkehrs- management für „Smart Cities"

VERKEHRSVORHERSAGEN ähneln dem Problem mit der Henne und dem Ei. Die Vorhersage, dass am nächsten Tag bestimmte Fahrstrecken durchgängig frei sein werden, kann dazu führen, dass sich mehr Menschen auf den Weg machen als angenommen. Freie Fahrt wurde doch angekündigt, nicht wahr? Und dann ist alles anders. Eine Verkehrsvorhersage, die etwas taugt, muss also immer die Reaktion der Menschen mit einbeziehen.

Werden wir eventuell in der Zukunft mehr zahlen müssen, um schnellere Straßenabschnitte verwenden zu dürfen? Werden wir mit autonomen Fahrzeugen eine Mehrklassengesellschaft erleben? In Europa und in den USA gab es ja bereits Bestrebungen, Benutzer für die bevorzugte, sprich schnellere Abwicklung des eigenen Internetverkehrs einen Aufschlag zahlen zu lassen. Da eine derartige Bevorzugung jedoch die Meinungs- und Informationsfreiheit einschränken würde, legte man die Pläne vorläufig auf Eis. In Moskau beispielsweise gibt es auf den großen Boulevards bereits heute schon spezielle Spuren für „Offizielle". Oft ist es eine Mittelspur, die nur von Regierungsvertretern, Einsatzfahrzeugen oder solchen mit aufgesetztem Blaulicht befahren werden darf. Rasch hat sich hier jedoch eine Schattenwirtschaft entwickelt, angetrieben von unberechtigten, aber finanzkräftigen Zahlern, die der notorisch schlechten Verkehrssituation in der russischen Metropole ein Schnippchen schlagen wollen.

Smartes Verkehrsmanagement soll nicht nur helfen, den Verkehr flüssiger zu halten, sondern auch, Unfälle zu vermeiden. Von 1977 bis 2015 nahm jedoch in den USA die Zahl der Verkehrstoten im Stadtbereich stetig zu, während sie im ländlichen Bereich abnahm.[739] Nicht ohne Grund haben daher Los Angeles und andere Städte das Vision-Zero-Ziel ausgerufen, das mit autonomen Fahrzeugen und Tausenden von Sensorendaten erreicht werden soll. Ein Auto, das beinahe einen Fußgänger umfährt, würde dies an eine zentrale Datenbank weiterleiten, um kritische Stellen zu entschärfen.[740] Ganz abwegig ist so eine „smart city" nicht. Rio de Janeiro, Santander, Singapur und weitere Städte haben bereits eine Vielzahl von Sensoren im Einsatz. Und auch Google Maps oder Waze generieren Daten, um den Verkehr flüssiger zu gestalten, Fahrzeiten zu berechnen, Staus zu melden und alternative Routen vorzuschlagen.[741]

ADAC ade?

Vom Mitgliederverein

zum Flottenclub

E IN EUROPÄISCHER AUTOMOBILKLUB kam zu einer einwöchigen Besuchstour ins Silicon Valley. Nachdem die Teilnehmer zwei Dutzend Automobilunternehmen, Zulieferer, Venture Capitalists und Experten kennengelernt hatten, gab ein Mitglied der Geschäftsführung zu, dass man zwar eine Menge dieser „Puzzleteile" bereits gekannt habe, sie aber bisher kein Gesamtbild ergeben hätten: selbstfahrende Autos, Elektrofahrzeuge, das Internet der Dinge, Over-the-Air-Software-Updates. Mit der Tour sei ihnen bewusst geworden, wie die Einzelteile ineinandergreifen – es fiel ihnen förmlich wie Schuppen von den Augen. Und alles, wofür der Klub bis dato stand, war mit einem Mal infrage gestellt.

Typische Automobilklubs sind Vereine, die ihren Mitgliedern Dienstleistungen anbieten wie Pannen- und Unfallhilfe, Versicherung, Krankenrücktransport aus dem Ausland, Rechts-, Vertrags- und technische Beratung. Auch sie müssen mit der Zeit gehen, etwas kommt dazu, etwas anderes fällt weg. Als überraschend bedeutsamer Wachstumsmarkt stellte sich für den ADAC das Campingprogramm heraus. Der aufgelegte Campingführer mitsamt Dienstleistungsangebot geht weg wie warme Semmeln. Andererseits waren einmal die kostenlosen regionalen Straßenkarten des Amerikanischen Automobilklubs AAA äußerst beliebt. Mit den digitalen Landkarten von Google, Apple & Co. beziehungsweise der Navigationsgerätehersteller wurden sie überflüssig.

Doch im Grunde zählt dies wenig, wenn man bedenkt, dass weniger Autos und mehr selbstfahrende Elektrofahrzeuge im Sharing-Modell weniger Führerscheininhaber und Autobesitzer bedeuten. Die Automobil-klubs werden enorm an privaten Mitgliedern verlieren und verstärkt Firmen und Flottenbetreiber zu ihren Klienten zählen. Das hat Auswirkungen auf die Preismodelle sowie auf Umfang und Art der Dienstleistungen, denn ein größeres Fahrzeugvolumen stellt eine bessere Verhandlungsbasis dar. Das Selbstverständnis der Automobilklubs als Mitgliederverein muss sich vollständig wandeln, wenn Firmenkunden an die Stelle von Einzel-personen treten.

FashionTech –

Autos machen Kleider

S PINNENBEINARTIGE FÜHLER stechen aus der Schulter des Models heraus, das ein mit Elektronik versehenes Korsett trägt. Die Fühler sind nicht als modisches Accessoire gedacht, sie bewegen sich. Sobald sich jemand nähert, richten sie sich auf. Je rascher und aggressiver jemand auf das Model zugeht, desto bedrohlicher werden auch sie. So etwas nennt man FashionTech. Die niederländische Modedesignerin Anouk Wipprecht experimentiert in ihren Entwürfen mit Elektronikkomponenten. Das obige Korsett lässt die Bedrohung, die eine Frau bei der Annäherung eines Fremden spürt, für Außenstehende sichtbar werden.[742]

Audi trat an die junge Designerin mit dem Auftrag heran, vier individuell gestaltete Kleider zu schaffen, die dem Audi A4 ähneln. Wipprecht ließ sich von den Formen der Scheinwerfer und den eingebauten Sensoren inspirieren. Ultraschallsensoren in einem Kleid spürten das Sich-Annähern von Objekten und reagierten mit einem Ton, der umso schriller wurde, je mehr und je schneller sich ein Objekt auf die Trägerin zubewegte. Lichtkleider wiederum reagierten auf die Umgebungsfarben.

Heute tragen wir einen Schlüssel oder ein Smartphone mit uns herum, um uns mit dem Auto zu verbinden. Uropa trug eine Lederhaube mit Augenmaske, um sich vor den Widrigkeiten des Wetters zu schützen. In Zukunft könnten auch biometrische Sensoren, Kleidung oder sogar der bionische Mensch, der Elektronikimplantate im Körper trägt, zum Einsatz kommen. Die Knightrider-Uhr am Handgelenk von David Hasselhoff ist schon lange Vergangenheit.

Vor dem Gesetz

sind alle (Autos) gleich?

BEVOR AUTONOME FAHRZEUGE großflächig eingesetzt werden können, müssen die rechtlichen Rahmenbedingungen stimmen. Mehr als 70 Länder ratifizierten die Wiener Straßenverkehrskonvention von 1968. Sie standardisierte Verkehrsregeln und schaffte eine allgemeine Anerkennung der jeweiligen Führerscheine. Die meisten Verkehrsschilder, die wir heute in europäischen Ländern sehen, folgen noch diesem Standard und bedeuten ergo überall das Gleiche. Der Konvention verdanken wir, dass wir nicht in Schwierigkeiten geraten, wenn wir mit einem deutschen Führerschein in Italien oder Vietnam oder Saudi-Arabien angehalten werden.

Im Jahr 2016 wurde das Übereinkommen um autonome Fahrzeuge erweitert.[743] Bereits 2014 erklärte man die Verwendung von Fahrassistenzsystemen für zulässig, sofern der Fahrer die Systeme jederzeit abschalten oder überstimmen könne.

Zusätzlich zur Wiener Straßenverkehrskonvention gibt es weitere Vorschriften zur Ausstattung von Fahrzeugen, die von der United Nations Economic Commission for Europe (UNECE) erlassen werden. Um autonome Autos im regulären und nicht nur im Testbetrieb einsetzen zu dürfen, müssten mehrere dieser Regularien angepasst werden – was bisher noch nicht geschehen ist. Konkret ist die ECE R 13 für Bremsanlagen, die ECE R 79 für Lenkanlagen und die ECE R 48 für Beleuchtung und Lichtsignaleinrichtungen zuständig.[744] Die ECE R 79 beispielsweise fordert, dass der Fahrer jederzeit durch eine Lenkbewegung das System übersteuern können muss, also die Kontrolle über das Fahrzeug behält. Automatisches Lenken ist bislang nur bis zu einer Geschwindigkeit von zehn Kilometern pro Stunde erlaubt.

Zwar sind die USA hier ebenfalls Mitglied, die Vorschriften gelten für sie aber nicht zwingend. In Europa allerdings besteht dringender Handlungsbedarf, Gesetze und Vorschriften für autonome Fahrzeuge anzupassen, will man diesen Markt nicht Amerika und China ganz überlassen. Und damit meine ich *jetzt*, solange die Technologie noch im Entwicklungsstadium ist. Ohne ein Entgegenkommen der Behörden, Herstellern das Testen solcher Fahrzeuge im öffentlichen Raum zu erlauben, droht der heimischen Industrie ein noch größerer Rückstand zu den führenden Ländern.

Die amerikanische Verkehrsbehörde NHTSA und das Transportministerium Department of Transportation (DoT) stellten im Spätsommer 2016 eine Überarbeitung der momentanen Richtlinien vor, die bis dato einen Fahrer zur Fahrzeugkontrolle voraussetzten. Den Behördenvertretern ist dabei bewusst, dass es sich um in Entwicklung befindliche Technologien handelt, die noch nicht abschließend eingeschätzt und beurteilt werden können. Die aufgeführten 15 Punkte betreffen Sicherheits- und Validierungsmaßnahmen, Datenschutz, Cybersecurity, ethische Fragen und den Insassenschutz im Falle eines Unfalls.[745] Und wie bereits erwähnt dürfen ab November 2017 autonome Fahrzeuge ohne Fahrer an Bord in Kalifornien unterwegs sein. Drei US-Senatoren haben deshalb sechs Prinzipien für Gesetzesentwürfe zur Regelung von autonomen Fahrzeugen entworfen, die zwischen Sicherheit und der möglichst raschen Einführung dieser neuen Technologie abwägt.

- Sicherheit zuerst!
- Voranschreitende Innovation soll unterstützt und bestehende Hindernisse müssen beseitigt werden.
- Technisch neutral bleiben.
- Die unterschiedlichen Rollen von Bund und Bundesstaaten bestärken.
- Cybersecurity verstärken.
- Die Öffentlichkeit informieren, um eine verantwortungsvolle Akzeptanz von selbstfahrenden Fahrzeugen zu befördern.

Neben der Beschreibung, wie autonome Systeme verwendet werden dürfen, wird auch die Schuld- und Haftungsfrage bei Unfällen viel

Klärungsbedarf erfordern. Des Weiteren ist vorstellbar, dass autonome Fahrzeuge eigene Spuren und Straßenabschnitte erhalten, analog zu den Carpool-Lanes in den USA, die nur von Fahrzeugen mit mehr als einem Insassen oder mit einem speziellen Aufkleber befahren werden dürfen. Und was ist mit den Sensoren? Ist die Verwendung der Kameras oder Lidars von geparkten autonomen Fahrzeugen für Überwachungszwecke oder zum Melden von Schlaglöchern mit dem Datenschutz vereinbar?

Warum die Bahn
nicht länger mobil macht ...

AUCH DIE BAHN muss sich Fragen zur eigentlichen Aufgabe und zur epischen Bedeutung ihres Unternehmens gefallen lassen. Sie bietet nach eigener Aussage eine Transport- beziehungsweise Mobilitätslösung an. Der Unternehmensname kann jedoch bereits ein Hindernis darstellen, um zu verstehen, worum es wirklich geht.

Jonathan Ive, der britischstämmige Chief Design Officer bei Apple, wurde von einem britischen Fernsehsender eingeladen, Designvorschläge von Schulklassen zu ihren Lunch Boxes zu begutachten und zu kommentieren. Gleich im ersten Satz wies er darauf hin, dass man sehr vorsichtig mit der Benennung einer Aufgabe umgehen müsse. Das Wort „Box" (Schachtel oder Dose) könne bereits das Denken und die Ideen zur Lösung der Aufgabenstellung beeinflussen und beschränken. Höre man Box, denke man zumeist an etwas Rechteckiges, etwas, das eine bestimmte Form haben müsse. Glücklicherweise hatten die Kinder sich nicht beirren lassen und ihrer Fantasie freien Lauf gelassen.[746]

Das Wort „Eisenbahn" kann uns dazu verleiten, in der mentalen Schachtel des Wortes zu verharren. Vor dem geistigen Auge tauchen Schienen, Lokomotiven und Bahnhöfe auf. Einem Kind aus einer Eisenbahnerfamilie wie mir fallen da noch Oberleitungen und der metallisch-teerige Eisenbahngeruch ein, den ich von klein auf gewohnt war. Im Zentrum steht damit immer das Objekt selbst, während die Bedürfnisse und Ziele der Kunden zweitrangig sind. Obwohl sich die europäischen Eisenbahngesellschaften sehr um ihre Kunden mit immer besseren Dienstleistungen bemühen, wird das Ganze zu mechanistisch betrachtet.

Menschen wählen Transportmittel, um sich mit anderen Menschen, Gütern oder Orten zu verbinden. Es stehen dabei mehrere Optionen zur

Auswahl. Um von München nach Stuttgart zu gelangen, kann ich das Auto nehmen, einen Fernbus, die Eisenbahn oder das Flugzeug, und wenn ich Zeit habe und fit genug bin, könnte ich auch zu Fuß gehen, mich aufs Fahrrad schwingen oder ein Pferd satteln. Darüber hinaus ist auch noch eine (wirtschaftlich) sinnvolle Kombination möglich. Eine typische Reise besteht beispielsweise aus einer Taxifahrt zum Bahnhof, einer Zugverbindung in die gewünschte Stadt und einem Fußweg zum Zielort.

Wenn ich Verantwortlicher bei der Bahn bin, sind Fernzüge immer ein zentraler Bestandteil der Mobilität. Selbst wenn Busse und Kooperationen mit Taxiunternehmen zum Standardservice gehören, spielen sie eher eine untergeordnete Rolle und sollen vor allem das Problem der sogenannten letzten Meile lösen. Was aber, wenn ich als Kunde gar nicht mit dem Zug fahren will? Umsteigen mit Gepäck ist aufwendig und belastend, Verspätungen sind an der Tagesordnung, die Anschlusszüge werden oft verpasst und die Sitzplatzanzeige funktioniert nicht. Die Bahn wie auch Fluglinien und Taxis haben zu viele Bruchstellen im Transporterlebnis. Ein per App bestelltes autonomes Fahrzeug ist ungleich komfortabler, es kann mich ja gleich ganz von München nach Stuttgart bringen statt nur zum Bahnhof. Das wäre dann die eigentliche Disruption für die Eisenbahn, die eigentliche Konkurrenz.

Damit stellt sich die berechtigte Frage, ob es in Zukunft noch Sinn macht, Transportunternehmen nach ihren Transportmitteln einzuteilen. Warum Fluglinien nach Flugzeugen, Eisenbahnunternehmen nach Zügen und Taxis nach Autos einteilen, wenn das, was der Kunde wünscht, eine gesamtheitliche Transportlösung mit nahtlosem Service ist? Apple macht uns das auf seinem Gebiet vor. Die Hardware, die Software und die Inhalte wie Musik und Filme kommen aus einer Hand. Deshalb benannte sich das Unternehmen vor einigen Jahren von Apple Computers auf Apple um, um die ganze Produktlinie zu repräsentieren. Tesla produziert Autos, verkauft sie über eigene Händler und bietet ein flächendeckendes Netzwerk an Ladestationen und Mechanikern an. Klar geht das mit einem Preisaufschlag zusammen, dafür profitiert man aber auch von einem nahtlosen Service. In der Folge sehen sich auch andere Industrien unter Druck. Der von Apple oder Tesla angebotene Service wird nun auch von anderen Branchen erwartet.

Als ersten Schritt könnten die DB, SBB und ÖBB die „Bahn" aus dem Namen streichen, sie überhaupt ganz aus dem mentalen Schächtelchen herausnehmen. Warum muss ich mich erst über Stufen und Rolltreppen hinweg durch das Wirrwarr und den Trubel am Bahnhof quälen, um zu den Taxis oder öffentlichen Verkehrsmitteln zu gelangen? Warum steht das Uber oder das selbstfahrende Auto nicht direkt neben dem Ausstieg?

Noch dramatischer wird die Lage für die Bahn, wenn wir selbstfahrende Lkws betrachten. Die Bahn hat den Vorteil, schwere Güter über große Distanzen relativ kostengünstig transportieren zu können. Allerdings bleibt auch hier das Problem der letzten Meile, wenn von der Schiene auf den Laster verladen werden muss. Selbstfahrende Lkws beschäftigen keine Fahrer, müssen keine Pause einlegen, können energiesparend im Windschatten fahren und müssen das Gut nicht verladen. Der bisherige wirtschaftliche Vorteil der Bahn geht verloren. Volvo, Ot.to, Scania und Peloton haben ja bereits Road Trains auf die Straße gesetzt.[747]

Für den ehemaligen Vorstandsvorsitzenden der Deutsche Bahn AG, Rüdiger Grube, war das Problem durchaus erkennbar. Er fragte sich, warum es denn bislang noch keinen autonomen Zug gebe? Wenn die Bahn ihre Vorteile – Geschwindigkeit und Bequemlichkeit – verlieren sollte, wer käme dann noch zum Bahnhof? Wer besuchte die Ladengeschäfte? Wie also kann die Bahn relevant bleiben?[748]

Ein Netz ohne Boden – öffentliche Verkehrsmittel auf dem Prüfstand

Ö FFENTLICHE VERKEHRSMITTEL in den Städten deutschsprachiger Länder sind oft sehr gut ausgebaut, auch wenn es den
Menschen hierzulande nicht so vorkommt und es immer Grund gibt
zu klagen. Vor allem die Schweizer übertreffen sich in Pünktlichkeit
und Vorhersagbarkeit. Über die Intervalldichte und den zumutbaren
Gehweg zum nächsten Verkehrsmittel lässt sich vermutlich immer strei-
ten. Wer aber schon mal einen Fahrdienstleister wie Uber verwendet
hat, wird nichts anderes mehr wollen. In San Francisco beispielsweise,
wo die öffentlichen Verkehrsmittel veraltet und unzuverlässig sind, verspricht Uber in den meisten Stadtteilen Wartezeiten von nur ein bis
drei Minuten – und die verbringt man genau an der Stelle, an der man
das Uber bestellt hat! Uber steht auch für Sicherheit. Seine digitale Spur
wird gerade von Frauen als Schutz anerkannt.

Selbstfahrende elektrische Ubers erfordern eine Neubewertung von
Zweck und Leistung öffentlicher Verkehrsmittel. Auch die für sie reser-
vierten Spuren und Trassen sowie Erhalt und Ausbau der bereitgestellten
Infrastruktur werden zu hinterfragen sein. Im Gegensatz zu Bussen und
Schienenfahrzeugen sind autonome Fahrtendienstleister nicht an fixe
Strecken gebunden, müssen keinem Fahrplan folgen und optimieren die
Wartezeiten. Die Verwalter von Charlotte, einer Stadt im amerikanischen
Bundesstaat North Carolina mit 800.000 Einwohnern, grübeln gerade,
ob sie überhaupt noch sechs Milliarden Dollar für den geplanten Ausbau
neuer Tramway- und Schnellbahnstrecken ausgeben sollen. Diese würden

frühestens 2025 in Betrieb gehen und könnten dann bereits veraltet und durch selbstfahrende Autos ersetzt worden sein.[749]

Trotz des in Europa und Asien gut ausgebauten öffentlichen Nahverkehrs ist die Anzahl der Autos in den Städten gewaltig. Wien allein kämpft mit 700.000 Fahrzeugen, die eine Fläche von 900 Hektar belegen – was der halben Donauinsel entspricht.[750] New York wiederum hält südlich der 60th Street 102.000 öffentliche Parkplätze. Die belegte Fläche entspricht der Hälfte des Central Parcs.[751]

Pünktlich zum Termin –

der „autonome Schlafwagen"

macht's möglich

DIE HOTELINDUSTRIE lebt heute davon, dass (Geschäfts-)Reisende Termine einhalten müssen, die die Übernachtung in einem Hotel oder einer Pension notwendig machen. Anstatt aber bereits am Vorabend für einen Besuch oder eine morgendliche Besprechung anzureisen, könnte man in einem autonomen Fahrzeug die nächtliche Anfahrt stressfrei schlafend verbringen und dann vielleicht nur in einem Hotel duschen und frühstücken. Weitere Distanzen als bisher wären möglich, was wiederum der Bahn und den Fluggesellschaften Konkurrenz machen würde.

Viel Wind ums Öl,

doch Strom

verändert die Welt ...

DER OFFENSICHTLICHSTE Verlierer beim Wechsel zu selbstfahrenden elektrischen Ubers wird die Erdölindustrie sein. Nach über 100 Jahren bringt die Massenakzeptanz von elektrischen Fahrzeugen eine sinkende Nachfrage nach Diesel und Benzin mit sich. Vorübergehend werden Öl und Gas nach wie vor in Kraftwerken zum Einsatz kommen, um in Elektrizität umgewandelt zu werden, doch haben bereits Dänemark, Norwegen und Deutschland gezeigt, dass sie an manchen Tagen den gesamten Energiebedarf des Landes auch durch alternative Energien abdecken konnten.

Neben den Erdöl- würden auch die Platinreserven geschont. Fast die Hälfte aller Vorkommen wird heute in Automobilkatalysatoren verarbeitet, da das Edelmetall giftige Schadstoffe reduziert.[752] Gleichzeitig steigt aber der Bedarf nach seltenen Erden für die Produktion von Batterien. Und da wird es gleich sehr politisch. Die größten Ressourcen liegen in China. Angesichts seines hohen Eigenbedarfs reserviert das Land einen Großteil der Rohstoffe für sich selbst. Das wiederum macht sie für den Rest der Welt teuer. Allerdings hat der Versuch Chinas, Exporte von seltenen Erden zu reduzieren, um den eigenen Bedarf zu decken, genau das Gegenteil bewirkt. Zum einen umgingen chinesische Firmen das Exportverbot, zum anderen brachte die künstliche Verknappung derartige Preissteigerungen mit sich, dass die Ausbeutung eigener Lagerstätten für andere Länder wirtschaftlich wurde.[753] Chinesische Unternehmen sind aber auch in anderen Ländern sehr aktiv. Speziell in Afrika hat China große Unternehmungen aufgezogen und sichert so seinen politischen Einfluss.

Im Kapitel zu den Batterien sahen wir uns bereits die Kostenentwicklung bei Strom an, und die sieht für Stromerzeuger nicht gut aus. Zwischen 2020 und 2025 wird Solarstrom so billig werden, dass allein der Transport vom Kraftwerk zum Endabnehmer teurer zu stehen kommt als der mittels Solaranlage erzeugte Strom vor Ort. Tesla, Mercedes und andere Hersteller produzieren bereits Batteriepacks nicht nur für Autos, sondern auch für den Haushalt. Und mit der Akquise von SolarCity schafft Tesla das ultimative Schreckensszenario für einen Elektrizitätshersteller. Haushalte erhalten alles aus der Hand eines Anbieters und werden energieautark, indem sie sich vom öffentlichen Stromnetz abkoppeln.

Mit wachsender Verbreitung von Elektrofahrzeugen kommen neue Herausforderungen auf die Energieversorger zu. Da wäre auf der einen Seite die Belastung, der das Netzwerk durch eine große Anzahl ladender Fahrzeuge ausgesetzt würde, und auf der anderen Seite die Möglichkeit, die Akkus als Netzreserve bei Stromengpässen nutzen zu können. Und welche neuen Technologien und Energiemanagementsysteme benötigt man dafür? Auch etablierte Energieversorger werden immer mehr von Software gefressen, so wie bereits in anderen Industrien digitale Komponenten den eigentlichen Mehrwert schaffen.

Daher sind Energieversorger nun mehr denn je gezwungen, den eigenen Unternehmenszweck zu hinterfragen (manche von ihnen haben einmal als Hersteller von Haushalts- und Elektrogeräten begonnen). Bloß Energie bereitzustellen ist es ganz sicher nicht. Als einige Versorger ihre Strategie änderten und statt des Baus und Betriebs von kalorischen und atomaren Großkraftwerken regionale Wind-, Solar- und Wasserkraftwerke bevorzugten, geriet die ganze Branche aus den Fugen. Die massiven Verluste, die E.on und RWE in den letzten Jahren eingefahren haben, demonstrieren, dass manche zu spät erkannten, woher der Wind blies. Der Wert eines Energieversorgers wird zukünftig immer weniger durch die Kraftwerksleistungen bestimmt als vielmehr durch die digitalen Kundenservices in Sachen Energiemanagement. Und gerade da fehlt es an Know-how und qualifizierten Mitarbeitern. Man überlässt das Feld der Sammlung und Aufbereitung von Daten anderen, die sich dazwischendrängen, so wie das von Oracle vor Kurzem gekaufte Opower.

In Europa steht Windkraft als Energieerzeuger bereits hinter Erdgas auf dem zweiten Platz. 2016 lag die Gesamtkapazität bei 153,7 Gigawatt, Kohle und Wasserkraft besetzten den dritten und vierten Platz. Selbst die Solarenergie liegt weit vor dem Erdöl an sechster Stelle. Und an fünfter Stelle sehen wir immer noch die Atomenergie.[754]

Es geht auch ohne:

Auswirkungen

rund ums Erdöl

DIE POLITISCHEN Auswirkungen und Verschiebungen werden nicht zu unterschätzen sein. Die meisten erdölproduzierenden Länder konnten ihre Regimes dank der üppig sprudelnden Einnahmen aus der Erdölförderung finanzieren. Preisschwankungen zeugen immer wieder von der Labilität dieser Länder. Einer der größten Erdölproduzenten der Welt, Venezuela, befindet sich in einer hausgemachten Hungersnot. Solange der Ölpreis hoch war, konnte man die Schwächen der wirtschaftlichen Allgemeinsituation ausgleichen. Mit dem Preisverfall brach dieses Kartenhaus in sich zusammen. Russland, dessen Staatshaushalt ebenfalls außergewöhnlich stark vom Rohstoffeinkommen abhängig ist, versucht, wirtschaftliche und politische Unzulänglichkeiten immer wieder mit außenpolitischen Aktivitäten und populistischen Maßnahmen zu kaschieren.

Wir können ruhig vorhersagen, dass wir mit dem Umstieg auf elektrische Antriebssysteme noch mehr Instabilitäten in den erdölproduzierenden Ländern sehen werden. Selbst stabile Förderländer wie Norwegen fragen sich, wie es für das Land weitergehen wird. Auf der einen Seite unterstützt Norwegen mit großzügigen staatlichen Förderungen die Nutzung alternativer Energien und den Kauf von Elektrofahrzeugen, andererseits sind viele Norweger in der Erdölförderung, im Transportwesen und in der Weiterverarbeitung des schwarzen Goldes beschäftigt. Der Aufbau alternativer Wirtschaftszweige benötigt Zeit und erfordert andere Fähigkeiten.

Sinkende Strompreise:

Die Kehrseiten der Medaille

Wir fahren mehr als je zuvor: Mit sinkenden Strompreisen wird jeder mit einem Elektrofahrzeug zurückgelegte Kilometer billiger. Und sobald selbstfahrende Fahrzeuge gang und gäbe sind, wird es ein Leichtes sein, seine Zeit produktiv mit anderen Beschäftigungen zu verbringen. Eine schwedische Studie kommt zu dem Schluss, dass wir dann mehr Kilometer abreißen könnten. Die schwedische Regierung hat mit aggressiver Förderung „saubere Technologien" unterstützt. Die Schweden kauften daraufhin verstärkt treibstoffsparende Fahrzeuge, fuhren aber mehr als je zuvor und glichen damit den spritsparenden Effekt aus.[755]

Wir breiten uns weiter aus: Mit selbstfahrenden Fahrzeugen und der billigen Energie kann es zu größerer Zersiedelung kommen. Ob ich mich jetzt eine oder zwei Stunden durch die Gegend fahren lasse, fällt nicht mehr ins Gewicht, da ich die Zeit anderweitig nutzen kann. Daher kann ich weiter draußen ein Haus im Grünen bauen, inklusive all der Umweltauswirkungen, die das mit sich bringt.[756] Selbstfahrende elektrische Ubers erlauben einen Lebensstil, der einen gegenteiligen Effekt auf die Umwelt haben kann.

Wir erhöhen den Emissionsausstoß: In einem früheren Kapitel sind wir bereits auf den Energieaufwand eingegangen, der für die Produktion eines elektrischen Fahrzeugs und der verwendeten Batterien notwendig ist. Um ein gerechteres Bild zu zeichnen, müssen wir aber noch weitaus mehr einrechnen, und das gilt für jede Art von Fahrzeug: nämlich all die Emissionen, die bei der Konstruktion und der Bereitstellung des Energieträgers sowie der Verkehrsinfrastruktur entstehen und auch beim Betrieb und bei der Wartung des Autos. All dies erhöht den Ausstoß nach Expertenschätzung um 50 Prozent.[757]

Ferngesteuert und ausgeraubt: Cybercrime meets Cybersecurity

DIE LANGBEINIGE BLONDINE im schwarzen Damenanzug tippt auf dem Tablet herum, und schon bricht das Chaos aus. Sie hat gerade alle autonomen Autos in der Umgebung unter ihre Kontrolle gebracht und lässt sie sich nun aus Parkhäusern hinunter auf die Helden der Geschichte stürzen. Wie eine Meute hungriger Wölfe rasen Hunderte von Autos den Mitgliedern der „Familie" nach, überschlagen sich dabei, krachen in die Häuser, fahren alles und jeden rücksichtslos über den Haufen. Charlize Therons Filmcharakter in „Fast & Furious 8" löst ein Albtraumszenario aus. Gut gemacht, aber eben nur ein Film. Dennoch: Autos, die nach Hause telefonieren, die immer und jederzeit verbunden sind, werden böswilligen Hackern immer Angriffspunkte bieten.

Autohersteller müssen Fälle vorhersehen, wo andere Verkehrsteilnehmer und Außenstehende versuchen könnten, selbstfahrende Fahrzeuge zu behindern oder zu missbrauchen. Von billigen Ultraschallsensoren über teurere Radar-Jammer oder Laserpointer bis hin zu lichtstarken LED-Taschenlampen, um die Kameras zu blenden, wurde schon alles eingesetzt. Was ist, wenn Hacker versuchen, die Sensoren der Fahrzeuge zu verwirren oder sich Zugang zum Fahrzeug zu verschaffen? Auf einer Hackerkonferenz berichteten Forscher von Möglichkeiten, wie Sensoren geblendet und außer Gefecht gesetzt werden können.[758] Starke Laser lassen sie für wenige Sekunden blind werden, ein verzögertes Lasersignal lässt Objekte ferner erscheinen, als sie es in Wirklichkeit sind.[759/760] Aufwendiger inszenierte Angriffe könnten die Sensoren insofern täuschen, als sie die Wahrnehmung der Umgebung verändern und dem Auto zum Beispiel vorgaukeln, eine

Strecke sei befahrbar, obwohl sie es nicht ist. Solche sicherheitsgefährden-den Attacken müssen unter Strafe gestellt werden.

Die Sicherheitsmaßnahmen erstrecken sich auf den Zugang zum Auto bis hin zum Schutz vor unautorisierter Kontrollübernahme. Letztere kann nicht nur von außen geschehen, sondern auch, indem ein Passagier einen Dongle in den OBD2-Port steckt, über den normalerweise Mechaniker Fahrzeugdaten für die Wartung auslesen.[761] Ohne Kryptografie geht hier nichts, gleichzeitig aber soll die Verwendung für den Benutzer schnell und bequem funktionieren. Auf Finanzdienstleister entfielen 2008 über 50 Prozent aller gemeldeten Fälle von Identitätsdiebstahl.[762] Dank verschärfter Maßnahmen und gesetzlicher Bestimmungen sank dieser Wert 2014 auf 5,5 Prozent. Gleichzeitig wurden andere Industrien für Hacker interessant. 2014 führte der Medizin- und Gesundheitssektor mit 42 Prozent die Liste der Identitätsdiebstähle an. Der Angriff auf selbstfahrende Autos könnte das nächste extrem lohnenswerte Ziel sein. Deshalb sieht Tesla-Chef Elon Musk Cybersecurity für alle Teslas als oberste Priorität an.

Dabei muss man Herstellern von was auch immer zunächst einmal mit Nachsicht begegnen. Sie alle fokussieren sich auf ihre Spezialgebiete, bei Autoherstellern sind das Innovationen im Mobilitätssektor. Identi-tätsdiebstahl ist für Finanzdienstler, Mediziner oder Wagenbauer zunächst ein Nebenschauplatz. Doch während bei einem Hack im Finanzdienst-leistungssektor lediglich Geld verschwindet – was schon unangenehm genug ist –, stehen bei anderen Industrien Leben auf dem Spiel. Keiner von uns möchte in einem gehackten autonomen Fahrzeug unterwegs sein oder einem solchen als der andere Verkehrsteilnehmer begegnen und ihm ausgeliefert sein. Ein Auto anzugreifen kann für Kriminelle aus mehreren Gründen attraktiv sein. Zuerst einmal stellt das Auto selbst einen Wert dar, dazu kommen die Daten, die mit dem Auto generiert werden. Und wenn jedes Auto selbst Inhaber eines Bankkontos sein sollte, wie wir bereits am Konzept der eWallet gesehen haben, wird jedes Auto zu einer Goldgrube auf vier Rädern.

Tatsächlich werden solche Szenarien von den Sicherheitsbehörden kri-tisch betrachtet. In einem Vortrag, den ich im Center of Homeland Defense and Security in West-Virginia vor Sheriffs, Feuerwehrkomman-danten, Autobahnpolizisten, Antiterrorexperten und Personen mit ähnlich illustren Tätigkeiten halten durfte, thematisierte ich diese Problematik. In Zukunft werden auch hier vor allem Spezialisten gefragt sein, die sich auf die digitale Forensik von Fahrzeugen und die Abwehr eines gehijackten Autos, das für einen Amoklauf eingesetzt oder mit Sprengstoff vollgestopft wurde, verstehen. Extreme Szenarios sollten uns aber nicht abschrecken, die Chancen der neuen Technologie wahrzunehmen – trotzdem müssen wir die Autos digital sicher machen. So wie TÜV und Automagazine heute physische Crashtests an den neuesten Modellen vornehmen, wird es dann digitale Crashtests geben müssen.

Das US-Justizministerium hat Arbeitsgruppen zu möglichen Bedrohungsszenarien auf allen Gebieten eingerichtet; man denkt da sogar an medizinische Geräte wie einen gehackten Herzschrittmacher sowie andere Objekte, die unter das Internet der Dinge fallen.[763] Die meisten dieser Geräte wurden nicht mit dem Ziel gebaut, sie gegen Cyberattacken zu schützen, wie auch viele Webseiten erst einmal auf ihre Kernkompetenz bauten und nicht auf die Abwehr von digitalen Angriffen spezialisiert waren. Arbeitsgruppen für Automobil-Cybersecurity, egal ob sie von Behörden oder von Unternehmen eingerichtet werden, schauen sich besonders folgende Punkte an.

1. Wie kann das Auto gegen unbefugte Zugriffe gesichert werden? Niemand will, dass sein Auto gestohlen wird, jemand in sein Auto eindringt oder es während des Betriebs von außen kontrolliert.

2. Wie kann verhindert werden, dass ein selbstfahrendes Auto zur rollenden Bombe wird und an einem vorgegebenen Ziel in die Luft fliegt (ähnlich wie bei den Anschlägen in Nizza oder auf dem Weihnachtsmarkt in Berlin, wo Attentäter mit gestohlenen Lastwagen willkürlich in Menschenmengen rasten)?

3. Wie können die generierten Daten vor Missbrauch geschützt werden? Hier sind Anonymisierung, Verschlüsselung und Transparenz erste Ansätze.

Rechtliche Bestimmungen – wie auf EU-Ebene die „General Data Protection Regulation (GDPR)" – sind genauso wichtig wie die technischen Lösungen selbst. Wenig überraschend kommen hier erste Lösungsansätze von Start-ups wie Karamba Security aus Israel, einem Land, das für seine

Kompetenz in Sachen Cybersecurity durch legendäre Geheimdienstkreise und Militäreinheiten bekannt ist.[764] Sie bauen eigene Technologien direkt ins Auto ein; diese kontrollieren ständig das sogenannte fahrzeuginterne Netzwerk mit all seinen Electronic Control Units (ECUs), die für die Auslösung des Airbags, die Messung des Reifendrucks, das Bremsen und die Treibstoffeinspritzung verantwortlich sind. Sie erkennen außerdem Schadsoftware, die versucht, die Einstellungen dieser ECUs zu manipulieren, und setzt sie wieder auf die Werkseinstellung zurück. Google-Waymo hat aufgrund der Hackerbedrohung gleich ganz radikale Maßnahmen ergriffen und hält seine Testfahrzeuge so oft wie möglich offline.[765] Von den großen Herstellern wurde das Automotive Information Sharing and Analysis Center (Auto-ISAC) eingerichtet, eine Kooperation gegen Cybercrime. Die Bedrohung betrifft alle gleichermaßen, daher stehen die Unternehmen auf diesem Gebiet einmal nicht untereinander in Konkurrenz.

Als ehemaligem Software-Entwickler ist mir nur zu bewusst, dass sich auch Fehler in Programme einschleichen. Debugging (das Finden von Fehlern oder „Bugs"), Testprogramme, Testsysteme und -daten sind immer nur so gut wie die Leute, die sie erstellen. Testbedingungen entsprechen auch nie der Komplexität, mit der die Realität uns konfrontiert. Fehler in der Software sind unvermeidlich, auch wenn man kostspielige Formen wie das „Extreme Programming" einsetzt, bei denen nicht ein Programmierer den Programmcode erzeugt, sondern mindestens zwei gleichzeitig ein und dieselbe Zeile erstellen. Dieser Aufwand wird vor allem in Systemen mit extrem hoher Verantwortung betrieben, beispielsweise bei Steuerungssoftware von Nuklearkraftwerken. Und selbst diese Anstrengung reicht noch nicht, um alle möglichen Verkehrsszenarien vorauszusehen und im Softwarecode abzubilden. Deshalb wird Maschinenlernen eingesetzt und deshalb muss die Software regelmäßig aus der Ferne aktualisiert werden.

Allerdings ist nicht jeder unter allen Umständen für ein „unhackbares" Auto. Mechaniker und Privatleute, die ihr Auto modifizieren wollen, möchten nicht auf die Möglichkeit verzichten, selbst Hand anzulegen. Schraubten bisher Papa und Sohnemann oder Tochter am Auto herum und holten noch ein paar PS mehr aus ihm heraus, wird zukünftig viel eher digital getunt. Anfänglich war nicht klar, ob Fahrzeugbesitzer an den digitalen Schnittstellen überhaupt eingreifen und sie verändern dürfen. Die Autohersteller beriefen sich dabei auf den Digital Millennium Copyright Act (DMCA), der Software wie jeden anderen Autorentext als geschütztes Werk ansieht. Doch genau für Fälle wie das Autotuning wurden in den DMCA Ausnahmen festgeschrieben.[766]

Die Blockchain könnte sich als entsprechend hilfreiche Infrastruktur zur Sicherung von Autos in der Nutzung und Kommunikation entpuppen. Die zugrunde liegende asymmetrische Kryptografie in der Sicherheitsinfrastruktur Public Key Infrastructure (PKI) verwendet zwei Schlüssel mit unterschiedlicher Funktionalität. Einer dient zur Verschlüsselung, der andere zur Entschlüsselung. Die Eigenheit der Blockchain, für jeden Ver- und Entschlüsselungsvorgang eine öffentlich einsehbare Transaktionskette zu erstellen, würde jeden Schritt dokumentieren und speichern – also wer ein Auto wann und wie benutzt – und manipulative Eingriffe sehr erschweren.

Mögliche Angriffsszenarien lassen sich in drei Bereiche unterteilen:

1. Attacke aus einem fahrenden Fahrzeug heraus
2. Attacke von der Straßenseite aus
3. Anbringung von Hardware am Fahrzeug selbst

Signale aus einem fahrenden Auto heraus, das dem angegriffenen Fahrzeug folgt, können eine Störung für längere Zeit aufrechterhalten. Störungen von der Straßenseite her betreffen eventuell eine größere Zahl vorbeifahrender Fahrzeuge; ein Relay aus mehreren Störgeräten an verschiedenen Stellen eines Streckenabschnitts kann jedes Auto auch über einen längeren Zeitraum attackieren. Oder man bringt Störgeräte an einem parkenden Fahrzeug an, wenn der Besitzer sich entfernt hat. Jeder Angriff gefährdet die Sicherheit des Fahrzeugs und die der Passagiere. Unter Umständen können andere, nicht betroffene Sensoren den Ausfall kompensieren, im Notfall muss das Fahrzeug aber anhalten. Damit werden dann auch direkte Raubüberfälle möglich.[767]

Es kann aber auch ganz harmlos sein. Schon Möwen können Sensoren verwirren. Ein Vogelschwarm sieht für die Sensoren wie ein größeres Objekt aus. nuTonomy hatte so eine „Begegnung der dritten Art", als es seine autonome Taxiflotte in Boston testete. Wieder ein Grund mehr, warum autonome Fahrzeuge in verschiedenen Städten und Landschaften auf den Prüfstand kommen müssen.[768]

Chitty Chitty Bang Bang:

Der Traum vom

fliegenden Auto

1910 LIESS SICH John Emory Harriman als Erster ein fliegendes Auto patentieren, seinen „Aerocar".[769] Seit damals (und nicht zuletzt seit Harry Potter) fasziniert uns dieses Thema. Regelmäßig sagen Experten voraus, dass fliegende Autos bald den Verkehr übernehmen werden, und genauso regelmäßig werden wir enttäuscht. Was wurde uns nicht schon alles versprochen: Aerocar, Aerobile, Airphibian, ConVairCar, Aircar, Aero-Car, AeroMobile und sogar ein Chitty Chitty Bang Bang. Mehr als 100 Jahre gingen ins Land und nichts ist passiert. Das fliegende Auto gilt mittlerweile als Synonym für Misserfolg. Seine Frustration über die „Zeitungsenten" drückte der Investor Peter Thiel in einem Satz aus:

> „Sie versprachen uns das fliegende Auto,
> stattdessen bekamen wir 140 Zeichen."

Manchmal überholt uns die Wirklichkeit rascher, als wir denken. Selbst ich, der ich hier im Silicon Valley die Zukunft bereits heute erlebe und sie Ihnen mit diesem Buch nahebringen möchte, werde immer wieder auf dem falschen Fuß erwischt. Dieses Unterkapitelchen wollte ich eigentlich nur als Gag mit reinnehmen. Und dann wird plötzlich enthüllt, dass Google-Gründer Larry Page nicht nur an einem, sondern gleich an zwei Start-ups beteiligt ist, die ein fliegendes Auto bauen wollen.[770] Zee.Aero und Kitty Hawk heißen die beiden Unternehmen, in die er aus eigener Tasche über 100 Millionen Dollar investiert hat. Und diese zwei gesellen sich zu weiteren Mitstreitern wie Terrafugia, Volo-copter, AeroMobil, Moller Skycar, Lilium Jet und Joby. Auch Airbus baut an einem autonomen fliegenden Taxi.[771] Und Uber denkt laut über „vertical take-off and landing (VTOL)" nach und sieht in fliegenden Autos die Zukunft des Transportsystems.[772] Ein dicht gedrängtes Feld ist da entstanden. Ob es uns endlich das bringen wird, was uns schon lange versprochen wurde?

„En Marche!"

Werkzeuge und Methodologien für Werkzeuge und Automobilhersteller

„Ich habe immer angenommen, Bügelbretter waren
mal Surfbretter, die ihre Träume aufgaben und einen
ordentlichen Job annahmen."

– unbekannt

EIN TEILNEHMER EINER deutschen Premiumhersteller-Dele-
gation fragte, wie das Silicon Valley die deutsche Autoindustrie sehe.
Eine gute Frage. Als ich 2001 meine Zelte dort aufschlug, war ich überrascht, wie viele deutsche Marken hier gefahren wurden. Die Marken-
und Modelldichte – Mercedes, BMW, Porsche, Volkswagen – ähnelte der
auf deutschen Straßen. Jeder, der es sich leisten konnte – und im Silicon
Valley können das viele – fuhr ein „Made in Germany". Kein Wunder,
setzt doch deutsche Ingenieurskunst immer noch den Maßstab für Qualität und Design. Steve Jobs beispielsweise fuhr jahrelang nur „mit Stern".
Man bewunderte deutsche Hersteller. Es ist immer noch etwas von
dieser Anerkennung für die Verarbeitungsqualität zu spüren, wenn auch
inzwischen mit Wehmut durchsetzt. Es ist das gleiche Gefühl, das man
auch sonst hat, wenn etwas Großes – eine Marke, Nation oder Person –
den Zenit überschritten hat und es nur noch abwärts geht. Dabei ist es
nicht so, dass man im Silicon Valley nicht versucht hätte, deutsche Hersteller zu warnen. Jeder hiesige Industrieexperte, mit dem ich in den vergangenen Jahren zu tun hatte, wies deutsche Delegationen auf die sich
mitten im Prozess befindlichen Änderungen hin und die Dringlichkeit,
zu reagieren und die eigenen Unternehmen umzukrempeln. Aber vier
Jahre später (Tesla war bereits dabei, sein Model S auszuliefern) hatten
deutsche Hersteller nach wie vor nichts Vergleichbares im Angebot
geschweige denn vor dem Markteintritt stehen. Allen Ankündigungen
zum Trotz blieben die Ansätze unmotiviert und – verzeihen Sie mir –
lahmarschig. Inzwischen hat Tesla mit dem Model X nachgelegt, die
ersten paar hundert Model 3 wurden bereits ausgeliefert.

Im Silicon Valley zeugen heute Teslas Modelle davon, dass man „es geschafft hat" und zur „In-Gruppe" gehört. Selbst die eingefleischtesten Fans deutscher Marken stellen ihre Loyalität auf den Prüfstand. Eine deutsche Marke zu fahren wird langsam zum Symbol, einer aussterbenden Gattung wie den Dinos anzuhängen. Und das kommt nicht gut an im feinfühligen, globalen Hort der Innovation, der Anspruch auf ein Technologieleadership in allen Disziplinen erhebt. Der Wunsch zu helfen weicht so langsam der Erkenntnis, dass nur jemandem unter die Arme gegriffen werden kann, der das auch zulässt. Jüngste Ankündigungen deutscher Hersteller von Milliardeninvestitionen in alte Antriebstechnologien zeugen vor allem von einem: Man hat wenig von den Zeichen der Zeit verstanden und will sich nichts sagen lassen. Der Mitarbeiter eines deutschen Herstellers schilderte seine Frustration. Er hatte bereits die Finanzkrise in der amerikanischen Automobilmetropole Detroit überstanden und fragte sich nun, ob die Zukunft von Stuttgart oder Wolfsburg wohl ähnlich aussehen werde. Noch hat er die Antwort nicht gefunden, aber vielleicht wird er es nur zu bald erfahren.

Dabei stehen deutschen wie europäischen Autobauern und Zulieferern die gleichen Technologien zur Verfügung wie allen anderen auch. Teilweise könnten sie sogar einen Vorsprung nutzen, weil sie viele der Technologien, die beim Bau eines Autos zum Einsatz kommen und die zu seiner Leistung beitragen, selbst entwickelt haben. Viele der vorgestellten neuen Unternehmen, die mit ihren Konzepten den klassischen Herstellern vorauseilen, beschäftigen deutsche Automobilkonstrukteure. Ganze Teams wurden abgeworben.

Wie schaffen es diese Neueinsteiger nur, das Automobil mit einem derartigen Tempo in eine neue Ära zu überführen, das die bisherigen Platzhirsche atemlos macht und langsam in Panik ausbrechen lässt? So hat Mercedes in einer einzigen Woche nicht nur den Ausstieg aus der Brennstoffzelle angekündigt, die Einführung von Elektrofahrzeugen um drei Jahre vorverlegt auf – warten Sie, Momenterl – 2022 (also geschlagene neun Jahre später als Teslas Model S) – und eine Zusammenarbeit mit Bosch in der Entwicklung autonomer Fahrzeuge propagiert.[1] Als EMC und Dell Ende 2015 fusionierten, schlagzeilte das *Wired*-Magazin: „Dell. EMC. HP. Cisco. Diese Technologie-Giganten sind bereits wandelnde Tote".[2] Das entsprach genau meinem eigenen Gefühl. Auch deutsche Hersteller, die 2016 noch Rekordgewinne einfuhren, sind vor einer solchen Schlagzeile nicht gefeit. Der Blick zurück auf eine lange und erfolgreiche Historie kann rasch zu einem Klotz am Bein werden, der einen nicht mehr vorwärtsschreiten lässt.

Was aber kann man tun, wenn man sieht, dass ein über mehr als 100 Jahre gültiges Geschäftsmodell ausläuft, dass ein Drittel der Mitarbeiter vermutlich nicht zu halten sein wird und kaum auf neue Technologien umgeschult werden kann? Von der Pleuelstange zum Batteriechemiker? Vom Motorenbauer zum Digital Expert? Wohl kaum möglich. Solchen Veränderungen kann man mit einem auf Sicherheit und Planbarkeit ausgerichteten Verhalten nicht begegnen. Zu lernen, wie man die richtigen Fragen stellt, wie man ein kalkuliertes Risiko eingeht, wie man innerhalb des Unternehmens eine Innovationskultur schafft, das sind die Voraussetzungen für die Wettbewerbsfähigkeit mit den USA und China.

Können sich die deutschen Hersteller in die Zukunft retten, indem sie einige Milliarden in die Hand nehmen und auf Einkaufstour gehen, um sich die nötige Expertise und Technologie ins Unternehmen zu holen? Nun ja, deutsche Unternehmen sind darin nicht wirklich unbedingt gut. Die Amerikaner und Chinesen gehen viel forscher ran. Die Deutschen vertrauen mehr auf ihre Eigenentwicklungen. Nur wenn man nicht mehr anders kann, kauft man ein, dann aber oft zu spät und zögerlich. Intel kauft Mobileye in einem zügigen Schritt. GM nimmt sich Cruise Automation. Apple, Google, Microsoft und Co kauften zügig Unternehmen und Talente ein, bevor sie von anderen überhaupt wahrgenommen wurden. Bevor die Konkurrenz nur davon hört, ist der Deal schon gelaufen. Die HERE-Akquise eines Konsortiums deutscher Hersteller war ein wochenlanges Herumgetue, das in den Medien verfolgt werden konnte. Kaufen sie nun oder doch nicht? Wollen sie überhaupt oder trauen sie einander nicht über den Weg? Und warum kaufen sie HERE gemeinsam? Damit war bereits vorauszusehen, dass HERE allen Mitgliedern des Konsortiums irgendwie gerecht werden musste. Nicht die besten Bedingungen, um der agilen Riege aus dem Silicon Valley Paroli zu bieten. Selbst der deutsche Primus und digitale Vorreiter SAP ist oft so spät dran, dass ihm nur mehr die Krümel bleiben, die andere übrig ließen. Die guten und wirklich spannenden Unternehmen sind dann schon weg.

Eher werden wir wohl den umgekehrten Fall sehen. Mercedes, BMW und Marken der VW-Gruppe werden aufgekauft werden – wenn sie Glück haben. 50 Milliarden für BMW oder 70 Milliarden für Mercedes, so die Marktkapitalisierung dieser Unternehmen heute an den Börsen, sind in den prall gefüllten Kriegskassen von Apple, Google und Microsoft durchaus vorhanden. Und zum Zeitpunkt des eventuellen Kaufs werden die Werte noch weit niedriger liegen, weil die 2. Automobilrevolution dann bereits voll durchgeschlagen haben wird und nicht zimperlich mit deutschen Herstellern umgegangen ist. Zigtausende Mitarbeiter haben dann bereits ihre Jobs verloren. Diese Umbrüche haben das Potenzial, den Einfluss von Betriebsräten zu schwächen, ähnlich wie in England in den 1980er-Jahren, als eine Krise in der Kohleindustrie die Macht der Gewerkschaften brach. Nur das wird überhaupt das Überleben der Unternehmen ermöglichen.

Was können deutsche Firmen nun aber tatsächlich tun, um sich für das Kommende zu rüsten und innovativer zu werden? Dazu gibt es neben dem richtigen Mindset und neuen Verhaltensweisen auch Werkzeuge und Methodologien, die gelernt und angewandt werden können. Aber alles gehört unbedingt zusammen. Mir fällt dazu das Beispiel eines ungarischen Start-up-Gründers ein, den ich eine Woche lang im Silicon Valley betreuen durfte. Gleich zu Beginn hatte ich ihn zu einem zweitägigen Design-Thinking-Workshop in Stanford geschickt. Er selbst erzählte mir, dass er ein Jahr zuvor bereits einen solchen Workshop in Budapest absolviert habe und dass er damals noch nicht bereit dazu gewesen sei. Sein Start-up hatte er gerade aufgebaut und kurz vor seiner Ankunft wieder zusperren müssen; so war er auf der Suche nach dem nächsten Ding. Jetzt öffnete er sich neuen Ideen und Konzepten, und Design Thinking wurde für ihn plötzlich zum willkommenen Werkzeug, um etwas Neues zu schaffen.

Nachfolgend stelle ich einige Konzepte und Herangehensweisen vor, die erklären, in welchen Verhaltensweisen man teilweise feststeckt und wie man aus ihnen ausbrechen kann. Auch gehe ich kurz auf Methoden ein, die dabei helfen können, die eigenen Stärken mit denen des Silicon Valley abzugleichen.

Unternehmensleitbilder

ICH WIEDERHOLE ES nochmals: 2016 war ein Rekordjahr für die deutsche Automobilindustrie. Alle Hersteller konnten Umsatzrekorde und Zuwächse vermelden. Porsche beispielsweise gönnte jedem Mitarbeiter einen Bonus von 9.111 Euro.[3] Es geht uns doch gut, warum sollten wir also etwas ändern? Taucht man jedoch tiefer in die Verkaufszahlen ein, sieht man, dass sie teilweise nur durch hohe Rabatte erreicht werden konnten. Das Rabattniveau lag um 35 Prozent höher als 2010. Vor allem Dieselfahrzeuge liegen wie Blei bei den Händlern, die Dieselzulassungen sanken um 2,8 Prozent. Und da Dieselfahrzeuge vor allem als Firmenwagen beliebt sind – nur ein Viertel aller Neuzulassungen fällt in den Privatsektor – trifft die Tendenz der Unternehmen, sich zurückzuhalten, die Hersteller besonders schmerzlich. Gleich ein Drittel aller Neuzulassungen veranlassen die Hersteller selbst als sogenannte „Tageszulassungen", damit sie die Fahrzeuge mit hohen Rabatten verscherbeln können.[4] Besonders VW wird abgestraft, und das zu Recht. Während der Automarkt insgesamt um 5,3 Prozent wuchs, verkaufte die Marke VW knapp zwei Prozent weniger Dienstfahrzeuge, davon 7,3 Prozent weniger Diesel.[5] Die Verunsicherung der Kunden aufgrund des Dieselabgas-Skandals und der Diskussionen um Fahrverbote zeigt Auswirkungen. Und nun kommen auch noch Millionen Dieselfahrzeuge von Daimler und Audi hinzu."

Und war das noch nicht schlimm genug, platzt der Preisabsprachenskandal hinein. Auch hier sind Milliardenstrafen für alle beteiligten deutschen Hersteller zu erwarten, Geld, das man besser in die Entwicklung neuer Technologien hätte stecken sollen. Dass vieles bei den deutschen Autoherstellern zum Himmel stinkt, wird immer sichtbarer und kann keiner mehr leugnen. Drastische Änderungen sind unumgänglich. Doch steht man sich weiter selbst im Weg.

Deutsche Hersteller streben nach Perfektion, wie schon die alten Ägypter. Die hatten erreicht, was sie dafür hielten, und stoppten. Die Griechen hingegen strebten nach mehr. Sie wollten immer die Besten sein.[6] Das ist einer der Gründe, warum Wohlstand und Fülle oft zu Stagnation führen. Alles scheint perfekt, es muss nichts verbessert werden. Für Kreativität aber benötigt man eine Mischung aus Reichtum und Armut, aus Schönheit und Hässlichkeit, aus Dingen, die funktionieren, und welchen, die unzuverlässig sind. Das erklärt zum Teil, warum Berlin das Start-up-Zentrum Deutschlands ist und nicht München, Hamburg oder Köln.

Um sich wieder richtig aufzustellen, müssen die Automobilhersteller einen Schritt zurückgehen und sich wieder mit den grundsätzlichsten Fragen beschäftigen. Warum existiert das Unternehmen überhaupt? Was ist seine Daseinsberechtigung? Was wäre, wenn es uns nicht gäbe? Sieht man sich die Leitbilder und Unternehmensstrategien der deutschen Autobauer an, versteht man, warum sie so erfolgreich waren und warum sie auf die kommenden Änderungen so schlecht vorbereitet sind.

- Die BMW-Gruppe beispielsweise hat als Mission Statement das Ziel, „bis 2020 der weltweite Führer von hochwertigen Produkten und Dienstleistungen für individuelle Mobilität zu werden".[7] Jede Marke im Haus verfügt dazu noch über eine eigene Markenidentität. BMW steht für die „reine Freude am Fahren. Sportliche und dynamische Leistung mit superbem Design und exklusiver Qualität." Der MINI wiederum „gewinnt Herzen und verdreht Köpfe".[8]
- Audi hingegen steht hinter „Vorsprung ist unser Versprechen" als Strategie und führt weiter aus, dass sie „begeistern durch nachhaltige, individuelle Premium-Mobilität. Basis bleiben unsere Premium-Fahrzeuge."[9]
- Volkswagens Vision lautet: „Wir sind ein weltweit führender Anbieter nachhaltiger Mobilität", wobei sich die Mission in folgende Punkte aufteilen lässt:[10]

  a) Wir begeistern unsere Kunden mit passgenauen Mobilitätslösungen.

  b) Wir erfüllen die vielfältigen Bedürfnisse unserer Kunden mit einem Portfolio starker Marken.

  c) Wir übernehmen und leben tagtäglich Verantwortung für Umwelt, Sicherheit und Gesellschaft.

  d) Wir handeln integer und bauen auf Verlässlichkeit, Qualität und Leidenschaft als Grundlage unserer Arbeit.

- Mercedes sagt: „Als der Erfinder des Automobils glauben wir, dass es unsere Mission und Pflicht ist, die Zukunft der Mobilität in einer sicheren und nachhaltigen Weise zu gestalten – mit richtungsweisenden Technologien, hervorstechenden Produkten und maßgeschneiderten Dienstleistungen."[11] Mercedes-Benz USA fügt Werte hinzu, die unter dem Motto „What Drives Us" („Was uns antreibt") stehen:
  a) das Recht, Kompromisse abzulehnen
  b) den Instinkt, das zu schützen, was wichtig ist
  c) die Verpflichtung, ein Erbe zu bewahren
  d) die Vision, jedes Detail zu berücksichtigen
  e) den Weitblick, Verantwortung zu tragen
  f) die Kraft, Erwartung überzuerfüllen

Manche der Statements, Missions und Visions beinhalten allgemeine und teilweise nichtssagende Ziele, andere sind so detailliert, dass sie den Blick auf das Ganze verstellen. Worin besteht beispielsweise der Wert, weltweiter Führer seiner Branche, also das größte Unternehmen zu sein? Warum ist es wichtig, dass ein Hersteller mit seinen Modellen Köpfe verdreht? Andere Aussagen widersprechen dem publik gewordenen Handeln der Hersteller. Dass Volkswagen sich einen Satz wie „Wir übernehmen und leben tagtäglich Verantwortung für Umwelt, Sicherheit und Gesellschaft" auf die Fahne schreibt, ist fast schon pervers. Und würden alle Hersteller nachhaltig denken und handeln, wäre Deutschland in der Elektromobilität und bei nachhaltigen Antrieben vorn mit dabei und nicht das Rücklicht. Alle Unternehmen nehmen das Wort Mobilität in den Mund, ohne zu beschreiben, warum dies wichtig sei. Mobilität ist kein Selbstzweck, sondern ermöglicht lediglich andere Dinge, so wie es die Elektrizität schon gezeigt hat. Was wir heute bei deutschen Herstellern sehen, sind 40-jährige Männer, die Autos für 40-jährige Männer bauen. Nicht mehr und nicht weniger. Für sie selbst sind das die besten Autos, die sie sich vorstellen können, für den Rest der Gesellschaft – und das ist die Mehrheit – aber eben nicht.

Zur Gegenüberstellung hier die Vision des chinesischen Herstellers autonomer elektrischer Fahrzeuge NIO: „Give people time back – to be who they want to be." („Gebt den Menschen Zeit zurück – um zu sein, wer sie sein wollen.")

Unternehmenskultur

„Wir können alles, außer Zukunft."

(UNTERNEHMENS-)KULTUR IST dieses große Wort, das uns den Eindruck vermittelt, sie sei vorgegeben und könne nicht von uns geändert werden, sondern nur von anderen. Wie ich in meinem Buch *Das Silicon-Valley-Mindset* schon ausgearbeitet habe, ist Kultur ein Ergebnis vieler kleiner Verhaltensweisen, die jeder von uns an den Tag legt. Besuchen Delegationen das Silicon Valley, ist es mein Bestreben, die Teilnehmer diese Tatsache selbst erleben zu lassen, damit sie verstehen, wie sehr ihre Einstellung die in diesem Fall so sehnlichst erwünschte Innovationskultur hemmt. Kultur beginnt bei jedem Einzelnen, egal ob man an der Spitze des Unternehmens steht oder Mitarbeiter ist, ob man als Betriebsrätin das Unternehmen von innen oder es als Journalist von außen betrachtet. Natürlich wiegt das Verhalten an der Spitze schwerer, es färbt auf alle Ebenen darunter ab.

Beispiele von Firmen, die Krisen meisterten oder sich im Gegenteil noch stärker darin verstrickten, zeugen davon, welch großen Einfluss die Firmenkultur auf die Ereignisse hat. James E. Burke war von 1976 bis 1989 Vorstandsvorsitzender von Johnson & Johnson, einem US-Pharmazieunternehmen. Kurz nach seinem Amtsantritt rief er das Managementteam in sein Büro, um das interne Firmencredo zu diskutieren, das seit 1943 in allen Firmenräumlichkeiten allgemein sichtbar aushing. Burke hegte den Verdacht, dass die Unternehmensphilosophie nicht mehr ernst genommen, sondern nur mehr als „Schrift an der Wand" wahrgenommen wurde. Sein Vorschlag bestand darin, dieses Credo, das unter anderem auch Johnson & Johnsons Verpflichtung enthielt, Mütter nach der Geburt zu unterstützen, abzureißen und zu vernichten. Was folgte, war eine lebhafte Diskussion des Managementteams über Wirtschaftsethik und führte dazu, die ausgeschriebene Philosophie nicht nur beizubehalten, sondern auch vorzuleben.

„Mit unserem Credo verpflichten wir uns, die Gesundheit und das Wohl der Menschen in den Mittelpunkt unserer Tätigkeit zu stellen. Darum setzen wir uns ein für das Gemeinwohl, die Umwelt und unsere Mitarbeiter – und berichten regelmäßig über Geschichten von Menschen, die wir unterstützen konnten."

Eine Chance dazu ließ nicht lange auf sich warten. 1982 wurde entdeckt, dass in einigen Chicagoer Apotheken Packungen mit Tylenol in Umlauf gebracht worden waren, die zu hohe und damit tödliche Dosen des Wirkstoffes enthielten. Das Unternehmen reagierte prompt. Es erfolgte eine landesweite Rückrufaktion sowie eine Öffentlichkeitskampagne, die Kunden und Apotheker darauf hinwiesen. Die ganze Aktion kostete das Unternehmen 100 Millionen Dollar. Erstaunlich war, dass Burke gar nichts davon mitbekam, weil er sich vom Zeitpunkt des Bekanntwerdens bis zum Anlaufen und der Ausführung der Rückrufaktion auf einem Langstreckenflug befand. Seine Mitarbeiter hatten in seiner Abwesenheit alle Maßnahmen im Sinne des Firmencredos veranlasst. Dieses Beispiel gilt heute als *das* Lehrbuchbeispiel für vorbildliches, dem Kunden und letztendlich auch dem Unternehmenszweck dienliches Krisenmanagement.[12]

Und dann haben wir da Volkswagen. Stellt man das Krisenmanagement der beiden Unternehmen gegenüber, scheint VW alles daranzusetzen, genau das Gegenteil von Johnson & Johnson zu tun. Erst nach Androhung ernster Konsequenzen gab man den Betrug zu. Und selbst danach versucht man, alles in der Macht Stehende zu tun, um die Aufklärung des Skandals zu be- und verhindern. Diese Art der Firmenkultur war schon unter dem Firmenpatriarchen und seinem Nachfolger üblich, die Mitarbeiter lächerlich machten, Journalisten zurechtstutzten und Schuld auf andere abwälzten. Vergnügungsreisen mit Prostituierten, um Betriebsräte bei Laune zu halten, wurden vom Vorstand als bloße „Unregelmäßigkeiten" gesehen.

Es kam also zu einer „Normalisierung abweichenden Verhaltens". Die Soziologin Diane Vaughan bezeichnet mit diesem Begriff ein Verhalten, das unter normalen Umständen nicht zu vertreten wäre und plötzlich zum „ist völlig okay" mutiert.[13]

Ein weiteres Beispiel, wo ein derartiges abweichendes Verhalten zur Norm wurde, liefert Ford. Beim Pinto gab es Probleme mit dem Tank; es bestand die Möglichkeit, dass er bei einem Auffahrunfall von hinten explodierte und die Insassen verbrannten. Managementprofessor Dennis Gioia, der eine Zeit lang für Ford arbeitete, schilderte, wie ihn die Firmenkultur „umgedreht" habe. Vor und nach seiner Tätigkeit beim Autohersteller sei es für ihn ganz klar gewesen, dass ein Unternehmen in solch einem Fall die moralische Verpflichtung habe, das Produkt aus dem Verkehr zu ziehen. Während er aber selber „drinsteckte", sah er das anders. Kaum zu glauben, oder?[14] Gioia machte die „Unternehmensskripts" dafür verantwortlich. Da Manager bei ihrer Arbeit mit sehr vielen, teilweise widersprüchlichen und unvollständigen Informationen bombardiert werden, verwenden sie Skripts, die rasche Entscheidungen erlauben, die Arbeit erleichtern und eine kognitives Überforderung verhindern. Nur können diese Skripts auch fehlerhaft sein, sie blasen sich mit der Zeit auf, während sie gleichzeitig kritisches Hinterfragen behindern. Skripts sind erstaunlich dehnbar, um neue, widersprüchliche Informationen zu rationalisieren und einzupassen. Manchmal muss erst etwas passieren, bis ein Procedere neu überdacht wird.

Ein ähnliches Problem hatten die NASA-Ingenieure, die für die Spaceshuttle-Starts zuständig waren. Bei früheren Starts waren an einigen Dichtungsringen unübliche Schädigungen aufgefallen. Die Vermutung, dass sie bei niedrigen Temperaturen nicht richtig funktionierten, war sogar durch Tests bestätigt worden. Trotzdem ließen die internen Skripts kein weiteres kritisches Hinterfragen zu. Ein dringend erforderliches Nein zum Start wurde somit zum Ja – und führte zum Tod der Astronauten an Bord der Challenger.

Das Volkswagenbeispiel zeigt eine ebensolche „Script-Kultur", die auf unrealistischen Anforderungen gepaart mit Angst basiert, sodass Anweisungen befolgt und nicht mehr hinterfragt werden. Schummelsoftware einzubauen wurde somit zum gängigen Verhalten und als okay deklariert. Ein kleines unethisches Verhalten hier, ein anderes da führten zu einer Firmenkultur, die mit Ethik nicht mehr viel gemein hatte. Ein derartiges (Fehl-)Verhalten breitet sich wie von selbst auf andere Bereiche aus, fatalerweise auch gerade dort, wo es um die Zukunft des Unternehmens geht. Firmenkultur gebiert oder zerstört Innovationskultur.

Das Silicon-Valley-Mindset

ER NIEDERLÄNDISCHE Primatenforscher Frans de Waal beobachtete das Verhalten von Schimpansen und Kapuzineräffchen, wenn sie versuchten, an Köstlichkeiten heranzukommen, die von den Forschern versteckt worden waren. Schimpansen denken nach, bevor sie handeln. Nach den ersten fruchtlosen Versuchen setzten sie sich hin und dachten die Situation durch, bis sie eine Lösung fanden. Kapuzineräffchen hingegen sind die ultimativen Ausprobierer. Hyperaktiv, hypermanipulierend und furchtlos spielen sie eine Reihe von Herangehensweisen durch, wie sie sich die Näscherei sichern könnten. Es schert sie nicht, hundert Mal zu scheitern, sie geben nicht auf, bis sie erfolgreich sind.[15]

Wer sich je mit sogenannten Lean- und Agile-Methoden auseinandergesetzt hat, sieht sofort den Zusammenhang. Deutsche, Österreicher und Schweizer tendieren dazu, zunächst einmal alles lange zu durchdenken, die Probleme auszumachen und Spezifikationen und Lastenhefte zu schreiben, bevor sie eine Sache angehen, um eine Lösung zu finden. Im Silicon Valley hingegen ist das rasche Ausprobieren und das damit oftmals einhergehende schnelle Scheitern eine erlaubte und erwünschte Vorgehensweise. Die Deutschen verhalten sich wie Schimpansen, die Silicon-Valley-Nerds wie Kapuzineräffchen.

Beide Methoden bergen ihre Vor- und Nachteile. Die Schimpansenmethode funktioniert gut, wenn das Problem weitgehend bekannt und bestehende Fachexpertise vorhanden ist. Effizienzinnovation profitiert von dieser Art der Herangehensweise. Die Kapuzineräffchenmethode kommt zum Zug, wenn das Problem nur vage bekannt ist, zu viele Variablen vorhanden sind und noch unbekanntes, externes Wissen einbezogen werden muss. Hier zählen das Erforschen und das Ausprobieren. Vor allem disruptive Innovation profitiert davon.

Wer in diese Thematik ausführlicher einsteigen möchte, dem sei mein *Mindset*-Buch empfohlen, das mehr in die Tiefe geht. Man braucht nicht auf den großen Kulturwandel „von oben" zu warten, es beginnt bei einem selbst – mit vielen kleinen Verhaltensweisen.

Innovationsarten
nach Clayton Christensen

„Innovation zu verordnen ist wie Spontaneität einzuplanen."

– unbekannt

INNOVATION GESCHIEHT, wenn eine einzelne Entdeckung oder Erfindung in die Hände der Allgemeinheit gerät und kommerzialisiert wird. Forscher an Universitäten kommen meist nicht über das Entdeckerstadium hinaus. Und das viel zitierte Erfinderschicksal ist oft nichts anderes als das Unvermögen und der Mangel an Gelegenheit und geeigneten Rahmenbedingungen, das Entdeckte auch gewinnbringend zu vermarkten.

Innovation kommt in zwei Ausprägungen vor: der inkrementellen oder schrittweisen und der disruptiven Innovation. Inkrementelle Innovation wird zumeist von Experten durchgeführt und verbessert eine Technologie oder einen Prozess um einige Prozentpunkte, ersetzt sie aber nicht. Sie kann über einen längeren Zeitraum zu gewaltigen Effizienzsteigerungen und Kostenverringerungen führen. Disruptive Innovation hingegen wird oft von Nichtexperten und Außenseitern vorangetrieben und wirft die alte Technologie oder einen gewohnten Prozess über den Haufen. Sie wirkt gewalttätig und zerstörend, weil in der Übergangszeit ganze Berufsgruppen durch neue ersetzt und bereits getätigte Investitionen null und nichtig werden.

Je länger beispielsweise eine Technologie, ein Prozess oder ein Geschäftsmodell nur inkrementell verbessert wurden, desto heftiger kann sich eine disruptive Innovation auswirken. Da nichts in einem Vakuum existiert, sondern von anderen Technologien und Prozessen umgeben ist, die ebensolchen Innovationstendenzen unterliegen, ist es nur eine Frage der Zeit, bis eine disruptive Innovation einen selbst betrifft.

In seinem mittlerweile als Innovationsbibel gehandelten Buch „The Innovator's Dilemma" hat Harvard-Professor Clayton Christensen in den 1990er-Jahren zum ersten Mal die Gründe analysiert, warum etablierte Unternehmen Innovationskraft verlieren und von Neueinsteigern überrumpelt werden.[16] Seine jüngsten Forschungen verlagerten den Fokus auf Wirtschaftskrisen und Arbeitsplatzverluste. Dabei studierte er die zehn zurückliegenden Wirtschaftskrisen von 1948 bis 2008, um herauszufinden, wie lange es dauert, bis die Wirtschaftskennzahlen und Beschäftigtenzahlen wieder auf Vorkrisenniveau sind.

Die Arbeitsplatzverluste der sieben Wirtschaftskrisen von 1948 bis 1981 konnten im Durchschnitt bereits sechs Monate später wieder aufgefangen werden. Das heißt: Nach einem halben Jahr befanden sich die Beschäftigungszahlen wieder auf dem Niveau von vor der Wirtschaftskrise.

Das änderte sich aber ab 1990. In dieser Wirtschaftskrise brauchte es 15 Monate, um zum selben Stand der Beschäftigungszahlen zurückzukehren. 2001 waren es dann schon 39 Monate. Und als Christensen 2013 einen Vortrag dazu hielt, waren bereits fast 70 Monate seit dem Beginn der Wirtschaftskrise von 2008 vergangen, ohne dass die Beschäftigtenzahlen den Vorkrisenstand erreicht hatten (siehe Tabelle 10). Er bezeichnete dieses Phänomen als „jobless recoveries", also wörtlich als „arbeitsplatzlose Wirtschaftserholung". Er fragte sich, was wohl die Hintergründe

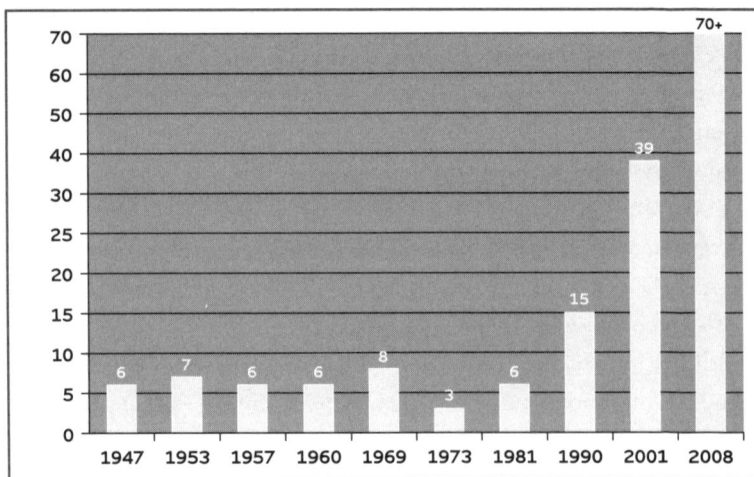

Tabelle 10: Zeitdauer in Monaten, bis Arbeitsplatzverluste wieder wettgemacht wurden und die Beschäftigung das Vorkrisenniveau erreichen

sein könnten. Warum wuchsen bis 1981 die Beschäftigtenzahlen nach jeder Krise wieder, nach den jüngsten aber nicht mehr? Was wurde aus den verlorenen Jobs?

Dabei machte er die Entdeckung, dass es generell drei Arten von Innovation gibt:

Die **„aufbauend wirkende Innovation"** (empowering innovation) schafft Arbeitsplätze, indem sie die Menschen zu neuen Tätigkeiten ermächtigt. Als Beispiel führt er die Einführung des Ford Model T an. Bevor es dieses Auto gab, sah man Automobile eher als Spielzeug der Reichen. Nun konnten sich auch breitere Bevölkerungsschichten einen Wagen leisten und für Tätigkeiten einsetzen, die ihnen mehr Wertschöpfung in anderen Bereichen gestattete. Dabei wurden neue Märkte erschlossen.

Die **„aufrechterhaltende Innovation"** (sustaining innovation) stützt die vorhandenen Märkte und schafft nur einige neue Arbeitsplätze. Als Beispiel führte er den Toyota Camry (gute Innovation) und den Toyota Prius (bessere Innovation) an. Das eine wurde durch das andere ergänzt und ersetzt, die Zielgruppen und Absatzmöglichkeiten blieben gleich.

Eine **„effizienzsteigernde Innovation"** (efficiency innovation) geschieht, wenn Produktionsprozesse verschlankt werden, man weniger Material verbraucht und höhere Durchsätze bei weniger oder gleichbleibenden Beschäftigungszahlen schafft. Diese Art von Innovation vernichtet Arbeitsplätze.

Stellt man diesen Innovationsarten die Auswirkungen auf Arbeitsplätze und Kapital gegenüber, ergibt sich das in Tabelle 11 dargestellte Bild.

	Aufbauend wirkende Innovation	Aufrechterhaltende Innovation	Effizienzsteigernde Innovation
Arbeitsplätze	schafft viele	schafft wenige	vernichtet
Kapital	bindet	gebraucht beschränkt	setzt frei
Märkte	schafft neue	erhält bestehende	erhält bestehende

Tabelle 11: Innovationsarten und deren Auswirkung auf Arbeitsplätze und Kapital

In der Vergangenheit bestand zwischen diesen Innovationsarten eine
Art Gleichgewicht. Alle drei existierten gleichwertig. Der Kapitaleinsatz
und -gewinn in einem Bereich wurde ebenso für die anderen Bereiche
verwendet. Ab den 1980er-Jahren allerdings wurde Wirtschaft zu einem
wissenschaftlichen Zweig mit eigener Sprache und Methodologie. Plötzlich führte man Ratios (Verhältniskennzahlen) und Ähnliches ein mit
dem Ziel, die Kapitalknappheit in Angriff zu nehmen und Geld nur in
der am meisten Ertrag bringenden Form einzusetzen. Die berüchtigte
Exceltabelle wurde mit Wirtschaftskennzahlen gefüttert, und gestandene
Firmenchefs mussten jungen Wirtschaftsabsolventen in Investmentfirmen
plötzlich Rede und Antwort stehen. Der Shareholder-Value wurde zum
Mantra. Und die Firmenchefs folgten ihm widerspruchslos.

Statt Kapital in aufbauend wirkende und aufrechterhaltende Innovationsprojekte zu stecken, wurde es vermehrt in effizienzsteigernde Projekte
gesteckt. Der Return on Investment (ROI) – eine weitere dieser Wirtschaftskennzahlen – war damit rascher und mit größerer Erfolgswahrscheinlichkeit zu erreichen, auch wenn die Ertragshöhe üblicherweise
niedriger als bei den anderen beiden Innovationstypen ausfiel. Die erweiterte Tabelle sieht dann folgendermaßen aus:

	Aufbauend wirkende Innovation	Aufrechterhaltende Innovation	Effizienzsteigernde Innovation
Arbeitsplätze	schafft viele	schafft wenige	vernichtet
Kapital	bindet	gebraucht beschränkt	setzt frei
ROI-Dauer	langfristig	mittelfristig	kurzfristig
Erfolgsgewissheit	sehr unsicher	unsicher	sicher
Ertragshöhe	hoch	mittel	niedrig

Tabelle 12: Innovationsarten und deren Auswirkung auf Arbeitsplätze,
Kapital, ROI–Dauer, Erfolgsgewissheit und Ertragshöhe

Durch erfolgsorientierte Quartalsberichte, wie sie bei öffentlich gehandelten Unternehmen üblich sind, werden Manager zu kurzfristigem
Denken und Verhalten „erzogen". Diese Tendenz hat sich in der Praxis
und in vielen Studien bereits gezeigt. Die Mikro- und Makrobetrach-
tung von Wirtschaftsverhaltensforscher Richard Thaler und Al Gores
Umfrage unter Geschäftsführern und Finanzchefs zu schlechteren

Quartalsergebnissen im Gegensatz zu langfristigen Gewinnen habe ich bereits am Anfang des Buches erwähnt.

Der Fokus richtet sich dabei ganz auf die Finanzkennzahlen, welche in den Boni und Anreizsystemen für Manager ihren Niederschlag finden. Was kümmert mich ein Elektrofahrzeug, das ich erst in fünf Jahren auf den Markt bringe, wenn ich heute den Diesel verkaufen kann? Susan Christopherson von der Cornell University weist ebenso wie Clayton Christensen auf diese seit den 1980er-Jahren zunehmend zahlen- und ergebnisorientierte wirtschaftliche Ausrichtung hin. Für Unternehmen, die mit der Herstellung von Dingen begannen, wurde das Schaffen von Finanzkonstrukten bald profitabler als die eigentliche Produktion, die zur Nebensache, ja geradezu zu einem störenden Faktor im Unternehmensgefüge degradiert wurde.[17]

Hinzu kommt, dass die Kapitalknappheit von vor 50 Jahren gar nicht mehr gegeben ist. Im Gegenteil! Investmentmanager jammern, dass es zu wenige gute Investitionsmöglichkeiten gebe. Damit meinen sie aber vor allem Investments in effizienzsteigernde Innovationen. Auf eine Kurzformel gebracht: Zu viel Geld sucht nach (zu wenig vorhandenen) Investitionen. Umgekehrt beklagen Start-up-Gründer und Innovatoren, die gänzlich Neues ausprobieren, dass es sehr schwer sei, an Kapital zu kommen. Zu viel Geld stürzt sich auf effizienzsteigernde Innovationen, während Projekte mit aufbauend wirkender und aufrechterhaltender Innovation keine Unterstützung erhalten.

Um es auf den Punkt zu bringen: All das hat weitreichende Auswirkungen auf unsere Arbeitsplätze. Sie werden nicht oder nicht mehr in ausreichender Zahl geschaffen. Das lässt Unternehmen jedoch viel anfälliger für „Attacken" werden, wenn mit Risikokapital ausgestattete Unternehmen disruptive Innovationen ins Spiel bringen. Und die kommen vor allem aus dem Silicon-Valley-Umfeld. Dortige Venture Capitalists investieren vor allem in die beiden ersten Innovationsarten. Effizienzgesteuerte Investoren und Kapitalgeber schwächen Unternehmen weltweit auf eine Weise, dass sie zu widerstandslosen Opfern der Silicon-Valley-Unternehmen werden können. Und das betrifft alle Industrien. Wie breit gestreut dieses Problem ist, lässt sich anhand der ganz unterschiedlichen Delegationen erkennen, die zu Besuch kommen.

Disruptoren sind laut Clayton Christensen nicht einfach nur neue Konkurrenten, sie schaffen einen völlig neuen Markt, dazu noch einen äußerst lukrativen. Einer Schätzung der Beratungsfirma McKinsey zufolge könnte der gesamte Datendienstleistungsbereich im Autosektor bis zu 750 Milliarden im Jahr 2030 erwirtschaften.[18] Wir können – wie mein Mathematikprofessor gesagt hätte – „mit an Sicherheit grenzender Wahrscheinlichkeit" vorhersagen, dass deutsche Unternehmen hier keine große Rolle spielen werden. Im besten Fall werden wir noch Blech für digitale Unternehmen biegen dürfen.

Automobilbauer kaufen regelmäßig Fahrzeuge der Konkurrenz, testen und zerlegen sie, um sie zu analysieren. So geschah es auch mit Tesla-Modellen. Die Untersuchung des USB-Ports durch einen deutschen Hersteller ergab, dass Tesla einen nicht industriekonformen Standard verwendete und einfach den für Verbraucher einsetzte. Ein kaputter USB-Stick würde genügen, um die Fahrzeugsysteme außer Gefecht zu setzen. So etwas käme für einen deutschen Hersteller nie infrage und war lange Zeit der Grund dafür, den Mitbewerber nicht ernst zu nehmen. Reden wir gar nicht erst von den Spaltmassen, der Innenausstattung und den Verlusten, die Tesla schreibt. Indem man sich nur auf die vermeintlichen Schwächen des Gegners konzentriert, wird man blind für die Disruption, die gleichzeitig stattfindet, wenn eine angeblich so simple Technik Vorgehensweisen erleichtert und schnellere Schritte zulässt. Die Gefahr wird einfach ignoriert, man fühlt sich haushoch überlegen. Als Goliath eben. Bis es (fast) zu spät ist, die Kurve noch zu kriegen und aufzuholen.

Wie der Fokus auf kurzfristige Wirtschaftskennzahlen die langfristigen Unternehmenschancen eines Unternehmens gefährden kann, erläuterte Clayton Christensen anhand eines Beispiels aus der Stahlbranche:[19] In der Vergangenheit gab es zwei dominante Formen auf dem Markt, das integrierte Stahlwerk und das Kompaktstahlwerk. Ersteres kostet heutzutage zehn Milliarden Dollar und erzeugt eine weite Produktspanne aus Eisenerz für unterschiedlichste Anforderungen. Die Palette reicht von billigem Betonstahl bis zum vergleichsweise teuren Blech für den Automobilbau.

Die ab den 1960er-Jahren eingesetzten kostengünstigen und verhältnismäßig kleinen Kompaktstahlwerke, die einen Lichtbogenofen verwenden, produzierten anfänglich billigen Baustahl aus Altmetallen, wie sie beispielsweise beim Automobilrecycling anfallen. Sie siedelten sich vor allem in Gegenden an, wo es zwar viel Altmetall, aber keinen Zugang zu Roherzen gab. Baustahl von niedriger Qualität kann erwartungsgemäß nur zu einem geringen Preis mit entsprechend kleiner Gewinnspanne verkauft werden. Er war aber um etwa 20 Prozent billiger als der, den die Integrierten herstellten. Und doch führte keines der Großstahlwerke Kompaktstahlwerke ein, obwohl es den Preis für diese Baustahlkategorie um ein Fünftel gesenkt hätte. Die Betreiber integrierter Stahlwerke waren sogar froh, sich aus diesem Markt zurückziehen und ihn den kleineren Konkurrenten überlassen zu können, weil die Gewinnspanne lediglich bei sieben Prozent lag. Durch den Rückzug stieg ihre Gesamtprofitabilität, während die Kompaktstahlwerke froh waren, weitere Kunden für einfachen Baustahl dazuzugewinnen. Sobald aber die integrierten Stahlwerke als Mitbewerber ausfielen, sank der Preis. Der Wettbewerb untereinander zwang die Kompaktstahlwerke, Geldvorteile an die Kunden weiterzugeben. Eine Strategie, die auf niedrige Kosten setzt, funktioniert eben nur so lange, wie es einen Konkurrenten mit höheren Produktionskosten im Markt gibt.

Die Kompaktstahlwerke konnten zuerst noch Gewinne verzeichnen, indem sie effizienter produzierten, aber auch das hatte seine Grenzen. Bis es dem ersten von ihnen gelang, Baustahl von höherer Qualität ebenfalls mit einem Kostenvorteil von 20 Prozent gegenüber den integrierten Stahlwerken zu produzieren. Wieder zogen sich die Großen aus diesem Marktsegment zurück. Warum sollten sie ein Produkt mit einer niedrigen zwölfprozentigen Gewinnspanne verteidigen, wenn das qualitativ darüber liegende Produkt 18 Prozent brachte? Mit dem Ausstieg stieg wiederum ihre Gesamtgewinnspanne, und auch die kleinen Kompaktstahlwerke machten vorübergehend viel Geld.

Ist das Muster zu erkennen? Es wiederholte sich so lange mit immer besseren Stahlprodukten, bis heute kein einziges integriertes Stahlwerk mehr in den USA existiert. Die Manager trafen basierend auf den Wirtschaftskennzahlen wie Gewinnspanne und Profitabilität völlig rationale Entscheidungen. Die Gewinnspannen wurden immer größer, der Markt jedoch schrumpfte immer weiter.

Toyota begann ähnlich niedrigschwellig wie die Kompaktstahlwerke. Der Japaner startete nicht mit der Luxusmarke Lexus, sondern mit einem sehr schlechten und billigen Auto. 1960 wurde der Corona erstmals in den USA verkauft. Dann folgten mit Tercel, Corolla, Camry, Avalon, Forerunner und Sequoia immer bessere Autos zu höheren Preisen, bis letztendlich das Premiumfahrzeug auf den Markt kam. Doch nun wird Toyota von Unternehmen aus Südkorea (Hyundai) und China angegriffen, die schlechtere Autos in Produktbereichen mit niedrigen Gewinnspannen fabrizieren. Das Spiel beginnt von Neuem.

Amerikanischen Autoherstellern erging es ebenfalls wie den integrierten Stahlwerken. Pick-ups garantierten weitaus höhere Gewinnspannen als Kleinwagen. Das Endergebnis ist bekannt: GM und Chrysler mussten 2009 Insolvenz anmelden. Und auch digitale Kameras griffen den Markt von unten an. Die Qualität der Bilder konnte mit dem Fotopapier von Kodak nicht mithalten. Doch wir alle wissen, wer letztendlich 2012 „weggeputzt" wurde.

Christensen bezeichnet dieses Marktphänomen als „Wettbewerb gegen Nichtkonsum" (Competing against non-consumption). In jedem Markt gibt es Kunden, die nicht am Konsum teilnehmen, weil ihnen die Produkte zu teuer sind. Sobald aber ein Mitbewerber mit einem ähnlichen, für sie erschwinglichen Produkt auftritt, erschließt sich ein neuer Kundenstamm. Die Alternative zu einem billigen, krächzenden Radio ist kein Radio. Die Alternative zu einem billigen Auto wie dem Toyota Corona war 1960, kein Auto zu besitzen. Nichtkonsumation bietet somit die größte Chance für Wachstum, doch wird das von den vorherrschenden Anbietern fast nie als Möglichkeit erkannt.

Neben dem Angriff auf die Märkte vom Boden aus sehen wir heute aber auch noch eine Art Zangenangriff der neuen Automobilunternehmen, der von unten und oben gleichzeitig kommt. Hört man Mitarbeiter deutscher Hersteller über Tesla sprechen, weisen sie vor allem auf die schlechte Ausführungsqualität hin, auf größere Spaltmaße, die Verwendung billiger Komponenten und die „weiche" Lenkung. Und das alles für einen Preis, für den man einen hochwertigen Mercedes oder BMW bekommen könnte. Gleichzeitig aber bieten die Tesla-Fahrzeuge ein solches Plus an digitalen Services und eine Beschleunigung, die jeden Sportwagen in den Schatten stellt, sodass wir hier von einer teilweise schlechteren als auch einer teilweise viel besseren Qualität als üblich sprechen können. Und das alles vereint im selben Produkt. Uber macht das ähnlich, wobei aber hier allein die Preise „von unten" kommen. An Service, Erfahrung und Qualität sind die Fahrzeuge üblicherweise herkömmlichen Taxis überlegen – zumindest in Europa.

Ockhams Rasiermesser:

Gibt es ein Sparsamkeits-

prinzip der Innovation?

ER TECHNOLOGISCHE Fortschritt in der Automobilindustrie der letzten 100 Jahre ist beeindruckend. Trotz aller Unkenrufe und Kritik laufen Motoren heute sparsamer, effizienter und geräuschärmer als je zuvor. So richtig bewusst wurde mir das nach einem Sprachaufenthalt in Russland im Jahr 1994. Nach einem Monat in Sankt Petersburg – die Sowjetunion war gerade erst zerfallen und westliche Autos stellten noch eine rare Erscheinung dar – kehrte ich nach Wien zurück und bemerkte als erstes, wie leise die Autos waren. Ich erinnere mich noch, wie ich im Mercedestaxi saß und meine Mitreisenden auf die Stille hinwies. Keine lauten Motorengeräusche, keine sichtbaren Abgaswolken, kein Zittern und Brummen und vor allem auch keine Schlaglöcher auf den Straßen. Selbst innovative Konzepte wie das automatische An- und Abschalten des Motors basieren auf einer so fortschrittlichen Technologie, dass der Fahrer oft gar nicht mehr mitbekommt, ob das Auto überhaupt läuft oder nicht.

Inkrementeller technologischer Fortschritt kommt jedoch nicht ohne einen Pferdefuß daher. Das Produkt wird komplexer. Ein moderner Verbrennungsmotor besteht aus zwischen 100 und 1.000 Teilen, je nachdem, was man alles hinzuzählt und um welches Modell und Baujahr es sich handelt. Es wird Sie nicht überraschen zu hören, dass die Teilezahl über die Jahre zunahm. Zunehmende Komplexität ist aber nicht unbedingt gleichbedeutend mit einer steigenden Fehleranfälligkeit. Moderne Motoren sind viel verlässlicher als ihre Vorfahren, weil auch Materialien und Verarbeitungsqualität kontinuierlich angehoben wurden. Allerdings erreicht man mit heutigen Motoren bereits einen Komplexitätsgrad und eine Effizienz, bei der selbst Erweiterungen und Umbauten nur mehr eine geringe Verbesserung bringen. Es stellt sich die Frage, ob man nicht auch hier „Ockhams Rasiermesser für Innovation" anwenden könnte.

Ockhams Rasiermesser – auch bekannt als Sparsamkeitsprinzip – ist eine in der Wissenschaft angewandte Regel, die fordert, dass für jeden Untersuchungsgegenstand nur eine einzige hinreichende Erklärung anzuerkennen sei.[20] Die einfachste Theorie sei der komplexeren vorzuziehen. Als Beispiel können wir das Planetenmodell nehmen. Solange man die Erde als Zentrum des Universums betrachtete, schienen die Bewegungen von Sonne, Planeten und Sternen als äußerst komplex. Sobald man auf ein heliozentrisches Weltbild mit der Sonne im Mittelpunkt umstieg, war die Theorie viel einfacher zu verstehen und ergab das Modell bedeutend mehr Sinn.

Wendet man Ockhams Rasiermesser nun auf unser Thema an, sollte Innovation vor allem bei der Komplexität der gängigen Lösungen ansetzen. Betrachtet man ein Pferd als Zugkraft und zählt man alle Teile des Skeletts und der inneren Organe zusammen, setzten sich die ersten Motoren aus weniger beweglichen Teilen zusammen als das Pferd. Mit der schrittweisen Verbesserung der Motoren kamen über die Zeit immer mehr Teile hinzu, bis das System immer komplexer wurde und geradezu nach Innovationslösungen zu schreien begann.

Der Ruf wurde erhört. In einem Elektrofahrzeug reduziert sich die Anzahl der Teile schlagartig. Weder Motor noch Getriebe oder Abgas- und Auspuffanlage werden mehr benötigt. Ein selbstfahrendes Fahrzeug verzichtet auf Schaltelemente, da es keinen menschlichen Fahrer mehr braucht. Anstelle von Lenkrad, Blinkerhebel und Gaspedal übernimmt der Computer. Die Komplexität wandert allerdings von der analogen, mechanischen Welt in die digitale Sphäre über. Aus jeder Lösung und Innovation ergeben sich irgendwann wieder neue Probleme.

Für andere Industrien gilt das ebenso. Ein digitales iPhone hat weniger bewegliche Teile als ein mechanisch funktionierender Telegraf. Trotzdem kann es Aufgaben weitaus besser und schneller erfüllen, als es das „Vorgängermodell" je konnte. Vom zeichnerischen Abbilden eines Objekts – hier kommt der Mensch mit seinen beweglichen Teilen ins Spiel – über eine einfache Plattenkamera bis hin zum komplexen mechanischen Fotoapparat mit wegklappbarem Spiegel, Zoom, Verschlussblende und Filmspule ging es Schritt für Schritt weiter in Richtung digitale Kameras, deren Zoom oft auch schon digital funktioniert.

Das Keeley-Innovations-typen-Modell: Das Geheimnis liegt in der Kombination

U ND NOCH EIN Unterscheidungsmodell von Innovation möchte ich Ihnen nicht vorenthalten. Innovationsforscher Larry Keeley beschreibt zehn Typen, die Sie in Tabelle 13 sehen können:[21]

Konfiguration	Gewinn-modell	Netzwerk	Struktur	Prozess
Angebot		Produkt Performance	Produkt System	
Erlebnis	Service	Zugangs-kanal	Marke	Kunden-engagement

Tabelle 13: Innovationstypen nach Larry Keeley

Keeley zieht folgendes Fazit: „Nach 15 Jahren, in denen wir diese zehn Innovationstypen analysiert haben, können wir nun mit hoher Sicherheit sagen, dass ein Unternehmen über die reine Produktinnovation hinausgehen muss, um wiederholt und verlässlich innovativ zu sein. Werden mehrere Innovationstypen kombiniert, garantiert das Unternehmen größeren und nachhaltigeren Erfolg." Gerade disruptive Innovatoren machen das so. Laut Keeleys Untersuchungen verbinden Topkreative durchschnittlich 3,6 Innovationstypen, durchschnittliche Innovatoren gerade mal die Hälfte davon. Die Börsenkursentwicklung von Unternehmen, deren Innovationen mehr als fünf Innovationstypen kombinieren, steigt doppelt so hoch wie der S&P500-Index. Selbst Unternehmen, die durchschnittlich nur drei bis vier Innovationstypen verwenden, liegen immer noch fast 50 Prozent über dem S&P500-Index.

Google bot mit seiner Suchmaschine durch PageRank nicht nur einen neuen, innovativen Prozess an, um Suchergebnisse zu bewerten; auch die Produktperformance, insbesondere die Geschwindigkeit, mit der Suchergebnisse gefunden wurden, sowie deren kurze Beschreibungen waren etwas Neues. Mit AdWords kam ein neues Gewinnmodell hinzu. Mittels ortsspezifischer Information werden relevante Ergebnisse über neue Zugangskanäle auf Smartphones und Computern verbreitet. Durch die aufgeräumte und spartanisch gehaltene Website setzte sich die Marke von den mit Informationen zugepflasterten Portalen anderer Suchmaschinenanbieter ab.

Henry Ford führte eine Innovation in den Automobilbau ein, die den Produktionsprozess revolutionieren sollte. Die Idee zum Fließband kam ihm beim Besuch eines Schlachthofs, wo jeder Arbeiter entlang eines Förderbands bestimmte Arbeitsschritte vornehmen musste – damit wurde eine hohe Arbeitsgeschwindigkeit erreicht. Dieses Prinzip legte er auf die Fertigung des Model T um, wodurch die Produktionszeiten auf ein Achtel reduziert und damit auch der Preis deutlich verringert werden konnten.

Frans Johansson, Autor von *The Medici Effect*, bezeichnete die Verbindung mehrerer Disziplinen zu etwas Neuartigem als „Medici-Effekt", benannt nach der italienischen Medici-Familie im 15. und 16. Jahrhundert, aus deren Wirken und Schaffen die Renaissance hervorging. Die Medicis brachten Kreative aus verschiedenen Richtungen und Disziplinen zusammen, was Kunst, Kultur, Architektur, Wissenschaft und Wirtschaft entscheidend belebte und vorantrieb.[22]

Kreativität in unserer westlichen Gesellschaft bedeutet, etwas Neues zu schaffen, das Originalität besitzt. Und genau hier wird es für die traditionellen Automobilhersteller, die Tesla, Google und Uber nur durch die technologische Brille betrachten, gefährlich. Batterietechnologie, denken sie, ist doch bekannt und stellt deshalb keine Innovation dar.[23] Dabei übersehen sie aber, dass da noch viel mehr geschieht, als einen Motor nur durch eine Batterie zu ersetzen.

Für einen Hindu kann Kreativität auch etwas sein, das unsere Aufmerksamkeit auf etwas bereits Existierendes lenkt, es wie mit einer Taschenlampe aufleuchten und uns so erst die Kreation dahinter erkennen lässt. Ein wenn auch dunkler Raum beispielsweise ist schon vorhanden, und das kreative Genie muss ihn weder erschaffen noch entdecken. Es muss ihn lediglich ins rechte Licht setzen, damit wir uns seiner Existenz bewusst werden. Und dann erkennen wir erst die Wunder, die sich darin verbergen.

Ein psychologisch sicheres Umfeld: Hinfallen, aufstehen, weitermachen

> „Der Optimist behauptet, wir leben in der besten aller möglichen Welten. Der Pessimist befürchtet, dass es so sein könnte."
>
> – JAMES BRANCH CABELL

UM WIRKLICH ERFOLGREICH zu sein, benötigt Innovation jedoch noch weitere Faktoren als die bisher genannten. Einer davon ist ein sogenanntes „psychologisch sicheres Umfeld", das Mitarbeitern erlaubt, Risiken einzugehen und zu scheitern, ohne Bestrafung fürchten zu müssen. So können sie lernen und innovativer werden. Harvard-Business-School-Professorin Amy Edmondson fand dies in einer Studie zur Fehlerhäufigkeit in Krankenhäusern bestätigt. Dort, wo ein psychologisch sicheres Umfeld in Bezug auf Scheitern dominierte, waren mehr Fehler in den Protokollen dokumentiert. Das mag auf den ersten Moment wenig wünschenswert erscheinen. Schließlich handelt es sich hier um das Leben von Menschen, eine buchstäblich todernste Angelegenheit. Bei genauerer Betrachtung und unter Heranziehung unabhängiger Datenquellen von Behandlungsfehlern erwiesen sich jedoch die Krankenhäuser mit einer geringeren Menge an protokollarisch dokumentierten Fehlern und einem psychologisch unsicheren Umfeld als weitaus riskanter für die Patienten. Fehler wurden hier vom medizinischen Personal verschwiegen, um eine Bestrafung zu vermeiden. Damit konnte zum einen entweder gar nicht oder zu spät auf die

Auswirkungen der Behandlungsfehler reagiert werden, und man hatte zum anderen nicht die Möglichkeit, aus den Fehlern zu lernen und die Behandlungen zu verbessern.[24]

Betrachtet man die Unternehmenskultur bei Volkswagen, können wir wohl ziemlich sicher davon ausgehen, dass dort kein solch psychologisch sicheres Umfeld vorherrscht.[25] Ferdinand Piëch scheint in seiner (Un-) Art, mit Mitarbeitern und Journalisten umzugehen, geradezu legendär gewesen zu sein. Vor Besprechungen mit dem ehemaligen VW-Chef Winterkorn zitterten selbst Topmanager schon Tage vorher. Und der damalige Porsche-Chef und jetzige VW-Vorstand Matthias Müller gibt wiederum seine Parole an die Mitarbeiter aus. Im besagten Interview mit dem *auto motor und sport-Magazin*, aus dem ich bereits beim „Trolley-Problem" zitiert habe, bezeichnet er autonome Fahrzeuge als Hype.[26] Zum einen ist das die teilweise verständliche Reaktion eines Mannes, der für Sportwagen zuständig war. Der Spaß an einem Flitzer liegt vor allem darin, ihn selbst zu steuern. Porsche sieht seine Felle davonschwimmen, wenn menschengelenkte Fahrzeuge immer mehr zurückgedrängt werden. Zum anderen aber signalisiert Matthias Müller den Mitarbeitern mit seinem Statement, dass Innovation in disruptiven Technologien vom obersten Boss öffentlich belächelt und nicht ernst genommen wird. Jeder, der sich trauen würde, nicht „chefkonform" zu denken und zu forschen, setzte sich der Gefahr aus, seine Karriere zu ruinieren. Damit würde und wird es keiner wagen, entsprechende Vorschläge zu unterbreiten, die das Unternehmen von innen her verändern könnten. Und schon befindet man sich in einer hausgemachten Sackgasse.

Andere Hersteller sind davor ebenfalls nicht gefeit. Als Tesla 2010 mit dem Roadster Furore machte, fragte der BMW-Vorstand bei seinem Silicon-Valley-Outpost mehr Details zu diesem Unternehmen nach. Die Analyse eines externen Beraters – der auch Tesla-Aktien besaß und in den Shareholder-Telefonkonferenzen dabei war – wurde um die Vorschläge zur weiteren Vorgehensweise gekürzt, da man sich BMW-intern nicht traute, diese von unten nach oben zu unterbreiten, sondern erst auf Anweisungen aus der Führungsriege wartete.

Wie jedoch kann eine Organisation lernen, wenn die Mitarbeiter es nicht wagen, Verbesserungsvorschläge und innovative Vorgehensweisen einzubringen? Innovation muss Aufgabe aller Mitarbeiter sein, das habe ich ja zuvor schon gefordert. Deutsche Hersteller sind nach wie vor sehr hierarchisch aufgestellt. Die Entscheidungswege sind langsam, es müssen viele Stellen koordiniert werden. Und nicht jeder hat das Beste für die Kunden und das Unternehmen im Sinn, sondern sorgt sich eher um die eigene Karriere.

In seinem Buch *Der Arschloch-Faktor* beschreibt Stanford-Professor Robert Sutton das Verhalten von Menschen, die man gut und gern als Arschlöcher bezeichnen kann.[27] Woran aber erkennt man sie? Dabei helfen Ihnen zwei einfache Fragen, die Sie sich nach einem Gespräch stellen sollten: Fühlen Sie sich unterdrückt, entwürdigt, energielos oder niedergemacht? Waren Sie im Gespräch die rangmäßig höhergestellte Person oder nicht? Können Sie die erste Frage mit ja und die zweite mit nein beantworten, deutet alles darauf hin, dass Sie es mit einem Arschloch zu tun hatten. Um aber ganz auf Nummer sicher zu gehen, ist es angeraten, folgende Liste – das sogenannte „dreckige Dutzend" – durchzugehen. Welche der Punkte trafen auf das Gespräch zu?

1. Persönliche Beleidigungen
2. Eindringen in persönliche Bereiche
3. Unaufgeforderter körperlicher Kontakt
4. Verbale und nonverbale Drohungen und Einschüchterungen
5. Sarkastische Witze und Hänseleien
6. Vernichtende E-Mail-Kriege
7. Wiederholtes Hinweisen auf den Status, um das Opfer zu demütigen
8. Öffentliche Bloßstellung und Statuserniedrigungsrituale
9. Unfreundliches Unterbrechen
10. Hinterlistige Attacken
11. Dreckige Blicke oder permanentes Anstarren
12. Personen wie Luft behandeln

Konnten Sie einen oder mehrere Punkte im Gespräch ausmachen, ist klar, dass von einem psychologisch sicheren Umfeld nicht gesprochen werden kann. Jeder von uns wird sich dann und wann dabei ertappen, dass er über einen Vorschlag seines Kollegen oder seiner Kollegin hinterrücks lästert. Auch das schafft ein psychologisch unsicheres Umfeld, weil wir gleichzeitig ein Signal an alle Mitarbeiter senden, bloß keinen „dummen" Vorschlag zu machen, weil dann auch über sie schlecht geredet werden könnte.

Ich möchte hier nicht den Eindruck erwecken, dass nun gerade die Silicon-Valley-Unternehmer Waisenknaben sind. Ganz im Gegenteil. Steve Jobs fiel in viele dieser „Arschloch"-Kategorien, Robert Sutton erwähnt ihn auch explizit in seinem Buch. Von Travis Kalanick haben Sie bereits gehört, und auch Elon Musk ist nicht ganz der Vorzeigechef.[28] Dennoch hat man das Gefühl, dass es den Silicon-Valley-Unternehmern vor allem um die Sache geht, während europäische Automobilbauer vor allem um Marktanteile und Machterhalt ringen.

„Kann ich eine Frage stellen?"

„Ich ziehe Fragen, die nicht beantwortet werden können, Antworten vor, die nicht hinterfragt werden dürfen."

– RICHARD FEYNMAN

ERST EIN PSYCHOLOGISCH sicheres Umfeld erlaubt es, die richtigen Fragen zu stellen. Und das ist gar nicht so einfach, wenn nicht gar riskant. In unserer Gesellschaft werden wir darauf gedrillt, Antworten zu finden oder schon parat zu haben. Eine Frage zu stellen kann schnell negative Konsequenzen nach sich ziehen. Man erscheint vielleicht ignorant oder respektlos. Dabei ist unsere Fähigkeit, Fragen zu formulieren, genau das, was uns von Primaten am meisten unterscheidet. Kinder im Alter zwischen zwei und fünf Jahren stellen hunderte Fragen pro Tag und somit an die 40.000 Fragen jährlich. Eine Frage kann mündlich gestellt oder lediglich durch eine Geste angedeutet werden. Mit der Zeit wird die Art der Fragen konkreter: von „Was ist das?" über „Warum ist das so?" bis hin zu „Wie funktioniert das?".

Viele wissenschaftliche Durchbrüche, Innovationen, Entdeckungen und Organisationen sind einer Frage zu verdanken. Netflix-Gründer Reed Hastings beispielsweise vergaß, die ausgeliehenen Videos rechtzeitig an den Verleih zurückzugeben, und sah sich mit heftigen Verzugsgebühren konfrontiert. Er fragte sich: „Warum gibt es überhaupt Verzugsgebühren?", gefolgt von: „Was wäre, wenn es sie nicht gäbe und man stattdessen wie in einem Fitnessklub einen monatlichen Beitrag zahlte?" Henry Ford fragte sich: „Wie kann ich die Produktion des Model T beschleunigen?" Carl Benz wiederum wollte wissen: „Was passiert, wenn ich einen Motor auf eine Kutsche aufsetze?"

Mit Was-, Wie- und Warum-Sätzen beginnt eine Entdeckungsreise, werden Grenzen neu gesteckt und ferne Ufer erreicht. Eine vermeintlich sichere Antwort kann die Erkundung vorzeitig unterbrechen, oftmals ohne das volle Potenzial auszuschöpfen. Genau darin liegt die Gefahr für heutige Organisationen. Viele von ihnen begannen mit einer Frage, fanden darauf eine Antwort, fragten dann aber immer weniger und wollten zum Schluss nur noch Antworten; das Fragenstellen wurde als Zeitverschwendung betrachtet. Als Porsche-Chef hätte sich Matthias Müller vielleicht eingehender mit diesem Thema beschäftigten sollen: „Wie müsste ein Sportwagen aussehen und welche Fahrfreude könnte er vermitteln, wenn er selbstfahrend wäre?" Und als aktueller Volkswagen-Chef sollte er sich fragen: „Wie sieht die umweltfreundliche Mobilität der Zukunft aus?" Dann würde rasch klar, dass ein Dieselmotor da nichts mehr zu suchen hat.

Die Kunst, echte Fragen zu stellen, wird wichtiger werden, als fertige Antworten aus dem Hut zu zaubern – umso mehr, als Antworten im Zeitalter von Google und Co ein leicht zugängliches Massengut darstellen.[29] Dan Rochstein, Gründer des Right Question Institute, lässt die Teilnehmer seiner Workshops ausschließlich in Frageform miteinander kommunizieren. Die Fragen sollen proaktiv sein und nicht passiv. Auf jede Frage muss eine Gegenfrage folgen. Als Effekt erweitert sich der Denkmodus der Teilnehmer und die Vorstellungskraft erklimmt ungeahnte Höhen. Die Teilnehmer zeigen sehr viel mehr Engagement und Interesse, und die Ideen schießen nur so heraus. Und zwar alle in Frageform.

Was, wieso, warum: Question Storming vs. Brainstorming

„Der Verstand eines Anfängers sieht viele
Möglichkeiten, der eines Experten nur wenige."
– SHUNRYU SUZUKI

ERIC RIES, AUTOR VON „Lean Startup", merkt an, dass in den Unternehmen die meisten Ressourcen den Managern zufließen, die mit dem größten Selbstvertrauen und dem besten Plan auftreten, also Menschen, die auf alles eine Antwort zu haben scheinen oder die bisher – soweit man weiß – nur mit wenigen Projekten gescheitert sind. Dabei müssten Ressourcen und Incentives gerade an die Unternehmenskräfte gehen, die kluge Fragen stellen, vielversprechende Versuche anstellen und kalkulierte Risiken eingehen. Durch Misserfolge lernt man, und nur so kann man den Weg für Innovation bereiten.

„Question Storming" hat im Gegensatz zum Brainstorming nicht das Ziel, viele Ideen zu generieren, dafür aber einige wenige gute Fragen. Von einem Brainstorming erhofft man sich, dass die Teilnehmer mit einer Lösung aus der Session kommen – wenn das nicht passiert, ist man enttäuscht. Beim Question Storming wird das erst gar nicht erwartet: Die Teilnehmer zielen darauf ab, mindestens 50 gute Fragen zu einem vorliegenden Problem zu generieren, die man anschließend priorisiert und auf die Top 3 bündelt. Normalerweise ist es leichter, Fragen zu stellen, als krampfhaft zu versuchen, Ideen herbeizuzaubern. Fragen wirken wie Magnete, sie ziehen die Aufmerksamkeit der Teilnehmer an. Auch der

Grad an Engagement ist höher. Und mit Fragen kann man zunächst einmal unterschiedliche Aspekte beleuchten. Der kritische Punkt besteht darin, die besten, das heißt, wesentliche Fragen allmählich herauszufiltern.[30] Man erhält Fokus und Momentum, weil die Fragen, die die Gruppe findet, die Richtung für weitere Schritte und Recherchen vorgeben.

Beim Question Storming geht es auch um die Art der Frage. Ist sie offen oder geschlossen? Fragen, die man mit Ja oder Nein beantworten kann, bringen einen in der Regel nicht weiter. Offene Fragen hingegen fordern dem Antwortgeber Denkaufwand ab und lassen Raum für Erläuterungen und neue Fragen. Hier ein paar Beispiele, wie offene Fragen begonnen werden sollten:

1. Warum ist …?
2. Was wäre, wenn …?
3. Wie könnte …?

Schnell kann man jemanden mit der Frage ausbremsen, warum er glaube, mehr als die Experten zu wissen. Die Antwort ist einfach: Man weiß gar nicht mehr, sondern eher weniger. Und genau darin besteht der Vorteil. Man kennt die möglichen Probleme nicht bereits auf dem Effeff, muss auf niemanden Rücksicht nehmen aufgrund langjähriger und mühsam gepflegter Beziehungen und kann einen frischen Ansatz wagen. Fragen zu stellen hilft, der „Certainty Epidemic" ein Schnippchen zu schlagen, dem Phänomen, dass wir uns zu sicher in unserem Wissen fühlen und deshalb nicht mehr nachfragen oder unsere Annahmen überprüfen.[31] Um dem zu entgehen, schlägt der Neurologe Robert Burton vor, zu pausieren und sich selbst zu fragen: „Warum kam mir diese Frage in den Sinn?" „Was sind die Annahmen hinter dieser Frage?" „Gibt es eine andere Frage, die ich stellen sollte?"

- „Was wäre, wenn es unsere Firma gar nicht gäbe?" setzt einen Neuanfang, der es erlaubt, sich über die eigene Branche und Rolle zu stellen.
- „Was wäre, wenn Geld keine Rolle spielte? Wie würden wir das Projekt dann anpacken?" Indem man zeitweilig Beschränkungen aufhebt, erlaubt man den Teilnehmern, ihrer Vorstellungskraft freien Lauf zu lassen.
- „Was wäre, wenn es unmöglich wäre zu scheitern? Was würden wir machen? Wie würden wir vorgehen?" Diese Frage kreiert Selbstbewusstsein und erlaubt angstfreies Agieren.

- „Wie würde IKEA dieses Problem lösen?" oder „Wie würde Schimanski da rangehen?" Man versetzt sich in die Gedankenwelt eines anderen wie beim Rollenspiel.
- „Wo kann unser Unternehmen wieder Start-up-Charakter erhalten?"

Um den Unterschied zu spüren, lassen Sie jetzt einmal sogenannte Killerfragen auf sich wirken. Sie sind praktisch, verhörmäßig und sehr beliebt und vermitteln den Eindruck, besonders kompetent und wichtig zu sein.

- „Wie viel wird uns das kosten?"
- „Wer ist für das Problem zuständig?"
- „Wo stehen wir mit den Zahlen?"
- „Was ist unser Teslakiller?"

Auch die Killerfragen haben ihre Berechtigung, verschieben aber den Fokus vom eigentlichen Problem auf Details, die sich erst in der Ausarbeitung der Lösung herauskristallisieren können. Diese Art von Fragen bringen Sie in die Defensive. Sie helfen, ein Unternehmen zu betreiben, aber nicht, es wirklich (zum Erfolg) zu führen. Die besten Manager stellen offene Fragen.

Mit anerkennenden, positiven Fragestellungen motiviert man Teilnehmer. Man erkennt an, was schon alles geschafft wurde, und streicht nicht das heraus, was sie versäumt haben. Anstatt nur das zu betrachten, was nicht funktioniert, sollte man sich immer und überall bewusst machen, was alles geht. Das beginnt bei Ihnen selbst und sollte bereits bei kleinen Dingen kultiviert werden. Anstatt sich zu ärgern, dass der Wecker klingelt, seien Sie dankbar, dass er funktioniert und Sie nicht zu spät ins Büro kommen. Sie danken dem Kaffeeautomaten für den morgendlichen Energiekick, dem Auto oder Rad, dass es Sie ohne Unfall ins Büro gebracht hat, und dem Aufzug, dass er Sie entspannt und pannenfrei in den 20. Stock hinaufbringt. Erst dann wird Ihnen bewusst, wie vieles in Ihrem Umfeld einfach so funktioniert und wie wenig Missgeschicke und Unannehmlichkeiten Ihnen tatsächlich zustoßen.

Der ultimative Lackmustest für eine Lösung lautet letztendlich immer: „Ist das etwas, das das Leben der Menschen besser macht?"

„Kill the Company" oder Wie ich mein eigenes Unternehmen zu Fall bringen kann ...

GERN WERDEN WARNUNGEN vor bevorstehenden Veränderungen in den Wind geschlagen. Gerade erfolgreiche Unternehmen fühlen sich unsterblich. Fast alles, was man in der Vergangenheit angefasst hat, war von Erfolg gekrönt. Seine Zahlen projiziert man in die Zukunft, und der Daumen zeigt eindeutig nach oben. Doch: Shit happens!

Genauso haben sich Nokia und Polaroid gefühlt. Oder Blockbuster und General Motors. Bis sie pleitegingen oder verkauft werden mussten. Jim Collins zeigt in seinem Buch „Wie die Mächtigen stürzen" die einzelnen Phasen des Niedergangs auf, den solche Unternehmen durchlaufen können.[32] Es sind dabei weniger die Überheblichkeit, die sie scheitern lässt – obschon diese in manchen Unternehmen eine nicht ganz unwesentliche Rolle spielt –, als vielmehr das Vertrauen auf erprobte Erfolgsfaktoren, die Bequemlichkeit, diese zu hinterfragen und Neues auszuprobieren, und der Glaube, dass man die benötigte Expertise bereits im Hause hat.

„Kill the Company" ist ein Ansatz, bei dem sich Manager und Mitarbeiter eines Unternehmens in die Rolle eines Mitbewerbers versetzen und versuchen, Wege zu finden, das eigene Unternehmen zu zerstören. Wie würde ich beispielsweise in der Rolle von Paypal meinem Unternehmen zu schaffen machen? Mercedes-Mitarbeiter könnten die Rolle Teslas übernehmen und sich überlegen, welche Technologien, Geschäftsmodelle, Prozesse oder was auch immer an verrückten Innovationen sie einsetzen würden, um den Automobil-Giganten anzugreifen.

Rollenspiele sind ein probates Mittel, um Mitarbeitern zu erlauben, aus ihren Denkkäfigen auszubrechen. Als Polizist eine Bank zu bewachen ist eine Sache, die Erlaubnis zu erhalten, sich in die Mentalität eines Räubers einzuklinken, Lücken im Sicherheitssystem aufzuspüren und den Tresor zu knacken, eine andere. Dieses Rollenspiel kann sehr viel Spaß machen und die kreativen Säfte zum Fließen bringen. Rechtstexte durchzuackern, um gesetzlich vorgeschriebene Anforderungen zur Sicherheit von Finanztransaktionen zu erfüllen, kann öde sein; wenn man aber in die Rolle von Jack the Hacker oder Sherlock Holmes schlüpfen darf, um herauszufinden, wie man dem Unternehmen wertvolle Daten und Informationen entlocken kann, bekommt das eigene Tätigkeitsfeld plötzlich eine ganz andere, aufregende Dimension. Erst aus der Sicht eines Konkurrenten nimmt man die eigenen Schwächen und Unzulänglichkeiten ernst und sieht die Dringlichkeit zum Eingreifen. Wenn bereits 400.000 Vorbestellungen eines Konkurrenzfahrzeugs vorliegen, das noch nicht einmal existiert, ist es bereits fünf nach zwölf.

180-Grad-Denken:

Was macht man mit einem

Elektroauto, das nicht fährt?

„Ein Auto, das nicht fährt, das ist sein Geld nicht wert."
– FREDL FESL

WELCHE AUFGABE KÖNNTE ein Ofen haben, der nicht backt und brät? Ein Kühlschrank, der nicht frisch hält? Ein Auto, das nicht fährt? Das sind Fragen, die dem eigentlichen Zweck der Anwendung entgegenstehen. Darum sprechen wir hier von „180-Grad-Denken".

Diese Fragestruktur wendet der Gründer von Domino's Pizza, Tom Monaghan, an, um eine frische Sicht auf die Dinge zu bekommen. Das Ziel ist nicht unbedingt, Lösungen zu finden, sondern seinen Geist für ungewöhnliche Fragen und Betrachtungsweisen zu öffnen. Fragen wie diese erlauben es, eine Situation umzukehren. „Was wäre, wenn man im Restaurant nicht für das Essen bezahlen müsste? Wie könnte man dann sein Geld verdienen?" „Was wäre, wenn es dort keine Tische und Stühle gäbe und auch keine Menükarte?" Wenn also gerade die Dinge fehlen, die wir als notwendige Bestandteile einer Sache ansehen, wird aus dem Restaurant vielleicht ein Stehimbiss oder ein überraschender Ausgeh-Event oder einmal pro Woche eine Umsonst-Tafel für Bedürftige.

Die Frage „Was macht man mit einem Elektroauto, das nicht fährt?" kann als Lösung präsentieren, die Batterien als Haushaltsspeicher zu verwenden.

Haben Sie Déjà-vus oder eher Vuja-Dés?

VON EINEM DÉJÀ-VU sprechen wir, wenn uns etwas Neues unterkommt, es uns aber gleichzeitig merkwürdig vertraut erscheint, so als ob wir es schon einmal gesehen hätten. Und genau das besagt die Übersetzung aus dem Französischen: „bereits gesehen". Das vom amerikanischen Kabarettisten George Carlin geprägte „Vuja-Dé" hält es mit dem Gegenteil: Etwas, das uns sehr vertraut ist, betrachten wir plötzlich mit neuen Augen.[33] Mir passiert das manchmal, wenn ich ein Wort betrachte und es so oft wiederhole und einsetze, bis es plötzlich merkwürdig aussieht und wie in einen Nebel eintaucht, oder wenn mir ein langjähriger Freund mit einem Mal etwas erzählt oder auf eine Weise handelt, die alles, was ich über ihn zu wissen glaubte, infrage stellt.

Moore's Law: von deutschen Automobilherstellern gegenteilig interpretiert

INTELMITGRÜNDER GORDON MOORE schrieb bereits 1965 in einem Fachartikel, dass sich die Anzahl der Transistoren auf integrierten Schaltkreisen alle 12 bis 24 Monate verdoppeln würde und damit einhergehend auch die Rechengeschwindigkeit und Speichermenge von Elektronikbauteilen. Über die Jahrzehnte hielt sich die Entwicklung erstaunlich genau an diese Beobachtung, was heute gern als Beweis für die Gültigkeit der Mooreschen Gesetzmäßigkeit herangezogen wird.

Gordon Moore hingegen war sich dessen selbst nicht ganz so sicher. Er vertrat die Meinung, sein Gesetz wurde zur „selbsterfüllenden Prophezeiung", weil die Entwicklungsabteilungen der Halbleiterindustrie ihre Produktpläne an seinen Beobachtungen orientierten.[34] Nur weil es das „Gesetz" gab, orientierte sich jedes Unternehmen daran und plante die Entwicklungszyklen entsprechend, um nicht gegebenenfalls in Verzug und aufs Abstellgleis der jeweiligen Industrien zu geraten. Als unbeabsichtigte Folge des Mooreschen Gesetzes wurde die Entwicklung in der Halbleiterindustrie ohne Verschnaufpause weiter vorangetrieben.

In der deutschen Automobilindustrie hingegen scheint das Mooresche Gesetz eher ignoriert oder geradezu in sein Gegenteil verkehrt zu werden. Hersteller wie Industrieexperten vertreten vielfach die Meinung, dass Elektromobilität von den Kunden nicht gewünscht und autonomes Fahren somit noch Jahrzehnte von jeglicher Praxistauglichkeit entfernt sei. Damit bestätigen sie sich gegenseitig, dass es in diesem Bereich keine Notwendigkeit gebe, mit der Entwicklungsgeschwindigkeit in anderen

Ländern mitzuhalten. Acht Jahre, nachdem Google mit autonomen Testfahrten begann, und vier Jahre, nachdem Tesla seine erste Elektrolimousine herausbrachte, haben deutsche Hersteller dem immer noch nichts Konkretes entgegenzusetzen. Während US-Bundesstaaten und die Bundesbehörde sich mit Regulierungen zu autonomen Autos übertrumpfen, diskutiert man in Deutschland einen Gesetzestext, der in den USA bereits als überholt gilt, noch bevor er bei uns beschlossen wurde. Im Silicon Valley steht Moore hoch im Kurs: Die Entwicklung von Sensoren, Algorithmen, Testfahrten und Expertenausbildungen folgt dem von ihm beobachteten Tempo.

„Open sources":

Inhouse-Expertise

gegen den Rest der Welt

„Ob du denkst, du kannst es, oder denkst, du kannst
es nicht – du hast recht!"

– HENRY FORD

WER LÄNGERE ZEIT im Silicon Valley lebt, ist erstaunt, wie
offen die Menschen hier Fragen diskutieren und bereit sind, Informationen zu teilen. Klar, dass man nicht unbedingt das Geheimrezept der eigenen Technologie verrät; man ist jedoch rasch bereit, einander mit Expertise auszuhelfen oder sich mit jemandem zu verknüpfen. William Hewlett und Dave Packard nahmen sich in den Anfangsjahren des Silicon Valley eine Woche Auszeit vom eigenen Unternehmen, um den befreundeten Varian-Brüdern bei einem medizintechnischen Problem beizustehen. Bei Kindergeburtstagen oder Meet-ups kommt es andauernd vor, dass man Mitbewerbern und Experten aus anderen Bereichen über den Weg läuft. Man plaudert, tauscht sich aus, lernt voneinander.

Genau diese Bereitschaft, sich auszutauschen, führt nicht nur zu einem gegenseitigen Abklopfen, sondern auch zu einer Entwicklungsbeschleunigung bei allen Beteiligten. Die Dringlichkeit wird eher erkannt und Trends fließen rascher mit ein. Man bezieht mit ein, dass es sehr viele Experten außerhalb des eigenen Unternehmens gibt. Darauf basiert auch die Erfolgsgeschichte von InnoCentive, einer Plattform, auf der Unternehmen Probleme oder Fragen posten; Problemlöser aus aller Welt und aus allen Disziplinen können sich daran beteiligen.[35] Als die NASA das erste Mal diese Plattform verwendete, war man dort sehr skeptisch. Jahrelang hatten Experten sich den Kopf zerbrochen, wie man Sonneneruptionen besser vorhersagen könne. Solche Eruptionen bedrohen Astronauten und Satelliten im All und die Elektronik auf der Erde. Die NASA lobte nach einigem Zögern einen Preis von 30.000 Dollar aus, um einen Lösungsansatz zu finden. Mehr als 500 Personen beteiligten sich; der Gewinner war ein pensionierter Ingenieur aus dem ländlichen New Hampshire. Mithilfe einer eigenen Ausrüstung konnte er mit 75-prozentiger Genauigkeit Sonneneruptionen voraussagen.[36]

Die NASA-Führung war perplex, dass ihre eigenen Experten von anderen übertrumpft worden waren; Ingenieure fühlten sich „gedemütigt", so als ob sie ihr Unternehmen im Stich gelassen hätten und gescheitert wären. Doch dieses Gefühl verflüchtigte sich. Rasch erkannten die Forscher bei der NASA, wie sie die Crowd-Intelligenz für sich nutzen konnten. Heute hat man verstanden, dass die „Erfinde-alles-selbst-im-Haus"-Mentalität nicht aufrechtzuerhalten ist. Warum sollte man die Experten jeglicher Disziplinen „draußen im Land" ignorieren? Überraschende Ergebnisse und Lösungen sind die Folge. Genau diese Offenheit fehlt den hiesigen Automobilherstellern. Zu eng ist der Expertenzirkel und zu geheimniskrämerisch die Branche. Selbst in ihren Innovation Outposts pflegen sie die deutsche Kultur, anstatt sich den Silicon-Valley-Way-of-Life ins Haus zu holen.

Innovation Outposts –

Die Zukunftsmusik

spielt im Valley

AUTOMOBILHERSTELLER UND Zulieferer, die den Anschluss an die jüngsten Entwicklungen in der Automobilindustrie nicht ganz verlieren wollen, müssen sich an einem Ort ansiedeln, der weitab der Zentralen und traditionellen Automobilforschungszentren liegt: Welcome to Silicon Valley. Alle namhaften Hersteller verfügen über einen „Innovation Outpost" in Kalifornien, besser gesagt in einem Tal zwischen San Francisco und San José. Diese sollen Trends schneller erkennen, mit Start-ups in Kontakt treten und die lokale Infrastruktur, die rechtlichen Rahmenbedingungen und das Wissen der Experten vor Ort nutzen. Selbstfahrende elektrische Ubers bringen Disziplinen zusammen, die im Valley in einer derartigen Breite und Tiefe vertreten sind, dass momentan keine andere Region da mithalten kann. Sehen Sie selbst:

Unternehmen	Firmenzentrale
AImotive (AdasWorks)	Ungarn
Audi Innovation Research	Deutschland
BMW	Deutschland
Continental AG	Deutschland
Daimler	Deutschland
Delphi Automotive	USA
Denso	Japan
Efficient Drivetrains Silicon Valley Innovation Center	USA
Fiat Chrysler Automobiles	Italien

Unternehmen	Firmenzentrale
Ford Research and Innovation Center	USA
General Motors Advanced Technology SV	USA
Great Wall Motors	China
HERE	Finnland
Honda Silicon Valley Lab	Japan
Hyundai	Südkorea
Magna	Kanada
Mazda	Japan
Mercedes Benz Research & Development	Deutschland
NextEV	China
Nissan/Nissan Research Center	Japan
Preh Car | TechniSat Automotive	Deutschland
Toyota Info Technology Center	Japan
VW Audi	Deutschland
Yamaha Motor Ventures & Laboratory Silicon Valley, Inc.	Japan
Zenrin	Japan

Tabelle 14: Ausgewählte Innovation Outposts von Automobilherstellern und –zulieferern im Silicon Valley

Mindestens 25 Unternehmen aus dem Automobilbereich betreiben Forschung vor Ort, wobei die Anzahl der Mitarbeiter von einer Handvoll bis zu mehreren Hundert reichen kann. Nicht alle gehen dabei effizient vor und machen das Beste aus ihrer Niederlassung. Audi beispielsweise betreibt zusammmen mit dem Audi Innovation Research (AIR) und mit Volkswagen das Electronics Research Lab (ERL). Physisch präsent zu sein heißt aber noch lange nicht, das richtige Mindset zu besitzen. Wenn man das Gebäude betritt, will man nicht deutsche Kultur vorfinden, sondern die der Bay Area. Ein Team aus der Zentrale hierher zu versetzen, das dann wieder nur hinter verschlossenen Türen agiert und sich nicht vernetzt, ist die falsche Vorgehensweise. Man müsste lokale Mitarbeiter mit den entsprechenden Netzwerken und einer anderen Mentalität einstellen, sich in Coworking Spaces zwischen Start-ups und anderen Unternehmen einmieten, Veranstaltungen besuchen, netzwerken und vor allem die Augen offenhalten.

Wer noch nie ein Uber oder Lyft genutzt hat, wird den einzigartigen Charakter dieser Dienstleistung nicht verstehen. Wer nicht aufmerksam durch Mountain View oder den Financial District von San Francisco fährt, wird leicht die autonomen Fahrzeuge übersehen. Schneller fällt da schon die Menge an elektrischen Fahrzeugen auf, die weitverbreitet sind und die überall vorhandene Ladeinfrastruktur verwenden. Damit werden Einwände aus der Zentrale, dass gewisse Dinge „nicht funktionieren können" oder „dass niemand so etwas braucht", Lügen gestraft.

Innovation Outposts bieten darüber hinaus Managern aus der Zentrale einen wunderbaren Vorwand, sich ins Silicon Valley aufzumachen und sich „on the spot" ein eigenes Bild zu machen. Auch wenn meist der Prophet im eigenen Land nichts gilt und interne Warner gern belächelt werden, sind es gerade die, die wertvolle Informationen liefern, den Kontext vermitteln und das lückenhafte Puzzle so vervollständigen, dass es Sinn ergibt. Mit Google, Uber und Apple hat man zu rechnen – gerade auf dem Automobilmarkt. Und das muss in der Zentrale daheim verstanden werden. Es hilft nicht, lediglich einen glitzernden Outpost in Kalifornien aufzumachen; es muss auch ein „Innovation Inpost" daheim eingerichtet werden, damit das Gelernte ins Unternehmen zurückfließen kann.

Ohne Ausbildung und Forschung geht nichts: Wer macht aktuell was und wo?

WO BILDET MAN die Ingenieure aus, die autonome Fahrzeuge entwickeln sollen? Bis heute gibt es noch kein umfassendes Ausbildungsprogramm dafür. Wie bereits erwähnt, gibt es erste Organisationen, die diese Lücke füllen; die von Sebastian Thrun ins Leben gerufene Online-Lernplattform Udacity bietet ja seit Ende 2016 einen sogenannten Nanodegree als Ingenieursabschluss für die Programmierung selbstfahrender Fahrzeuge an.[37] Und wo forschte Sebastian Thrun, als er am DARPA Grand Challenge teilnahm? In Stanfords Artificial Intelligence Laboratory. Stanford beherbergt wenig überraschend auch das Center for Automotive Research of Stanford, kurz CARS.[38] Zuvor forschte und unterrichtete Thrun in Carnegie Mellons Robotics- und KI-Abteilung, wo es um die Grundlagen autonomer Systeme geht.[39]

Im April 2017 hat sich auch eine erste Gruppe aus Studenten und Lehrern selbstständig gemacht und mit Voyage ihr eigenes Start-up für Selbstfahrtechnologie gegründet.[40] Die A&M University in Texas wiederum investiert 150 Millionen Dollar in ein Entwicklungszentrum, das Studenten und Unternehmen die Forschung an autonomen Technologien ermöglichen soll.[41]

In Deutschlands Forschungsbereich zu autonomen Fahrsystemen zählen die TU Braunschweig mit ihrer Nähe zur Volkswagengruppe und die Freie Universität Berlin zu den prominentesten Hochschulen. Als Projekt entstand das autoNOMOS Labs, das sich der Weiterentwicklung autonomer Fahrzeuge widmet und aktuell zwei Units in Berlin testet.[42]

„En Marche!"

Politik und

Gesellschaft

in Bewegung

> „Politik ist die Kunst, nach Problemen Ausschau zu
> halten, sie zu finden, sie falsch zu diagnostizieren und
> dann die falschen Lösungen falsch anzuwenden."
> – GROUCHO MARX

ICH WAGE EINMAL folgende Prognose: In den nächsten zehn bis fünfzehn Jahren bleibt kein Stein auf dem anderen. Die Automobilindustrie und alles, was von ihr berührt wird, werden sich einem grundlegenden Wandel unterziehen müssen. Die Frage ist nicht, ob, sondern wie schnell es geschehen wird. Politik und Gesellschaft stehen vor einer immensen Herausforderung.

Vor einigen Monaten war ich mit ein paar europäischen Parlamentariern im Silicon Valley unterwegs. Sie wollten verstehen, was das Silicon Valley technologisch und unternehmerisch so herausragend macht. Im Gespräch echauffierte sich einer der konservativen Parlamentarier über Leute, die Leistungen erwarten, aber selbst nichts dafür tun wollen. „Wenn man nicht arbeiten will, kriegt man eben kein Geld! Dann gibt es halt nichts zu essen!", war sein Statement. Dabei übersah dieser Mann die wichtigste Lektion seines Besuchs: Die Welt hat sich geändert. Es droht ein Tsunami an Maschinen und KI-Systemen, die menschliche Arbeitskraft ersetzen werden. Allein die hier im Buch vorgelegten Zahlen und Fakten zur Autoindustrie zeigen, wie weit die Entwicklungen bereits vorangeschritten sind. 540.000 Lkw-Fahrer, 250.000 Taxifahrer und mehr als 300.000 Mitarbeiter aus der Autoindustrie selbst werden vermutlich ihre Jobs verlieren. Und das ist nur der Anfang! Durch die neuen Technologien können diese Arbeitsplatzverluste wohl nicht ausgeglichen werden, denn wir stehen vor einer in der menschlichen Geschichte beispiellosen Umwälzung der Arbeitswelt, die nicht nur gering qualifizierte, sondern auch hoch angesehene Berufsgruppen treffen wird. Niemand kann behaupten, dass all diese Menschen nicht arbeiten wollen. Es wird einfach keine Arbeit mehr für sie geben. Was also machen wir mit ihnen?

Einige der Probleme, die uns heute beschäftigen, können bereits als Vorboten dieser digitalen Revolution gesehen werden. Wir müssen völlig andere Diskussionen auf Basis des 21. Jahrhunderts führen, losgelöst von den ideologischen Diskussionen des 19. Jahrhunderts. Es hilft nicht mehr, reflexartig mit Begriffen wie Klassenkampf, Maschinensteuer, Kapitalismus und Kommunismus um sich zu werfen. Das 21. Jahrhundert erfordert Lösungen, die auch aus dem 21. Jahrhundert stammen.

Das Silicon Valley gibt, und das Silicon Valley nimmt. Wenn wir nicht aufpassen und uns nicht jetzt mit diesen Fragestellungen auseinandersetzen, verschlimmern wir unsere Situation noch weiter. In der Schweiz gab es bereits im vergangenen Jahr eine Abstimmung zum bedingungslosen Grundeinkommen, das eine mögliche Lösung für diese fundamentalen Änderungen sein könnte. Es wurde allerdings noch mit einer breiten Mehrheit abgelehnt. Auch in Österreich und Deutschland sollten wir diese Diskussion verstärkt führen; ernsthaft, aufrichtig und mit der Bereitschaft, von vergangenen Ideologien abzusehen und heute Antworten für die Menschen von morgen zu finden. Und das Morgen ist schon ganz nah.

Kognitive Verzerrungen überwinden

UNSERE VORURTEILE UND die menschliche Rationalität beziehungsweise Irrationalität sind nicht immer die besten Ratgeber, wenn es gilt, große Veränderungen zu verstehen und entsprechend darauf zu reagieren. Sogenannte kognitive Verzerrungen haben ganz konkrete Auswirkungen:[1]

Verlustangst: mögliche Verluste über- und mögliche Gewinne unterbewerten.

Endowment-Effekt: ein Gut, das wir bereits besitzen, höher einschätzen.

Status-Quo-Verzerrung: den Status Quo gegenüber einer Veränderung bevorzugen.

Die obigen drei Typen kognitiver Verzerrung führen dazu, dass die Menschen den eigenen, selbst gelenkten Privatautos noch den Vorzug geben gegenüber zukünftig gesharten und/oder autonomen Autos.

Fehlerhafte Risikobewertung: unbekannte Risiken dramatisch überbewerten im Vergleich zu bestehenden Risiken, auch wenn die Zahlen dagegensprechen.

Damit sehen Konsumenten autonome und gesharte Autos als riskanter an, als sie es tatsächlich sind beziehungsweise sein werden.

Optimismusverzerrung: eigene Fähigkeiten über- und das Risiko unterschätzen.

Autobesitzer glauben, sie selbst fahren sicherer und haben alles viel besser unter Kontrolle als Maschinen. Dabei übersehen sie die Sicherheitsvorteile autonomer Fahrzeuge.

Verfügbarkeitsheuristik: Faustregeln anwenden, wenn man Sachverhalte beurteilen will, aber sich weder auf eigene Erfahrungen noch präzise Informationen berufen kann.

Menschen fokussieren sich dabei auf seltene negative Geschehnisse wie Unfälle und Cyberattacken, die mit der Zukunft der Mobilität einhergehen können.

Bedingungsloses Grundeinkommen und Robotersteuern auf die Agenda

LAUT DEFINITION IST „das Bedingungslose Grundeinkommen (BGE) ein sozialpolitisches Finanztransferkonzept, nach dem jeder Bürger – unabhängig von seiner wirtschaftlichen Lage – eine gesetzlich festgelegte und für jeden gleiche – vom Staat ausgezahlte – finanzielle Zuwendung erhält, ohne dafür eine Gegenleistung erbringen zu müssen [...]".[2]

Wenn nun jeder von uns 500 oder sogar 2.000 Euro an garantiertem monatlichen Einkommen erhielte, ohne arbeiten zu müssen, wie würden wir dann unsere Zeit verbringen? Das ist schwer vorherzusagen. Dabei darf nicht übersehen werden, dass immer schon bestimmte Bevölkerungsgruppen nicht unbedingt in den (bezahlten) Arbeitszyklus eingebunden waren: ein Teil der Kinder und Alten (je nach Land), reiche Erben, religiöse Gruppen und die Aristokratie zählten und zählen dazu. Manche studierten oder verfeinerten ihre sportlichen und künstlerischen Talente, andere kümmerten sich um Haus und Hof und Kinder oder betätigten sich karitativ.[3] Und es gibt auch die, die sich einfach nur vergnügen.

Leisten könnten wir uns eine solche Transferleistung schon heute. Auch wenn es vehement bestritten wird. Tatsächlich zählen Transferleistungen heute schon zu den größten Budgetposten der Länder. In den USA bestehen 20 Prozent aller Haushaltseinkommen aus Transferleistungen.[4] Steuernachlässe und Subventionen für Unternehmen sind auch nichts anderes als Transferleistungen. Die Gelder, die

Regierungen während der Finanzkrise in die Banken pumpten, sind Transferleistungen.

Allerdings definieren sich viele Menschen über ihren Job. Der Verlust des Arbeitsplatzes wirft sie in eine Sinnkrise und vermittelt ihnen das Gefühl, nicht mehr gebraucht zu werden oder dazuzugehören. Unsere Gesellschaften heute sehen auf Menschen ohne Arbeit herab.[5] Unser ganzes Leben ist auf Berufstätigkeit ausgerichtet, unsere Tageseinteilung, das Verkehrssystem, Essenszeiten, Urlaub, ja sogar die Zeiten, zu denen wir den meisten Strom verbrauchen. Schulen bilden uns aus, damit wir einen Job ergreifen können. Aber was ist, wenn Arbeitsplätze nicht mehr die Lösung, sondern nur noch das Problem sind?

85 Prozent aller Arbeitsplätze, die in den letzten zwei Jahrzehnten verloren gingen, sind nicht in Billiglohnländer abgewandert, sondern wurden durch technologische Fortschritte vernichtet.[6] Diese Berufe kommen auch nicht wieder. Die Kombination aus Automation und Künstlicher Intelligenz wird den USA 47 Prozent aller Jobs wegnehmen, in Großbritannien 35 Prozent und in China sogar 77 Prozent.[7] Im OECD-Durchschnitt werden das 57 Prozent aller Arbeitsplätze sein.

Bill Gates, Microsoftgründer und Philanthrop, schlägt deshalb eine Steuer auf Roboter und Automation vor.[8] Ein Mensch, der eine Arbeit verrichtet, zahlt Lohnsteuer. Ein Roboter hingegen nicht. Damit steigt die Produktivität und sinkt die Steuerlast für Unternehmen. Die Steuersysteme sind somit genau genommen gegen menschliche Arbeitskraft ausgerichtet und ermutigen sogar noch dazu, diese durch Roboter zu ersetzen. Damit geraten Länder in eine Abwärtsspirale. Roboter vernichten Arbeitsplätze und verringern die Steuereinnahmen, die uns helfen würden, künftige Arbeitslose umzuschulen, Arbeitslosengelder auszuzahlen oder gleich ganz ein bedingungsloses Grundeinkommen auszuschütten. Steuern auf Roboter lägen auch nicht unbedingt im Konflikt mit den Interessen der Unternehmen. Für Roboter müssen keine Ausgaben für Kranken- oder Pensionsversicherungen eingerechnet werden. Sie wären immer noch billiger als Menschen.

Ob das bedingungslose Grundeinkommen die Lösung ist oder Robotersteuern oder andere Maßnahmen, kann ich genauso wenig sagen wie Sie. Wir sollten aber eine offene Diskussion jenseits überkommener

Verhaltensmuster darüber führen dürfen, ohne uns verteidigen zu müssen oder auslachen zu lassen. Das bedingungslose Grundeinkommen ist nur ein Werkzeug von vielen, das wir auf seine Tauglichkeit prüfen müssen. Und das sollte möglichst bald geschehen.

Sich für die Zukunft

qualifizieren

DIE ZUKUNFT BEGINNT bei den Kindern. Nach wie vor bilden wir sie mit dem Ziel aus, dass sie später einmal einen Beruf ausüben und sich ihren Lebensunterhalt selbst verdienen können. Bei Bosch, Mercedes, Siemens oder SAP angestellt zu sein oder gar Beamter zu werden zählt tatsächlich noch zu den Visionen heutiger Schüler und Studenten. Dabei werden Jobs rarer werden und weitaus häufiger ihr Anforderungsprofil wechseln als je zuvor. Um unsere Kinder und Jugendlichen darauf vorzubereiten, müssen wir ihnen eine Ausbildung bieten, mit der sie sich auch tatsächlich eine Zukunft schaffen können.

Gigi Read, eine ehemalige Kollegin und „mom on a mission" (wie sie sich gern selbst bezeichnet), bietet mit ihrem tnkr-Unternehmen Workshops für 8- bis 14-Jährige an, die Qualifikationen für das 21. Jahrhundert vermitteln. In heutigen Lehrplänen werden Lesefähigkeit, Mathematik, Wissenschaft, kulturelle und gesellschaftliche Werte und Wissen vermittelt. Was laut dem World Economic Forum aber fehlt, sind einerseits Kompetenzen wie kritisches Denken und Problemlösungsfähigkeiten, Kreativität, Kommunikations- und Kooperationskompetenzen und andererseits, Charaktereigenschaften wie Neugier, Initiative, Persistenz, Anpassungsfähigkeit, Führungsstärke sowie soziales und kulturelles Bewusstsein zu fördern. Read bietet beispielsweise Design Thinking für Kinder an, das als Rahmen dient, um mittels Geschichten Probleme zu identifizieren und zu lösen. Dabei kombinieren sie unter anderem digitale Werkzeuge mit Knetmasse und Bastelutensilien. Prototypen werden entwickelt und geknetet, mittels 3D-Scanner auf den Computer gebracht, angepasst und auf einem 3D-Drucker ausgedruckt. Mit der Programmiersprache Scratch lernen die Kinder, Roboter zu programmieren und Gelerntes sofort in die

Praxis umzusetzen. Auch Künstliche Intelligenz ist ein Thema. Wie erstellt man sie, und wie hilft man ihr beim Maschinenlernen?

Wenn wir tatsächlich eine Welle an Arbeitsplatzverlusten erleben, wie vermitteln wir dann den Betroffenen ähnliche Qualifikationen, wie sie die Kinder in Reads tnkr-Workshops lernen? Wie können wir Menschen dabei helfen, eine Gründerwelle in Deutschland zu starten?

Willen zur Veränderung zeigen

ICH KANN MIR den Mund fusselig reden und die gerade stattfindende Automobilrevolution mit noch so vielen Daten und Fakten untermauern – es hilft alles nichts, wenn der Wille zur Veränderung fehlt. Das zuvor erwähnte Beispiel des ungarischen Start-up-Gründers, der erst dann den Wert von Design Thinking schätzen lernte, als er sein eigenes Start-up dichtmachen musste und auf der Suche nach neuen Ideen war, macht das deutlich.

Kleine Übungen helfen dabei, das eigene Mindset auf Änderungen vorzubereiten und die nötigen Entscheidungen zu treffen. Ich hätte da noch ein paar Vorschläge für Sie: Sammeln Sie Erfahrungen! Leihen Sie sich einen Tesla oder BMW i3 aus und fahren Sie damit eine Stunde, einen Tag oder gleich eine ganze Woche herum. Suchen Sie bewusst einen Ort auf, wo autonome Autos oder Busse getestet werden, und beobachten Sie sie. All das wäre schon mal ein guter Anfang für den Einstieg.

Bringen Sie sich immer wieder in Erinnerung, wie rasch Veränderungen geschehen können, selbst in der Automobilindustrie. Die noch um 1900 von Pferdekutschen gesäumte 5th Avenue in New York war 1913 bereits vollgestopft mit Autos. Denken Sie an Freunde oder Bekannte, die bei einem Verkehrsunfall zu Schaden gekommen sind. Würde man heute für die tägliche Fahrt in die Arbeit noch gern „unter Dampf stehen" oder doch lieber die elektrische Schnellbahn nehmen? Warum beharren dann nach wie vor so viele von Ihnen auf Autos, die mit Dinosauriersaft fahren?

Nachwort

WIR HABEN DAS AUTO erfunden. Wir bauen die besten Autos. Wir sind die Besten auf unserem Gebiet. Aber selbst den großartigsten Kutschenmachern wie Carl Marius nutzte ihr Renommee 1920 nichts mehr. Kodak nutzte es nichts mehr, die besten Filme herzustellen, als es 2012 Konkurs anmeldete. Nokia und RIM/Blackberry nutzte es nichts mehr, die besten Mobiltelefone mit Tastatur zu produzieren. Eumig baute die besten Super-8-Filmkameras und -projektoren mit 100 Prozent Marktanteil – in einem Markt, der dann auf null schrumpfte.

Die Anzeichen für eine Wende sind nicht zu übersehen: Dieselabgas-Skandal, Fahrverbote, Verkaufserfolge von Tesla, Sportwagen, die von Elektrofahrzeugen abgehängt werden. Digitale Benutzeroberflächen, die vor Augen führen, wie weit wir bestimmten Techfirmen hinterherhinken. Jugendliche, die keine Autos mehr kaufen und keinen Führerschein mehr machen. Staus, die immer schlimmer werden. Automobilpioniere, die aus völlig anderen Branchen kommen. Hunderte von Firmen, die Technologien für autonome Autos entwickeln. Milliardenbeträge, die von Kapitalgebern in neue Transportformen gesteckt werden.

Max, Sofie, Julian oder auch meine drei Söhne werden nicht mehr selbst ans Steuer müssen. Oder wollen. Sie werden gefahren werden, und das elektrisch, und vielleicht werden sie sogar kein eigenes Auto mehr besitzen. Als Vater fällt mir ein Stein vom Herzen, nicht nur, weil sie damit weniger Dummheiten begehen können, sondern auch, weil sie durch andere weniger gefährdet werden. Von wem die dominierenden Technologien der nächsten Automobilgeneration stammen werden, ist weniger klar. Es gibt allerdings deutliche Hinweise, dass deutsche und österreichische Unternehmen hier eher nicht unter den Global Playern zu finden sind. Anhand der im vorliegenden Buch aufgelisteten Fakten würde ich mein Geld auf Unternehmen aus dem Silicon Valley und aus Asien verwetten.

Sind nun die Deutschen und Österreicher, die bei den Automobilfirmen im Silicon Valley und in China mitentwickeln, die Smarten, und die, die in der Heimat geblieben sind, die Unfähigen und Ambitionslosen? Natürlich nicht. Es liegt an den Unternehmen selbst. Der eigene Erfolg hat die traditionellen Hersteller behäbig und satt gemacht. Die Erfolgsgeschichte von Millionen verkaufter Autos macht einen Umstieg nicht leichter; dazu noch einen Umstieg von einem Erfolgsmodell, das gerade sehr viel Geld bringt, auf ein weitgehend unbekanntes, ungetestetes Fahrerlebnis, mit dem man so wie alle anderen auch neu beginnen muss.

Erfolg ist jedoch niemals eine sichere Bank. So wie Deutschland 2014 Fußballweltmeister wurde, aber bereits 2016 schon wieder am Europameistertitel scheiterte, sind vergangene Hochzeiten keine Garanten für zukünftiges Überleben. Beispiele wie Nokia und Kodak sind uns Warnung genug. Mitarbeiter aller Unternehmen sollten einen gewissen Grad an Paranoia beibehalten, dass irgendwann – meist früher als später – jemand kommen könnte, der einen mit einer neuen Technologie, einem neuen Geschäftsmodell oder mit einer besseren Durchführung hinwegfegt. Manche Unternehmen hatten solche „Nahtoderlebnisse" und machten sie zum Bestandteil ihrer Firmen-DNA, andere ruhten sich auf den Lorbeeren aus und gingen unter. Dabei brauchen wir gar nicht über den großen Teich schauen. Nixdorf und Eumig liegen gleich in der Nachbarschaft, und in jüngerer Vergangenheit mutierten RWE und E.on zu Schatten ihrer selbst.

Die Signale sind keine vereinzelten, blassen Pünktchen am Firmament, sie strahlen wie helle Kometen, die uns vom Himmel herab auf den Kopf fallen könnten. Diesen in den Sand zu stecken und so zu tun,

als ob uns das nichts anginge, oder, schlimmer noch, allen anderen
weiszumachen, dass keine Gefahr bestehe, wenn man nur nicht hin-
schaue, ist fahrlässig. Klar, dass nicht alle von mir aufgeführten Warn-
zeichen die gleiche Auswirkung haben, sich mit ähnlicher Intensität
bemerkbar machen oder genau zum prognostizierten Zeitpunkt eintref-
fen werden. Und doch sind es mehr als genug, dass – selbst wenn sich
nur wenige realisieren sollten – die Auswirkungen so signifikant sein
werden, dass uns Hören und Sehen vergeht.

Die 2. Automobilrevolution ist im vollen Gang. Und die braucht
forsches Handeln ohne Wenn und Aber. Die Diskussion ist längst vorbei. Jetzt heißt es, die Ärmel hochzukrempeln, in die Hände zu spucken
und loszulegen. Elektromobilität zu diffamieren, autonomes Fahren
und Sharingmodelle aus falsch verstandenem Protektionismus der eigenen Wirtschaft nicht zuzulassen, wie es in Deutschland geschieht, ist
ein Schuss ins eigene Knie und dient letztlich nur dem Kontrahenten.

Um es noch ein letztes Mal klar und deutlich zu sagen: Das Zeitalter
der Verbrennungskraftmotoren für Autos ist vorüber. Punkt! Aus! Basta!
Politiker und Autobauer, die das Gegenteil behaupten, erweisen uns
allen und sich selbst einen Bärendienst. Kompetenzen zu alternativen
Antrieben müssen ausgebaut werden, und zwar jetzt, wenn es nicht
schon zu spät ist. Hunderttausende Arbeitsplätze werden verloren gehen.
Nicht vielleicht, sondern ganz bestimmt. Digitale Kompetenz, Expertise
in Künstlicher Intelligenz und die Fähigkeit, mit neuen Technologien
umzugehen und sie zu meistern sowie die nötigen Rahmenbedingungen
zu schaffen, gehören zu den vordringlichen Aufgaben unserer Zeit. Wir
schaffen besser jetzt als später die Strukturen dafür, Menschen auf neue
Jobs vorzubereiten und eine neue Gründerwelle herbeizuführen.

Wir können es unseren Kindern und Kindeskindern nicht antun,
ihnen ein Land mit einer „Wirtschaftskarre" zu hinterlassen, die wir in
den Dreck gefahren haben. Schon heute machen wir es ihnen nicht
leicht, weil sie es immer schwerer haben werden, einen festen Job zu
finden und sich finanzielle Sicherheit zu schaffen. Gerade deshalb sind
Sharingmodelle bei der jungen Generation so beliebt. Beim Brexit haben
die Älteren den Jüngeren den Stinkefinger gezeigt. Wo soll das noch
hinführen?

Auch wenn Sie es vermutlich nicht mehr hören können beziehungsweise lesen wollen: Schauen Sie sich noch einmal die kompakte Übersicht der Arbeitsplätze an, die in den kommenden fünf bis 15 Jahren
fast vollständig verschwinden werden. Zum Einhämmern, zum Kopieren und zum An-die-Wand-Hängen:

T	Arbeitsplätze
Automobilbauer	300.000
Taxifahrer	250.000
Kfz-Mechaniker	390.000
Tankstellenbetreiber und -mitarbeiter	100.000
Fahrlehrer	21.000
Autohändler	70.000

Tabelle 15: Zahl der Arbeitsplätze, die bedroht sind

Wie man die Zahlen auch dreht und wendet: Wir sprechen von einer
halben Million bis weit über eine Million Arbeitsplätze. In einer Branche!
Wann gab es das zuletzt in Deutschland? Die 300.000 Bergarbeiterjobs,
die wir über fünf Jahrzehnte verloren haben, sind ein Mailüfterl im Vergleich zu den dreimal so vielen Jobs, denen wir nun in einem Jahrzehnt
hinterherwinken müssen. Und schon bei 300.000 Jobs, die sich über fünf
Jahrzehnte hinweg dezimierten, war das Land durch Arbeitsstreiks
gelähmt. Dabei haben wir Zugriff auf die gleichen Technologien und
Ressourcen wie die Unternehmen, die die 2. Automobilrevolution antrei-
ben. Oft verfügen wir sogar noch über das bessere Know-how. Aber das
hilft nichts, wenn wir ein Mindset pflegen, das herablassend, risikoscheu,
ambitionslos und besserwisserisch ist. Dann verdienen wir es. In meinem
Buch „Das Silicon-Valley-Mindset" rede ich über nichts anderes. Das
richtige Mindset ist keine Zauberei. Bertha Benz, Werner von Siemens,
Ferdinand Porsche, Hasso Plattner und viele andere haben uns gezeigt,
dass Deutsche innovativ sein und Erfolgsgeschichten schreiben können.
Und Sebastian Thrun oder Andreas von Bechtolsheim zeigen es uns jetzt
gerade. Wir müssen ihrem Beispiel nur folgen.
  Es gibt keine Entschuldigung fürs Nichtstun, niemand anderer ist
schuld als wir selbst, wenn wir es nicht schaffen sollten. Es sind nicht

Tesla, Google, Apple, Facebook oder Uber, die uns passieren, es ist die Zukunft, die uns in die Mangel nimmt. Und wir erlauben ihr das, weil wir in vergangenen Zeiten schwelgen und verschlafen, was auf uns zukommt. Wir gestalten nicht mehr mit. Im Vergleich zur Konkurrenz spielen wir Catenaccio. Defensiv, destruktiv, darauf bedacht zu mauern. Wir wollen den Vorsprung weiter ausbauen, dabei ändern sich gerade die Spielregeln und das Publikum ist schon auf dem Weg in ein anderes Stadion. Nichts ist mehr da aus der Zeit, als wir zum industriellen Powerhouse Großbritannien aufschließen mussten.

Dabei sind es nicht nur die Chinesen und die Amerikaner, die uns zu schaffen machen, sondern deutsche und österreichische Ingenieure in ausländischen Unternehmen, die deutschen und österreichischen Ingenieuren heimischer Firmen das Wasser abgraben. Sie sind bereits auf den Elektrozug aufgesprungen, wir laufen noch hinterher. Ändern wir das Mindset. Das Mindset der Mitarbeiter in den Unternehmen, das der Politiker, das der Beamten und das unserer ganzen Gesellschaft! Wir brauchen mehr Menschen vom Schlage einer Bertha Benz und weniger Harald Krögers, Matthias Müllers oder Dieter Zetsches, die nur Verwalter und Apologeten sind und den Leuten erzählen, was die Kunden wollen sollten (große protzige Autos), was nicht geht (selbstfahrende Autos), was niemand will (Elektroautos) und wer sie dabei unterstützen soll (Politiker). Und erst recht nicht brauchen wir die Einstellung und das Gehabe eines Ferdinand Piëch. Nein, danke! Leute dieses Schlags lösen keine Probleme, sie schaffen nur welche.

Das vorliegende Werk ist das Ergebnis einer zweijährigen Recherche und einer mehr als zwei Jahrzehnte dauernden Exploration menschlichen Verhaltens. Ich habe dieses Buch nicht geschrieben, um auf Deutschland, Österreich oder der Schweiz, auf den dort ansässigen Unternehmen oder auf Gesellschaft und Politik im Allgemeinen herumzuhacken und mich über die vermeintliche Ignoranz und Unfähigkeit auszulassen, auch wenn es manchmal den Anschein haben mag. Zwar lebe ich seit Jahren im Silicon Valley, meine Söhne sind Amerikaner und ich könnte einfach sagen: „Mir doch egal!" Tu ich aber nicht und will ich auch nicht, weil meine Eltern, Geschwister, Nichten und Neffe, Verwandte und viele, viele Freunde in diesen drei Ländern leben und ich zudem europäischer Staatsbürger bin. Es kann mir nicht egal sein, wenn gerade die Automobilindustrie den Bach runtergeht. Sie ist einfach zu wichtig für unsere Länder. Und unsere Kinder sind es auch. Viel zu wichtig, um ihr Leben durch Unfälle und Umweltverschmutzung weiterhin zu gefährden. Es sind keine Geheimnisse, die ich da ausgegraben habe, sondern öffentlich zugängliche Fakten. Neu ist vermutlich eher die Intensität des Bildes, das ich gezeichnet habe.

Ich will nämlich, dass Sie aufwachen und die Zukunft mitgestalten! Worauf warten Sie noch?

Mario Herger
mario.herger@gmail.com

FUSSNOTEN

Einleitung

1 http://www.mckinsey.com/business-functions/sustainability-and-resource-productivity/ our-insights/urban-mobility-at-a-tipping-point

2 http://de.theglobaleconomy.com/rankings/Percent_urban_population/

3 Ivan Arreguín-Toft: How the Weak Win Wars: A Theory of Asymmetric Conflict (Cambridge Studies in International Relations, Band 99); Cambridge University Press, 2005

4 https://de.wikipedia.org/wiki/Samuel_Pierpont_Langley

5 https://www.ted.com/talks/simon_sinek_how_great_leaders_inspire_action/transcript

6 Lukas Bay, Thomas Tuma: Elon Musk: All Charged Up in Berlin; in: Global.Handelsblatt. com, 25.9.2015; https://global.handelsblatt.com/edition/271/ressort/companies-markets/ article/all-charged-up-in-berlin

7 Al Gore: Die Zukunft; Pantheon, München, 2015

8 Richard H. Thaler: Misbehaving: The Making of Behavioral Economics; Norton & Company, New York, 2015

9 http://www.mdr.de/nachrichten/politik/inland/steuerzahlerbund-absurde-foerderprojekte-100.html

10 https://schienestrasseluft.de/2016/03/21/update-foerdermillionen-fuer-einen-porsche/

11 Höhe der staatlichen Subventionen für deutsche Automobilhersteller von 2010 bis 2012; http://de.statista.com/statistik/daten/studie/197024/umfrage/subventionen-fuer-autohersteller-aus-dem-konjunkturpaket-ii/

12 David McCullough: The Wright Brothers; Simon & Schuster, 2015

13 Eric Morris: From Horse Power to Horsepower; http://www.uctc.net/access/30/Access%20 30%20-%2002%20-%20Horse%20Power.pdf

14 Margaret Derry: Horses in Society: A Story of Animal Breeding and Marketing, 1800–1920; University of Toronto Press, p. 131.

15 Jim Collins: How the Mighty Fall: And Why Some Companies Never Give In; Random House Business, 2009

16 VW's U.S. volume tumbles 17% for worst May since 2010; https://www.autonews.com/ article/20160601/RETAIL01/306019995/vw-u-s-volume-tumbles-17-for-worst-may-since-2010

17 http://www.manager-magazin.de/unternehmen/karriere/bmw-audi-vw-das-sind-die-beliebtesten-arbeitgeber-deutschlands-a-1088279.html

FUSSNOTEN
Der letzte Pferdekutscher oder
Die 1. Automobilrevolution

1 William F. Ogburn, Dorothy Thomas: Are Inventions Inevitable? A Note on Social Evolution; in: Political Science Quarterly Bd. 37, Nr. 1 (März 1922), S. 83–98

2 Bill Aulet: Disciplined Entrepreneurship. 24 Steps to a Successful Startup; Hoboken, 2013

3 Warren Berger: Die Kunst des klugen Fragens; Piper, München, 2017

4 https://de.wikipedia.org/wiki/Elektroauto

5 https://de.wikipedia.org/wiki/Hansa-Automobil

6 http://www.lohner.at/de-de/ABOUT-US#horizontalTab3

7 Clayton M. Christensen, Joseph L. Bower: Customer Power, Strategic Investment and the Failure of Leading Firms; in: Strategic Management Journal, Bd. 17, S. 197–218, 1996

8 The Economist: Megachange; Profile, London, 2012

9 Charts of the day: Creative destruction in the S&P500 index; https://www.aei.org/publication/charts-of-the-day-creative-destruction-in-the-sp500-index/

10 https://techcrunch.com/2016/08/30/drive-ai-uses-deep-learning-to-teach-self-driving-cars-and-to-give-them-a-voice/

11 The Unknown Start-up That Built Google's First Self-Driving Car; http://spectrum.ieee.org/robotics/artificial-intelligence/the-unknown-startup-that-built-googles-first-selfdriving-car

12 Matt Warmann: Can the web make the world go faster?; in: The Telegraph, 18. November 2010; http://www.telegraph.co.uk/technology/facebook/8140562/Can-the-web-make-the-world-go-faster.html

13 http://www.sueddeutsche.de/wirtschaft/lobbyismus-zum-wohle-des-deutschen-autos-1.3035506

14 Daniel Goleman: Focus: The Hidden Driver of Excellence; Bloomsbury, London, 2013

15 John Micklethwait, Adrian Wooldridge: The Fourth Revolution; Allen Lane, London, 2014

16 https://en.wikipedia.org/wiki/Seven_generation_sustainability

17 Reclaim: The Magazine of Transportation Alternatives; Nr. 20, 1, 2014; http://www.transalt.org/sites/default/files/news/magazine/2014/Spring/Reclaim_2014-1_LQ.pdf

18 Der Kampf ums Automobil; https://www.nzz.ch/schweiz/schweizer-geschichte/sonderfall-graubuenden-der-kampf-ums-automobil-ld.103634

19 Reclaim: The Magazine of Transportation Alternatives, Nr. 20, 1, 2014; http://www.transalt.org/sites/default/files/news/magazine/2014/Spring/Reclaim_2014-1_LQ.pdf

20 The Invention of Jaywalking; http://www.citylab.com/commute/2012/04/invention-jaywalking/1837/

21 http://www-nrd.nhtsa.dot.gov/pubs/812115.pdf

22 Christian Engel: Jugendliche Automuffel: „Führerschein? Unnötig!"; in: Spiegel Online, 21.7.2015; http://www.spiegel.de/lebenundlernen/schule/auto-verweigerer-keine-lust-auf-fuehrerschein-a-1040493.html

23 Department of Transportation; http://www.fhwa.dot.gov

24 Besitz von Fahrzeugen und Fahrausweisen; https://www.bfs.admin.ch/bfs/de/home/statistiken/mobilitaet-verkehr/personenverkehr/verkehrsverhalten/besitz-fahrzeuge-fahrausweise.html

25 Jack Neff: Is Digital Revolution Driving Decline in U.S. Car Culture?; http://adage.com/article/digital/digital-revolution-driving-decline-u-s-car-culture/144155/

26 Jugend ohne Auto: Die Zweckmobilisten; http://www.tagesspiegel.de/politik/jugend-ohne-auto-die-zweckmobilisten/9752254.html

27 http://www.goldmansachs.com/our-thinking/pages/millennials/

28 https://de.statista.com/statistik/daten/studie/215576/umfrage/durchschnittsalter-von-neuwagenkaeufern/

29 Cruising toward oblivion: America's fading car culture; http://www.washingtonpost.com/sf/style/2015/09/02/americas-fading-car-culture/?utm_term=.45ab2deae6ff

30 Record 10.8 Billion Trips Taken On U.S. Public Transportation in 2014; http://www.apta.com/mediacenter/pressreleases/2015/pages/150309_ridership.aspx

31 Poster Intelligent Cities Initiative; National Building Museum

32 Manager Magazin 8/2015

33 Amy Webb: The Signals Are Talking: Why Today's Fringe Is Tomorrow's Mainstream; Public Affairs, New York, 2016

34 http://www.spiegel.de/auto/aktuell/tesla-model-3-die-deutschen-hersteller-sind-weiter-als-viele-denken-a-1084896.html

35 http://www.businessinsider.com/blackrock-topic-we-should-be-paying-attention-charts-2015-12/

36 Tom Standage: The Victorian Internet; Weidenfeld & Nicholson, London, 1998

37 John Freeman: The Tyranny of Email; Scribner, New York, 2009

38 Stephen Kern: The Culture of Time and Space, 1880–1918; Harvard University Press, Harvard, 2003

39 Larry Downes, Paul Nunes: Big Bang Disruption; Portfolio, 2014

40 Peter Thiel, Blake Masters: Zero to One: Wie Innovation unsere Gesellschaft rettet; Campus, Frankfurt a. M., 2014

41 http://www.umweltbundesamt.at/umweltsituation/energie/energieszenarien/

42 https://cleantechnica.com/2016/08/29/tesla-model-3-delivers-gas-vehicles-history-gasoline-automotive-services-dealers-america-exec-says/

43 Verband der Automobilimporteure: Fakten statt Vorurteile. Klare Atworten zum Thema Umwelt, Klima & Auto; 2014; http://www.automobilimporteure.at/wp-content/uploads/2015/06/Fakten-statt-Vorurteile.pdf

44 http://www.marketwatch.com/investing/stock/gm/financials/cash-flow

45 http://annualreport.ford.com/

46 Tesla Has Something Hotter Than Cars to Sell: Its Story; https://www.nytimes.com/2017/04/06/business/tesla-story-stocks.html

47 http://fr.slideshare.net/capgemini/cars-online-2015

48 Interview mit Friedrich Indra: „Es gibt einen Hass gegen Verbrenner": Motoren-Papst rechnet mit Elektromobilität ab; http://www.focus.de/auto/elektroauto/interview-mit-friedrich-indra-es-gibt-einen-hass-gegen-verbrenner-motoren-papst-rechnet-mit-elektromobilitaet-ab_id_6512817.html

49 Disruptive trends that will transform the auto industry; http://www.mckinsey.com/insights/high_tech_telecoms_internet/disruptive_trends_tha t_will_transform_the_auto_industry

50 http://www.newyorker.com/magazine/2011/02/14/the-information

FUSSNOTEN
Der letzte Führerscheinneuling oder
Die 2. Automobilrevolution

1 https://de.wikipedia.org/wiki/Clarkesche_Gesetze

2 Frances Anne Kemble: Records of a Girlhood, 1878

3 Clifford Winston: On the Performance of the U.S. Transportation System: Caution Ahead; in: Journal of Economic Literature, Nr. 51(3), S. 773–824, September 2013; http://pubs.aeaweb.org/doi/pdfplus/10.1257/jel.51.3.773

4 The Future Economic and Environmental Costs of Gridlock in 2030: An Assessment of the Direct and Indirect Economic and Environmental Costs of Idling in Road Traffic Congestion to Households in the UK, France, Germany and the USA; https://www.cebr.com/reports/the-future-economic-and-environmental-costs-of-gridlock/

5 http://de.statista.com/statistik/daten/studie/30703/umfrage/beschaeftigtenzahl-in-der-automobilindustrie/

6 https://www.vda.de/de/services/zahlen-und-daten/zahlen-und-daten-uebersicht.html

7 Matthias Breitinger: Hört auf, die Autobranche zu hätscheln; http://www.zeit.de/mobilitaet/2016-09/automobilindustrie-iaa-bundesregierung-abgasskandal-5vor8

8 http://www.strategyand.pwc.com/innovation1000

9 http://www.statista.com/statistics/232958/revenue-of-the-leading-car-manufacturers-worldwide/

10 http://www.spiegel.de/auto/aktuell/zulieferer-die-heimlichen-autohersteller-a-1108529.html

11 http://www.cargroup.org/?module=Publications&event=View&pubID=103

12 „Corporate Profits and Research and Development Spending." 2010 Ward's Motor Vehicle Facts & Figures. 2011.

13 https://www.nada.org/nadadata/

14 http://de.statista.com/statistik/daten/studie/74642/umfrage/kfz-betriebe-in-deutschland-seit-2004/

15 Self-Driving Cars Might Need Standards, but Whose?; https://www.nytimes.com/2017/02/23/automobiles/wheels/self-driving-cars-standards.html?_r=0

16 Lawrence Livermore National Laboratory: Estimated US Energy Use in 2014; https://flowcharts.llnl.gov/commodities/energy

17 http://www.pumpthemovie.com/

18 http://aqicn.org/city/beijing/

19 http://venturebeat.com/2016/12/10/israeli-startups-deliver-much-needed-tech-for-self-driving-cars/

20 Georges Haour, Max von Zedtwitz: Created In China: How China Is Becoming A Global Innovator; Bloomsbury, 2016

21 http://www.reuters.com/article/us-autos-china-leeco-idUSKCN0XH10D

22 https://electrek.co/2016/08/11/faraday-futures-chinese-backer-leeco-electric-vehicle-factory/

23 http://www.pcworld.com/article/2900452/foxconn-partners-with-chinas-tencent-on-smart-electric-cars.html

24 http://fortune.com/2016/07/12/future-mobility-electric-car-2020/
25 https://www.cbinsights.com/company/atieva-funding
26 Buffetts chinesische Wette auf den Erfolg der Elektro-Mobilität; http://www.wallstreet-online.de/nachricht/8878929-warren-s-byd-buffetts-chinesische-wette-erfolg-elektromobilitaet
27 Electric Buses and Driverless Shuttles are about to solve Auckland's Traffic Woes; https://ecotricity.co.nz/electric-buses-and-driverless-shuttles-are-about-to-solve-aucklands-traffic-woes/
28 „Electric buses are now cheaper than diesel/CNG and could dominate the market within 10 years", says Proterra CEO; https://electrek.co/2017/02/13/electric-buses-proterra-ceo/
29 Cities Shop for $10 Billion of Electric Cars to Defy Trump; https://www.bloomberg.com/news/articles/2017-03-14/cities-shop-for-10-billion-of-electric-vehicles-to-defy-trump
30 So bremst China die E-Konkurrenz aus; http://www.n-tv.de/wirtschaft/So-bremst-China-die-E-Konkurrenz-aus-article18781721.html
31 Greg Anderson: Designated Drivers: How China Plans to Dominate the Global Auto Industry; Wiley, 2012
32 Gas-to-electric cab conversion in Beijing brings opportunity worth 9 bln yuan; http://www.nbdpress.com/articles/2017-02-23/1613.html
33 China Takes Lead As Number One In Plug-in Vehicle Sales; http://www.hybridcars.com/china-takes-lead-as-number-one-in-plug-in-vehicle-sales/
34 Alternative Antriebe? Nicht mit den Deutschen; http://www.manager-magazin.de/unternehmen/autoindustrie/elektroauto-boom-nicht-in-deutschland-a-1074200.html
35 https://www.welt.de/motor/modelle/article154606460/Diese-Laender-planen-die-Abschaffung-des-Verbrennungsmotors.html
36 http://deutsche-wirtschafts-nachrichten.de/2016/09/11/debatte-um-diesel-fahrverbot-in-deutschland-eroeffnet/
37 Warum in Deutschland kaum Elektroautos gebaut werden; http://bauplan-elektroauto.de/kaum-elektroautos/
38 http://www.faz.net/aktuell/wirtschaft/unternehmen/elektromobilitaet-bosch-steht-an-der-spitze-bei-subventionen-fuer-elektroautos-12190060.html
39 Tesla shows how the Model S is totally disrupting the Large Luxury car market in the US; http://electrek.co/2016/02/10/tesla-shows-how-the-model-s-is-totally-disrupting-the-large-luxury-car-market-in-the-us/
40 UK electric vehicle boom drives new car sales to 12-year high; https://www.theguardian.com/business/2017/feb/06/new-uk-car-sales-electric-vehicle-drives-12-year-sales-high
41 Trial Illuminates Porsches' Rise to Power at Volkswagen; http://www.nytimes.com/2016/02/15/business/international/ex-porsche-executives-trial-sheds-light-on-a-familys-rise-at-volkswagen.html
42 https://netzfrauen.org/2016/04/26/autokonzerne-wurden-mit-milliarden-subventionen-gespeist-und-verpennen-emobilitaet-emobilitaet-aus-china-erobert-die-welt-nun-soll-es-wieder-der-steuerzahler-richten/
43 Lucid (Formerly Known as Atieva) Will Be the Sole Battery-Pack Supplier for Formula E; http://blog.caranddriver.com/lucid-formerly-known-as-atieva-will-be-the-sole-battery-pack-supplier-for-formula-e/
44 http://electrek.co/2016/05/25/faraday-future-second-production-factory-california/

45 Bericht der Untersuchungskommission „Volkswagen": Untersuchungen und
    verwaltungsrechtliche Maßnahmen zu Volkswagen; Ergebnisse der Felduntersuchung des
    Kraftfahrt-Bundesamtes zu unzulässigen Abschalteinrichtungen bei Dieselfahrzeugen und
    Schlussfolgerungen; 22. April 2016; https://www.bmvi.de/SharedDocs/DE/Anlage/
    VerkehrUndMobilitaet/Strasse/bericht-untersuchungskommission-volkswagen.pdf?__
    blob=publicationFile

46 Moderne Diesel-Pkw stoßen mehr Schadstoffe aus als Lastwagen; http://www.zeit.de/
    mobilitaet/2017-01/icct-studie-diesel-pkw-stickoxide-ausstoss#a-03c3b9ea-62a7-476d-94ec-
    ed31a6d95b6b

47 http://www.automobile-propre.com/marguerite-2-cv-electrique/

48 http://www.bloomberg.com/news/articles/2016-05-12/why-tesla-s-mass-market-car-should-
    scare-mercedes-and-bmw

49 http://www.goodcarbadcar.net/2011/01/bmw-3-series-sales-figures.html

50 http://www.bimmerfile.com/2017/01/09/bmw-worldwide-sales-hits-a-new-record-in-2016/

51 Ernstfall Schweiz – wie Tesla Mercedes, Audi und Co. das Geschäft verdirbt; http://www.
    manager-magazin.de/unternehmen/autoindustrie/elektroautos-warum-die-schweizer-gern-
    mit-strom-fahren-a-1092086.html

52 http://electrek.co/2016/05/19/the-math-and-evidence-all-around-you-that-shows-shared-
    autonomous-vehicles-powered-by-solar-power-and-batteries-are-inevitable/

53 http://fortune.com/2015/11/17/electric-motors-crush-gas-engines/

54 http://www.focus.de/auto/elektroauto/medienbericht-zu-elektroautos-geheimer-plan-
    ministerium-wollte-1000-euro-strafabgabe-fuer-autofahrer-mit-benzinfahrzeugen_
    id_5906218.html

55 All Charged Up in Berlin; https://global.handelsblatt.com/edition/271/ressort/companies-
    markets/article/all-charged-up-in-berlin

56 Tesla ist kein Vorbild: Interview mit Harald Kröger, Leiter Entwicklung Elektrik bei
    Mercedes-Benz; http://mein-auto-blog.de/news/tesla-kein-vorbild.html

57 Battery Cell Production Begins at the Gigafactory; https://www.tesla.com/no_NO/blog/
    battery-cell-production-begins-gigafactory

58 Battery material could reduce electric car weight; https://www.kth.se/en/aktuellt/nyheter/
    de-gor-batterier-av-kolfiber-1.480780

59 http://energyload.eu/elektromobilitaet/elektroauto/hanergy-solarauto/

60 https://www.sonomotors.com/

61 https://www.youtube.com/watch?v=9qi03QawZEk

62 https://en.wikipedia.org/wiki/Lithium

63 http://www.sueddeutsche.de/auto/elektromobilitaet-die-verspaetete-revolution-der-
    deutschen-autoindustrie-1.3046291-2

64 http://www.pbqbatteries.com/media/datasheet/lithium-ferro-phosphate-batteries-vs-vrla-
    batteries.pdf

65 http://www.kreiselelectric.com/

66 http://www.pluginamerica.org/surveys/batteries/model-s/faq.php

67 Tesla Model S battery degradation data; https://steinbuch.wordpress.com/2015/01/24/tesla-
    model-s-battery-degradation-data/

68 Battery Capacity Loss Warranty Chart For 2016 30 kWh Nissan LEAF; http://insideevs.
    com/battery-capacity-loss-chart-2016-30-kwh-nissan-leaf/

69 http://www.greencarcongress.com/2013/03/vo2-20130315.html

70 Tesla CTO JB Straubel talks battery technology, 'one-stop sustainable lifestyle' company &
    more; https://electrek.co/2016/11/14/tesla-cto-jb-straubel-battery-technology/

71 McKinsey & Company: Electrifying insights: How automakers can drive electrified vehicle sales and profitability; Januar 2017

72 Tesla is now claiming 35% battery cost reduction at 'Gigafactory 1' – hinting at breakthrough cost below $125/kWh; https://electrek.co/2017/02/18/tesla-battery-cost-gigafactory-model-3/

73 http://www.zeit.de/mobilitaet/2015-08/elektromobilitaet-batterie-recycling

74 Recycling von Lithium-Ionen-Akkus; http://www.elektroniknet.de/elektronik/power/recycling-von-lithium-ionen-akkus-106499.html

75 Linda Gaines: The future of automotive lithium-ion battery recycling: Charting a sustainable course; Sustainable Materials and Technologies, Bd. 1–2, Dezember 2014, S. 2–7; http://www.sciencedirect.com/science/article/pii/S2214993714000037

76 http://energyload.eu/elektromobilitaet/elektrofahrzeuge/hybrid-lkw-autobahn-oberleitung/

77 http://www.charinev.org/

78 Japan has more car chargers than gas stations; http://www.japantimes.co.jp/news/2015/02/16/business/japan-has-more-car-chargers-than-gas-stations#.WJb3WBBOm5h

79 Japan now has more electric charging points than petrol stations; https://www.weforum.org/agenda/2016/05/japan-now-has-more-electric-charging-points-than-petrol-stations

80 https://e-tankstellen-finder.com/

81 Auto-Weltmacht China; https://www.heise.de/tp/features/Auto-Weltmacht-China-3617797.html

82 Shell to install chargers for electric cars on European forecourts; https://www.ft.com/content/00d0f1ce-e22b-11e6-8405-9e5580d6e5fb

83 Why Electric Cars Will Be Here Sooner Than You Think; https://www.wsj.com/articles/why-electric-cars-will-be-here-sooner-than-you-think-1472402674

84 http://www.slam-projekt.de/

85 Die Stadt Wien errichtet bis zu 1000 E-Tankstellen – Ampeln sollen als Stromquelle dienen; http://diepresse.com/home/panorama/wien/4958347/Ampeln-als-ETankstellen?_vl_backlink=%2Fhome%2Fpanorama%2Fwien%2Findex.do

86 http://www.openchargealliance.org/

87 https://www.hubject.com/

88 Google Wants Its Driverless Cars to Be Wireless Too; http://spectrum.ieee.org/cars-that-think/transportation/self-driving/google-wants-its-driverless-cars-to-be-wireless-too

89 The U.K. Is Testing Roads That Recharge Your Electric Car As You Drive; http://www.citylab.com/commute/2015/08/the-uk-is-testing-roads-that-recharge-your-electric-car-as-you-drive/401276

90 Tel Aviv erprobt induktives Laden während der Fahrt mit Elektrobussen; https://ecomento.tv/2017/01/27/tel-aviv-erprobt-induktives-laden-waehrend-der-fahrt-mit-elektrobussen/

91 Final opinion on Potential health effects of exposure to electromagnetic fields (EMF); http://ec.europa.eu/health/scientific_committees/consultations/public_consultations/scenihr_consultation_19_en.htm

92 Alexander Lerchl et al.: Tumor promotion by exposure to radiofrequency electromagnetic fields below exposure limits for humans; Biochemical and Biophysical Research Communications; Bd. 459, Nr. 4, 17. April 2015, S. 585–590; http://www.sciencedirect.com/science/article/pii/S0006291X15003988

93 Segmenting the $10 Billion Battery Market for Plug-in Vehicles: Market Share Projections for OEMs, Individual Models and Suppliers; https://portal.luxresearchinc.com/research/report_excerpt/21944

94 https://chargedevs.com/features/tom-gage-on-zev-mandates-teslas-early-days-bmws-ev-commitment-and-v2g-tech/

95 https://de.wikipedia.org/wiki/Vehicle_to_Grid

96 http://www.faz.net/aktuell/technik-motor/elektromobilitaet-lernimpuls-14504997.html

97 Alfie Kohn: Punished by Rewards; Mariner Books, 1999

98 http://www.reuters.com/article/2015/08/09/us-teslamotors-cash-insight

99 http://germanaccelerator.com/

100 https://de.wikipedia.org/wiki/Tesla_Gigafactory

101 https://global.handelsblatt.com/edition/271/ressort/companies-markets/article/all-charged-up-in-berlin

102 http://www.manager-magazin.de/unternehmen/autoindustrie/fahrbericht-bmw-i3-rwe-eon-vattenfall-etc-verschlafen-e-mobilitaet-a-955489.html

103 http://www.nfpa.org/safety-information/for-consumers/vehicles

104 http://www.autozeitung.de/auto-news/auto-feuer-verhalten-fahrzeug-brand-statistik#

105 http://ecomento.tv/2014/01/02/elektroautos-2014-die-elf-wichtigsten-fragen-antworten-fuer-das-neue-jahr/

106 https://www.thrillist.com/cars/the-beastly-car-collection-of-arnold-schwarzenegger

107 https://www.facebook.com/notes/arnold-schwarzenegger/i-dont-give-a-if-we-agree-about-climate-change/10153855713574658

108 Ökobilanz alternativer Antriebe; http://www.umweltbundesamt.at/fileadmin/site/publikationen/REP0572.pdf

109 http://www.ucsusa.org/clean-vehicles/electric-vehicles/life-cycle-ev-emissions#.V4_LPo5Om5g

110 Cleaner Cars from Cradle to Grave: How Electric Cars Beat Gasoline Cars on Lifetime Global Warming Emissions; http://www.ucsusa.org/sites/default/files/attach/2015/11/Cleaner-Cars-from-Cradle-to-Grave-full-report.pdf

111 http://www.ucsusa.org/clean-vehicles/electric-vehicles/ev-emissions-tool#.WGVWj5JOm5g

112 Where in Europe is electric car a good idea?; https://jakubmarian.com/where-in-europe-is-electric-car-a-good-idea/

113 http://www.pri.org/stories/2012-11-02/energy-costs-oil-production

114 http://www.eia.gov/Energyexplained/index.cfm?page=oil_refining

115 NAS (2009). Hidden Costs of Energy: Unpriced Consequences of Energy Production and Use; The National Academies Press; www.nap.edu/openbook.php?record_id=12794&page=1

116 https://de.wikipedia.org/wiki/Motorenbenzin

117 http://www.oekonews.at/index.php?mdoc_id=1103262

118 Pump; https://www.pumpthemovie.com/

119 Shuguang Ji, Christopher R. Cherry, Matthew J. Bechle, Ye Wu, Julian D. Marshall: Electric Vehicles in China: Emissions and Health Impacts; Environ. Sci. Technol., 2012, Nr. 46 (4), S. 2018–2024; http://pubs.acs.org/doi/abs/10.1021/es202347q

120 https://www.technologyreview.com/s/602458/planes-trains-and-automobiles-have-become-top-carbon-polluters/

121 http://energycenter.org/sites/default/files/docs/nav/policy/research-and-reports/California%20Plug-in%20Electric%20Vehicle%20Owner%20Survey%20Report-July%202012.pdf

122 http://energycenter.org/clean-vehicle-rebate-project/vehicle-owner-survey/feb-2014-survey

123 Fraunhofer-Institut für System- und Innovationsforschung ISI: Energiespeicher-Monitoring 2016 – Deutschland auf dem Weg zum Leitmarkt und Leitanbieter?, 1. Dezember 2016; http://www.isi.fraunhofer.de/isi-de/t/publikationen/Energiespeicher-Monitoring-2016_Web. pdf

124 http://www.handelsblatt.com/unternehmen/industrie/werk-kamenz-daimler-baut-produktionsverbund-fuer-batterien-auf/14729818.html

125 http://nomadicpower.de/

126 http://www.manager-magazin.de/unternehmen/autoindustrie/interview-wie-elektroautos-das-fahrzeugdesign-veraendern-koennten-a-1104660-2.html

127 Elektrische Motoren in Industrie und Gewerbe: Energieeffizienz und Ökodesign-Richtlinie; https://web.archive.org/web/20111018090832 und http://www.industrie-energieeffizienz.de/ fileadmin/InitiativeEnergieEffizienz/referenzprojekte/downloads/Leuchtturm/Ratgeber_ Motoren_Energieeffizienz_OEkodesign.pdf

128 http://www.auto-motor-und-sport.de/news/effizienz-wie-effizient-sind-elektromotoren-1322458.html

129 Wärmekraftwerke im energetischen Vergleich (in 2006, durchschnittliche Wirkungsgrade in Prozent); http://kraftwerkforschung.info/quickinfo/energieversorgung/ waermekraftwerke-im-energetischen-vergleich-in-2006-durchschnittliche-wirkungsgrade-in/

130 http://ecomento.tv/2016/09/20/zf-bereitet-werk-saarbruecken-auf-elektromobilitaet-vor/

131 https://www.wired.com/2016/05/hidden-battle-make-perfect-tires-electric-car-divas/

132 Björn Nykvist, Måns Nilsson: Rapidly falling costs of battery packs for electric vehicles; Nature Climate Change 5, 329–332 (2015); http://www.nature.com/nclimate/journal/v5/ n4/full/nclimate2564.html

133 https://www.mckinsey.de/elektromobilitaet-mehrheit-der-deutschen-autokaeufer-vertraut-etablierten-herstellern

134 Tesla is now claiming 35 % battery cost reduction at 'Gigafactory 1' – hinting at breakthrough cost below $125/kWh; https://electrek.co/2017/02/18/tesla-battery-cost-gigafactory-model-3/

135 http://journalistsresource.org/studies/environment/energy/electric-vehicles-battery-technology-renewable-energy-research-roundup

136 https://www.db.com/cr/en/docs/solar_report_full_length.pdf

137 http://www.afdc.energy.gov/calc/

138 http://www.welt.de/motor/article157080589/Gebrauchte-Elektroautos-sind-echte-Restwertriesen.html

139 Garagisten geht wegen Tesla-Boom die Arbeit aus; http://www.20min.ch/finance/news/ story/25771189#videoid=524953?redirect=mobi&nocache=0.1541377262158543

140 http://www.energietarife.com/index.php?lohnt-sich-ein-elektroauto

141 Tesla's Innovations Are Transforming The Auto Industry; http://www.forbes.com/sites/ innovatorsdna/2016/08/24/teslas-innovations-are-transforming-the-auto-industry/#2be369e1578a

142 Technisches Museum Wien (Hg.): Mobilität: 30 Dinge, die bewegen; Wien, Czernin Verlag, 2015

143 Monitoringbericht AustriaTech: Elektromobilität 2015; Wien

144 http://ecomento.tv/2016/09/01/elektroauto-transporter-streetscooter-vw-chef-mueller-sauer-auf-die-post/

145 https://de.statista.com/statistik/daten/studie/200160/umfrage/neuzulassungen-von-fahrzeugen-in-deutschland/

146 Technik-Mythos: Wasserstoff revolutioniert die Energieversorgung; https://www.heise.de/newsticker/meldung/Technik-Mythos-Wasserstoff-revolutioniert-die-Energieversorgung-3638549.html

147 Brennstoffzelle reloaded; http://www.wiwo.de/technologie/auto/wasserstoffautos-brennstoffzelle-reloaded/5666152-all.html

148 Global Automotive Executive Survey 2017; https://assets.kpmg.com/content/dam/kpmg/xx/pdf/2017/01/global-automotive-executive-survey-2017.pdf

149 Mercedes Says It Will Not Pursue Fuel Cell Development For Its Cars; http://gas2.org/2017/03/31/mercedes-will-not-pursue-fuel-cell-development/

150 http://www.faz.net/aktuell/wirtschaft/neue-mobilitaet/warum-deutsche-gegenueber-elektroautos-skeptisch-sind-14603445.html

151 https://www.mckinsey.de/elektromobilitaet

152 https://de.statista.com/statistik/daten/studie/183003/umfrage/pkw---gefahrene-kilometer-pro-jahr/

153 U.S. Driving Tops 3.1 Trillion Miles In 2015; New Federal Data Show; https://www.fhwa.dot.gov/pressroom/fhwa1607.cfm

154 Der Kollaps bleibt aus; http://www.spektrum.de/kolumne/der-kollaps-bleibt-aus/1444719

155 Bruttostromerzeugung in Deutschland für 2014 bis 2016; https://www.destatis.de/DE/ZahlenFakten/Wirtschaftsbereiche/Energie/Erzeugung/Tabellen/Bruttostromerzeugung.html

156 NAS (2009): Hidden Costs of Energy: Unpriced Consequences of Energy Production and Use, The National Academies Press; http://www.nap.edu/openbook.php?record_id=12794&page=1

157 https://de.wikipedia.org/wiki/Motorenbenzin

158 Jaana I. Halonen, Anna L. Hansell, John Gulliver, David Morley, Marta Blangiardo, Daniela Fecht, Mireille B. Toledano, Sean D. Beevers, H. Ross Anderson, Frank J. Kelly und Cathryn Tonne: Road traffic noise is associated with increased cardiovascular morbidity and mortality and all-cause mortality in London; European Heart Journal, DOI: 10.1093/eurheartj/ehv216

159 https://www.destatis.de/DE/ZahlenFakten/GesamtwirtschaftUmwelt/Umwelt/UmweltoekonomischeGesamtrechnungen/Umweltschutzmassnahmen/Aktuell.html

160 https://www.bmf.gv.at/services/publikationen/Daten_und_Fakten_Steuer-_und_Zollverwaltung_2014.pdf.pdf?555a9o

161 http://www.ezv.admin.ch/zollinfo_firmen

162 BYD investiert in Produktion in Frankreich; http://www.it-times.de/news/byd-investiert-in-produktion-in-frankreich-123323/

163 Auf China, nicht auf Tesla schauen; https://www.nzz.ch/finanzen/elektromobilitaet-auf-china-nicht-auf-tesla-schauen-ld.1085290

164 Burkhard Bilger: Auto Correct; New Yorker, 25. November 2013; http://www.newyorker.com/magazine/2013/11/25/auto-correct

165 http://www.nsc.org/NewsDocuments/2017/12-month-estimates.pdf

166 Centers for Disease Control

167 National Safety Council: Odds of Dying

168 The Economic and Societal Impact of Motor Vehicle Crashes, 2010 (revised); National Highway Traffic Safety Administration, May 2015

169 US Department of Transportation NHTSA: Critical Reasons for Crashes Investigated in the National Motor Vehicle Crash Causation Survey, February 2015; http://www-nrd.nhtsa.dot.gov/pubs/812115.pdf

170 Bill Sanderson: Epidemic of Fatal Crashes; Wall Street Journal, 10. Februar 2014; http://www.wsj.com/articles/SB10001424052702303465004579322441555410428

171 Aimee Green: Sober Drivers rarely Prosecuted in Fatal Pedestrian Crashes in Oregon; OregonLive.com, November 15, 2011; http://www.oregonlive.com/portland/index.ssf/2011/11/sober_drivers_rarely_prosecute.html

172 http://www.dvr.de/betriebe_bg/daten/unfallstatistik/eu_europa.htm

173 http://www.lightningsafety.noaa.gov/odds.shtml

174 Fred A. Manuele: On the Practice of Safety, Wiley Interscience, New York, 2013

175 P. Chapman, D. Crundall, N. Phelps, G. Underwood: The Effects of Driving Experience on Visual Search and Subsequent Memory for Hazardous Driving Situations; Behavioural Research in Road Safety. Thirteenth Seminar, Department for Transport, 2003

176 Stine Vogt, Svein Magnussen: Expertise in Pictorial Perception: Eye-Movement, Patterns and Visual Memory in Artists and Laymen; in: Perception Bd. 36, Nr. 1, 2007

177 P. Lynn, C. R. Lockwood: The Accident Liability of Company Car Drivers; in: Transport Research Laboratory Report 317, 1998

178 Distraction and Teen Crashes: Even Worse Than We Thought. AAA Foundation for Traffic Safety, 25. März 2015; http://newsroom.aaa.com/2015/03/distraction-teen-crashes-even-worse-thought/

179 Selfie crash death: Woman dies in head-on collision seconds after uploading pictures of herself and 'HAPPY' status to Facebook; http://www.independent.co.uk/news/world/americas/selfie-crash-death-woman-dies-in-head-on-collision-seconds-after-uploading-pictures-of-herself-and-9293694.html

180 https://de.wikipedia.org/wiki/Yerkes-Dodson-Gesetz

181 Andrea Glaze, James Ellis: Pilot Study of Distracted Drivers. Center for Public Policy, Virginia Commonwealth University, January 2003

182 Teck-Hua Hoa, Juin Kuan Chong, Xiaoyu Xia: Yellow taxis have fewer accidents than blue taxis because yellow is more visible than blue. Proceedings of the National Academy of Sciences of the United States of America; 2016; http://www.pnas.org/content/early/2017/02/28/1612551114

183 Michelle J. White: 'The Arms Race' on American Roads: The Effect of Sport Utility Vehicles and Pickup Trucks on Traffic Safety; Journal of Law and Economics, University of California, October 2004

184 Michael L. Anderson, Maximilian Auffhammer: Pounds That Kill: The External Costs of Vehicle Weight. University of California, Berkeley

185 Google Cars Drive Themselves, in Traffic; http://www.nytimes.com/2010/10/10/science/10google.html

186 http://archive.darpa.mil/grandchallenge04/

187 Sebastian Thrun: Google's Driverless Car. March 2011; https://www.ted.com/talks/sebastian_thrun_google_s_driverless_car

188 Burkhard Bilger: Auto Correct. New Yorker, 25. November 2013; http://www.newyorker.com/magazine/2013/11/25/auto-correct

189 http://archive.darpa.mil/grandchallenge/

190 The Unknown Start-up That Built Google's First Self-Driving Car; http://spectrum.ieee.org/robotics/artificial-intelligence/the-unknown-startup-that-built-googles-first-selfdriving-car

191 Die Wiege des autonomen Fahrens steht in Neubiberg; https://www.bundeswehrkarriere.de/it/autonomes-fahren

192 http://motherboard.vice.com/read/carnegie-mellons-1986-self-driving-van-was-adorable

193 Wer hat das Roboterauto erfunden? Die Bundeswehr!; http://www.zeit.de/mobilitaet/2015-07/autonomes-fahren-geschichte

194 Automated Driving; http://www.sae.org/misc/pdfs/automated_driving.pdf

195 2016 Disengagement Reports; https://www.dmv.ca.gov/portal/dmv/detail/vr/autonomous/disengagement_report_2016

196 Chris Urmson: How a driverless car sees the road; https://www.youtube.com/watch?v=tiwVMrTLUWg

197 http://www.templetons.com/brad/robocars/levels.html

198 Autonomous Vehicles in California; https://www.dmv.ca.gov/portal/dmv/detail/vr/autonomous/testing

199 Ford's Dozing Engineers Side With Google in Full Autonomy Push; https://www.bloomberg.com/news/articles/2017-02-17/ford-s-dozing-engineers-side-with-google-in-full-autonomy-push

200 Selbstfahrtechnologiefirmen OHNE Testlizenz, die trotzdem in Kalifornien testen; https://derletztefuehrerscheinneuling.com/2017/03/04/selbstfahrtechnologiefirmen-ohne-testlizenz-die-trotzdem-in-kalifornien-testen/

201 https://www.dmv.ca.gov/portal/dmv/detail/vr/autonomous/auto

202 Autonomous Vehicle Regulations in Nevada; http://scoe.transportation.org/Documents/AASHTO%20Conference%20on%2021st%20Century%20Mobility%202015/3_Rosenberg_NV%20AV%20SCOP.pdf

203 http://www.dmvnv.com/autonomous.htm

204 Who's Who In The Rise Of Autonomous Driving Startups; https://www.cbinsights.com/blog/early-stage-autonomous-driving-startups/

205 https://techcrunch.com/2017/01/13/nissans-first-european-self-driving-car-trials-begin-on-london-roads-next-month/

206 http://www.theverge.com/2016/8/1/12337516/delphi-self-driving-car-service-singapore

207 https://www.washingtonpost.com/business/economy/why-uber-is-going-to-test-its-new-self-driving-cars-in-pittsburgh/2016/08/24/ab48c3be-696f-11e6-99bf-f0cf3a6449a6_story.html

208 http://qz.com/688003/ubers-self-driving-cars-are-on-the-road/

209 https://www.wired.com/2015/12/baidus-self-driving-car-has-hit-the-road/

210 http://www.businessinsider.com/r-bmw-seeks-to-be-coolest-ride-hailing-firm-with-autonomous-car-2016-12

211 http://www.detroitnews.com/story/business/autos/2016/08/23/opposite-strategies-fuel-driverless-car-development/89239658/

212 http://www.businessinsider.com/how-otto-defied-nevada-scored-a-680-million-payout-from-uber-2016-11

213 https://www.dmv.ca.gov/portal/dmv/detail/vr/autonomous/testing

214 Uber's autonomous cars drove 20,354 miles and had to be taken over at every mile, according to documents; http://www.recode.net/2017/3/16/14938116/uber-travis-kalanick-self-driving-internal-metrics-slow-progress

215 http://www.reuters.com/article/us-tech-ces-autos-idUSKBN0UJ1UD20160105

216 http://www.consumerwatchdog.org/resources/cadmvdisengagereport-dec.2015.pdf

217 Michael Sivak, Brandon Schoettel: Road Safety with Self-Driving Vehicles: General Limitations and Road Sharing with Conventional Vehicles; http://www.umich.edu/%7Eumtriswt/PDF/UMTRI-2015-2_Abstract_English.pdf

218 World Economic Forum & Boston Consulting Group 2015: Self-driving Vehicles in an Urban Context; http://www3.weforum.org/docs/WEF_Press%20release.pdf

219 http://www.economist.com/blogs/economist-explains/2015/07/economist-explains

220 http://www.alphr.com/cars/7038/how-do-googles-self-driving-cars-work

221   Clever AI Turns a World of Lasers Into Maps for Self-Driving Cars; https://www.wired.
      com/2016/07/civil-maps-self-driving-car-autonomous-mapping-lidar/
222   Lower-cost lidar is key to self-driving future; http://articles.sae.org/13899/
223   Quanergy Announces $250 Solid-State LIDAR for Cars, Robots, and More; http://
      spectrum.ieee.org/cars-that-think/transportation/sensors/quanergy-solid-state-lidar
224   The Race to Affordable LIDAR; https://www.allaboutcircuits.com/news/the-race-to-
      afforable-lidar/
225   http://spectrum.ieee.org/transportation/advanced-cars/cheap-lidar-the-key-to-making-
      selfdriving-cars-affordable
226   The 22-Year-Old at the Center of the Self-Driving Car Craze; https://www.bloomberg.com/
      news/articles/2017-03-30/the-22-year-old-at-the-center-of-the-self-driving-car-craze
227   Keynote von Waymo-CEO John Krafcik auf der Detroit Auto Show; https://
      derletztefuehrerscheinneuling.com/2017/01/09/keynote-von-waymo-ceo-john-krafcik-auf-
      der-detroit-autoshow/
228   Ford and Baidu Invest $150 Million Into Major Supplier of Self-Driving Car Tech; http://
      fortune.com/2016/08/16/ford-baidu-invest-velodyne-lidar/
229   http://qz.com/637509/driverless-cars-have-a-new-way-to-navigate-in-rain-or-snow/
230   https://www.ll.mit.edu/publications/technotes/TechNote_LGPR.pdf
231   Why Better Paint Coatings Are Critical for Autonomous Cars; http://blog.caranddriver.
      com/why-better-paint-coatings-are-critical-for-autonomous-cars/
232   SensL Solid State LiDAR design consideration; https://youtu.be/npnAr1BlQhw
233   http://media.nxp.com/phoenix.zhtml?c=254228&p=irol-newsArticle&ID=2125903
234   Camera-based technology tracks people in car interiors; http://www.fraunhofer.de/en/press/
      research-news/2016/august/camera-based-technology-tracks-people-in-car-interiors.html
235   Tesla Motors Club Connect 2016 in Reno, NV, 29. Juli 2016; https://www.youtube.com/
      watch?v=E-qqRTugknI
236   http://blogs.nvidia.com/blog/2016/01/05/eyes-on-the-road-how-autonomous-cars-
      understand-what-theyre-seeing/
237   http://jacobsschool.ucsd.edu/news/news_releases/release.sfe?id=1883
238   https://www.udacity.com/course/artificial-intelligence-for-robotics--cs373
239   Pranav Rajpurkar, Toki Migimatsu, Jeff Kiske, Royce Cheng-Yue, Sameep Tandon, Tao
      Wang, Andrew Ng: Driverseat: Crowdstrapping Learning Tasks for Autonomous Driving;
      http://arxiv.org/pdf/1512.01872v1.pdf
240   The Moral Life of Babies; http://www.nytimes.com/2010/05/09/magazine/09babies-t.html
241   Biology of Fun. 25th Anniversary Special Issue; http://www.cell.com/current-biology/
      issue?pii=S0960-9822(14)X0025-4
242   Ashesh Jain, Hema S Koppula, Shane Soh, Bharad Raghavan, Avi Singh and Ashutosh
      Saxena: Brain4Cars: Car That Knows Before You Do via Sensory-Fusion Deep Learning
      Architecture; http://arxiv.org/pdf/1601.00740v1.pdf
243   http://www.cnet.com/news/nvidias-computer-for-self-driving-cars-as-powerful-as-150-
      macbook-pros/
244   http://www.forbes.com/sites/aarontilley/2016/04/05/nvidia-redoubles-focus-on-artificial-
      intelligence-and-autonomous-cars/#69e57456e2b3
245   Self-Driving Cars Rattle Supply Chain; http://semiengineering.com/self-driving-cars-rattle-
      supply-chain/
246   http://www.nytimes.com/2016/11/29/business/intel-to-team-with-delphi-and-mobileye-for-
      self-driving-cars.html
247   http://mi.eng.cam.ac.uk/projects/segnet/

248 Google's former self-driving car guru raises cash for his own startup; https://www.axios. com/the-former-cto-of-google-self-driving-car-has-raised-money-for-his-own-2344944616. html

249 Wir brauchen keine Regulierung für Künstliche Intelligenz, sondern mehr Förderung; http://bootstrapping.me/politik-kuenstliche-intelligenz-2017/

250 Nissan's Path to Self-Driving Cars? Humans in Call Centers; https://www.wired. com/2017/01/nissans-self-driving-teleoperation/

251 What the AI Behind AlphaGo Can Teach Us About Being Human; http://www.wired. com/2016/05/google-alpha-go-ai/

252 A Conversation With Koko the Gorilla; http://www.theatlantic.com/technology/ archive/2015/08/koko-the-talking-gorilla-sign-language-francine-patterson/402307/

253 Christoph Keese: Silicon Germany: Wie wir die digitale Transformation schaffen; Knaus, München, 2016

254 Skynet: Künstliche Intelligenz jagt und zerstört Spieler; https://dassiliconvalleymindset. com/2016/06/10/skynet-kuenstliche-intelligenz-jagt-und-zerstoert-spieler/#more-1111

255 https://www.technologyreview.com/s/601567/tesla-tests-self-driving-functions-with-secret-updates-to-its-customers-cars/

256 http://electrek.co/2016/06/03/tesla-share-autopilot-data-department-of-transport/

257 https://www.tesla.com/blog/master-plan-part-deux

258 Tesla driver dies in first fatal crash while using autopilot mode; https://www.theguardian. com/technology/2016/jun/30/tesla-autopilot-death-self-driving-car-elon-musk

259 https://static.nhtsa.gov/odi/inv/2016/INCLA-PE16007-7876.PDF

260 http://www.nytimes.com/2016/09/02/automobiles/big-carmakers-merge-cautiously-into-the-self-driving-lane.html

261 http://fortune.com/2016/03/11/gm-buying-self-driving-tech-startup-for-more-than-1-billion/

262 http://research.comma.ai/

263 Eder Santana, George Hotz: Learning a Driving Simulator; https://www.scribd.com/ document/320095885/

264 http://www.golem.de/news/mercedes-entwickler-warum-autonome-autos-nicht-selbst-lernen-duerfen-1606-121003.html

265 Matthias Müller kritisiert selbstfahrende Autos: „Ein Hype, der durch nichts zu rechtfertigen ist"; http://www.manager-magazin.de/unternehmen/autoindustrie/porsche-chef-nennt-autonomes-fahren-hype-a-1052709.html

266 https://www.wired.com/2015/12/baidus-self-driving-car-has-hit-the-road/

267 http://blog.caranddriver.com/nhtsa-chief-autonomous-cars-should-cut-death-rate-in-half/

268 http://blog.caranddriver.com/nhtsa-chief-autonomous-cars-should-cut-death-rate-in-half/

269 https://derletztefuehrerscheinneuling.com/2017/01/09/keynote-von-waymo-ceo-john-krafcik-auf-der-detroit-autoshow/

270 https://www.technologyreview.com/s/602317/self-driving-cars-can-learn-a-lot-by-playing-grand-theft-auto/

271 http://www.wsj.com/articles/drivers-ed-startup-uses-videogames-to-teach-cars-to-drive-themselves-1480933804

272 http://www.gizmag.com/synthia-dataset-self-driving-cars/43895/

273 http://newatlas.com/synthia-dataset-self-driving-cars/43895/

274 The Wall Street Journal; http://www.wsj.com/articles/is-uber-a-friend-or-foe-of-carnegie-mellon-in-robotics-1433084582

275 Autonomous Car Race Creates $400k Engineering Jobs For Top Silicon Valley Talent; https://www.forbes.com/sites/alanohnsman/2017/03/27/autonomous-car-race-creates-400k-engineering-jobs-for-top-silicon-valley-talent/#28102a914a37

276 https://www.udacity.com/course/self-driving-car-engineer-nanodegree--nd013

277 http://www.wired.com/2016/01/gm-and-lyft-are-building-a-network-of-self-driving-cars/

278 http://www.bloomberg.com/news/articles/2016-05-03/fiat-google-said-to-plan-partnership-on-self-driving-minivans

279 http://www.bloomberg.com/graphics/2016-merging-tech-and-cars/

280 https://magazin.spiegel.de/SP/2016/4/141826740/index.html

281 https://de.wikipedia.org/wiki/Trolley-Problem

282 http://www.vox.com/2016/6/13/11896166/self-driving-cars-ethics

283 https://www.youtube.com/watch?v=Uj-rK8V-rik

284 http://fortune.com/self-driving-cars-silicon-valley-detroit/

285 http://www.vtti.vt.edu/featured/?p=422

286 Vinand M. Nantulya, Michael R. Reich: The Neglected Epidemic: Road Traffic Injuries in Developing Countries; British Medical Journal, Mai 2002

287 400 road deaths per day in India; up 5 % to 1.46 lakh in 2015; http://timesofindia.indiatimes.com/india/400-road-deaths-per-day-in-India-up-5-to-1-46-lakh-in-2015/articleshow/51919213.cms

288 Road Accidents due to Speed Breakers; http://164.100.47.190/loksabhaquestions/annex/11/AU1375.pdf

289 Traffic Safety Facts 2004, Washington D.C; National Highway Traffic Safety Administration, 2005

290 Economist: Fools and bad roads; 22. Mai 2007; http://www.economist.com/node/8896844

291 Anand Swamy, Stephen Knack, Young Lee, Omar Azfar: Gender and Corruption; Center for Development Ecnomics, Department of Economics, Williams College, 2000

292 B. G. Simons-Morton, N. Lerner, J. Singer: The Observed Effects of teenage Passengers on Risky Driving Behavior of Teenage Drivers; in: Accident Analysis & Prevention, Bd. 37, 2005

293 http://www.popsci.com/volvo-on-self-driven-car-liability-i-volunteer

294 When driverless cars crash, who gets the blame and pays the damages?; https://www.washingtonpost.com/local/trafficandcommuting/when-driverless-cars-crash-who-gets-the-blame-and-pays-the-damages/2017/02/25/3909d946-f97a-11e6-9845-576c69081518_story.html

295 http://ideas.4brad.com/enough-trolley-problem-already

296 http://www.theatlantic.com/technology/archive/2013/10/the-ethics-of-autonomous-cars/280360/
http://www.theatlantic.com/technology/archive/2016/03/google-self-driving-car-crash/471678/

297 Dan Ariely: Unerklärlich ehrlich: Warum wir weniger lügen, als wir eigentlich könnten; Droemer, München, 2015

298 http://www.europarl.europa.eu/sides/getDoc.do?pubRef=-//EP//NONSGML%2BCOMPARL%2BPE-582.443%2B01%2BDOC%2BPDF%2BV0//EN

299 https://www.facebook.com/Beipackzettelpresse/

300 http://www.spiegel.de/netzwelt/gadgets/juergen-schmidhuber-der-weltraum-ist-fuer-roboter-gemacht-a-1074759.html

301 Teresa M. Amabile: Brilliant but cruel: Perceptions of negative evaluators; in: Journal of Experimental Social Psychology, März 1983

302 Khaled Saleh, Mohammed Hossny, Saeid Nahavandi: Kangaroo Vehicle Collision Detection Using Deep Semantic Segmentation Convolutional Neural Network; International Conference on Digital Image Computing, Techniques and Applications (DICTA), 2016; http://ieeexplore.ieee.org/abstract/document/7797057/

303 http://www.telegraph.co.uk/news/2017/01/06/driverless-cars-will-cause-congestion-britains-roads-worsen/

304 Brett Stern: Inventors at Work; Apress, 2012

305 http://www.bloomberg.com/news/articles/2015-12-18/humans-are-slamming-into-driverless-cars-and-exposing-a-key-flaw

306 http://www.dailymail.co.uk/sciencetech/article-3592567/The-self-driving-car-behaves-like-person-Audi-s-robotic-vehicle-taught-human-manners.html

307 Why Google's Self-Driving Cars Are Considered 'Too Polite'; http://bigthink.com/ideafeed/googles-self-driving-cars-are-too-polite

308 https://www.technologyreview.com/s/602292/top-safety-official-doesnt-trust-automakers-to-teach-ethics-to-self-driving-cars/

309 https://de.wikipedia.org/wiki/Skeuomorphismus

310 Driving Is Social. Autonomous Cars Aren't Argues Computer Scientist; https://motherboard.vice.com/en_us/article/driving-is-social-autonomous-cars-arent-argues-computer-scientist

311 Barry Brown, Eric Lautier: The trouble with autopilots: Assisted and autonomous driving on the social road; http://www.ericlaurier.co.uk/resources/Writings/Brown-2017-Car-Autopilots.pdf

312 Tom Vanderbilt: Traffic: Why we drive the way we do and what it says about us; Vintage Books, 2008

313 The Secret UX Issues That Will Make (Or Break) Self-Driving Cars; http://www.fastcodesign.com/3054330/innovation-by-design/the-secret-ux-issues-that-will-make-or-break-autonomous-cars

314 This Self-Driving Car Smiles At Pedestrians To Let Them Know It's Safe To Cross; https://www.fastcoexist.com/3063717/this-self-driving-car-smiles-at-pedestrians-to-let-them-know-its-safe-to-cross

315 Drive.ai uses deep learning to teach self-driving cars – and to give them a voice; https://techcrunch.com/2016/08/30/drive-ai-uses-deep-learning-to-teach-self-driving-cars-and-to-give-them-a-voice/

316 https://static.googleusercontent.com/media/www.google.com/en//selfdrivingcar/files/reports/report-0516.pdf

317 https://static.googleusercontent.com/media/www.google.com/en//selfdrivingcar/files/reports/report-0616.pdf

318 https://www.humanisingautonomy.com/

319 http://www.emercedesbenz.com/autos/mercedes-benz/concept-vehicles/mercedes-benz-looks-to-the-future/attachment/mercedes-benz-14c634_029/

320 http://venturebeat.com/2015/12/07/chinese-researchers-unveil-brain-powered-car/

321 http://www.wired.com/2016/02/googles-self-driving-car-may-caused-first-crash/

322 Nissan anthropologist: "We need a universal language for autonomous cars"; https://www.2025ad.com/in-the-news/blog/nissan-melissa-cefkin-driverless-cars/?WT.tsrc=Newsletter&WT.mc_id=07/2017

323 http://www.jdpower.com/press-releases/2016-us-tech-choice-study

324 https://www.wpi.edu/Pubs/E-project/Available/E-project-043013-155601/unrestricted/A_Study_of_Public_Acceptance_of_Autonomous_Cars.pdf

325 https://newsroom.cisco.com/press-release-content?articleId=1184392

326 http://www.fastcodesign.com/3054330/innovation-by-design/the-secret-ux-issues-that-will-make-or-break-autonomous-cars

327 http://spectrum.ieee.org/automaton/robotics/artificial-intelligence/children-beating-up-robot

328 http://blogs.wsj.com/digits/2016/01/21/human-driver-taking-over-from-computer-crashes-autonomous-car/

329 http://thenextweb.com/insider/2015/11/25/these-defiant-robots-are-learning-to-reject-human-orders/

330 Don Norman: Emotional Design: Why we love (or hate) everyday things; Basic Books, 2004

331 Don Norman: Emotional Design: Why we love (or hate) everyday things; Basic Books, 2004

332 Nick Bostrom: Superintelligence: Paths, Dangers, Strategies; Oxford University Press, 2014

333 Bryant Walker Smith: Automated Vehicles Are Probably Legal in the United States, 1 Tex. A&M L. Rev. 411 (2014)

334 https://de.wikipedia.org/wiki/Red_Flag_Act

335 https://www.dmv.ca.gov/portal/wcm/connect/dbcf0f21-4085-47a1-889f-3b8a64eaa1ff/AVRegulationsSummary.pdf?MOD=AJPERES

336 Nächster Meilenstein auf dem Weg zum autonomen Fahren: „One more Weihnachtsgeschenk": Mercedes-Benz erhält Genehmigung vom Regierungspräsidium für autonom fahrende Fahrzeuge der neuesten Generation; http://media.daimler.com/marsMediaSite/de/instance/ko.xhtml?oid=15142248

337 http://ideas.4brad.com/alternative-specific-regulations-robocars-liability-doubling

338 https://www.bloomberg.com/news/articles/2016-12-22/uber-pulls-self-driving-cars-from-california-for-arizona

339 https://cyberlaw.stanford.edu/wiki/index.php/Automated_Driving:_Legislative_and_Regulatory_Action

340 https://www.transportation.gov/sites/dot.gov/files/docs/AV%20policy%20guidance%20PDF.pdf

341 Can automated driving make people love the EU?; https://www.2025ad.com/in-the-news/blog/automated-driving-conference-brussels/

342 https://www.faa.gov/uas/

343 http://diepresse.com/home/recht/rechtallgemein/5042568/Wenn-Vertraege-automatisiert-werden

344 http://www.reuters.com/article/us-germany-autos-idUSKCN0ZY1LT

345 Ferdinand Dudenhöffer: Wer kriegt die Kurve? Zeitenwende in der Autoindustrie; Campus, Frankfurt a. M., 2016

346 Battery material could reduce electric car weight; https://www.kth.se/en/aktuellt/nyheter/de-gor-batterier-av-kolfiber-1.480780

347 Sherry Turkle: Alone Together: Why We Expect More from Technology and Less from Each Other; Basic Books, 2011

348 P. W. Singer: Wired for War: The Robotics Revolution and Conflict in the 21st Century; Penguin, 2009

349 http://www.businessinsider.com/bmw-reveals-concept-interior-for-driverless-car-pictures-2017-1

350 Monetizing Car Data; http://www.mckinsey.com/industries/automotive-and-assembly/our-insights/monetizing-car-data

351 Fabio Caiazzo, Akshay Ashok, Ian A. Waitz, Steve H. L. Yim, Steven R. H. Barrett: Air pollution and early deaths in the United States; Atmospheric Environment, Bd. 79, November 2013

352 Autonomous taxis could greatly reduce greenhouse-gas emissions of US light-duty vehicles; http://www.nature.com/articles/nclimate2685.epdf

353 Cost and Weight Added by the Federal Motor Vehicle Safety Standards for Model Years 1968-2001 in Passenger Cars and Light Trucks; https://icsw.nhtsa.gov/cars/rules/regrev/evaluate/809834.html

354 Michael Anderson, Maximilian Auffhammer: Pounds that Kill: The External Costs of Vehicle Weight; Review of Economic Studies, Bd. 81(2), S. 535–571, UC Berkeley, 2014; http://www.nber.org/papers/w17170

355 https://www.google.com/selfdrivingcar/reports/

356 Uber's autonomous cars drove 20,354 miles and had to be taken over at every mile, according to documents; http://www.recode.net/2017/3/16/14938116/uber-travis-kalanick-self-driving-internal-metrics-slow-progress

357 Tempe Police: Self-driving Uber vehicle involved in rollover; http://www.abc15.com/news/region-southeast-valley/tempe/tempe-police-self-driving-uber-vehicle-involved-in-car-accident-no-injuries. Und: Uber's Self-Driving Crash Proves We Need Self-Driving Cars; https://www.wired.com/2017/03/uber-self-driving-crash-tempe-arizona

358 10 cities at the forefront of automated driving; https://www.2025ad.com/in-the-news/blog/driverless-cities/

359 http://www.gizmag.com/google-reveals-lessons-learned-from-self-driving-car-program/37481/

360 http://www.theverge.com/2016/4/27/11517926/googles-self-driving-car-graduating-alphabet-x

361 https://www.technologyreview.com/s/601297/a-simple-way-to-hasten-the-arrival-of-self-driving-cars/

362 Texas Transportation Institute: 2015 Urban Mobility Scorecard; http://tti.tamu.edu/documents/mobility-scorecard-2015-wappx.pdf

363 Europäische Kommission; http://ec.europa.eu/transport/themes/urban/urban_mobility/

364 CEBR: 50% Rise in Gridlock Costs By 2030; https://www.cebr.com/reports/the-future-economic-and-environmental-costs-of-gridlock/

365 Tom Vanderbilt: Traffic; Allen Lane, London, 2008

366 Daniel Sperling, Deborah Gordon: Two Billion Cars; Transportation Research News, Dezember 2008; http://onlinepubs.trb.org/onlinepubs/trnews/trnews259billioncars.pdf

367 http://www.tomtom.com/en_gb/trafficindex/

368 Record Number Of Miles Driven In U.S. Last Year; http://www.npr.org/sections/thetwo-way/2017/02/21/516512439/record-number-of-miles-driven-in-u-s-last-year

369 Ferdinand Dudenhöffer: Wer kriegt die Kurve? Zeitenwende in der Autoindustrie; Campus, Frankfurt a. M., 2016

370 Ford: Skip Level 3 Autonomous Cars – Even Engineers Supervising Self-Driving Vehicle Testing Lose "Situational Awareness"; https://cleantechnica.com/2017/02/20/ford-skip-level-3-autonomous-cars-even-engineers-supervising-self-driving-vehicle-testing-lose-situational-awareness/

371 M. Jeon, A. Riener, J. Sterkenburg, J.-H. Lee, B. Walker, I. Alvarez: An International Survey on Autonomous and Electric Vehicles; Austria, Germany, South Korea and USA; ACM, 2016

372 Don Tapscott, Alex Tapscott: Die Blockchain Revolution; Plassen, Kulmbach, 2016

373 http://www.umich.edu/%7Eumtriswt/PDF/UMTRI-2015-12_Abstract_English.pdf

374 https://techcrunch.com/2016/07/13/land-rovers-lead-engineer-explains-autonomous-off-road-driving/

375 http://www.audi.de/de/brand/de/vorsprung_durch_technik/content/2014/10/piloted-driving.html

376 http://www.theverge.com/2016/6/15/11944112/self-racing-cars-george-hotz-polysync-autonomoustuff-thunderhill

377 http://selfracingcars.com/

378 http://roborace.com/

379 http://robogames.net

380 http://www.nature.com/articles/nclimate2685.epdf?referrer_access_token=3hSNyD6aveKm cqROPSlUadRgN0jAjWel9jnR3ZoTv0OgWH88gW1xBh-ptYSEqpmrDtpqP4OzfAkwuSL_A7ejXWt2ofVne6Ko4odPOi88cCQuYu_GIby3EJNH_TkQWpK0TzHT6wlL55wBvfRG-vwsSrK4wG4AmU7k_pjvW2pXbzcvIEEhOzOe5PECs

381 http://link.springer.com/chapter/10.1007%2F978-3-319-05990-7_13

382 http://papers.sae.org/2012-01-0494/

383 Scania takes lead with full-scale autonomous truck platoon; https://www.scania.com/group/en/scania-takes-lead-with-full-scale-autonomous-truck-platoon/

384 http://nacfe.org/wp-content/uploads/2013/12/CR-England.pdf

385 https://www.whitehouse.gov/the-press-office/2014/02/18/fact-sheet-opportunity-all-improving-fuel-efficiency-american-trucks-bol

386 http://www.epa.gov/climatechange/ghgemissions/sources/transportation.html

387 Help or hindrance? The travel, energy and carbon impacts of highly automated vehicles; http://www.sciencedirect.com/science/article/pii/S0965856415002694

388 http://www.recycle-steel.org/steel-markets/automotive.aspx

389 https://www.daimler.com/karriere/jobsuche/standorte/detailseiten/standort-detailseite-18184.html

390 http://gomentumstation.net/

391 https://www.engadget.com/2016/09/30/cali-unmanned-autonomous-trials/

392 http://www.reuters.com/article/us-usa-selfdriving-idUSKBN1A41UK

393 http://www.mtc.umich.edu/test-facility

394 Michigan lets autonomous cars on roads without human driver; http://fox17online.com/2016/12/09/michigan-lets-autonomous-cars-on-roads-without-human-driver/

395 https://techcrunch.com/2016/11/22/michigans-335-acre-willow-run-autonomous-car-test-facility-breaks-ground/

396 http://www.annarborusa.org/americancenterformobility

397 https://news.kettering.edu/news/kettering-university-gm-mobility-research-center-will-position-flint-and-michigan-forefront

398 http://www.vtti.vt.edu/

399 http://www.mynews13.com/content/news/cfnews13/news/article.html/content/news/articles/bn9/2016/9/26/construction_of_polk.html

400 https://backchannel.com/license-to-not-drive-6dbea84b9c45#.dw3t23da7

401 Ford's Dozing Engineers Side With Google in Full Autonomy Push; https://www.bloomberg.com/news/articles/2017-02-17/ford-s-dozing-engineers-side-with-google-in-full-autonomy-push

402 https://www.transportation.gov/briefing-room/dot1717

403 http://www.iwkoeln.de/presse/pressemitteilungen/beitrag/autonomes-fahren-deutsche-starten-von-guter-basis-286200

404 In München fahren bald Geister-BMWs; https://www.welt.de/wirtschaft/article159973041/In-Muenchen-fahren-bald-Geister-BMWs.html

405 Nächster Meilenstein auf dem Weg zum autonomen Fahren: „One more Weihnachtsgeschenk": Mercedes-Benz erhält Genehmigung vom Regierungspräsidium für autonom fahrende Fahrzeuge der neuesten Generation; http://media.daimler.com/ marsMediaSite/de/instance/ko.xhtml?oid=15142248

406 Bitte einsteigen, heute ohne Fahrer; http://www.spiegel.de/auto/aktuell/autonomes-fahren-pilotprojekte-in-hamburg-kassel-und-berlin-a-1126368.html

407 In Berlin entsteht eine Teststrecke für den Verkehr von morgen; https://www.wired.de/ collection/tech/digitale-teststrecke-diginet-ps-selbstfahrende-autos-berlin-tu-strasse-17-juni

408 http://www.govtech.com/fs/Will-US-83-Become-the-First-Driverless-Highway.html

409 Google, Ford, Uber launch coalition to further self-driving cars; http://www.reuters.com/ article/us-autos-selfdriving-idUSKCN0XN1F1

410 http://bbj.hu/business/pm-announces-plans-to-build-test-track-for-self-driving-cars-_116326

411 Press Release: AVL testet erstmals selbstfahrendes Auto auf österreichischer Autobahn; https://www.avl.com/press-releases-2016/-/asset_publisher/AFDAj3gOfDFk/content/press-release-avl-testet-erstmals-selbstfahrendes-auto-auf-osterreichischer-autobahn?_101_INSTANCE_AFDAj3gOfDFk_viewMode=view

412 Selbstfahrende Autos: Teststrecken in Salzburg; http://salzburg.orf.at/news/stories/2815254/

413 Autonomous shuttles in the center of Sion; https://actu.epfl.ch/news/autonomous-shuttles-in-the-center-of-sion/

414 Ford will begin testing self-driving cars in Europe in 2017; https://techcrunch.com/2016/11/29/ford-will-begin-testing-self-driving-cars-in-europe-in-2017/

415 Nissan hopes to test driverless cars on London roads next month; https://arstechnica.com/cars/2017/01/nissan-test-driverless-cars-london-roads/

416 Automated Vehicles Coming to Ontario Roads; https://news.ontario.ca/mto/en/2016/11/automated-vehicles-coming-to-ontario-roads.html

417 Finally, there's a company with the courage to test driverless cars on Indian roads; https://qz.com/887754/tata-elxsi-finally-theres-a-company-with-the-courage-to-test-driverless-cars-on-indian-roads/

418 Russia's Self-Driving Car Company Is Coming for the World; https://www.inverse.com/article/29452-cognitive-pilot-russian-autonomous-car-system

419 Meet Zoox, the Robo-Taxi Start-up Taking on Google and Uber; http://spectrum.ieee.org/transportation/advanced-cars/meet-zoox-the-robotaxi-startup-taking-on-google-and-uber

420 http://www.internationaltransportforum.org/Pub/pdf/15CPB_Self-drivingcars.pdf

421 80% of driverless car users would 'relax and enjoy the scenery', Ford survey says; http://www.connectedcar-news.com/news/2016/nov/30/80-people-using-driverless-cars-would-relax-and-enjoy-scenery-ford-survey-says/

422 Driverless Cars Set to Save World Economies Billions – World Study; http://www.gps.com.au/fleet-management-solutions/driverless-cars-set-to-save-world-economies-billions-world-study

423 Autonomous drive vehicles to contribute € 17 trillion to European economy by 2050; https://newsroom.nissan-global.com/releases/autonomous-drive-vehicles-to-contribute-17-trillion-to-european-economy-by-2050

424 Autonomous Cars: The Future Is Now; http://www.morganstanley.com/articles/autonomous-cars-the-future-is-now

425 Could Self-Driving Cars Spell the End of Ownership?; https://www.wsj.com/articles/could-self-driving-cars-spell-the-end-of-ownership-1448986572

426 Why Alphabet Thinks Minivans Make Perfect Self-Driving Taxis; https://www.technologyreview.com/s/602240/why-alphabet-thinks-minivans-make-perfect-self-driving-taxis/

427 Female crash dummy upends safety ratings for some top-selling cars; http://bangordailynews.com/2012/03/26/health/female-crash-dummy-upends-safety-ratings-for-some-top-selling-cars/

428 When bias in product design means life or death; https://techcrunch.com/2016/11/16/when-bias-in-product-design-means-life-or-death/

429 Autos der Zukunft: Forscher stellen erst mal die richtigen Fragen; http://www.zeit.de/mobilitaet/2016-12/auto-zukunft-renault-nissan-forschung-autonomes-fahren

430 Why Self-Driving Cars *Can't Even* With Construction Zones; https://www.wired.com/2017/02/self-driving-cars-cant-even-construction-zones/

431 https://techcrunch.com/2016/06/11/investment-opportunities-in-the-autonomous-vehicle-space/

432 Udacity Self-Driving Car Software; https://github.com/udacity/self-driving-car

433 Udacity Self-Driving Car Simulator; https://github.com/udacity/self-driving-car-sim

434 Open Pilot; https://github.com/commaai/openpilot

435 http://oscc.io/

436 http://opensourcesdc.com/

437 http://kitti.is.tue.mpg.de/kitti/data_object_image_2.zip

438 http://kitti.is.tue.mpg.de/kitti/data_object_label_2.zip

439 http://mscoco.org/dataset/#download

440 https://www.vision.caltech.edu/Image_Datasets/CaltechPedestrians/datasets/USA/

441 How Far are We from Solving Pedestrian Detection?; https://www.mpi-inf.mpg.de/departments/computer-vision-and-multimodal-computing/research/people-detection-pose-estimation-and-tracking/how-far-are-we-from-solving-pedestrian-detection/

442 http://host.robots.ox.ac.uk/pascal/VOC/index.html

443 https://www.cityscapes-dataset.com/downloads/

444 http://spectrum.ieee.org/cars-that-think/transportation/self-driving/why-ai-makes-selfdriving-cars-hard-to-prove-safe

445 In Japan, Priuses can talk to other Priuses; https://techcrunch.com/2016/08/16/in-japan-priuses-can-talk-to-other-priuses/

446 Audi vernetzt Autos mit Ampeln in Las Vegas; http://www.golem.de/news/verkehrssteuerung-audi-vernetzt-autos-mit-ampeln-in-las-vegas-1612-124937.html

447 http://techcrunch.com/2016/01/28/security-and-privacy-standards-are-critical-to-the-success-of-connected-cars/

448 https://www.wired.com/2015/07/hackers-remotely-kill-jeep-highway/

449 Crag Smith: The Car Hacker's Handbook: A Guide for the Penetration Tester; http://opengarages.org/index.php/Car_Hacker%27s_Handbook

450 Tesla's car data network is down in the US, it's a 'top priority' and 'currently being fixed'; https://electrek.co/2016/08/15/teslas-car-data-network-down-in-the-us-its-a-top-priority-currently-being-fixed/

451 http://www.openautoalliance.net/

452 http://www.autosar.org/

453 https://www.weforum.org/agenda/2016/03/this-chinese-city-plans-to-track-all-cars-electronically/

454 https://incardelivery.volvocars.com

455 Microsoft launches a new cloud platform for connected cars; https://techcrunch. com/2017/01/05/microsoft-launches-a-new-cloud-platform-for-connected-cars/

456 Gartner Says By 2020, a Quarter Billion Connected Vehicles Will Enable New In-Vehicle Services and Automated Driving Capabilities; http://www.gartner.com/newsroom/ id/2970017

457 How connected cars are turning into revenue-generating machines; https://techcrunch. com/2016/08/28/how-connected-cars-are-turning-into-revenue-generating-machines/

458 5G will help autonomous cars cruise streets safely; http://www.itworld.com/article/3173850/ consumer-electronics/5g-will-help-autonomous-cars-cruise-streets-safely.html

459 Durchschnittliche Verbindungsgeschwindigkeit der Internetanschlüsse in den führenden Ländern weltweit im 3. Quartal 2016 (in Mbit/s); https://de.statista.com/statistik/daten/ studie/224924/umfrage/internet-verbindungsgeschwindigkeit-in-ausgewaehlten-weltweiten-laendern/

460 Elon Musk's sleight of hand; https://medium.com/@gavinsblog/elon-musk-s-sleight-of-hand-ea2b078ed8e6

461 Why Auto Designs Take So Long; http://semiengineering.com/designing-for-safety/

462 Uber's big China rival: 'The market will pick the best'; http://money.cnn.com/2016/05/19/ technology/jean-liu-didi-chuxing/

463 How a Global Alliance Against Uber Could Topple Its Monopoly; http://www.inc.com/ alex-moazed/how-a-global-alliance-against-uber-could-topple-its-monopoly.html

464 Uber Sells China Operations to Didi Chuxing; http://www.wsj.com/articles/china-s-didi-chuxing-to-acquire-rival-uber-s-chinese-operations-1470024403

465 Where Do All the Cabs Go in the Late Afternoon?; http://www.nytimes.com/2011/01/12/ nyregion/12taxi.html?_r=0

466 Taxi owners, lenders sue New York City over Uber; http://www.reuters.com/article/ us-newyorkcity-taxis-uber-idUSKCN0T700J20151118

467 http://www.schipholtaxi.nl/en/

468 http://www.handelsblatt.com/unternehmen/industrie/verordnung-bremst-elektroautos-meine-teslas-kann-ich-einstampfen/19292188.html

469 Update: Percentage of Young Persons With a Driver's License Continues to Drop; http:// www.tandfonline.com/doi/abs/10.1080/15389588.2012.696755#.VnIFCcp325g

470 http://www.kbb.com/car-news/all-the-latest/uber-wont-kill-car-sales-but-ride_sharing-may-affect-what-we-buy/2000010954/#survey

471 http://www.zipcar.com/

472 Jeremy Rifkin: The Zero Marginal Cost Society; Palgrave Macmillioan, New York, 2014

473 https://www.bcgperspectives.com/content/articles/automotive-whats-ahead-car-sharing-new-mobility-its-impact-vehicle-sales/?chapter=8#chapter8

474 No Parking Here; http://www.motherjones.com/environment/2016/01/future-parking-self-driving-cars

475 https://boostbybenz.com/aboutus

476 https://flightcar.com/

477 https://techcrunch.com/2016/12/15/mercedes-launches-car-sharing-service-croove/

478 Renault-Nissan Alliance and Transdev to jointly develop driverless vehicle fleet system for future public and on-demand transportation; http://media.renault.com/global/en-gb/Media/ PressRelease.aspx?mediaid=87743

479 http://www.car2come.com/

480 Panel Mobility Innovators Forum – Stanford, 5. August 2016

481 Why New Yorkers Can't Find a Taxi When It Rains; http://www.citylab.com/
weather/2014/10/why-new-yorkers-cant-find-a-taxi-when-it-rains/381652/

482 Taxi Drivers and Beauty Contests; http://people.hss.caltech.edu/~camerer/Camerer%20
Feature.pdf

483 Morgan Stanley Research – Amnon Shashua CVPR 2016 keynote: Autonomous Driving,
Computer Vision and Machine Learning; https://youtu.be/n8T7A3wqH3Q

484 Margaret Derry. Horses in Society: A Story of Animal Breeding and Marketing,
1800–1920. University of Toronto Press. p. 131.

485 http://data.worldbank.org/indicator/SP.URB.TOTL.IN.ZS

486 United Nations; A World of Cities; August 2014; http://www.un.org/en/development/desa/
population/publications/pdf/popfacts/PopFacts_2014-2.pdf

487 https://en.wikipedia.org/wiki/List_of_cities_in_China_by_population_and_built-up_area

488 McKinsey Global Institute: Preparing for China's Urban Billion; February 2009; http://
www.mckinsey.com/global-themes/urbanization/preparing-for-chinas-urban-billion

489 http://www.fastcompany.com/3060860/what-saudi-women-really-think-about-their-
countrys-investment-in-uber

490 https://newsroom.uber.com/us-illinois/dui-rates-decline-in-uber-cities/

491 Impacts of car2go on Vehicle Ownership, Modal Shift, Vehicle Miles Traveled, and
Greenhouse Gas Emissions: An Analysis of Five North American Cities; http://
innovativemobility.org/wp-content/uploads/2016/07/Impactsofcar2go_FiveCities_2016.pdf

492 Welcome to Uberville – Uber wants to take over public transit, one small town at a time;
http://www.theverge.com/2016/9/1/12735666/uber-altamonte-springs-fl-public-
transportation-taxi-system

493 https://kurier.at/chronik/wien/wien-verdacht-auf-steuerbetrug-bei-
taxiunternehmen/232.621.667

494 https://techcrunch.com/2016/12/21/new-regulations-could-limit-didis-taxi-on-demand-
service-in-chinas-top-cities

495 Tom Slee: Deins ist meins: Die unbequemen Wahrheiten der Sharing Economy; Verlag
Antje Kunstmann, München, 2016

496 Don Tapscott, Alex Tapscott: Die Blockchain Revolution: Wie die Technologie hinter
Bitcoin nicht nur das Finanzsystem, sondern die ganze Welt verändert; Plassen, Kulmbach,
2016

497 https://de.wikipedia.org/wiki/Communications_Decency_Act

498 Mike Hearn: Future of Money; Turing Festival, Edinburgh, Scotland, 23. August 2013;
http://www.slideshare.net/mikehearn/future-of-money-26663148

499 Don Tapscott, Alex Tapscott: Die Blockchain Revolution: Wie die Technologie hinter
Bitcoin nicht nur das Finanzsystem, sondern die ganze Welt verändert; Plassen, Kulmbach,
2016

500 La'Zooz: The Decentralized, Crypto-Alternative to Uber; http://www.shareable.net/blog/
lazooz-the-decentralized-crypto-alternative-to-uber

501 http://www.strategyand.pwc.com/innovation1000

502 http://www.faz.net/aktuell/wirtschaft/wirtschaft-in-zahlen/grafik-des-tages-tesla-forscht-
und-forscht-14488476.html

503 Europe's innovation deficit isn't disappearing any time soon; https://www.washingtonpost.
com/news/innovations/wp/2015/06/08/europes-innovation-deficit-isnt-disappearing-any-
time-soon/?utm_term=.8544a0fa06a0

504 Mary Meeker: Internet Trends 2015 = Code Conference; http://kpcbweb2.s3.amazonaws.
com/files/90/Internet_Trends_2015.pdf?1432738078

505 http://www.strategyand.pwc.com/innovation1000

506 Fred Block, Matthew R. Keller: Where Do Innovations Come From? Transformations in the U.S. National Innovation System 1970-2006; report issued by the Information Technology & Innovation Foundation, Juli 2008; http://www.itif.org/files/Where_do_innovations_come_from.pdf

507 Sadao Nagaoka, John P. Walsh: The R&D Process in the U.S. and Japan: Major Findings from the RIETI-Georgia Tech Inventor Survey; working paper from the Research Institute of Economy, Trade and Industry, 5. Juli 2009, 1; http://www.rieti.go.jp/jp/publications/dp/09e010.pdf

508 Mary Tripsas, Giovanni Gavetti: Capabilities, Cognition, and Inertia: Evidence from Digital Imaging; Strategic Management Journal, Vol 21, 1147–1161, 2000

509 http://www.reuters.com/article/us-audi-strategy-idUSKCN1030HW

510 http://www.manager-magazin.de/unternehmen/autoindustrie/porsche-1500-jobs-fuer-mission-e-und-gegen-tesla-a-1104843.html

511 Toyota Loses Sales Crown to VW as U.S. Trade Barriers Loom; https://www.bloomberg.com/news/articles/2017-01-30/toyota-loses-sales-crown-to-vw-as-threat-of-trade-barriers-looms?xing_share=news

512 Jonathan Tepperman: The Fix: How Nations Survive And Thrive In A World In Decline; Tim Duggan Books; New York, 2016

513 http://www.pri.org/stories/2012-11-02/energy-costs-oil-production

514 http://www.eia.gov/Energyexplained/index.cfm?page=oil_refining

515 https://de.wikipedia.org/wiki/Verbrennungsmotor

516 http://techcrunch.com/2016/06/01/an-open-letter-to-tesla-and-google-on-driverless-cars/

517 http://www.kurzweilai.net/autonomous-vehicles-might-have-to-be-test-driven-tens-or-hundreds-of-years-to-demonstrate-their-safety

518 http://electrek.co/2016/06/03/tesla-share-autopilot-data-department-of-transport/

519 http://www.abc.net.au/news/2015-10-18/rio-tinto-opens-worlds-first-automated-mine/6863814

520 http://www.businessinsider.com/interview-gett-ceo-shahar-waiser-uber-automation-plans-future-self-driving-taxis-vw-2016-12

521 http://qz.com/781113/how-florida-became-the-most-important-state-in-the-race-to-legalize-self-driving-cars/

522 http://webcache.googleusercontent.com/search?q=cache:G86iQctx6eUJ:www.ncsl.org/research/transportation/autonomous-vehicles-legislation.aspx+&cd=1&hl=en&ct=clnk&gl=us

523 http://www.usinenouvelle.com/article/la-france-autorise-les-tests-de-voitures-autonomes-sur-ses-routes.N422102

524 https://electrek.co/2016/08/16/ford-fully-autonomous-cars-high-volume-available-2021/

525 Who Will Build the Next Great Car Company?; http://fortune.com/self-driving-cars-silicon-valley-detroit/

526 https://de.statista.com/statistik/daten/studie/183003/umfrage/pkw---gefahrene-kilometer-pro-jahr/

527 Your Driving Cuts: How Much Are You Really Paying to Drive?; American Automobile Association, 2015 edition

528 Number of U.S. Aircraft, Vehicles, Vessels, and Other Conveyances; http://www.rita.dot.gov/bts/sites/rita.dot.gov.bts/files/publications/national_transportation_statistics/html/table_01_11.html

529 3.2 Trillion Miles Driven On U.S. Roads In 2016; https://www.fhwa.dot.gov/pressroom/fhwa1704.cfm

530 The coming nightmare for the car industry; http://robohub.org/the-coming-nightmare-for-the-car-industry/

531 Alison Chaiken; http://she-devel.com/

532 http://www.digitaltrends.com/cars/tesla-fremont-factory-drives-bay-area-manufacturing-growth/

533 http://www.spiegel.de/auto/aktuell/zulieferer-die-heimlichen-autohersteller-a-1108529.html

534 http://www.bain.com/publications/articles/winning-in-europe-truck-strategies-for-the-next-decade.aspx

535 American Trucking Association; http://www.trucking.org/_layouts/ATARedesign/News_and_Information_Reports_Industry_Data.aspx

536 Number of U.S. Aircraft, Vehicles, Vessels, and Other Conveyances; http://www.rita.dot.gov/bts/sites/rita.dot.dot.gov.bts/files/publications/national_transportation_statistics/html/table_01_11.html

537 Large Truck and Bus Crash Facts 2014; https://www.fmcsa.dot.gov/safety/data-and-statistics/large-truck-and-bus-crash-facts-2014

538 Fatality Analysis Reporting System (FARS); https://www-fars.nhtsa.dot.gov/Main/index.aspx

539 Tractor-trailers without a human at the wheel will soon barrel onto highways near you. What will this mean for the nation's 1.7 million truck drivers?; https://www.technologyreview.com/s/603493/10-breakthrough-technologies-2017-self-driving-trucks/

540 http://www.strategyand.pwc.com/media/file/The-era-of-digitized-trucking.pdf

541 Otto and Budweiser: First Shipment by Self-Driving Truck; https://youtu.be/Qb0Kzb3haK8

542 http://embarkdrive.com/

543 http://peloton-tech.com/

544 http://starsky.io/

545 Baidu unveils self-driving truck with Foton; http://usa.chinadaily.com.cn/business/2016-11/16/content_27395804.htm

546 http://www.tusimple.com/

547 First self-driving 'pod' unleashed on Britain's streets; http://www.telegraph.co.uk/technology/news/11866132/First-self-driving-pod-unleashed-on-Britains-roads.html

548 CITY eTAXI – fertiges ShowCar auf der CeBIT; https://www.electrive.net/2017/01/30/city-etaxi-fertiges-leichtbaufahrzeug-auf-der-cebit/

549 http://litmotors.com/

550 BMW's self-balancing motorcycle of tomorrow; http://money.cnn.com/2016/10/11/technology/bmw-next100-motorrad-motorcycle/

551 http://de.statista.com/statistik/daten/studie/37088/umfrage/anteile-der-wirtschaftssektoren-am-bip-ausgewaehlter-laender/

552 Freelancing in America: A National Survey of the New Workforce; https://fu-web-storage-prod.s3.amazonaws.com/content/filer_public/c2/06/c2065a8a-7f00-46db-915a-2122965df7d9/fu_freelancinginamericareport_v3-rgb.pdf

553 http://de.statista.com/statistik/daten/studie/1376/umfrage/anzahl-der-erwerbstaetigen-mit-wohnort-in-deutschland/

554 http://de.statista.com/statistik/daten/studie/158665/umfrage/freie-berufe---selbststaendige-seit-1992/

555 http://www.nachhaltig-selbstaendig.at/ein-personen-unternehmen-in-oesterreich/

556 http://de.statista.com/statistik/daten/studie/30703/umfrage/beschaeftigtenzahl-in-der-automobilindustrie/

557 http://www.npr.org/sections/money/2015/05/21/408234543/will-your-job-be-done-by-a-machine

558 Wired Magazine 11/2016: A To-Do List for the Tech Industry; https://www.wired.com/2016/10/obama-six-tech-challenges/

559 http://de.statista.com/statistik/daten/studie/294128/umfrage/anzahl-der-berufskraftfahrer-im-gueterverkehr/

560 http://de.statista.com/statistik/daten/studie/294138/umfrage/anzahl-der-berufskraftfahrer-in-den-usa/

561 Map: The Most Common* Job In Every State; http://www.npr.org/sections/money/2015/02/05/382664837/map-the-most-common-job-in-every-state

562 Lkw-Industrie: Jeder dritte Lastwagen bis 2025 teilautonom; https://www.mckinsey.de/deliveringchange

563 http://taxipedia.info/zahlen-und-fakten/

564 WKÖ: Taxi-Statistik für das Jahr 2014; https://www.wko.at/Content.Node/branchen/oe/TransportVerkehr/BefoerderungPKW/Zahlen--Daten---Fakten/StatistikV6-2014_NEU_4.pdf

565 Elektro-Autos: Wie viele Jobs fallen weg?; http://www.daserste.de/information/wirtschaft-boerse/plusminus/sendung/elektro-auto-mobilitaet-arbeit100.html

566 Daimler-Betriebsrat fürchtet Jobschwund durch E-Autos; http://derstandard.at/2000044550931/Daimler-Betriebsrat-fuerchtet-Jobschwund-durch-E-Autos

567 http://www.spiegel.de/auto/aktuell/ig-metall-fordert-rasche-abkehr-von-benzin-und-dieselautos-a-1119779.html

568 Car Suppliers Vie for Major Role in Self-Driving Boom; https://www.wsj.com/articles/car-suppliers-vie-for-major-role-in-self-driving-boom-1483980527

569 For suppliers, self-driving payday nears: Sensor, software boom expected by 2020; http://www.autonews.com/article/20160704/RETAIL01/307049984/for-suppliers-self-driving-payday-nears

570 Statistik zeigt: Anzahl der Fahrlehrer sinkt weiter, Trend zu angestellten Fahrlehrern; http://www.moving-roadsafety.com/wp-content/uploads/2016/04/2016-04-29-PM-Fahrlehrerstatistik-2016-Presse.pdf

571 Stifterverband für die Deutsche Wissenschaft e.V.: Zahlen und Fakten aus der Wissenschaftsstatistik, Januar 2011; http://www.stifterverband.de/pdf/fue_facts_2011-01.pdf

572 Garagisten geht wegen Tesla-Boom die Arbeit aus; http://www.20min.ch/finance/news/story/25771189#videoid=524953?redirect=mobi&nocache=0.1541377262158543

573 Automotive Service Technicians and Mechanics; https://www.bls.gov/ooh/installation-maintenance-and-repair/automotive-service-technicians-and-mechanics.htm

574 Terry Tamminen: Lives per Gallon: The True Cost of Our Oil Addiction; Island Press, 2006

575 Catherine Lutz, Anne Lutz Fernandez: Carjacked: The Culture of the Automobile and Its Effect on Our Lives; St. Martin's Press, 2010

576 http://www.sourcewatch.org/index.php/Coal_and_jobs_in_the_United_States

577 https://de.statista.com/statistik/daten/studie/185209/umfrage/belegschaft-im-steinkohlebergbau-in-deutschland-seit-1950/

578 Anzahl der Tankstellen in Deutschland von 1950 bis 2016; https://de.statista.com/statistik/daten/studie/2621/umfrage/anzahl-der-tankstellen-in-deutschland-zeitreihe/

579 Cars and second order consequences; http://ben-evans.com/benedictevans/2017/3/20/cars-and-second-order-consequences

580 Convenience Stores Hit Record In-Store Sales in 2015; http://www.nacsonline.com/Media/Press_Releases/2016/Pages/PR041216-2.aspx#.WOMZE461vUL

581 Self-driving cars to cut U.S. insurance premiums 40%, Aon says; http://www.chicagotribune.com/business/ct-self-driving-cars-insurance-premiums-20160912-story.html

582 The future of motor insurance: How car connectivity and ADAS are impacting the market; http://media.swissre.com/documents/HERE_Swiss%20Re_white%20paper_final.pdf

583 Tesla enters car insurance business as self-driving cars prepare to disrupt the industry; https://electrek.co/2016/08/30/tesla-enters-car-insurance-business-self-driving-cars-prepare-disrupt-industry/

584 Tesla wants to sell future cars with insurance and maintenance included in the price; http://www.businessinsider.com/tesla-cars-could-come-with-insurance-maintenance-included-2017-2

585 https://optn.transplant.hrsa.gov/media/1161/ddps_03-2015.pdf

586 http://fortune.com/2014/08/15/if-driverless-cars-save-lives-where-will-we-get-organs/

587 https://www.airbnbcitizen.com/report-the-impact-of-airbnb-on-middle-class-income-stagnation/

588 Flying cars are closer than you think; http://www.theverge.com/a/verge-2021/marc-andreessen-horowitz-verge-interview

589 https://www.youtube.com/watch?v=Uj-rK8V-rik

590 https://en.wikipedia.org/wiki/Lost_time

591 Light Traffic | MIT Senseable City Lab; https://www.youtube.com/watch?v=4CZc3erc_l4

592 Rush hour intersection traffic condensed into one minute; https://youtu.be/HFrrdhbC6pg

593 T. Nagatani: Traffic Jam Induced by Fluctuation of a Leading Car; in: Physical Review E, Bd. 61, 2000

594 https://youtu.be/7wm-pZp_mi0

595 The present and future of trucking, our country's broken, inefficient economic backbone; https://techcrunch.com/2016/11/02/the-present-and-future-of-trucking-our-countrys-broken-inefficient-economic-backbone/

596 China's Driverless Trucks Are Revving Their Engines; https://www.technologyreview.com/s/602854/chinas-driverless-trucks-are-revving-their-engines/

597 https://freight.uber.com/

598 Amazon is secretly building an 'Uber for trucking' app, setting its sights on a massive $800 billion market; http://www.businessinsider.com/amazon-building-uber-for-trucking-app-2016-12

599 Intel announces $250 million for autonomous driving tech; https://techcrunch.com/2016/11/15/intel-announces-250-million-for-autonomous-driving-tech/

600 Bumps in the Road to Self-Driving Car Storage; http://itknowledgeexchange.techtarget.com/storage-disaster-recovery/bumps-in-the-road-to-self-driving-car-storage/

601 Data Storage Issues Grow For Cars; http://semiengineering.com/data-issues-grow-for-cars/

602 Data to become new profit centre for car makers; http://www.telegraph.co.uk/technology/news/12033458/Data-to-become-new-profit-centre-for-car-makers.html

603 Gemeinsame Erklärung der Konferenz der unabhängigen Datenschutzbehörden des Bundes und der Länder und des Verbandes der Automobilindustrie (VDA); https://www.vda.de/de/themen/innovation-und-technik/vernetzung/gemeinsame-erklaerung-vda-und-datenschutzbehoerden-2016.html

604 Three Sneaky Ways Google Wins With Android Auto; http://www.wired.com/2014/06/android-auto-2/

605 How Ford has slammed the door on Silicon Valley's autonomous vehicles drive; https://
www.theregister.co.uk/2017/03/27/keep_out_how_ford_is_keeping_silicon_valley_out_of_
autonomous_vehicles/

606 https://www.accenture.com/_acnmedia/Accenture/Conversion-Assets/DotCom/
Documents/Global/PDF/Dualpub_21/Accenture-digital-Connected-Vehicle.pdf

607 https://caruma.tech/

608 Monetizing Car Data; http://www.mckinsey.com/industries/automotive-and-assembly/
our-insights/monetizing-car-data

609 https://www.transportation.gov/sites/dot.gov/files/docs/AV%20policy%20guidance%20
PDF.pdf

610 https://techcrunch.com/2016/09/20/federal-policy-for-self-driving-cars-pushes-data-
sharing/

611 http://www.bloomberg.com/news/articles/2016-05-03/fiat-google-said-to-plan-partnership-
on-self-driving-minivans

612 http://www.bbc.com/news/technology-36912700

613 http://techcrunch.com/2016/01/26/lyft-cabify-99taxis-others-to-integrate-wazes-routing-
software-in-their-own-apps/

614 https://maps.apple.com/vehicles/

615 http://techcrunch.com/2016/01/05/here-launches-cloud-based-maps-for-automated-driving/

616 http://www.usatoday.com/story/tech/news/2015/12/28/heres-3d-maps-connected-cars-
ces/77766922/

617 http://www.bloomberg.com/news/articles/2016-03-13/race-to-guide-self-driving-cars-is-
getting-another-competitor

618 https://techcrunch.com/2015/06/29/uber-acquires-part-of-bings-mapping-assets-will-
absorb-around-100-microsoft-employees/

619 http://www.theverge.com/2016/7/31/12338268/uber-maps-investment-500-million

620 Amnon Shashua CVPR 2016 keynote: Autonomous Driving, Computer Vision and
Machine Learning; https://youtu.be/n8T7A3wqH3Q

621 https://www.wired.com/2016/07/civil-maps-self-driving-car-autonomous-mapping-lidar/

622 http://techcrunch.com/2016/06/01/mapbox-enters-the-autonomous-vehicle-market-with-
mapbox-drive-an-sdk-for-cars/

623 http://www.cultofmac.com/435571/mystery-vans-likely-making-3-d-road-maps-for-apples-
self-driving-car/

624 https://youtu.be/qu3ZuNjQMcQ

625 http://www.autoblog.com/2016/03/28/volkswagen-egolf-recall-battery-software/

626 http://www.wiwo.de/unternehmen/auto/funk-updates-tuev-fordert-nachpruefungen-fuer-
frisierte-tesla-autos/13483414.html

627 Three Sneaky Ways Google Wins With Android Auto; https://www.wired.com/2014/06/
android-auto-2/

628 Ford Is Adding Support For Apple CarPlay And Android Auto To Its Vehicles; http://
techcrunch.com/2016/01/03/ford-is-adding-support-for-apple-carplay-and-android-auto-to-
its-vehicles/

629 Warum Daimler sein Taxi-Geschäft riskiert; http://www.spiegel.de/wirtschaft/
unternehmen/daimler-legt-sich-wegen-mytaxi-und-car2go-mit-taxibranche-an-a-1074271.
html

630 Uber's No-Holds-Barred Expansion Strategy Fizzles in Germany; https://www.nytimes.
com/2016/01/04/technology/ubers-no-holds-barred-expansion-strategy-fizzles-in-germany.
html?mabReward=A7&_r=0

631 http://www.gallup.com/poll/1654/honesty-ethics-professions.aspx
632 https://www.nada.org/WorkArea/DownloadAsset.aspx?id=21474839497
633 Multi-state study of the electric vehicle shopping experience; https://www.scribd.com/document/321167667/1371-Rev-Up-EVs-Report-09-web-FINAL
634 https://www.facebook.com/groups/50339366788/permalink/10154947776166789/?comment_id=10154948270041789&notif_t=group_comment_follow&notif_id=1483114784037106
635 https://en.wikipedia.org/wiki/Tesla_US_dealership_disputes
636 Economic Effects Of State Bans On Direct Manufacturer Sales To Car Buyers; May 2009; http://www.justice.gov/atr/economic-effects-state-bans-direct-manufacturer-sales-car-buyers
637 http://app.handelsblatt.com/unternehmen/industrie/autohaendler-hilferufe-aus-dem-industriegebiet/13689420.html
638 Kim Hill, Debra Maranger Menk, Joshua Cregger: Assessment of Tax Revenue Generated by the Automotive Sector for the Year 2013; Center For Automotive Research, January 2015; http://www.cargroup.org. Auch: World Bank (2014)
639 http://www.autoalliance.org/files/dmfile/2015-Auto-Industry-Jobs-Report.pdf
640 https://www.destatis.de/DE/ZahlenFakten/GesamtwirtschaftUmwelt/Umwelt/UmweltoekonomischeGesamtrechnungen/Umweltschutzmassnahmen/Aktuell.html
641 https://www.bmf.gv.at/services/publikationen/Daten_und_Fakten_Steuer-_und_Zollverwaltung_2014.pdf.pdf?555a9o
642 http://www.ezv.admin.ch/zollinfo_firmen
643 http://blog.caranddriver.com/nhtsa-chief-autonomous-cars-should-cut-death-rate-in-half/
644 http://fortune.com/2015/10/07/volvo-liability-self-driving-cars/
645 http://www.autonews.com/article/20160329/OEM11/160329864
646 https://www.joinroot.com/
647 http://www.trefis.com/stock/hig/articles/218036/an-analysis-of-the-u-s-personal-automobile-insurance-market-part-1/2013-12-05
648 https://www.metromile.com/
649 https://qz.com/124721/the-secret-financial-market-only-robots-can-see/
650 Department for Transport, Centre for Connected and Autonomous Vehicles: Pathway to driverless cars: Consultation on proposals to support Advanced Driver Assistance Systems and Automated Vehicles; January 2017; https://www.gov.uk/government/uploads/system/uploads/attachment_data/file/581577/pathway-to-driverless-cars-consultation-response.pdf
651 State of the Automotive Finance Market: A look at loans and leases in Q2 2016; https://www.experian.com/assets/automotive/quarterly-webinars/2016-Q2-SAFM.pdf
652 https://de.statista.com/statistik/faktenbuch/225/a/services-leistungen/finanzen/autokredit/
653 Uber is trying to lure new drivers by offering bank accounts; https://qz.com/533492/exclusive-heres-how-uber-is-planning-using-banking-to-keep-drivers-from-leaving/
654 Brett King: Augmented: Life in the Smart Lane; Marshall Cavendish International, 2016
655 ZF, UBS and innogy Innovation Hub Announce the Jointly Developed Blockchain Car eWallet; http://www.zf.com/corporate/en_de/press/list/release/release_29127.html
656 The Death of Bank Products has been greatly under-exaggerated; https://medium.com/@brettking/the-death-of-bank-products-has-been-greatly-under-exaggerated-153cdb21a5d4#.uo025qbh0
657 Jeff Speck: Walkable City: How Downtown Can Save America, One Step At A Time; North Point Press, 2012
658 WSP/Parsons Brinckerhoff, Farrells: Making Better Places: Autonomous vehicles and future opportunities; http://www.wsp-pb.com/Globaln/UK/WSPPB-Farrells-AV-whitepaper.pdf

659 8 Cities That Show You What the Future Will Look Like; http://www.wired.com/2015/09/design-issue-future-of-cities/

660 Smart City Company Telensa Lights Up $18M In Funding; https://techcrunch.com/2016/01/19/telensa/

661 William Whyte; City: Rediscovering the Center; University of Pennsylvania Press, 2009

662 Chuck Kooshian, Steve Winkelman: Growing Wealthier: Smart Growth, Climate Change and Prosperity; 2011; http://growingwealthier.info/docs/growing_wealthier.pdf

663 https://en.wikipedia.org/wiki/Marchetti%27s_constant

664 Tom Vanderbilt: Traffic; Allen Lane, London, 2008

665 Chris McCahill, Norman Garrick, Carol Atkinson-Palombo: Visualizing Urban Parking Supply Ratios; Congress for the New Urbanism 22nd Annual Meeting, Buffalo, New York, June 4–7, 2014; https://www.cnu.org/sites/default/files/cnu22_visualizing_urban_parking_supply_ratios.pdf

666 Chinese city Wuhu embraces driverless vehicles; http://www.bbc.com/news/technology-36301911

667 National League of Cities: City of the Future; http://www.nlc.org/sites/default/files/2016-12/City%20of%20the%20Future%20FINAL%20WEB.pdf

668 https://www.whitehouse.gov/blog/2015/12/07/american-innovation-autonomous-and-connected-vehicles

669 https://www.transportation.gov/smartcity

670 This New Super-Sustainable Town Will Run On Solar Power And Use Driverless Cars For Public Transit; http://www.fastcoexist.com/3058874/this-planned-super-sustainable-town-will-run-on-solar-power-and-use-only-driverless-cars

671 LA's big plan to change the way we move; http://la.curbed.com/2016/9/9/12824240/self-driving-cars-plan-los-angeles

672 Gov. Scott Walker: Wisconsin road projects may be scaled back to save money; http://www.jsonline.com/story/news/politics/2017/03/01/gov-scott-walker-wisconsin-road-projects-may-scaled-back-save-money/98605250/

673 Road to Zero: New Partnership Aims to End Traffic Fatalities Within 30 Years; http://www.nsc.org/learn/NSC-Initiatives/Pages/The-Road-to-Zero.aspx

674 Vorfahrt für „Vision Zero"; http://www.dvr.de/presse/informationen/873.htm

675 Zeit für null Verkehrstote; https://www.vcd.org/themen/verkehrssicherheit/vision-zero/

676 Say hello to Waymo; https://www.youtube.com/watch?v=uHbMt6WDhQ8

677 Flying cars are closer than you think; http://www.theverge.com/a/verge-2021/marc-andreessen-horowitz-verge-interview

678 Paris mayor unveils plan to restrict traffic and pedestrianise city centre; https://www.theguardian.com/world/2017/jan/08/paris-mayor-anne-hidalgo-plan-restrict-traffic-pedestrianise-city-centre-france

679 Diesel car sales pie halves to 26% in four years; http://economictimes.indiatimes.com/industry/auto/news/passenger-vehicle/cars/diesel-car-sales-pie-halves-to-26-in-four-years/articleshow/53056370.cms

680 Fahrverbote in Oslo: Diesel müssen draußen bleiben; http://www.spiegel.de/auto/aktuell/diesel-fahrverbote-in-oslo-smog-erfordert-drastische-massnahmen-a-1130242.html

681 Ergebnisse des verschärften ADAC EcoTest; https://www.adac.de/infotestrat/adac-im-einsatz/motorwelt/ecotest_feinstaub.aspx

682 Buy Up All The Street Cars; https://medium.com/@rynmcmns/buy-up-all-the-street-cars-d5c48db6039d#.1tk6j07ab

683 Here's How Self-Driving Cars Will Transform Your City; https://www.wired.com/2016/10/
     heres-self-driving-cars-will-transform-city/

684 Autonomous Tractor at Work; https://www.youtube.com/watch?v=Ybxhvlyw-X0

685 Timothy J. Gates, Robert E. Maki: Converting Old Traffic Circles to Modern Roundabouts;
     Michigan State University Case Study, ITE Annual Meeting Compendium, 2000

686 Roundabout Benefits; https://www.wsdot.wa.gov/Safety/roundabouts/benefits.htm

687 Neal E. Wood: Shoulder Rumble Strips: A Method to Alert 'Drifting' Drivers; Pennsylvania
     Turnpike Commission, Harrisburg, Pennsylvania, January 1994

688 Heidi Garrett-Peltier: Pedestrian and Bicycle Infrastructure: A National Study of
     Employment Impacts; Baltimore, 2011

689 New Urban Network; Study: Transit Outperforms Green Building; http://
     newurbannetwork.com/study-transit-outperforms-green-buildings/

690 Martin Wachs: Fighting Traffic Congestion with Information Technology; Issues in Science
     and Technology, Bd. 19, 2002

691 https://de.wikipedia.org/wiki/Braess-Paradoxon

692 Gilles Duranton, Matthew A. Turner: The Fundamental Law of Road Congestion: Evidence
     from US Cities; in: American Economic Review 101 (Oktober 2011), S. 2616–2652; http://
     pubs.aeaweb.org/doi/pdfplus/10.1257/aer.101.6.2616

693 Yes, Sometimes I Drive Around Town to Get My Kids to Sleep; http://www.huffingtonpost.
     com/jennie-sutherland/yes-sometimes-i-drive-aroyes-sometimes-i-drive-around-town-to-get-
     my-kids-to-sleep_b_8124776.html

694 https://en.wikipedia.org/wiki/Interstate_405_(California)#.22Carmageddon.22

695 Ewig lockt die Schnellstraße; http://www.sueddeutsche.de/wissen/ewig-lockt-die-
     schnellstrasse-1.913440

696 Would standing on the left get you through Tube stations quicker?; https://www.
     uk.capgemini.com/blog/business-analytics-blog/2016/04/would-standing-on-the-left-get-
     you-through-tube-stations#about-the-author-anchor

697 Deutsches Institut für Urbanistik (DIFU): Der kommunale Investitionsbedarf von 2006 bis
     2020; Berlin, 2008

698 https://de.statista.com/themen/1199/strassen-in-deutschland/

699 Anteil Siedlungs- und Verkehrsfläche an der Gebietsfläche auf Ebene der Bundesländer;
     https://www.ioer-monitor.de/index.php?id=8&idk=2469

700 Erhaltungsmanagement für kommunale Straßen; http://www.ocintern.de/uploads/tx_
     downloads/Erhaltungsmanagement_fuer_kommunale_Strassen_Broschuere_05.pdf

701 Ausgaben und Einnahmen im deutschen Straßenwesen in den Jahren 1992 bis 2010
     (in Millionen Euro); https://de.statista.com/statistik/daten/studie/7002/umfrage/ausgaben-
     und-einnahmen-im-deutschen-strassenwesen-seit-dem-jahr-1992/

702 U.S. Driving Tops 3.1 Trillion Miles In 2015, New Federal Data Show; https://www.fhwa.
     dot.gov/pressroom/fhwa1607.cfm

703 Interview mit Mitarbeitern der Aachener-Grund

704 Donald C. Shoup: The High Cost of Free Parking; Chicago, American Planning
     Association, 2005

705 Who Pays for Parking? The hidden costs of housing; http://www.sightline.org/research_
     item/who-pays-for-parking/

706 Donald C. Shoup: The High Cost of Free Parking; Chicago, American Planning
     Association, 2005

707 Donald C. Shoup: Cruising for Parking; in: Transport Policy, Bd. 13, 2006

708 Donald C. Shoup: The High Cost of Free Parking; Chicago, American Planning Association, 2005

709 ParkWhiz Acquires BestParking, Announces $24M Raise; https://techcrunch. com/2016/01/26/parkwhiz-acquires-bestparking-announces-24m-raise/

710 SFPark.org

711 Paul C. Box: Curb Parking Findings Revisited; Transportation Research Circular 501, 2000

712 A. J. Velkey, C. Laboda, S. Parada, M. L McNeil, R. Otts: Sex Differences in the Estimation of Foot Travel Time; vorgestellt beim Annual Meeting der Eastern Psychological Association, Boston, März 2002

713 http://www.itf-oecd.org/sites/default/files/docs/15cpb_self-drivingcars.pdf

714 Kevin Spieser, Kyle Ballantyne Treleaven, Rick Zhang, Emilio Frazzoli, Daniel Morton, Marco Pavone: „Toward a Systematic Approach to the Design and Evaluation of Automated Mobility- on-Demand Systems A Case Study in Singapore"; in: Gereon Meyer, Sven Beiker (Hg.): Road Vehicle Automation (Lecture Notes in Mobility), Springer, 2014.

715 https://www.csail.mit.edu/ridesharing_reduces_traffic_300_percent

716 Lawrence D. Burns, William C. Jordan, Bonnie A. Scarborough: Transforming Personal Mobility; 2013; http://sustainablemobility.ei.columbia.edu/files/2012/12/Transforming-Personal-Mobility-Jan-27-20132.pdf

717 München: 18.000 elektrische Selbstfahr-Taxis könnten 200.000 Privat-Pkw ersetzen; https://ecomento.tv/2017/04/11/muenchen-18-000-elektrische-selbstfahr-taxis-koennten-200-000-privat-pkw-ersetzen/

718 Brandon Schoettle, Michael Sivak: Potential Impact of Self-Driving Vehicles on Household Vehicle Demand and Usage; http://www.umich.edu/%7Eumtriswt/PDF/UMTRI-2015-3_Abstract_English.pdf

719 Lawrence D. Burns, William C. Jordan, Bonnie A. Scarborough: Transforming Personal Mobility; http://sustainablemobility.ei.columbia.edu/files/2012/12/Transforming-Personal-Mobility-Jan-27-20132.pdf

720 Emilio Frazzoli: Can We Put a Price on Autonomous Driving?; MIT Technology Review, 18. März 2014; https://www.technologyreview.com/s/525591/can-we-put-a-price-on-autonomous-driving/

721 The future of the $100 billion parking industry; https://pando.com/2014/01/30/the-future-of-the-100-billion-parking-industry/

722 http://sf.streetsblog.org/2014/08/21/personal-garages-become-cafes-in-the-castro-thanks-to-smarter-zoning/

723 http://dip21.bundestag.de/dip21/btd/15/033/1503378.pdf

724 Leslie George Norman: Road Traffic Accidents: Epidemiology, Control and Prevention; World Health Organization, Public Health Papers n. 12, 1962

725 http://www.srf.ch/konsum/themen/umwelt-und-verkehr/unnoetige-verkehrsschilder-teuer-und-gefaehrlich

726 https://en.wikipedia.org/wiki/Drachten

727 https://de.wikipedia.org/wiki/Shared_Space

728 https://scienceblog.com/489337/pedestrians-may-run-rampant-world-self-driving-cars/

729 http://www.auto-service.de/werkstatt/ratgeber/38128-100-jahre-ampel-kuriose-fakten-lichtzeichenanlage.html

730 http://www.tagesspiegel.de/wirtschaft/teures-gruen-was-kostet-eigentlich-eine-ampel/11625462.html

731 Revealed: how long you really spend waiting at traffic lights; http://www.telegraph.co.uk/cars/news/revealed-how-long-you-really-spend-waiting-at-traffic-lights/

732 „Jeder steht zwei Wochen seines Lebens vor roten Ampeln"; http://www.augsburger-allgemeine.de/wirtschaft/Jeder-steht-zwei-Wochen-seines-Lebens-vor-roten-Ampeln-id30907737.html

733 Audi schafft das Fließband ab; https://www.welt.de/wirtschaft/article159622953/Audi-schafft-das-Fliessband-ab.html

734 Elon Musk goes on a 'machines building machines' rant about the future of manufacturing; https://electrek.co/2016/06/01/elon-musk-machines-making-machines-rant-about-tesla-manufacturing/

735 AI Software Learns to Make AI Software; https://www.technologyreview.com/s/603381/ai-software-learns-to-make-ai-software/

736 The Alien Style of Deep Learning Generative Design; https://medium.com/intuitionmachine/the-alien-look-of-deep-learning-generative-design-5c5f871f7d10?linkId=35086660

737 Auto- und Internetfirmen erobern den Energiesektor; http://www.spiegel.de/wirtschaft/unternehmen/energiewende-branchenfremde-konzerne-erobern-den-stromsektor-a-1061546.html

738 Ford Wants To Develop Its Own Battery Chemistries For Hybrids, Electric Cars, But Why?; http://www.greencarreports.com/news/1101606_ford-wants-to-develop-its-own-battery-chemistries-for-hybrids-electric-cars-but-why

739 Roadway and environment: Urban/rural comparison; http://www.iihs.org/iihs/topics/t/roadway-and-environment/fatalityfacts/roadway-and-environment

740 The Case For An Emphasis On Traffic Management; https://techcrunch.com/2015/12/14/the-case-for-an-emphasis-on-traffic-management/

741 Mapping the Self-Driving Car with Traffic Analytics; http://digitally.cognizant.com/mapping-the-self-driving-car-with-traffic-analytics

742 http://www.anoukwipprecht.nl/

743 http://safecarnews.com/unece-updates-vienna-convention-on-road-traffic-to-allow-automated-vehicles-ma7237/

744 https://de.wikipedia.org/wiki/ECE-Regelungen

745 https://assets.documentcloud.org/documents/3111057/Federal-Automated-Vehicles-Policy.pdf

746 http://gizmodo.com/5985682/jony-ive-chats-lunchbox-design-on-a-british-kids-tv-show

747 http://www.sartre-project.eu/en/Sidor/default.aspx

748 Christoph Keese: Silicon Germany: Wie wir die digitale Transformation schaffen; Knaus, München, 2016

749 Will self-driving cars kill transit as we know it? It could be Charlotte's $6 billion bet; http://www.charlotteobserver.com/news/politics-government/article134742964.html

750 Armin Kaltenegger (Hg.): Unterwegs in die Zukunft: Visionen zum Straßenverkehr; Manz, Wien, 2016

751 No Parking Here; http://www.motherjones.com/environment/2016/01/future-parking-self-driving-cars

752 http://www.bloomberg.com/news/articles/2016-05-05/oil-isn-t-the-only-commodity-threatened-by-tesla-s-rise

753 China's Rare-Earths Bust; http://www.wsj.com/articles/chinas-rare-earths-bust-1468860856

754 Wind in Power: 2016 European statistics; https://windeurope.org/wp-content/uploads/files/about-wind/statistics/WindEurope-Annual-Statistics-2016.pdf

755 Firmin DeBrabander: What if Green Products Make Us Pollute More?; http://articles.baltimoresun.com/2011-06-02/news/bs-ed-consumers-20110602_1_green-cars-green-products-greenhouse-gas-emissions

756 David Owen: Green Metropolis: Why Living Smaller, Living Closer, and Driving Less Are the Keys to Sustainability; Riverhead Books, 2010

757 Michael Mehaffy: The Urban Dimensions of Climate Change; https://www.planetizen.com/node/41801

758 http://www.tomsguide.com/us/self-driving-car-crash-dc2016,news-23145.html

759 Jonathan Petit: Self-driving and connected cars: Fooling sensors and tracking drivers; https://www.blackhat.com/docs/eu-15/materials/eu-15-Petit-Self-Driving-And-Connected-Cars-Fooling-Sensors-And-Tracking-Drivers.pdf

760 Jonathan Petit, Bas Stottelaar, Michael Feiri, Frank Kargl: Remote Attacks on Automated Vehicles Sensors: Experiments on Camera and LiDAR

761 Securing Driverless Cars From Hackers Is Hard. Ask the Ex-Uber Guy Who Protects Them; https://www.wired.com/2017/04/ubers-former-top-hacker-securing-autonomous-cars-really-hard-problem

762 http://www.forbes.com/2008/11/21/data-breaches-cybertheft-identity08-tech-cx_ag_1121breaches.html

763 Justice Dept. group studying national security threats of internet-linked devices; https://www.yahoo.com/news/justice-dept-group-studying-national-security-threats-internet-172351993--finance.html?ref=gs

764 Karamba Security raises $2.5 million to keep self-driving cars safe from hackers; https://techcrunch.com/2016/09/29/karamba-security-raises-2-5-million-to-keep-self-driving-cars-safe-from-hackers/

765 Google keeps self-driving cars offline to hinder hackers; https://www.ft.com/content/8eff8fbe-d6f0-11e6-944b-e7eb37a6aa8e

766 The Car Hacking Village brings car knowledge to the CES masses; http://readwrite.com/2017/01/04/the-car-hacking-village-brings-car-knowledge-to-the-ces-masses-tl1/

767 Will Autonomous Cars Leave Us Vulnerable To Gangs Of Armed Teens? Study Says Maybe; http://jalopnik.com/will-autonomous-cars-leave-us-vulnerable-to-gangs-of-ar-1792042072

768 Biggest challenge for self-driving cars in Boston? Sea gulls; http://www.bostonglobe.com/business/2017/02/06/the-biggest-challenge-for-self-driving-cars-boston-sea-gulls/N5UHSUIyXlar4r60TXupdN/story.html

769 1890–1968 Flying cars; http://mashable.com/2015/08/03/flying-car-evolution/

770 http://www.bloomberg.com/news/articles/2016-06-09/welcome-to-larry-page-s-secret-flying-car-factories

771 Airbus wants to make self-flying airborne taxis a real thing; https://techcrunch.com/2016/08/17/airbus-wants-to-make-self-flying-airborne-taxis-a-real-thing

772 Fast-Forwarding to a Future of On-Demand Urban Air Transportation; https://medium.com/@UberPubPolicy/fast-forwarding-to-a-future-of-on-demand-urban-air-transportation-f6ad36950ffa#.52t6yxbia

FUSSNOTEN

„En Marche!" Werkzeuge und Methodologien für Automobilhersteller

1   Mercedes Targets Silicon Valley Rivals With Robo-Taxis by 2023; https://www.bloomberg.
    com/news/articles/2017-04-04/mercedes-bosch-join-forces-to-accelerate-rollout-of-robo-
    taxis

2   Dell. EMC. HP. Cisco. These Tech Giants Are the Walking Dead; https://www.wired.
    com/2015/10/meet-walking-dead-hp-cisco-dell-emc-ibm-oracle/

3   Porsche-Mitarbeiter bekommen Riesen-Bonus; https://www.welt.de/wirtschaft/
    article163062200/Porsche-Mitarbeiter-bekommen-Riesen-Bonus.html

4   Autohersteller geben Rabatte in Rekordhöhe; http://www.wiwo.de/unternehmen/auto/
    neuwagen-autohersteller-geben-rabatte-in-rekordhoehe/19633862.html

5   Abgasskandal kostet VW Marktanteile bei Firmenwagen; https://www.welt.de/wirtschaft/
    article163534898/Abgasskandal-kostet-VW-Marktanteile-bei-Firmenwagen.html

6   Eric Weiner: The Georgraphy of Genius: A Search for the World's Most Creative Places,
    from Acient Athens to Silicon Valley; Simon & Schuster, 2016

7   https://www.bmwgroup.com/de/unternehmen.html

8   Mission Statements of Auto Manufacturers; https://www.thebalance.com/auto-industry-
    mission-statements-4068550

9   Unternehmensstrategie; http://www.audi.com/corporate/de/unternehmen/
    unternehmensstrategie.html

10 http://together.volkswagenag.com/

11 Our Strategy; https://www.daimler.com/company/strategy/

12 What Was Volkswagen Thinking?; http://www.theatlantic.com/magazine/archive/2016/01/
    what-was-volkswagen-thinking/419127/

13 Diane Vaughan: The Challenger Launch Decision: Risky Technology, Culture, and
    Deviance at NASA; University of Chicago Press, 1997

14 Dennis A. Gioia: Pinto Fires and Personal Ethics: A Script Analysis of Missed
    Opportunities; Journal of Business Ethics, Bd. 11, Nr. 5/6, Behavioral Aspects of Business
    Ethics (Mai 1992)

15 Frans de Waal: Are we smart enough to know how smart animals are?; W. W. Norton &
    Company, New York, 2016

16 Christensen, von den Eichen, Matzler: The Innovator's Dilemma; Vahlen, 2015

17 Susan Christoperson: Short-Term Profit Seeking Risks the Future of Manufacturing; The
    Conversation, 24. September 2013; http://theconversation.com/short-term-profit-seeking-
    risks-the-future-of-manufacturing-18573

18 http://www.mckinsey.com/industries/automotive-and-assembly/our-insights/monetizing-
    car-data

19 Clayton Christensen: Principles of Innovation & Measuring Success; https://www.youtube.
    com/watch?v=MpEmjwrOuxI

20 https://de.wikipedia.org/wiki/Ockhams_Rasiermesser

21 Larry Keeley: Ten Types of Innovation: The Discipline of Building Breakthroughs, Hoboken 2013

22 Frans Johansson: The Medici Effect: Breakthrough Insights at the Intersection of Ideas, Concepts & Cultures; Harvard Business School Press, 2004

23 Tesla ist kein Vorbild: Interview mit Harald Kröger, Leiter Entwicklung Elektrik bei Mercedes-Benz; http://mein-auto-blog.de/news/tesla-kein-vorbild.html

24 A. L. Tucker and A. C. Edmondson: Why hospitals don't learn from failures: Organizational and psychological dynamics that inhibit system change; in: California Management Review 45 (2), S. 55–72 (2003)

25 http://www.focus.de/finanzen/news/tid-5538/ferdinand-piech_aid_53701.html

26 o. Verf.: Zukunftstechnik: Porsche-Chef bezeichnet selbstfahrende Autos als „Hype"; in: www.spiegel.de, 13.9.2015; http://www.spiegel.de/auto/aktuell/porsche-chef-mat- thias-mueller-bezeichnet-autonomes-fahren-als-hype-a-1052688.html

27 Robert I. Sutton: Der Arschloch-Faktor; Heyne, München, 2008

28 Jack Linshi: Peter Thiel: Uber Is the 'Most Ethically-Challenged Company in Silicon Valley'; in: Time.com, 19.11.2014; http://time.com/3593701/peter-thiel-uber/

29 Warren Berger: Die Kunst des klugen Fragens; Berlin Verlag, München, 2014

30 Ebd.

31 Ebd.

32 Jim Collins: How the Mighty Fall: And Why Some Companies Never Give In; Random House Business, 2009

33 Warren Berger: Die Kunst des klugen Fragens; Berlin Verlag, München, 2014

34 1965: Moore's Law Predicts the Future of Integrated Circuits; http://www.computerhistory. org/siliconengine/moores-law-predicts-the-future-of-integrated-circuits/

35 https://www.innocentive.com/

36 Hila Lifshitz-Assaf: Dismantling Knowledge Boundaries at NASA: From Problem Solvers to Solution Seekers; 14 th May, 2016; https://ssrn.com/abstract=2431717

37 https://www.udacity.com/course/self-driving-car-engineer-nanodegree--nd013

38 https://cars.stanford.edu/

39 https://www.ri.cmu.edu/

40 A new self-driving car startup just spun out of Udacity to challenge Uber with its own autonomous taxi service; http://www.businessinsider.com/voyage-autonomous-taxi-udacity-2017-4

41 http://www.driverlesstransportation.com/texas-develop-150-million-center-driverless-robotics-technology-13102

42 http://autonomos-labs.com/team/

FUSSNOTEN
„En Marche!"
Politik und Gesellschaft in Bewegung

1   Framing the future of mobility; https://www2.deloitte.com/content/dam/Deloitte/de/ Documents/human-capital/DR20_Framin_the_future_of_mobility.pdf

2   Bedingungsloses Grundeinkommen; https://de.wikipedia.org/wiki/Bedingungsloses_ Grundeinkommen

3   The Robot Revolution Will Be the Quietest One; https://www.nytimes.com/2016/12/07/ opinion/the-robot-revolution-will-be-the-quietest-one.html

4   Fuck Work; https://aeon.co/essays/what-if-jobs-are-not-the-solution-but-the-problem

5   Slush 2016 – Universal Basic Income "has to happen"; http://diginomica.com/2016/12/02/ slush-2016-universal-basic-income-happen/

6   Analysis: Between 2000 And 2010, 85 % Of Manufacturing Jobs Were Lost To Technology, Not Globalization; https://theintellectualist.co/analysis-between-2000-and-2010-85-of-manufacturing-jobs-were-lost-to-technology-not-globalization/

7   Robots will steal your job: How AI could increase unemployment and inequality; http:// www.businessinsider.com/robots-will-steal-your-job-citi-ai-increase-unemployment-inequality-2016-2?r=UK&IR=T

8   'Tax The Robots' Says Bill Gates; https://www.forbes.com/sites/ianmorris/2017/02/17/tax-the-robots-says-bill-gates/ #72e7f80d1096